The Adventures of Haji Baba of Ispahan

James Justinian Morier, Douglas Craven Phillott

THE ADVENTURES

OF

HAJI BABA

OF

ISPAHAN

TRANSLATED

FROM ENGLISH INTO PERSIAN

BY

ḤĀJĪ SHAIKH AḤMAD-IKIRMĀNĪ

AND

EDITED WITH NOTES

BY

MAJOR D. C. PHILLOTT, 23RD CAVALRY F.F.

Secretary to the Board of Examiners, Calcutta; Translator for the Government of India, into the Indian Vernaculars, of Cavalry Drill, 1898; Mountain Warfare, etc.

CALCUTTA:

PRINTED AT THE BAPTIST MISSION PRESS.

1905.

ترجمهٔ

سرگذشت

حاجي باباى اصفهاني

از انگليسي به فارسي

اثر خامهٔ

حاجي شيخ احمد كرماني

مرتّبه و محشّي باهتمام

میجر - ڈي - سي - فلاٹ صاحب

افسر سوارهٔ نمبر ۲۳ قشون سرحدي ، و سكرٹري بورد آف اگزامنرس ، كلكته ، و مترجم
قواعد مشق سوارهٔ ۱۸۹۵ عيسوي ، و علم جنگ كوهستاني ، وغيره وغيره
در زبانهاى هندي حسب الفرمان حكومت هند

در مطبع بپٹسٹ مشن پريس ، واقع كلكته ، بحليهٔ طبع
محلي گشت سنهٔ ۱۹۰۵ عيسوي

فهرست کتاب حاجي بابا که مشتمل است بر هشتاد گفتار و یک مقدمه

صفحه

صفحه

صفحه

صفحه

INTRODUCTION.

The Persian translator of this work, whose portrait forms the frontispiece, is the late Hājī Sheikh Aḥmad-i [1]Kirmāni, son of Aḥmad-i [1]Mullā Muḥammad Ja'far-i Pish-Namāz. His story is simple but tragic. He belonged to the Babi sect. After studying Arabic in Kirman, he removed to Ispahan,[2] where he was joined by Mīrzā Aghā Khān of Kirman, also of the same obnoxious sect. In A.H. 1305, the two went to Constantinople for the purpose of studying foreign languages. In this city Hājī Sheikh Aḥmad, while earning his living as a teacher of eastern languages, is said to have acquired a knowledge of English, French, and Western Turkish. Assisted by Mīrzā Ḥabīb, a poet from Ispahan, he translated into Persian several French and English works, including *Hājī Bābā* and *Gil Blas*. He was also the author of several works on *Ḥikmat*. His companion, Āqā Khān, was the capable editor of the now defunct *Akhta*, a newspaper, which though printed in Constantinople, had a wide circulation in India and Persia.[3]

The two companions married sisters, daughters of the Babi leader, Mīrzā Yaḥya, of Mazenderan, better known by the Babi title of *Ṣubḥ-i Azal*.

While in Constantinople, Hājī Sheikh Aḥmad and Mīrzā Āqā Khān were accused by the Persian authorities of conspiracy, tried by order of the Turkish Sultan, and acquitted. The Sultan, it is said, made them a grant of five hundred tomans as a compensation for their sufferings.

The companions next appear as followers of Sayyid Jamāl[u]-d-dīn, a Babi leader, afterwards suspected of being the instigator of the assassination of Nāṣir[u]-d-dīn Shāh. While followers of this religious teacher, they wrote letters to various *mujtahids* in Persia, exhorting them to cast away sectarian differences, to make common cause with the Sunnis, and to join Turkey in resisting the "oppression of foreigners.[4]"

[1] These *izafats* signify "son of."

[2] Hence the erroneous idea held by many Persians that the translator was an Ispahani.

[3] The importation of the *Akhta* into Persia was forbidden as the Government disapproved of its daring invective.

[4] "*Tā az taṣāvul-i ajānib maḥfūẓ mānand.*"

The correspondence was seized by the Persian officials in Persia, who demanded fron the Sultan the surrender of the writers. The offenders were being conveyed to Persia when the Sultan wired to have them detained in Trebezond. Ḥanif Pāshā, the Turkish Ambassador, then starting for the Court of Tehran to convey to the Shāh on his attaining to the 50th year of his reign the congratulations of the Sultau, was to take the opportunity of soliciting from the Shāh the release of the offenders. The request was not preferred, for a few days before the celebration of his jubilee, the unfortunate Nāṣiru-d-dīn Shāh was assassinated in the shrine of Shāh 'Abdu-l-Aẓīm.[1]

This assassination sealed the fate of the unfortunate Sheikh Aḥmad and of his equally unfortunate comrade, and orders were issued to have them forwarded from Trebizond to Tehran. They never reached their destination.

A wire from Tehran to Tabriz and the two suspects were secretly butchered in a kitchen, in the presence of the Governor, who—so it is said—while superintending the execution was moved to tears. The butchery was carried out on the 4th, of Safar,[2] A.H. 1314. The bodies were afterwards thrown into a well.

The mothers of Sheikh Aḥmad and his comrade, two illiterate old women, are still[3] in Kirman in ignorance of the fate of their sons; in ignorance of the fact that they are no longer in Constantinople alive and well and "too busy to write."

The fate of the Shah alarmed the Sultan, and Sayyid Jamālu-d-dīn, the Babi leader mentioned above, died suddenly "from drinking a cup of coffee."[4]

Such is the brief outline of the translator's history, a history told to the writer in secret and in bits by Persians whose evidence is entitled to every consideration. For obvious reasons names and some details are omitted.

Of Morier's *Hajī Baba* Lord Curzon writes :—

"Even were the Persians to be blotted out of existence as a nation, even though Tehran, Meshed and Shiraz were to share the fate of Persepolis and Susa, it [*Hajī Baba*] would yet remain as a portrait of unrivalled humour and accuracy, of a people who though now in their

[1] The Shāh was martyred (شهید شد) on the 11th of *Ẕī Qa'dah* A.H. 1313, equivalent to 1st May A.D. 1896.

[2] A.D. 1896 (about). [3] November, 1902. [4] *Urā qahva khurāndand.*

decadence, have played an immense and still play a not wholly insignificant part in the complex drama of Asiatic politics. . . . . To explain the history and elucidate the character of this composite people, great tomes have been written. I am conscious myself of having added no inconsiderable quota to their bulk; but if all this solid literature were to be burned by an international hangman to-morrow, and were *Haji Baba* and the *Sketches* of Sir John Malcolm alone to survive, I believe that the future diplomatist, or traveller who visited Persia, or the scholar who explored it from a distance, would from their pages, derive more exact information about Persian manners, and acquire a surer insight into Persian character than he would gain from years of independent study or months of local residence. Together the two works are an epitome of modern and moribund Iran."

Haji Baba must, in fact, be regarded as serious history and not as burlesque.

As to how the translator has accomplished his difficult task, let the Persians decide. When an MS. copy of Sheikh Aḥmad's translation first reached his native city, it was looked on as an original work: it was copied with eagerness; it was read with excitement. The book was equally well received in Shiraz and Ispahan. Was it not the first novel that had ever been written in Persian? The Persians, who have nearly as much wit as they have vanity, had no objection to being satirized by one of their own people. The skill with which their countryman had depicted certain notable characters and well-marked types, filled them with pride; and they refused even to admit that the work had faults of grammar and style. "It is as we write," they said, "and as we speak." A Persian friend recommending me to study the book remarked, "It is just the life of an ordinary Persian." If Morier could have heard this criticism!

His immortal hero remained a Persian favourite till one sad day some copies of the English original reached me from India, and *Haji Baba* ceased to be popular. "*Farangī tū-yi kūk-i mā rafta,*"[1] said the Persians: "this author has overstepped the bounds; he has made fun of everyone from the Shāh downwards." *Haji Baba* was no longer an original work by a Persian.

The present edition is printed from a MS. copied from, and again collated with, the original MS. that the translator sent to his native

[1] 'Our legs have been pulled by a European.'

town, and is published with the permission of his heirs. The original MS. contained numerous copyist's omissions and errors. These were, after a reference to the English original, duly corrected, receiving the final approval of a Persian.

In the notes I have endeavoured to give, not only the translation of such slang or modern expressions as are not found in the dictionaries, but also the translation of any Arabic words that might puzzle a student whose reading had not extended beyond the text-books of the Higher Standard. I have not consciously slurred over any difficulty.

The book has been in the press for nearly two years, the proofs having been corrected and the notes added at odd intervals, in Indian camps and railway trains, or while travelling abroad. It is hoped that this will be accepted as some excuse for certain repetitions in the notes.

Owing to the colloquial style and to the faulty collocation of the translation, it was considered advisable to punctuate the printed text. Though the punctuation is somewhat faulty—necessarily so—the reader will probably not realize how many stumbling-blocks have been removed from his path.

My thanks are due to Mirzā Yaḥyā, Mīrzā Kaikhusrau and Sayyid Jawād of Kirman; and to Nawab Mīrzā Naṣr-ᵘ-'llah Khān of Shiraz for constant assistance. My acknowledgments are also due to Muḥammad Kāzim-i Shirazi, Persian Instructor Board of Examiners, Calcutta, for valuable help in the correction of the latter portion of the proofs.

Another edition of the Persian translation of *Haji Baba* is in course of preparation by the Persian owner of the *Ḥabl-ᵘ-l-Matīn* Press, Calcutta. The publisher and editor has made considerable changes, and the text, he informs me, will differ considerably from the original. I may add that when he copied the MS. for his work, he was unaware that the present edition was in the Press.

D. C. Phillott, *Major.*

[*Late H.B.M. Consul, Kirman.*]

Calcutta, 1905.

GRAMMATICAL NOTES.

There are a few points in the syntax of modern Persian that require special attention.

Perfect Tense.

Indians constantly misuse the Perfect Tense. The distinction between the Perfect and the Preterite Tenses is that the former refers to indefinite, the latter to definite time. For example, in *Dīrūz bi-man dushnām dāda ast* "yesterday he abused me behind my back," *dīrūz* represents an indefinite space of time during some portion of which the abuse took place: in *Dīrūz bi-man dushnām dād* "yesterday he abused me to my face," *dīrūz* is regarded as a definite point of time. This use of the Perfect to signify that the speaker was not present on a given occasion, requires special attention. The Perfect, being indefinite, also indicates that the effects of a past action still continue. Thus in *Az vaqt-ī-ki injā āmada am khud rā salāmat mī-bīnām* "since (temporal) I came here I find myself in good health," the time is indefinite: if, however, some such words as 'up till the present' be added, the time becomes bounded, and the definite Preterite is substituted: *Az rūz-ī ki injā āmadam tā hāl khud rā sālim mī-bīnam.* In some cases the two tenses can be interchanged according to the point of view, or thought in the speaker's mind.

Continuative Perfect.

Rare. Formed by prefixing *mī* to the Perfect. Like the Perfect, it indicates that the speaker was not present. Examples :—

Mī-gūyand fulān shahr dah sal taraqqī mī-karda ast : here the continuous Perfect signifies that the improvement was gradually on the increase during whole period of ten years.[1] Substitute the Imperfect *mī-kard*, and the meaning is that the prosperity took place some time or other during the ten years, and ceased at the end of that period. *Gāh-ī ūrā yāfta-ī ki khairāt mī-karda ast ?* = "have you ever seen him giving alms *regularly* (I never have) ?" Substitute *mī-kard*, and the significa-

[1] But of course if a qualifying phrase such as *valī bi-kharābī uftād tā bi-ḥālat-i ḥālīya rasīd* be added, the idea of continuation is removed.

tion is "have you ever seen him now and then giving alms; (I never have)?"

The continuous Perfect of the Subjunctive *mī-karda bāshad*, common in Abu Fazl and certain works by Indians, is unknown to Persians. It appears to be a translation of *kartā rahe*.

Continuative Pluperfect. *Mī-karda būd*, "had been doing," is a coined tense and is not used except perhaps in error. It occurs in Indian Persian.

Imperfect. The Imperfect is for civility sometimes used for the Present. Thus *Chi mī-khwāstīd bi-khurīd*, "what were you wishing to eat," is more civil than *Chi mī-khwāhīd bi-khurīd*.

The Imperfects of *būdan* and *dāshtan* are seldom used.

In modern Persian the Preterite frequently occurs where in Urdu and in Indian Persian the Imperfect is used. A Persian says *Rūz-hā safar kardīm va shab-hā khwābīdīm*, whereas an Indian says *Ham dinko safar karte the aur rāt ko paṛ rahe the*: in these examples, a Persian would not use the Imperfect, nor an Indian the Perfect. *Īn kār rā hamīsha kardīm* or *mī-kardīm* are both right; but *Īn hamīsha mī-shud* and not *shud*. Sometimes there is a shade of difference in meaning as, *Tā yak sāl Fārsī āmūkhtam* "I studied Persian on and off for a year": substitute *mī-āmūkhtam* and the sense is "I studied continuously during the year."

The Imperfect has many other idiomatic uses too numerous to illustrate in these notes.

Conditional and Optative. In Conditional and Optative sentences the Imperfect Indicative[1] can refer, either to time past or to time future: it is indefinite.

In Optative clauses after *kāshki* and its equivalents, the Present Subjunctive, the Pluperfect Indicative,[2] and the Imperfect Indicative are all used.

In conditions,[3] the modern tendency is to substitute the Present Indicative for the Present Subjunctive, even where the shade of meaning really requires the latter.

Present Tense. The Present Tense is used as a Present and Future, Definite and Indefinite: *namī-kunam* signifies "I do; am doing; am going to do; will do; *and* shall do."

In issuing instructions, it is a civil substitute for the Imperative:

1 Also the tense called *Māẓī-yi Tamannā'ī* and *Māẓī-yi Sharṭī*.

2 In Urdu the Pluperfect cannot be used after *kāshki*.

3 All the tenses can be used in conditions.

Ānjā mī-ravīd mī-pursīd Āg͟hā qadg͟han karda ast kas-ī az abvāb jama'ī-yi ū injā na-yāyad "you will go there and inquire whether *Monsieur*[1] has forbidden any of his detachment to come here."

The Historical Present is a common construction. In graphic narration, however, when employing the verb *dīdan*, Persians use the Preterite, Indians the Present: a Persian says, *Chi dīdam nasnās-ī ṭaraf-i man mī-āyad* "what do I see but that an ourang-outang is coming towards me;" whereas an Indian says, *chi mī-bīnam* instead of *chi dīdam*.

The Definite Future (*k͟hwāhad kard*)[2] is rarely used in speaking, except locally. In the modern language, written or spoken, its place can be, and generally is, taken by the Present Indicative. **Definite Future.**

The classical Future Perfect (*karda bāshad*) is expressed by the Perfect Indicative, more rarely by the Future Indicative. **Future Perfect.**

The classical Future Perfect may be used, but if so, it must, in the modern language, be preceded by *bāyad*.

The compound (Future Perfect) tense *rafta khwāhad būd*, *karda k͟hwāhad būd*, common in Afghan Persian, is only used by a slip: it is incorrect.

Except when the conjunction (or 'particle') *ki* introduces a direct narration, it is, in the modern language, nearly always followed by the Aorist or Present Subjunctive; this too even if the time be past time. In modern Persian, "This happened before I *was* born," is rendered "This happened before that I *may be* born" = *pīshtar az īn ki tavallad bi-shavam in vāqi' shud*. In this example there is no ambiguity; but in *Pīshtar az ān ki bi-Shīrāz bi-rasam īn vāqi' shud*, the reader is left in doubt as to whether the writer continued his journey and eventually reached Shiraz or not. In classical Persian, sometimes too in modern writings, the Preterite Indicative would be substituted to indicate the completion of the action. In the classical *Ādat-am īn būd ki har ruz Fārsī mī k͟hwāndam*, "it was my custom to read Persian daily," the Present Subjunctive *bi-k͟hwānam* would, in modern Persian be substituted. Similarly "Is there anyone here who knows Turki?" is rendered "*Īnjā kas-ī hast ki Turkī bi-dānad?*"[3] **Aorist or Present Subjunctive.**

[1] Monsieur *Mīsū* مسیو.

[2] The verb *k͟hwastan* signifies "to desire; to be on the point of doing; to summon; to love."

[3] But in India *mī-dānad*. *Yahān ko,ī hai jo Turkī jāntā hai* (or *jāntā ho*)?

In the following *'Aql-at chi shud ki hamchū*[1] *kardī* "where were your senses that you did such a thing?" the Present Subjunctive cannot be substituted.

In the Memoirs of the late Amir of Kabul, written in fair modern and not in Afghan Persian,[2] this ambiguous use of the Present Subjunctive frequently leaves the reader in doubt whether some object of policy was or was not attained.

Imperative. It is usual, because less imperious, to use with the Imperative singular or plural, the negative *na* instead of the prohibitive *ma*.

The continuative classical Imperative (*mī-kun*) is in the modern language not used. Its place is taken by the ordinary Imperative with the continuative particle *hay* q.v.

Mī-bāsh, however, "remain there" is a modern vulgarism for *bāsh*.

Infinitive. The Infinitive, though grammatically regarded as a noun that forms its plural like ordinary nouns, is also a verb that frequently requires the accusative with *rā*. *Kushtan-i ū Akbar rā* "His killing Akbar," or *Kushtan-i Akbar ūrā*, "Akbar's killing him," might stand as headings of chapters. The following heading from a book of extracts from the *Tūzuk-i Jahāngīrī* is to Persians for some reason quite unintelligible:—

حکایت شکار کردن هملی[3] جانور در کوه پیر پنجال باشتهار انعام هزار روپیه *

A Persian would write:—

حکایت شکار کردن شخصی همائی[3] را در کوه پیر پنجال برای انعام هزار روپیه
که اشتهار شده بود *

Passive. Even when the subject is known to be singular, the passive is usually expressed by the 3rd person plural of the active. To the query "Where is my horse?" the reply would be *Burdand* "it has been taken away (by the groom)."

Note the following: *Kāravān rā dusd sad* "the caravan was attacked" but *Kāravān rā dusd-hā sadand* "*the* robbers attacked the caravan."

The subject or patient of every passive must be in the nominative. Indians, in accordance with a modern Urdu idiom, sometimes put the subject of a compound passive verb in the accusative. The following,

1 Pronounced *hamchi*. In classical Persian *'Aql-at rā chi shud*.

2 There are, however, a few Afghan peculiarities.

3 The *Humā* or *Humāy* is the Lammergeyer and not a fabulous bird.

which is from a public notice in India, is to a Persian unintelligible: "*Agar kudām* [1] *mulāzim chīz-ī girift ūrā az mulāzamat bar taraf karda ākhwhad shud.*"

Of some verbs, the grammatical Passive formed with *shudan* is used in speaking: *kushta shud* "he was killed" is common, but *zada shud* would be used neither in speaking nor in writing.

Misrelated Participle. The erroneous construction in English known as the 'misrelated participle' is common in Persian, classical and modern. In *Shāh tā nīm sā'at nutq kard va pas az ān khasta shuda vuzarā-yi mamlakat az salām bīrūn raftand*, it was the Shah, not the ministers, who became tired, though from the position of *khasta* it ought to refer to the subject of the verb. *Vide* also the example in Chapter XIV, p. 99, lines 9-10. Occasionally, two or even more past participles occur, all referring to separate subjects, the finite verb again referring to a separate subject.

Plural. The plural termination is sometimes equivalent to the definite article ('vide' the example under *Passive*): *dasta muqallid-ī* "a band of players," but *dasta-yi muqallidān* "*the* band of players."

Note the following plurals:—*bachcha-saghā*, "puppies"; *sīkh-kabābhā*, "spitted kabobs"; *tukhm-murghhā* "eggs." The correct plurals *bachcha-hā-yi sag*, etc., are rarely used.

Possessive Case. The genitive of possession, absolute or otherwise, is usually expressed by the word *māl* "property": *māl-i-man* "mine"; *kitāb māl-i-man* "my book." Such expressions, as *Qunsul māl-i-Sīstān na māl-i Kirmān* "the Sistan, not the Kirman Consul," though used are at present considered vulgar.

Izafat. The Persians frequently insert an *izāfat* where the Indians omit it, and *vice versa*. The following are a few everyday examples:—

'Umar-i Khayyām: Bahrām-i Gūr: Imām Husain but *Husain-i Imām* (*na Husain-i Kurd*): *'Īsī-yi Maryam: Muhammad Khān-i saqat-farūsh: ghair-i ābād: gūr-i khar: mādar-zan, mādar-shauhar, shauhar-khwahir*, etc.: *nā'ib chāpārchī, nā'ib nasaqchī*, etc., but *nā'ib-i sifārat: sar-shīr, sar-qaliyān*,[2] *sar-angusht*, etc.: *gul-i anār* "pommegranate blossom," but *gul-anār*, a flower (that resembles the pommegranate): *mīkh-tavila: gūsh-māhī* or (*gūsh-i māhī*): *pisar-bazzāz*, "a young cloth merchant" but *pisar-i bazzāz*, "the son of the cloth merchant":

[1] *Kudām* (for *koī* in Hindustani) is an Afghan, not a Persian, idiom.

[2] *Sar* when used as a preposition is of course followed by an *izafat*: *sar-āb* "source (of *qanāt*)" but *sar-i āb raftan*; *sar-i vaqt*, etc.

bachcha-shutur: *dukhtar-Farangī* and *ḥakīm-Farangī*: *gunjishk-zard* (a small yellow finch): *pīr-i mard*: *bīchāra-yi ū*[1]: *marḥūm-i-Shāh*.

Adjectives.

Two adjectives qualifying one noun may either follow it (1) coupled to it and together by *izafats* or (2) coupled together by the conjunction *vāv*; thus, either *Rāḥat-i pāydār-i mustaqīm* "permanent and real happiness" or else *Rāḥat-i pāydār va mustaqīm*. Note however the following: *Asp-i-kumait-i 'arabī rā biyār* "bring the bay Arab horse," but *Asp-i-kumait va 'arabī rā biyār* "bring the bay horse *and* the Arab horse."

Asyndeton.

If more than two adjectives qualify one noun and the verb be at the end, either the first construction—a form of Asyndeton called in imitation of Arabic rhetoric *Tansīq-i Ṣifāt*—can be employed, or a *vāv* can be substituted for the *izafat* that couples the two last adjectives; as, (3) *Shakhṣ-i javād-i karīm-i bā muravvat va*[2] *ḥamīyat ast*. [In slow stilted speech *Shakhṣ-i-javād, va karīm, va bā muravvat, va ḥamīyat ast* might be used.]

Polysyndeton.

If the verb precede the epithets and separate them from their noun, the epithets can either be coupled together by conjunctions as (4) *Kalkata*[3] *shahr-ī 'st pākīza va tamīz va khush-khiyābān va*[4] *pur-raunaq*, or else all, except the two last, can follow in apposition as (5) *Kalkata*[3] *shahr-ī 'st pākīza, tamīz, khhush-khiyābān va*[4] *pur-raunaq*.

It will be noticed that in all these constructions the two last adjectives must be coupled together, either by an *izafat* or by a *vāv*.

Diminutives.

The dimunitive termination *ak* can be added to adjectives as well as to substantives as *kam-ak* "a small amount"; *kamtarak* "a little less": *ān ṭaraf-tarak* "a little more that way": *farā tarak* "a little higher."

Comparative.

The *tar* of the comparative can be added to some substantives, as; *qadrī ān ṭaraf-tar* "a little more that way": *āsūdagī tar mī-shavīd* (m. c.) "you will be more at your ease."

Substantives that are used as adjectives of course take the comparative and superlative terminations: *Īn ṣandali rāḥat ast* "this chair is comfortable; *rāḥat-tar* and *rāḥat-tarīn* "more and most comfortable."

1 But *bichāra-yi Farangī* or *bīchāra Farangī*.
2 Or—*bā muravvat-i ḥamīyat*.
3 In Urdu *Kalkatta*.
4 Or—*Khush-khiyābān-i pur-raunaq*.

The Particle *hay*, possibly connected with *hamī* and *hamīsha*, is probably derived from the *hay hay* of camel men, a cry used to keep camels in motion. **The Particle hay.**

It is to a slowly moving or halting string of camels what a swung lantern is to a shunting train. It can be used with several tenses. Examples: *Pisara! hay bi-khur, hay bi-khur* "that's right, boy, guzzle away": *Hay shikār kardīm*; *Hay sharāb mikhurdīm*, etc. Some Persians consider *hay* vulgar. Qa,ānī, however, uses it.

The sign *hazma* is in Persian words used (1) To distinguish the *yā* of unity from the *yā* of the *izafat*; thus بوئي *bū*,*ī* "a scent" but بوی خوش *bū-yi khush* "sweet scent." (2) To distinguish a plural verb from a singular; thus میگوئید *mī-guyīd* "ye say" but میگوید *mī-gūyad* "he says." (3) To distinguish a verbal noun from the Imperative; thus راست گوئي *rāstgū*,*ī* "truth telling," but گوی or گو *gū* or *gūy* "say thou." Persians write and pronounce شاید *shāyad*, Indians شائد *shā*,*id*: there are other instances of such a difference. Such words as گاو *gāv*, "bullock"; برای *barāy*, "on account of;" پا or پاي *pā* or *pāy*, "foot," are by Persians written without, but by Indians with, a *hamsa*.[1] **Hamsa.**

In books printed in India, an *izafat* after a final ي *ī* is represented by a *hazma*; thus خوبئ آن "its beauty." In such cases Persians, if by chance they mark the *izafat*, mark it by a *kasra*, as خوبيِ آن.

Oriental languages generally prefer the dramatic 'direct narration' to the undramatic 'indirect narration.' In Persian both are used.[2] In the modern language the use of the 'indirect' seems to be on the increase. According as the speech is regarded as direct or indirect narration *Ū mī-gūyad pidar-i man mūrda ast* may signify either "He says my father is dead" or "He says his father is dead." In practice, however, there is seldom any ambiguity. **Indirect Narration.**

Even in classical Persian, after verbs of ordering, the Present Subjunctive (indirect) was preferred to the Imperative (direct).[2]

The following example of the indirect narration is from the *Anwar-i Suhaili*, Intro. Chap. IV, st. 3; *Gurba-yi ham sāya rā dil bar nāla u*

[1] Indians write گاؤ *gā*,*ū* "bullock"; برائی "on account of" پائی "foot." By Persians برائی would be taken to mean "in the opinion of."

[2] In Urdu *us se kahdo ki yahān āve* means "tell him to come to *me*;" but *us se kah do ki yahān ā*,*ō* "tell him to come to *you*."

In Persian *ūrā bi-gū bi-yāyad injā* and *ūrā bi-gū injā biyā*, both signify "tell him to come to me."

zārī-yi ū bi-sūkht va muqarrar kard ki īn naubat bī-ū bar sar-i da'vat ḥāẓir na-shavad : if the direct narration were substituted, the sentence would run,—*ki īn naubat bi-tu bar sar-i da'vat ḥāẓir na-shavam.*

Other Constructions.

The subject is frequently introduced by a nominative that has no grammatical connection with the rest of the sentence, as: *man chashm-am namī bīnad*[1] "I cannot see;" *man az hama chīz-ash khush-am mī-āyad* "I like him immensely."

Banda in speaking is followed by the 1st pers. sing., and *Janāb-i 'Ālī* by the 2nd pers. pl.

Other examples of peculiar modern constructions are *mādar-am rā namī-dānam kist,* "I do not know who my mother was": *mard-ī ra*[2] *ki imrūz chūb zadand duzd būd,* "the man whom they beat to-day was a thief": *dar bāb-i ranjish-i ūrā ḥarf-ī na-dāram* "I have nothing at all to do with his being annoyed with me."

Grammatically and logically such constructions are indefensible. Still they are the modern idiom. Possibly there was once a time when the French considered *c'est moi* vulgar.

Ellipsis.

Persian is extremely elliptical. In English an ellipsis is considered correct, only if the missing word can be supplied in its correct form from some part of the sentence. Not so in Persian. From some verb that precedes or follows in the sentence, a verb has frequently to be supplied, not only in a different person but in a different tense. Instances of ellipsis (with apposition[3]) are numerous in the present work.

Prepositions are seldom repeated even when necessary to remove ambiguity. If two nouns require the *yā* of unity, it is added to the second only. Similarly to a compound adjective such as *tar u tāza* "fresh," the *yā-yi maṣdar* is added to the second part of the compound, as *tar u tāzagī* "freshness": only in stilted speech would *tarī u tāzagī* be used. In a series of plural nouns the plural termination is usually added to the last only. Prepositions and conjuctions are frequently omitted. If two or more superlatives qualify a noun, the termination *īn* is dropped from all but the last; *fīl az buzurgtar va durushtarīn-i jānvarhā-st.*

Pronunciation.

Alif, though usually pronounced as in India, has often before *n*

1 A somewhat similar construction occurs in Arabic. Compare the old English "Thy Kynge hys eyes."

2 Compare "*Whom* do men say that I am?"

3 For an example *vide* Chap. XIV, p. 97, lines 1 to 3.

and *m* the sound of *ū*. The word for 'shop' is pronounced *dukān* and *dukūn*, but 'bread' is seldom anything but *nūn*.

Similarly the word for 'roof' is often *būm* and 'the evening meal' *shūm*.

In some districts *alif* has the *aw* sound of certain classes of Afridis: *kitāb* is *kitawb*.

Fatḥa has more than one sound. Generally pronounced as in India, it has occasionally the sound of the *a* in the English word *fat*,[1] and occasionally a sound of *e*: *kard* "he did" is also *kerd*.

Final silent *h* is pronounced like *i* or *e* and not as in India.

In triliterals with the second letter quiescent, care must be taken to observe the *jazm*: such words as *fikr*, and '*aql* must not be pronounced *fikar* and '*aqal* as in India.

The pronunciation of the letter '*ain*, especially when it is the final letter of a triliteral, deserves attention: 'vide' the notes in that most excellent little book the 'Vazir of Lankuran' by Haggard and Le Strange.[2]

The letter و is by Persians pronounced *v*, by Indians and Arabs *w*.

Significations of Common Words. Many common words have in Persia and in India different significations. Thus in Persia *tankhwāh* signifies "goods" and not "pay"; *balki* is "perhaps": *taklīf* "duty": *dil* "stomach" (and also "heart"): *hargāh* "if": *chunānchi* "so that" and "if"[3] (never as in India "accordingly"): *tamīz* "clean" also "discretion," but *tamyīz* only "discretion" *nākhush* "ill" and not "displeased:"[4] *tanzīl* is "interest."

'*Ālī-jāh*, in India an address of big people, is in Persia given to N.C.O's. *Beg* does not indicate Mughul descent: it is added to the names of better class servants.

Murakhkhaṣī is "leave" and seldom "*rukhṣat*": *ishtibāh kardan* is "to make a mistake" while *ghalaṭ*[5] *kardan* is "to err excessively." *Multafit shudid?* "Do you understand me?" is civil: *fahmīdīd?* is barely so. *Tā ham* meaning "nevertheless" is not Persian.

[1] This is perhaps due to Turkish influence. Some Turks, and even some Persians, pronounce the word جمع *jama*, 'gathering,' precisely like the English word *jam*. Anglo-Indians say *jummer*.

[2] Published by Trübner and Co. All the notes in this edition will repay study.

[3] For *agar chunānchi*.

[4] "Displeased" is in Persia *nā-khushnūd*.

[5] Under the bastinado a servant cries *ghalaṭ kardam*, etc.

The Arabic word آلة *āla* when so written and pronounced, signifies "tools;" but when written and pronounced آلت *ālat*, it usually signifies *ālat-i tanāsul.*

D. C. P.

مقدمهٔ کتاب حاجي بابا *

صورت کاغذیکه سیّاحي انگلیسی بکشیش سفارت اسوج[1] در استانبول نوشته است *

مقتدائی[2] کشیشان پیشوای سفارت اسوج در استانبول مطالعه فرمایند *

از وصول عریضهٔ کسی که شاید وجودش هم در ذهن عالي نمانده است و نامش از خاطر مبارک محو شده هر آئینه متعجب خواهید شد * اما اگر بلوح خاطر مراجعتي شود (و العهدة علی القوة الحافظة) شانزده سال پیش ازین سیّاحي انگلیسی گاهگاه در مجلس[3] افادات سرکار[4] استفادتي مینمود و منظور نظر خاص گردیده بود[5] بلکه از روی التفات ملتفت بشوید که کیست و این کتاب را که باکمال گستاخي دیباچه‌اش را بنام نامي سرکار مطرّز[6] ساخته بتحمل مطالعه میتوانید فرمود *

درآنزمان که میگویم اوقات شریف به تحقیق و تدقیق الف بای[7] مسماري مصریان مصروف بود، و میتوانم گفت که همّ[8] واحد به ترتیب و تنظیم درر شاهواري[9] معطوف

[1] *Asvaj* "Sweden."

[2] *Muqtadā*, "followed," hence "a chief; an exemplary person; a prelate."

[3] *Ifādāt* "Instruction." In m.c. *ifāda na-kun* = "Don't teach your grand-mother."

[4] *Istifādat* "Seeking *or* asking for instruction."

[5] *Balki*, Mod. Per. "Perhaps."

[6] *i.e.*, *Sākhta ast*. The construction of this sentence from *Ammā* to *farmūd* is not clear.

[7] For *khaṭṭ-i mīkhī* "cuneiform writing."

[8] *Hamm* "Solicitude; design."

[9] *Ma'ṭūf* "Turned."

بود که غواصِ فکرت عالي ازبحار معاني دامن [1] دامن درکنار کرده [2] است ; و اکنون بنام کتاب
موميائي حقيقي مرهم شکستگي ظاهر وباطن آثارِ متيقه - جويان گرديده بارها بدان
انديشيدم که خيلي مصراع " گردنم زير بار منت تو است " - بجهة اوقات عزيز یکه
باعث تضييع شدم و با آن مشاغل مهمه ، بتطويلات بي‌طايل مشغولتان نمودم *
علي‌الخصوص درآنشب مهتاب خوشي که در سراى اسوج بروى صفهٔ ايوان [3] واصليده بوديم
وديده بمنظرهٔ وسيع و باشکوهِ شهر استانبول ولنگر-انداز آن دوختهٔ [4] مسامرهٔ که در بابِ
معيشت و آداب سکنهٔ خارقِ العادهٔ آنجا بميان آمد ، هرگز فراموشم نميشود *

اگر بتکرارِ سخنانِ آنشب جسارتي رود ، معذورم داريد، که بحکمِ اهميتِ [5] موضوع
هنوز همه‌را درخاطر دارم * مي‌گفتيد که " هنوز هيچ سياحي در باب عادات و رسوم اهلِ
مشرق چيزى ننوشته است، و کيفيت را آنچنان ننگاشته که مفيد فايدهٔ بحالِ من باشد ; "
و در حقيقت سياحان عموماً در سفر- نامهاى خود دعواهاى [6] بی بينه و دليل کرده‌اند، و
[7] سر و بن هيچ يک از آنها را بايکديگر مناسبت وربطي نيست، بلکه اکثر بشرحِ حالِ ذاتي خود
پرداختهٔ اند * رايِ ما هردو اين بود که درميانِ کتابهاى افسانهٔ که درين باب نوشته اند ،
بهترينِ همه،کتابِ الف‌ليله است که عادات و رسومِ مشرقيان را چنانچه بايد نگاشتهٔ ; وچه
دليل بهتر از اينکه مؤلفش خود از اهل [8] مشرق - زمين است ؟ مي‌گفتيد " اگر چه
آن کتاب را بزبان فرنگي [9] ترجمه ، و [10] حشو و [11] زوائدِ آنرا بقدرِ امکان برداشتهٔ اند ، و
بخيالاتِ ما مطابق ساختهٔ اند ، با اينهمه کم کسى است که آنرا بفهمد ، مگر اينکه

[1] *Dāman dāman*, "By the apron-full"; repetition of excess.

[2] *i.e., Az. biḥār bi-kinār rasānida ast.* Note the Perfect Tense. Two of the principal uses of the Perfect in Modern Persian are (1) to indicate a past action, the effects of which still continue; and (2) to show that the speaker was not present on the occasion. The Perfect is *indefinite*; the Preterite is *definite*. In classical and especially in Indian Persian this distinction is often neglected.

[3] *Vā-mālīdan* (m.c.) "To recline at ease."

[4] *Musāmara.* "Conversation by night" (gen. by moonlight) from the Arabic root *samar*. To pass the night awake and in conversation."

[5] *Mauẓū'* "The subject of a discussion or of a speech, etc."

[6] *Bayyina* or *bayyana* "Proof." Note the slovenly omission of the preposition *bi* before *dalīl*—an omission that obscures the sense. Modern Persians think chiefly of sound, not of sense: they are very adverse to the repetition of the same word, except of course in certain rhetorical figures.

[7] *Sar u bun* "Beginning and end."

[8] *Mashriq-zamīn*, An example of *iẓāfat-i-maqlūbī* "the inverted construction."

[9] Note the slovenly ellipsis of *karda* (and.)

[10] *Ḥashv*, "stuffing ; tautology."

[11] *Zawā'id*, "Redundancies."

سالها در مشرق زمین مانده و با اهالیِ آنجا آمیزش کرده باشد „ * پس جلدی از آن کتاب را علی [1] العمیا کشودید : حکایتِ سه قلندر در آمد * گفتید „ در این حکایت [2] میگوید که „ [3] امینه بحمّالی برخورد و او را اشارتی کرد ، و حمّال با زنبیل خویش همراهیِ او نمود ، تا بدر خانهٔ بسته رسیده در بزد * مردی [4] ترسا ، باریشِ سفید بلند ، در باز کرد * امینه بی آنکه لب بسخن کشائد نقدی بمشت وی نهاد * ترسا برگشت و بعد از دقیقهٔ چند شیشهٔ بزرگِ شرابِ ریحانی بیاورد „ * پس بدینگونه تقریر فرمودید که „ چون ما مدّتها در ممالک عثمانی [5] مانده‌ایم ، میدانیم که در [6] اکثر شهرهایش آشکاره شراب فروختن قدغن است * اگر شراب باشد ، در نزد ترسایان [7] است ، و آنان هم بمسلمانان پنهان میفروشند : امّا اگر یک فرنگی ، [8] بی سابقه ، این حکایات را بخواند چیزی از آن نمی فهمد ، بلکه منتظر خواهد بود [9] که از زیر کاسه چه خواهد در آمد ، و حال آنکه در این حکایت بجز [10] گزارش چیزی دیگر نیست „ *

پس من گفتم که „ باعتقادِ من اگر یک فرنگی بخواهد از حقیقت آداب مشرقیان خیالی راستین بنماید ، چنانچه مشتمل باشد بر انقلاب و [11] تصاریف ایامِ زندگانی [12] یکی از ایشان ، و اعتقاد شان دربارهٔ سیاست [13] مدن و تدبیر منزل ، و توکّل و تفویض ایشان بقضاء و قدر در توفیر مال ، و حبّ جاه و جلال ، و کوشش و ورزش و رقابت و غیرت ، و بالجمله آنچه که برفتار و کردار صوری و معنوی ایشان مدخلی است ، شاید بهترین دست‌آویز آن باشد ، که وقایع و حکایتی بسیار متعلق بطرزِ زندگانی ایشان

1 "Blindly; at random": *'alā 'l-'umyā* (m.c.)

2 *i.e.*, the writer says.

3 In the Preface to Haji Baba the name given is Anima, probably a misprint for *Amīna*, a name that would naturally be given to the cateress. In the printed Arabic Editions in my possession no names are given to the ladies.

4 *Tarsā* "Christian." Note the absence of an *iẓāfat* after *tarsā*; the clause that follows is therefore in apposition and is not in *qualification* of *tarsā*.

5 The Perfect to indicate a past time, the effects of which still continue.

6 No *iẓāfat* after *akṣar*.

7 *Ast* "Will be." In Modern Persian the Present, even of the verb *to be*, is used for the Future.

8 *Bī-sābiqa* (m.c.) = *bī-sābiqa-yi-ma'rifa*. "Without previous knowledge."

9 "What will come out from under the cup"? "What will happen."

10 *Guẕārish* = here *sharḥ-i-ḥāl* or *sar-guẕasht*.

11 *Taṣrīf* "Changing.

12 Note the slovenly change of number: *yak-i az ishān* and *—shān*.

13 *Siyāsat-i-mudun* "Government."

چندانکه برای اثبات اختلاف حالات و مراتب جماعتی از ایشان کافی باشد ، فراهم آورد ؛ و پس از آن سرگذشتی سازد بیکدیگر[3] مربوط ، مانند کتاب[1] ژیل بلاس ، تالیف حکیم لوساژ[2] که آلینهٔ احوال حقیقی فرنگیان است * "

شما منکر اعتقاد من بودید که " این امری است محال ، و هرگز یک فرنگی ، اگرچه تبدیل دین هم بکند (چنانچه جمعی کردند و[4] خیر آنهم دیدند) مانند یک مشرقی خالص ، بدقائق و نکات رسوم و عادات ایشان ، چنانچه باید مستحضر بشود، نشود * و برای تاکید و تقویت مدعای خود مدعی آن بودید که نه تربیت انسان و نه مرور زمان و نه فضل و دانش ، هیچ بیگانه را ، هر که باشد ، در هیچ جا ، هرکجا باشد ، چنان در دانستن زبان استاد میسازد که بجای بومی بتواند بگذراند ؛ - هرچه کند البتّه در لفظی از لغات تعبیر و اصطلاح ، یا اینکه در نکتهٔ از نکات صرف و نحو آن زبان ، خطائی فاحش خواهد کرد * آری اگر یکی از اهل مشرق در[5] ترسّل و تکلّم بسلیقهٔ فرنگان مألوف و مأنوس گردد و سرگذشت زندگانی خودرا جزوی و کلّی از فاتحهٔ تربیت تا خاتمهٔ عمر بتواند بطرز فرنگان بنویسد ، آنوقت جای امّید آن هست که دامن مقصود ما بچنگ آید * بزرگوارا ! من این سخنان را در گنجینهٔ خاطر مخزون همی داشتم و چون مدتی در مشرق زمین نشسته بودم و دیده[6] و سنجیدهای خود را ضبط[7] کرده، از امکان این امر هیچ نومید[8] نبودم که روزی بیکی از مشرق - زمینیان بر خورم که سرگذشت خود را ، چنانچه باید ، نوشته باشد ؛ یا اینکه[9] بطرز مضبوط نقل کند تا سر رشتهٔ بدستم آید و فراهم آوردهای خود را بدان وسیله بصورت کتابی گذارم * من پارهٔ از رسوم و عادات اهل مشرق راکه اینقدر بنظر عامّهٔ فرنگیان ناپسند نماید هرگز مکروه نمی‌داشتم ، چه آنهارا بچشم نسخهٔ ثانی عادت ورسوم دیرینهٔ خودمان می نگریستم * فی الواقع کدام فرنگی این عبارت انجیل راکه[10] میگوید " کسي که بامن در یکوقت دست بکاسه میبرد "

1 Gil Blas.

2 Le Sage

3 *i.e., Vaqāʼi-i-ān bi-yak digar*—. This slovenly construction that looks to the implied sense rather than to the form is common in Modern Persian.

4 *Khair-i ān ham dīdand* "Benefitted by it" : said ironically or jokingly.

5 *Tarassul* "Writing."

6 Note that the plural termination is added to the second only of two words.

7 *Būdam* is here *maḥẕūf*.

8 The sentence should terminate at *na-būdam* : *az imkān-i* to *na-būdam* is the apodosis or principal clause to the causal clause *-va chūn—karda* (*būdam*).

9 *Bi-ṭarz-i maẓbūt* "Exactly."

10 Better *maktūb ast*. The subject to *mi-gūyad* might be *Injīl* or the speaker in it.

خوانده باشد ، عادت غذا خوردن اهل مشرق را با دست ، یا همکاسگی [1] چندین تن را از ایشان بایکدیگر ، مکروه تواند شمرد ؟ بااینکه همه کس میداند که من چندان دشمن کارد و چنگال نیستم ، امّا هرگاه با یکی از دوستان مشرقی غذا میخوردم ، و این عادت که بسیار طبیعی است بکارمیبردم ، خود را یکی از گواهان زندهٔ عادت دیرینه و [2] مدلول صحیح کتابیکه بهروزی [3] ما بدان وابسته است ، می پنداشتم : و ، چون یکی از ستمدیدگان ایران را می شنیدم که آه و ناله کنان میگفت " چه [4] خاکستر بر سر پاشم ؟ " نه تنها این تعبیر [5] متداول ایشان را مضحک نمیشمردم ، بلکه بی اختیار مطابقت و موافقت او بعبارت [6] توریة بنظرم میآمد *

آرے جناب ، عادت اهل مشرق تغییر بردلر نیست ، و این سخن از شما بمن یادگار است ؛ امّا هر قدر تغییر بردار [7] نباشد ، همان نیمت که بوده است : و برای حق ادای مطلب خود میگویم که مانند [8] نقوش [9] مسینه‌آلات است ، که هرقدر نیک نگاه داشته باشد ، باز از کثرت استعمال در یک جاے آن فرسودگی و سائیدگی خواهد بود *

[10] اگر این عبارت را ادا توانکرد ، [11] میگویم که محبت و مهربانی در اهل مشرق است که در فرنگان یافت نمیشود ؛ و بسبب این کیفیت ، من کار و کردار ایشانرا خیلی شنیدنی و دیدنی دیدم ؛ و از تاثیر آن شوقی در من پدید آمد که این معنی را بدیگران هم بفهمانم * [13] چونانکه سیاح [14] چون منظرهٔ نیک می بیند ، خواه نقّاشی باشد یا نباشد ، خواه نیک یا بد ، نقشهٔ آنرا میسازد ، تا بدیگران بنماید ، من نیز از آنجائکه بیت " دریغ آمدم از چنین بوستان ".

1 Better *chand tan az īshān rā.*

2 *Madlūl* "Proof."

3 "Happiness."

4 In m.c. *Chi* ***kh****āk bi-sar-kunam*

5 *Ta'bīr-ī mutadāwil* "Common expression."

6 *Taurāt.*

7 A contradiction in terms. *Har qadr īn pisar tarbiyat na-shavad bāz kam-ī mī-shavad* is a common idiom in m.c.

8 *Nuqūsh* "Engravings; inscriptions."

9 *Misīna alāt* "Copper vessels."

10 *Agar īn 'ibārat rā adā tavān kard* "If one could say."

11 "I would say."

12 In original "picturesqueness."

13 For *chūnānki* "As."

14 "When."

تهی دست رفتن بر دوستان " با این تحفهٔ حقیر، که ترجمان آنم اظهار جسارتی در نزد یاران کرام می نمایم مصراع " والعذر عند کرام الناس مقبول " * سرم از سودای این شوق چنانچه قیاس نتوان کرد پر، کمال شادی و شعف مرا قیاس کنید [1] که اندک زمانی بعد از گفتگوی با شما، بانگلستان برگشتم، چه دیدم دولت ما بفرستادن سفیری بدربار ایران ناچار شده است و مرا همراهی او نامزد کرده مصراع " آنچه دلم در طلبش میشتافت، یافت * " ایران، چه ایران! [6] پایگاه موهومی جاه و جلال [2] خاور زمین! جایگاه شعرای گل و بلبل! گوارهٔ مردی و مردمی! سر چشمهٔ پاک رسوم و کیش اهل مشرق در پیش و وصول آرزوئی که سالها سودائی آن در دماغ می پختم در [3] حیز حصول : این بود که چندان شادمان بودم که وصفش در بیان نمیآید * از آنهمه ممالک و مسالک که [4] بایستی به بینم، خیالی خواب مانند داشتم و بدانجهت سفر خود را سفری راستین پنداشتم *

نظم

میبرد [5] گرچه بکـــوی تو هوای سفـــرم .٠. خبر از پای ندارم که زمین می سپرم
ره کوی تو ندانم ز کجا تا بکجـــاست .٠. اینقدر [10] هست که بازیچه دست قدرم *

بعبارت اُخری، مثل زنی فرانسه از دوستانم شده بودم * این زن از مشرق زمین خیالی چنان مبهم و [7] واهی داشت که در وقت وداع، التماس کرد تا بیکی از دوستان او، که میگفت در طرف هندوستان است، سلام برسانم ؛ و عجب اینکه من دوست اورا در [8] دماغهٔ امیدافریقا دیدم *

خوابهائیکه میدیدم، نمیگویم همه بحقیقت تعبیر شد ؛ چرا که ایران مرز و بومی است که خواه در باب بدایع [9] آثار طبیعت، و خواه در جاه و جلال و مال و دولت اهالی آن، مانند سائر امکنه، تصوری راستین نه توان کرد * ولی در باب اخلاق و عادات

1 *Ki* "When"; *kāf-i mufājāt.*
2 *Khāvar* "East."
3 *Ḥayyiz* "Space occupied by a body."
4 *Bāyisti bi-bīnam* "I was about to see."
5 Or *chūnki?*
6 *Pāya-gāh* = *pāya.*
7 "Weak; without foundation."
8 *Dimāgha-yi Ummīd* "Cape of Good Hope.
9 *Āṣār-i ṭabī'yat* "Beauties of Nature."
10 *Īn qadar hast* = "Thus much I know."

و رسوم و آداب ایشان[1] میتوانم گفت که در دنیا مردمی مانندِ مردمِ ایران با مُهرِ اخلاقِ دیرینه مختوم و با فطرتِ آداب قدیمه[2] مفطور نیست ؛ حتی این صفت در صورت و سیمای ایشان نیز مشاهده میشود ، چنانچه از معاینه و[3] مقایسهٔ صورتِ اهالی امروز با صورتهای منقوشهٔ در و دیوار[4] تختِ جمشید ، که گوئی امروز کنده اند ، مدلّل و مبرهن است که مصراع " این نان فطیر[12] از آن خمیر است " *

در آنهمه مدّت اقامت در ایران صحبت شب مهتاب را در ایوان سرای اسوج فراموش نکردم : [6] هرگاه حکایتی میشنیدم یا یاد داشتی میکردم که تعلّق و اختصاص بعادت مشرقیان داشت ، یا نقشهٔ [5] بجل بندی خود میافزودم که رسوم و آداب ایشان را می نگاشت بیاد سرکار می افتادم ؛ و بهوای کتاب موهومی که شخص برمی موهوم بایستی نوشته باشد ، و سرگذشت کامل یک ایرانی برای من بایستی بشود ، گاه بیگاه آه میکشیدم *

بزرگوارا ! زمان اقامت خود را در ایران نمی توانم گفت که زمان سعادت بود ؛ و هرگز بخاطرم نگذشت که من درمیان پیغمبران [7] بنی اسرائیلم ، یا درمیان ایرانیانیکه پادشاهان ایشان فرمان روای [8] همه خاور زمین بوده اند : بلکه زنخدان [9] نورهٔ کشیدهٔ فرنگان و لباسهای [10] دم پرستوکی ایشان هرگز از پیش چشمم دور نمیشد ؛ و اگرچه [11] خطابم

1 Note that the antecedent to *ishān* is *Īrān*;

2 "Created; innate."

3 *Muqāyasa* = *Muqābila*.

4 *Takht-i Jamshīd* or *Iṣṭakhr* is Persepolis.

5 *Jul-bandī* (m.c.) "Wallet; portfolio; hold-all."

6 *Hargāh* "Whenever," in Modern Persian generally means "*if*." That it has the latter meaning here appears probable from the *gāh bī-gāh* "at all times" at the end of the paragraph.

7 There is a *ḥadīs* that the Prophet said:—

عُلماءُ اُمّتي كانبياءِ بني اسرائيل *

8 In Modern Persian *hama* is usually followed by the *iẓāfat*.

9 *Nūra-kashīda* lit. made clean by a depilatory. *Nūra* is the depilatory used in every Turkish bath in the East. Many modern Persians shave, but in the author's time razors were unknown in Persia. It is said that Muhammad Shah attributed his defeat at Jang-i Harāt to the beards and cloaks of the Persians. He ordered both to be discarded.

10 *Dum-piristūkī* "Swallow tailed," a literal translation.

11 *Khiṭāb-am* "My address."

12 *Nān-i-faṭīr* "Unleavened bread," *khamīr* in Persia is "dough"; but in India "leaven."

با کسی است دیرینه دوست و [1] کهنه پژوه ، امّا می توانم عرض کرد که [2] حشر عالم [3] لندن و ازدحام [4] وینه را نسبتی [5] بکاخ و قصور ویران [6] بهمن و دارای ایران نیست *

عاقبت [7] دفترم از تحقیقات واقعی [8] مشحون ، و جُل بندیم از نقشهای حقیقی پر ، وقت رحلت از ایران رسید *

در عرض راه ، همه را به نیت ایام آینده مستغرق بودم و شاید مانند همه سیّاحان دیگر در باطن بدین خوشدل بودم که البته دیده و شنیدهای مرا بجز من کسی ندیده و نشنیده است ؛ و هرآینه چون [9] خبایای اطلاعات و استحضارات من [10] رونما میشود بقدر کشف سیارهٔ تازه در نظر مردم نمود خواهد کرد *

در زمانی موافق و مساعد از دامنهٔ سر کوه اغری طاغ و دور از حدود خطرناک ایران و روم در گذشتم * ولی خواهش دارم که ماجرای مرا در شهر توقات از روی بنده نوازی بدقّت گوش دهید ، چه سبب تحریر این [11] مراسله و انتشار این [12] رساله ، که مصحوب آنست ، همان است *

با خستگی بی نهایت شبی با دو خدمتکار و دو تن چاپار و شاگرد چاپار بتوقات رسیدیم * در نزدیکی چاپار خانه شاگرد چاپاران برای اخبار فکر شام و جای آرام که می دانستند برای مسافری مانند [13] ما خسته و کوفته به از آن [14] مژدهٔ نیست ، برسم معتاد ، با فریاد ، و خصوصاً بنا بخاطر من با فریادی خارج از عادت ، بنای هایهوی گذاشتند ؛ و انگهی [15] میخواستند بچاپارخانگیان بفهمانند که لقمهٔ چربی یعنی فرنگی

1 *Kuhna-pishāh* "Searcher of old things; antiquary."

2 *Ḥashar* "Great concourse of people."

3 The Persians have vague ideas as to London. I have been asked by educated Persians, whether London is in the middle of Germany or Germany in the middle of London. London is also a general name for England.

4 Vienna.

5 *Kākh* is only applied to the palace of the Shah. *Qaṣr* is applied to the palace of the Shah or to any other palace.

6 Bahman, son of Isfandiyar.

7 *Daftar* "registers; papers in files."

8 *Mash-ḥūn* "Full."

9 *Khabāyā* (pl. of *khabī'at*) "anything hidden, unseen."

10 *Rū-numā* "public, disclosed."

11 *i.e.*, this letter or introductory epistle.

12 *i.e.*, the Book of Haji Baba.

13 *Mā* for *man*.

14 Note the confusion of thought; a dinner or a place cannot be *muzhda*; substitute *chiz-ī*.

15 "More than all."

بایشان می آورند * ماه از تیغهٔ تیز کوه که در غایت بزرگی جلوه‌گر بود می تابید و در
روشنائی آن صدای [1] جارچیان ما بخیابان شهر می پیچید * بمحض فرود آمدن از
اسپ [2] ببالاخانه‌ام بردند ؛ و بعد از کشودن سلاح و کندن بالاپوش و بر آوردن چکمهای
[3] یکخرواری ، پاپوش اطاق و رخت شب پوشیدم ؛ [4] قهوهٔ سختی نوشیدم ؛ [5] چپوقی [6] معلّا
کشیدم * بعد ازآن ، پلوی ، برنجش [7] وارفته ، گوشت مرغش [8] نه پخته ،
با ماستی ترش ، شام خوردم *

من در تدارک آن بودم که برخت خواب ، که بر روی پشت [9] بام انداخته [10] بود
بروم ، که بیکبار بیگانهٔ باکمال آشنائی [11] داخل شد ، و در برابر من ایستاد * از
وجنات او دانستم که ایرانی است ، و از لباسش دانستم که از جنس نوکران است *
اگر در جائی دیگر اورا دیده بودم از گفتگوی با او خوشوقت می گردیدم ، چه از
شدّت آمیزش با ایرانیان خیلی با ایشان [12] خودمانی شده بودم * در خاک
عثمانی که ما و ایرانیان هر دو در نظر [13] ایشان از یکدیگر مردود تر و منفور تریم
میل من باو البتّه بیشتر بود مصرع - که " حال [14] سوته - دل دل سوته زونو " *

از غمناکی چهره‌اش ، که از روی مصلحت ساخته بود ، فهمیدم که سختی
غم آمیز دارد ، و بد [15] نفهمیده بودم * گفت " صاحب ! اربابی دارم ، میرزا
حاجی بابا نام ؛ از جانب دولت ایران در اسلامبول کار پرداز بود * از آنجا برگشته
است ، و در راه [16] ناخوش بستری افتاده یکهفته است که در این کاروانسرای

1 *Jārchī* "Herald."

2 The best room in a *chāpār khāna* is in the *bālā khāna* or upper storey.

3 Adj. "of the weight of an ass-load."

4 "Strong coffee."

5 *Chupuq* is the pipe of European pattern : *qaliyān* is the *water* pipe.

6 *Mu'allā* "Sublime."

7 "Its rice over cooked" : *vā raftan* "to go to pieces from over-boiling."

8 In Classical Persian *nā-pukhta* would be preferred.

9 In the original "on the sofas of the post-house" (*takht-i-khwāb*). In m.c. *Ṣufa* is a verandah *without pillars* into which rooms open. The *Ṣufa* is found in only old fashioned houses.

10 *Andākhta būd* for the passive.

11 "Unceremoniously."

12 *Khudimānī* (adj.) "very familiar."

13 The antecedent to *īshān* is *Khāk-i-'Uṣmānī ;* substitute *ahl-i ānjā.*

14 In the Darī language, or rather in that form of it spoken by the modern Zardushtis, *sūta dil* = *sūkhta-dil* and *sūnū* = *mī-dānad.*

15 *Bad na-fahmīda būdam* "I hadn't guessed far wrong."

16 *Nā-khush-i-bistarī* "Ill and confined to bed."

[1] پهلوئین منزل دارد * حکیمی فرنگی معالجه‌اش می کند ، امّا بجای بهبودی ، تا بدر مرگش رسانده است * چون شنید یکی [2] از ایران آمده است بسیار دلخوش شد ، و خواهش دارد که [3] هرچه زودتر شما را به بیند * میگوید " چارهٔ درد من دیدار کسی است ، که از ایران آمده باشد " و در آخر چنانچه در [4] اینجاها رسم نوکران است ، گفت ، " ایصاحب ! دیگر کار او بخدا مانده است و بشما " *

[5] همینکه نام حاجي بابا را شنیدم ، دانستم کیست * اگرچه مدّتي بود که ندیده بودم امّا میشناختم * از همه چیزش [6] خوشم میآمد و میدانستم که با اول سفیری که از ایران بلندن [7] فرستاده بودند ، بصفت مُنشي گری ، بهمراه رفته است ؛ و بعد از آن ، گاه در پایگاهي عالي ، و گاه در منصبي‌عادي ، مانند ایرانیان پست و بلند [8] دنیا را خیلی دیده است ، و سرد و گرم [8] زمانه را خیلی چشیده * عاقبت بنام کار پردازي از جانب شاه بدربار عثماني فرستاده بودند *

با [9] همه خستگی ، بی فوت یکدقیقه ، با همان لباس ، بالا پوشی بر دوش انداخته بحجره‌اش رفتم * میرزای بیمار را دیدم نیم - مرده ، بلکه تمام مرده * در حجرهٔ کوچک در رختخواب دراز [10] کشیده است و نوکرانش در پیرامون او گرد آمده [11] * دراول آشنائیم با او ، جوانی بود خوشخو ، خوشرو ، خوش‌اندام ، خوش ترکیب ، [12] شاهین بینی ، [13] گرد رخسار ؛ امّا آنوقت ایام عمرش از [14] سر حد نیمروز گذشته بود ،

1 Adj. " Adjoining."

2 *i.e.*, the speaker's master heard : subject (incorrectly) omitted.

3 *Harchi sūdtar* " As quick as possible."

4 *Īnjāhā* " Such occasions."

5 *Hamīn-ki* " As soon as."

6 " I liked him immensely " : *as-ashkhush-am mi-āyad* (m.c.) " I like him" (*not* " I am interested in him ").

7 In Modern Persian the usual way of expressing the Passive Voice (which is used when either the real agent is unknown or when it is, for some purpose, desirable to avoid mentioning the agent) is by the 3rd Per. Pl. Active, as " They say " for " It is said."

8 Note these adjectives used as substantives.

9 Omit *iṣāfat* here after *hama*.

10 Note the Perfect Tense.

11 Note the ellipsis of *and*, though the previous verb *kashīda ast* is Singular; in Persian such contractions are common and are used by good writers. In English such contractions, though they do occur, are violations of the rule of concord : if one predicate be used for two subjects the subjects should be in the same number.

12 *Shāhīn-bīnī lit.* " hawk-nosed " ; the *Shāhīn* is the *Falco Peregrinator*.

13 *Gird-rukhsār* " round-faced " : fullness and roundness of face is much admired in Persia.

14 Better *auj*.

ولی باز تازه روی و تیز نظر می‌نمود * او نیز بمحض دیدن مرا بشناخت ، واز سیمایش دانستم که خیلی از دیدارم خرّم و خرسند گردید * با اصطلاحاتی که خاص ایرانیان است بتعظیمم بپذیرفت ، و با احترام و اعزاز گفت - " زهی طالع ! من منتظر که ملک الموت بقبض روحم آید ; [1] روح‌القدس بدیدن جان در بدنم آمد * گویا این قطعه را شاعر در حق من فرموده است -

قطعه

" تو [2] اندر یافتی ما را ، و گرنه * چنان بودم چنان دور از سعادت "
" که جانم غوطهٔ تسلیم میخورد * میان [3] لجّهٔ غیب و شهادت "
" کسی بر کام من ننهاد چیزی * ز نومیدی بجز لفظ [4] شهادت "
" طبیب از کار من عاجز شد [5] ارچه * بکار آورد انواع [6] جلادت "
" زتشریف تو بومن گشت معلوم * که روز حشر [7] چون باشد اعادت * "

بعد از اظهار [8] شادیهای بی اختیارش ، پرسیدم " حالت چیست ، و طبیبت که " ؟ از زردی چهره‌اش معلوم بود که مرضش از [9] صفرا است ; و چون این مرض را در ایران خیلی دیده بودم و سرشتهٔ کاملی از معالجه‌اش داشتم ، گفتم " غم مدار که دوای تو در دست من است " * گفت " صاحب چه بگویم ؟ اول گمان کردم که وبا گرفته‌ام * سرم درد میکرد ، چشمانم سیاهی مینمود ، پهلویم [10] تیر میکشید ، دهانم تلخ و [11] بیمزه بود * یقین داشتم که سه روز نمیکشد می میرم ; امّا هنوز آن علامات باقی است ، ومن فانی نشده‌ام * در ورود بدینجا حکیم خواستم : گفتند ، دراین شهر دو حکیم است ; [12] یکی یهودی و دیگرے فرنگی ، * فرنگی را ترجیح دادم *

1 *Rūḥ^u 'l-Qudus* or *Rūḥ^u 'l-Quds:* probably here the Angel Gabriel and not the Holy Spirit.

2 *Andar yāftī* for *dar yāftī*.

3 *Lujja* "A multitude; the deep; the middle of the sea."

4 *Kalima-yi shahādat* "The Muslim Creed" (as he was on the point of death).

5 *Archi* = *Agarchi*.

6 *Jalādat* "Activity."

7 "How the day of Resurrection shall return."

8 *Shādī* in Persian "joy" and never "a wedding" as in India.

9 In m.c. the words for "jaundice" are *Zardī* and *Yarqān; Safrā'* is "bile," one of the four humours.

10 *Tīr kashīdan* "to feel a quick stabbing pain."

11 *Bī-maza* (m.c.) "not able to distinguish the taste of anything." Substitute *bad-maza*.

12 Note the false concord: substitute *and*.

اگر شما هم بودید همین میکردید [1] * باز خدا رحم کرد که این را ترجیح [2] دادم *
حکیم [3] فرنگي آمد * گفتم 'حکیم باشي حالم بسیار خراب است' * باکمال
تمکین گفت [4] 'ماشاالله' * متحیر و اوقات‌تلخ گفتم 'کم مانده بمیرم' * گفت
'انشاالله' * نوکران خواسته از حجره بیرونش اندازند : معلوم شد که [5] دردمند از زبان
ما همین دو کلمه [6] را میداند ; و [7] سوراخ استعمال آنهارا هم گم کرده است *
بملاحظهٔ اینکه شاید [8] با این خري درکار خود بینا باشد خودرا بدست او دادم *
خاصیتي که از معالجه‌اش می بینم این است ، که هرروز بدتر میشوم *

میرزا را گذاشتم تا [9] آرامي گیرد که لازم داشت * خود بمنزل بر گشتم
و از صندوقچهٔ دوائی ، که در خرجین داشتم ، مسهلي [10] زیبقي ترتیب نمودم ; و
همان شبانه [11] با آداب تمام بوی دادم و بخفتم * بامدادان بدیدن وی رفتم * دیدم دوا
معجزه کرده است : چشمان میرزا گشوده ، درد سرش فروکش کرده * خود و نوکرانش
مرا بنظر بقراط ثاني نگران ، نمیدانستند از عهدهٔ شکرانهٔ آنهمه حذاقت
[12] و چرب دستي چگونه بیرون آیند * دراین اثنا صورتی [13] معجب و هیاتی
مضحک بنظرم آمد ، چنانچه از تعریف آن [14] نمیگذرم * مردی بود [15] عرض
و طولـــش یکسان ; ابروانش سیاه و انبوه [16] ; ریشش نتراشیده و تنه‌اش

1 *i.e.*, 'A man of any race, even if ignorant, is preferable to a Jew.'

2 *i.e.*, 'spite of all I am pleased as I am at least alive: had the Jew come I would have been dead by now.'

3 *Ḥakīm-Frangī*: In Modern Persian the *iẓāfat*, for some reason, is usually but improperly omitted before the Adjective *frangī*.

4 *Mā (shā') Allah, lit.* "As God wills." When praising a person or thing this expression is used to avert the evil eye and has hence come to signify 'I like it, etc.' A deaf doctor once went to a patient and the following dialogue ensued:—(Doctor) "*Aḥwāl-i shumā chi taur ast*"? (Patient) "*Murdam.*" (D.) "*Al-ḥamdu lillah! Chi davā khurda īd*"? (P.) "*Zahr-i mār.*" (D.) "*Nūsh-i jān. Hakīm-i tān kist*"? (P.) "*'Izrā'īl.*" (D.) "*Qadam-ash mubārak.*"

5 *Dardmand* "The poor fellow."

6 *Rā* after a cardinal number because of the *definite* pronoun *hamīn*.

7 This common m.c. idiom also occurs in *Mullā-yi Rūm: surākh* here = *ṭariq*.

8 *Bā īn khari* "In spite of his asininity."

9 *Ārām-ī* "A *little* rest."

10 *Zībaq* "Mercury." *Kalamal* is "Calomel."

11 *Bā ādāb* "With instructions" (as to diet).

12 *Charb dasti* is properly "manual dexterity."

13 *Mu'jib.*

14 Note the Present Tense signifying "I *cannot* pass over."

15 In the original "of middle size," which should be rendered by *Miyāna-qāmat* or *Vasaṭu 'l-qāmat.*

16 "Bushy."

[1] نتخـــراشیده ؛ از پا تا شـــانه ترک ؛ موزهٔ زرد درپا ؛ قبـــائی دراز در بر ؛ شالی بزرگ درکمر ؛ عصائی بلند در دست : امّا از شانه ببالا فرنگ ؛ [2] گردن بند درگردن ؛ گوشهای گریبان [3] پیراهن تا بدوش ؛ کلاهی مثه گوشهٔ [4] قارچ مانند برسر ؛ سلام کرد و با زبان اتیالیا با من بگفتگو درآمد * حدسی ، که بعد از تعریف میرزا [5] زده بودم ، درست آمد * دانستم [6] شیّادی است که وقتی درایتالیا یا در استانبول آبی بدست دواسازی [7] ریخته ؛ و آنگاه درگوشهٔ آسیا افتاده مردم را میفریبد و [8] می‌طبیبد ؛ یعنی هر که بدستش می‌افتد میکشد *

چون سر گذشت اینجور مردم غریب و با مزه میشود با او [9] گرم گرفتم تا محرم رازش شوم * [10] اسم و رسمش را بگفت . اسمش چندان دراز که در یکسطر [11] نمی گنجد و مسمّایش [12] مصداق اینکه بیت " گر سال دگر حکیم - باشی باشی انتَ الباقی و کلّشیٍ هالک " *

ادّعایش اینکه " از دارالطّب ایتالیا با [13] دستوری بیرون آمدم و باستانبول رفتم * ازکثرت ازدحام طبیبان ، در آنجا نتوانستم ماند * با والی توقات بنام حکیم-باشی - گری بتوقات آمدم * "

اِدعایش بنظرم ساختهٔ آمد * از اطلاع و اعتقادش درباب بیمار حاضر استفسار نمودم * [14] دست پاچه شد * آخر از جفنگ - بافی و دست و پا زدن عاجز شد * اقرار کرد که " در ایتالیا خدمت حکیمی کردم ، و سررشتهٔ ام عبارت است از چند لفظ

1 This *may* signify that he was very corpulent.

2 *Gardan-band* in m.c. is a 'necklace for a woman.' In the original "neck-cloth" which is in m.c. *dast-māl-gardan* (without any *iẓāfat*).

3 The corners of his shirt-collar turned down. As the man wore a neckcloth this must be a mistake of the translalor's.

4 *Qārch-mānand* "Mushroom-like."

5 *Ḥads zadan* "To conjecture."

6 *Shaiyād* "Quack; deceiver."

7 Ellipsis of *ast*.

8 *Ṭabībidan* a coined word.

9 *Garm giriftan* (m.c.) = "To chum up with."

10 In Modern Persian the affixed pronouns are often used for the reflexive *khud*, etc.

11 In the original his name is Ludovico Pestello.

12 *Musammą* in m.c. could be rendered by *'amal*.

13 *Dastūr* "Permission"; here "diploma."

14 *Dast pācha* "To be hurried, confused; to lose one's head."

بیمعنی که ازو شنیدم ؛ امّا چون بیمارانم کُرد و تُرک مسلمانند، از دادن [1] جواز نامهٔ دیار آخرت دغدغهٔ و بیمی ندارم » .

گفتم « حکیم ، چه کردی که درین مدت ریشت بگیر نیامد ؟ ترکان اینقدر هم زودباور [2] و بار بر نیستند . »

گفت « عجب آدمي هستی : ترکان چیزهائي را باور میکنند ، که طبابت من درپیش آنها معجزه است ؛ و بارهائی میبرند که آدم کشتن نسبت بآن از [3] حسنات است . وانگی منهم دوائی بایشان نمیدهم که تأثیر ضرر هم داشته باشد . » گفتم « حکیم باید دوا داشته باشد : دواهاي تو کجاست و چیست ؟ » گفت صاحب ، چند شیشهٔ شربت دارم ، اصلش واحد ، رنگش مختلف ؛ و از برکت نان و آب ، در حبّ ساختن هیچ تنگی نمیکشم . اینک دواخانهٔ من : و پرسش حالم و جوابم یک [4] لفظ ' ماشا اللّه وانشا اللّه ' است » . گفتم « مگر از نان و آب هم حبّ میشود » ؟ گفت « من کرده‌ام و شده‌است : اما آنچه براي عوام است با آرد مي‌آلایم و آنچه برای خواص است ، مانند پاشایان و آغایان ، با ورقهٔ نقرهٔ میاندایم و همگان بي ترشي رو ، و بي چین ابرو مي بلعند . »

بغرابت این مرد و کار و بارش بسیار بخندیدم ، و براي داد دل از خنده دادن ، مهمانش کردم . اگر ترس طول [5] مکتوب نمي بود از تکرار گفتگو هاي او مضایقه [6] نداشتم تا شما هم لذتي ببرید . قدري دوا از صندوقچهٔ خود باو تعارف کردم . گفت « اینقدر دوا مداواي همهٔ اهل آسیا را بس است » .

اما [7] بیچارهٔ میرزا را در دست اونگذاشتم . روزي چند در توقات ماندم و بعد از مُسهل زیبق ، رنگ و روي میرزا بجا ، و خود بحال آمد ؛ چنانچه در ظاهر جاي ترس و بیمي از بیماریش نماند ؛ و حالت رفتن پیدا کرد . گفتم میرزا « منهم [8] دیگر

[1] *Jawāz-nāma* "A written permit usually for *goods*": *tazkira* or *pāspart* is a passport for human beings.

[2] *Bār-bar* = *mutaḥammil*.

[3] *i.e.*, as nothing.

[4] Note the *iẓāfat* after *lafẓ*.

[5] *Maktūb*, *i.e.*, "*this* letter."

[6] In Modern Persian the Imperfects of *būdan* and *dāshtan*—except when the letter is part of a compound—are rarely used.

[7] In m.c. *bī-chāra-yi mīrzā*: the *iẓāfut* is of course incorrect.

[8] Note this idiomatic use of *dīgar* = "then." "*Ḥālā dīgar mī-ravam* (m.c.) "Well; now; I must be going."

مرخّص میشوم ، و ترا بخدا میسپارم * . بیچارهٔ میرزا در ازاء زحمات من نمیدانست چه کند * گذشته از اظهار خجالتهاي زباني ، دست وپا میکرد تا باعطاي هديهٔ دستي ، كه قابل باشد ، دست [1] خالي روانهام نكند ، تا اینکه در وقت وداع حجره را خلوت کرد ، واینک آنچه گفت *

" صاحب ، تو دوست قديم من هستي ; باعث حيات تازهٔ من شدي : بشكرانه التفاتيكه در بارهٔ من كردي ، من چه كنم كه بجا كرده باشم ؟ از مال دنيا چيزي ندارم * مدّتي است كه يک پول از مواجب دولت ايران بمن نرسيده وقليل وجهي كه دارم ، اگر بمنزلم برساند خيلي است * وانگي من شما انگليزان را مي‌شناسم كه چشمتان بپول نيست ، و حرف پول در نزد شما زدن بيهوده است : امّا چيزي دارم كه شايد در نظر شما [2] وقعي [3] داشته باشد * از وقتيكه با شما انگليزان معاشرت كرده ام ، مي بينم ، كه شما بسيار كنج [4] كاو و خرده پژوهيد * هرگاه باشما سفري ميكردم ميديدم كه كلي و جزي از حالات و كيفيات ممالک و اقوام ، يادداشت ميكرديد ; و در مراجعت براي اطلاع همشهريان خود منتشر ميساختيد * هيچ باور ميكرديد ، كه من با ايراني - [5] گري تقليد شما كرده باشم ، و در اين مدّت ، كه در استانبول بودم ، سرگذشت خود را از اول عمر تا آخر عمر بطرز شما نوشته باشم ؟ اگر چه سرگذشت من ، سرگذشت مردي [6] گمنام و كم پايه است ، اما [7] منافاتي ندارد * شامل چندان وقايع و قضاياست ، كه اگر در فرنگستان منتشر شود ، البته تأثيري بزرگ مي بخشد * آن را بشما ميدهم ، و يقين بدانيد كه اين از شدت اعتمادي است كه بشما دارم ، و [8] گرنه بغير از شما بكسي نميدادم * قبول مي كنيد يا نه ؟ "

جناب ! تصوّر بفرمائيد كه ازين مژده [9] چه قدر بايد خرسند شده باشم * مالک

1 *Dast-i khālī* (m.c.) a compound adjective.

2 *Vaq'nihādan* "To esteem."

3 As the Aorist or Present Subjunctive of *dāshtan* is used instead of the Present Indicative (*dāram* = "I have") the Past Subjunctive of this verb is used instead of the Present Subjunctive.

4 *Kunj-kāv* (m.c.) "Prying; full of curiosity."

5 *Bā-īrānī-garī* "In spite of my being a Persian."

6 *Gumnām* "obscure." In India *khatt-i gumnām* is "an anonymous letter," but in Persia *kāghaz-i bī imzā'*: *bī imzā'* means without either signature or seal.

7 *Munāfāt* "Driving each other off; incompatability; difference."

8 "For I would never have offered it to anyone else."

9 *Chi qadar bāyad khursand shuda bāsham* "How much I must have been pleased": better *chi-qadar khursand shudam.*

خزانهٔ شدن که باعتقاد شما مفید تر از آن بحال انسان چیزے نیست و [1] سالهاي سال من در اشتیاق تحصیل آن بودم - [2] زهی سعادت ! از شما چه پنهان ؟ وقتیکه اظهار امتنان مینمودم ، از شادي چشم جاي [3] را نمیدید ؛ و هر چه من در گرفتن ناز کردم (چه در آن حال مناسب آن میدیدم) او بدان نیاز نمود (چه در آنحال مناسب آن میدید) ٭

برای الزام تمام بگرفتن گفت ,, من بایران میروم ؛ از التفات شاه خواطر جمع نیستم ٭ اگر مرا معزول [5] سازند و درمیان نوشتجات من این کتابرا ببینند ، شاید بجهة راستی و درستیع که در مضامین و مطالب آن است ، خاصه در آنچه متعلق بانگریزان است ، موجب خانه خرابي من شود ,, ٭

آخرالامر تاب اصرار آن نیاورده بتألیف حاجی [6] دارا ، یعني [7] واصل تمنّاي خود شدم ٭ آن تألیف [8] موضوع این کتاب است ، و چون اول بتشویق و سررشته بخشي سرکار بانجام این کار بر خاستم ، اگر دیباچهٔ آن بنام سرکار مطرّز نباشد ، بنام که باشد ؟

اگر از روی بنده نوازي [9] سری بمطالعهٔ آن فرود آورید ، ميبينید که خیلی کوشیدهام تا بطرز اُروپائیان مطابق باشد ، و بمذاق ایشان موافق افتد ٭ حشو و زوائد آنرا از تکرار و مبالغات اهل آسیا حذف نمودم ؛ امّا بجهت مباینت جزئي تاریخ و اوقات قضایاي آن چندان بصواب مقرون و از بوي مشرق عاري نخواهید یافت ٭ امّا من در حق آنچه این کتاب محتوی است ، میتوانم گفت که چون من در ایران بسیار نشستم اکثر اینهارا با واقع مطابق می یابم ؛ و اگرچه مانند تألیف فرنگان باصواب و حقیقت و [10] طابق النعل بالنعل ننماید ، براي وقوف و اطلاع از

1 *Sālhā-yi sāl* "Long years."

2 This disjointed sentence runs *mālik-i khizāna'-ī shudan, zahi sa'ādat!* "To become the possessor of a treasure (which.————)—oh the good luck of it!"

3 M.c. "I saw nothing" or "my eyes and thoughts were where my delight was." The *rā* appears to be grammatically incorrect: *rā* in m.c. is often incorrectly inserted.

4 *Nāz*, a difficult word to translate: it signifies coquetry, contrariness in a mistress, feigning refusal in order to be pressed, not making oneself too cheap, etc.

5 *Sāzand* for the Passive: *vide* note 7, p. 10; the subject is "they" (indefinite) and not "the Shāh."

6 *Dārā* "Possessor."

7 "I gained my longed for-wish."

8 *Mauẓū'* = *Mażkur.*

9 *Sar-ī* "A head," *i.e.*, "a little."

10 "Step for step," *i.e.*, exactly.

احوال وعادات آسیائیان چنانچه باید کافي است * بعضي از وقایع آن بنظر کسانیکه محل وقوع واقعه را ندیده اند، راست نما نیست چونکه از وضع [1] واقعه معلوم [2] میشود، چنان واقعه [3] نباید واقع شود، مگر در آنجا: مصراع[4] دل اگر خانه بسازد بسر زلف تو سازد *

در میان ریش‌بلندان آسیا [5] با ریش‌تراشان اروپا ، تا وقتیکه باهم باشتراک توانند زیست ، [6] خطّ فاصلي باید باشد * هریک سرگذشت دیگریرا تکذیب میکند * چیزیکه در نزد این یک ، عیب و خطاست در نزد آن یک ، هنر و صواب است * آنچه در نزد ترسایان مقبول است ، در نزد مسلمانان مردود است * مُخالف اعتقاد ایشان حقیقةً خیلي خنده - خیز و فرح-انگیز است ؛ این یقین است ، که ترسا میگوید ' زهي شرف که من اُمّت محمّد و تابع ملّت آن نیستم ' : مسلمانان بجز خود همه‌را نجس و [7] ناپاک میدانند و باین عقیده استوارند ، تا اینکه — مصراع " دستي از غیب برون آید و کاري [8] بکند ؛ " یعني پردهٔ ظلمت صُوري و معنوي را از چشم اینهمه اهل آسیا بردارد *

از ترس بزرگي حجم و طول سخن در باب دیده و شنیدهای خود ، بمحض اشارت اکتفا نمودم * هر چه درین جلد مندرج است ، نگاشتهٔ قلم حاجي بابا است و بهمین ترس اورا از مملکت خود بیرون نبرده‌ام *

اما آنچه حاجي بابا در سفر خود بانگلستان در باب اخلاق و عادات انگریزان نوشته است ، بسیار نکات و دقائق سودمند را محتویست * گر دستوري باشد ، آنرا نیز بصورتی ، بصحت مقرون ، بدین خواهم افزود *

خلاصة مخدوم معظّم من ! اکنون باید ختم سخن کنم * دریغ که در باز گشت از ایران شمارا در اسلامبول ندیدم ، تا در سایهٔ اِفادات و نصایح سرکار ، این کتاب را مفید تر و ارزنده تر سازم * معلوم شد که باز در بیابانهاي خشک

1 *Az vaz'-i vāqi'a* "From the nature of circumstances."

2 *Ki* understood after *mi-shavad*.

3 *Na-bāyad vāqi' shavad magar dar ānjā* "Couldn't well happen except there" (*i e.*, the place of their occurrence, the East).

4 "If my heart were to make a dwelling for itself, it would be on your curls."

5 *Bā* incorrect for *va* "and."

6 *Khaṭṭ-i fāṣilī* "A dividing line."

7 *Nā-pāk* "Unclean." In m.c. *nā-pāk* signifies "saucy, roguish" (applied to a woman in a *good* sense).

8 *i.e.*, "Does something to settle the dispute."

وخالی در پی حقیقت مومیائی و کشف حروف قدیم مصریان میدوید * خداوند انشاء الله شمارا کامیاب ، و مرا چندان کامران سازد ، که از عهدهٔ التفاتهای شما بر آیم *

سیّاح انکلیسی[1] سنه ۱۸۲۸

[1] *Sayyāḥ-i Inglīsī*. In the original the writer signs himself 'Peregrine Persic.'

هو

سرگذشت حاجي باباى اصفهاني *

گفتار اول

در ولادت و تربیت حاجي بابا ۰

پدرم کربلائي حسن یکی از دلّاکان مشهورِ شهرِ اصفهان بود ۰ در هفده سالگي دختر شخص [1] شمّاعي از همسایگانِ دکانِ خود را عقد کرد ، امّا زنا‌شوئیش مبارک نشد ۰ زنش نازا [2] در آمد و او نیز از [3] صرافت وی افتاد ۰ [4] در سایهٔ [5] چیره‌دستي و شهرت خود چندان مشتري ، خاصه از بازرگانان ، پیدا کرد که بعد از [6] سي سال کاسبي توانست [7] دستگاه خود را وسعتي دهد ، یعني زني دیگر گیرد ۰ دختر [8] صرّافي توانگر را [9] خواستاري کرد ، و بمطلوب خود واصل شد : [10] چه [11] مدّتها سر او را [12] بدلخواه او تراشیده بود او نیز ردّ [13] تکلیفش نتوانست کرد ۰

1 *Shammā* "chandler."

2 *Dar āmad* "Turned out."

3 *Ṣarāfat* "Notion, idea, turn of thought." *As. Ṣarāfat andākhtan* "To get out of person's head; cure a person of an idea."

4 *Dar sāya* (m.c.) = "By." *Dar sāya-yi tavajjuhāt-i khud taraqqī kard* (m c.) "He rose by diligence; by his own exertions."

5 *Chira-dasti* "Skill." *Tar-dasti* "sleight-of-hand."

6 *Si sāl kāsibī*; no *iẓāfat*. In original 20 years

7 *Dastgāh* "Workshop, etc., plant."

8 Note ی of unity, here joined to the substantive and not to the adjective.

9 *Khwāstārī k.* "To ask in marriage." Also *khwāstgārī kardan*.

10 *Chi* "Because."

11 *Muddathā*, pl. for excess; more intensive than *muddat-ī*.

12 *Dilkhwāh*. "Heart's desire."

13 *Taklīf* "Duties; proposition." In m.c. *raddshudan* = "to pass by."

پس بدان خیال که اقلاً چند [1] صباحي از درد سر زن اول فارغ شود و در نزد [2] پدر-زن
[3] تازۀ که با اینکه در بریدن کنار [4] درهم و دینار و [5] روائي نقد ناسرهٔ بجای [6] سرهٔ
مضایقه نمیکرد ، در [7] سنن شرع و اداب دین دعوي پایداري داشت ، [8] تقدّسي
بفروشد ، عازم [9] کربلا شد * زن نوش در آن سفر همراه بود و من دران راه
از تنگنای عدم بفراخنای هستي قدم زدم * پیش ازین سفر، پدرم [10] حسن دلّاک
تنها بود ؛ امّا بعد ازین سفر بلقب کربلائي هم ملقّب گردید * از برای خوش
آمد مادرم ، که مرا سخت [11] بد نبار میاورد ، مرا نیز حاجي نامیدند * این
نام با اینکه مخصوص حجّاج بیت الله است در تمام عمر بامن [12] مي بود ،
و باعث عزت و احترامي چند بر من گشت که هیچ سزاوار آنها نبودم *

پدرم ، پیش از سفر، کار دکان خود را بیکی از بزرگترین شاگردان خود
حواله نمود ؛ امّا بعد از مراجعت ، با گرمي [13] دیگر بیشتر، [14] باز پس گرفت ،
و در سایهٔ نام کربلائي و اظهار تقدّس بریاء ، علاوه بر مشتریان بازرگان ، پای ملّایان
و دعویداران دین را نیز بدکان خویش [15] بکشود * چون علت [16] غائي از

1 A few mornings. In m.c. *ṣabāḥ* is also used for "day.

2 *Pidar-zan* "Father-in-law"; no *iẓāfat*.

3 Note the *yā* of the relative clause (represented by *hamza*) added to the qualifying adjective.

4 *Dirham u dīnār* "Gold Coins." The *dīnār* is now an imaginary and infinitesimal coin: a thousand go to one *krān*. About 8½ *krāns* go to one rupee.

5 *Ravā*ʾ*ī* "Circulating."

6 *Sara* "Good money" (as opposed to *nabahra*, which word is however not used in m.c.).

7 *Sunun*, pl. of *Sunnat* which *lit.* signifies 'a path; manner of life': hence the tradition that records the sayings and doings of the Prophet. *Sunni* = 'one of the path.' *Ḥadīṣ* is generally applied to the written collection or uninspired record of the inspired sayings of the Prophet.

8 The construction of this rather involved sentence will become clear if one bracket be inserted between *tāza-ī* and *ki*, and a second one after *pāydārī dāsht*.

9 *Karbalā*ʾ contains the tomb of "*Imām Ḥusain*."

10 *Ḥasan-i dallāk tanhā būd* "Was known only as Ḥasan the Barber": note the *iẓāfat* after *Ḥasan*."

11 *Bad ba-bār āvurdan* (probably a corruption of *bad ba-bālā āvardan*) "To spoil; bring up badly."

12 *Mī būd* better here than *būd*: the Imperfect of *būdan* is rarely if ever used in m.c.

13 Either *dīgar* or *bishtar* is redundant: omit one or the other.

14 *Bāz pas giriftan* = *vāpas giriftan*.

15 *Pāy kushādan* (or *kushūdan*) *tr*. "To allure."

16 *Illat-i-ghā*ʾ*ī* "The final cause for which a thing is made or exists."

تربیت من، مهارت در کار تیغ و نشتر بود، سوادم [1] بایستی منحصر بدرست
خواندن [2] حمد و سوره و نماز باشد؛ ولی از حسن بخت بتربیت آخوندی از
مشتریان پدرم نامزد شدم، که در پهلوی دکان ما، در مسجدی،
[3] مکتبداری میکرد؛ و پدرم برای [4] تأکید دینداری خویش بقول خود سرش
را «[5] قربةً الی الله» می تراشید. این آخوند مرا در دکان بدید، و بپاداش
نیکی پدرم زحمت درس و مشق مرا [6] رایگان بگردن گرفت. از همت او،
[7] در سر دو سال [8] سوادکی پیدا کردم [9] چنانچه قرآن را [10] روان میتوانستم خواند؛
خطّی خوانا مینوشتم چنانچه روان [11] میتوانستند خواند. ایام تعطیل را نیز
بیهوده نمی گذراندم؛ در دکان پدر [12] مبادی و مقدّمات هنر خود را بضرب چوب
می آموختم؛ و در صورت ازدحام مشتری، سر چاروادارها و شتربانان به
تیغ من حواله میشد. [13] راستی سرتراشی من نوعی از سرخراشی بود، و
بایشان [14] بکم تمام نمیشد.

چون بشانزده سالگی رسیدم، بدشواری تشخیص می توانستند داد
که در تیغ‌رانی چیره ترم یا در صنعتدانی. در [15] عالم تیغرانی، گذشته از نرم تراشی
سر، و [16] موزون نهادن خط، و یکسان زدن [17] موزچه پی، و پاک برداشتن [18] زیر ابرو،

1 *Bāyistī bāshad* or *mī-bāyist bāshād*, "Should have been; ought to have been."

2 *Ḥamd* is the *Fātiḥa* or 'opening' chapter. *Sūra* here means the *Sūrat^u 'l-Ikhlāṣ*, the 112th Sura on the declaration of God's Unity; this short *Sūra* is generally repeated in prayer after the *Al-Ḥamd*. These two *Sūras* are the first that are taught to children.

3 *Maktab-dārī*, "School-keeping."

4 *Ta'kīd*, "Strengthening."

5 *Qurbat^an ila 'llah* = *barāy-i nazdīkī ba-sū-yi Khudā.*

6 *Rāygān* or *rā'igān*: both correct.

7 *Dar sar-i du sāl* "At the end of two years."

8 *Sawādak-ī*, "A little education": Pers. dimin. affixed to Ar. *Sawād*. *Sawād*, usually translated 'education,' refers to reading and writing.

9 *Chunānchi*, "So that; for instance." In *India* it often means 'accordingly.

10 *Ravān khwāndan*, 'To read fluently and almost by heart.'

11 Note this common method of forming the passive, 'so that it could be easily read.'

12 *Mabādī*, pl. of *mabdā'* "Beginning, starting point; principle."

13 *Rāsti*, adv. "Truly."

14 *Ba-kam tamām nami-shud* = 'They didn't get off cheaply.'

15 *'Ālam* lit. "World," here = *kār*, *shughl*.

16 *Mauzūn nihādan-i khatt*, "Shaving the whiskers into two equal lines" (with a short trimmed beard).

17 Or موچینه "Trimming the whiskers very short with scissors."

18 Thinning the eye-brows is no longer the fashion.

و خوب پاک کردن گوش ، و سائر آرایش بیرون حمّام ، درمیان حمّام نیز ، در مشت و مال و کیسه کشي و [1] قولنج شکني و [2] لیف و صابون که در طرف مشرق متداولست کسي مثل من استاد نبود : وقتیکه دست و پای مشتري را [3] شتر بند میکردم و وارونه میانداختم و پشت و پهلویش را [4] بباد شپاشاپ سیلي و مشت میگرفتم ، آوازهٔ بند بندِ [5] شان شنیدني ، و دست و پنجهٔ من دیدني ، بود ٭

در عالم سخنداني هم از برکتِ نفس آخونه ، [6] صحبت خود را [7] مناسب کلام ، از اشعار شعرای بنام ، خاصه از سخنان شیخ سعدي و خواجه حافظ ، نمکین و رنگین مي نمودم ٭ گاهگاه [8] زمزمهٔ پستي نیز میکردم که بسائر هنرهایم پیرایهٔ دیگر مي بست : از این رو مشتریان را [9] حریفي ظریف و نادرهٔ دان ، و [10] رندان را رفیق حجره و گرمابه و گلستان بودم ٭

چون دکان پدرم در پهلوي کاروانسرای شاه ، و آنجا بیشتر از همه - محل ازدحام بود ، [11] موعد ملاقاتِ خاصّ و عام و [12] سر دم غریب و بومي شد ؛ و گاه میبود که مشتریان ، بناء بخوشمزگي و حاضر جوابيِ من ، از مزد معهود هم چیزي بیشتر میدادند ٭ درمیان مشتریان بازرگاني بود ، عثمان آغا نام بغدادي که مصاحبت مرا خوش میداشت ؛ چه بجهة معاشرت با ترکان اندکي ترکي هم [13] بلغور میکردم ٭ [14] این بود که سر تراشيِ مرا ، بسر تراشي پدرم باآنهمه شهرت ، ترجیح میداد ٭

1 The relaxing the shoulders and arms in a bath by the shampooer.

2 *Līf* "Hand bag for washing": *līf u ṣābūn* = soaping with the *līf*. *Birau, līf san* is a term of abuse. *Ū khaile līf dārad* (m.c.), is said of an inferior person who dresses above himself; 'a swell.'

3 *Shutur-band* is a certain position in which the bather is placed by the shampooer. There is a *double entendre* here, a suggestion of indecency cleverly veiled.

4 *Ba-bād* simply means "to": *shapāshap* 'noise of slapping.'

5 Note *shān* here refers to *mushtarī*, a singular with a plural signification. *Band band* "Each joint"; note force of repetition.

6 *Ṣuḥbat* "Conversation."

7 'Fitting to the topic under discussion.'

8 *Zamzama-yi past-ī* "A low modulated humming."

9 *Ḥarīf-i ẓarīf* "A witty rival or companion."

10 *Rindān* here = *lūṭiyān*.

11 *Mau'id* "Place of appointed meeting; rendezvous."

12 *Sar-dam*, also *sar-idam*, in m.c. is a fixed place of meeting for drinking, gambling, etc.

13 *Bulghūr* T. "Barley or wheat, coarsely ground and cooked": *bulghūr k.* is here facetiously used to indicate that his Turkish was none of the best.

14 *In būd* "This was the reason."

این مرد از [1] دیاریکه دیده وگردیده بود چندان با آب و تاب [2] توصیفها
و تعریفها نمود که در من بشدت هر چه تمام تر آرزوی سفر پدید آمد *
هم در آنروزها او را سفری در پیش آمد ؛ و برای [3] سیاهه و دستک ، نویسنده
لازم داشت * چون من جامع هنر تیغ و قلم بودم ، بهمراهی [4] تکلیف نمود ؛
و چندان وعدهای چرب و شیرین داد که تن در دادم * چون با پدر این راز درمیان
نهادم ، بحکم فائدهٔ خود بدین معنی راضی نمیشد ، که " بامید سودی موهوم
با خطری [5] مجزوم ، ترک شغلی [6] باوری با درآمد معلوم کردن ، کار عقل نیست ؛ "
امّا عاقبت ، بموجب [7] کرایه مندی مواجب و بملاحظهٔ حسن عواقب ، با دعای
بی اندازه [8] یکدسته تیغ تازه یادگارم داد و [9] دل بجدائیم نهاد *

امّا مادرم درین سودا سود نمیدید ، و بدوری من نیک [10] میاندیشید ؛
[11] وانگهی " خدمت سنّی نا پاک در حق مثل [12] من شیعهٔ پاک را ، بفال خیر
نمیگرفت * اما چون عزمم را جزم ، و خیر آیندهٔ ام را [13] محتمل دید ، راضی شد ؛
و برای اثبات مهر مادری کیسهٔ نان خشک با درجی [14] مومیائی داد ، که " این
دارو انواع شکستگی و کوفتگی اندام ، و سائر [15] علل و [16] اسقام داخلی و ظاهری
را ، نافع و آزموده است " ؛ و هم نیک سفارش نمود که " در وقت بیرون
رفتن از در خانه روی بواپس بیرون رو تا بخیر رو بواپس آئی " *

[1] *Diyār* (pl. of *dairat*) "Regions, circuits." *Diyār* is also the pl. of *dār*.

[2] Gave such glowing descriptions.

[3] *Siyāha* "Account" and *dastak* "the account book."

[4] "Suggested, offered."

[5] *Majzūm* "Certain, sure." *Banda fardā jazman ānjā mi-ravam* (m.c.) "I'll go there without fail to-morrow."

[6] *Bāwarī* "Relied on": *dar-āmad* sub. "income."

[7] *Kirāya-mandī* "Earning."

[8] *Yak dasta tīgh* (no *iẓāfat*). *Dasta* usually signifies a set of half a dozen of anything.

[9] *Dil* "Heart," in m.c. usually signifies 'stomach.'

[10] *Nīk andīshīdan* "To consider deeply."

[11] Pronounced *Vāngahī* = "Besides this, what is more."

[12] No *iẓāfat* after *man* here. The Afghans however would insert an *iẓāfat*.

[13] *Muḥtamal* "Probable."

[14] *Mūmiyā* A drug sold in every eastern bazar; probably the same word as *mummy* a potent medicine in Europe in old times.

[15] *'Ilal* (pl. of *'illat*) "Causes; infirmities."

[16] *Asqām* (pl. of *Saqam*) "Diseases."

گفتار دوم

در اولین سفرِ حاجی بابا و اُفتادنِ او باسیری بدستِ تُرکمانان *

عثمان آغا بسودای اینکه پوست بخارائی از مشهد بخرد و به اسلامبول ببرد ، عازم خراسان شد * [1] آدمی فرض کنید ، [2] چار گوشه ، کوتاه بالا ، سر بزرگ ، گردنش بمیان شانه فرو رفته ، انبوه ریش ، سیاه مو ، [3] آبله رو ، با بینی بزرگ دائم [4] الترشّح ، اینک صورت او ؛ امّا معنی او [5] مسلمانی بود پاک ، مراقب طاعت ، مواظب عبادت ؛ رفتارش [6] مرتّب و منظّم ؛ در قعر زمستان هم صبحگاهان در وضو جوراب را میکند و پا را می شست * اگر چه در مدت اقامت در ایران بروز نمیداد ، امّا در باطن دشمن شیعیان بود * در عالم چیزیرا از [7] مداخل دوست [8] تر نمیداشت ؛ هر شب تا نقود خود را در گوشهٔ امن نمی نهفت ، نمی خفت * با آنکه خود شراب پنهان میخورد ، [9] آشکارا شرابخوارگان را لعن میگفت * با اینهمه ، [10] دلق و حلقش بجا ، دیگش همیشه در جوش ، وقلیانش مدام در خروش بود * در اول بهار ، کاروان رفتنی بود * ما هم [11] بسیج سفر پرداختیم * عثمان آغا برای خود قاطری خرید ؛ تنومند و

1 *Ādam-ī*, "A man."

2 *Chār-gūsha*, "Square."

3 *Ābila rū* "Pitted with small pox"; (not in original).

4 "Ever dripping": (in original 'spongy').

5 "A *muslim*."

6 "Well regulated; of regular habits."

7 "Profit."

8 Note the comparative affix added to a *noun*; compare *rāḥat tar* (m.c.) and *āsū-dagitar* (m.c.) "more comfortable."

9 *Āshkārā*, in m.c. generally *Āshikāra*.

10 *Dalq u ḥalq* = "Dress and food": properly *dalaq*.

11 *Sīj* or *basīj*, "Preparation."

[1] یورغه : برای من یابوئی که علاوه بر من ، [2] قبل و [3] منقل و [4] آبداری و [5] خرت و پرت من هم ، در [6] ترک بندیش بود * غلامی داشت ، هم فرّاش و هم آشپز وهم یاور بار کردن و فرود آوردن بنه * استری برای او کرایه کرد ، که علاوه بر او ، مفرش را از لحاف و [7] دوشک و بالش و قالی با آشپزخانه بر آن حمل نمودیم * بر استری دیگر نیز جفتی [8] یخدان بار کردیم ، که هست و نیست خواجه همه در آن بود : [9] دستهٔ ما بر این تمام شد *

شب پیش روز سفر عثمانِ پیش - بین ، از روی پیش بینی ، [10] کلاه لتّهٔ ، که در زیر عمّامه داشت ، [11] بشکافت ؛ و درمیان پنبهایش ، برای [12] روز تنگ ، پنجاه عدد اشرفی دوخت ، و این راز را ، غیر از من و او ، کسی نمیدانست * بقیهٔ سرمایهٔ خودرا در کیسهاے چرمین سفید ، درمیان رختها بصندوق نهفت *

چون کاروان [13] حاضر شد ، عبارت بود از دویست نفر شتر ، و پانصد اسب و استر ، همه از امتعهٔ عراق گرانبها * مردم کاروان ، از بازرگانان و نوکر ایشان ، و چارواداران ، و [14] یتیم چارواداران ، کم و بیش صد و پنجاه نفر میشد * بقدر پنجاه نفر هم

1 *Yūrgha* (or *yūrqa*) *raftan* is "to amble" (*not* "to trot.")

2 *Qubul* "Holsters" (large and clumsy for the *qaliyān*).

3 *Manqal* "A brazier" (suspended on the near side of the horse).

4 *Ābdārī* A general term for a large *khurjīn* that contains tea, tea things, sherbet, '*araq*' etc.: it also includes a rug to sit on and a table cloth. The word *ābdārī* is generally used to include the mule that carries these refreshments, etc. A servant rides perched on the top of the *khurjīn*. The box with compartments that holds the tea things and candle lamps is called *hazār pīsha*. The *ābdārī* generally includes an *āftāba* and *lagan*.

5 *Khirt u pirt* "odds and ends; small belongings."

6 *Tark* is that portion of the horse's back (behind the saddle) that supports the *khurjīn*, and *tark band* are leather thongs or straps fastened to the back of the saddle.

7 *Dūshak* "mattress." *Bālish* "small cushion or pillow for the head."

8 *Yakhdān* 'A country portmanteau of wood, generally covered with leather and bound with iron.'

9 *Dasta-yi mā* "our party."

10 *Kulāh-latta* is a small cap worn under the '*ammāma*,' the latter being the mulla's turban, or the rolled turban worn by Persian merchants. The ordinary *pagari* of Indian servants is called *shāl-i daur-i sar* or *shāl-i sar*.

11 *Bishikāft* "He ripped open."

12 *Rūz-i tang* = *rūz-i mabādā* "a rainy day; a tight time."

13 *Hāẓir* "Ready" (not "present").

14 *Yatīm-chārvādār* "assistant of a muleteer or of a donkey-driver. The *chārvādār* is either the owner of hired mules, etc., or the headman in charge of them.

[1] زوّار [2] امامِ رضا بما افزودند ؛ و در حقیقت کاروانِ ما ، از رنگ و روی اهلِ زیارت ، رنگ و بوی تبرّک و طهارت پیدا کرد ، [3] چنانچه همه ، این سفر را ، نعمتی بزرگ میشمردند *

در این گونه حالات ، یراق کردن از واجبات است * عثمان آغا ، که از آواز تفنگ زهره‌اش آب میشد و از برق تیغ خواب بچشمش نمیرفت ، آنهم یراق کرد * تفنگی بلند ، چپ و راست بشانه ، [4] بغلطاقی ساغری در زیر بغل ، [5] کیسه‌کمری [6] با دبّها و کیفهای چرمین ، و [7] شاخ‌دهنه ، و [8] وزنه ، وگلوله‌دان درمیان ، دو [9] پیشتو ، باشمشیری بغائت کج درکمر ، غرق سلاح شد * منهم بهمانسان ، و علاوه بر آن نیزهٔ بلند هم داشتم ، تا درمیانِ بنده و خواجه فرقی باشد * غلامِ سیاه نیز با شمشیری نیم‌شکسته و تفنگی بی [10] چقماق ، [11] سیاهیِ لشکر شد *

باری در روزی فیروز و ساعتی سعد ـ اندوز ، [12] چاوشانِ زوّار ، از هر گوشه و کنار ، باکوس و نقاره ، آوازهٔ " الرحیل الرحیل " در انداختند ؛ و ما [13] بامدادی پگاه از [14] دروازهٔ طاوقچی بیرون شدیم * اگرچه همه با سلاح ، ولی از اهلِ صلح و صلاح

1 *Zūvvār* (pl. of *zā'ir*) " Pilgrims; but *zavār* " A stranger, visitor, pilgrim."

2 *Imām Razā* is the eighth Imam, buried at Meshed.

3 *Chunānchi* " So that." In m.c. *Chunānchi* is often used for *agar chunānchi* " If."

4 *Baghal-ṭāq* is a sort of bandolier for carrying a rifle and for protecting the clothing. *Sāghari* is green 'morocco leather,' shagreen.

5 *Kīsa-kamar* 'A belt with separate pouches for powder, shot, bullets, and caps.'

6 *Dabba* is a leather pouch as above; a European powder flask; also a copper vessel for *ghī* when travelling. *Kīf* is a leather purse, perhaps for cleaning rags; *dabba āvardan* is to return an article to a shop after purchase (*man ān chīz rā bar ū dabba avardam*).

7 *Shākh dahna* is an old-fashioned Persian powder flask.

8 *Vazna* " Powder measure."

9 *Pishtū* " Pistol."

10 *Chaqmaq* " Trigger" ; *also* " flint."

11 *Siyāhī* 'the appearance of a multitude from a distance; *hence* the general or confused appearance of anything.'

12 *Chāvush* or *chāvūsh* or *chā,ūsh* is a professional guide to a pilgrim caravan; he fixes the hours of march, the stages, etc., etc.

He collects a caravan by riding through the streets, bearing a flag, reciting verses on pilgrimages and announcing his intention of conducting such and such a pilgrimage. The names of applicants are taken down in writing.

13 *Bāmdād-ī* " one morning" : *pagāh* " dawn"

14 *Darvāza* " Large gate," but *dar* " door."

مي نموديم * من از جهة نو سفري و از مشاهدهٔ آنحال تازه بی اندازه خورسند ، و از فرطِ خوشدلي همي زنان ، اسپ از جا برانگيختم ، و عثمان آغا ازينحركت [1] ناخوشنود ، از فرط ناخوشنودي بر من بتاخت كه " حاجي اگر تو بخواهي در اين راه با اين [2] اسپ خرِ دوانی بكني ، هيچ [3] يک سرِ سلامت بمنزل نخواهيد برد " * با رفيقان اُلفت [4] را چنان گرم گرفتم كه در همان منزلِ اول سرِ پارهٔ را تراشيدم ، و اگر بگويم بخواجهٔ خود خدمتي بزرگ [5] كردم راست گفته ام * او از حركت سواري رنجيده ؛ و كوفته چون بمنزل رسيد ، بحكم [6] مهارتِ در دلاّکی مُشتمالي چنان كاملش كردم كه گفتي مرده بود ، زنده شد *

[7] بيچشم زخم بطهران رسيديم * براي استراحتِ خود و چهارپايان ، و بعدد همراهان افزودن ، ده روز در آنجا بيارامیديم * منازل خطرناک [8] پر دور نبود * قبيلهٔ از تركمانانِ ياغی سرِ راه مشهد را [9] بريده بودند ؛ و در همان روزها بر سر كارواني ريخته ، [10] مالشانرا بيغما ، و مردمرا باسيری برده بودند * از اين خبر وحشت و بيم و هراسي درميان كاروانيان افتاد ، و همه سراسيمه گرديدند ؛ علي الخصوص عثمان آغا كه نخست از بيمِ جان آب در دهانش بخشكيد ، و [11] كم ماند كه از سرِ سوداي پوست در گذرد ، امّا بمفاد مصراع " چون راه حرم باشد سهل است بيابانها" - وانگهي از استانبول خبر آمده بود كه پوستِ برّه بسيار گران است ، اين بود كه [12] طرفِ اُميدش بر بيم غالب آمد *

در طهران و نواحي آن ، بعد از چند روز ، باز ، چاوشي براى همراهي با ما ،

[1] *Khush-vaqt*, *khushnūd*, etc., "pleased" but *nā-khush* "ill."

[2] *asp-davānī* is galloping one's *horse*.

[3] Note the incorrect concord.

[4] Note the *rā*; '*the* familiarity that I made.' The *rā* could be omitted with but a shade of difference in the meaning.

[5] Better *mī-kardam*: *gufta am* indefinite time: 'I have said it and still say it.'

[6] Note the *izafat* after *mahārat*.

[7] *Chashm zakhm* "evil eye."

[8] *Pur dūr* intensive adjective "very far."

[9] *Sar-i rāh giriftan* "To *block* the road" and *Sar-i rāh buridan* "To *attack* the road." Compare *qaṭʿu 'l-ṭarīq* (Ar.) and *qaṭʿ-i ṭarīq kardan* (Pers.) 'To infest the roads and commit highway robbery.'

[10] *Māl-i shān rā* for *māl-ash rā*.

[11] *Kam mānd ki—* or *Chiz-ī na-mānd as—* = "nearly."

[12] *Ṭaraf* 'Side in the scale': *ghālib āmad* "weighed down."

بجمع آوری زوّار مشغول بود : جمعي كثير بما افزود ؛ - و ميگفت " كه بايد شكر نمائيد كه با دستهٔ من' [1] نورٌ علي نورٌ ' شديد" • ديگر جاي ترس نماند • اين چاوش [گناهش بگردن [2] او كه ميگويد] روزی در راه مشهد سر تركماني مرده را بريده بود ، و ازين روی به پر دلي و كم ترسي معروف شده • هيأتش مُهيب و [3] كسوتش غريب ؛ بلند بالا ؛ فراخ شانه ؛ رويش از آفتاب سياه و سوخته ؛ [4] رخسارها برآمده ؛ [5] آروارها فرو رفته ؛ بجای ريش ، مانند بز در چانه‌اش دو سه موی نيز بيش نبود • برای اينكه همه كس بدانند كه از هيچ نميترسد ، زره در بر ، خود [6] بر سر ، [7] گوش پوش آهنين تا بدوش ، شمشيری [8] مقوّس با جفتي پيشتو در كمر ، سپری از پوست [9] كرگدن بر كتف ، نيزهٔ [10] پرچم‌دار در دست ، همانا با قضا و بلا مبارزت ميكرد ؛ و در [11] رجز ميخواند

نظم

" پيل كوتا كتف و بازوی گُردان بيند ؟ .·. شير كوتا كف و سرپنجهٔ مردان بيند ؟ "

" از قضاهای قدر گرچه گريزی نبود .·. هر قطعي كه قدر بر سر [12] ماكرد آن بيند " •

[1] For *nūrun 'ala nūrin*; final *tanwīn* not pronounced. Vulgarly *nūra* instead of *nūrun*. Generally used sarcastically in the sense of "better and better"; here the word literally signifies 'your light has been increased by mine,' *i.e.*, 'you were formidable before but now are doubly so.'

[2] Note *ūki* instead of correct *ānki*. A person repeating anything that may be false says *gunāh-ash bi-gardan-i ānki guft* (i.e., *na bi-gardan-i man*), and thus shifts the responsibility of possible falsehood on to another. A less colloquial phrase is *Va allāhu a'alam* = 'God knows whether this is true or not.'

[3] *Kiswat* "Dress" is in m.c. usually applied to the darvish dress.

[4] *Rukhsāra* here "cheek-bone."

[5] In m.c. *ārvāra* 'gums of the back teeth; *also* hollows of the cheeks.' *Ilvāra* is "jaw." In the *Ms.* the word is *āvardhā*, a word I am unable to trace.

[6] *Khūd* "Helmet."

[7] *Gūsh-pūsh* is the chain armour (hanging from the helmet) that protects the neck, etc.

[8] *Muqavvas* 'like a bow in shape.'

[9] *Kargadan* "Rhinoceros": also *karg*.

[10] *Parcham* is 'a black tassel tied to the neck of the spear.' The spear is mounted with the figure of a human hand. In India this hand is supposed to represent the hand of 'Ali, but in Persia it may represent the hand of 'Abbās, Husain, Imām Raẓā, etc., according to the name written on it.

[11] *Rajz* is 'reciting verses in the metre *rajaz*,' and *Rajaz-khwānī* is the recitation of certain verses by the *chāvush* or in the Muharram by Mullas.

[12] *Kard* = 'wrote' (the subject *Qadr*): *ān* refers to *sar*.

اسبش هم بدنبود * [1] یال پوشی از [2] چیت بروجردی بر گردن ، و بجز گوشهایش
چیزی در بیرون نه * سینه بند و [3] پاردمش پر از [4] زنگوله و منگوله ، یال و دمش
حنا بسته ، [5] ذوالجناح [6] تعزیهٔ حسابی بود * چاوش با این یابو آنقدر خود ستائی و
[7] شاه‌اندازی کرد ، و ترکمانان را استخفاف و استحقار نمود ، که عثمان آغا اورا [8] حرز
سیفی و جوشن کبیر شمرد ، و با توکل تمام ، دل بهمراهیش سپرد و میگفت مصراع
" چه باک از موج بحر آنرا که باشد نوح کشتیبان ؟ " کما بیش دو هفته از نوروز فیروز
رفته ، [9] رحم الله ، میرزا مهدیخان نسیم عنبر - شمیم بهار از فرّ فزور دین مژدهٔ رنگین
آورد * بقیة السیف بهمن و شتا گرسنه و ناشتا روی بهزیمت نهاد * توران زمین چمن
بترکتازی جنود قوای نامیه بتصرّف قزلباش گل در امد * غارتگران صحن چمن
و یغمائیان دارالملک گلشن سر بپوستین کشیدند * ترکان تنگ - [10] چشم شگوفه فوج فوج ،
و صحرانشینان ریاحین دسته دسته ، فرمانبری سلطان بهار را اختیار کردند * ترکمانان
[11] کلاغ پیسهٔ مانند باد [12] ریسه بفراز دشت قبچاق حاضر - یراق گشتند * [13] بردالعجوز هٔ ی

[1] *Yāl-pūsh* is 'the head and neck-piece of horse clothing.'

[2] *Chīt* "Chintz." Burūjard is the capital of Kurdistān and is noted for a common chintz, coarse in texture and red and black in colour.

[3] *Pārdum* 'the breechings of a pad-saddle, for horse, mule, or donkey.' A crupper is in Persia called قشقون (pronounced *qushqūn*): the Indian word *dumchī* does not seem to be known.

[4] *Zangūla* is 'a small bell,' *mangūla* "a tassel."

[5] Name of Husain's horse; in the Muharram processions it is richly decorated and caparisoned.

[6] *Ta'ziya* in Persia is applied to the *ceremonies* of the Muharram and not to the litter of Husain (*qabr-i Ḥusain*): *ḥisābī* (m.c.) "regular; exactly like." The subject to *būd* is 'horse' understood.

[7] *Shāh-andāzī* "Boldness, boasting display."

[8] *Ḥars* "Protection."

[9] Apparently 'God bless the spring.' Mirza Mahdi Khan, the head Munshi of Nadir Shah and his Chief Adviser. The translator now indulges in a little 'fine writing.'

[10] A peculiarity of the Turks in Persia is the smallness of their eyes.

[11] *Kulāgh-i pīsa* "The pied crow."

[12] An obscure allusion or else a copyist's error. *Bādrīsa* is in m.c. a certain portion of a spindle: it is also a 'circular perforated bit of wood to receive the top of a tent pole; a whirl, a fan.' *Rīs* (subs.) means "violence; buzzing" and *rīsā* (vl. adj.) "spinning, lamenting."

[13] *Bard^u 'l-'ujūz* "The old woman's cold" is a term applied to a few days in winter, which according to the dictionary are extremely cold. I think, however, it is a term applied to a few days of milder weather in the lambing season.

[1] ردّ العجز علی الظهر [الصدر] کرده بدانجا تاخت [2] که عرب نیزه را انداخت * چاوشان [3] چکاوک و [4] هزار، در راسته‌-بازار باغ و گلزار ، با آواز بلند [5] صلای "خوشباشی" در انداخته که

بیت

"همگانیم زائران - صفـــا ∴ هرکه‌ز اهل صفاست خوشباشد" *

ما نیز بعد از ادای نمازِ [6] آدینه در [7] مسجد جامع ، در [8] شاه عبدالعظیم جمع شدیم ؛ و فردای آنروز ، با نعره و فریاد چاوشانِ زوّار که

بیت

"زائرِ مشهدِ رضـــا هستیم ∴ هرکه ز اهلِ رضاست خوش باشد"

رو بخراسان ، بیرون رفتیم *

اولاً بیابانی نمکزار، و از آب و گیاه بی آثار، پیش آمد که نه دیده را از آن نوری بود ، و نه دل را از آن سروری * آن بیابانِ بی آب و گیاه را ، با منازلِ کوتاه کوتاه پیمودیم * چون بنزدیک آبادئی میرسیدیم ، یا بقافله بر میخوردیم ، چاوشان پیشاپیش می‌تاختند و با [9] گلبانگهای جانگزا ، نقارهائی که از [10] قربوسهای زینِ اسبان آویخته بودند ، می نواختند * درمیان کاروان ، روز ، همه روز ، ذکرِ ترکان بود ؛ و شب ، همه شب ، فکرِ ایشان * هرچند در پردلی آنان همه همزبان ، و در ترس از ایشان همه یکدل بودیم ، امّا با دلگرمیِ کثرتِ یاران ، و با [11] پشت - بندیِ میمنتِ زوّاران همه لافِ مردی و مردانگی میزدیم *

1 ~~ردّ العجز علی الظهر~~ ; I do not ~~understand this~~.

2 — *ki 'Arab niza andākht* a quotation and a not uncommon one, but I have been unable to discover its origin or its proper application.

3 *Chakāwak*, vulg. *chikāvak*, is a species of lark.

4 *Hazār* or *hazār dāstān* "The *Bulbul* or Persian nightingale" (not the Indian *bulbul*); a favourite cage bird in Persia. *Rāsta bāzār* "a straight bazar:" *vide* Acts IX, 11.

5 *Ṣalā* "Proclamation."

6 *Ādīna* "Friday" though not used is understood by most Persians.

7 *Masjid-i jāmi'* 'Congregational mosque' (for Fridays).

8 *Shāh 'Abdu 'l-'Aẓīm* is the name of a shrine (*imām-zāda*) about four miles from Tehran. The rail from Tehran now runs to it.

9 *Gul-bāng* also *gul-bāng-i Muhammadī* is the recitation of the *chā'ūsh* and also the chorus of the pilgrims repeated at intervals—"*ṣalawā-ā-āt.*" *Jān-gazā* 'striking terror to the soul' is an epithet often applied to the *ṣalāt-kash* who announces a death from the roof of the afflicted house.

10 *Qarabūs*, in Pers. *qarbūs*, "the saddle bow of a *Persian* saddle."

11 *Pusht-bandī* "assistance; reliance."

نظم

" گو ترکمان[1] تا یلی بنگرد .·. جوانمردی و پر دلی بنگرد
گر او مرد، ما جمله مرد افگنیم .·. ور او شیر، ما جمله شیر اوژنیم[2]
بکامش چنان آب سازیم تلخ .·. که یکسر دود تا بخارا و بلخ * "

همه باتفاق میگفتیم که " بگذار بیایند ؛ بخدا اگر[3] هزاران هزار باشند، بیاریِ امام رضا یکی از ایشان سرِ زنده بگور[4] نخواهند برد * عثمان آغای ما، نهانی چنانچه میدانی، خود را باخته بود، و از همانگاه لرزه بر استخوانش افتاده ؛ امّا او نیز مانند دیگران از لاف وگزاف باز نمی ایستاد ؛ و در ظاهر چنان اظهار مردانگی مینمود که هرکس می‌شنید میگفت، که در تمام عمر، قصّابِ ترکان بوده است * چون چاوش خود - سلالیهای او بدید ([5] بداعیهٔ اینکه چرا باید غیر از او خودستائی باشد) بروت خود را تا[6] بناگوش بتابید، که " حرف ترکان زدن، با دم شیر، بازی کردن است *

بیت

' نیازموده دلیریِ خود بخویش مبال .·. ندیده دشمن خود را کمر بکینه مبند ' *
' در مقابل ترکمانان[7] اهرمنی مثل[8] منی میباید ؛ قوله تعالیٰ ' الخبیثات[9] للخبیثین ' *

بیت

' شغال بیشهٔ مازندران را .·. نگیرد جز سگ[10] مازندرانی ' *

امّا باید دانست که مایهٔ امیدواری و حبل المتین سلامت عثمان آغا سنّی گری او بود، و می پنداشت که با استشفاع به نامِ ابوبکر و عمر از جنگِ ترکمانان

1 *Yalī* " heroism."

2 *Shīr-aushan : auzhīdan* (obs.) " to cast, hurl."

3 *Hazārān hazār* = *hazār hazār*.

4 Note pl. verb after *yakī* (*as ishān*), a common construction. *Sar-i zinda* " a whole head."

5 *Dā'iya* " intention ; object ; desire ; cause, etc."

6 *Bunā-gūsh* also *binā-yi gūsh* " the lobe of the ear."

7 *Ahriman* or *Ahraman* the principle of Evil, as opposed to *Ormuzd* the principle of Good (Zardushti) : here ' a devil.'

8 *Man-ī*, note the ی.

9 " Unclean things for the unclean." Said as a joke = ' I, not you, am a match for the Turkomans.'

10 A common proverb : ' set a thief to catch a thief.'

خواهد رست ٭ این بود، که برای تشبّه بقوم، دستاری سبز، بطریق [1] امیران و شُرفای اهل سنّت ، بر سر پیچید ، و سر و وضعِ خود را مانند اهل تسنّن آراست ، امّا خوانندهٔ میداند که نسبتِ او به پیغمبر، بیش از نسبتِ قاطرسواریِ خود بدو، نبود ٭

روزی چند بدین منوال قطعِ مسافت نمودیم ، تا روزی چاوش شیردلِ با کمالِ [2] معقولی و وقار پیش آمد که " ای یاران ، [3] ایلغار-گاهِ ترکمانان، اغلب [4] اوقات، این منزل است : باید چشمها را کشود و دست و پا را جمع کرد، و پراگنده نرفت٭ اگر خدای نکرده [5] قضائی روی نماید ، باید دست از جان شسته پایداری کرد ، مبادا خوف و هراسی بر دل خود راه دهید ، [6] که کار تمام است"٭ ازین سخن[7] باد بروتِ عثمان آغای شیر-افکن فرونشست ٭ اول کارش اینکه اسلحه و آلات کارزار را از بر خود بشکود (بگشود) ، و [8] تنگ پشت قاطر بست ٭ پس ببهانهٔ قولنج آغاز ناله و آه کرد ٭ چون مردم از خیالِ شجاعت نمائی و مقاومت او بدشمن در گذشتند ، خود را بعبائی فراخ در پیچید، و با چهرِ عبوس، استغفرالله گویان ، [9] سبحه شماران ، بنُزول قضا و بلا تسلیم شد ٭ وانگهی پشت گرمی او بچاوشِ پهلوان بود ، [10] که از جملهٔ اسبابِ بی‌باکی از خطر ، [11] حرز و تعویذی چند ،

[1] *Amīr* "a descendant of Muhammad" is I think a term used by Turks (and consequently by some Arabs) and not by Persians. In Persia one whose *father* is a descendant of the Prophet is a *Sayyid* and one whose *mother* is so descended is a *Sharīf*. After the *ḥajj* a well-to-do Sayyid wears a green, and not a black or dark blue, *'ammāma*. A *Sharīf* is not distinguished by a black or by a green *'ammāma*, but usually by a green *kamar-band;* after the *ḥajj* he takes the title of *Mīrzā*, as *Mīrzā Ḥasan*. *Mīrzā*, before a name, is also a title given to clerks or to educated people, and is the equivalent of *Munshī* as now used in India. After a name *Mīrzā* signifies *Amīr-zāda* or 'prince.' The term *Sharīf* is by the vulgar in Persia applied to any child of a *ḥājī*. Should a child be conceived while on the *ḥajj* it is by the Persians called a *ḥājī*. According to some Muslims a person is not entitled to be styled a *Sayyid* unless his parents were both *Sayyids* or descendants of the Prophet. In India *Juma'rātī Sayyid* is a term of contempt signifying that a person's only claim to the title of Sayyid is that he was possibly born on a Friday.

[2] *Ma'qūlī.* "Solemnity and dignity."

[3] *Ilghār-gāh* "Plundering-place": *īlghār* is a Turkoman raiding expedition, and hence a forced march.

[4] *Aghlab-auqāt*, no izafat.

[5] *Qaẓā'-ī* "accident, unfortunate event."

[6] — *ki kār tamām ast* "otherwise it's all up with you."

[7] *Bād* "pride, etc.": 'it took all the starch out of him; his hair went out of curl.'

[8] *Tang* "surcingle": in India 'girths.'

[9] *Subḥa* "rosary," in Pers. *Sabḥa*.

[10] *Ki* "who."

[11] *Ḥirz* "amulet": *ḥarz* "guarding."

ببازو بسته میگفت ، که "اینها طلسم تیغ بندی و تیر بندی است" : و با اصرار تمام میگفت "هرکه ازین قبیل طلسمات باخود [1] داشته باشد ، روئین - تن است ؛ تیغ و تیر بدو کار گر نمیشود ، بلکه بزننده و اندازنده بر میگردد ، مگر اینکه بردم تیغ و تیر هم طلسمی از اینگونه بسته باشد" *

چاوش روئین تن ، با دو سه تن از دیگر دلاوران ، قدری [2] پیشاپیش کاروان یزک وار روان ، گاه گاه برای اظهار شجاعت و جلادت ، اسپ می تاختند و نیزها بر هوا می‌انداختند * عاقبت از آنچه [3] آنهمه ، میترسیدیم بر سر ما آمد * اولاً صدای تفنگی چند بلند شد ؛ بعد ازان گرد و غبار روی هوا را تیره و تار ساخت : [4] هلهله و ولولهٔ غریبی برخاست که نزدیک بود پردهٔ گوشها را [5] بر دارد * از هول و هراس همه برجا خشک ماندیم * [6] رنگها پرید : زهرها [7] درید * همانا حیوانات هم مثل انسان آنواهمه را دریافتند * کاروانیان بیکبار مانند گنجشکان باز - دیده ، اول باطراف [8] یکدیگر حلقه زدند * امّا چون [9] سر و کلّهٔ ایلغاریان نمایان شد ، اوضاع دیگر سان گشت * بی انکه تفنگی خالی شود و تیغی از غلاف بر آید ، سلاحداران ، مانند [10] جوجکان کبک ، بدینسوی و آنسوی ، پراگنده شدند * پارهٔ گریختند ، و پارهٔ از پا در افتادند ؛ جمعی بی صدا گریه میکردند ، و جمعی با فغان فریاد برمیآوردند ، که "یا امام [11] غریب ! بفریاد غریبان برس ! دستگیری کن ! [12] دستگیر شدیم !" * چاوشی که میگفت شغال مازندران را سگ مازندران میگیرد ، در اول کار چنان ناپدیدار گشت که هیچکس را

1 As the Pres. Subj. (or Aor.) *dārad* = "he has, he possesses," the Past Subj. of this verb is used for the Pres. Subj.

2 *Pīsh raftan* "to go on ahead" but *pīsh-ā-pīsh raftan* "to keep ahead all the way." *Yazak* "advanced guard."

3 *Ān hama* "All that time."

4 *Halhala* prop. 'Shrill cries of exultation by women.' The Arabic *halhal* is connected with Hallelujah: *walwala* "cries sp. of grief."

5 Or *bi-darad*.

6 Pl. for a lot of people.

7 Should be *tarakīd*: *darīd* used for rhyme.

8 Or *daur-i yak-dīgar*.

9 *Sar u kalla* "heads."

10 "Young partridges."

11 *Gharīb* "Stranger," because *Imām Razā* was a stranger in *Mash-had* when he was killed.

12 *Dast-gīrī* "help"; *dast-gīr* "captured": even in their fright, the Persians could not avoid a play on words.

ازو خبری نشد * چاروادارن لنگها بگسیختند و بارها را ریختند * با [1] ستوران
بگریختند * بیک - [2] تیر - باران ترکمانان، کار ما تمام شد * پس بکاروان تاختند * مردم
را بستهٔ بارها را بگشوده بتاراج پرداختند * در چند دقیقه مالک اموال و [3] نفوس
بسیار گردیدند * عثمان آغا درآن [4] گیر و دار ، درمیان [5] لنگهای بار ، بر روی خزیده
بود ، و منتظر که چه بر [6] سرش آید * ناگاه ترکمانی غول هیأت و عفونت - صورت ،
بخیال اینکه آنهم لنگه ایست ، از [7] دنبالش گرفت و بر روی بغلتانید : و چون
از میان عبا بر آورد لگدی سخت به پهلویش نواخت که " بی دولت [8] قزلباش ا قالق
قول اول [9] کیل " * بیچارهٔ عثمان آغا ، از هول جان ترسان و لرزان ، شروع کرد بلعنت
بر شیعیان علی ، و برحمت بر پیروان عمر ، [10] بلکه بدین شیوه دل ترکمانان را نرم سازد :
امّا ترکمانان ملعون نه بنام علی رحمتی راندند ، و نه بنام عمر فاتحهٔ خواندند : آنهمه
لعنت و رحمت بهدر رفت * از روی احترام بعجز دستار سبز ، و برای ستر عورت بعجز
پیراهن و زیر جامه ، هرچه درشت از وی [11] بستند : عبای امیرانه‌اش را ، هم در
آن حال، ترکمانی دیو مثال ، با شلوارش [12] دربرابر وی در بر کرد * آمدند بر سر من :
لباسم بکندنش نمیارزید ، رحمتم ندادند : در سایهٔ این بی اعتنائی دستهٔ تیغ دلاکی
هم بجا ماند ، [13] و بجا شد : اما [14] من بی دولت قزلباش [15] رافضی ، خود [16] قول افتادم *

1 *Sutūr* is any beast of burden, but in m.c. is specially applied to mules.

2 *Tīr-bārān* "volley."

3 *Nufūs* (pl. of *nafs*) "souls, persons."

4 *Gīr u dār* "Tumult."

5 *Linga* "the load of *one* side of a transport animal"; (hence "odd, not even").

6 Note *indirect* narration.

7 'Caught him from behind.'

8 *Qizil-bāsh* lit. *red head* is a term generally applied to Persians; by the Turks with a contemptuous meaning. Certain settlers in Afghanistan and in India style themselves *Qizil-bāsh*.

9 I am unable to translate this corrupt Turkish abuse.

10 *Balki* "Perhaps" (m.c.) *Shewa, shīva* "manner."

11 *Bastand* = *bi-sitādand*.

12 *Dar barābar-i ve* "In front of him."

13 *In kār bi-jā shud* "it is finished." Possibly the expression is here impersonal 'it, (the plundering) was finished,' or 'the matter was finished for me.' Such a slovenly change of subject is not uncommon in Modern Persian.

14 The *first* personal pronouns should not be, but frequently are, followed by an *izafat*. Here however an *izafut* would naturally be used to make the construction uniform.

15 *Rāfiẓī* a term applied to the Shi'ahs by the Sunnis, because a sect of the former renounced and *turned away from* Zaid, the grandson of Husain.

16 *Qūl* T. "slave": the Turkish word is here used on account of the context.

ترکمانان بعد از ترکتازي، غنایم و [1] اُسرا تقسیم کردند * مارا چشم بسته بر ترکِ اسپان بنشاندند ، و همهٔ [2] روز براندند * شبانگاه درمیان [3] درّهٔ خلوت برای استراحت فرود آمدند *

روز دیگر وقتیکه اذن چشم کشودن دادند ، خود را در جائی دیدم ، که بغیر از چشمهای [4] تنگ ترکمانان کسي آنجاها را ندیده است * بعد از طی چندین پست و [5] بلندي بی آبادانی ، در انجام ، بدشتی [6] پهناور رسیدیم ، که آنسرش بدیار آخرت مي پیوست ، و تا چشم کار میکرد سیاه چادر بود ، و خیمهٔ و [7] گله بود و رمه * آنوقت دانستم که 'همین وادیست این بیابانِ دور .·. که گم شد درو لشکر[8] سلم و تور' *

[1] *Usarā'* (pl. of *asīr*) "Captives."

[2] *Hama rūz* "all day" but in m.c. also "every day": *hama-yi rūz* (m.c.) "the whole day."

[3] *Darra-yi khilwat* "Secret glen."

[4] As already stated the Turks (and Turkomans) have small eyes. *Tang-chaśm* also means "avaricious."

[5] *Past u bulandī* for *pastī u bulandī*: formative ی added to second adjective only.

[6] *Pahnāwar* "broad."

[7] *Ān sar ash* "the further boundary." *Galla* for sheep and *rama* for cattle.

[8] Salm and Tūr, the two sons of Farīdūn.

گفتار سیم

حَاجي بابا بدستِ که افتاد ، و تیغ دلاکیش بچه کار برخُورد*

تقسیم اُسرا از یک جهة بخیر ما شُد ، که من و عثمان آقا باهم بحصّهٔ ترکماني دیو پیکر افتادیم ، که [1] ذکر خیرش رفت * اسم این مرد [2] ارسلان سلطان و [3] سردار اولینِ قبیله بود که در فرود آمدنِ از کوه بدان رسیدیم * چادرهای آن قبیله در سایهٔ درّهٔ عمیق ، بر کنارِ آب روان ، و از کوههای اطراف آبها بدانجا ریزان ، و [4] سراپا چرا گاهها از گاو و گوسفند و سایر مواشي مالامال بود * ما در آنجا ماندیم و سایرِ همدردان و همراهانرا دوردست تر از ما ، درمیان قبایل ، پراگنده ساختند *

چون چشمِ [5] خیمگیانِ قبیله از دور بما افتاد با آوازهای بلند شادي و خرّمي " بخیر باد قدمِ اسیر آوران " و بتماشاي اسیران از خیمها بیرون تاختند * و سگانِ پر پشم و [6] پیله از دیدنِ ما بیگانگان [7] بپارس و هجوم پرداختند ، چنانچه کم مانده بُود که مارا پاره پاره سازند * زن سر-کرده ، که [8] کدبانو میگفتند ، چون دستار سبز عثمان آقا را (که تا آنگاه معقول - مایهٔ حرمت و اعتبار میشد) بدید ، برنگ [9] او فریفتهٔ باشتیاق تمام ، از سرش برداشت ؛ ولی کلاه لتّه را ، که گنجینهٔ پنجاه اشرفی بود ، بر جا

1 *Ẕikr-i k͟hair ash raft* "previously mentioned"; the expression is of course ironical.

2 *Ṣulṭān* "A non-commissioned officer, a sort of Captain; *also* a chief."

3 Better *Sardār-i qabīla-ī būd ki avval*—.

4 *Sar-ā-pā* "Completely."

5 "Tent-folk."

6 *Pīla* "Silk" but *pur pashm u pīla* "long-haired and rough" (of dogs, cats, goats).

7 *Pārs* (m.c.) "barking"; apparently corrupted from *pās* "watching."

8 *Kad-bānū* in m.c. means a good manager, housewife.

9 Note here, as elsewhere, *ū* for *ān* and *vice versâ*.

گذاشت * از شومی بخت ، زن دیگرش [1] بعنوان اینکه تکلتوی جهاز شترش پشتش را زخم میسازد ، و در زیر [2] قلتاق لتهٔ نرمی لازم است ، بطمع کلاه اُفتاد * عثمان آغا برای بقای بقیهٔ دولت خویش ، [3] دو دستی بر سر چسپان ، خیلی کوشش کرد ، ولی سودی نبخشید * کلاهی که من میدانستم و او ، که درمیانش چیست ، [4] زنک بربود ، و در گوشهٔ چادر درمیان کُهنه - پارچها انداخت ؛ و در عوض ، کلاهِ کُهنهٔ [5] قلپاقی بر سرِ او نهاد * این کلاه هم [6] مرده ریک کسی بود ، که پیش از ما ، مثل ما ، اسیر افتاده و از اندوهِ تیمار هلاک شده بود *

عثمان آغا ، با کلاه [7] صاحب مرده ، [8] بحکم کلفتی و بی دست و پائی ، صاحبِ [7] منصب مرده (یعنی بمنصب شتر چرانی) نامزد شد ؛ و مرا غدغن کردند ، که از چادرها قدمی دور تر [9] نگذارم ؛ و [10] بنقدِ وقت بمشک جنبانیدن و کره در آوردن [11] مُباهی گردیدم *

ارسلان سلطان اعلانِ ظفر و [12] ولیمهٔ سفر را [13] شیلان باهلِ اوبهٔ خود ، که بیشتر رفیقِ سفرِ او بودند ، کشید * دیگی بزرگ پلو پخته شد ، و گوسفندی درست بریان کردند * مردان در خیمهٔ و زنان در خیمهٔ دیگر * اول طعام را مردان خوردند ، بعد ازآن زنان ؛ و باقی را بچوپانان ، و فضلهٔ خائیدن و جاویدنِ چوپانان را بما و سگان انعام دادند * من با اندیشهٔ تمام ، از دور ، بوی همی‌کشیدم ، چه از اولِ اسارت تا آنگاه غذای [14] حسابی نخورده بودم * ناگاه زنی اشارت کرده در پشتِ

[1] *Bi-'anvān-i inki* "Intending, *or* claiming that—." *Takaltū* "the stuffing or pad of a saddle." *Jahāz* "a camel saddle."

[2] *Qaltāq* T. "saddle-tree."

[3] *Du-dastī* (adj. and adv.) "with both hands."

[4] *Zanak*, in m.c. usually *Zanaka*.

[5] *Qalpāq* is a high Turkoman cap, *sp.* one bordered with fur.

[6] *Murda-rīk* old Persian for *'irs* or *taraka*; 'heir-loom.'

[7] *Ṣāḥib-murda* (comp. adj.) "whose owner is dead": often applied to animals as a term of abuse. *Ṣāḥib-i manṣab*; note *izafat*.

[8] *Bi-ḥukm-i kulufti va bī-dast u pā'ī* "on account of his fatness and unwieldiness."

[9] Indirect narration.

[10] *Bi-naqd-i vaqt* "at present."

[11] *Mubāhī* "exalted."

[12] *Walīma* A. "a general feast."

[13] *Shilān* "a spread dinner table; a general feast."

[14] *Ḥisābī* "real, regular, worthy of account: غذای حسابی "a square meal."

خیمه بنشاندن ، و [1] دوریِ پلوی با پارچهٔ [2] دُنبه در پیشم نهاد ، که [3] " این انعامِ کدبانو است ; میگوید که دلم بسیار بحال تو میسوزد ; غم مخور ; خداوند بزرگ است ، " و بی آنکه جواب شکرگذاری من بشنود ، باز پس رفت *

آن روز را مردان با بیانِ شجاعت و چگونگیِ سفر و کشیدنِ توتون ، و زنان بنواختنِ دف و [4] ترانهایِ گوناگون بسر بردند : من و بیچارهٔ عثمان در گوشهٔ اسارت سر بزانوی فکرت * من از نشانهٔ لطف کدبانو امیدوار ، سوداهای خام می پختم ، و او از همه - چیز نومید ، آه سرد از جگرِ پردرد بر میکشید * من برای دلداری او (اما بیهوده) میکوشیدم که " ایمرد ! توکّل و [5] تفویض از شعارِ اسلام و ایمان است * اندوه مدار ; خدا کریم است * " امّا او ، با ناله و آه ، از بختِ بد خود در شکایت بود ، که " [6] ترا بخدا ! دست بردار ; راست است خدا کریم است ، امّا برای تو ، که نه مالک دیناری و نه صاحب حبّهٔ ; - نه برای من ، که خانه‌ام چنان خراب شد ، که دیگر آبادی پذیر نیست ،" * همانا همهٔ اندوه او از فوت منفعت پوست بخارا بود ، [7] که دینارِ آخر را حساب میکرد ، و آه بیحساب میکشید * زمانِ وصال دراز نکشید * [8] فردای روز دیگر او را با پنجاه شتر ، بچراگاه فرستادند با تهدیدی شدید و اکید که " اگر از [9] بینیِ یکی خون در آید گوش و بینیت خواهیم کند ، و قیمتِ او را بسرِ بهایت خواهیم افزود " * آخرین نشانهٔ دوستی در برابرِ چادرها او را بر جهازِ شتری بنشاندم ، و سرش با کمالِ نرمی و استادی بتراشیدم * این هنر نمائی برای تدبیرِ آینده‌ام خیلی بکار خورد : فی‌الفور هر که را سری بود ، [10] برداشت و بتراشیدن دوید * این آوازه بزودی بگوش ارسلان سلطان رسید : مرا [11] بخواست و سرش ، که از زخمِ تیغ و تبر سراسر درّه و تپّه بود [12] عرضه نمود * گلّهٔ که در تمامِ عمر بجز

1 *Daurī* "a large dish" (manufactured from any substance).

2 *Dumba* "the *tail* of the fat-tailed sheep": in India the sheep itself is called *dumba*.

3 Direct narration.

4 *Tarāna* "Song."

5 *Tafwīẓ* "Trusting." *Shi'ār* "rites."

6 *Turā bi-khudā* a common expression "I (adjure) you by God."

7 *Ki* "Because."

8 *Fardā-yi rūz-i dīgar* = 'the third day.'

9 *Bīnī* "nose"; *az bīnī khūn āmadan* is a common m.c. phrase.

10 *Bar-dāsht*, i.e., lifted it up to bring it to me.

11 *Khwāstan* "To desire to be present, send for."

12 *'Arẓa k.* "to offer, present."

مقراضِ پشم - چيني يا تيغ اجلادّي (يعني أسترهاى روستائيان) نديدة بود ، در دستِ دلّاکی چلاک مانندِ من ، خُود را در بهشت انگاشت * دستي بسر ماليد و با آن همهٔ گودالها و مغاکها بدان ساخت و [2] پرداخت بباليد که " حاجي ! [3] راستي تو دو روز راه از زير پوست رفتهٔ ؛ بخدا که هرگز دست از سر تو برنميدارم ؛ ترا دلّاک باشي خود [4] کردم * بهر سر بها که باشد ، آزادت نميسازم " * قياس کن که ازين سخن چه بر من گذشت ؛ امّا [5] بروی خود نياوردم : در دل بدينخيال که ، اگر در اولين فرصت ازينخدمت استعفا نکنم ، نامردم ؛ و در ظاهر از روی سپاسگذاري خم گرديدة دامنش بوسيدم * باري انيسِ [6] شبان روزي او شدم ؛ و هرچه در دلش بيشتر جا[7] ميکردم برهائي از آن خدمتِ دوزخي با همه يأسي که ميدانستم اميدوار تر و استوار تر ميگرديدم : ازين روی دردِ اسارت بمن از ديگران کمتر کارگر مي نمود ، و چندان درد و رنج و اندوة را در نمي‌يافتم *

[1] *Jallād* "a skinner; a whipper; an executioner; *also* (in Ar.) a leather merchant."

[2] *Sākht u pardākht* "Trimming."

[3] *Rāsti* (adv.) "In truth."

[4] Preterite to express an action just completed, *i.e.*, a *definite* point of time.

[5] *Bi-rūy-i khud na-yāwardam* "I didn't shew it in my face.

[6] Usually *shabāna-rūz*.

[7] For *mī-kardam* substitute *mī-giriftam*.

گفتار چهارم

در تدبیر حاجي بابا برای تحصیل پنجاه اشرفي عثمان آقا و قصد نگهداري آنها *

برای پیش بُردنِ خیال گریز، اولین مطمحِ نظرم اینکه کلاهِ پنجاه اشرفي را
بچنگ آرام ؛ امّا دریغ که [1] او را زنِ کلاه بردار در گوشهٔ [2] چادرِ خود انداخته بود *
بی رنگ و بوی شبهه ، آنرا از آنجا ربودن دشوار ، بلکه محال مینمود * [3] با اینکه
در سایهٔ شهرت دلّاکی در نزدِ مردان آبروئی پیدا کردم ، امّا با زنان سروکاري
نداشتم * اگرچه بعد از دوريِ پلو جای امیدواري بود ، که بانو با من [4] گرمتر گیرد امّا
چون نه بطبیعهٔ او راهی داشتم ، و نه بطبیعهٔ سایرِ زنان ، پیوندِ دوستي منحصر بود
از جانبِ او بناز ، و از جانب من به [5] نیاز ؛ آنهم از دور * ازین روی ، نتیجهٔ کار
چندان روشن نبود * از الطاف یزداني اینکه ، ترکمانان را از رسومِ شهریان آنقدر
سر رشته هست [6] که میدانند که دلّاکانِ ایران نوعی جرّاحند ؛ گذشته از کار حمّام ،
[7] خون گرفتن و دندان کشیدن و شکسته - بندي هم از دستشان بر میآید * این بود که
بانو در خود زیادتيِ خون دریافت و [8] کس برِ من فرستاد که " [7] خون میتواني گرفت

1 *Ūrā* for *ān rā*.

2 *Chādar* "Tent." In m.c. the small square sheet worn as a head-dress by women is called *chāqad;* the white over-sheet or mantle is called *chādar-namāz* (much worn in Kirmān), and the blue out close garment *chādar-'arabī*.

3 *Bā in ki* "In spite of the fact that" : *dar saya-yi* —" by."

4 *Garm tar giriftan* is used both in a good, and in a bad sense.

5 *Niyāz* here means 'gestures of supplication, entreaty."

6 Note the Present Tenses to signify a statement that is still true.

7 Care must be taken not to pronounce this خ like ک.

8 Should be *kas-ī rā bar-i man firistād.*

یا نه ؟ » من این فرصت را برای ربودن کلاهِ [1] والاجاه دست آویزِ خوبی شمردم ، چه شب و روز عقلم در کلاه بود * جواب دادم « اگر چاقوئی بیابم ، بمهارت من کسی نیست » * یکی از ریش سفیدانِ قبیله که دم از منجّمی میزد ، حکم کرد که « در فلان وقت [2] سکز یلدوز در تحت‌الارض است ، و در برج [3] سنبله قرانِ مرّیخ و زهره واقع ؛ خون گرفتن را نیک شاید » * درآن ساعت مرا بچادرِ زنان بردند * بانو آستین [4] بر زده ، بر روی [5] خرسک ، ناشکیب ، چشم براه من ، نشسته بود ؛ ولی از آن [6] آهونگاهانِ خالدار ، و سرو - قدانِ باریک - اندام ، و نازک میانانِ [7] نار پستان که در ایران چشم ما بدیدار شان روشن و دل بوصل شان مشتاق است ، [8] نبود ؛ بلکه فیل جثّه ، تنگ‌چشم ، کمر کلفت ، شکم هنگفت ، [9] شش پستان ، [10] سطبر ساق * بمحض دیدن [11] از یکطرف دلم بهم خورد ، و از طرف دیگر چنان هولِ ارسلان سلطان در دلم جایگیر بود ، که جای گنجایشِ چیزی دیگر نداشت ؛ همیشه خوابِ بریده شدن گوش و بینی میدیدم : ولی با کمالِ [12] خویشتن داری موردِ التفات بانو شدم ، و سایر زنان مرا [13] بجای استادِ کامل و آدمی [14] خارق العادت نهادند * همه نبضِ خود نمودند * منهم بفراخور شان و حالِ هر ایک تجویز عمل و [15] مداواتی نمودم * باری از یکسوی در تهیّه و در ترتیب تسمه و دستمال و پنبه ، و از دیگر سوی با چار چشم جویای دفینه ، چه دیدم که کلاهِ صاحب

1 *Vālā-jāh* "of high rank."

2 *Sikiz* T. "Eight" and *Yildiz* T. "a star": *Sikiz Yildiz* is a most unlucky constellation.

3 *Sumbala lit.* 'A ear of corn' is the Zodiacal sign *Virgo*; *Marrīkh* "the planet Mars"; *Zuhra* "Venus."

4 *Bar zada* "Having rolled up.".

5 *Khirsak* "a Turkoman carpet-rug with the pile several inches long (connected with *khirs* "a bear"). In m.c. when Persians wish to disparage a carpet they call it *khirsak*, i.e., coarse, and common.

6 *Āhū-nighāhān-i khāldār* "Gazelle-eyed beauties with a mole on the cheek."

7 *Nār-pistān* "with small firm breasts (like pomegranates)."

8 *Az ān—na-būd* "She was not of those—."

9 *Shash-pistān*, a joke: there is an idea that some Arab and Turkoman women have six *mammæ*—like a bitch.

10 'Thick in the shank.'

11 *Az yak ṭaraf— az ṭaraf-i dīgar* "on the one hand—on the other hand. *Dil-am ba-ham khurd* "I felt sick": in m.c. *dil* means "stomach."

12 *Khwishtan-dārī* "self-control" (*i.e.*, concealing fear).

13 *Bi-jāy-i* "In the place of, *i.e.*, *like*."

14 *Khāriqu 'l- 'ādat* "Contrary to custom": apparently, here, "supernatural."

15 *Mudāwāt* "Curing, medical treatment."

پنجاه اشرفی در گوشهٔ چادر بخاکِ سیاه افتاده * ببرکتِ تأثیرِ خاکِ پاک تدبیری بخاطرِ
اندیشه ناک رسید ، [1] که پنداشتم ، بحصولِ مراد ، بسیار موافق است * بارِ دیگر
تفکرکنان نبضِ بانو را بگرفتم ، و سر جنبانان گفتم [2] " خستگیِ بانو سنگین و پیچاپیچ
می نماید * خونِ او را بزمین ریختن نشاید * باید او را در ظرفی نگاه دارم تا در وقتِ
فراغت نیک بنظر آرم ، و اساسِ کارِ خود بر آن نهم " * این [3] تکلیف درمیانِ زنان
موجب قیل و قالِ بی پایان شد ، ولی بانو آنرا بمهارتِ من حمل نمود * مشکلی
از نو بظهور پیوست ؛ در خانهٔ ترکمانان ظروف و [4] اوانی کمیاب است و گرانبها ؛
و عادتشان اینکه ظرف [5] نجس شده را دیگر بکار نمیبرند * همگنان ظرفها را یگان یگان نام
بردند ، و بآلودگی هیچ یک تن در ندادند * من در تردّد و تزلزل که در تکلیفِ خود اصرار
کنم یا نه * بانو را بخاطر آمد که " [6] دلوچهٔ از پوست در فلانجاست ؛ او را بیاورید " *
بیاوردند * در برابرِ آفتاب بداشتم ، و چند جای آنرا با چاقو سوراخ کردم که
" [7] پاره است ؛ ظرفی دیگر میباید " * عاقبت گفتم " اگر ظرفی از مس و چوب
نیست ، [8] کلاهِ قلباق وار [9] چیزی بیاورید " * کدبانو گفت " حالا [10] خوب شد ؛
کلاهِ [11] پیرهٔ امیر کجاست؟ " زنی که برای قلتاق شترش برداشته بود ، فریاد برآورد ،
که " او از من است " * بانو بر آشفت که " سُبحانَ ٱللّه ! مگر من بانوی اینخانه
نیستم ؟ و مگر هرچه هست ، اختیارش با من نیست ؟ آن کلاه را میخواهم ، و [12] البته
میخواهم " * [13] آن یک گفت " نمیدهم و البتّه نمیدهم " * بیک بار هنگامهٔ نزاع
گرم گردید و چادر ارسلان سلطان [14] حمامِ زنان شد * من ترسان و لرزان که مبادا

1 *Ki* refers to *tadbīr*.

2 *Khastagī* "Indisposition."

3 *Taklīf* "duty, thing to be done" (not as in India 'trouble').

4 *Awānī* (pl. of *inā'*) "vessels, vases."

5 Muslims consider blood as *najis*.

6 Direct narration. *Dalvcha* (vulg. *dūlcha*) a small pot of wood, or skin, etc., but in cities generally of copper.

7 *Pāra ast* (m.c.) "It's torn."

8 "A *kulāh* like a Turkoman cap."

9 *Chiz-ī* "a something of that sort."

10 *Ḥālā khūb shud* "Now it's easy."

11 *Pira amīr*. In modern colloquial Persian, *pīr* is followed by an *iẓafat* as *pīr-i mard*: as *iẓafat* is never written, the translator, here as elsewhere, marks this colloquialism by writing an ه.

12 —*va albatta mī-khwāham* 'and I wont yield the point.'

13 *Ān yak*, generally in m.c. *ān yak-ī* "the other."

14 There is always a hubbub in the women's *ḥammām*; hence this common expression.

ارسلان سلطان بیاید و [1] استخوان منازع فیه را از میان برباید * خدا پدرش را بیامرزد ،
[2] منجّم نیز بمیان افتاد * او [3] بحرمت ریش ، و من بعزّة لُنگ دعوارا کوتاه کردیم ،
که " اگر (خدای نخواسته) قضایی روی بدهد ، گناهش البتّه بگردن کسی است که
کلاه لنّه را دریغ داشته است " * خلاصه اصلاح [4] ذات البین شد * پس مهیّای خون
گرفتن شدم * همینکه بانو [5] نشتر چاقو را در دست من ، و لگن کلاه را در زیر دست
خود دید ، بترسید ; و خواست که از خون گرفتن در گذرد : امّا من نبض او را بدقت [6] گرفتم
و گفتم " این [7] نکول معقول نیست : بعلم الهی [8] گذشته ، که خون تو امروز ریخته شود *
اگر ریخته نشود لازم می آید که علم خدا جهل شود * پس باید خون تو امروز ریخته
شود " * این حکمت موافق طبیعت همه افتاد * بانو نیز تن بقضا در داد * پس خون
او را بمیان کلاه ریختم ، و اورا دور از چادرها بپای درختی بردم که " [9] زنهار بکسی
برین دست نزند که تدبیر من باطل میشود و اینهمه زحمت بهدر میرود " * [10] شبانه
هنگام چون همه بخواب رفتند ، [11] من با سر ، بسوی کلاه رفتم ، و با تپش دل و لرزهٔ دست
بشکافتم * همینکه بالتّی کامل پنجاه عدد اشرفی خون آلود را بر داشتم ، خودرا
مالک گنج [12] بادآورد پنداشتم * اول ، اشرفیهارا در آن نزدیکی بجائی نهفتم * پس از آن ،
کلاه دریدهٔ خون آلوده را در زیر خاک کرده [13] گفتم " برو ، که عجب دفینهٔ داشتی
که مرا [14] نیک از خاک برداشتی " * روز دیگر ببانو خبر فرستادم " که از کلاه آنچه
باید دستگیر من بشود ، بشد * عاقبت مرض بانو بخیر است : ولی چون دیشب
چند گرگ در حوالی کلاه دیدم ، ترسیدم که دهان بخون آلایند و خرابی رسد ؛
کلاه را بخاک نهفتم " * بانو بسیار اظهار امتنان نمود : علاوه بر وعدهٔ نوازش

1 *Ustuḵẖwān-i munāzi' fīh* "The bone of contention."

2 Note that the pronoun *ash* refers to a subject *munajjim* following it, an unusual construction in Persian (called اضمار قبل الذکر).

3 *Bi-ḥurmat-i rīsh u lung, as sar-i īn maṭlab bu-guẕarīd* is a common m.c. expression.

4 *Ẕāt^u 'l-bain* properly means "concord."

5 No *izafat* after *nishtar* and *lagan*.

6 *Nabẓ giriftan* is in m.c. commoner than *nabẓ dīdan*.

7 *Nukūl*, "taking back one's word" (m.c.).

8 *Guẕashta* "passed, decreed."

9 *Zinhār—na-zanad* or *mabādā—bi-zanad*. *Ki* "otherwise; because (if he does)."

10 *Shabāna hangām*; in m.c. *shabān-gāh*.

11 *Man bā sar* "I on my head from joy (and not on my feet)."

12 *Bād-āvard* "Wind fall."

13 "I said to the *kulāh*"—

14 *Nīk* = "quite."

و التفاتی ، با دست خود ، برّهٔ [1] پُر کرد ، و بریان ساخت ; و با پلو و کشمش و [2] سرِ شیر و ماست بمن هدیه فرستاد *

همینکه اشرفیها بدستم افتاد ، بیادِ [3] آوارهٔ کوهها ، عثمان آغا ، افتادم که با شتران [4] سودا میپخت * من نسبت باو در پادشاهی بودم * نیم قراری باخود دادم که نقودش را واپس دهم ، امّا کم کم [5] بدلیل و برهان تراشیدن و راهِ شرعی جستن آغازیدم که " بدلیلِ شرع هرکه [6] گمشدهٔ دستْ از وی شستهٔ جوید ، شرعاً از اوست * من گمشدهٔ دستْ از وی شستهٔ جسته ام ; پس شرعاً از من است ; و بدلیلِ عقل اگر تدبیرِ من نمیشد ، این نقود از میان میرفت ; پس حقّ من بر او از همه کس بیشتر است ; و گذشته از اینها ، اگر این نقد را بصاحبش بدهم ، با حالتِ حالیهٔ خود چه خواهد کرد ؟ یمکن که از بی دستی و پائی باز از دست بدهد ، و حال اینکه اگر در دستِ من باشد ، مثل آنست که در دستِ او باشد ; شاید من با او سبب خلاصیِ او [7] و خود شوم ; پس هم خیرِ من است و هم خیرِ او ، که در دستِ من باشد " * خلاصه ، عاقبت بر این قرار دادم که " اگر خدا میخواست این نقد در دست او باشد ، چرا چنین میکرد که بدست من افتد ؟ و ' اللّٰهُ یفعلُ مایشاء وهُوَ بکُلِّ شیءٍ [8] قدیر ' * " بعد ازین آیه ، که رفعِ همهٔ مشکلات کرد ، اشرفیها را بر خود ، از [9] شیرِ دایه حلالتر شمردم * امّا مانندِ ردِّ [10] مظالم نیمهٔ بریانِ پیشکشی را ، کمر بستم که بعثمان آغا فرستم * بچّهٔ چوپانی [11] جستم که بنزدِ او میرفت * سرِ شیر را باو خوراندم تا نیمهٔ برّه را درست بعثمان آغا برساند * بچّه چوپان قسمِ نخوردن خورد * من فریبِ وی خوردم ، چرا که بمفادِ بیت " چو با حبیب نشینی و بادهٔ پیمائی .·. بیاد آر حریفان باده پیما را ، [13] " بسیار دلم میخواست که [12] لا اقل دوستِ خودرا از دولت و نعمتِ خود بهرهمند سازم ;

1 *Pur kard* 'She stuffed it (with spices and onions).'

2 In m.c. usually *sar-shīr* (without *iẓāfat*): in India, etc., *sar-i shīr*.

3 *Āwāra-yi kūh-hā* "The wanderer in the mountains."

4 *Saudā mī-pukht*, 'Chewing the end of reflection.'

5 *Dalīl tarāshīdan* "To fashion proofs."

6 *Gum shuda-yi dast az ve shusta-ī* "anything hopelessly lost."

7 Note the order of the pronouns.

8 A frequently recurring verse in the Qoran.

9 Usually *az shīr-i mādar ḥalāl tar.*

10 Pl. of *maẓlima: radd-i maẓālim* "reparation for oppression or restitution for extortion."

11 *Justam* "I *found*" (m.c.) *Bachcha-chūpān*, no *iẓafat*.

12 *Lā aqall* "at least."

13 "Those with whom you used to drink."

ولی دریغ ! که چوپان زادهٔ همینکه بدانسوی درّه گذشت ، در برابرِ چشمِ من ، سرِ نیمهٔ برّه را [1] بکشود ، و بخوردن آغاز نمود ; و شک نبود که تا از نظر غایب شود همهٔ استخوانهایش را هم خواهد لیسید ، و خبرش را هم بعثمان آغا نخواهد برد * چون از رود گذشته بود ، در تعاقبِ او فائدهٔ ندیدم * سنگی چند انداختم ; [2] بقوزکش هم نخورد : دشنامی چند دادم ; بگوشش هم نرسید * آتش دل را بدین فرو نشاندم ، که "[3] بچّه‌ام ! برو ; الهی ، جوانمرگ شوی و [4] زهرِ مار بخوری" *

[1] ‘ Opened the covering.’

[2] *Qūzak* “ ankle.”

[3] *Ay bachcha-yi man.*

[4] *Zahr-i mār bi-khurī* “ May you be bitten by a snake.” Compare *kaft bi-khurī* (m.c.) “ may you catch syphillis,”—a commoner imprecation.

گفتار پنجم

در دزد شدن حاجي بابا و ایلغار وی بزاد و بوم خویش برای رستگاري خود *

زیادة بر یکسال در دست ترکمانان اسیر ماندة ، و در آنمدت رازدار و [1] مستشار خواجهٔ خود واقع شدة بودم * در امور ذاتي و کارهای غیر با من [2] کنکاش نمودي ، و مرا امین و کاردان شمودي * بامید خلاصي گریبان خویش ، بارها ازوی نیاز کردم که مرا باخود [3] بالامان برد * عاقبت [4] بحکم حصول اطمینان کلّي بمن بدان راضي شد * چون [5] دستوري آن نداشتم که قدمی از چادرها دور تر گذارم یا بچراگاهها روم ، راه آن بیابان نمکذار (که [6] درمیان ما و ترکمانان واقع است) و چند و چون [7] کوهها که سر بثریا کشیدة ، بر من مجهول بود ؛ و معلوم که اگر تنها بگریزم ، مانند بسیاري از دیگران ، از سر نو گرفتار ، و عذابم یک بر هزار ، شود * این بود که ازین گونه گریز نا بجا گریختم * مقصد اصلي از همراهي خواجه ام آن بود که اگر بنقد خلاصي میسّر نشود ، [8] باری بدان وسیله [9] راه و چاه آن صحرا را یاد گیرم ، تا اگر وقتی خداوند فرصتي دهد

1 *Mustashār* "Consulted."

2 *Kunkāsh* "Consultation."

3 *Ālamān* T. "robber; cavalry" is here used, correctly or incorrectly, for a Turkoman raiding expedition.

4 *Bi-ḥukm-i* "Because of, on account of—."

5 *Dastūri* "permission" (from *dastūr* Ar.); in India 'perquisites paid to a servant on a master's purchases.'

6 For *mā* read *Īrāniyān*.

7 Better *kūhā-i ki*.

8 *Bār-i* "at least."

9 *Rāh va chāh* "the ins and outs" (the road to go by and the pitfalls to avoid).

بخلاصي[1] مانعي نباشد * ترکمانان[2] بيشتر اوقات ايلغار را فصلِ بهار مي‌کنند ، چه در آن
ايام ، در کوهها علف از براى حيوان ، و در صحراها آذوقه براى انسان فراوان است ،
و ملاقات کاروان[3] حتمى * چون اسيرانِ کنده بر پاى بهار ، از[4] غُلّ و پالهنگِ
افراسياب ، [5] بهمن و اسفنديارِ اسفندار رهائي يافتند ، شهر نشينانِ ربيع را ، که از
رنجِ[6] بساقِ دى در کوهها و درّهاى دور دست قشلاق داشتند ، ايامِ خلاصي رسيد *
بهادرِ چهره - دستِ چنارِ مُهياى الامان و يورش گشته بجانب دارالسلطنهٔ گُلشن روى
آورده افواجِ خنک - روى شتا و سپاهِ سردِ زمستان که[7] باد پيماياںِ عرصهٔ جهانند ،
شاخ و شانهٔ اشجار را[8] بمشاجرهِ درهم مي‌شکستند و از محلّاتِ خيابانِ چمن دستِ تطاول
افراشته سينهٔ گُل را بزخمهاى کاري چاک چاک[9] و گُلگون-قباياںِ چمن را از لباسِ
بار و برگ عُريان و هلاک ساخته ، از جيبِ غنچه[10] هميانِ زر در آورده بودند *
يلانِ صاحب شوکتِ گلستان و دلاورانِ صنوبر ، لواى گلگونِ[11] پرند در عرصهٔ گلشن افراخته ،
با ساز و برگِ تمام بمعسکرِ خديوِ بهار در آمدند * گُلبن عمود غنچه بر دست گرفت *

[1] *Mānī'-ī* "A hindrance."

[2] *Bīshtar anqāt;* no *izafat.*

[3] *Ḥatmī* "fixed, decided, sure": *raftan-i man ḥatmī 'st* (m.c.)

[4] *Ghull* "fetter for the *neck*" (also "a manacle"): *pālhang* "pillory" (for neck).

[5] *Bahman* is the name of the 11th and *Isfandār* (or *Isfandarmuz*) of the 12th month of the Ancient Persian solar year; and *Isfandyār* is the name of the genius presiding over the former. *Afrāsiyāb* however is the name, not of a month, but of an ancient Sovereign of Turan.

Dai, a few lines further on is the 10th month. The translator, being a Muslim and not a Zardushti, would probably have rather hazy ideas about the old solar months.

The translator here indulges in 'fine writing' and loses himself in the intricacy of his own sentences. In the ms. the construction, owing to a false concord, to the omission of a *vāv* and to the insertion of a *rā*, is quite unintelligible. Persians, however, who (like some old ladies that read poetry), are soothed by sound and who from long practice have a general idea of the meaning, are unaffected by the construction, and read with great gusto a long passage that is absolutely structureless.

Note that the participles *gashta* and *āvarda* are 'misrelated.'

The reader is advised to skip the whole passage.

[6] *Basāq* "tall, long": (a doubtful word): for *bāsiq?*

[7] *Bād paimā* "traveller; swift."

[8] *Mushājara* "opposing."

[9] *Sākhta* understood after *chāk chak.*

[10] *Hamyān* "leather purse."

[11] *Parand* (old) "painted silk."

ترکش بندان شاخسار تیر و کمان بر داشتند * نیزه‌داران درختان شانهای مشکین [1] کلاله افراشتند : [2] درهمزن هنگامهٔ بهمن و غارتگر شهر دَی گشتند *

ارسلان سلطان نیز بهادران و کار آمدان قبیله را از [3] ده‌ه و صده بخواست و تکلیف ایلغاری، تا بناف ایران، بدیشان نمود چنانچه تا بسپاهان روز، و در دل شب (که هرکس بخوابست) بمیان کاروانسرای شاه که مسکن بازرگانان توانگر و سرمایه‌داران معتبر است، بخزند، و غارت کنند * در دانستن راه و چاه دشت قبچاق، خود یگانهٔ ترکمانان، بلکه یگانهٔ آفاق بود، و رهبری [4] بنفس او معوّل؛ امّا کسیکه کوچه و بازار اصفهان را نیک بداند، و در شب راهنمائی بتواند، غیر از من نبود * ازین روی برای برگزیدن من بدینکار، بدیشان مشورت نمود * پارهٔ بمخالفت برخاستند که " زادهٔ و بزرگ شدهٔ جائی [5] برهنمونی غارت آنجا برگزیدن، [6] کار عاقل نیست؛ چه درمیان [7] چشم و ابرو، دلخواه خود را بدرستی تواند از پیش برد " * بعد از گفتگوی بسیار کار بر این قرار گرفت که من [8] راهبر شوم و دو تن بر من موکّل سازند، تا اگر در حرکاتم خلافی مشاهده کنند، کار مرا بپردازند * پس از این قرار، یکدل و یکجهت، [9] بسوقان گرفتن اسبان و تدارک راه پرداختند * [10] یکرانی که دو باره در میدان اُدو، [11] گوی پیشی ربوده بود بسواری من خاص نمودند * کلاه قلباقی در غایت بزرگی بر سر، [12] کلیجهٔ از پوست در بر، تیر و کمانی در شانه، نیزهٔ که سنان وی [13] بر آن و بر جا نهاده میشد بر دست، مانند ترکمانان یراق کردم * در خورجین ترکی

[1] *Kulāla* or *kākul* 'the top-knot retained by those who shave the head. [*Kākūl* "a *crested* lark"].

[2] *Darham zan* "upsetting; raising tumult, etc."

[3] ده‌ه و صده : there appears to be a copyist's error here; *dah-bāshi* "commander of ten" and *yūz-bāshī* (in Afghanistan *ṣad-bāshī*) "commander of a hundred" are in common use.

[4] *Bi-nafs-i ū* = *bi-k͟hud-i ū*.

[5] *Rah-namūnī* = *rah-numā*'ī.

[6] *Kār-i 'āqilān* commoner.

[7] 'By signals with his eyes, etc.' The Persians are skilled in making and reading secret signals.

[8] Indirect narration.

[9] *Saug͟hān giriftan* "to train, make hard": غ and ق are in Turkish words generally interchangeable.

[10] *Yakrān* "a steed."

[11] *Gū-yi pīshī.*

[12] *Kulīja* "a warm overcoat."

[13] *Bar ān va bar jā nihāda mī-shud* (m.c.) = *bar dāshta va guẕāshta mī-shud*

توبرهٔ جو-خوري و میخِ طویله و رسني براي بستن و نگاهداريِ اسپها نهادم ، [1] و عرقگیري بزرگ بر [2] فتراک بستم ، و براى احتياط ، مُشتي نواله با شش [3] دانه تخم مرغِ آب-پز در همیاني نهفته بر دوش انداختم ، و ذخیرهٔ سایرِ اوقات را حواله بقسمت و اعتبار [4] بقناعت نمودم * در ایامِ اسیري و محرومیِ از تنعم و ناز ، با هرچه بدست مي افتاد ، دفعِ گرسنگي كردمي ؛ و بروي هرچه بود [5] ولو خار و خاشاک ، خُفتمي * [6] بشاگرديِ خواري ، در رختخواب خفتن را فراموش کرده بودم ؛ رختِ خواب نداشتن زحمتی نداشت * همراهان نیز چنان سختي دیده و رنج آزموده بودند که درین باب [7] کسی بگرد ایشان نمیرسید *

اشرفیهای عثمان را بکمربندِ خویش سخت بر دوختم ، و بدان بیچاره که از [8] خونابه خواري و اندوه - شماري بجز پوست و استخوان چیزي [9] ازآن بر جای نمانده بود ، وعدها دادم که در وقت فرصت از تخلیصِ وی بقدرِ توان کوتاهي نکنم ، و در نزدِ یاران و خاندانش بتحصیل سر بهای او بکوشم * [10] بی‌نواي فلک‌زده آهي سردِ از جگر برکشید که " اي فرزند ! هیهات ، هیهات ! من کیم تا بشمارِ کسي آیم و غمم را بچیزی شمرد ؟ پسرم بتلفِ اندوختهایم دامن [11] درمیان ، و زنم بابهانهٔ مرگم با شوهري دیگر دست [12] در کمر ؛ پر و بالم از همه رو ریخته ، دست و پایم از همه جا گسیخته * یک التماس از تو دارم و بس ؛ آن اینکه پرسي [13] و داد رسي که در استانبول داد و ستدِ پوستِ بخارا چگونه بوده است و خبرِ صحیحي بمن آري " *

دلم بحال وی بسیار بسوخت ، و باز در دلم بگذشت که نقودش را واپس

1 *'Araqgīr* "a *numda* under the saddle; *also* a *jul* or covering."

2 *Fitrāk* in Persia = *tark*; in India = 'saddle-straps, etc.'

3 No *izafat* after *dāna*: *tukhm-i murgh* and in m.c. *tukhm-murgh* (without *izafat*): *āb-paz* "boiled." *Hamyān* 'a purse, large or small, made from lamb-skin.'

4 'Trusted to luck and patience for rations for other occasions.'

5 *Wa lau* "even though" (it might be); *būdī* understood.

6 'Apprenticeship to hardship.'

7 *Kas-ī bi-gard-i īshān namī-rasīd* "no one could hold a candle to them"; *gard* "dust."

8 *Khūnāba* "tears of blood."

9 *Az ān* = *az ū* ('Usman Āghā).

10 *Bī-navā* "poor."

11 *Dāman dar miyān* 'with skirt tucked up into the waist-belt; ready.'

12 Or *dast dar gardan* or *dast dar āghūsh*.

13 —*va dād rasī* = *bi-dād-i man rasī*.

دهم : باز با ملاحظاتِ حکمتیه و قیاس و برهانِ شرعي بناء را برآن نهادم که «[1] نقد در دست من باشد بلکه بدان وسیله بگریزم ، و گریزِ خود را وسیلهٔ خلاصيِ او کنم ؛ و ترتیبِ قضیه چنین دادم [2] که خلاصيِ عثمان آغا بی نقد ممکن نیست : و اگر [3] نقدم را واپس دهم ، خلاصيِ او ممکن نیست : پس نقدش را واپس نباید داد ، تا خلاصيِ او ممکن باشد : طریقهٔ خرجِ این نقد را من میدانم ؛ «[4] چه داند آنکه اُشتر میچراند» ؟ » بعد ازین قضیهٔ [5] بدیهي‌الانتاج ، اشرفیهايِ [6] زردرا تصرّفِ شرعي نُمودم ، و با دعای فراوان صاحبش را بخدا سپردم *

منجّم ، مکزِ [7] یلدوز را به پشتِ سر ، و [8] رجالِ‌الغیب را بمقابل انداخت ، و ساعتِ سعدي از برای تاخت و تاز تعین کرد * شباهنگام بر اسپان بر آمدیم ؛ و با سرداريِ ارسلان سلطان دستهٔ ایلغاریان عبارت بود از بیست تن ، بیشترِ ایشان دلاوران و بهادرانِ کار آزموده و همه بر اسپانِ تکه که بتاب آوري و سرعتِ رفتار مشهور [9] است * چون در روشنيِ مهتاب ، [10] آنگونه مسلّح ، اسپان را از جای بر مي‌انگیختند آنانرا [11] رستمِ دستان و سامِ نریمانِ [12] حرامیان مي پنداشتیم * آمدیم بر سرِ بندهٔ [13] مستمند : من خود میدانستم که چند مرده [14] حلّاجم ؛ اگر بارِ خاطر نبودم یارِ شاطر هم نبودم :

1 *Agar* understood—a common ommission in m.c.

2 "I settled the matter with myself."

3 Or *naqd-ash rā* "*his* money"?.

4 *Miyān-i 'āshiq u ma'shūq ramz-i 'st; chi dānad ānki ushtur mi-charānad?* is a common m.c. saying: a camel-grazer, living alone in deserts with camels, is a specially stupid person.

5 *Badīhi*-*'l-intāj* = *natīja ash ma'lum.*

6 *Zard* "yellow, golden": *taṣarruf-i shara'ī* "to bring into lawful possession."

7 This constellation is unlucky if in *front* of a journey.

8 Ten saints hidden to sight: they will accompany the *Mahdi* (or 12th Imam of the Shi'ahs) who will purify Islam. Here apparently the name of a constellation.

9 Better *and.*

10 *Āngūna musallaḥ* "they, armed in that manner—."

11 The heroes Rustam, son of Zāl (called Dastān): Sām, father of Zāl: Naremān, father of Sām.

12 *Ḥarāmiyān* "robbers." "We thought them the very *Rustams* and *Sāms* of robbers."

13 *Mustamand* "wretched, melancholy," (*i.e.*, 'I Haji Baba'). The subject to *āmadīm* appears to be the writer (or speaker, *i.e.*, H. B.) and his readers.

14 *In du-marda ḥallāj ast* (m.c.) "he can card two men's tasks of cotton"; *hence* used as an idiom. Here = 'I knew what I was fit for and that wasn't much in the way of fighting.' Haji Baba jokingly acknowledges that he is a coward.

ولی از شجاعت دمی میزدم تا همراهان نپندارند که [1] پشک از مویز نیست ؛ وی در باطنِ دلم می تپید که در هنگامِ کار جُل خود را چگونه از آب [2] بر آرم *

راهبر، ما را از [3] جنگلهای انبوهِ دامنهٔ کوهِ تبرستان، بی‌آنکه قدمی خطا گذارد، رهنمائی همی‌کرد، و من تعجّب همیکردم * دیدارِ آن [4] ورطه‌های هول انگیز و پست و بلندیهای سهم آمیز [5] بچشمِ مانندِ من آدمی ناشی درِ نهایت وحشت و دهشت مینمود * بحکمِ غرورِ پایِ ستورانِ خود، در وقت و بیوقت، جوی و [6] جردهٔ و درّهٔ و تپه ها [7] را بی باک و بیروا همی گُذشتیم تا اینکه بنمکزارِ بی آب و [8] آبادانیِ عراق رسیدیم * آنوقت معلوم شد که اطلاعِ ارسلان سلطان تا بچه حدّ و از همه جا با خبر است * خُورد و [9] کلانِ همه کوه و تپه و درّه و وادی را، باسم و رسم، وجب بوجب بلد بُود * در پی زدن، و استدلال از آثار پای، معجزه مینمود : از آثارِ پا میدانست که راهرو از چه قبیل است و از کجا بکجا میرود - بار دار است یا بی‌بار * از مشاهدهٔ این اطلاع و وقوف، من متحیّر [10] و لاحول کنان میماندم *

از پهلوی آبادانیها با کمال احتراز مرور کنان شبها میراندیم، و روزها در [11] جای خلوت می ماندیم * از آخرینِ آبادانی، یعنی از خیمه نشینان صحرا، توشه و آذوقهٔ کرایه [12] منهي گرفتیم و داخلِ کویر بی سر و بنِ عراق شدیم * اصفهان را بقدر

1 *Pishk* or *pishkil* "dung of sheep or goats; *also* of camels." H. B. didn't want the Turkomans to think he was a pellet of *pishk* in the midst of black raisins.

2 A wet *jul*, of man or beast, is a very heavy article.

3 *Jangal* "a forest of *trees*"; *anbūh* "thick, dense." Tabaristān is a town near the Caspian.

4 *Varṭa* "a precipice; danger; whirlpool."

5 *Bi chashm-i manand-i man, ādam-i nāshi*,—

6 *Jurda* (vulg.) "a small water course."

7 Note *rā*: *as*—*guzashtīm* would, of course, be an alternative construction.

8 Note that *bi* should be repeated before *ābādāni* to remove ambiguity.

9 Adjectives used as substantives.

10 *Lā ḥaul* wa *lā quwwat illā bi 'llāh* "There is no power nor strength except in God": this is repeated in emergency, perplexity, etc., or for the purpose of driving away Jinn.

11 Note that the *hamza* in *jā'ī* signifies that the ی is the indefinite *yā* or the *yā-yi waḥdat*: the ی of the *izafat* does not in Modern Persian admit of a *hamza*. In *India* a *hamza* is needlessly inserted in many words پائي، برائي, etc. *Khalwat* is a substantive.

12 "A quantity."

13 *Kavir* is *any* salt desert.

طاقت و توان راندیم * بعد از طیِ صد و بیست [1] فرسنگ راه ، بحوالیِ اصفهان رسیدیم * هنگامِ دلیریِ دو نفر رسیده * همراهان، [2] شالودهٔ نیّتِ خود بریختند، و از شنیدنِ آن، گوشتِ بدنِ من ریخت *

نیّتشان اینکه بدلالتِ من از خیابانیِ [3] خلوت بشهر در آیند ؛ و نیمهٔ شب ، وقتیکه مردم، آرمیده باشند ، بکاروانسرای شاه که در آنوقت از بازرگانان پُر ، و از مسافران و بنقود ملامال بود ، در خزند ؛ و آنچه از نقود بدست آرند ، با چند تن بازرگانان که [4] مظنّه سر بهایِ هنگفت باشند ، برگیرند ؛ و پیش از آنکه آوازه بشهر در افتد و مردم باصداد رسند ، از راهی که رفته‌اند ، بر گردند * من این ترتیب را چنان خطرناک و غیرِ [5] میسّر دیدم که بی محابا بباز زدنِ رای ایشان برخاستم ؛ امّا ارسلان سلطان [6] باچهرِ افروخته و چشمِ دریده گفت که "حاجی ! [7] اینجا نگاه کن ! این کار بازیچه نیست ؛ شغلِ همیشگیِ ما ست ؛ چرا [8] همیشه میشد ، حالا نمیشود ؟ بحقِ خدا و پیغمبر ! اگر آنچه میگویم ، جز آن کُنی ، بمغزِ استخوانِ پدرت آنچه باید بکنم میکنم ؛" * آنگاه امر فرمود تا در پهلویِ او بدلالت مشغول باشم ؛ و بجانبِ دیگرم [9] خبیثی موکّل ساخت ، تا اگر در من آثارِ [10] بد جنبیدن مشاهده کُند دود از نهادم بر آرد : هر دو درین باب سوگند یاد کردند ، و جای باور بود * پس من در پیش افتادم و از کوچه و [11] پس - کوچها که بلد بودم به [12] بحبوحهٔ آبادی در آمدیم و راه را نیک نقلی کردیم * در رسیدن بمحلّ ازدحام ، [13] وقت دیر بود ، و صدا و ندائی نه * در یکی از ویرانها که در عینِ آبادانی هم بسیار است اصفهان را بپاسداریِ یکی

1 *Farsang rāh*; no *iṣafat*.

2 *Shālūda rikhtan* = *tarḥ rikhtan dar kār-i* "to make a plan beforehand." [*Tarḥ* also means the plan of the foundation of a building].

3 "Secret."

4 *Maẓanna* (subs. used as adv.) "Probably": "would be a big ransom."

5 *Ghair-i muyassar* "impossible": note *iṣafat*.

6 "With a face flushed by anger."

7 *Injā nigāh kun* or *nigāh kun* in m.c. exactly corresponds to the English "I say; look here." It is merely an exclamation to attract attention and can be used to a person out of sight (on the other side of a locked door).

8 M.c. expression: the pronoun 'what' or 'that which' is understood.

9 "Unclean; blackguard."

10 Indirect narration. *Bad jumbīdan* "flinching"; *lit.* = *ḥarakat-i bar khilāf kardan*.

11 *Pas-kūcha* "back-street; bye street."

12 *Bahbūḥa* (old) "court; area; middle." *Ābādī* = 'city' here.

13 Or *dīr-vaqt* (vulg. *dūr-vaqt*) *būd* "it was late."

بگذاشتیم ، و از طریقِ احتیاط ، در یکی فرسخیِ شهر درهٔ خلوتی را بمیعاد قرار دادیم تا بجز صورتِ[1] اقتضاء ، در آنجا فراهم آئیم * بعد از این قرار ، بی‌صدا ، دور از [2] چار سو بازار ، که محلّ شبگردان و داروغه است ، از گوشه و کنار ، بدرِ کاروانسرا رسیدیم *

بحکم همسایگیِ دکّان پدرم ، آنجا را وجب بوجب میدانیستم * درِ کاروانسرا بسته بود * با سنگ بکوبیدم ، و دربان را فریاد کردم که " علی محمد ! بیا ، در را باز کن ، که قافله آمد " * علی محمد ، با چشمِ نیم خواب ، به پشتِ در آمد ، که " چطور قافلهٔ ؟ قافلهٔ کجا " ؟ گفتم " قافلهٔ بغداد " * گفت " برو پی کارت ؛ تو هم این نصفِ شب بریشخند ما آمدهٔ ؟ قافلهٔ بغداد دیروز آمد " * دیدم که بد گیر آمدم : سخن را برگرداندم که " خیر ، قافلهٔ می‌آید که ببغداد برود * حاجی بابا پسرِ حسن دلّاک هم ، که با عثمان آغا رفت ، بهمراهست : بپدرش مژده آورده ام " * چون دربان این بشنید ، گفت " آه [3] حاجی بابای خودمان گل گلابی ؟ خوش آمد ، صفا آورد " * پس [4] نر و لاسِ در را با طراق و طروق بگشود *

در کاروانسرا آهسته آهسته ، با [5] نوا در کشایش : علی محمد ، [6] چراغ موشی بر دست ، [7] یک تای پیراهن پدیدار شد * فی الفور در دهانش را بگرفتند و بدرون [8] خزیده بچستی و چابکی مشغول کار خود شدند * نظر بمهارتی در اینگونه امور ، جایگاه اموال را بهتر از صاحبانش میدانستند * این بود که در ده دقیقه نقد و [9] تنخواه بسیاری بدست آوردند ؛ و چون عمده مقصود شان دستگیریِ آدمِ توانگر بود تا از سربهای ایشان بهره‌ور شوند ؛ سه تن برگزیدند ، و بزودی [10] دستها شان را بسته ، بر ترک اسبان ؛ روی بویرانه نهادند *

[1] *Iqtiẓā'* "exigency."

[2] *Chār-sū bāzār* "cross street"; formerly the site of the offices of the *dārūgha* and police.

[3] "Our own Haji Baba—the pear blossom"?

[4] *Nar u lās* "hooks and eyes; *also* the fastening of a door and its socket": *nar* is a wooden pin that falls into a slot (*lās*) in the wooden bolt of a gate so as to prevent the bolt being withdrawn from the outside by a knife. *Sag-i lās* "a bitch (female dog)." In India hooks and eyes are called *nar u māda* ("*hūk*").

[5] *Navā* "Sound": *bā nawā dar gushāyish* "with a noise in opening."

[6] *Chirāgh-i mūshī* or *chirāgh-mushī* (m.c.) a small lamp of tin or earthenware, with a wick but no shade,—for kerosine oil. [*Chirāgh-i dūdī* (m.c.), any lamp that gives insufficient light].

[7] *Yak tā-yi pirāhan āmad* (m.c.) "He came with nothing on but his shirt."

[8] *Khasīda* "lying hid; concealed, creeping."

[9] *Tankhwāh* "goods": in *India* "pay."

[10] Or *dasthā-yi-shān*.

من ، چون کاروانسرا نیک بلد بودم و حجرهٔ توانگرترین بازرگانانرا میدانستم ، در حجرهٔ که قدیم مقرِّ عثمان آغا بود ، خزیدم ؛ و در [1] مجری که [2] اغلب زرگان خود را در آن می‌نهند ، کیسهٔ سنگینی یافتم ، و بی تشخیص چند و چونِ آن ، سخت در بغل نهفتم *

وقتیکه ما بتاراج مشغول بودیم ، [3] غُلغُله و هیاهو از شهر برخاست * کاروانسرائیان از [4] صاحب الطاقان و پاسبانان و چارواداران وغیره بر بام دویدند * از همسایگی ، مردم فوج فوج بنا کردند بآمدن تا اینکه داروغه با [5] شاگردان در رسیدند ، و بجای گرفتن وبستن ، بانگِ " بگیر و به بند " برپا ؛ و چند تفنگی ، [6] تیر بتاریکی ، خالی شد و بجائی بر نخورد * بی قضا و بلا جان از میان بدر بردیم *

در اثنای [7] گیر و دار خیلی خواستم که آن [8] راهِ رفتهٔ شوم را باز گذرام ، و اگر بتوانم [9] بجهم ؛ امّا ترسیدم که مبادا از [10] خراجاتِ شاه گریزان بارکشِ غولِ بیابان شوم ؛ مردم سر و وضع نا مبارکم به بینند ، و تا اثباتِ کنم که " من آن نیم " تسمه [11] از گُرده‌ام بر آورند ؛ چه بارها بچشمِ خود دیده بودم که عوام کالانعام ، کور کورانه ، بیچارهٔ فلکزدهٔ را بیادِ سیلی و مشت می‌گرفتند ؛ و بعد از خورد و خمیر ساختنِ او از یکدیگر می‌پرسیدند که " کیست و گناهش چه ؟ " دکّانِ پدرم بنظر آمد : یادِ

1 *Mijri* "a box for money or jewelry."

2 *Aghlab* "most men." *Zaragān* for *zarān* pl. of *zar* "gold"; former for euphony: *zarhā* would be grammatical.

3 *Ghulghula* "riot": in m.c. the noise of gargling, or the gurgling of liquid poured out of a bottle. *Hayāhū* "uproar."

4 *Ṣāḥib-uṭāq* is the owner of a shop in a kāravān sarā (vulg. *kāramsarā*) and *dukāndār* is the owner of a shop in the bazar: the latter is in a smaller way of business.

5 *Shāgird* is another word for *gasma*, a kind of police.

6 *Tīr bi-tārīkī andākhtan* (or *tīr tū-yi buta andākhtan*) "to fire without aim; *also* to make a statement at a venture": the phrase does *not* mean 'to fire into the darkness'; it can be used for daylight.

7 *Gīr u dār* "fray."

8 'The unlucky road I had travelled (to Isfahan) with the robbers.'

9 *Bi-jiham* "jump off; escape."

10 *Kharājāt* "taxes." The following is a common saying:—

Har ki gurīzad z' kharājāt-i shāh
Bār-kash-i ghūl-i biyābān shavad.

11 *Tasma az gurda bar āwardan* (a common m.c. saying) "to make straps out of a person's back" = *pidar-ash rā sūzānīdan*.

ایّامیکه درآنجا خوش گذارنده بودم در برابر چشمم جلوه‌گر شد ، که زیر همان قبّه و آن بارگاه .·. روی همان مسند و آن تکیه‌گاه ، چها کرده و چها دیده و شنیده بودم ! متفکّر فروماندم * ناگاه دستي سخت ببازویم چسپید ؛ چه دیدم ارسلان سلطان با مهابت گفت " حاجي ! بخود آ : اگر امشب مردانگي نکني ، پدرت را به پیش چشمت خواهي[1] دید " * منهم برای اثبات مردانگي ، مرد ایراني[2] دیدم ، بر پشتش چسپیدم که " [3] فلان فلان شده ! با من بیا ؛ وگرنه [4] هرچه بدترت پاره میکنم " * بیچاره ایراني ازین سخن ، بعادت معهود [5] ایشان ، شروع بالتماس و زاري نمود ، که " ترا بخدا و پیغمبر ! اگر میشناسي ؛ ترا بروح ابوبکر و عمر ، اگر سنّي ؛ و بروح حسن و حسین ، اگر شیعهٔ ؛ و بجان پدر و مادرت اگر حلال زادهٔ ؛ دست از من برادر و مرا بحال خود بگذار " * صدایش بگوشم آشنا آمد : چه [6] دیدم پدرم کربلائي حسن است * گویا [7] بهوای هیاهو ، یک تا پیرهن ، فانوس در دست ، بخلاصي مش [8] لنگ و ده دانه تیغ دلّاکی و شاخ [9] حجامت خود آمده بود * في‌الفور ریشش را رها نمودم ؛ و بجای آن که بذا بحرمت پدري بایستي بدست و پایش افتم و پوزش بطلبم ، از ترس جان ، بی [10] داد اشنائي ، از کش مکش دست بر نداشتم ؛ و چوبي چند ببالای اسقري زدم گویا بدو میزنم * آنگاه پدرم آهي کشید که " ای وای از دیدار پسر ! محروم میمیرم " * این سخن بر من بسیار کارگر افتاد : اورا رها نموده روبیاران خود نمودم که " این مرد را شناختم ؛ دلّاک است ؛ بدو [11] غاز نمي ارزد " *

[1] An idiom, the exact meaning of which I do not know.

[2] *Didam* should be *dīda*: H. B. didn't see the Persian *barāy-i isbāt-i mardānagī*.

[3] *Fulān, fulān shuda*; abuse to his wife and to himself = *fulān chīz bi-fulān jā-yi zan-at* (or *tu*).

[4] *Har chi badtar-at = kūn.* If a person acting contrary to advice, suffers, Persians say "*Khūb; har chi bad tar at pāra shud?*" "Have you suffered? serve you right or I told you so."

[5] *Ishān*, i.e., 'Persians': note the slovenly use of the plural pronoun.

[6] In India *chi mī-binam* (Hist. Pres.) could be used here instead of the Preterite.

[7] *Havā* "air; atmosphere," not as in India "wind": *bi-havā-yi rūshnā'ī raftam* (m.c.) "I went towards the light in the distance." *Havā* perhaps means *chīz-i khiyālī* as *man bi-havā-yi shumā injā āmadam* = 'I thought you were here and so came.'

[8] *Lung* a barber's red towel, or a red loin cloth for the bath.

[9] A horn was formerly used for cupping. *Ḥajāmat* in Persia signifies "cupping," and not "hair-cutting, shaving, nail-trimming, etc., as in India.

[10] *Dād = dādan.*

[11] *Ghāz* is a nominal coin, the tenth part of a *shāhī*.

گفتار ششم

در بیان اسرا و غنائمی که بدست ترکمانان [1] افتاد *

پس بی توقّف از یغما در گذشته بویرانه شتافتیم ؛ و بر اسبان سوار ، از خرابه ، چهار نعل ، رو بدرهٔ معهود میعاد تاختیم *

در وصول بمیعاد ، از اسبان فرود آمدیم ؛ و برای استراحت خود و رفع خستگی اسبان و تلافی بی خوابی شب ، قدری در آنجا درنگ کردیم * یکی از همراهان درمیان تاخت و تاز بگوسفندی برخورده بود ؛ و از ربودنش در نگذشته * بمحض ورود ، سرش را بریدند ، و گوشتش را بر سیخهای چوبین ، با خار و خاشاک ، [2] پرکین ، کباب کردند * با اشتهای تمام آنرا نیم پز خوردیم ، و بر سر غنایم دویدیم *

مقصود [3] بالذّات دانستن قیمت اسیران بود * یکی از آنان مردی بود پنجاه ساله ، باریک قد ، تیز نگاه ، سرخ رخسار ، [4] انبوه ریش ، زیر جامهٔ [5] قصب در پا ، و کلیجهٔ کشمیری در بر ، شبیه باهل [6] در خانه * دیگری میانه سال ، کوتاه بالا ، خنده رو ، عمّامه بسر ، [7] قبای بغلی هزار دکمه در بر ، با قبای سیاه * [8] سه دیگر تنومند و توانا ، [9] زمخت رو ، و بد هیأت که جهة شخص مقاومت ، او را از دیگران استوارتر

[1] Should be *uftādand.*

[2] *Pur kīn* "greedily."

[3] "In reality" (rarely used).

[4] *Anbūh-rīsh* "with a thick beard"; opp. to *rīsh-kūsa* (adj.)

[5] *Qaṣab* (old) 'a fine stuff supposed to be made in Egypt; muslin.'

[6] *Ahl-i dar-i khāna* "courtier."

[7] *Qabā-yi baghali* is a double-breasted *qabā* still worn by Muslims and Zardushtis in Yezd. The Persian Jews also wear it. *Hazār dukma* 'covered with buttons': this pattern of coat has very small buttons of cloth or silk.

[8] *Si dīgar* "the third." Note this method of forming an ordinal.

[9] *Zumukht* "astringent (med.); harsh.'

بسته بودند * به تحقیق چگونگی حالات و پیشه و حرفت ایشان پرداختند * مرد باریک قد ، چون از همه متشخّص‌تر می‌نمود ، و مظنّهٔ سرپلی متعلّقه (متنابه) ، نخست او را به پیش کشیدند ؛ و چون تُرکی نمیدانست ، من بترجمانی نامزد گردیدم *

ارسلان سلطان :— " تو کهٔ ؛ چکارهٔ ؟ "

اسیر :— (با آوازی نرم و حزین) " بندهٔ کمینهٔ بیچاره ، هیچ کاره " *

ارسلان سلطان :— " آخر هنر و پیشهٔ اِت چیست ؟ "

اسیر :— " غلامِ شما شاعرم [1] ؛ میخواهید چه باشم ؟ "

یکي از ترکمانان نا تراشیده :— " شاعر یعني چه ؟ شاعر بچه کار میخورد ؟ "

ارسلان سلطان :— " شاعر یعني هیچ ؛ آدمي [2] هرزه چانه ؛ یاوه سرا ؛ نره گدا خانه بدوش ؛ دروغ فروش ؛ چاپلوس ؛ که همه را میفریبد و همه کس مرگش از خدا میخواهند * نمیدانم این بلا را از سر ما که [3] خواهد وا کرد " *

ارسلان سلطان :— (بامیر) " خوب اگر [4] شاعري و بیچاره ، این زیر جامهٔ قصب و کلیجهٔ ترمه [5] را از کجا آوردهٔ ؟ "

اسیر :— " اینها بقیهٔ یکدست خلعتي است که حاکم شیراز ، [6] بصلهٔ قصیدهٔ که ساختم ، داد " *

پس اورا از بقیهٔ خلعتِ شاهزاده برهنه نمودند ، و کلیجهٔ پوستي [7] منحوس بر او پوشانیده سر دادند * آنگاه مردِ کوتاه قد را پیش کشیدند *

ارسلان سلطان :— " مردکه ! تو کیستي و کارت چیست ؟ "

اسیر :— " بندهٔ کمترین ، ملاّ میباشم " *

[1] Note 1st Pers. after *ghulām*. In m.c. the 1st Pers. is always used after *banda* (the 3rd in abject writing). In India always the 3rd Pers.

[2] *Hasār-chāna* "babbler, properly *harza chāna*" : *yāva-sarā* "one who talks at random."

[3] 'Who will save us from him.'

[4] 'If you are a poet and (are) helpless.'

[5] *Shāl-i tirma* is the finest and most costly kind of *shawl*.

[6] *Ṣila* "a present" (sp. to poets).

[7] *Manḥūs* in m.c. "ugly" ; *prop.* "ill-omened , unfortunate."

ارسلان سلطان :— " برو ، گم شو پدرسوخته ! ملّا مباش ; هر چه میخواهی [1] باش ; پدرت را میسوزانم ; سرت را میبرم ; بگو ' تا جرم و مالدار ' * خوب ; [2] ملّا هم باشی ، باش ; ملّایان همه توانگرند ; مالِ مردم را همهٔ آنان میخورند " * پس معلوم شد که آقا ، ملّای گالادان اصفهان بوده است * کد خدای [3] گالادان ، برای تخفیفِ [4] بدهٔ ماربینِ اصفهان ، او را بشفاعت ، بنزد بگلربگیِ اصفهان [5] فرستاده بوده است *

ارسلان سلطان :— " خوب ، ملّا ! مداخل تو در گالادان چند است ؟ "

ملّا :— " بنده مداخل ندارم ; مخارج خیلی دارم " *

ارسلان سلطان :— " کسیکه مداخل ندارد و خیلی مخارج دارد ، در [6] درِ خانهٔ کارش چیست ؟ "

ملّا :— " هیچ * سالِ گذشته حاصلِ ماربین را [7] سِنّ خورده [8] عاملِ آنجا مرا فرستاد تا از [9] دهان همه ، داد - خواهی کنم "

ارسلان سلطان :— " آری تو بمیری ; حاصلِ ماربین را سِنّ نخورده است ; تو و عامل خورده [10] بودید * حالا که اینقدر دادخواهِ خوبی بودهٔ ، برو در دشت قبچاق ; از دهان همه اینقدر داد خواهی کن [11] تا جانت درآید " *

یکی از ترکمانان پرسید که " خوب ، [12] ببین این ملّا بچه میارزد " *

ارسلان سلطان گفت " اگر بچیزی میارزید ، ملّا نمی بود ; ملّا یعنی مفسد و بی دین * اگر مهمسازِ [13] مردم باشد ، شاید [14] از پیش بالا آیند ، وگرنه میگویند " برود

1 'Say you're anything else, but don't say you're a Mulla.'

2 "Well, if you *are* a Mulla, be one."

3 *Gālādān* is the name of a village in the district of *Mārbīn*, under Isfahan.

4 Generally *bidihī* = *māliya* "revenue." *Bi-dihī* also means "debt."

5 For *firistāda ast.*

6 *Dar-i khāna* "Court": the Mulla had gone to "intercede."

7 *Sinn* is some kind of a fly or blight that destroys crops; it is found specially on mulberry trees. *Sinn* is not a locust.

8 *'Āmil* the tax collector who is appointed by the Governor.

9 *Dahān* "mouth": in m.c. *az zabān-i hama* "on behalf of—."

10 Better *khurda id.*

11 —*tā jān-at dar-āyad* "till you die in agony."

12 *Bi-bīn* "see, *i.e.*, ask." For *pursid* substitute *guft.*

13 *Muhimm-sāz* but pronounced without *tashdīd.*

14 *Az pe-yash bālā āyand* (m.c.) "They may come up to look for him."

بعه،نم ' * بنظرم می‌آید ما [1] شکار گراز کرده ایم : دریغ از زحمتِ ما ! خوب نگاهش بداریم ؛ به بینیم چه در میآید '' *

پس اسیر سیومین را پیش آوردند *

ارسلان سلطان — '' خوب، [2] یارو ؛ شما که اید ، و چه اید ؟ ''

اسیر — '' مخلصِ شما فرّاشم '' *

ترکمانان همه — '' دروغ میگوید ؛ مخلص فرّاش نیست چرا که در [3] رخت خراب میخوابید '' *

اسیر — '' رخت [3] و خواب از آغایم بود '' *

ترکمانان — '' بمرگِ خودت نمیشود ؛ باید اقرار بکني [4] تاجری ، و گرنه مي کشیم '' *

پس آنقدر مشت و سیلی بسر و [5] صورتش زدند که بیچاره گفت '' حالا که میخواهید تاجر باشم ، تاجرم '' *

من از [6] وجناتِ حالش دانستم که راستي فرّاش است : خواستم و[7] ساطتي کنم * همه بر آشفتند که '' [8] خفه شو ، و طرفداري مکن ؛ و گر نه ترا هم از نو اسیر مي‌کنیم '' * من هم خفه شدم تا از نو اسیر نشوم *

چون دزدیِ انسانيِ خودرا بی شگون وکم برکت دیدند، در بارهٔ اسیران ، درمیانِ ایشان اختلافِ عظیمي پیدا شد * جمعي گفتند که '' ملّا را [9] بمفتي نباید از دست داد ؛ امّا فرّاش وشاعررا باید کشت'' * جمعي‌دیگرگفتند ''ملّا را باید برای سرها نگاهداشت، وفرّاش را باید بنده ساخت ؛ امّا شاعر [10] فضله است ؛ باید اِزالهاش کرد'' * باری بقتلِ شاعر همه متفق بودند ، و کم مانده بود شاعر بیچاره از میان برود *

1 *Shikār-i gurāz k.*, "to get something that is useless": *gurāz* "wild boar."
2 *Yārū* (m.c.)
3 *Rakht u khwāb* vulgar for *rakht-i khwāb*.
4 Indirect narration.
5 *Ṣūrat* "face."
6 *Vajnāt-i ḥāl* "appearance": *vajnāt* lit. "cheeks."
7 "Intercession."
8 *Khafa shau* (m.c.) "shut up; hold your tongue": lit. "be suffocated."
9 *Bi-muft-ī* 'for a nothing, *i.e.*, not quickly.'
10 *Fażla* "leavings; orts"; in m.c. generally "excrement." *Izāla* "removing."

رگ مهربانیِ و مردمی‌من بجنبید ، چه از سیمای او دانستم که مردی صاحب‌کمال است * گفتم " ای یاران ، ! دیوانگی‌مکنید ؛ از قتلِ این مرد بگذرید * توانگری و درویشیِ شُعرا لفظي[1] است ، ودر معني شاعر کشتن [2] مرغِ زرین-تخم کشتن است * مگر حکایتِ آن پادشاه را نشنیده‌اید که بهر بیت شعر یک مثقال طلا میداد؟ چه میدانید [3] بلکه این شاعر هم از آنان باشد که شعرش بمثقالی طلا ارزد * "

یکی از ایشان فریاد برآورد که " اگر اینطور است ، همین حالا یک بیت بگوید ؛ اگر یک مثقال طلا ارزید، بسیار خوب ؛ و گرنه دهنش را چاک میکنیم " * از یافتنِ چنین گنجي [4] شایگان، شادمان ، رایگان گفتند که " ای شاعر اگر گفتي ریشت خلاص ؛ وگرنه خونت حلال " * باري گفتگو دراز کشید ؛ و نتیجهٔ قضایا آنکه هر سه را نگاهدارند و از راهیکه آمده اند به [5] بنگاهِ خود برگردند * پس ارسلان سلطان غازیانِ ترکمان را جمع کرد که " به بیذم چه آورده اید " *

نظم

یکی ز جیب برآورد ساغری [6] سیمین .·. بگردِ او بخطي نغز شعر های زرین
یکی دگر سرِ قلیان سیمِ [7] میناٸي .·. بر او [8] نوشته فلانِ حاجیِ فلان [9] جائی
یکی دگر لگن وشمعدانی از زرِ ناب .·. کنار هر دو مرصّع بدُرّ و لعلِ خوشاب
یکی دگر [10] خزّ و سنجاب و شالِ کشمیري .·. که گر بدانی مالِ تو بوده [11] مي میری "*

یکی از ایشان در تاریکی بگمانِ اینکه نقره است یک کیسهٔ بزرگ پول[12] سیاه آورده بود * همه بخندیدند و بریختند * غنیمت منحصر بنقد نبود : از قلیان و آفتابه ، لگن مفضّض

1 *Lafẓī = bi-sabbab-i zabān*: better omit *darvīshī*.

2 A literal translation. I do not think the fable of the goose and the golden eggs is current in Persia.

3 *Balki* "perhaps."

4 *Shayagān* (for *shāyagān*) "worthy of a king": *rāʾigān* a *rāygān* is properly anything picked up in the street (*rāh-gān*); gratis, etc., "but it is said to be vulgarly used for *hamagān* "all": the reading is "all," here.

5 *Bangāh* "Turkoman cottages."

6 A silver cup for drinking.

7 *Mīnāʾī* "Enamelled."

8 *ū* for *ān*.

9 *Jāʾī* (adj.)

10 *Khazz* and *Sinjāb* are two kinds of fur: perhaps the marmot and the grey squirrel. I have heard good sable called *Sinjāb*. (The dictionary is not quite correct as regards these two words).

11 For *mī-dānistī* and *mī-murdī*.

12 *Pūl-i siyāh* "copper coin."

و مطلّا ، و از پوستین و کلیجهٔ خزّ و سنجاب ، و شالهای کشمیریِ اعلی ، هر جنس و هر نوع متاع که بدستشان افتاده بود ، واگذار نکرده بودند * همینکه نوبت بمن رسید ، کیسهٔ در بغل نهفته را بمیدان نهادم که " بجانِ شما [1] همین دستگیرِ من شد " * چون آنِ من از آنِ همه کرایه‌مند [1] تر بود ، بیشتر از همه مورد ستایش و آفرین گردیدم ؛ و باتّفاق گفتند که " اگر سالِ دیگر با ما بمانی [2] قُطبِ دزدان خواهی شد * به بینید که اصفهانی که ترکمان بشود چه میشود " *

ارسلان سلطان گفت " فرزند ! رویت [3] سفید ، که روی مرا سفید کردی * پس از این با من [4] جمع المال خواهی بود * یکی از کنیزانم را [5] بزنی بتو میدهم ؛ با ما بیکجا می‌نشینی ؛ چادری با بیست گوسفند بتو می‌بخشم ؛ در عروسیت همهٔ قبیله را شیلان میکشم " *

این سخنان بر من چنان تأثیر نمود که بر نیّتِ گریزم استوار ساخت * با اینکه در تقسیم غنیمت مستحقِ بهرهٔ بزرگ بودم ، دیناری ندادند ؛ و [6] بزهر چشم غدغن کردند که " [7] اگر نفست در آید سرت را مثالِ سرِ کنجشک از جای بر می‌کنیم " * 'در این حالت اگر مردی ، دهن [7] بکشا ، * ناچار باز بحفظ همان پنجاه [8] اشرفیِ در کمر ، و بچند ریالی که در آن [9] اثناها بکالاه نهفته بودم ، قانع شدم * پس درمیانِ ایشان برای تقسیم ، اختلافِ عظیمی واقع شد ، و ستیزی برخاست که کم مانده بود خونی درمیان واقع شود * ناگاه یکی از ستیزیان را بخاطر رسید که باوجود قاضی چرا باید بحکمِ شرع راضی [10] نشوند * پس قاضی را حکم کردند تا موافقِ شرع انور غنیمت را درمیانِ مجاهدین قسمت کرد [11] * با اینکه قدری از آن اموال مالَ خودِ قاضی بود ، و شرعاً نیز بیت‌المال بقاضی تعلّق داشت ، باز بجز مشتی [12] ریشخند و استهزاء چیزی بکیسهٔ مُلّا نرفت *

[1] *Hamin* "this only" : *kirāyamand tar* "more worth having."

[2] "Pole."

[3] *Bāshad* understood.

[4] *Jam'u 'l-māl* 'having a common purse and keeping no account of the separate expenditure.'

[5] *Zani* (subs.) "Marrying; the state of being a wife."

[6] *Bi-zahr-i chashm* "with threatening glances."

[7] This quotation is said by Haji Baba, as a joke.

[8] Note *izafat* after *ashrafī* and before *dar*.

[9] *Isnāhā* "meanwhiles," etc. : *kālāh* "cloth."

[10] Note the m.c. position of نیز.

[11] Note this classical use of the Preterite to signify that the action was completed. In Modern Persian the ambiguous Present Subjunctive is preferred.

[12] *Rishkhand* "ridicule"; *istihzā'* "irony."

گفتار هفتم

در رفتارِ مهر آمیزِ حاجي بابا و سرگذشتِ دلسوزِ ملک الشعرا *

از همان راه که آمده بودیم بر گشتیم امّا بسببِ همراهيِ اسیران و نوبت بنوبت سواريِ ایشان ، ترتیبِ کوچ طورِ دیگر شد *

من از اول میلِ غریبي بشاعر بهمرساندم ، و از گفتار و رفتارش تأثیرِ کلی در دلم پیدا شد ؛ وانگهي در چنان عالمي بچنان عالمي برخوردن ، مرا دلداري ، بلکه نوعي از افتخار بود ، که مینمایم منهم [1] فاضلم * رفته رفته بی آنکه اظهارِ محبّت خود را باو بروز دهم بشرطِ [2] واداشتنِ او بساختنِ اشعاریکه ، یک بیتش بیک مثقال طلا بیارزد ، پاسبانِ او گردیدم * با زبان فارسي بی ترس و بیم در هر باب گفتگو میکردیم * گفتم " رفیق ! دل قوی دار ، که [3] من شرحِ حالم چنین است ، و خیال فرار دارم ؛ در اولین فرصت بخلاصيِ تو خواهم کوشید " * [4] او ، که بجز دشنام چیزی نمي شنید ، چون این سخنانِ مهر آمیز بشنید ، سخت شاد شد * [5] با یکجهتي شرحِ حالِ خود را باجمال بیان کرد * دانسته شد که از اعاظم رجال است و بلقبِ ملک الشعرائي ملقّب * از شیراز بطهران بر گشته ، و در همان شب ورودِ با صفهان بدستِ ترکمان افتاده بود * روزی درمیدان آنصحرای نمکزار ، بعد

1 " Man of letters."

2 *Vā dāshtan-i ū bi*—(caus.) " making him compose— "

3 Note the absolute nominative *man* to introduce the subject of a topic : this construction very common.

4 Note *ū, ki*— : in classical Persian *ān ki* would probably be substituted.

5 *Bā yak-jihatī* " with familiarity."

از آنکه من سرگذشت خودرا گفتم ، او نیز از آنِ خود را بدینگونه [1] نُقلِ مجلس دوستداري کرد *

[مترجّم گوید که هرچند در نسخهٔ اصل این ملک‌الشعراء را ، [2] مؤلّف ، عسکرخان لقب داده است ، امّا از حکایت معلوم میشود که آنمرد فتح‌علي خانِ صبای [3] کاشي است * شاید مؤلف نخواسته است حکایتِ او را صریحاً بنام او بیان کند ؛ و سرگذشت او قریب بحقیقت است] *

سرگذشتِ ملک الشعراء *

” من در شهر کاشان [4] زائده شدم * نامم فتحعلي است * پدرم در ایام آغا محمد علي خان [5] خواجه مدتها حاکمِ کرمان بود * خیلي قصدِ عزل و خانه‌خرابيِ او کردند امّا از برکتِ عزّت و رشوه دست باو نیافتند * بارها چشمانش بمعرضِ خطر افتاد ، ولی [6] در نیامد * عاقبت ، در ایامِ این شاه سرِ زنده بگور برد * ده هزار تومان ترکهٔ او بی تعرّض و دست اندازي بمن [7] رسید * در کودکی بسیار مواظبِ درس و [8] مشق بودم ، چنانچه در شانزده سالگي بخوشنویسي مشهور گشتم * دیوانِ حافظ را سراپا ازبر داشتم ، و [9] طبعم چنان روان بود که بجای نثر ، با نظم گفتگو میکردم ؛ حتی وقتی در زیر [10] چوبِ فلک در معرضِ [11] زنهار-خواهي مطلب خود را با نظم بیان کردم *

1 *Nuql* is a white sweetmeat kept in every Persian house and offered to callers and guests on arrival: *nuql-i majlis* "the subject of general discourse; the talk of the town; *also* notorious," (*lit.* the sweetmeat of the assembly and in everybody's mouth).

2 Author.

3 *Kāshī* "of Kāshān."

4 Kirman, in the original.

5 The first of the Qājār dynasty.

6 *Dar nayāmad* "they (the eyes) didn't come out": note a singular verb after a plural in *ān*. Eyes are sometimes removed with the tip of a pen-knife. The custom of blinding with a red-hot needle does not seem to be resorted to now-a-days.

7 An unusual circumstance and hence worthy of remark.

8 *Mashq* "writing from a copy."

9 *Ṭab'* sp. for poetry: *ravān* "facile."

10 *Falak* is the name of the pole (held by two men) that by means of a noose, holds *sky*wards, the soles of the offender to be bastinadoed.

11 *Zinhār-khwāhī* "seeking protection"; the sufferers always make a great show of asking pardon, sometimes merely from policy. A judicious bribe will make the executioners beat the pole instead of the feet.

موضوعِ نه‌بسته و مضمونِ نگفته نگذاشتم * [1] لیلا و مجنونِ خیالی ساختم، بهتر از آن [2] مکتبی * در آن کتاب در تعریف و توصیف چیزهای ندیده و وهمی، مانند عشقبازیِ گُل و بُلبُل و تعلّقِ شمع و پروانه، دادِ سخن دادم؛ [و [3] بمفادِ [4] اعذبها اکذبها، مبالغه و اغراق را از حد گذراندم * در هر مجلس و محفل که حاضر میشدم، [5] همه، اشعارِ خود را میخواندم؛ و بهر چه میگفتم یا میگفتند، از اشعارِ خود استشهاد می نمودم *]

" در آن ایام، پادشاه با صادق‌خانِ [6] شقاقی، که بسرکشی برخاسته بود، مبارزتی نمود، و غالب آمده فتحنامهٔ ساختم؛ در فتحنامه رستم درمیانِ ابرها بمیدانِ کارزار نگاه میکند؛ باغی ازو فرود آمدن و یاری کردن میخواهد * رستم در جواب میگوید ' جای من در اینجا خوب است؛ اگر بزیر آیم یُمکن که از ضربِ [7] سرپاشِ شاه خورد و خشخاش شوم؛ لاجرم [8] پائین را بدشمنان شاه وا گذاشتم' * در این قبیل نکات و دقائق در آن قصیدهٔ [9] بیداد کردم * در آخر گفتم ' بهر حال صادق خان و لشکرش را از زمانه جای شکایت نیست؛ با اینکه از دستِ پادشاه پایمال شدند سرِ شان بآسمان افراشت، یعنی پادشاه سرِ شان را نیزه کرد' * این قصیده بگوشِ میمونِ پادشاه رسید: سخت نیکو پسندید و مرا از گزیدگانِ شعرا ساخت، و در حضورِ اعیان دهانم را با طلا [10] انباشت *

" این احترام مایهٔ پیشرفتم شد: بزمرهٔ ندُما و [11] باریافتگان در آمدم * [12] مرتجل و غیرِ [12] مرتجل بنظم قطعه و غزل می پرداختم *

1 In Persian often *Lailī*.

2 *Maktabī* "written."

3 *Mufād* "illustration."

4 "The better it is, the falser." *Mubālagha* is the rhetorical figure 'hyperbole,' of which there are three kinds: *ighrāq* is that kind which, though *possible* to reason, is still highly improbable.

5 *Hama* = 'all that I had to say'; *hama* is not here connected with the word following it.

6 *Shiqāq* is a Turkish tribe of Tabriz.

7 *Sar-pāsh* "a huge mace."

8 *Pāyīn rā* "*the* below."

9 *Bi-dād* (m.c.) "excessive exaggeration": *ū khaile bi-dād mī-kunad* is a common m.c. phrase.

10 *Ambāshtan* "to fill."

11 *Bār-yāfta* "courtier."

12 *Murtajal* "spoken extempore": note that there is an *izafat* after *ghair* (none in Indian Persian).

"باری برای اظهار خدمتگذاری [1] بخاکپای حضرت شهریاری عرضه داشتم که ' در زمان پیش، فردوسی طوسی بنام سلطان محمود غزنوی بنظم شهنامه پرداخت، و بدان واسطه او را در صفحهٔ روزگار نامبردار ساخت * چه میشود که پادشاهی مانند شهریار امروزهٔ ایران (که در هیچ عصر مانند او پادشاهی نیامده و نیاید و سلطان محمود غزنوی بندگی او را نشاید) با ساخته شدن شاهنشاه‌نامه بنام او از سلطان محمود غزنوی مشهور تر گردد؟' از جانب [2] سنی‌الجوانب دستوری ارزانی شد، و من دست بکار شهنشاه نامه ـ سازی شدم * هرکه معنی [3] طمطراق الفاظ و غرابت معنی خواهد، آن کتاب را به بیند * چون این بیت را ساختم که [4] ' کوکو دل کو سر کو نهاد کو آئین کوکیش کو کو نژاد،' همه گفتند که ' فصاحت و بلاغت الفاظ تمام شد ' * و چون این بیت را نظم کردم :—

' خراشید [5] و پوشید شبرنگ شاه ∴ زُسم پُشت ماهی زدُم روی ماه '

همه کس گفتند که ' ریشهٔ معنی خشک شد ' *]

" امین [6] الدوله [7] صدر اصفهانی را با من [8] شکر آبی در میان بود : ببهانهٔ، دوازده هزار تومان جریمه ام کرد ; امّا پادشاه بعنوان اینکه [9] اشعر شعرایم بخشید و نگرفت * روزی در مجلس بزرگ از سلطان محمود غزنوی و فردوسی سخن میرفت که در ازای هر بیتی

1 *Bi-khāk-i pā* (sp. for kings) = *bi-khidmat.*

2 *Sanī* "high, sublime": "of high sides." *Daulat-i Sanīya-yi Inglīs* (m.c.)

3 *Ṭumṭurāq* "pomp, magnificence."

4 An example of the imperfection of the Arabic character; the lines completely baffled Persians till a Zardushti gave a clue by reading *gav* (old Pers. "hero") instead of *kū.*

Gav-i gav-dil-i gav-sar-i gav-nihād
Gav ā'īn-i gav-kīsh-i gavgav nizhād.

5 An example of *laff u nashr*, a poetical figure that leaves it to the discernment of the reader to connect in proper order, substantives and their adjectives, or nouns and their verbs." *Shab-rang* was the name of the horse of *Siyā'ūsh* that none but its owner could mount.

"The steed of the Shah scratched with its hoof the back of the Fish (supporting the world) and with its tail hid the face of the moon" (*i.e.*, it was of gigantic size). Compare :—

Z'sum-i sutūrān darīn pahn dasht
Zamīn shud shash u āsmān gasht hasht (Firdausi).

6 *Amīnu 'd-daula*, a personal title: in the original 'lord high treasurer.'

7 *Ṣadr* short for *ṣadr-i a'ẓam.* The present Prime Minister (A.D. 1902) is called *Ṣadr-i Hamadānī.*

8 *Shakar-āb* "a slight disagreement between friends, a coolness, tiff."

9 "The most poetical of poets."

ز ابیاتِ شهنامه ، پادشاه باو یکمثقال زر داده است [1] * من با اینکه نمیدانستم سخن بگوشِ پادشاه میرسد یا نه ، گفتم ' سخاوتِ سلطان محمود نسبت بسخاوتِ پادشاهِ ما نسبتِ قطره بدریا است ، زیرا او آن مبلغ را بگرانمایه ترینِ شعرا داد : این بیش از آن به کمین پایه ترینِ شعرا داد که من بنده حاضرم : تفاوت از زمین تا آسمان است ' *

" حاضران متحیر که من کی و کجا و چگونه مورد اینهمه احسان شدم * بیکدیگر نگران ، [2] بزبان حال پرسیدند و من با زبانِ قال جواب دادم * ' [3] آري ، هرچند این مبلغ را پادشاه بمن دستي نداد ، امّا در معني رساند ؛ چنانچه ترکهٔ پدرم را [4] بفحوای ' العبدُ و ما في يدِه كان لمولاه ، ' میتوانست همه را ضبط کند ؛ نکرد : این ده هزار تومان * امین الدوله دوازده هزار تومان جریمه‌ام کرد ؛ نگرفت : این بیست و دو هزار تومان * با لفظ مبارک فرمود که ' هر ساله پنج هزار تومان از ارکان واعیان در [5] ایامِ متبرکه و اعیاد بصله بستان ، ' و سالها است میستانم و خواهم گرفت * اگر اینهارا حساب کنم ، همه باهم ، از احسانِ سلطان محمود بفردوسي بیشتر میشود * پس بیت [6] ' ادرار ابرباشد یک قطره پیشِ جودش .·. هرکس که این بگوید [7] للّه در ' قائل ' * آنگاه دعای بلیغي کردم که ' خداوند [8] سایهٔ بلند-پایه‌اش از [9] مفارق جهانیان تا آخر الزمان کم نگرداند ، و دشمنانش را [10] قلیل و کثیر و صغیر و کبیر ، ذلیل و حقیر گرداند ' : و چون میدانستم بگوشِ پادشاه میرسد ، مبالغه و افراط را از حدّ گذراندم * روزی چند بر آن نگذشت که بعطای [11] یکدست خلعتِ خاصّ از قبای

1 *Dād* would also be correct here.

2 *Bi-zabān-i ḥāl* here = *bi-ishāra*; *zabān-i qāl* "with the living voice." *Zabān-i ḥāl* has also other meanings.

3 *Ārī* "yes; indeed."

4 *Fahwā* "purport, import." "The slave and what belongs to him is the property of his master": [*kāna* "was"].

5 'Saints days and holidays.'

6 *Idrār* "flowing": in m.c. 'to make water.'

7 للّه درّ قائلٍ or للّه درّهُ قائلاً, an Arabic idiom 'God bless him for a fine speaker.'

8 *Sāya-yi shumā kam na-shavad* "may your shadow never grow less" is a common Persian compliment: an old man's shadow is less than that of a young man.

9 *Mafāriq* (pl. of *mafraq* or *mafriq*) 'places of the parting of the hair; crowns of the head.'

10 "Whether few or many, whether small or great."

11 No *izafat* after *dast* "suit" (of clothes, etc.)

[1] پولکی و شالِ [2] کرمانی سر و کمر، و [3] خرقهٔ ابرهٔ عنبرسرِ سنجاب‌آسترِ ممتاز ،
و با فرمانِ ملکِ الشعرائی سرافراز شدم * برسمِ [4] معتاد، صد روز فرمان را [5] بپرِ کلاه زده
در خانه نشستم ، و دوستان و آشنایان بمبارکباد و شیرینی خورانی آمدند * دمبدم
بر خود میبالیدم و بزرگی خود را هردم افزون میدیدم * بعد ازان [6] نیمهٔ از برای انتقام ،
و نیمهٔ از برای جلب انعام ، قصیدهٔ برای امین الدوله ساختم ؛ الفاظش همه
ذو معنیین و [7] ذو وجهین و اکثر عربی ؛ چنانچه از کم سوادی ، همه را بمدحِ خود
حمل کرد ، و در حقیقت همه ذمّ ، [8] بلکه دشنامِ او بود * آری ، بالای معانی رکیکه
را چون لباسِ [9] الفاظ عربی پوشانند ، رکاکت آنها [10] ازاله گردد * خلاصه قصیده
چنان مغلق و معقّد است که کس درکِ آن نتواند کرد ، مگر من خودم معنی دهم :
[مثلاً ازین چند بیت قیاسِ سایر آن توان نمود :—

[11] ای بعرهٔ وشِ بعیر زاده ∴ چون بعرهٔ تازه بر وساده
پیوسته بذکـــر مـــایلستی ∴ امّا [12] بدو فتح قابل استی

[1] *Pūlak* "scale of a fish; brass and silvered ornaments (sequins) sewn on to cloth as ornaments.

[2] Kirman is justly famed for its 'shāls' and carpets. 'One for the head and another for the middle.'

[3] *K͟hirqa* (m.c.) 'long garment of kings and governors.' *Abra* is the outside of a garment as opposed to *āstar* "lining." '*Ambarsar* (supposed to be a place in Kashmir) is probably Amritsar (in the Panjab). No *izafat* after *abra*.

[4] "As is usual."

[5] *Par* is the loose end of anything; here it refers to the dent in the old-fashioned hat.

[6] *Nīma-i—nīma-i* "partly—partly."

[7] *Ẕū-jihatain* or *Muḥtamil** '*ẕ-ẓiddain*, etc., is in rhetoric introducing a sentence or clause capable of two constructions, each opposed to the other in meaning. *Taurīya* or *īhām* is using a word or a clause that has a secondary meaning not at first discernible.

[8] In rhetoric *hajv-i malīḥ* 'seeming praise but real satire.'

[9] The Persians (understood) is the subject, or else the verb may be considered passive.

[10] *Izāla gardad* "is lost, disappears."

[11] These lines are as filthy as they are obscure. *Ba'ra* "camel-dung": *ba'ī* "camel": *vasāda* "mattress."

"Oh thou who art like camel-dung born of a camel
And on a mattress showest up black like fresh camel-dung.

[12] Point the word *ẕikr* (a religious exercise) with two *fatḥa* and it becomes *ẕakar* "penis"; the implication is that the Minister is a *maf'ūl* or *pusht*. *Ist* (also *ast* and *ust*) is in Arabic the anus.

ای خوردهٔ زاست واست زادهٔ .·. استادهٔ هـــزار است دادهٔ
این است نه کان رزناب است .·. درید درقی از آفتاب[1] است، *

" هنرم منحصر بنظم اشعار نبود * از علم هندسه و[2] جرِ اثقال سر رشتهٔ وافر داشتم * بزرگان همه از اختراعاتم حیرت می بردند * چرخی ساختم که اگر یک آلتِ دیگر داشتی ، تا قیامت از حرکت باز نایستادی * شکلی بهندسه افزودم که هیچ کس حل نتوان کرد * در رنگِ کاغذ[3] ید طولانی داشتم * قلم و دواتی بطرزِ نو اختراع نمودم * بقماش-بافی برخاستم : بادشاه نگذاشت که ' تو شعر بباف ; قماش را فرنگان میبافند ، و سوداگران از فرنگستان میآورند ' * در روز نوروز ، بعادتِ بزرگان خواستم بپادشاه پیشکشی کنم * قطعهٔ [4] شیوا نظم کردم ; بر خلالِ دندان - کاوی کندم * سخت مطبوعِ طبعِ همایون افتاد * همه [5] اعیانرا ببوسیدنِ دهانم فرماندادِ * در آن قطعه دندانِ پادشاه را بلؤلؤ ، و خلال را [6] بمتّهٔ دُرسنب ، و گوشت بنِ دندان را بشاخهای مرجان که در اطراف لؤلؤ یافت میشود ، و ریشِ بلند [7] منبرِ آگند بادشاه را بامواجِ دریا [8] تشبیه کردهٔ بودم * راستی بجودت [9] قریحهٔ من همه کس آفرین خواند و از روی مدح همه گفتند [10] که 'با بودنِ تو فردوسی [11] خرِ کیست ؟ ' بصلهٔ این قطعه ، پادشاه خواست مبلغی خطیر بمن رسد : خلعتِ امسالهٔ فرزند خود ، حاکم فارس را ،

[1] These two last lines are so obscure, that no Persian even can understand them. If the context were known they might be intelligible.

It is said that Fateh 'Ali Khan, the *Malik*ᵘ *'sh-shu'rā'* after composing the above quoted lines and some other lines in satire of the Prime Minister, read them to Fateh Ali Shah. The King who didn't understand a word of the composition said, "*Bah, bah*, excellent, excellent," whereupon the poet with a prompt bow replied, "*In ash'ār qābil-i Qibla-yi 'Ālam ast* ' These lines are more suited to your Majesty.'

[2] *Jarr-i asqāl* "mechanics."

[3] *Yad-i ṭūlānī* "skill." لهُ اَلْيَدُ الطُّولَى فِي اَلْعِلْمِ "He is very, very learned."

[4] *Shīva* "eloquent."

[5] The Persians are great kissers. Men embrace and kiss each other on the mouth.

[6] *Matta* an "auger."

[7] Fateh Ali Shah was famed for his flowing beard.

[8] *Tashbih* in rhetoric is a "simile."

[9] *Jaudat* "goodness": *qarriha* "genius."

[10] Note the concords; both verbs should be plural. In Persian, however, *har* is used for *hama*, and like 'every' in slovenly English is then followed by a plural verb: similarly *hama* is used for *har* and followed by a singular verb. In the Gulistan *har yak-i* followed by a plural verb, occurs more than once.

[11] *Khar-i kist* and *sag-i kist* are common m.c. expressions.

با من فرستاد * در عوضِ راه هدیها گرفتم ، و در شیراز موردِ احترام تام و احسانِ فراوان گشتم ؛ و واقعاً مبلغي خطیر بمن رسید *

" در واقعهٔ [1] پرندوشین آن مبلغِ خطیر بدستِ این ترکمانانِ خطرناک افتاد ، و من که فلک را ریشخند میکردم ریشخند ایشان شدم که مي بیني * اگر تو بخلاصي من نکوشي ، وای بر من ! [2] شاید پادشاه از خلاصيِ من بدش نیاید ؛ امّا آنکه سربها بدهد کیست ؟ امین‌الدوله را رنجانیده‌ام ، چرا که گفتم ' آنکه [3] کوک کردن ساعت را نداند ، ادارهٔ مملکت را چگونه تواند ؟ ' ازینجهة با من بد است : میترسم که بیادم نیفتد تا از اندوه و رنج هلاک شوم * نقدیکه مایهٔ نجاتم بود ، بباد رفت * از وطن جدا ، سربها ازکجا آرم ؟ امّا چون اسارتِ من بتقدیر ایزدیست ، شکایت از آن بیجاست ؛ ' ماشاء اللهُ کانَ و ما لم یشاء لم یکُن ' * ولی از آنجائیکه تو مُحبِ علي و مُبغضِ عمري ، [4] هیچ نباشد [5] لا لِحُبِّ علي بل لِبُغضِ عمر التماسِ آندارم که بخلاصي من از دستِ [6] این سگ سنّیان صرف ما حصل مقدرت و توانِ خود کني که در نزدِ [7] آئمّهٔ طاهرین اجرت ضایع نخواهد ماند * "

[1] *Parandūshīn* for m.c. *parī-shab* or *parī-shabīn* or *dīn-shab*, etc.

[2] *Shāyad bad-ash nayāyad* (= *shāyad khush-ash bi-yāyad*) "Perhaps he won't mind." Persians when shown anything good have, like an English schoolboy, a patronizing way of saying *bad nīst* "it is'nt bad."

[3] *Kūk kardan* (m.c.) "to wind up a watch." *Tū-yi kūk-i kas-ī raftan* (m.c.) = "to pull somebody's leg" : —*va bi-āsmān raft* = "I got a *rise* out of him."

[4] *Hich na-bāshad* "at least."

[5] *Lā li-ḥubbi ʿAlī bal li-bughẓi ʿUmar* "not from love of ʿAli but rather from hatred of ʿUmar." The Sunnis like the Shiʿahs reverence ʿAli, but the former reverence, while the latter hate, ʿUmar.

[6] *Sag-sunniyān*, no *iẓāfat*.

[7] *Aʾimma* pl. of *immām*. Note the regular Arabic plural following a broken plural.

گفتار هشتم

در خلاصي حاجيِ بابا از دست ترکمانان ، و بدست ایرانیان افتادن و درستِ آمدنِ [1] مصداقِ " از خاک برخاستن و بخاکستر نشستن " *

" المُستجيرُ [2] بعمرو عند كُربته كالمستجير برمضاء من النّار " * ملک الشعراء سرگذشتِ خود را بپایان رسانید * وعدهٔ آن دادم که بقدر توان ، از خلاصي [3] آن اهمال نکنم ؛ امّا در آنحال شکیبائي میبایست که هنوز خود در بند بودم ؛ برهاندن دیگری از بند کوشیدن دیوانگی بود * آن بیابان ، آن ترکمانان ، آن ما ، آن ایشان با ما ، چگونه خلاصی میتوان ؟ جز آنکه صبر و تحمل کنم چه چارهٔ کنم ؟

بعد از گذشتن از [4] کویر عراق بخاک [5] دامغان ، در طرف شرقي آنجا ، در کنار راهي که از طهران بمشهد میرود ، ارسلان سلطان روی بیاران کرد که " در اینجا توقّف باید ؛ شاید قافلهٔ بچنگ آید " * در نزدیکيِ راه ، بر سرِ تپّهٔ [6] دیدبانی بر گماشتند * سحرگاهان ، دوان دوان بیامد که " از میانِ راه ، گرد و غباري عظیم برپاست ؛ [7] گویا کاروان است " *

1 *Miṣdāq* "verification."

2 A proverb: "He who seeks refuge with 'Amr at the time of his grief is like a person seeking refuge in burning sand from fire" (because in fire a man dies quickly, whereas in hot sand his tortures are lengthened). The name *'Amr* is written عمرو to distinguish it from عمر *'Umar*. I do not know why the name 'Amr occurs in the proverb.

3 Better *ū*.

4 *Kavir* is *any* 'salt desert.'

5 Near Meshed.

6 *Dīd-bān* "looker-out."

7 *Gūya* "as though"; in m.c. "perhaps."

ما دست و پای برای یغما جمع‌کنان دست و پای اسیران را بستیم، تا بعد از یغما بهمراه ببریم * همه [1] حاضر یراق اسپها راندیم *

ارسلان سلطان، بنفسه، [2] طلایه داری میکرد * مرا [3] بخواست که "حاجی امروز روزِ مردانگی است ؛ بهمراهی من بیا، و بحرکاتم ملاحظه نما که روزی بکارت خواهد خورد ؛ [4] وانگهی شاید با کاروانیان بگفتگو احتیاج افتد، ترجمانی کن" *

چون گرد و خاک نزدیک رسید، ارسلان سلطان. را حال دگر گون شد که "میترسم این گرد [5] توتیای چشمِ ما نباشد ؛ تند میرانند پراگنده نمیروند ؛ صدای زنگ نمی آید ؛ برقِ تفنگ پدیدار است ؛ اسپانِ [6] یدکی دارند : گمان نمیبرم [7] دست و پای ما بجائی بند شود" * چون نیک نظر کرد گفت "دانستم که کاروان نیست ؛ یکی از اعیانِ دولت یا حاکمِ مملکتی است ؛ بمستقرِ خویش میرود ؛ از کثرتِ خدم وحشمش معلوم است" *

من این حال را برای گریز فرصتِ نیکی دیدم : دلم به تپیدن آغازید * با خود اندیشیدم تا بی آنکه بارسلان سلطان بفهمانم، گریبان از چنگِ او برهانم بدین تدبیر، که چون برهگذاران نزدیک شوم، خود را اسیرِ ایشان سازم * با خود میگفتم که "اگر چه در اول بد میگذرد امّا زبان دارم ؛ حالیِ ایشان میکنم و نجات می یابم" *

پس بارسلان سلطان گفتم "پیشتر برویم و تحقیقِ حال رهگذاران کنیم" * من بی [8] دستوریِ او از پشت تپّه اسپ راندم، و او بقصدِ آنکه مرا باز دارد، از عقبِ من تاخت * چون بسرِ تپّه رسیدیم خودرا در یک [9] تیرِ پرتاب رو بروی رهگذران دیدیم * سواران را چون چشم بما افتاد، شش هفت تن از ایشان جدا شدند، و روی بما تاختن [10] آوردند * ما برگشتیم * هرچه ارسلان سلطان تند تر راند، من آهسته تر راندم،

[1] *Ḥāẓir yarāq* "ready-equipped." In Persia and T. Arabia *ḥāẓir* means "*ready*" rather than "present."

[2] *Ṭalāya dārī* "scouting."

[3] *Bi-k͟hwāst* "called me."

[4] Pronounced *vūngahī*.

[5] *Tūtiyā* "collyrium." 'This doesn't suit *my* book.'

[6] *Yadak* "lead horse"; hence *yadakī* (subs.) "being spare" (of *anything*).

[7] *Dast u pā bi-jā'ī band shudan* (m.c.) "to succeed."

[8] *Dastūrī* "permission."

[9] *Tīr-i partāb* "the distance of a bow shot": *partāb-i tīr* might be expected. In m.c. *tīr-i tufang*, *tīr-andāzī*, etc., refer to *rifle* shooting.

[10] Note the Infinitive used as a noun, and as the object of a verb.

تا اینکه دستگیر اُفتادم : از اسپم فرود آوردند * تاراجِ اسلحه و کمر‌بندِ پنجاه تومانی، حتیٰ اُستُرهای هدیهٔ پدر ، یک دقیقه بیش نکشید * هرچه فریاد کردم که "مترسید ، من نمیگریزم ; من بعمد خواستم بدستِ شما اُفتم ،" گوش ندادند * دستهایم را با شالم از شانه استوار بر بستند ، و با ضربِ سیلی و مُشت بحضورِ بزرگِ خود بردند * بزرگِ ایشان با [1] تمکینِ تمام بتماشا ایستاده بود *

از احترام و تَعظیمِ زیردستانِ وی [2] گفتم "شاید شاهزاده باشد" * [3] پشت گردنی چند زدند که "زود باش کرنش [4] کن" * گفتم "باید شاهزاده باشد" * خدّام وحشم بر دور او [5] حلقه زدَند * امر فرمود تا دستهایم را بکشادند * فی‌الفور بر جستم و دامنش را گرفتم "که پناه بشهزاده ! دخیل دخیل ! بفریادم برس !" فرّاشی [6] منع کردنم خواست * شاهزاده نگذاشت که "پناه آورده ; [7] کار مدار" *

پس بامر وی زمینِ خدمتش بوسیدم ، و مختصرِ ماجرای خود را بیان کردم ، و گفتم که اگر باور ندارید بر ایشان حمله آورید ، و مَلکِ الشعرا را با دو تن اسیر دیگر از دست ایشان بگیرید ، تا بدین معنی شهادت دهند" * در آنحال سوارانی که بتعاقبِ ارسلان سلطان رفته بودند ، برگشتند ، ترسان و هراسان * بامام رضا قسم خوردند که "[8] دستِ کم ، هزار نفر ترکمان بر ما مهیایِ هجومند" * من هرچند سوگند خوردم که "بیش از بیست تن نیستند" کسی گوش نکرد ، و با تهمتِ جاسوسی و دروغگوئی قسم یاد نمودند که "اگر ترکمانان بر ما هجوم آوردند ، اولین کارِ ما اینکه سر ترا میبریم" * پس بعادتِ همهٔ اهلِ ایران از یادِ ترکمانان بدینسوی آنسوی نگرَان رنگها [9] باختند و اسبها تاختند *

چون اسپم را گرفته بودند ، بر استری بارکشم سوار نمودند * همینکه نفسی گرفتم [10] بسرِصبر ، بحالتِ فلاکتِ خود ، باندیشه و تفکّر افتادم * نه در جیبم دیناری بود ، و نه

1 "Dignity."

2 'Said to myself; thought.'

3 *Pusht-gardani* "a slap on the back of the neck."

4 *Kurnish* "bowing."

5 The pedantic distinction between *ḥalqa zadan* and *ḥalqa bastan* does not exist in Modern Persian.

6 *Man' kardan-am khwāst.*

7 *Kār ma-dār* (m.c.) "let him alone."

8 *Dast-i kam* "at the least."

9 Transitive.

10 *Bi-sar-i ṣabr* "with patience."

در سوم [1] پرستاری و هواداری * اشرفیهای عثمان [2] آغائی که قوة الظهرم بودند ، از دستم ربوده بودند ؛ و سرمایه ، بجزگرسنگی ، بر جا [3] نمانده بود * در عقاید اسلام نیز چندان استوار نبودم که کارِ خود را بقضا و قدر حواله ، و [4] از نصیب و قسمت [5] نواله کنم * بی اختیار آشکم فرو ریخت ، و [6] گریه در گلویم گره شد * با خود گفتم که " چشمت کور شود ؛ [7] بکش که سزای تو است " : وچون بعد گریه تسلی یافتم ، از همشهریگری و هم کیشی دیده بر بستم ، و دهان بدشنام و نفرین بکشودم که " لعنت بر مثل شما مسلمانان ! سگ [8] ترسا و یهود بر شما شرف دارد ؛ ترکمانان در نزد شما اولیاء اند ؛ نه دین دارید ، نَه ایمان ؛ نه خدا میشناسید نه پیغمبر ؛ اسمِ آدمی بر شما دریغ است ؛ سگید ، و از [9] سگ کمتر " *

بجز [10] تحویل خنده جوابی نشنیدم : دانستم که درشتي پیش نمیرود * با التماس و التجاء طریق نرمی گرفتم که " مگر من هم مثل شما مسلمان نیستم ؟ مگر [11] غیرت از اسلام نیست ؟ آیا کم [12] آورده ام ؟ دیر آمده ام ؟ چه کرده‌ام که باین عذاب و عقاب سزاوار شده‌ام ؟ من شما را هم مذهب و هم ولایتي انگاشتم ، و [13] چشمِ یاري داشتم * مصراع '[14]خود غلط بود آنچه مي پنداشتم ' * این همه بی رحمي و نامردي در حقِ من چراست " *

آنهمه مردم چنانچه از درشتي متألّم نشدند ، از نرمي هم متأثّر نگردیدند : مگر چاروادارِي [15] قوي یال وبال ، علي قاطر نام ، قلیانی چاق کرده بمن تعارف کرد

[1] *Parastār* "nurse, etc.; *also* servant, worshipper."

[2] *Āghā'ī* (adj.): *gahr* = *pusht*. Note the plural *būdand* after a neu. noun.

[3] The Preterite not the Pluperfect should occur here.

[4] Better to omit *az*.

[5] *Navāla k.* "to swallow, etc."

[6] *Giriya dar gulū girih shudan* "To choke with sobs."

[7] *Bi-kash* "put up with the trouble; serve you right."

[8] *Tarsā* "Christian."

[9] Note *sag* in the singular.

[10] *Taḥvīl-i khanda* 'returning laughter.'

[11] *Ghairat* "sense of honour."

[12] 'Haven't I brought you enough in the way of loot'?

[13] *Chashm* "hope."

[14] *Mā z' yārān chashm-i yārī dāshtīm; khud ghalaṭ būd ānchi mī-pindāshtīm* is a common quotation. In Modern Persian *ishtibāh* is the word for 'mistake' and not *ghalaṭ* as in India: in Persia the latter has a very strong meaning—'to err and sin.'

[15] *Qavīy-yāl u bāl* (m.c.) "with strong limbs": *yāl* properly "mane of horse" and *bāl* "wing of bird."

که "رفیق! بیا؛ قلیان بکش، اندوه مکش؛ دلخوشی دار، غم مدار: هرچه بر انسان میآید بخواست خداست، و چاره بدست خدا ٭ اگر این قاطر سیاه را، که سوارم، خداوند سفید [1] آفریده بود، آیا من میتوانستم سیاه کرد؟ این حیوان دیروز جو خورده است، امّا امروز [2] کاه میخورد: فردا که میداند خار خواهد خورد یا خاشاک؟ با قسمت معارضه، و با طالع ستیزه نمیتوان کرد ٭ تو حالا قلیانت را بکش، اوقاتت تلخ نشود؛ وَدَم را غنیمت شمار ٭ مگر این شعر حافظ را نشنیدهٔ؟ مصراع 'هر وقت خوش که دست دهد مغتنم شمار' ⁖ امروز هم میگذرد: فردا هم خدا بزرگ است" ٭

از سخنانِ علی قاطر اندک آرامی یافتم ٭ [3] اختلاط را با هم گرم گرفتیم ٭ چون دید که من هم از اشعارِ حافظ بی خبر نیستم، خوشش آمد؛ و از همان روز [4] همکاسه ام ساخت و گفت "بزرگِ ما، پسرِ پنجمینِ پادشاهست ٭ چند روز پیش ازین، حاکمِ خراسان شد: اکنون بمقرِّ حکومتِ خود بشهرِ مشهد میرود ٭ از جهتِ اغتشاشِ راه، بیش از عادتِ معهود، [5] همراه برداشته است ٭ فرمانی در دست دارد که بر ترکمانان هجوم آرد، و تا بتواند از اسارت و غارت کوتاهی نکند؛ و آنقدر سرِ ترکمانان بطهران بفرستد که در میدانِ ارگ از کلّهها [6] مناری سازند ٭ برو، شکر کن، که هیأتِ ترکمان نداری: اگر چشمت کوچک، و سرت بزرگ، و بینیت پهن [7] می بود، امروز سرت در آبِ نمک می خفت و فردا پر از کاه بطهران میرفت" ٭

شامگاهان درمیانِ صحرا در کاروانسرای نیم ویران فرود آمدیم ٭ با خود اندیشیدم که خود را بشهزاده رسانم، و نقود واسب و اسلحهٔ خود را واپس ستانم ٭ هر چند دلم بگوشِ خرد میگفت "بر اینها، بیشتر از آنها که گرفتند، مستحق نیستی" اما چشمِ طمع و حرص کور شود از حقیقت، چشم پوشیده بحرف دل گوش ندادم ٭ پیش از نمازِ شام، شاهزاده بر بالای بام، متّکی [8] بمتّکا، بر جانمازی نشسته بود ٭ فرصتی [9] جستم، و از دور فریاد بر آوردم که

1 Note the Pluperfect to express a condition and not the Imperfect, nor the 'Past Habitual.'

2 *Kāh* is *bhūsa* (chopped straw) and not 'grass.'

3 *Ikhtilāt rā* 'the intercourse (we had started).'

4 *Ham kāsa* = 'mess mate.'

5 *Hamrāh* (collective) "companions."

6 *Manār* or *mīnar*.

7 *Mi-būd*: the Imperfect of *būdan* is not now used in speaking.

8 *Mutakki* (partic.) "leaning on": *Mutakkā* "pillow."

9 *Justan* in m.c. means 'to find' as well as 'to seek.'

„ قربانت شوم ! عرضي دارم " * اذن پیش رفتنم داد * از همراهان شکایت کنان التماسِ استرداد اموال خود کردم * ظلم کنندگان را احضار فرمود * از دوئیِ ایشان سخت [1] تظلّم نمودم *

گفتَ „ پدر سوختگان ! پدرِ تان را میسوزانم * پنجاه اشرفيِ این مرد کجاست ؟ " *

قسم خوردند که „ بسر شاهزاده ندیدیم " *

روي بیکی از بزرگانِ حاضر کرده که „ حالا مي بینید که دیده‌اند یا نه * [2] بچّها ! چوب ، فلک " *

چوب فلک آوردند ، و آنانرا بفلک بر کشیدند * شپاشاپِ [3] ترکهٔ کتک بلند شد * چوبخوران از بی تابی اقرار باخذ ، و تعهّد بردّ کردند که „ سرِ شاهزاده بسلامت ! بگشانید ؛ واپس میدهیم " * چون نقود را بیاوردند ، در زیرِ بالین نهاد ، و آنانرا روانه کرد ، و بمن گفت „ تو هم [4] دیگر رَوپیِ کارت " * من از حیرت دهان باز و منتظر که پولم بگیرم ؛ فّراشباشي از شانه ام گرفت و بدور انداخت که „ باز ، ایستاده ؟ " فریاد بر آوردم که „ پولم [6] کو ؟ " *

شاهزاده بشنید و بآوازِ مهیب گفت که „ باز حرف میزند ؟ بزن با کفش بتوی دهنش ؛ جهنم بشود " *

فراشباشي کفشِ ساغریش را در آورد ، و [7] با نعل پاشنهٔ آن ، بر دهانم [8] حوالت کنان گفت „ شرم نداري در حضور شاهزاده اینطور بی ادبي میکني ؟ بروَ ، گم شو ؛ وگرنه گوش و بینیت بریده میشود " * این بگفت و از حضور براند *

نومید و نامراد نزد علي قاطر دار بر گشتم که „ چنین شد " * علي قاطر بی اظهارِ

[1] *Tagallum* "complaint."

[2] *Bachcha-hā* "oh boys" is a word used to summon servants. *Bachcha* in m.c. has much the same sense as the Irish 'boy.'

[3] *Tarka* 'freshly-cut switch,' (gen. of pomegranate): *kutuk* "beating."

[4] *Digar* "then."

[5] In m.c. the affixed (possessive) pronouns are frequently used for the reflexive *khud*.

[6] *Kū* "where" is m.c. as well as classical.

[7] 'Iron (like a horse shoe) on the heel.'

[8] *Hawālat k.* "to threaten (with a stick, etc.)"

حیرت و تعجّب گفت " تو توقّع داشتي غیر ازین بشود ؟ [1] مردکه شاهزاده است ، نه بازیچه * خواه این ، خواه بزرگي دیگر، آنچه بدستشان میافتد واپس نمیدهند * از دست [2] نوابِ اشرف والا اشرفي زرد گرفتن ، از دهان قاطر دستهٔ قصیل سبزِ گرفتن است : اگر [3] دهان داري بر آر ، و گرنه چشم بپوش ،و بصبر بکوش " *

[1] *Mardaka* "the fellow" is not here used in a contemptuous sense, quite the contrary. *Mardaka* is not addressed to Haji Baba, but refers to the Prince.

[2] *Navvāb*, (a pl. used as a sing.) is a title of princes not royal: *Ḥaẓrat-i vālā* would be better here. When pronounced, *nuvvāb* (for *nuwwāb*), the word is in Mod. Pers. given its correct meaning of "deputies, etc.," (pl. of *nā'ib*).

[3] *Agar zabān dāri bar ār* or *agar dahān dāri bi-gushā* are the usual idioms.

گفتار نهم

در سقائي حاجي بابا از روي ناچاري *

بهمراهي شاهزاده ، در وقتي معين، با [1] دبدبه و طنطنهٔ امام، داخل مشهد شديم * آنگاه در آنديار غربت ، از آشنا و بيگانه و دوست محروم ، و از [2] دست افراز بی بهره، [3] آمدم بر سر ما يملك خود * نقودم عبارت بود از پنج تومان كه در شب دزدي ، در كاروانسرا، بتقليد عثمان آغا ، در آستر كلاه خود نهفته بودم * لباسم [4] قبالكي شالكي با كلیجهٔ پوست بی [5] ابره ، و يک پيراهن ، و يک شلوار * تا قاطرچي از مطبخ شاهزاده [6] راتبه خوار بود من نيز ريزه چين خوانش بودم * چون شاهزاده بمنزل رسيد راتبهٔ او را بريد ، واز من نيز * با خود انديشيدم كه باز بحكم رجوع باصل، پيشهٔ دلاكي پيش گيرم : ديدم كه كسي سر خود را به تيغ من ، كه بجاسوسي تركمانان متهمم ، [7] نمي سپارند * و آنگی با آن نقد قليل ، اگر اسباب دكان ميخريدم ، [8] كار دكان لنگ مي ماند * اگر [9] دكان براه ميانداختم ، كرايه بزمين مي ماند ؛ كرايه ميدادم ، خودم گرسنه مي مانم * بمزدوری نه ميل داشتم ، و نه ميتوانستم *

1 *Dabdaba va ṭinṭina* "pomp, show."

2 *Dast-i afrāz = dast-i buland : dast-i afrāz na-dārad* (m.c.) "He has no money to spend; *also* he has money but won't spend it."

3 *Āmadam* "I came to think of, consider about": *mā yumlik-i khud* "what I owned" (Ar. phrase used as a noun).

4 *Qabālak* 'an old worthless *qabā*': *shālak* "a worthless *kamar-band*."

5 *Abra* 'the outer side of a garment': there was little left but the lining.

6 *Rātiba* "rations; daily allowance": in India generally of animals.

7 Note the false concord.

8 *Kār-i dukān lang mī-mānd* (m.c.) "would stand still" *lang k.* is 'to make a halt on a march.'

9 'To start, to set up shop.'

قاطرچي از روی نصیحت گفت " فرزند! تو جوانی هستی [1] مُستَعد ، و تنومند ، [2] زبان باز ، خوش آواز ، خنده رو ، بذله گو ، با آواز خوش ؛ مردم را بنوشیدنِ آب مشتاق میتوانی ساخت ، و با ریشخند و شوخی ، بدلها راه توانی یافت * زوّارِ مشهد بخیالِ استحصالِ اجر و ثواب میآیند : برای نجاتِ از دوزخ و وصولِ بهشت ، از هیچ چیز بر گردان نیستند ، کسیکه با ایشان بنام [3] خیرات و مبرّات بر میآید ، از عطایا و صدقات ایشان کامیاب میگردد * بیا ، و بیادِ [4] لب تشنهٔ کربلا آب بفروش ؛ امّا زنهار در ظاهر : عملت في سبیلِ اللّه باشد ؛ ولی تا پول نگیری قطرهٔ آب بکسی ندهی ، چون کسي آب گوید ، بچاپلوسی ، با عبارتهای [5] آبدار بگو ، نوشِ جان ؛ عافیت ؛ [6] هنیئاً ، مریئاً ؛ گوارا باشد ؛ لبِ تشنهٔ کربلا از شفاعت سیر آبت سازد ؛ از دستِ بریدهٔ عباس علی جامِ شفاعت بنوشی ' ؛ با این گونه سخنان ریشخند کن که ریشخند [10] دردمندان خیلي کارها میکند * امّا آوازت را چنان بلند بر آر که هرکس بشنود ؛ و لطیفها و نکتها چنان گوئی که همه کس خندند ؛ و شعرها چنان خوان که همه را خوش آید * ساده لوحی و صاف درونیِ زوّاران را به بین که با آنهمه ترس و بیمِ ترکمان ، از دیارِ دور دست ، خرجهای گزاف می کنند ، و بزیارت می آیند * با اینگونه مردم چه کار نمیتوان کرد ؟ بآسانی همه را توان فریفت * عقلشان در چشم است ؛ چشمشانرا پردهٔ تنگ خوردی تنگ پوشیده * چه می بینند تا چه بفهمند [7] ؟ تو هرچه میگوئي بنامِ خدا و پیغمبر بگو ؛ دیگر کار مدار * من چند وقت پیش ازین ، در همین جا همین کار کردم ، و از پول سقائی یک قطار قاطر خریدم ؛ اکنون اینم که می بینی " *

بقول قاطرچی عمل کنان ، مشکی تازه خریدم ، با [8] بندی زنجیرین ، [9] و شیری

1 "Prompt, quick, smart."

2 *Zabān-bāz* "free and pleasant spoken."

3 *Khairāt* in m.c. means "alms" : *mubarrāt* is 'good works' (generally).

4 *Lab-tashna-yi Karbalā*, i e , Husain : no *izafat* after *lab* (m.c.)

5 *Āb-dār* "sweet, pleasant."

6 *Hanī'an marī'an* Ar. "May it do good to you."

7 'What do they see to understand it'?

8 *Band-i zanjīrīn* : instead of a rope, he bought a chain.

9 *Shīr* "a lion ; the cock of a samavar, etc." In Constantinople the water-skins have a brass cock, but I never in Persia saw a water-skin so fitted. Some Persian water-carriers are said to wear a brass lion as an ornament; also strong men sometimes tattoo a lion on their arms. [*Khāl kandan* or *kūftan* "to tattoo."]

10 *Rīshkhand-i dardmandān* "chaffing the poor things" : objective genitive.

برنجین ، و کمربندی چرمین * [1] قلاب خطائي ، چند بکمر دوختم ؛ و طاس
چل [2] قُل هوَ اللهی چندم با [3] زنگوله و منگوله بوی آویختم * دو سه روز مشک را در آب
[4] جفت خوابانده بعد از آن پر از آب نموده داخل [5] صحن تربت امام رضا شدم ، و نوبت
هنرنمائي رسید * [6] افتتاح سخنم اینکه " سلامُ الله علی الحسین و لعنةُ الله علی قاتل
الحسین بیت آبي بنوش و لعنت حق بر [7] یزید کن .·. جانرا فدای مرقد [8] شاه شهید کن :
عجب آب خوشگواري دارم ، جگر را خنک میکند ؛ [9] دندان ؛ را میریزد تشنه را سیراب ،
و سیراب را تشنه میسازد ؛ باغ بهشت را با این آب آبیاري میکنند ؛ آتش دوزخرا با
این آب فرو مینشانند * " چون دو روز بدستورالعمل قاطرچي عمل کردم اُستاد شدم *
معلوم است در چنین کارها ، علم بعد از عمل مي آید *

سقایان مشهد را همینکه چشم بر من افتاد ، آب [10] دهانشان خشک شد * بهم چشمي
برخاستند ؛ و ببهانهٔ اینکه مرا حق سقائي در آنجا نیست ، خواستند سر چشمهٔ هنرم
را به بندند ، یعني از [11] آب انبارم آب ندهند * امّا دیدند که حریف آب [12] دندان و باب
دندان نیست ؛ قابل این است که بزنند و مشک همه را پاره کُند ؛ چشم پوشیدند * گویا خداوند
مرا برای سقائی [13] آفریده بوده است * آب گل آلود و بدبوی انبارها و سقا خانها را ،
بنام آب زلال چشمهٔ [14] تسنیم و کوثر میفروختم ، و نمیدانید از پهلوی تشنگان چه قدر

[1] Hooks believed to be brought from *Khaṭa*.

[2] *Qul huva Allāh*ᵘ *aḥad* : the ی is the Persian adjectival ی or else the ی of unity. The cup had the verse engraved on it 40 times. Water-sellers generally have a cup of this description.

[3] *Zangūla* "small bells": these are suspended from the cord, (of cotton or of silk) that attaches the cup to the girdle: specially used during the 10 days in the beginning of Muharram. *Mangūla* tassel.

[4] *Jaft* is some kind of herb. The *mashk* is soaked in it to remove the red stain of the tanning.

[5] *Ṣaḥn* is the courtyard before entering the *ḥaram* of a shrine.

[6] 'The opening, beginning of my cry.'

[7] *Yazīd* who caused the death of Husain: Husain was slain by Shimr, one of Yazid's generals.

[8] *Shāh-i Shahīd* is Husain.

[9] 'It makes your teeth drop out from cold'; common saying.

[10] 'They got jealous.'

[11] *Āb-ambār* is an artificial tank or reservoir for drinking water.

[12] *Ābdandān* is "strong, firm;" and in m.c. a kind of sweet: *bāb-i dandān* "fit to be chewed," *in tankhwāh bāb-i Hind ast na bāb-i Irān* "these goods are suitable for the Indian market, not for the Persian."

[13] For *āfarīda būd*.

[14] *Tasnīm*, the name of a fountain in Paradise; mentioned in the Quran: *Kauṡar*, a river in Paradise.

میخواندم * پول یک مشک را از ده کس میگرفتم ، و باز با پول [1] میدادم * همیشه چشم بدستهٔ زوّارِ تازه رس بُود ، که [2] از راه نرسیده و غبار از چهره نُشسته جام آب بدستشان میفشردم که "بسم الله ، فی سبیل الله ، بشکرانهٔ سلامتی از آفات و بلا ، و بیاد لب تشنهٔ بیابانِ کربلا جرعه آبی بنوشید ، با گُلابِ مشهد منوّر [3] سرو رو را معطّر سازید ، مشک آبی هم برای خدا [4] سبیل کُنید " * گاهگاه از اشعارِ [5] میرزا احمد ، ازین قبیل اشعار نیز بآهنگ خوش می سرودم :—

نظم *

بکُـــن ای تشنـــهٔ رحمت، گلـُــوتر ∴ بیـــــــــادِ آبروی حوضِ کُوثر
بآب، آئینـــــهٔ دل صیقلـــــی کُن ∴ پس ، از دل ، یادِ [6] عباسِ علی کُن

نه آبست این ، [7] که از کوثر نم است این ∴ نه مشک است این، که چاه [8] زمزم است این
بُوَد عیـــن وی عینـــاً سلسبیـــلاً ∴ مزاجِ او مزاجاً زنجبیــــــلاً " *

با آب و تاب ، این گُونه گُفتار و اشعار را ، خاطرنشانِ زوّار میساختم که اولین ثواب ، ثواب نوشیدن آب و آب مشهد و آب من است * انعام و احسان زوّار بمن بیشمار بود * قطرهٔ از آبم بهدر نمیرفت و نُکتهٔ از اشعارم [10] هَبا نمیشد *

چون [11] دههٔ عاشورا رسید که ایرانیانرا دیوانهٔ مصیبت و عزا و [12] بدعتهای بیجا میسازد ، خواستم من هم هُنرِ مشک گردانی بکنم * تعزیهٔ روزِ عاشورا در میدان ارگ ،

'Still I didn't give water for nothing even after that.'

2 *Az rāh na-rasīda* "barely arrived."

3 The Persians say *Mashhad-i muqaddas* (not *munavvar*).

4 *Sabīl kunīd* = *khairāt kunīd*. Does this mean 'pay that I may give to others free'?

5 *Mīrzā Aḥmad*. Persians whom I have questioned do not know even the name of this poet.

6 ~~The name of Husain's water-carrier.~~

7 *Ki* = *balki*.

8 *Zam sam* is the sacred well at Mecca: supposed to be the spring from which Hagar and Ismael drank.

9 عیناً سلسبیلاً and مزاجاً زنجبیلاً are the terminations of two verses in the Quran. *Zanjabīl* "ginger," with which the cups in Paradise are to be flavoured.

10 *Habā'* "a particle of dust," but in Persian 'perished.'

11 *Daha* 'the 10th day.'

12 'New things.'

که تماشا خانهٔ ایّام معرّمست درحضورِ شاهزادهٔ والیِ خراسان برپا شد * سالِ قبل ، سقائی گاومیش نام در مشک - گردانی مسابقت از [1] همگنان ربوده بود * گفتند که " از گاومیش باید بر حذر بود که [2] آلتِ جارحه دارد وقوهٔ [3] منفعله ندارد " * گوش نکردم *

وقت در رسید * شاهزاده در سر ارگ ، بر [4] غرفهٔ بنشست * اکابر واعیان در برابرش بایستادند * من بمیان آمدم ؛ سراپایم از زخمِ تیغ دلّاکی خون آلود ؛ تا کمر برهنه ؛ مشکی در غایت بزرگی پر از آب بر دوش ؛ در زیر بارِ گران نفس زنان ، آهسته آهسته ، تا بزیر غرفه آمدم ؛ و با آوازِ بلند ، بمدحِ شاهزاده و بمرثیه خواندن شروع کردم * شاهزاده را خوش آمد : یک اشرفی انعام انداخت * مردم از احسانِ او متعجب ، و از حالت من متحیر ، شدند * برای تأکیدِ اثبات هنر ، طفلی چند خواستم ، و بر روی مشک سوار نمودم : آوازهٔ " آفرین آفرین " بلند شد * از آفرین ، رگِ [5] غرابیم بحرکت آمد * طفلی دیگر خواستم بر مشک بنشانم * رقیبم گاومیش فرصت یافت : خود بشمک برجست ، و با طفلان بنشست * اگرچه [6] بروی بزرگواریِ خود نیاوردم ، واندکی تحمّل کردم ، امّا از مهرهٔ پشتم صدائی برخاست : کمرم خم و شانه ام از زورِ زنجیر [7] کبود گردید ، و سراپایم خراشیده شد * مشک را بر زمین نهادم و تا [8] عارضه گرم بود ، دردی نیافتم ؛ ولی بعد از چند دقیقه معلوم شد که گاومیش کارِ خود را دیده است ، و درِ من قدرتِ مشک برداشتن [9] بر جا نگذاشته * این بود که اسبابِ سقائی را فروختم ، و با نقودیکه از [10] آب و هوای سقائی اندوخته بودم حالم به از وقتِ ورودم بمشهد بود * علی قاطر با کرایه بطهران رفته بود : دستم به نصیحتش

[1] *Hamginān* "all" but *ham kunān* "fellow-craftsmen"; here either reading will do.

[2] *Ālat-i jāriḥa* "a wounding instrument": this expression does not appear to be used.

[3] *Munfa'ila* "shame."

[4] *Ghurfa* "upper room."

[5] *Ghurābi* "pride"; commonly used in m.c.

[6] *Bi-rūy-i busurgwārī nayāvardan* "not to apply to one's mightiness" (in rather a bad sense): *bi-rūy-i khud na āvardan* (m.c.) 'knowingly not to apply (abuse, etc.), to oneself; to pretend not to take to oneself.'

[7] *Kabūd* "blue."

[8] "Accident; event."

[9] 'Has not left.'

[10] *Āb* 'the water sold': *havā* "business." *Havā-yi qālī bāfī khūb ast* (m.c.) = *bāzār-i qālī bāfī ravāj ast.*

نمیرسید * خواستم گاومیش را بمرافعه کشم و دیت بخواهم * گفتند " بیهوده است ؛
عارضهٔ تو در ظاهر عبارت از [1] خدشه است ، و در شریعت دیت خدشه را نصِّ صریحی
نیست" * خواستم وکیلِ مرافعه بگیرم ؛ گفتند "زنهار وکیل مگیر که هم [2] دعویت باطل
میشود ، و هم آنچه داری از دستت میرود " * [3] دعوا خران خواستند دعوایم را
برایگان بخرند ؛ راضی نشدم * باری کمرم شکست و صدایم در نیامد [4] *

1 *Khadsha* is said to be a hurt (scratch) for which the fine in compensation (*diya*) is less than for a *jurḥ*, a hurt that draws blood. *Ḥāriṣa* is said to be a scratch that doesn't draw blood. There is a difference of opinion as to the correctness of these terms.

2 In m.c. *da'vī* "claim" but *da'vā* "fighting": both words are of course the same دعوی.

3 *Da'va-khar* "one who buys claims and makes what he can out of them."

4 'I kept quiet.'

گفتار دهم

در[1] کنکاش حاجي بابا با خویش و قلیان فروشي پاگرد شدن *

پس با عقل خود مشورت آغازیدم که " بعد از شکست کمر تکلیف چیست ؟ " برای انتخاب ، پیشهٔ چند در پیش داشتم * گدائي در مشهد رواجي داشت ؛ و چون سقائي نیز شعبهٔ از آن بود ، راه و چاه آنرا نیک آموخته بودم ؛ و میدانستم که اگر بدان طریق سالک شوم ، عنقریب [2] داماد عباس دوس میشوم ؛ امّا از دریوزه عارم آمد * خواستم میموني یا خرسي بخرم و لوطي شوم ؛ دیدم تعلیم خرس و میمون خیلي زحمت ، و لوطیگری خیلي هنر و بیحیائي لازم دارد * خواستم [3] روضه خواني و [4] تعزیه گردان شوم ؛ دیدم در این کار بیحیائي بیشتر لازم است * خواستم [5] واعظ شوم ؛ دیدم که احادیث و اخبار باید جعل کنم ، و عربي نمیدانستم * خواستم فالگیر شوم ؛ دیدم فالگیر و رمّال در مشهد از سگ بیشتر است ، و همان میخورند که [6] مرغ خانگي میخورد * خواستم باز دلاّک شوم ؛ دیدم که پابند میشوم و مشهد جای

1 *Kinkāsh* or *kingāsh* " counsel, deliberation."

2 There is a story book called *Kitāb-i 'Abbās-i Daus.* *'Abbās-i Daus* had a beautiful daughter whom he betrothed to a merchant on the condition that the latter should adopt the profitable profession of begging.

3 *Rauẓa-khwān* is one who recites incidents in the passion play of Hasan and Husain : a pleasant voice and a good delivery are necessary. There is in Kirman a barber who is also a *rauẓa-khwān* ; his name is Mullā Husain 'Alī. He has given rise to the saying '*Mullā Husain 'Alī ham shuda am ; sar mī-tarāsham giriya mī-kunand : rauẓa mī-khwānam khanda mī-kunand.* (The Mullā is a bad barber and has an ill voice).

4 *Ta'ziya gardān* is a professional who arranges a *ta'ziya* ; an undertaker for the business.

5 All this is not in the original English.

6 '*Shā'ir u rammāl u murgh-i khānagī*
Har si tā guh mī-khurand az gushnagī.' (Common saying).

مانندِ نیست * دیدم که چرسی و بنگی در مشهد فراوان است و منهم از آن جرگه بدم نمی آید * این بود که عاقبت‌الامر اقرارِ [1] کار را بقلیان فروشی نهادم * تدارکِ این کار دیدم * قلیانی چند از قلّابهای کمرِ آویختم ؛ [2] قوطیِ برای نهادنِ [3] سرقلیان در پیشِ رو ؛ مَطهرهٔ پر از آب در پهلو ؛ قُبلی برای تنباکو بردوش ؛ [4] آتشدانی بر دست آویزان ؛ [5] انبرهای متعدد بدینسو و آنسو * خلاصه با آن [6] پا - نهادنیها و انبرهای متعدد اطراف ، خار پشتِ حسابی شدم * چار قسم تنباکو خریدم تبسی ، شیرازی ، شوشتری ، کاشی * در ترکیب و ترتیبِ تنباکو با خس و خاشاک ، و افزایش و [7] آمیزشِ با برگِ درخت وگیاه ، مهارتی داشتم ؛ و از خدا و خلق شرمی نداشتم * چهار قسم مشتری پیدا کردم ؛ اعالی ، اواسط ، اسافل ، اراذل * اعالی را خالص ، اواسط را نیم مخلوط ، اسافل را تمام مخلوط ، و اراذل را خس و خاشاکِ صرف میدادم ؛ و از هر یک ، بفراخورِ [8] حالشان ، بهای مختلف میگرفتم * اگر کسی اعتراضی میگرفت ، بنمودنِ [9] کشاورز و کشت زار و سوداگر تنباکوی خود ، [10] همه حاضر بودم *

بسی برنیامد که اولین قلیان فروشِ مشهد در آمدم * در تنباکوی عطری [11] فروختن ، و [12] با سلیقه قلیان چاق کردن ، وبا رندی [13] ته‌بندی کردن ، شُهرتی نیک پیداکردم * از [14] عمده مشتریانم قلندری بود ، درویش صفر نام ؛ وچنان شناسای تنباکوی خوب بود که جرأتِ تنباکوی بد بدو دادن نداشتم * همیشه قلیانم را به نسیه میکشید و ادای قرض را هیچ فرض

1 The settlement of the matter.

2 Here 'a box covered with leather.'

3 *Sar-qaliyān*; no izafat. *Maṭhara* is a water-vessel either of copper or of leather (Hind. *chhāgal*).

4 A fire-pot of iron, full of holes: when the bearer walks the draught acts on the fire.

5 *Ambur* "tongs."

6 *Pā-nihādanī* (m.c.) hooks on a belt (such as that worn by a *shikār-chī*).

7 'Adding to it,' *i.e.*, adulterating it.

8 *Ḥāl-i shān*, better *ḥāl-ash*.

9 *Kishāvars* "cultivator."

10 *Hama* 'altogether.'

11 "Perfumed.";

12 *Bā salīqa chāq kardan* is a common m.c. expression for 'preparing a good (water) pipe'; there are several points to be attended to in this rather delicate operation. *Salīqa* signifies "good taste."

13 *Tah-bandī* here 'a foundation of burnt tobacco' (over which fresh tobacco is placed. *Tah-bandī bi-kun* also means "put some '*bang*' under the tobacco"; a darvesh idiom for the same is *sarī rā bi-band*: *sarī* is the pipe head.

14 No *izafat* after *'umda*.

نمیدانست ؛ امّا از طرف دیگر مُشتری‌کش بود و منهم [1] به طیبِ خاطر ، به تطیبِ خاطرِ او ، میکوشیدم و دوستیش را نعمتي عظیم میشمردم *

این قلندر مردی بود عجیب هیأت ، غریب صفت ، قوی هیکل ، بلند بالا ، عُقاب بینی ، سیاه چشم ، تیز نظر ، انبوه ریش ، گیسوان تا بشانه ریزان ، تاجي [2] هشت‌ترک مکلّل با آیات و ابیات بر تارک ، [3] پوست تختي موغزین بر پشت ، [4] منتشائي هزار دندانه بردوش ؛ کشکولي [5] مُنَبّت با زنجیرِ برنجین بر دست ، خرقه و [6] جلبندیش با کمالِ استادي بخیه زده ، [7] رشمهٔ پشمین با مهرهٔ از سنگ سلیماني درمیان ، تسبیحِ [8] هزار دانه برگرد دست ؛ در کوچه و بازار ، بهیأتي قدم میزد و " [9] شيءُللّه " میطلبید که زهرهٔ بینندگان آب میشد * با این هیبت و هیأت ، بعد از اُنس و اُلفت ، معْلوم شد که آنهمه آرائیش وپیرایه برای فریبِ مردمانِ [10] سست مایه است * مردی بود ، در باطن خوشخو ، خوشگو ؛ ظریف ، [11] همه فن حریف * در زمانی اندک ، سلسلهٔ دوستيِ ما ، خیلي محکم شد * مرا [12] بسرِ دمِ درویشان بُرد * اگر از ایشان سوُدی نمي بُردم (چه تنباکوی مخلوط بایشان نمیتوانستم داد و قلیان هم از [13] نوکشان نمي‌اُفتاد) امّا از گُفتار و صحبتِ حالشان چنان خُوشم میآمد که تلافيِ همهٔ مافات میشد *

شبي ، درویش سفر ، از عادتِ خویش بیشتر سر گرمِ قلیان شده بود : روي

[1] *Bi-ṭaib-i khāṭir* " willingly."

[2] ' Eight pieces (shaped like the eighth division of an orange).'

[3] *Pūst-takht*, generally *takht-i pūst* ' a flat skin ' : *marghuz* is said to be a kind of leather.

[4] *Mantashā* a stick, thick and knotted, that is carried by dervishes.

[5] " Carved."

[6] *Jul-bandi* ' bedding of dervishes.' *Bakhiya zada* ' Hemmed ' (?).

[7] *Rishma* ' strands of hair ' (gen. camel hair), black or brown, worn by dervishes round the waist or round the *kulāh*. *Muhra* " bead."

[8] For the thousand names of God.

[9] *Shay Ulluh* (dervish begging cry) something for the sake of God: apparently incorrect m.c. for شيءُ الله. *Shai* 'llah* in the dictionary is said to be a form of salutation.

[10] *Sust māya* " weak minded, credulous " ; also *sust 'unṣar* ' one who changes his mind much.'

[11] *Hama fann ḥarīf* I think means ' all things to all men ; sociable in every company.'

[12] *Sar-i dam* ' secret meeting-place.'

[13] *Nūk-i shān* ' their beaks ' (*i.e.*, lips).

بمن نمود که "حاجي! حيف نيست، تورا، با اين عقل و شعور، ديدهٔ باطن کور باشد؛ اينقدر پست پايه باشي که قليان فروشي را مايهٔ گذران سازي؟ ميلِ آن داري که بسلک رندان منسلک شوي، و بحلقهٔ خاصانِ درآئي يعني آدم شوي؟ راست است لباسِ درويشي در ظاهر کم بها و چرکين نُماست، و گذران ايشان از دريوزه و ريزهٔ خوانِ ديگران؛ امّا اين لقمه، لقمه ايست رنگا رنگ، که در اندوختنِ آن [1] بکدّ يمين و عرقِ جبين احتياجي نيست * زندگيِ درويشان تنبلي و تن آساني است، و اين دو سلطنت و حکمراني * به بين [2] شاعر چه خوب گفته :—

نظم *

' روضهٔ خلدِ برين خلوتِ درويشان است .:. مايهٔ محتشمي خدمتِ درويشان است
آنچه زر ميشود از پرتوِ آن [3] قلبِ سياه .:. [4] کيميائي است که در صحبتِ درويشان است
دولتي را که نباشد غم از آسيبِ زوال .:. بي تکلّف بشنو، دولت درويشان است
قصرِ فردوس که رضوانش بدرباني رفت .:. منظري از چمن نزهت درويشان است * '

باري مردم زمانه، بازيچهٔ دستِ درويشان [5] است؛ در سايهٔ ضعفِ نفسِ و سستيِ اعتقاد ايشان ميزييم، و بريش همه ميخنديم * همانا تو با اين استعداد و مايه، فخرِ دودمانِ درويشان بلکه [6] شبلي و جنيدِ ايشان خواهي شُد * "

همگُنان اين سخنان را تصديق کنان يکبار بتشويق و ترغيبم برخاستند، و من هم در باطن اين کار را غنيمتي شمردم؛ امّا از روي خاکساري و [7] خفضِ جناح گفتم "من کجا؛ عالم درويشي کجا؟ پوشيدن خرقهٔ درويشي کار هر بيسر و پا نيست * راست است مرا چندان سواد هست که بتوانم خواند و نوشت، بلکه قاريِ قرآن و حافظِ اشعارِ سعدي و حافظ نيز هستم، و بشهنامه بي تمتّع نيستم؛ امّا اينقدر معرفت در طريقت، نه گمانم که کافي باشد، و با اين [8] جزئيات هنر، [9] بمقاماتِ اولياً پا نهادن نشايد " *

1 *Bi-kadd-i yamin* "with the labour of the right hand."
2 From Hafiz.
3 *Qalb-i siyāh* 'counterfeit money' (copper ?).
4 'The alchymic drug.'
5 Should be pl. *and*.
6 *Shibli* is one of the *Qutb*; ditto *Junaid*.
7 *Khafz* "lowering, abasing."
8 *Juz'iāt hunar*; no *izafat*.
9 'High rank.'

درویش سفر گفت " ای یار، اعتقادِ تو در حقِ درویشان بیش از آنست که میباشند: درویشی را [1] مایهٔ چندان لازم نیست. مایهٔ اصلی درویشی که ما داریم گستاخی و بیشرمی است * با پنجاه یکِ این هنر که تو داری، اگر اندکی گستاخی و بیشرمی بیفزائی، بگردنِ من، که مرشدِ کل و مالکِ مال و منالِ همهٔ مردم شوی * من باگستاخی و بیشرمی چها که نکردم؟ نبوّت نمودم؛ معجزه نمودم؛ مرده زنده کردم؛ از لذایذِ دنیوی چیزی بر جا نگذاشتم * در سایهٔ گستاخی و بیشرمی، کسانیکه مانندِ تو از حقیقتِ من بیخبرند، مرا بچیزی میشمرند؛ از من میهراسند؛ از قلندرانِ بزرگ و از [2] ابدال و [3] اوتادم میشناسند * در واقع اگر خطراتی را که پیغمبر بچشم [4] خود گرفت، من هم میگرفتم، پیغمبری اولوالعظم میشدم؛ و از او آسانتر شقّ القمر [5] میکردم: همین بس بود که چهار نفر بمن [6] بگروند * باگستاخی و بیشرمی شارعِ اعظم و نبیِ مکرّم می توانستم شد * "

سخنانِ درویش سفر را سایرین تصدیق، و بمن اصرار نمودند که " از قلیان فروشی دست بردار، و بطریقتِ ما که معتبرتر و بلندتر از آنست، پاگذار" * پس برای [7] انتباه و عبرت، وعده دادند که در نشست دیگر، هر یک سرگذشتِ خودرا، که مایهٔ حیرتِ من خواهد شد، بیان کند * من هم در واقع بمصاحبتِ ایشان، بیش از پیش، راغب و مشتاق شدم *

1 'Stock-in-trade.'

2 *Abdāl* "substitutes," are certain persons on whose account God continues the existence of the world: their number is seventy.

3 *Autād* "props"; a Sufi term for the four saints by whom the four corners of the world are supported.

4 *Bi-chashm-i khud girift* = 'undertook.'

5 Muhammad split the full moon; one-half entered his collar and coming out at his sleeve kissed his hand.

6 The meaning of this sentence is not quite clear.

7 *Intibāh* = *āgāhī*.

گفتار یازدهم *

سرگذشت درویش سفر، و دو نفر، رفیق او *

روز دیگر، باز، بعادت معهود، در یکجا جمع آمده درحجرهٔ رو بباغچه هر یک قلیان بدست، پشت بدیوار، نشسته بودیم * درویش سفر بحکم ریاست بر دیگران پیشی جسته سرگذشت خود را بدین نوع شروع نمود *

" پدرم لوطی باشی حاکم شیراز، و مادرم جندهٔ بود، طاوس نام * از پدر و مادر قیاس فرزند نیک توان‌کرد مصرع ' کاین نان فیطر از آن خمیر است ' * همدم و هم باز زمان کودکیم بوزینگان و خرسگان پدرم و سایر [1] همکارانش بود * [2] بدستیاری معاشرت جانوران و [3] بپایمردی مصاحبت لوطیان، تقلید و حیّلی که در تمام عمر بکارم میخورد، آموختم * در پانزدهٔ سالگی، [4] نوچه لوطی بودم با چشم همه بین و عقل همه دان * در آتش خوردن و آب از دهان افشاندن و کارد بلعیدن، از [5] چنبر جستن، بر روی [6] بند بازی کردن، و سایر [7] تردستیهای و حقّه بازیها، [8] سرآمد اقران گردیدم، و از همانگاه آثار ترّقی و بزرگی از ناصیه‌ام پدیدار می بود * در روز

1 *Ham-kārān* "fellow-craftsman" (of my father).

2 *Dast-yāri* "help."

3 *Pāy-mardi* "firm friendship."

4 *Nau-cha* (dimin.) "little, young."

5 *Chambar* "hoop, circle."

6 *Band-bāz* "a tight-rope dancer": here *band* "rope," and *bāzī kardan* (comp. verb).

7 *Tar-dasti* "sleight-of-hand."

8 *Sar-āmad* "chief": *aqrān* "peers."

نو روز در وقتِ بندبازی دخترِ زنبورکچی باشی [1] پاسوزم شد ٭ شورِ عشقش بواسطهٔ
ساربانی که خواهرش باندرونِ زنبورکچی باشی راه داشت بگوشَ من رسید ٭ بنزد
[2] میرزائی دویدم که درمیانِ بازار بر سکوئی بساطِ عریضه داشت ٭ با مرکّبِ سرخ ،
بر کاغذِ زرد ، [3] با سطورِ بندِ رومی ، محبت نامهٔ ـ نویساندم ، و در آخرِ آن گنجاندم که
" اگرچه هنوز جمالت را ندیده‌ام امّا عشقم [4] ندیده بکمال است ، والاذن تعشّقُ
قبْلَ العینِ [5] احیاناً ، ٭ " زردیِ کاغذ بروی چهره و سرخیِ مرکّب باشکِ [6] خونین ، وکجی
سطور بدشواری و پیچ وتابِ راهِ عشق اشارت بود : همچنین موئی چند از کاکل ، و چند
[7] مغزِ قلم درمیانهٔ نامه نهادم یعنی مصرع " از [8] مویه چوموئی شدم ازنالهٔ چونائی " ؛ [9] کبابهٔ
دهلی یعنی مصرع " از فراقت هم کبابم ، هم هلاک " ؛ عنابی گذاشتم یعنی بیت
" عناب لب لعلِ تو را [10] قند توان گفت .·. چیزیکه بجائی نرسد ، چند [11] توان گفت ؟ "
زغالی یعنی " روی دشمن سیاه شود " : بادامی سفید یعنی بیت " بادامِ سفیدِ سر برآورده
زیروست : عالم خبرند من ترا دارم دوست " ٭ ختم نامه بر این شد " که اُمیدوارم
که از دیدارم محروم نسازی ٭ [13] ایوای ز محرومیِ دیدار ، و دگر هیچ ، والسلام " ٭
از ذوق نامهٔ بدین آب و تاب ، چنان از خود بیخبر شدم که بی پروا بمیرزا
اسم و رسمِ معشوقه را سراغ دادم ٭ میرزا بهوای آنکه [14] مزدِ پائی گیرد ، آتش بجان ،

1 *Pā-sūz* (adj.) "enamoured."

2 *Mirzā'ī* "a clerk" : *sakū* "a bench; *also* a raised earthen seat, a seat let into a wall, etc." : *bisāṭ-i 'ariẓa* 'spreading for *arzis*' ; *bisāṭ* is anything spread out.

3 *Ṣutūr-i band-i rūmī* "scalloped lines" : I cannot explain the expression.

4 *Na-dīda = tūrā na-dīda.*

5 "And the ear loves before the eye, now and then" : *aḥyān* pl. of *ḥīn*.

6 *Kh̲ūnīn* "of blood." *Rang-i chihra* would be a simpler reading than *rū-yi chihra.*

7 *Magh̲z-i qalam* "pith of the reed (pen)." [When eaten the pith is supposed to increase knowledge].

8 *Mūya* "lamenting."

9 *Kabāba* "cubebs" : *hil* "Cardamums."

10 *Qand* is loaf sugar preferred by Persians to all other sugar: [they say crystallized sugar makes the tea *smell*]. The passage is a little obscure: perhaps Haji Baba enclosed a bit of loaf sugar and by a copyist's error the fact has been omitted. Orientals are expert in discovering the keys to such cypher-letters. For an interesting example of sign language and its interpretation see the pathetic story of 'Azeez and 'Azeezeh in the first volume of the Arabian Nights.

11 *i.e.*, 'the praise of your lips cannot be completed, it is boundless, etc.'

12 "Oh white almond, newly ripened," *i.e.*, 'you my mistress.'

13 *Āywāy* "alas."

14 *Muzd-i pā-ī* (= *haqq^{u} 'l-qadam*) 'a something for his trouble in going.'

جبهٔ[1] بر دوش ، یکسر بخانهٔ زنبورکچی باشی تاخت ، و قضیه را عرضه ساخت * زنبورکچی باشی را عشقبازیِ من با دخترش گران آمد : و سبک در همان روز ، فرمانی باخراجِ من از شیراز صادر نمود * پدرم هم از خشمِ شاهزاده میترسید ، و هم از هم - چشمی و رقابتِ من بجای چاره جوئی و اهمال ، برفتنم استعجال کرد * روز دیگر وقتیکه بوداعِ یاران (یعنی جانوران پدرم) رفتم ، پدر گفت ' فرزند ! سفرِ دور تو برمن ناگوار است ، امّا چه چاره ؟ 'حکم حاکم و [2] مرگِ مفاجات چارهٔ ندارد' ، خدارا شکر ، تو با تربیتهای من در هیچ جا گرسنه نمی مانی * چیزی هم بتو میدهم که بجز پدر به پسر ، کسی بکسی نمیدهد : آنهم میمونِ بزرگ است ، که سر آمد میمونان است ؛ او را [3] دست مایه ساز ؛ دست آموز خود کن ؛ امّا بجانِ من که بقدرِ من دوشتش بدار : بپایهٔ که من رسیده ام ، تو هم البته خواهی رسید ' * باین میمون طالعت همایون است * پس میمون را برشانه ام جهانید ، و باآن همراه از زاد بومِ خود بیرون آمدم *

" چون نمیدانستم که از سفر و حَضر کدام یک برمن سودمند تر است ، غمگین و اندوهناک ، راهِ اصفهان را پیش گرفتم * مالک میمونی چنان ، و مطلق العنان بودن ، سعادت بیکرانیست ؛ امّا مفارقت آنهمه جانورانِ مألوف ، و ترکِ شیراز معروف ، و علی الخصوص محرومیِ وصالِ یارِ نادیده ، که موافق قاعده [4] بایستیَ لیلی اول و شیرینِ ثانی باشد ، چنان برمن تنگ که چون در تنگ الله اکبر به پهلوی [5] تکیهٔ ابدال رسیدم ، خارِ صدمتم در دل نشست ، و پای رفتارم بگل فرو رفت * با میمونِ خود بر سرِ سَنگی نشستم و با آه و ناله ، شروع کردم [6] بهایهای گریه کردن که

بیت

'گرم بازآمدی محبوب سیم اندام سنگین دل .·. گُل ازخارم بر آوردی وخار از پا و پا از گل
ملامت گوی عاشق را چه گوید مردم دانا .·. که حال غرقه در دریا نداند خفته برساحل' *

1 *Jubba* "a long cloak."
2 A common saying.
3 *Dast māya* "stock."
4 'Should have been' (?).
5 *Takiya-yi abdāl*, the name of a caravan serai near the *Tang-i Allah Akbar* of Shiraz. It is stated that a miraculous *Qoran* weighing seventeen *man* is suspended in the *tang*, one leaf of which weighed separately weighs as much as the whole volume.
6 *Bi-hāy hāy giriya k.* "to weep loudly and bitterly."

" از آواز گریهٔ ام درویشي ازتکیه بدر آمد ; سبب گریهٔ ام پرسید * درد دل باو باز نمودم * بدرونِ تکیه بنزد درویشي موقّرتر از خود برد * آندرویش در سر و وضع ، بعینه مانند من بود ; حتی این تاج که در سر دارم ازوست : امّا چشمانش چنان هول انگیز و وحشت آمیز بود که زهرهٔ انسان را آب مکیرد *

" از دیدارِ من چشمانِ درویش چار شد * قدری بایکدیگر سر گوشي کردند : انگاه درویشِ وحشت انگیز روی بمن آورد که ' من نیز باصفهان میروم : اگر میخواهی باهم میرویم ; و اگر بختت یاري کند ، تُرا از خاک بر میدارم ' * بی تکلّف تکلیفش را قبول نمودم ، و بی گفتگو قلیانی کشیده براه افتادیم * درویش بیدین (اینک نام او) در راه با من از درِ یگانگی و دلسوزي بر آمد ; و چون از کار و بارم اطلاعی کامل بهمرسانید ، [1] خرّم و خندان گردید * پس از ترجیحِ درویشی بلوطیگری ، و فضلِ دریوزه بتقلید ، مرا بترکِ این طریقه و سلوک بدان مسلک تکلیف کرد ، که ' اگر مرا بمُرشدی قبول کني و [2] کوچک ابدالِ من شوی ، ترا از اوتاد گردانم چه خود از اقطابم * بعد از آن ، از نجوم و سحْر و زیجات ، سخن بمیان آورد ; و نسخهٔ چند بمن داد که ' در تمام عمر اینها ترا کافیست ، و با اینها از همه چیز توانگر خواهی شد ' * میگفت ' اگر دُمِ خرگوش را در زیرِ بالینِ کودک نهی ، خواب آورد : اگر خونِ خرگوش باسب خورانی ، باریک [3] قوایم و لاغر میان و تند دو گردد * چشم و اُستخوانِ کعبِ گُرگ ، اگر ببازوي طفلي بندند ، جرأت بخشد : اگر روغنِ گرگ بلدامِ زنِ مالند ، شوهر ازو دل سرد شود : زهرهٔ گرگ دافع نازائی زن است * خونِ خروس مهّیج [4] باه * ناخنِ [5] هدهد [6] زبان بندي ، و چشم خفّاش [7] خواب بندی را شاید : امّا بهترین نسخهٔ مهر و محبت [8] کُسِ کفتار است ، و در حرمسراها ، بخصوص در اندرون شاهي ، خریدارش بسیار ; [9] یبروج الصنم پیش او دم

1 *i.e.*, he became delighted.

2 *Kūchak abdāl* is a term applied to the follower of a dervish; to one who is his votary, accomplice, servant and disciple. In m.c., however, it has come to have an objectionable meaning and is applied to a boy kept for a certain purpose by the subscriptions of a confederacy formed of low fellows.

3 Persians think horses should have legs thin and fine as those of an antelope.

4 'Aphrodisiac.'

5 The Hoopoe, a bird reverenced by Muslims; (it is *not* the 'lapwing').

6 'Tongue-tying': a person so 'tongue-tied' can speak no ill of the charmer and believes all he says. *Khwābbandī* "insomnia."

7 "Bat."

8 *Kus* is the *pudendum* of a female.

9 Possibly a made-up name.

نمیتواند زد ؛ [1] مهرِ گیاه پیشِ او سبز نمیتواند شد ' * ازین قبیل سخننان بسیار گفت و چنان [2] چمِ مرا دید که آخر بتکلیفی سخت ناگوار برخاست؟ ؛ و آن این بود *

" سفر ! باین میمون ، تو مالکِ گنجِ [3] قارونی ، و خبر نداری ؛ اما نه با زندهٔ او ، بلکه با مردهٔ او : اگر این را بکشیم و با اعضا و اجزای او ادویهٔ چند بسازیم ، به بهای طلا ، باندرونیان شاه ، توانیم فروخت * مگر نمیدانی که جگرِ میمون [علي الخصوص میمونی ازین جنس که تو داری] اکسیرِ محبّت است ؟ پوستِ بینیِ او [4] پاد .زهری است ، تریاقِ همهٔ سموم * خاکسترش را هرکه ببلعد ، با تمام اوصافِ میمونی ، از قبیلِ تقلید و تردستی و چابکی و حیله و زیرکی مانندِ او میشود * بیا ، تا او را بکشیم و خود را زنده سازیم *

" شهادتِ میمونی بدان همایونی ، که در تنگی و فراخی یار و غمگسار بود ، بر من ناگوار نمود * بردِّ تکلیف برخاستم * ناگاه چشمانش بر افروخت و [5] بر گشت * پرهای بینیش پر باد ، ورگهای گردنش پر خون ، خیره خیره بر من نگریستن گرفت * حسابِ کارِ خود [6] گرفتم که اگر سرِ رضا فرو نیاورم ، پای زور بمیان میآورد ، و سوم بسرِ میمون میرود * ناچار ، دل بر هلاکِ میمون نهادم * دور از راه در درّهٔ خلوتی آتشی افروخت * بیچاره میمون را بی هیچ دغدغهٔ خاطر سر برید ، و جگر و پوست بینیش را بر داشته باقی اندامش را بسوخت ؛ و خاکسترش را تمام در گوشهٔ دستمال [7] بجوز-بندیِ خود نهاد و براه افتادیم *

" چون باصفهان رسیدیم ، لباسِ لوطیگریرا بلباسِ درویشی بدل کرده روانهٔ طهران [8] شدیم * بمحضِ خبرِ ورودِ ما بطهران ، دعا جویان و دواخواهان از هر سوی بما روی آوردند * مادری برای فرزندِ خود دعای چشم-زخم میخواست ؛ زنی از برای

[1] "*Mihr-i giyāh* is nothing to it" *mihr-i giyāh* (m.c.) is the leaf case of a certain chrysalis found in old mud walls; it is a potent love philtre.

[2] *Cham-i marā dīd* (m.c.) 'saw my inclination; saw which way the wind blew': in old Persian *cham*=*ma'nī*.

[3] *Qārūn*, Korah is mentioned three times in the *Qurān*; his opulence and avarice have become proverbial.

[4] *Pādzahr* "bezoar stone," an antidote against poison: (*pād* "protecting," *zahr* "poison").

[5] "Turned over, rolled."

[6] 'I perceived.'

[7] *Jauz bandī* is a small bag woven of thread and suspended by dervishes from the wrist.

[8] 'Misrelated participle';—'*I* having changed my dress *we* started—.'

شوهر دعای [1] عقداللسان میخواست ؛ پهلوانان حرزِ تیغ‌بندی ؛ دختران دعای کشادگیِ بخت ؛ میراث خواهان دعای مرگِ [2] وارثان میخواستند * امّا مشتریان پایدار و لقمهای چرب و [3] شیرینِ درویشی ، اندرونیانِ پادشاهی بودند ، که همه محبتِ پادشاه را بنیروی سحر ، بخود منحصر میخواستند * دوا خانهٔ درویشی مُرکّب بود از قبیلِ کُسِ کفتار ، موی گرگ ، پیهِ خرس ، استخوانِ بوم ، پر و بالِ هُدهُد و غیر ذلک * چهرهٔ زنی از اندرونِ شاهی میخواست که در رُتبه ، از همه بانوان برتر باشد : جگرِ میمون را بدو داد * دیگری با همه جدّ وجهد هنوز موردِ یک نگاه شاه نشده بود : [5] یک‌پُخت از خاکسترِ میمون را بدو داد ، تا در شبِ جمعه ، مانند قهوه بنوشد * یکی علاج چینِ صورت خواست : پیهِ خرس داد که " [6] بصورت بمال ، امّا زنهار ! که نه در شادی بخندی ، و نه در اندوه روی درهم کش " * باری [7] لولهای فندِ بسیار ببازوان ، بلکه [8] بنافِ زنان ، بست و [9] حبهای گند بسیار بحلقِ مردان فرو کرد *

" دراین افسانه و افسونها من همه جا همراه ، و در وقتِ [10] گیر کردن همدست و هم پا بودم ؛ امّا دیناری بکیسه ام داخل نشد * میمون همایون برایگان از دستم رفت *

" با درویش بیدین ممالک و نواحيِ بسیار [11] پیمودیم ، و عرضِ هنرهای خود نمودیم * درپارهٔ جایها ما را بچشمِ اقطاب و اوتاد و در پارهٔ جایها قلندر و [12] شیّاد می‌نگریستند * چون پیاده سفر میکردیم از هرجا و هر چیز نیک با خبر و مستحضر میشدیم * از طهران باستانبول و از آنجا بمصر و حلب و شام رفتیم * از [13] بندرِ جدّه ، بکشتی سوار ، روانهٔ بندرِ سورتِ هند ، و از آنجا بلاهور و کشمیر روان شدیم ، امّا در این منازل

1 = *zabān bandī.*

2 *Vāriṡ* here = *irṡ dihanda;* better *muvarriṡān.*

3 'Constant and paying customers.'

4 The *vulva* and *sumen* of a virgin sow were a favourite dish with the ancient Romans.

5 *Yak pukht* "one brew, cooking."

6 *Ṣūrat* in m.c. "face."

7 *Lūla* "a tube, pipe, etc."; *here* 'a roll of paper with a *du'ā* written on it.' *Fand* vulgar for *fan.*

8 *Bi-nāf-i zanān* a joke = 'to other parts.'

9 *Ḥabb* sing. but *ḥab-hā* Pers. pl.

10 *Gīr-kardan* 'getting himself into a fix.'

11 Note this incorrect concord; a common error in Mod. Pers.

12 *Shayyād* "impostor."

13 Note the *izafat* after *Jidda*: also *Bandar-i 'Abbās* (not *Bandar 'Abbās*, as in India).

آخرین نقش درویش [1] نمیگرفت ، چه مردم آنجاها ، خیلی [2] کهنه رند بودند * عاقبت رخت بهرات کشیدیم * در سایهٔ ابلهی افغانان ، تلافی مافات لاهوریان و کشمیریان نمودیم * درویش در هرات [3] طرح ادعای نبوت انداخت ؛ امّا هنوز [4] دستگاه معجزاتش تمام [5] نشده و وعدهٔ جوانئی که بهزار کس داده بود بسر [5] نرسیده ، بسرای دیگر کوچید * منزل ما در سرکوهی در صومعهٔ بود ؛ و بمردم گفته بود که با مائدهٔ سماوی بسر میبرد * از بخت بد ، شبی یک برّهٔ بریان بتمام با یک من [6] پشمک خورد و از [7] هیضه بمرد * من برای حفظ آبروی وی گفتم که پریان بوجود آدمی بدین کمال رشک بردند و امر را بروحانیان اشتباه نموده معدهٔ درویش را چنان از [8] مائدهٔ روحانی انباشتند که جای نفس نگذاشتند * روح راهی جست و بدرجست ، و بهمراهی باد شمالی تند ، بآسمان پنجم ، بالا دست حضرت عیسی بنشست (چه نمیخواست که پهلوی دست او برود) * این باد ، [9] سراسر تابستان ، در هرات میسوزد ، و بی این باد ، زندگانی هراتیان دشوار است * من چنان [10] تحویل دادم که این باد را درویش بازای خوبی هراتیان ، باعقاب و اخلاف ایشان ، یادگار گذاشت * پیران جهاندیده و این باد آزموده بانکار برخاستند ، امّا با رسوخ سخنان درویش کاری از پیش نبردند * درویش را با دبدبه و طنطنه دفن نمودند * [11] ایشک میرزا ، حاکم هرات بالذّات نعش او را بردوش تا بگور برد و بخرج اولیأ پرستان ، گنبدی برسر قبرش بنأ نهادند که تا قیامت زیارتگاه ابلهانست *

" من بعد از مرگ درویش ، مدتی بنام کوچک - ابدالی او ، بقیهٔ [12] الجیشش را با طلسمات [13] و نیرنجات او تاراج و تارات میکردم * در سایهٔ مویها و استخوانها که از [14] مزبلها جمع میکردم و بنام مو و استخوان او خرج میدادم ، بیشتر از

1 "His tricks didn't catch on."
2 *Kuhna-rind* "old hands and smart."
3 *Ṭarḥ afgandan* "to lay the foundation."
4 *Dastgāh* "properties, machinery, 'plant,' etc."
5 'Misrelated participle.'
6 *Pashmak* is a fine white sweetmeat like hair.
7 *Ḥaiẓa* in m.c. seems to mean dysentery and not cholera.
8 "So stuffed him with spiritual food."
9 *Sar-ā-sar-i tābistān* "the whole summer."
10 "Manifested, published."
11 *Ishik* in Turkish means "ass, donkey."
12 'The remainder of the dervish's army,' etc., 'disciples.'
13 Arabicized plural of the Persian *nairang*.
14 *Mazbala* "dunghill"; in m.c. generally "w.c." because refuse is thrown there.

[1] کشیشانی که بنامِ استخوانِ خرِ عیسیٰ مبلغها اندوختند ، اندوختم * بعد از آنکه
بقدرِ یک جوال از موی ریشِ مقدّس ، و یک توبرهٔ ناخنِ اقدسِ او فروختم ،
از ترسِ اینکه اگر در آن تجارت اصرار کنم ، خسارت و اضرار برم ، و شاید اهلِ
[2] بخیه بخیه‌ام را بروی کار اندازند و [3] مچ‌گیر و مشتم وا شود ، [4] سرِ دَم را از آنجا
کندم : و نواحیِ بسیار ایرانرا سیاحت کنان آخرالامر بمیان قبایلِ هزاره رخت افگندم *
کارم در آنجا ، بهتر از آنچه می‌پنداشتم ، بالا گرفت * بادّعای پیغمبری (یعنی
باتمامِ کارِ نا تمامِ درویش) برخاستم * ”

پس دست بدوشِ درویشی که در پهلویش نشسته بود زد ، و گفت “ این [5] فقیرِ مولا در آن [6] کلک ، با من همدست بود : میداند که بچه استادی دیگِ پلوی پختم که با خوردن تمام نمیشد * همهٔ قبایلِ هزاره خاصه آنان که پلوِ آن دیگ را میخوردند ، بمن بگرویدند * خلاصه حضرتِ ایشانی [7] که واقعهٔ او در خراسان آنهمه شهرت دارد ، منم * اگرچه بلشکرِ پادشاهی که بکرّات و مرّات برسرِ من [8] فرستاد مقاومت نتوانستم ، امّا اینقدر ابله فریفتم که از کیسهٔ آنان در تمامِ عمر [9] راحت میتوانم زیست * اکنون چندیست که در مشهدم ، و در این روزها برای بینا کردنِ نابینائی نقش زدم ؛ در نگرفت ؛ راهِ اعتبار مسدود شد * نمیدانم عاقبتِ امر بکجا می انجامد * اینک سرگذشتِ من * ”

بعد از درویشِ صفر ، درویشِ دیگر که در پیغمبریِ هزاره از اصحابِ او بوده است ، بدینگونه ، به بیانِ سرگذشتِ خود شروع نمود :—

“ پدرِ من ملائی بود از ملایانِ مشهورِ شهرِ [10] قم * در زهد و ورع چنان معروف ، و بمواظبتِ عبادت و طاعت چنان موصوف ، که آبِ وضویش را به نیتِ شفا میبردند ،

[1] This hit at the Roman Catholics is not in the original English.

[2] *Bakhiya* lit. "hemming": *ahl-i bakhiya* (m.c.) "people who understand the business, experts."

[3] *Much* "wrist" and *musht* "fist."

[4] *Sar-i dam* "secret meeting-place."

[5] *Faqīr-i maulā*, said to be a dervish title.

[6] *Hādir bāsh turā kalak na-kunad* (m.c.) "Look out he doesn't trick you." *Hādir* is perhaps حاضر pronounced in imitation of the Arabic.

[7] Note *Yā-yi mauṣūl* after a proper name "that very Ḥaẓrat-i Ishān."

[8] Example of 'pros to sēmainomenon' construction, by which the noun *pādishāh* is understood for the adjective *pādishāhī*.

[9] *Rāḥat* subs. used as an adverb.

[10] *Qum* is the burial-place of *Ma'ṣūma*.

و [1] غساله‌اش را بنام دوا میخوردند * ما چند برادر بودیم ، و میخواست که ما همه
مانندِ او باشیم * اینقدر بر ما سخت گرفت که بفریب و ریا معتاد شدیم ، و این صفت
در ما طبیعتِ ثانویه شد * عاقبت در میانِ مردم چنان بدروغ زنی و دو روئی مشهور گردیدیم
که در هیچ جا نمیتوانستیم سر بر آورد * [2] من بنده بخصوص چنان [3] گاوِ سفید
پیشانی در آمدم که از برای خلاصی از ننگِ آن باختیار کسوتِ درویشان ناچار شدم ،
و باعثِ [4] نامبرداریم این قضیهٔ آینده شد *

" اولین سفرم بطهران ، و اولین منزلم در طهران ، در برابر خانهٔ عطّاری بود *
هنوز درست در آنجا جایگیر [5] نشده پیره زنی بشدت هرچه تمام تر در بکوفت
که ' همسایهٔ ما ! اُستادِ عطّار [6] سُدّه کرده و در کارِ مردن است * دوائی نکرده نمانده ،
امّا هیچ یک سودمند نیفتاد * مرا فرستادند تا از تو دعائی [7] گیرم ؛ بلکه از برکتِ
نفسِ تو [8] فتوحی پیدا شود ' * چون در منزلِ خود قلمدان و کاغذ نداشتم ، قرارِ
نوشتنِ دعا ببالینِ بیمار گذاشتم * پیره زن مرا از حیاطی کوچک باطاقی برد ، بسترِ
بیماری درمیانِ آن * ازدحام زن و مرد چنانکه ، اگر سرِ [9] سوزنی [10] انداختی بزمین
نرسیدی * بیمار در آن میان فریاد کنان که ' ای وای ، مُردم ؛ بفریادم رسید ' *
در پیرامونِ بسترش شیشها و کاسهای بسیار پُر از دوا * [11] میگفت ' یا با اینها شفا
یا مرگ * ' حکیم با شیشهٔ اماله و لگنِ قی ، در گوشهٔ ، قلیان در نوک ،

1 *Ghusāla* 'water with which anything has been washed.'

Once in a Persian bazar I came across an enraged Turk with a drawn sword who was exclaiming, "Oh you filthy Persians." He stated that he had complained of toothache, when a young mulla producing a paper from his turban, offered it as a sovereign remedy. The Turk was on the point of inserting into his tooth the snuff-like substance contained in the paper, when the young mulla reverently told him, that it was the excrement of "our master the——."

2 The first personal pronoun is not supposed to be followed by the *izafat*. Persian Muslims generally say *man banda* but Afghans and Persian Zardushtis say *man-i banda*. All however say *man-i bīchāra*, *man-i bī-dīn*, etc.

3 *Gāv-i safīd pīshānī*, i.e., recognized everywhere. Cows with a 'blaze' are rare in Persia.

4 'Reputation.'

5 Misrelated participle.

6 *Sudda* "obstruction in the bowels, colic."

7 'A written charm.' *Balki* "perhaps."

8 *Futūḥ-ī* pl. used as a sing.

9 Needle point.

10 The 2nd Pers. of the Past Habitual Tense; identical with the 2nd Pers. of Preterite.

11 The subject not clear: probably an error for *mī-guftand* or *guftī*.

گفت که ‹ کارِ این مرد از دوای من گذشته ؛ [1] تا دعای درویش چه کند › * دیدارِ درویشِ تازه را تأثیری تازه است * چون چشمِ تیمار-داران بر من افتاد، بهم [2] بر آمدند ، و دیدها بر من دوخته شد * منهم با هیأتِ [3] مستجاب‌الدّعوتی [4] با قوّتِ نفس و غلظتِ نفس قلمدان و کاغذ خواستم-وحال آنکه در تمام عُمر قلم بدست نگرفته بودم *

" قلمداني آوردند با ورقي بزرگ از کاغذ که همانا لفافهٔ دوائي بوده است ؛ و من سرا پای آنکاغذ را خط خط و خانه خانه ساختم و میان خانها با نقوشِ مخترع و مختلف انباشتم * پس از آن ، کاغذ را تماماً درمیان شاه-کاسهٔ [5] در آب حّل کردم و بمریض بلعانیدم * همگنان بانتظارِ تأثیر دعای من ، چشمها دریده و گردنها کشیده ، تا ‹ چه کند قوتِ بازوی من › * حکیم گفت ‹ اگر عمرِ این مرد باقي است تأثیرِ این اسماء [6] حسنیٰ و این اشکالِ مُتبّرک بشفای او کافي است ؛ و گرنه ، من نه ، اگر [7] بوعلي هم از گور در آید کاری ازو بر نمیآید › *

" بیمار دقیقهٔ چند ، مرده وار ، مدهوش و بیهوش افتاد * بعد ازان با حالتي [8] باعثِ حیرتِ همه ، بلکه من و حکیم هم ، آروغي چند زد و چشمان بشکود (بکشود) ، و سراز بالین برداشت ، و لگن خواست * گلاب بروی خوانندگان [9] چندان قی کرد که اگر بوعلی کتابِ قانون خود را بوی بلعانده بود آنقدر قی نمیکرد * خلاصه خلط [10] و مادّه در شکم نماند ، تا بیماری برجا ماند *

" من در باطن با خود اندیشیدم که آن کاغذ باید لفافهٔ دوائی مُقّیِ بوده باشد ،

1 *Tā* "Behold! *or* let us see."

2 *Ba-ham bar āmadand* "collected together, made a stir." In m.c., however, this phrase only means 'to get angry, be put out.'

3 Note the Persian adjectival ی added to an Arabic phrase.

4 *Bā quvvat-i nafs* (or *nafas?*) 'with an air of authority.' *Ghalẓat-i nafas* (not *nafs*) means speaking from the throat in imitation of divines, clergyman's voice: in m.c., however, it means a "deep voice."

5 'A big pot.'

6 *Ḥusnā* pl. fem. of *aḥsan*: "the excellent names," *i.e.*, the ninety-nine *attributes* of God. *Allah* is the *ism*ᵘ *'ẕ-ẕāt* or *essential* name of God.

7 Short for *Bū 'Alī Sīnā* Avicenna.

8 Note there is an ellipsis of the words *ba'is-i hairat-i* before *man*: such an ellipsis should be avoided.

9 'Rose water for the hearers (or the assembly, etc.)'; a phrase used to preface something peculiarly nasty.

10 *Mādda* = *khilṭ* "matter, humour": *dast-am mādda shuda* (m.c.) "I have an abscess on my hand."

و اینهمه قی از تأثیر آن و از [1] تهوّع مرکّب ؛ و درظاهر همه را بتأثیرِ دعای مُجرّبِ خود حمل کنان گفتم که ' اگر من نمي بودم ، البتّه این مرد تا حال مرده بود ' * از طرفِ دیگر حکیم اینحال را بتأثیرِ مداوات خود نسبت دهان گفت ' هیچ چیز بجز دوای من اینقدر قی نمیآورد ؛ اگر دوای من نمي بود ، این مرد هم نمی بود ' *

"(من) — 'حکیم! اگر توحکیمِ خوبي بودي، چرا دوای تو پیش از دعای من تأثیر نکرده بود ؟ این [2] خرت و پرت و آل و اشغال را بردار ، و مردم را بحال خود [3] بگذار * '

"(حکیم) — 'درویش ! بابا ! در اینکه دعای خوب میتوان نوشت و حق القلمِ خوب میتوان گرفت ، حرفی نیست ؛ امّا [4] همه کس میداند که درویشان کیستند و چیستند * اگر دعائی تأثیری کند ، گمان نمیبرم که از برکتِ انفاس درویشان و از یمنِ مقدمِ ایشان باشد ' *

" (من) — ' تو سگ کیستی که بمن باین هرزها دهان بیالائي ؟ من غلام [5] شاه مردان و مدّاحِ خاندانم ؛ و از برکت اولیاء ، بعلومِ اولین و آخرین آشنا ؛ و حالَ آنکه جهالتِ حکیمان ضرب المثل است ، با تقدیر ، تدبیرِ جهلِ خود [6] می کنید * اگر بیماری شفا [7] یابد ، شما داده اید ؛ و اگر [8] بمیرد ، ' تقدیر چنین رفته است ، اجل علاج ندارد ' * برو ، هر وقتِ دیگر ، مریضی دیگرت بحالتِ نزع [9] افتاد و دست از وی شستی ، بیا ، پای مرا ببوس ، تا با دعا بفریادِ دوای تو [10] برسم و پایهٔ نادانیت را بدانی ' *

" (حکیم) — ' بمرگِ خودم و بمرگِ [11] خودت ، من از آنان نیستم که مرشدِ تو هم

1 "Feeling of nausea."

2 *Khirt u pirt* "small belongings": *āl u ashghāl* (or *ashkhāl*) "bits of paper, etc., litter; *also* small belongings not worth mentioning. *Ashkhāl* in m.c. also means 'refuse of a butcher's shop.'

3 'Leave people alone, mind your own business.'

4 *Hama kas* for *har kas*; better plural. Verb after *hama kas*.

5 *Shāh-i mardān*, i.e., 'Alī: 'the family,' *i.e.*, 'Alī's descendants.

6 Should be *kunand*.

7 The aorist *yābad* to express doubt.

8 *Murd* the Preterite would be more cutting as it could assume the certainty of death. *Ajal* is the appointed time of death.

9 *Uftād* the Preterite assumes the completion of the condition; *vide* notes 7 and 8.

10 *i.e.*, 'my *du'ā* will then come to the assistance of your *dāvā*.'

11 *Tu bi-mīrī* "may you die" is a common oath amongst the Persians. It probably originated in the polite fiction that the speaker holds the life of the addressee dearer than his own.

بتواند این جفنگها را با من [1] قالب بزند ، تا چه برسد بتو نر [2] قلندر ؛ خر گدا ؛ عاشق سؤال و دریوزه ؛ دشمنِ نماز و روزه ' *

" پس برخاست و بعد از هزار [3] کلپتره روی بمن آورد* منهم با جوابهای آب[4] ندیده بمقابله پرداختم * کار از آب و تابِ سخنانِ درشت ، بشپا شاپ سیلی و مشت کشید * گیسوانم را گرفت ؛ ریشش را گرفتم : گریبانم را درید ؛ آستینش را دریدم : دستم را گزید ؛ صورتش را خراشیدم * [5] هی بر سر و مغزِ هم زدیم ، و هی ریش و گیسِ یکدیگر را کندیم و برباد دادیم * هرچه بیمار نعره زد ، و [6] آنچه بیمارداران فریاد کردند ، بجائی نرسید ؛ و کم مانده بود که خونی درمیان واقع شود * عاقبت زنی خود را بمیان انداخت که ' لعنت هم بحق القلمِ تو ، و هم بحق القدم او ؛ کوتاه کنید ، که [7] شاگرد داروغه درِ خانه را میزند ، که ' این همه [8] هیاهو و ولوله چیست ' ؟ '

" از یکدیگر جدا شدیم ؛ و از یاریِ بخت دیدم که تقصیر را از وی [9] می‌بینند ، و بمن حق [9] میدهند ؛ و حکیم را بچشم کسی [9] میدیدند که کار نکرده مزدی خواهد ؛ و مرا بچشمِ کسیکه کوهِ [10] ابو قبیس را با دعا از جا تواند کند *

" چون حکیم کار را برخلافِ مرادِ خود دید دم در کشید * جبه و [11] کلاهش را برداشت تابرود ؛ امّا پیش از رفتن موی ریشِ خود را با قدری از آن گیسوانِ من جمع و [12] گندله کرد و درپیش چشم من [13] بجلوه بداشت که ' ای [14] نره‌خرِ جوز علی ! هیچ میدانی که

[1] *Qālib zadan* = 'to make to swallow; put inside one.' *Jafang* (m.c.) 'talking rot, rubbish.'

[2] "How much the less can you do so, you buck *qalandar*." *Khar gadā* "ass of a beggar."

[3] *Kalbira* (m.c.) is said to mean "angry looks"; but in the dictionary *kalpatra* is "foolish sayings."

[4] "Unwashed," *i.e.*, plain and unvarnished (and of course obscene).

[5] *Hay* a common m.c. particle that, prefixed to a verb, makes it continuous. Possibly it is connected with *hamī* (and *hamīsha*) but probably it is identical with the cry *hay, hay, hay*, etc., of the camel-man, used to keep camels in motion: the final *y* must be enunciated in this word. (*Hay* can precede the verbal prefix *mī*).

[6] *Ānchi* = *harchi* here.

[7] *Shāgird dārūgha*, no izafat.

[8] *Hāyāhū* "uproar": *valvala* "howling."

[9] Note the slovenly change from the Historical Present to the Past.

[10] *Abū Qubais*, said to be the name of a mountain near Mecca.

[11] Note *ash* for *khud*.

[12] *Gundala k.* 'to make into a ball.'

[13] "To flaunt" (after the manner of the possessor of a new watch who is always looking at the time).

[14] *Nara khar* (m.c.) "jackass" but *nar-i khar* "*penis* of a donkey." *Jauz* 'an empty nut': *jauz-'Alī* (for *jauz-i 'Alī*) is a term applied by dervishes to a pretender.

[1] دیهٔ یکتار موی ریش در طهران یکقران است ؟ به بینیم فردا در حضورِ آغای امام [9] جمعه کیبج و کهیج و آمیا و شراهیدای [2] تو از عهدهٔ که [3] خوردنهای تو چه طور برمی آید ؟ *

"اگر چه میدانستم که بعد از فرو کشي [4] عرّ و تیز بهیچ [5] جهنمي نمیرود ، امّا بسیار دلم میخواست که بدر خانهٔ امام [9] جمعه بروند ، و مرا آنجا بخواهند ، و این [6] بزنگاه مایهٔ شهرت و صیت من شود * آوازهٔ شفایابی عطّار ، که از معتبران بود ، با دعای درویشِ تازه بهر سوی پیچید * نُقلِ من ، نُقلِ مجالس شد * پس ، از صبح تا شام ، بنوشتنِ [8] عزایم و ادعیه ، و بفرا خورِ حالِ هرکس بخالي کردنِ کیسه و کندنِ جیب ، مشغول شدم * در اندک مدت مالکِ دینارِ بسیار شدم ؛ امّا از شومیِ بخت ، همهٔ بیماران عطّارِ سدّه دار ، و همهٔ کاغذ لفافهٔ دوای مقّی نبود * عمل غمام از عطّار تجاوز نکرد : شهرتم [10] بوا ترقّیدن روی نمود * ناچار از طهران بسیاحت سایر ممالکِ ایران روی نهادم * پارهٔ شهرها شهرتم پیش از من میرفت ، چه از عطار شهادت نامهٔ عمل در دست داشتم ، و بهرکس مینمودم * تا اکنون هم در آنسایه زندگانی میکنم ، با اینکه دعایم در عدمِ تأثیر مجرّب است و آزموده ، باز از حقُ‌القلم ناراضی نیستم * همینکه درجائی ، [11] برواجیِ کار خود کسادی می بینم و در نظرِ مردم خوار میشوم ، [12] سبک سفر میکنم و از آنجا بجای دگر میروم * "

چون نوبت بسیومین رسید ، گفت ، " اگر چه نقّالان را [13] عادت آنست که رشتهٔ

[1] *Diya* "blood money"; *qisās* 'exact retaliation.'

[2] These four words have apparently no meaning.

[3] Note the plural of the (compound) Infinitive.

[4] *'Arr* is applied to the snorting or braying of a donkey and *tis* "breaking wind."

[5] When a man threatens to lodge a complaint, etc., the reply is *khair bi-bīch Jahannam-ī namī-ravad*, i.e., he's not going to do anything very dreadful.

[6] *Bazangāh* "spot" (of an occurrence); here = *furṣat*.

[7] 'One of the persons of consequence.'

[8] Pl. of *'azīma* "exorcism" (for devils): *ad'iya* pl. of *du'ā*.

[9] Muslim Persians say *Imām Juma'h* but Zardushtis insert an *izafat* between the two words.

[10] *Vā taraqqīdan* (vulg.) "to progress backwards," *i.e.*, of course "to retrograde": *taraqqī-yi ma'kūs k.* (clas.)

[11] *Ravāji* (m.c.) = *pish raft*; the final ی incorrect.

[12] *Subuk safar kun az injā; bi-rau bi-jā-yi digar* is a common quotation in m.c.

[13] *'Ādat ān ast* or *'ādat-i ān ast*: without or with an *izafat*.

سخن را دراز سازند ، امّا من [1] افسانهٔ خود را مختصر میسازم * من پسر مکتبداریم *
چون قوّتِ حافظه و قدرتِ لافظه ام را دیده ، از افسانه و حکایاتیکه در فارسی بیش از هر زبان
است ، بیشتری [2] را بمن آموخت و از بر گردانید * چون گنجینهٔ سینه [3] را از نقودِ این
هنر مالامال ، و بخرج [4] و صرفِ مستعد و قابل شدم ، لباسِ درویشی و سخنوری
دربر ، بمیدانِ مردم ، بلکه بجانِ مردم ، افتادم ؛ پیشهٔ [5] معرکه بندی و سخنوری و نقّالی
پیش گرفتم * در اوایل ، مردم مرا چسپیدهٔ کار دیدند ؛ نقلهایم را گوش میکردند و از
زیر بارِ ' شیء لله ' می جستند ؛ امّا رفته رفته [6] چکیدهٔ کار شدم * پس با چکیدگیِ کار
تلافیِ همهٔ مافات را کردم * در [7] بزنگاهِ قصه می ایستادم و میگفتم ' حضرات ! هرکرا
مهرِ علی در دل است ، دست بجیب کند ' ؛ میکردند * پس میگفتم ' هر که دست
بریدهٔ عباسِ علی را دوست دارد چیزی از جیب بیرون آورد ' ؛ میآوردند * در آخر
میگفتم ' هرکه ولدالزنا نیست آنچه از جیب در آورده بمیدانِ معرکه اندازد ' ؛
کم آدم بود که [8] نیندازد * بدین منوال هر روز مبالغی میاندوختم * بزنگاهِ قصه را نیک
میدانستم که مردم تشنهٔ کدام فقره اند ؛ هم در آنجا ریششان را بچنگ میآوردم ، مثلاً
در افسانهٔ شاهزادهٔ [9] ختا با دختر بادشاهِ ختن چون بدینجا میرسیدم که ' با [10] هراهرِ [11] تکاوران
و [12] هزاهزِ دلاوران و [13] خشخشهٔ باد پایان و [14] همهمهٔ پهلوانان و جمجمهٔ [15] جیاد و [16] غمغمهٔ
اجناد و [17] قعقعهٔ سلاح و [18] صمصمهٔ رماح ، غول هزار فن با هزار شاخِ هزار گز

1 *Afsāna* prop. "fiction"; here perhaps used as a joke.

2 =*bishtar-i ān hā ra*.

3 This *rā* should be omitted: it is inserted owing to a confusion of thought. Persians reading this passage do not notice the mistake till it is pointed out to them.

4 *i.e.*, spending the cash of stories from the treasury of his breast (memory).

5 "Collecting a crowd": *ū ma'rika mī-kunad* (m.c.) "he's getting a crowd round him (by conjuring tricks, story-telling, etc., etc.)

6 *Chakīda-yi kār* (m.c.) "experienced."

7 "Spot."

8 Or *nayandākhtand*.

9 *Khatā* in China. *Khutan* 'Tartary' *also* its capital. The two names always come together in poetry.

10 *Harāhar* 'cloud of dust raised by the wind.'

11 *Takāvar* "horses, camels, etc., in war; cavalcade."

12 *Hazāhaz* "tumult."

13 *Khashkhasha* "clang": *bād-pā* "steed."

14 *Hamhama* "murmuring."

15 *Jiyād* (pl. of *jawād*) "a fleet horse": *jumjuma* (m.c.) "the roar of a crowd."

16 *Ghumghuma* (m.c.) "talking to oneself, muttering."

17 *Qa'qa'h* "the clash of arms; *also* the sound of munching of teeth."

18 "Shaking."

دهن باز کرده است و شهزاده را بر دهان گرفته است و با نو، زانو بر زمین، دست بر هوا، اشک از دیده ریزان، خاک بر سر بیزان، و خدم و حشمش اسلحه و براق را ریخته اند و مانند برگِ بید لرزان و هراسان گریخته اند، برق میدرخشید رعد میغرید، باد [1] وزوز میوزید، غول کورو کورو [2] کورو میخروشید، می ایستادم؛ و میگفتم ' اینک شیءِ لله درویش برسد تا بگویم شاهزاده چگونه از کامِ غول رهائی یافت، و چگونه غول را با یک ضربتِ گرز [3] سر پاش مثل گنبد خشخاش خورد و خاش کرد' * تنبلانِ [4] پای معرکه و دیوانگانِ نقل و افسانه از آن [5] بیعاران نبودند که ناشنیده بروند * منهم از آن [6] نادرستان نبودم که برایگان [7] روانشان سازم * این بود که اکثر اوقات وعدهٔ نقل [8] بزنگاه را بفردا میانداختم و کیسهٔ سرمایهٔ نقل را تهی نمیساختم * اکنونهم بدینمنوال [9] از پهلوی بیعاران اسبابِ گذرانی بهم می بندم * و چون جیب و بغلِ بیعارانِ شهری خالی میشود بشهری دیگر میروم مصراع 'بود تا ابله اندر دهر، مفلس در نمی‌ماند' " *

1 *Visvis* " whistling of the wind."
2 *Kur-rū kur-rū kur-rū* is a sound used to call an ass.
3 *Sarpāsh* " a huge mace." *Gumbad* " the head (dome-shaped) of the poppy."
4 *Pā* = " near."
5 *Bi-'ār* " good for nothing, lazy and shameless."
6 *Nā-durust* = ' rogue ' or ' blackguard.'
7 *Ravān-i shān sāzam* " let them go, send them off."
8 The ' spot ' in the story.
9 *Az pahlū-yi* " by means of."

گفتار دوازدهم

در بیانِ در یافتنِ حاجي بابا که دنیا ، دارِ مکافات است ؛ بدکار بدی می بیند ؛ و باندیشهٔ کارِ دیگر افتادن *

بعد از استماع سرگذشت درویشان ، از حکایات مرغوب و مطلوب ایشان بهره مند و سپاسگذار گشتم * بدین خیال افتادم که بقدر امکان حیل و [1] دسایسِ ایشان بیاموزم ، و بحلقهٔ ایشان در آیم * درویش صفر از افسانه و افسونِ کرامت فروشی و دعانویسی ، از طلسمات و عزایم اطلاعی کامل داد * نقّال نیز قدری از نقل و افسانهای خود با طریقهٔ معرکه گیری و سخنوری و چوب و بغل تهی سازی بمن بیاموخت ؛ و کتابهای خود را بعاریت داد ، تا از آنها مستفید شوم : اما با اینهمه باز قلیان فروشی را ترک نمیکردم * اینقدر بود که بجهة دوستی با یار ازرق پوش [2] بر خانمان انگشتِ نیل کشیده بودم * آنچه از [3] های میاندوختم بهوی میرفت : درویشان تنباکوی خالصم را برائگان جزو هوا می نمودند ، و منهم بتلافي صافات ، [4] شایگان دودِ سرگین ، و کاه ، و برگِ خشکِ درختان [5] بخورد مشتریان میدادم *

1 *Dasāʼi's* (pl. of *dasīsa*) "tricks."

2 *Yār-i azraq pūsh* evidently refers to Dervesh Safar and probably indicates that he was a Sayyid. *Khānumān* or *khān u mān* is 'house and possessions': *angusht-i nīl kashidan bar chīz-ī* "to renounce utterly." The sentence is not quite clear. The Pluperfect appears incorrect.

3 *Hāy* is 'the puffing of the smoke' and *hūy* refers to the darvish cry *Hū* "He."

4 *Shāʼigān* probably means "gratuitously": (anything done for the Shah or for any Eastern potentate, would be gratuitous.)

5 *Khwurd* "food, feeding."

شبی در وقت بر چیدنِ دکانها ، پیرهٔ زنی بخلافِ سایرِ پیران کم گو ، و پوشیده رو ، ژنده پوش ، کوژ پشت ، چنان در چادر فرو نهفته که بزور آوازش بر میامد ، [1] گریبانم را گرفت ؛ وقلیانی خواست * منهم ازمخلوط ترینِ معمولِ خود قلیانی بدستش دادم * پف بقلیان همان ، و فریاد و [2] اَخ و تُف همان * ناگاه پنج شش تن غولِ [3] قولچماق با چوبهای [4] تر در رسیدند ، و بیمحابا مرا بدادِ کوتک گرفتند * پیرهٔ زن از چادر [5] داروغه در آمد و روی بمن آورد که " ای [6] کهنهٔ اصفهانی ، دجّال ! عاقبت خوب دمت [7] بتله فتاد : پدر سوخته ! تا کی مردم مشهد را زهر میچشانی ؟ حالا بعددِ [8] شاهیها که گرفتهٔ چوب بخور ، تا [9] دندهات نرم شود * بچّها ! چوب و فلک بیاورید ، و ناخنهای این پدر سوخته را [10] بریزید * "

فی‌الفور پایم بفلک برکشیده شد و باران چوب بر [11] سرم باریدن گرفت * گفتی ده هزار [12] زبانیهٔ جهنم بشکلِ داروغه و پیرهٔ زن در برابر چشمم ، با آهنگِ چوب و نوای ناله ، [13] بشکن زنان میرقصیدند * هرچه داروغه را بریشِ خود ، و بگور پدر و مادر ، و بجان فرزندانِ عزیزش قسم دادم ، و هرچه خدا و رسول و انبیا و اولیا وائمهٔ [14] هدی را شفیع آوردم ، سودی نکرد * هرچه از حضّار التماس و درخواستِ استرحام نمودم ، فایده نبخشید * از رفقای خود ، درویشان ، استمداد نمودم ؛ لب نجنبانیدند * عاقبت از ضرب چوب بی تاب و [15] توش ، مدهوش افتادم * وقتی که بهوش آمدم ، خودرا سر

1 *i.e.*, "hindered me" (from going just as I was shutting up shop).

2 *Akh* an exclamation of pain and *tuf* "spitting." [*Tuf* is rather a vigorous word: the polite word for spittle by itself is *āb-i dahan*].

3 *Qulchumāq* (m.c.) 'sturdy dare-devils.' I am not sure of the derivation. *Chumāq* is an "iron mace."

4 "Freshly cut switches."

5 *Dārūgha* = *muḥtasib*.

6 "Good old Isfahani": this use of *kuhna* common in m.c. *Dajjāl* "impostor; *also* Anti-Christ."

7 *Tala* "a gin" (sp. for jackals, etc.)

8 *Shāhī*; there are twenty to one *qirān* or *qirānī*: fifty-two to fifty-five *qirāns* now (in 1902-3) equal one pound sterling.

9 *Danda* "rib."

10 *Rīkhtan* tr.: this is a common m.c. expression. *Nākhun* means nails of the *toes*, here.

11 *Sar-am* used figuratively.

12 Vulgar for *sabāna*.

13 *Bi-shikan zadan* is to snap the fingers to music (dancing boy, etc.): corruption of *bi-shugūn* 'as a good omen.'

14 *Huda* "the right way."

15 *Tūsh* "Power, strength, etc."

بدیوار و از تماشائیان محظوظ دیدم ؛ امّا نه برای ترحّم و اظهار مروت ، بلکه بتماشا وتمارت * قلیانها و [1] چنته وسایر اسبابم را بتاراج برده بودند و مرا سر داده ، تا بهر جاکه بخواهم بروم * خدا [2] رحم کرد که منزل نزدیک بود : خود کشان و بزمین کشان با آه و ناله خود را بمنزل انداختم *

با زخم پا و دردِ دل یکروز در منزل بیخود افتادم * روز دیگر یکی از درویشان [3] بسر-وقتم آمدن جسارت یافته ، بیامد ؛ که " اگر پیشتر میآمدنم ، شاید مرا نیز شریک تو میدانستند ، و بروز تو می‌نشاندند " * چون در وقتش [4] آنهم چنین تکلتوی بتو برده بود و از آنچه بسرش آمده حکیم شده ، چاره و معالجه نمود ، تا در اندک مدّتی [5] پر و پایم وصله و [6] پینه یافت ، و باز براه افتادم *

در ایامِ [7] زمین گیري ، با سرِ صبر بحالتِ خویش اندیشیده چنان بعقلم رسید که " ورودم بمشهد در ساعتی نحس بوده [8] است ؛ مثلاً که میداند قمر در برج چه بوده است ؟ اوّل [9] کمرکم شکست ، و بعد از آن ناخنم ریخت * اگر قدری دیگر بمانم ، شاید خونم بریزد * چه بِه از آن که تا پا دارم ، ازین ویران شده بگریزم ؟ " پس قصدِ سفر طهران نمودم ، و نیّتِ خود را بدرویشان بکشودم * پسندیدند * علاوه برین درویش سفر همسفریم خواست ، که " علماء از [10] هوای کار من بدهوا شده اند و [11] خمیر مایهٔ بدي برایم بآب گرفته اند ، چه با [12] ملّایان بجوال رفتن کارِ حضرتِ خرس است * مصرع ' باید بیرون کشیدن ازین ورطه رخت خویش ' * "

1 *Chimta* a bag of carpet suspended from the wrist.

2 Anglicé "luckily."

3 *Sar-vaqt* (m.c.) = *aḥwāl pursī.*

4 *Ān ham = ū ham. Man īn sīn rā tūy burdam* (m.c.) 'I suffered like this' *takaltū* "pad-saddle, etc."

5 *Par u pā* "feet, etc."

6 *Pīna* "a patch."

7 *Zamīn-gīr* "lying on the ground," (generally of an old man): Persians usually sleep on the floor; *here* "bed-ridden."

8 Note the Perfect (and not the Preterite) as the effect still continues.

9 *Kamarak* (dimin.) "my poor back."

10 *Havā = khiyāl, qaṣd*, etc.: *bad-havā = bad khiyāl.*

11 'Mixed leaven with water to cook bread for me'; they are brewing a fine broth for me; the idiom is common in m.c.

12 'To go into the same sack with a Mulla is a business for Master Bear (and none less rough)': a common m.c. idiom. I think for *chi*, *vāv* should be substituted.

پس قرار بپوشیدنِ کسوتِ درویشان داده ، و خرقه و کشکول و [1] تاج و پوست تختی خریده ، با درویش ، مهیای سفر [2] شدیم *

چنان هر دو مشتاقِ رفتن بودیم که خواستیم بی رفیق عزم طریق کنیم ؛ اما از راه پیش بینی ، خواستیم از کلیّات شیخ سعدی تفاؤلی بزنیم * درویش صفر ، بعد از وضو و دعای فالِ امام جعفرِ [3] صادق ، کلیّاتِ شیخ را بکشود * این عبارت آمد که " خلافِ رایِ خردمندان است بامید تریاق ، زهر خوردن ، و راهِ نادیده بی کاروان رفتن " * این فالِ معجز مثال مانعِ خیال ما شد *

در هنگامِ تجسّس کاروان ، از قضا ، به علی قاطر برخوردم ، که تازه بمشهد رسیده بود ، و برای طهران [4] بارگیریِ پوستِ بخارائی میخواست * از دیدارم خرّم و خندان ، قلیانی چاق کرد و بدستم داد و استفسارِ حال ایّام جدائیم نمود * شرحِ حالِ خود باز نموده ، او نیز از آن خود را بدینطریق بگشود که " با پوستِ بخارائی بی ترسِ ترکمان از مشهد باصفهان رفتم * در اصفهان هنوز گفتگوی شبیخون کاروانسرا در دهانها بود * میگفتند که ' غارتیان هزار سوار بوده اند ، و اصفهانیان با کمالِ مردانگی مقاومت نموده اند ؛ بخصوص کربلائی حسنِ [5] دلّاک بزرگِ غارتیان را زخم دار کرده ، و بهزار مشقّت از دستش گریخته است * ' "

چون من از سرگذشت خود [6] نکتهٔ کار پدرِ را از همه کس پنهان میداشتم ، نخواستم به علی قاطر هم بروز دهم ؛ امّا از درد دل [7] پکِ پرزوری بقایای زده دهان را پردود کردم و پفِ پرزوری بصورتِ علی قاطر زدم ، چنانچه ریش و پشمِ او پر از دود شد ، و دود آتشِ دلِ من اندکی فروکش کرد *

1 *Táj* "crown" is the term by which dervishes style their peaked cap; it is made of eight pieces and has verses (of poetry) embroidered on it.

2 Note the concord.

3 *Sádiq* may be an epithet or it may be the name of the father of *Imam Ja'far*. The latter is said to have written books on the interpretation of dreams and on omens. He paid dervishes certain sums to cry the name of 'Ali in the bazars; (the Sunnis were more numerous than the Shiahs at that time).

4 *Bár-giri* "a loading": *bár* alone might mean one load only.

5 Note the *isafat* after the name and before the trade. In India the *izáfat* would be omitted.

6 *Nukta-yi kár-i pidar rá* 'the little matter about my father.'

7 *Puk* 'an inhalation of the pipe.'

8 The subject of *kard* is "it" or 'this action' understood.

علي قاطر در آخر گفت که "از اصفهان [1] قدک و تنباکو و [2] تُنُکه و برنج بیزد بردم ، و از آنجا مال یزد بمشهد آوردم * حالا چنانچه گفتم ازینجا بطهران میروم ، و بگردنِ من که شما را بطهران برسانم * در راه هر وقت خسته میشوید ، براهِ خدا ، بر روي قاطرانِ خود سوارِتان میکنم * "

[1] *Qadak* is a stuff for a *qabā* woven in a size just sufficient to make one *qabā*. It is however a speciality of Yezd and not of Isfahan.

[2] *Tunuka* (= *takhta*) "sheets of metal."

گفتار سیزدهم

بیرون آمدن حاجی بابا از مشهد و چگونگیِ مداوای دردِ کمرِ او و معرکه گیریِ او *

در وقت بیرون آمدن در [1] دم دروازه گفتم " برو ای مشهد ! ای [2] کوفهٔ ثانی ! الهی ! مثلِ شهرِ قومِ لوطِ زیر و زبر بشوی " * امّا از ترس ، بدینسوی و آنسوی می نگریستم که مبادا یکی از مقدّسین بشنوند و [3] بسزای بی ادبی بمشهدِ مقدّس سنگسار بشوم * درویش سفر نیز با من هم لعنت بود * من از دردِ چوب و فلک ، و او از درد [4] کوک و کلک ، هر دو بمشهدیان دعای خیر میکردیم *

میگفت [5] " رفیق ! تو هنوز جوانی و ناپخته ؛ خیلی نان باید بخوری تا پخته شوی * این صدمه صدمهٔ نبود که از آن گله توان کرد * انشاء الله ازین صدمها خیلی خواهی دید ؛ ولی چشم بگشا که تجربهٔ روزگار حاصل کنی * مثلاً ازین صدمهٔ داروغه این تجربه را حاصل کردی که داروغه را با لباسِ دروغ بشناسی " * پس ریشِ خود گرفت که " مثلِ منی را باین سنّ و سال ، سفر ناچاری خیلی سخت است " *

[1] *Dam* "edge"; threshold."

[2] 'Ali was killed in a mosque in Kufa.

[3] Note the concord with *yak-i*. *Bi-sazā-yi*— "in punishment of— ; as a punishment for."

[4] *Kūk u kalak* (m.c.) is said to mean "deceit." *Kūk k.* "to wind up a watch, tune an instrument; *tū-yi kūk-i kas-ī raftan* "to chaff, 'pull a person's leg.'" *Gulak zadan* "to lampoon, satirise." *Kalak bar sar-i kas-ī bastan* "to bring misfortune on any one." I cannot explain the origin of *kūk u kalak*. In the English the word is "persecution."

[5] *Mī-guft* signifies that the dervish repeated the speech, or words to the same effect, more than once.

گفتم " رفیق ! اگر - تو میخواستی در مشهد بمانی کار در دست خودت بود . در صورتیکه مواظب نماز و روزه‌ات باشی و زبانت را از ناملایمات وقت نگاهداری با تو چکار دارند ؟ "

گفت " راست است ؛ امّا می بینی که ماه رمضان در پیش است و ملّایان در اینماه [1] هار میشوند . من مرد روزه نیستم ، و خدا نکند بشوم : قلیان [3] ممدّ حیات و شراب مفرّح ذات من است ؛ بی این دو نفس کشیدن بر من حرام است . اگر میخواستم مثل ایام پیشین ، در خلوت روزه [2] را بخورم ، شاید ممکن میشد ؛ امّا با آن ، دعوی [4] ولایت و کرامت ، منافاتی [5] داشت و آنگهی مانند من آدم همیشه منظور نظرها هست . امّا در سفر به بهانهٔ [6] « فعدّة من ایام اُخَر » بصفای خاطر روزه را میتوان خورد ، و کسی اعتراض نمیتوان کرد . "

مجملاً تا به سمنان بی وقوع واقعهٔ که قابل تکرار باشد ، رسیدیم ، مگر آنکه روزی دو ، پیش از رسیدن در آنجا ، در وقت [7] یاری بعلی قاطر در بار برداری ، از همانجای کمرم ، که سقا شکسته بود ، صدای طراقی برخاست ، و درد غریبی عارض شد ، بنوعیکه چون بسمنان رسیدیم ، تا زمان بهبودی آن بباز ماندن از کاروان ناچار گردیدم ؛ و چون ترس ترکمان هم باقی نمانده بود ، درماندن [8] مخطوری ندیدم * امّا درویش سفر برای اینکه از لذایذ طهران باز نماند ، در سمنان نماند .

1 *Hār* "mad" (of a *dog*).

2 *Imrūz rūza nīstam* (m.c.) "I'm not fasting to-day." *Rūza rā khurdan* (m.c.) "to break the fast."

3 *Mumidd-i ḥayāt* and *mufarriḥ-i ẕāt* are expressions that occur in the Gulistan (Preface). During the fast Muslims may not even smoke. Some Persians who are not strict about keeping the fast, will still abstain from wine during the month. A dervish told the writer that he daren't drink wine by day during Ramazan as his wife could detect the odour. But for the women the custom of keeping the fast would rapidly die out in Persia. Nothing can be more dreary than a Persian city by day during the month of Ramazan: the shops are not opened till the afternoon; night is turned into day and every Muslim tries to pass as much of the month as possible in sleep.

4 *Valāyat* (= *valī būdan*), usually applied to 'Ali only.

5 *Dāsht* for *mī-dāsht*: the imperfect of *dāshtan* and *būdan* seldom used in modern Persian.

6 *Sūra-yi Baqra* (1st sura); 'count other days in place of them.' Many Persians go on a journey to avoid the fast: they *pretend* that they will fast extra days at the end of the month (*qaẓa kardan*).

7 Note the *izafat* after *yārī*.

8 *Makhṭūr* "danger, risk."

در نزدیکی شهر در مقبرهٔ ، تخت پوست خود را انداختم ، و بعادتِ درویشان
[1] نفیر کشان و [2] یا هو ، یا مَن هو ، یا مَن لیسَ اِلّا هو ، [2] نادِ علیاً مظهرالعجایب ، گویان
بنای نعرهٔ کشیدن و نفیر زدن گُذاشتم ، تا مردُم از ورودم خبردار شوند * چون
هیأتِ خود را قلندرانه و عجیب و غریب آراسته بودم ، اعتقادم این بود که فسون
و مکرهای آموخته‌ام در آنجا خوب بخرج میرود *

دو سه زن پیشم بدعا گرفتن و تعویذ نویسانیدن نیامدند ، و هدیهٔ آنان هم
از قناعت و عسل و میوهٔ بیش نبود * درد کمرم بنوعی شدّت کرد که [3] زمین‌گیر
شدم و بجستجوی طبیب افتادم * معلوم شد که در سمنان کسیکه مظنّهٔ طبابت
بدو رود ، دو کس [4] است ، دلاّکی و نعلبندی * دلاّک بخون گیری و دندان کنی
و [5] شکسته بندی مشهور بود ؛ نعلبند بحکم سررشتهٔ در بیطاری ، در معالجهٔ
انسانی نیز مداخله میکرد * گیس سفیدی دیگر یعنی فرتوتی پُرگوی و کم شنوی
بود * بعد از قطعِ امید از هنرِ دلاّک و دست و پنجهٔ نعلبند ، باو مراجعت
می‌نمودند ، و اعمال او را از معجزات انبیای [6] بنی اسرائیل میشمردند * این سه تن ،
هر سه بسر وقت منِ بیچاره آمدند ؛ هر سه متّفق بر اینکه " این درد کمر از سرما
است ؛ و چون گرما ضدّ سرماست ، پس او را علاجی [7] بجز داغ نیست " *
نعلبند را بجهةٔ آشنائی بآهن جرّاح قرار دادند * جرّاح ، زنبیلی زغال ، با دَم
و سیخی چند بیاورد ، و در گوشهٔ مقبره سیخها را سرخ کرد * بعد از آن مرا وارونه
انداخت و با آدابِ هرچه تمامتر بعشق [8] چارده معصوم ، چارده جای کمرم را داغ کرد *

1 *Nafīr* "horn; *also* a blast on the horn."

2 These are dervish cries: *yā hū* "Oh He," etc. *Nād-i 'Alī* is a Shī'ah amulet:—
"Call on Ali, the manifestation of wonders!
Help from trouble you will obtain from him!
For quickly does he remove grief and pain!
By Muhammad's mission and by his own sanctity!"
Nād-i 'Alī Persian, for the Arabic نادِ علیاً "call on 'Alī."

3 In m.c. *bistari shudam*.

4 *Ast* should be *and*; *kas-ī ki* should be *kasān-i ki* and *bi-d-ū* should be *bi-d-īshān*.

5 *Shikasta bandī* "setting broken bones."

6 The miracles of the Old Testament are mentioned in the Qoran.

7 "Persians, like Indians, have a passion for firing things. Horses with a Plimsoll line are not uncommon. If an official casts covetous eyes on a horse, it is sometimes branded for the sake of disfigurement.

8 *Chahārdah* = the twelve Imams and Muhammad and Fatimah.

وقتیکه [1] داغ سوزِ سیخهای سرخرا بگردهٔ من می چسپانید و من از تهٔ دل نعره و فریاد بر می آوردم ، حاضران دهنم را میگرفتند که " صدا در میآور که خاصیّتش باطل میشود " * خلاصه تک و تنها در آنگوشه افتادم ، و از ترسِ بی پرستار ماندن ، پای بیرون ننهادم * [2] مبالغی کشید تا جای داغها به شد و من بهبودی یافتم * همه را [3] اعتقاد اینکه بهبودی من بجهت موافقت اعدادِ سیخها با اعداد چهارده معصوم شد ; و کسی را شک نماند که آهنِ سرخ نیز از آلاتِ معجزه است : امّا من ، خود نیک میدانستم که طبیبِ دردم راحت در آن گوشه بود ; ولی از ترس ، نفسم در نیآمد تا خاصیّتش باطل نشود *

پس از آن ، باز راهِ خود پیش گرفتم ; امّا پیش از راه افتادن خواستم یک هنر آزمائی کنم * تدارکِ معرکهٔ دیدم * در دم دروازهٔ بازار ، درمیانِ راه ، در میدانچهٔ که در وقتِ ظهر [4] دکِ تنبلان بود ، شال و دستمالِ خود را گسترده ، [5] باد ببرق ، هنگامه را گرم کردم * جمعی با گردنهای کشیده و چشمهای دریده ، دهانها باز ، پیرامونم را گرفتند ; و من درمیان ، قدم زنان ، [6] تعلیمی در دست ، این حکایت که در زمانِ دلّاکیِ خود آموخته بودم ، بدین گونه نقل کردم :—

" راویانِ اخبار و ناقلانِ آثار چنین روایت کرده‌اند که در ایام خلافتِ هرون الرشید در بغداد دلّاکی بود ، علی صقّال نام ; استادی ماهر و چیره دست که چشمِ بسته سر تراشیدی و مورچه پی زدی * هیچ کس نماند که سرش را نتراشید * از کثرتِ مشتریان و ازدحام دکان ، گستاخی [7] بر آن عارض شده و غرورش بر آنداشت که بجز بزرگان کسی را [8] مَحَلّی نیمگذاشت ، و بجز سرِ [9] سر شناسان و [10] پول خرج کنان سری نمیتراشید * معلوم است [11] هیزم همیشه در بغداد گران است * هیزم فروشان بدرِ

1 *Dāgh* is the branding iron, *sūz*, better omitted.

2 *Mabāligh-ī* (pl.) "a long time."

3 No *izafat* after *i'tiqād*.

4 *Dakk* Ar. "A level place"; in m.c. 'any meeting-place,' (for good or for bad purposes).

5 *Bād bi-būq* "blowing the horn."

6 *Ta'līm* "a swagger cane."

7 *Bar ū*. For *shuda* substitute *shud*, or else omit the *vāv*.

8 *Maḥall guẕāshtan* "to pay attention to, to notice": the ي here = 'in the least bit.'

9 *Sar-shināsān* "the notables."

10 *Pūl-kharj-kun* "the open-handed; the money-spenders."

11 = *Mashhūr ast*.

دکان علی صقال میآمدند ، که جمعیت از همه جا بیشتر بود ، تا ، هیزم را از دیگران
[1] گران تر بفروشند * از قضا روزی هیزم کشی ناشی ، از استادی علی صقال بی خبر ،
بار هیزمی بر خر ، از راه دور بیامد و به علی صقال گفت ' بیا ، و این چوبها را بخر ' *
علی صقال را از شنیدن لفظ چوب [2] نادرستئی بخاطر آمده بهیزم فروش گفت ' بسیار خوب
فلان مبلغ میدهم ، و هر چه چوب بر روی خر تست میخرم ' * هیزم فروش قبول
کرد : [3] صیغهٔ بیع جاری شد * چون بار خر را بر زمین نهاد و بها خواست ،
علی صقال گفت ' تو همه چوب ها را تحویل ندادی ، تا بها بستانی : پالان خرت
نیز از چوب ، و آنهم داخل معامله است ' * هیزم فروش سراسیمه شد که چوب
هیزم کجا و چوب پالان خر کجا : گفتگو دراز کشید ؛ مناقشهٔ عظیمی برخاست *
آخرالامر علی صقال بار خر و پالان خر را گرفت ، و هیزم فروش را دست تهی
روانه کرد که ' هر کجا دلت میخواهد ، برو ' * هیزم فروش پیش قاضی دوید *
قاضی از علی صقال واهمه داشت : [4] روی نشان نداد * بنزد مفتی رفت * مفتی
مشتری علی صقال بود : حواله [5] بشیخ الاسلام نمود * هیزم فروش دست بدامان
شیخ الاسلام زد : شیخ الاسلام گفت ' در آیات کتاب و اخبار سنّت در این مسئله
[6] نصّ صریحی نیست تا بشرع و نقل [7] ، حکم قطعی در این باب توان کرد ' * هیزم
فروش از میدان در نرفت * عریضه نوشت و در روز جمعه ، در وقت رفتن خلیفه
بمسجد ، بالذات ، بدست خلیفه داد * دادرسی و عدالت خلیفه را شنیده اید : او را
بحضور طلبید * هیزم فروش بخاک افتاد ، و دست بر سینه ، منتظر حکم خلیفه
بایستاد * خلیفه گفت ' ایمرد عزیز ! درین دعوا ، لفظاً ، حق با علی صقال ،
و معناً با تُست ؛ اما چون احکام شریعت بلفظ قایم ، و عقد بیع و شری با لفظ
جاری میشود ، پس لفظ مناط اعتبار است ، وگرنه احکام شرع بی قوام ، و امور عامه
بی نظام ، بلکه معاملات مردم مهمل و معطّل می ماند ، و اعتماد افراد و احاد
بیکدیگر از میان بر میخیزد * در عقد بیع ، لفظ ' همهٔ چوبها ' ذکر شده است ، لهذا
باید همهٔ چوبها (از حیثیت اینکه لفظ همهٔ چوبها ذکر شده است) از آن دلاک باشد ؛

1 Because of the notables.

2 *Nā-durustī'ī* "a trick."

3 The one man says in Arabic, "I have sold," and the other "I have bought." Merchants only observe this form in large transactions.

4 'He didn't appear; didn't show his face (to the woodman).'

5 *Shaikhu 'l-Islām* a title given to a mulla in a city.

6 *Naṣṣ* "manifesting; text of the Qoran."

7 *Naql* = precedent, i.e., *ānchi az 'ulamā' naql ast.*

و پالانِ خرِ تو چون چوب است ، پس از آنِ دلّاک میشود ' * امّا آنگاه خلیفه هیزم فروش را پیش خواند و بسر گوشی سخنی چند باو بگفت که کسی نشنید ؛ و هیزم فروش را خرم و خرسند با خرِ بی پالان روان کرد " *

چون بدینجا رسیدم ، از نقلِ حکایت باز ایستادم ، و کشکولِ خود را پیشِ حاضران یکان یکان بداشتم که " اکنون [1] شی الله فقیر مولا برسد ، تا تتمّهٔ حکایت را باز گویم " * چون معرکه نشینان را سخت تشنهٔ تتمّهٔ حکایت کرده بودم ، با قسمهای غلیظ و شدید ، بلکه دشنامهای سخت ، بر آن داشتم چنان که چیز ندادند درمیانه کم [2] ماند *

پس گفتم " آری ، خلیفه در باب [3] تقاصّ بگوشِ هیزم فروش بنجوا سخنی چند گفت ؛ و هیزم فروش زمین خدمت ببوسید و [4] افسارِ خرِ بی پالانِ خود بگرفت و برفت * بعد از چندی ، مانندِ کسیکه هیچ [5] نقار و شکرآبی با دلّاک نداشته باشد ، بدکان وی آمد که ' خوب ، اُستادِ دلّاک ! الماضی لایذکر ؛ اکنون نظر باشتهار و ذمّه داریِ تو ، من و یکی از رُفَقایم میخواهیم لذّتِ اُستادی و مهارتِ ترا دریابیم * سر مارا بچند میتراشی ؟ ' علی صقال ، بیخیال ، باو [6] طیِ مُزد برخاست * چون سرِ هیزم فروش پاک و پاکیزه تراشیده شد ، دلّاک پرسید که رفیقت کو ؟ ' * هیزم فروش گفت ' اینک ، اینجاست ؛ میآورم ' * پس ، از دکان بیرون آمد ، و افسار خر را که بدان نزدیکی بسته بود بگرفت ، و بدکان کشید که ' اینک رفیقم ؛ بیا ، سَرش را بتراش ' * علی صقال بر آشفت که ' سر مثلِ توئی تراشیدن برای من کم بود که باید سر خرت را هم بتراشم ؟ [7] شوخیت گرفته است یا ریشخند میکنی ؟ برو ، گم شو ؛ وگرنه ترا با همین خرک بدرک میفرستم ' * این بگفت و هیزم فروش را از دکان براند *

هیزم فروش شکایت بخلیفه بُرد * خلیفه سرهنگی بفرستاد و علی صقال

1 *Shai Ullah-i faqīr-i maulā.*

2 Or *māndand.*

3 *Taqāṣṣ* "retaliating upon one another."

4 *Afsār* "halter, etc."

5 *Niqār* "stabbing with reproaches": *shakar-āb = ranjish.*

6 *Ṭay-i muzd* "settling the price": *avval ṭay kun, ba'd pāra kun* (m.c.) "first fix the price and then tear (the cloth)."

7 'Are you joking with me or ridiculing me?'

را با اسبابِ سر تراشیِ او فی‌الفور بیاوردند • خلیفه روی بدو نمود که ' چرا سر رفیقِ این مرد را نمیتراشی ؛ مگر قرار تو بتراشیدنِ دو سر نبوده است ؟ ' علی زمینِ خدمت ببوسید که ' امیرالمومنین ! راست است امّا تا کنون ، خر ، رفیقِ انسان نبوده است : رفاقتِ انسان (وانگی اهلِ ایمان) با خر که تصور میتوان کرد ؟ ' خلیفه بخندید که ' راست است ؛ اما تاکنون پالان کجا جزوِ هیزم بوده است ؟ اشتمالِ چوب را بچوبِ پالانِ خر که تصور میتوان کرد ؟ سر ازین حیثیت که سر است ، داخلِ مقاوله است ؛ و چون غرضِ اینمرد از سر رفیق ، سرِ خر اوست ، پس سر خرش را باید بتراشی : وگرنه سزای خویش خواهی دید ' • پس علی صقال با مبالغی صابون سر خر را در حضورِ خلیفه و سایرِ حضّار ، با ریشخند و استهزای ایشان ، سراپا بتراشید ؛ و خلیفه هیزم فروش را با انعامی فراخورِ حالِ وی روانه ساخت ؛ و آوازهٔ عدالت و دادِ خلیفه بهمهٔ بغداد بپیچید " •

گفتار چهاردهم

برخوردن حاجي بابا بیکی ، ونتیجهٔ آن *

از سمنان شادان بیرون آمدم * در آن دم بهبودي پذیرفته ؛ جواني و جمال بجا ؛ بیست تومان ، پس اندازِ مشهد ، در جیبِ ؛ هنرهای اندوخته در بغل ؛ آهنگ آن داشتم که چون بطهران رسم ، کسوتِ درویشي را بر اندازم ، و با لباسي بهتر از آن بکاری بهتر ازین ، پردازم *

در یک منزليِ طهران با آوازِ بلند اشعارِ لیلي و مجنون خوانان، راه مي پیمودم ؛ ناگاه چاپاري از پشتِ سر در رسید * درِ صحبت کشودیم * تکلیف نمود که اندکی آرام کنیم ، و غذائی بخوریم * چون هوا گرم بود ، غنیمت شمردم * در کنارِ کشت‌زار بر لب آبي نشستیم : اسبش را بکشت‌زارِ مردم سر داده ، پس ، از قاشِ[1] زین کیسهٔ ماستِ [2] چکیده بکشود ؛ و از یک جیبِ شلوار ، دستمالی پر از [3] کتّه چلاو با دو سه ناني ، و از جیبِ دیگر کفش و قدحِ آبخوري و کیسهٔ تنباکوئي و چند چیزِ دیگر با شش هفت کلّهٔ پیازِ خام در آورد ؛ و با اشتهای تمام همه را بخوردیم * بعد از آن ، نوبتِ جواب و سؤال از کیفیتِ حال شد * حالتِ من از سر و وضعم معلوم بود : سرگذشتم درازِ نکشید ؛ امّا او معلوم شد، که چارپارِ حاکم استراباد است ؛ و موجبِ حیرت و شاديِ من خبرِ خلاصيِ ملک الشعرا را از اسارتِ ترکمانان بطهران میبرد * دلخوشيِ خود را ازین خبر بچاپار بروز ندادم : اینک یکي از

[1] *Qāsh* = *qarbūs* (for Ar. *qarabūs*) 'the pommel or bow of the saddle': (*qaltāq* is the *whole* of the saddle tree).

[2] *Māst-i chakida* is *māst* that is strained from water and is therefore hard.

[3] *Katta chilaū* or *chulāv* or *chilo* is boiled rice without butter or *ghi* : boiled rice in Persia has *ghī* mixed in it.

تجربهایم که رازِ دلرا بکس نباید گفت • بنا برین بتجاهل چنان نمودم که گویا نمیدانم چنان کسی در دنیا هست یا نه •

چاپار گفت " ملک الشعراء تا باسترآباد صحیح و سالم رسید ; و چون [1] اوضاع درستی نداشت ، خبر بخانوادهٔ او میبرم ، تا برای او بفرستند • " پس ، از بغلِ خود ، دستمالِ کاغذهای او را بر آورد • چون بیسواد بود ، از روی کُنجِ کاوی بمن داد تا بخوانم ، و از مضمونهایش مطلع شود •

کاغذِ اول عریضهٔ بود بپادشاه ، مُنشیانه و مُتضمنِ شرحِ حالِ گرفتاری و ایام اسارت او بدین مضمون :—

" تشنگی و گرسنگیِ بیحد و پایان ، و رفتارِ وحشت آثارِ دهشت وثارِ ترکمانان بدین بندهٔ نابود و ناچیز و ناتوان ، نه چندان صعب التحمّل و دشوار بود ، که محرومی از فیض حضورِ ساطع [2]النور ; وظلم و جورِ آن گروهِ [3] نسناس خدا نشناس نه چندان مؤثر که مهجوری و دوریِ از کریاس کروبی پاسِ و عرش-اساسِ درِّ دریای سلطنت و شهریاری و گوهرِ کانِ عظمت و تاجداری شمساً للسلطنة والدولة و المعرفة و الجلالة و العظمة والاقبال ، شاهنشاهِ معظم ، قبلهٔ اعظمِ عالمیان و عالم ، که آفتابِ معدلتش کران تا کرانِ جهان بر مفارقِ جهانیان گسترده و صیتِ شهریاریش قاف تا قاف باکناف و اطرافِ گیتی رسیده است [4] عریضه : از خاکپای توتیا-آسا و عیون-آرای شهنشاهی که کحل‌الابصارِ ذوی‌الانظار است ، متوقع و امیدوار است که بحکم ' السابقون السابقون اولئک هُم المقرّبون ، [5] ' مانندِ سوابق ایام در سلک مقرّبان وخدّام حضرت قدر-قدرت منخرط [6] و مُنسلک گردد و عندلیب خوش-طبع سخندان و سخنوریش باز از سرِ نو در شاخسارِ مدیحت و ستایش و گُلزارِ ثنا و نیایش ذاتِ همایونِ میمنت - مقرون با نغمهای موزون و آهنگهای گوناگون تا انجامِ دهرِ بوقلمون بترانه و ترنّم در آید " • و ختمِ عریضه بدین بیت بود که بیت

" شکرِ نعمتهای شه چندآنکه نعمتهای شه .·. عذرِ تقصیراتِ من چندآنکه تقصیراتِ من " •

[1] = *asbāb*.

[2] ' Raising up light ' : *nūr sāṭi' shud* " the sun has risen."

[3] *Nasnās* " ourang outang " ; (Sindbad's old man).

[4] This long and intricate sentence is merely a preliminary to the real *arzi*. Very few Persians even can disentangle a sentence like this and they care very little whether it is correct or not.

[5] *Sūra-yi Wāqi'ah* : ' The most remote are nearest to God ' (*i.e.*, the companions of the Prophet, etc.).

[6] *Munkharaṭ* lit. " strung " (as a pearl on a string).

کاغذِ دوم خطاب بصدرِ اعظم بود ، که با کثافتِ بشره وعمقِ منکسره ، او را ستارهٔ تابانی در میان ثوابتِ [1] شگرف و بی پایانِ سپهرِ عظمت و جلالت ، و لنگرِ گرانی درمیان دریای ژرف و بیکرانِ رتق و فتقِ امورِ دولت میشمرد ، و التماس حمایت و جانبداری داشت * کاغذِ سیم بمعیر الممالک قریب بهمین مضمون * کاغذِ دیگر بزنش ؛ و دیگر [2] بلله پسرش ؛ و دیگر بناظرش بود * مضمونِ کاغذِ زنش ، بعد از پارهٔ تفصیل اندرونی ، اینکه " امیدوارم که در وجههٔ رخت و [3] پخت ، مانند ایامِ پیش ، افراط و اسراف ننموده باشی ؛ و کنیزان و غلامان را پرستاری نیکو کرده باشی : برای من رخت و لباس حاضر کن ، که سر تا پا برهنه ام ! " *

مضمونِ کاغذِ لله اینکه " انشاءُ الله در تربیتِ فرزندی نور چشمی دقت و بتعلیمِ نشست و برخاستِ با مردم مواظبت نموده [12] البتّه نماز و روزه را ترک نکرده است ؛ و تاکنون در سواری و [4] تیراندازی ، خاصّه در روی اسب ، ماهر شده است " *

مضمون کاغذ ناظر اینکه "در ترتیبِ و تنسیقِ امورِ خانه و خانه داری ، بیش از پیش ، بکوش * هر روز بخدمت [6] صدرِ اعظم رفته از جانبِ من در دامن - بوسی و چاپلوسی کوتاهی منما * بزنان و کنیزان متوجه شو [7] بسیار بحمّام نروند * در گردش و [8] تعزیه همراهشان باش : پیره زنان خاصّه [9] یهودیان را ، باندرون راه مده : در و دیوار اندرون را از شکاف و سوراخ محکم و معمور بدار ؛ زنهار تا از پشتِ بام با همسایگان گفتگو و مراوده نکنند * لا سیمّا [10] جوهرِ سیاه باندرون رفت و آمد بسیار نکند * اگر با کنیزی [11] محرمانه سخن گوید ، پدر هردو را باشلاق در آر * مژدگانی درستی بچاپار بده " *

[1] *Shigarf* "great, glorious."

[2] *Lala* "tutor."

[3] *Rakht u pakht* "clothes, dress": *pakht* is 'a meaningless appositive' (تابع مُهمل).

[4] *Tir-andāzi* "shooting with a *gun*" (not with bow and arrows).

[5] *Dar rū-yi asp* "on horse-back." Note that *namūda* refers to the tutor and *karda ast* to the son; misrelated participle.

[6] There is an *izafat* after *Ṣadar*. Possibly in Tehran, the Arabic (and not the Persian) construction is used and the *izafat* is omitted.

[7] *Ki* understood after *shau*. The omission of the conjunctions *ki* and *agar* is common in m.c.

[8] *Ta'ziya* = *rauẓa-khwāni* or *shabīh*: not confined to the month of Muharram.

[9] Jewesses sell needles, etc., and consequently have access to the women's apartments: they are therefore employed in intrigues.

[10] "Johar the 'black'" (slave).

[11] *Maḥramāna* "confidential, secret."

[12] "Misrelated participle"; note obscurity: *namūda* refers to the steward and *na-karda ast* to the son.

کاغذها را خواندم ، و باز پیچیده بچاپار دادم : بدستمال خود نهاد * از ذوقِ ایصالِ خبرِ سلامت ملک الشعراء و از گرفتن مژدگاني ، پایش بزمین [2] بند نبود * میگفت " که از ترسِ اینکه مبادا دیگری پیش دستي کند و پیش از من این خبر را برد ، روز و شب اسب تاختم : اسبم لنگ شد * این اسب را که سوارم از برزگري [6] بزور گرفتم ، و اسب خود بدو دادم تا از عقب بیاورد " *

پس ازین صحبتها ، بر روی چمنِ نرم ، از شدّتِ خستگي و کوفتگي بخوابِ گران رفت * در آنحال مرا بخیال آمد که " پیش دستي بدین چاپار دشوار نیستِ : از کار و بار ملک الشعراء سر رشتهٔ کامل دارم * اگر این مژده را من ببرم و مژدگاني را من بگیرم ، چه ضرر [3] دارد ؟ اگر اسبش را میگوئي ، اینقدر که چاپار حق سواری بر او دارد ، منهم دارم ؛ وانگی اسب او را از عقب مي‌آورند " * پس بی‌تأمّل ، دستمال - [4] کاغذ چاپار را کشوده کاغذِ ناظر را برداشتم ، و باسب بر زگر [6] سوار ، رکاب زنان از راهِ طهران ، تا او بیدار شود ، خیلي پیموده بودم *

با خود تدبیر کار را فکرِ کردم که " از چاپار یکروز پیشم * بعد از بیداری ، ناچار است قدري پیاده رود ، تا اسب پیدا کند : آنهم بکند یا نکند * در صورتِ پیدا کردن بدهند ، یا ندهند ؛ و چون پیاده است ، حکایتش را باور کنند یا نه کنند * پس بهتر این است که بمحضِ ورود بطهران ، اول ، اسب را بهر قیمت که بخرند ، بفروشم ؛ و لباس خود را بلباسِ [5] متعارف تبدیل کرده ببهانهٔ اینکه از سفر میآیم ، بدرِ خانهٔ ملک الشعراء روم ، و کارِ خود را هر طور از پیش برود ، به بینم " * باعتمادِ رابطهٔ ملک الشعراء و اطلاعِ از کار و بارِ او هیچ اشکالی در تدبیرم ندیدم *

1 *Mushdagānī* " money for good tidings."

2 ' He couldn't stand still.'

3 In m.c. a guest, asked if he will have any refreshment, often replies *ẓarar nadārad* = ' I don't mind if I do.'

4 *Dastmāl-kāghaz* (m.c.); no *izafat*.

5 " Ordinary, usual " : he was in the habit of a dervish.

6 *Barzgar* or *bazrgar*.

گفتار پانزدهم

ورودِ حاجي بابا بطهران و رفتن وی بخانۀ ملک الشعراء *

صبحِ [1] زودي از درِ دروازۀ [2] شاه عبدالعظیم داخل شدم ، و في‌الفور بمیدان اسب رفته ، اسبِ خود را بدلّال دادم * از تندي و تیزی او در راه معلومم شده بود که بد اسبی نیست ؛ امّا بروایتِ دلّال اینقدر عیب داشت که اگر بمفت میدادم ، باز خیلی اندوخته بودم • میگفت که " درآب - خسب و حرون [3] و تنگران و [4] تاپوغ زن ، سکندري خور ، و کج کول [5] ، وکاهل ، و کمراه و چپ [6] است ، و ابلق هم دارد ؛ دندانهایش را هم داغ کرده اند " * خلاصه بقول او هر صفتی که باید اسب نداشته باشد ، داشت ، [8] و بالعکس ؛ امّا چون با این صفات او را با زین و یراق پنج تومان

[1] "Very early."

[2] The railway now runs from this gate to the village of the same name about five miles off. This is the only railway in Persia.

[3] *Ḥarūn* "restive"; but in m.c. "hardmouthed, a puller."

[4] *Tāpūgh̲ zadan* "to brush." *Pā-māl* "brushing with the houghs" (of donkeys). *Tang-rān* seems to mean in m.c. *shalwār bāz nīst*, i.e., 'with the hind legs too close together.'

[5] *Sikandarī k̲h̲urdan* "to trip." *Kaj-kūl* (adj.) "boring": (*kūl* "shoulder").

[6] *Chap* "with the off fore white and both hind white."

Agar du pā-yash safīd u yak-ī dast-i rāst
Savārī bar ān asp kardan k̲h̲aṭā 'st.
Du pā-yash safīd u yak-ī dast-i chap
Sazāvār-i shāhān-i 'Alī nasab.

and

Du pā-yi safīd u yak-ī dast-i rāst
Ma-rau nizd-i ū kū nishān-i balā 'st

are common sayings.

[7] *Ablaq*: I do not understand the application of this word: possibly it is a copyist's error.

[8] *Vice versâ.*

بها سنجید، من متحیّر شدم * چون من بیدرنگ قبول کردم او متحیّر شد * نیمهٔ بهارا داد و برای نیمهٔ دیگر خری نیم مرده خواست بدهد * قبول نکردم و او قبول کرد که باقی نسیه بماند * چون فرصت چانه زدن و چند و چون نداشتم، بزودی سر[1] معامله را بهم بسته[2] و راه بازار گرفتم * کلاهِ[3] پاپاغی خریدم و تاجِ درویشی را در بغل نهفته بصورت مسافران بسراغ خانه ملک الشعراء رفتم *

خانهٔ ملک‌الشعراء دریکی از محلّاتِ پاکیزهٔ طهران بود ؛ اطرافش باغچه ؛ باغچهایش پُر از درخت سفیدار و انار ؛ رو برویش خیابانی با آبِ روان و درختانِ بزرگِ چنار : امّا از زبانِ حالِ خانه، غیبتِ صاحب‌خانه دانسته میشد * درِ خانه نیم‌باز و نا روفته و بی‌صدا : در باز،[4] آثارِ آبادانی کم ؛ و این معنی بامیدِ مژدگانی دلیلی ناخوش * ببالا خانهٔ سردر[5] رفتم * مردی پنجاه ساله دیدم بر روی نمد، قلیان بر دست ؛ بنظرم همانکه می جستم (یعنی ناظر) آمد *

بآوازِ بلند گفتم " مژده ! مژده ! خان می آید " *

ناظر گفت " یعنی چه ؟ چه میگوئی ؟ چه خان ؟ کی ؟ کُجا ؟ کو ؟ "

چون ماجرا بیان کردم و کاغذ را نشان دادم، با شادیِ دروغ، باندوهِ راستین فرو رفت *

ناظر :— " ترا بخدا ! راست است که خان زنده است ؟ "

من :— "بلی، و خیلی هم ؛ چنانچه فردا چاپارای دیگر با تفصیلی بیشتر از آنِ من، با عریضهٔ ازخان بپادشاه، با نامهٔ چند باعیانِ دولت میرسد " *

پس سراسیمه، دیوانه وار، بنا کرد بحرفهای پا در هوا[6] زدن که " عجیب و غریب ! خدایا، چه خاک بر سر کنم ؟ کجا بروم ؟ چه بکنم ؟ * "

همینکه سراسیمه‌گیش[7] اندکی فروکش کرد، خیلی کوشیدم تا بفهمم این خبرِ شادی، چرا سببِ اندوه او شد * اینقدر گفت که " همه کس را[8] اعتقاد این بود که

1 *Sar* = 'lid.'

2 This و is pleonastic.

3 In m.c. *pukh-pukh*, a large black lambskin hat, *barrel shaped*; worn by farrashes.

4 *Dar bāz* = 'when the door was opened.' Also there is an ellipsis of the word *khāna* before *nā-rūfta*.

5 *Sar-dar* is, I think, the garden gate or garden entrance.

6 *Ḥarf-hā-yi pā dar havā* (m.c.) "useless exclamations."

7 *Sarāsīmagī-yash.*

8 No *izafat* after *i'tiqād*.

خان مرده است : حتی زنش هم در خواب دیده بود که دندانِ [1] آسایش (همانکه همیشه درد میکرد) افتاده است ؛ * لهذا حکماً بایستی مرده باشد ، [1] که پادشاه نیز همین را گفته است * این که نمرده است ، نمیدانم چرا نمرده است " *

گفتم " خوب ! حالا که میگوئي حکماً باید مرده باشد و پادشاه نیز گفته است ، حکماً مرده باشد * امّا آنچه من میتوانم گفت این است که شش روز پیش ازین در استراباد زنده [2] بوده است * انشاء الله هفتهٔ دیگر با پای خود باثبات و اظهارِ حیات خواهد آمد " *

پس ، متحیّر و متفکّر ، آهي کشید که " هرگاه حالتِ واقعِ اینجا را [3] با یقینیِ مرگِ او بشنوی ، هر آئینه از مرا سیمگي من متحیّر نخواهي شد * اولاً پادشاه اموالِ او را ، از خانه و برگ [4] و ساز ، حتیِ اموال جاندار مانندِ کنیزانِ گُرجي به نرّه- خرِ[5] علی میرزای شاهزاده بخشید * ثانیاً دهش [6] مصادره شد و باعتمادُ الدوله رسید * ثالثاً منصبش بمیرزا فضولي وعده داده شد * [7] قوز بالای قوز اینکه زنش ، بعد از آن خواب ، للهٔ پسرش را شوهر کرد * حالا حقدارم که مرا سیمه شوم یا نه ؟ " *

گفتم " بلی ، تو حق داری ؛ امّا مژده‌گانیِ من کو؟ " *

گفت " امّا درین باب دستت از کیسهٔ من [8] بجائی بند نیست ، چرا که این خبرِ زندگي که تو آوردی برای من بدتر از خبرِ مرگست * وقتیکه مي آید ، بیا ؛ از خودش بگیر" *

پس بامیدِ اینکه وقتیکه میآید بیایم ، از خودش بگیرم ، ناظر را مشغول بفکر و حیرت خود گذاشتم ، و از خانه بیرون آمدم *

بیت

مشکي از اشک بدوش مژه دارم شب و روز .·. داده [9] عشق تو بمن منصـــب سقـــائي را

1 "Her back tooth, grinder." *Ki* "because."
2 Should be *bud*.
3 *Bā* = 'in consequence of.'
4 *Barg u sāz* "furniture and utensils."
5 *Narra khar* = "jackass."
6 *Muṣādara* "fining," here seems to mean 'confiscation.'
7 *Qūz-i bālā-yi qūz* 'to crown all"; *lit.* a hump upon a hump.
8 'Your hand is tied to nothing from my purse.'
9 *Mashki az ashk* is a mataphor for 'tearful eye'; '*ishq* is the subject to *dāda*.

گفتار شانزدهم

تدبیر وی باستقبال حال و دو چار شدنش بدعوا *

قرار بر آن دادم که منتظرِ ورودِ شاعر شوم و بهمّتِ [1] او کاری بدست آرم که با تقوی و پرهیزکاری لقمهٔ نانی بکفم آرم ؛ و بی آنکه حیل و دسایسِ آموخته را بکار برم ، به پیشرفتِ کار و بار خود پردازم ؛ چه از معاشرتِ بی [2] سر و پایان و زندگیِ عوامانه دلتنگ شده بودم * از امثال و اقرانِ خود، کسانی را در درجاتِ عالی و مناصبِ بزرگ میدیدم ، که من در نزدِ آنان مردی بودم ؛ و پیش از آنکه بهیچ منصبی برسم ، طرح صدارتِ عظمی [3] ریخته آنچه در وصول بآن پایه باید بکنم ، همه را ترتیب دادم *

باخود میگفتم که " خوب ؛ پیشخدمت باشی اسماعیل بگِ طلائی ، [4] با آن کذائی ، اول که بود ؟ مگر بجز یک فراشِ [5] شلخته بود ؟ نه از من [6] برازنده تر است ، و نه از من زبان آور تر * اگر بسواریش بنازد ، غالب آنست که مثل من آدمی در زیر دست ترکمان بار [7] آمده با او برابری میتواند[8] * معیرالممالک که صندوقهای پادشاه را از طلا می‌انبارد ، و ظاهر[9] از خود را هم خالی نمیگذارد ، چیست ؟ البته پسرِ دلاک بپای پسر بقّال میرسد : بلکه من بالنسبة [10] از و بهترم ، چرا که من نوشتن و خواندن میدانم و [11] سرکارِ تقلّب مدارِ ایشان (العهدة علی الراوي) هِرّ را از پِرّ [12] فرق نمیکند *

1 " Help."

2 *Bī sar u pā* " not respectable."

3 ' I laid (in my imagination) the foundation of the Prime Ministership.

4 *Bā ān kaẕā'i* " with his being so and so."

5 *Shalakhta* " a kick on the backside."

6 *Burāzanda tar* " superior."

7 *Bār āmada* " brought up."

8 Correct but in such sentences modern Persians incorrectly use the 1st Pers. (*mī-tavānam*).

9 *Ẓāhir* = ' as is evident ' : *az khud rā* = *az ān-i khudrā* " his own."

10 *Az* incorrect for *bi-*: a confusion of thought.

11 *Sarkār* = H. E.

12 *Hirr rā az pirr na-dānistan* = ' not to know anything; not to know the right hand from the left; not to know one's a—e from one's elbow.'

با وجودِ این ، هرچه دلش میخواهد میخورد و مینوشد ؛ و هر روز لباسی دیگر می پوشد * بعد از شاه کسی بقدرِ او زن خوشگل ندارد * نصفِ نقدِ هنر، و جنسِ خرد من ، در او نیست : و اگر بحرفِ این [1] و آن اعتماد بتوان ، نَه خر، بلکه خرِ با تشدید [2] است * "

غریقِ بحرِ این افکار ، و پُشت بدیوارِ ارگ ، چنان ذهنم باین بزرگیِ موهوم منصرف شد که بیکبار بی اختیار مردم را [3] تنه زنان و دور باش کنان براه افتادم ، چنانچه گُفتیِ مردم بواسطهٔ آن [4] داعیه های جنون آمیز بحرمتم ناچار بودند * یکی بحیرت مینگریست و دیگری فحشم میداد ؛ و یکی بچشمِ دیوانگی نگاهم میکرد * چون از آن بیخودی بخود آمدم ، رختهای خود را پارهٔ پاره دیدم و بحالت خود خنده ام گرفت * رو ببازارِ کهنه - فروشان رفتم تا لباسی نو کنم * گفتی در اولین قدمِ عمرِ [5] خویشم * ناگاه درمیانِ راه ازدحامی دیدم ؛ درمیانِ ازدحام سه تن بشدّتِ تمام بیکدیگر آویخته دشنام میدادند * صف تماشائیان را دریده بمیانِ ایشان خزیدم * چه دیدم ، منِ بخت کور ، که چاپار رو دست [6] زده ام با برزگر و دلّال در سر اسب و زین و براق نزاع میکنند *

برزگر : — " این اسب از من است " *

دلّال : — " همهٔ اینها از من است ؛ بکسی دخلی ندارد * "

دیدم که بسخت بلائی دو چار شدم : خواستم آهسته بجهم * ناگاه چشمِ دلّال بمن افتاد * پیرِشالم گرفت که " اینک فروشندهٔ اسب " * همینکه چاپار مرا دید همهٔ برق و بارانِ منازعه برفرقِ من ریخت ؛ و کم مانده بود که کلاهم [7] را بربایند * صدای ' راهزن و دزد و ناکس ' پردهٔ گوشم را درید *

این میگُفت " اسبم را بده " *

آن ، " زین و یراقم کُو ؟ "

1 *In u ān* 'this person and that.'

2 *Khar-i bā tashdīd* 'doubly an ass; an emphatic ass."

3 *Tana-zanān* 'shouldering off.'

4 "Pretentions."

5 In the English—"as the first step towards my change of life."

6 'Whom I had outwitted.'

7 'My *kulāh*,' i.e., 'all I had.' *Kulāh-i kas-i bardāshtan* (m.c.) also means, "to get the better of anyone; to come off best" (in an argument; in an agreement, etc.).

آن دیگری ، " پولم را پس بده " *

مردم همه " این پدر سوخته را ببرید یا بشرم یا بعرف " *

هرچه فریاد کردم و سوگند خُوردم و انکار نمودم ، فائده نکرد ؛ هرچه التماس کردم و روی ملایمت نمودم ، سودی نداد : در ده دقیقهٔ اوّل محال بود کسی گوش بحرفم دهد ؛ از هر[1] سری صدائی بر میخاست * [2] چاپارک خیلی داغِ دل داشت و حق هم داشت * برزگر میگفت " ظلمیکه بمن شده بهیچ کس نشده است ، " و راست میگفت * دلّال با هزار زبان دشنام میداد که " مرا فریفتی ؛ " امّا چندان حق نداشت * با اوّلی بنرمی و مدارا برخاستم ؛ و دوّمی را دلداری دادم ؛ و با سیّمی [3] مدّعی شدم * بچاپار گفتم " آغا جان ! دعوایِ تو سرِ چیست ؟ زین و یراق میخواهی ، اینک زین و یراقِ تو صحیح و سالم : نه کسی خورده ، و نه کسی برده ؛ بردار و برو " * برزگر را گفتم " بابا ! تو اسب را زنده جستهٔ ؛ باز شکر خدارا نمیکنی ؟ برو کلاهت را بهوا [4] بینداز که دستت بدمش رسید * این اسب تو ؛ بگیر و برو : صدایت در نیاید " * امّا با دلّال شروع کردم بمناقشه و منازعه ، که " تو چرا میخواستی مرا گول بزنی و خری نیم مرده بجای [5] نیم اسبِ زنده بمن بدهی ؟ اگر همهٔ پولِ اسب را داده بودی حقِ دعوی داشتی ؛ امّا حالا حقِ دعوا نداری " *

خواستم پولش را دهم ، نخواست ، که " از دیروز تاکنون خرجِ اسب را کشیده‌ام ؛ باید بدهی " * بنابر این ، دعوا رنگِ دیگر گرفت ؛ و برهانِ قاطعِ هیچیک را ، دیگری قبول [6] نمیکردیم * در آخر قرار دادیم بحضورِ داروغه رویم ، تا طیِ دعوا بر وفقِ قاعده شود *

داروغه درمیانِ چارسو در سکوئی نشسته ، و [7] چوبک داران بقصد جانِ مجرمان ، ترکهای بلند در دست ، مهیای چوبکاری ، در پیرامونش ایستاده [8] * با تظلّم تمام درِ دعوا کشودم ، و صورتِ واقعه را بیان کنان پای افشردم که " این دلّال میخواست

[1] *Har sar-ī* = 'each person; each mouth.'

[2] 'The poor *chāpār*': *dāgh-i dil* "rage."

[3] 'Quarrelled with.'

[4] A common m.c. expression, *i.e.*, 'to throw the hat into the air,' (from happiness).

[5] Because *half* the price of the horse had been paid in cash.

[6] Note concord: should be *nami-kard*: Anacoluthon.

[7] *Chūbak-dār* (in m.c. *shāgird chūbakī*), "armed with a little stick."

[8] Either *būdand* should be inserted here, or else *būd* should be inserted after *nishasta*.

مرا بفریبد ; و چشم بهشم بجاي اسب خر بمن بدهد : نیمهٔ پول را نداده باز میگوید ' اسب دزدیست ' و مخارج آنرا از من میخواهد " * دلّال میگفت " در صورتیکه اسب دزدي در آمده است ، اگرچه نیمهٔ پول را نداده‌ام ، امّا معامله باطل است * من چرا خرج اسبِ دزدي را کشیده باشم ؟ "

چون مسئله خیلي شاخ در شاخ بود اوقات داروغه تلخ شد و گفت " این عقده ها در شرع گشوده میشود " * ناگاه پیرِ[1] مردي سر از گوشهٔ برآورد که " گرهیکه از دست گشوده میشود چرا باید بدندان زحمتش داد[2] ؟ هر وقت دلّال نصفِ پولِ اسب را داد[3] ، حاجي هم مخارج اسب را میدهد " * حاضران[4] علي العمیا پسندیدند ، و صداي ' بارک‌الله ! بارک‌الله ' ! بلند شد * داروغه ، از طيِ دعوا خوشنود ، گفت " بروید ، صلح کنید " *

پس بچستي و چالاکي پولِ دلّال را دادم و قبض رسید گرفتم * آنوقت [5] یارو سر حساب شده که چه خبر است ، فکري کرد و بیمن اقبال از من کشیده ، [6] بداروغه بند کرد و گفت که " من این حساب را نفهمیدم : چه طور باید نصفِ پولِ اسب را بدهم تا او مخارجش را بدهد ؟ گورِ پدرِ این داروغه سگ بنشیند [7] که اینقدر کار را [8] زیر و رو میکند که آدم نمي‌فهمد چه گفت و چه شنیده * خیلي مردکهٔ احمقي است * این قدر که من طریقهٔ راستي و درستي را میدانم او [9] طریقهٔ عدل و داد نمیداند * "

1 *Pīr-i mard-ī*: in m.o. there is always an *izafat* after *pīr*.

2 A common saying.

3 *Har vaqt——dād* "when he shall have paid—."

4 "Blindly," *i.e.*, without reflection.

5 *Yārū* m.o. (for *yār*) somewhat corresponds to the Irish "boy."

6 *Bi-dārūgha band kard* "fastened on to the Darūgha."

7 In m.c. usually ——— *bi-rīyad*.

8 *Zīr u rū*, m.o. for *zīr u zabar* "upside down."

9 'He knows less of the administration of justice than I (a coper) do of honesty.'

گفتار هفدهم

رخت نو پوشیدن و بگرمابه رفتن و بشکلی دیگر پدیدار شدن حاجی بابا *

پس گریبان خودرا از دست بلائی که با دست خود تراشیده بودم خلاص کرده خود را تهنیت کنان ، از نو ، ببازار کهنه فروشان رفتم * در اولین دکان [1] جبّهٔ سرخ دیدم * بگمان آنکه باآن جبّه ، مانند صاحبانِ جبّه ، صاحبِ اعتبار میشوم ، پرسیدم که " این جبّه بچند ؟ "

دکان دار سرا پایم را نگریست و گفت " این جبّهٔ سرخ را میگوئی ؟ "

گفتم " بلی * "

گفت " برای که ؟ "

گفتم " برای خودم * "

گفت " بچند میخری ؟ ترا با این هیئت [2] جُل - انبار با این جبه چه کار ؟ این جبه مخصوصِ خوانین است * "

کم مانده بود برآشوبم ، و بسرِ و مغزِ کهنه فروش بر کوبم * ناگاه دلّالی با بقچهٔ لباسِ مستعمل بگذشت ؛ [3] برغمِ دکاندار اورا صدا زدم * پیش آمد * دکاندار از هرزگیِ [4] خویش‌اپشیمان ، هرچه صدا زد جواب ندادم * دلّال مرا بدالانِ

[1] Red *jubbas*, it is said, were worn as late as ten or twelve years ago.

[2] *Jul-ambār* " bundle of clothes, ragged."

[3] " To spite the shopman."

[4] *Harzagi* " absurdity ; indecency."

مسجدي برد و بقچه را بگشود : کلجهٔ [1] کمرچین سنجاب کشمیري دوگمه ، زر - اندود دیدم : خوشم آمد ؛ قیمتش پرسیدم * دلّال اوّل [2] سلیقهٔ مرا ، بعد ازآن فاخري لباس را بستود ؛ و قسم خورد که مالِ یکی از فرّاشان خاصهٔ شاهي است ، و بیش از یک دو بار نپوشیده است * چون در بر کردم ، فریاد کنان گرد سرم بر آمد که " [3] ماشاء الله برازندگي و خوش آیندگي لباس ! ' بگو ایشانِ گُل این رنگِ قبا میافتد " * نمیخواستم جلوهٔ اورا باطل کنم * شالي کشمیري نیز خواستم : شالي بیرون آورد ، با همهٔ رفو هزار سوراخ ؛ و بهزار و یک نام خدا قسم خورد که " مالِ یکی از بانوان حرمِ شاه است ، و از گراني بخت ارزان [9] میفروشد " * بغرورِ خریدنِ شالِ بانوی حرمِ شاه ، بقیمتي که بآن شالي نو کرماني میتوانستم خرید او را خریدم * پس خنجري باقي ماند ؛ [4] اورا هم دلّال تحصیل کرد [5] * چون بدان گونه مجلّل شدم بدلّال اظهارِ خرسندي مکمّلي کردم و دلّال هم قسم خورد که " امروزه در طهران [6] بیرازندگی تو نیست " *

چون بسرحساب آمدیم معامله رنگِ دیگر گرفت * دلّال قسم خورد که " من آدمِ درستیم و از آنان نیستم که صد بخواهم و پنجاه بگیرم [7] خدا یکیست و حرف یکی * برای لباس پنجتومان ؛ برای شال پانزده تومان ؛ و برای خنجر چهار : همه باهم بیست و چهار تومان * "

از استماعِ بیست و چهار تومان همهٔ حرارتِ خوشنودی فروکش کرد * خود را سرزنش کنان خواستم از خیالِ تغییر لباس بگذرم * شروع بکندن لباسها نمودم * دلّال دستم را گرفت که " چه میکني ؟ مگر گران بنظرت آمد ؟ خیر یک [8] غازش را نه بینم که آنچه گفتم سرمایه اش است * خوب ! میخواهي چند بدهي ؟ "

1 *Kamar-chīn* "pleated at the waist."

2 *Salīqa* "good taste."

3 When praising the beauty of a child or admiring a horse, etc., etc., a Persian says *mā shā' Allah* to avoid the evil eye. Should the phrase be omitted (such an omission may cause offence) the owner will probably enjoin the speaker to add it, saying '*mā shā' Allah bi-gū, bi-gū*.'

4 For *ān rā*.

5 "Procured."

6 *Ba* "equal to."

7 *Bi-giram*: should be *bi-girand*.

8 'May I never see the benefit of a single *ghāz*, if I have not asked you the stock price only.' A *ghāz* is five *dīnārs* (fifty *dīnars* = one *shāhī*; the *dīnār* is an infinitesimal and imaginary coin).

9 A good example of *Taẓādd u Ṭabāq* Antithesis.

گفتم "با آن قسمهای تو چه بگویم که خدارا خوش آید؟ خوب، پنج تومان میدهم." * دلّال با [1] استغنا قبول نکرد: من هم با استغنا لباسهارا واپس دادم *

چون بقچهٔ خود را بست و در ظاهر از کار گذشت، روی بمن آورد که "رفیق! من [2] از تو خوشم آمد * دلم میخواهد خدمتی بتو کنم که ببرادرم نمیکنم * هرچه بادا باد، ده تومان بده *" باز قبول نکردم * عاقبت با چانهٔ بسیار بشش تومان گذراندم که یک تومانش را برای خود قبائی بخرد * گفتار با کردار یکبار تمام شد *

و دامم کرد و من با خریدها در دستمال برای عوض کردن، بحمّام رفتم * در سر راه کفشی ساغری پاشنه-بلند هم با زیر-جامه و پیراهن قصب آبی [3] خریدم *

چون داخل حمّام شدم کسی بمن اعتنائی نکرد * گفتم "ای پدر سوختگان! بگذارید من از حمّام باآن رختهای نو بیرون آیم؛ بتملّق خواهید دوید *" [4] در حمّام کسی بکسی نبود، واز هر سری صدائی درمیآمد * من نگاهی به پهنیِ سینه و باریکیِ کمر کرده، بخود بالیدم که "باز آفرین بخودم! همه چیزم بجاست *" دلّاکی خواستم نوره و حنا و رنگ آورد * دست و پارا [5] حنا و زلف و ریش و سبیل را رنگ بستم * مُشت و مالِ کاملی کرد وکیسهٔ مکمّلی کشید * بهوای اینکه بعد از بیرون رفتن، رختم نو است، هر ریشخندی که کرد خود را مستحق آن شمردم؛ یعنی [6] بریشِ خود خریدم *

گفت "عجب ساعتِ مبارکی بحمّام آمدی؛ کسی از اصفهان خربزهٔ [7] گرگابی برای شاه آورده بوده است؛ شاه خلعتی باو داده است * منجّمان این ساعت را برای پوشیدنِ خلعتِ او اختیار کرده اند * خدمتش را من کردم: خیلی انعامم داد" *

1 'With independence.'

2 "I like you." Anacoluthon.

3 "Blue."

4 'No one was anything to another; all equal.' *Kas-ī dar k͟hiyāl-i kas-ī na-būd* (m.c.) = *kas-ī multafit-i kas-ī na-būd.*

5 *Ḥinnā'* (vulg. *ḥinā*) dyes the hair a fine chesnut or copper colour. *Rang* is generally applied to the indigo dye which mixed with *ḥinā* dyes the hair a blue-black. *Rang* however is used by people with grey hair.

6 *Bi-rīsh-i k͟hud k͟harīdan* (m.c.) "to take or to apply to oneself (of praise, abuse, etc.)

7 The village of Gurgāb is famous for its melons.

چون لُنگِ خشک آورد و بسر [1] بینه ام بُرد با چه لذّتي لباسهای خود را تماشا میکردم ! هرپارچهٔ که ازآن مي‌پوشیدم ، یکبار از سرِ نو جوان میشدم * هرگز لباسِ حریر نپوشیده بودم * زیر جامهٔ قصب را خیلي [2] متشخصانه پوشیدم ، وبهر طرف مینگریستم که به بینم صدای [3] خشخش ازآن میشنوند یا نه * کلاهِ قاجاري را [4] شکسته برروي گوش نهادم ، وشال را [5] جوزه - گره بستم و سرش را از پیش روی آویختم * چون خنجر را بکمر زدم ، دیدم راستي رختي به از رخت من ، و وضعي به از وضعِ من نیست * چون [6] دلاّک آئینه بدستم داد که " یعني پول باید داد " یکساعت تمام بریش و [7] زلفِ خود وررفتم * مُزد حمّام را [8] بدَک ندادم * پس لباسهای کهنه را بدلاّک سپردم :—

بیت

" خود زِ حمّام آمدم بیرون .·. بطریقیکه از خُم ، افلاطون * "

[1] *Bīna* = *jāma-kan* "the place in the *ḥammām* where the clothing is removed. *Am* = *mard*.

[2] 'With an air of distinction, importance.'

[3] *Frou frou.*

[4] *Shikasta* 'made a fashionable dent in it.'

[5] *Jauza-girih* is a special knot.

[6] In Persia it is the *jāma-dār* and not the *dallāk* who brings the glass. Tips are placed on the glass. (The translator made this translation when in Turkey). In Persia the *dallāk* is usually tipped after the *jāma-dār*, the tip being slipped into his hand. The fee for the bath is paid to the *ustād* or manager as the customer leaves, the fee being placed on the box at the door.

[7] 'Was lost in the reflection of my beard and curls.' *Man bi-sar u kalla-yi khud var raftam* (m.c.) "I studied myself in the glass": *var* = *bar* = *bālā*.

[8] *Badak* (dimin.): "not bad," *i.e.*, 'rather good.' *Litotes* or *Meiosis*.

گفتار هجدهم

ورودِ ملک الشعراء بطهران و چگونگیِ رفتار آن با حاجی بابا *

پس بدرِ خانهٔ ملک الشعراء رفتم تا به بینم چه خبر است * جمعی انبوه بر در خانه میگفتند که ملک الشعرا با نردبان از پشت بام بخانه رفت ؛ چرا که خبرِ مرگش رسیده بود و هر [1] کرا خبرِ مرگ برسد ، از در داخل شدن اورا نشاید *

مبارکباد قدومش گفتم : اوّلا نشاخت * چون خود را شناساندم ، باور نکرد که [2] کهنه - مرقعی مثلِ من شیرازهٔ نو پذیرفته باشد *

خانهٔ شاعر از چاپلوسان و خوشامد گویان پُر ؛ و از آنجمله میرزا [3] فضول بود که منصبش را باو وعده داده بودند * میگفت " جنابِ ملک الشعراء [4] جای شما خالی ؛ جای شما هزار مرتبه خالی ؛ چشمِ ما روشن * " ناگاه در بگشود ، و فرّاشی از جانب بادشاه بیامد که " بحضور باید رفت * " شاعر با همان لباسِ سفر چکمه درپا ، گرد آلود ، بحضور رفت *

حاضران از هم پاشیدند * من هم با نیّت مراجعت فردا ، بیرون آمدم * بناظرِ [5] معهود برخوردم : چندان بنظرم شاد دل و خرّم نیامد * گفتم " ترا بعدا ! دیدی که خان نمرده است ؟ "

آهی کشید که " راست میگفتی ؛ خدا عمرش بدهد * برای ماهم خدا بزرگست * " این بگفت و با دل پر درد برفت *

[1] *Har kirā* should be *as kar ki*.

[2] *Kuhna-muraqqi'-ī* "an old patched garment" (Haji Baba was in rags when with the Turkomans). *Muraqqi'* also means a portfolio. An example of the figure *Īhām* or *Taariya* a form of Syllepsis.

[3] *Fuẓūl* "meddling, officious; *also* a bore."

[4] *Jā-yi shumā khālī* (or *sabz*) *būd* "we missed you."

[5] *Ma'hūd* "known," *i.e.*, previously mentioned.

منهم باقي روز را پهنا و درازي كوچها را گز كنان ببازارها و مسجدها و بدرِ خانۀ كه دكّ تنبلان است رفتم * در درِ خانه ، سخنِ مراجعتِ شاعر و التفاتِ شاه در حقِ او بود * بنا بروايتي ، پادشاه باز باور نكرده بود كه او زنده است ، و گفته بود كه بايستي مرده باشد * بروايتي ديگر ، از ورودِ او خشنود ، ده تومان بقاصد مژده گاني داده بود * اما حقيقتِ [1] نفس الامر اينكه ، چون قضيۀ مراجعتِ شاعر با معاملاتِ سابقۀ پادشاه [2] مانعةالجمع بود از ين معني خوشي نداشت : امّا پادشاه بشعر و شاعري ميلي داشت و شاعر هم در ايام اسارت در ميانِ تركمانان ، با تفكر بسيار قصيدۀ بديهه در مدح شاه ساخته بمحض ورود خوانده بود * قضيه مانعةالخلو [3] شده ، پادشاه نتوانسته بود ازو در گذرد * پس امواجِ فيوضاتِ [4] نا متناهي حضرتِ پادشاهي بارِ ديگر بتلاطم و تهاجم روى نهاده ، دهانش را از زر و گوهر آگنده و دوشش را با يكدست خلعت فاخر آراسته پرتوِ التفات بمزرعِ خاطرِ عاطرش پراگنده باز بمسندِ اولينش بر نشانيده بود ; و مال و منال و اهل و عيالش را ردّ گردانيده *

در رفت و آمد كوتاهي نكرده هر روز پيش از آفتاب بخانه اش رفتم * از التفاتِ او در بارۀ خود ، گستاخي پيدا نموده از حالت خود اورا آگاهانيدم كه از روى بنده پروري مرا از سلكِ بندگانِ خود شمارد ، يا اينكه [5] در نزدِ يكي از دوستانِ خود بر سر كاري گذارد * سبب نوميدي ناظر را از خواجه اش دريافتم ، كه از ترسِ بروز پارۀ خيانتهاى او بوده است * باميد [6] جاگيريِ ناظر ، در نزدِ شاعر خيلي كوشيدم ; و از گوشه و كنار هر گونه رشتۀ بدست آورده در سخن چيني و كوك و كلك دريغ نكردم ، امّا سودي نبخشيد * نميدانم چرا شاعر نميتوانست ازو در گذرد : يا سرّي در ميان بود ، و يا عادتِ بزرگان اينكه ايشان مردم را آتش زنند ، و يكى در خانۀ ايشان باشد كه ايشان را آتش زند * ناظر بجاى خود بر سرِ كار مانده ، و من با بي التفاتيِ [7] او بچاپلوسي ناچار ماندم ، تا اينكه روزي ملك الشعرا مرا پيش خواند كه " حاجي ،

[1] *Nafs*^{u} *'l-amr* 'the essence or pith of anything.'

[2] *Mānīʿat*^{u} *'l-jamʿ* = *ẓidd-i yak dīgar.*

[3] *Mānīʿat*^{u} *'l-khulv* "could not be hidden."

[4] Or *muntahā-yi?*

[5] *Nazd-i yak-ī* (not *nazdīkī*).

[6] *Jā-gīrī* "obtaining the place, situation." *Jā-gīr*, in India, generally means a grant of land as a reward for services or in fee, etc.

[7] *Ū* refers to the poet.

رفیق ! میدانی که من رهینِ جوانمردی تو ام ، و میخواهم شکرانهٔ آنرا بجای آرم * دربارهٔ تو سفارشِ بلیغی بحکیم باشیِ شاه ، میرزا احمق ، نمودم که آدمی لازم داشت * اگر از تو خشنود شود هنرِ خود را بتو بیاموزد ، که راه مداخلی برایت خواهد شد * برو و همین قدر بگو که ' از جانبِ فلانی امده‌ام ' : دیگر کار مدار " *

من بعد از شنیدنِ حکایتِ درویش درحق طبیب ، طبابت را استحقار می نمودم ؛ امّا در آنحال حالتِ ردّ این تکلیف را نداشتم ، چه [1] کیسه ته کشیده بود ، و دیناری نمانده * بنابرین روزِ دیگر باصدادان بخانهٔ حکیم باشی رفتم * خانه‌اش در نزدیکی ارگ ، دالانش تاریک و دراز و نروفته * درمیانِ حیاط بیمارانِ بسیار ، پارهٔ تکیه بدیوار نشسته ، و پارهٔ سر بدوش تیماردار ایستاده : نسخه و قاروره در دست منتظر [2] جمالِ حکیم باشی بودند ، تا از اندرون در آید * بعد از مدّتی بیرون آمد ، و بدم [3] اُرُسی که تنها [4] محرمان بدآنجا راه داشتند ، بنشست * پیش رفتم ؛ از آنجا بدرونم خواندند * در اطاق حکیم باشی چند احاشیه نشین [5] بود ، چه در ایران هرکس در سرکاری است باندازهٔ خود چاپلوس دارد * از اقوال و افعالِ ایشان معلومم شد که برای پیشرفت کار بهرچیزِ اهلِ مناصب ، حتّی بسگان و گربگانِ ایشان هم ، چه قدر باید ملتفت و متملق شد * باخود حساب کردم که " تامن بدان پایه رسم و دنیاداری بیاموزم خیلی طول دارد " * از توجّه و چشم دوزیِ ایشان ، حکیم باشی را بشناختم *

در پهلویِ [6] دست اندازِ اُرُسی نشسته ، مردی بود کوژ پشت ، رخساره برآمده ، چشمان بگود [7] فرو رفته ، کوسه ریش ، چانه در پیش ، سر بقفا : و دستها از دو طرف بر کمر ، دو مثلّث مرتسم میکرد ، که زاویهٔ قائمه‌اش [8] آرنجش بود * سئوالاتش مختصر و با ترشی ، و جوابهایش با [9] تنَخْنُخ و آهسته * چنان می نمود که

1 *Kisa tah kashīd* "my purse is empty" (a common m.c. expression).

2 *Jamāl* "beauty"; here used satirically.

3 *Urusī* is a large window opening nearly down to the ground: it has stained glasses in sashes.

4 "Intimates" (friends or special servants).

5 *Ḥāshiya-nishīn* "sitting on the edge of an assembly" = *khush-āmad-gū*. *Būd* should be *būdand*.

6 *Dast andāz* is the window ledge just high enough from the ground to support the elbow of a person seated on the floor.

7 *Chashm bi-gaud farū rafta* "eyes sunk in."

8 *Āranj* elbow.

9 *Tanakhnukh* "clearing the throat, hawking." *Āhista*, Enallagé.

ذهنش بهمه چیز مشغول بود مگر بحالت حاضران ، که ' خبر نداشت ازیشان
که در جهان هستند ' * بعد از آنکه قدري از حالت بیماران پرسید و مختصري
با [1] حلقه - گیان خود گفت و شنید کرد ، نوبت بمن رسید * چون معلوم شد که
فرستادهٔ ملک الشعرایم ، باري دو ، با آن چشمان کوچک ، با نگاهي تیزم بنواخت ،
و گفت " باش ؛ با تو حرفي دارم " * پس از اندکي برخاست و مرا بخلوتي
[2] کوچک سه سوي بستهٔ درش بسوی حرم کشوده بخواست *

[1] "Those around him."

[2] *Bi-khilvat-ī kūchak-i si-sūy-basta-yi-dar-ash-bi-sū-yi-ḥaram-gushūda* : from *kūchak* to the end is one long compound adjective; or a comma could be inserted after *kūchak*, the compounds following being treated as compound adjectives in apposition.

گفتارِ نوزدهم

درآمدنِ حاجي بابا بخدمتِ حکيم و اولين کاريکه حکيم وي را برآن داشت *

چون حکيم مرا بديد، بدرون خواند، و امر بنشستن فرمود * با تواضع تمام بنشستم * از سفارشِ شاعر و [1] ستايشِ او مرا بتدبير و هوشياري و جهانديدگي و رازداري و کارداني و کار گذاري، سخن کشود * منهم، دست بسينه، دو زانو نشسته، ديده بر او دوختم * عاقبت گفت " بنا بسفارشِ ملک الشعراء ترا بخدمتِ خود قبول ميکنم * اگر کار باميد من بر آيد، توهم از خاک بر داشته ميشوي: و اگر حقِ خدمت تو نشناسم، نمک نشناسم * "

پس پيش بخواند، و مانند کسيکه از مستمعين محترز باشد، نگاهي بدينسوي و آنسوي انداخته با آوازي آهسته [5] و محرمانه گفت " حاجي! ميداني که اين روزها از فرنگستان ايلچي بايران آمده است و حکيمي بهمراه اوست * اين کافر درين شهر بشهرت و بنامبرداري بنا کرده است بيماران را بطرزي خاص [2] تداوي ميکند * [3] يکصندوق دوا و درمان، که ما هيچ اسمشان را نميدانيم، بهمراه آورده است * آدمهاي چند ميکند که تاحال کسي در ايران نديده و نشنيده است * بخلاف راى جالينوس و بو علي، حرارت و برودت و رطوبت و يبوست را، نه در امزجه قبول دارد، و نه در ادويه * جيوه را بعنوانِ مبرّد بکار ميبرد * در استسقاى [4] طبلي

[1] There appears to be some omission here: *marā* seems to be the object of the verbal *noun sitāyish*.

[2] *Tadāvī* "preparing medicines; healing." The Present Tense after *binā' karda ast* appears to be a mistake.

[3] *Ṣandūq davā*; no *izafat*.

[4] *Ḥakīms* distinguish two kinds of dropsy, one *ṭablī* and the other *ziqqī*.

[5] *Āhista*: Enallagé.

و زقّيِ شکم را دریده اخراجِ [1] میاه و ریاح میکند * از همه بدتر با غُدّه [2] که از جگرِ گاو مي‌گیرند، آبله میکوبد که ' این از مخترعاتِ یکی از حکمای ماست ' * حاجي ! میداني که آبله ، یعني پیوندِ هیچ آدم با گاو پیوند میشود ؟ ما سالها از پهلوی [3] آبله نان میخوریم * این مردِ کافر [4] بهمینکه فرنگي است ، مارا بجای خر میگذارد ؛ و نان را میخواهد از حلقِ ما ببرد * اینها بر کنار ؛ اصلِ کاریکه در آن همت تو لازم است ، این است ، که میگویم : چند روز پیش ازین معتمد الدوله خیار و [5] سکنجبینِ بسیار و کاهو و [6] سرکه - شیرهٔ فراواني خورده بود ، و نا خوشيِ غریبی گرفته * ایلچی در وقت خوردنِ آنها حاضر بوده است ، و دانسته است و گفته است ، که نا خوش خواهد شد * ایلچی بمحضِ شنیدنِ نا خوشي او حکیمش را بمعالجهٔ او فرستاد * درمیانهٔ ایلچي و معتمدالدوله اینروزها شکر آبي بود چرا که ایلچي در رواجِ تجارت و گشودنِ مدارس و مکاتب در ایران اصرار داشت و معتمدالدوله میگفت که " این کارها مصلحت دولت نیست " * ببهانهٔ اینکه شاید قبولِ حکیمِ ایلچي رفعِ شرّ آنرا از سر ایرانیان میکند حکیم را قبول کرد * اگر آنوقت از ینمعنی خبردار شده بودم ، یک کوک و کلکي میکردم [7] که رائي معتمد را بزنم : امّا حکیم فرصت بتدبیرِ من نداده بزودي بمعالجه پرداخت * دوایش از قراریکه شنیدم عبارت بوده است از حَبّی سفید و بیمزه ؛ ولي تأثیرش از قبیل معجزه * در مزاجِ معتمدالدوله طوفان کرده است * معتمدالدوله ، که از قولنج و سُدّه ، کم مانده بود که کارش ساخته شود ، از تأثیرِ آن حَبّ حیاتي تازه یافت ، بنوعیکه شب و روز حرفِ تأثیرِ حَبّ از دهانش نمیافتد * میگوید ' گُویا این حبّ ، از تارکِ سر تا نوکِ پا ، در عروق و اعصاب و [8] احشا و امعایم ، هرچه اخلاط و فضلات

1 *Miyāh* (pl. of mā') "waters": *riyāḥ* (pl. of *rīḥ*) "winds."

2 *Ghudda Ar.* (in India *ghadūd*) is usually applied to a gland in the neck of sheep, etc.: it is supposed to have medicinal properties: *also*, any substance, hard and round, like a *ghadūd*.

3 *Ābila* (vulg. *aula*) "a blister; the small-pox": *ābila kūftan* "to inoculate." *Chichak* is obsolete.

4 *Bi-hamīn ki* "because."

5 *Sikanjabīn* is a delicious Persian sherbet, something like raspberry vinegar but made of ordinary vinegar and white sugar, with a slight flavouring of mint.

6 *Sirka-shīra* vinegar and grape juice, in which the lettuce (*kāhū*) is dipped before being conveyed to the mouth. Note the Plup., in a condition, followed by the Imp.

7 'Make him change his mind; divert him from his intention.'

8 *Aḥshā'* (pl. of *ḥashā'*) "the contents of the belly, bowels, etc.": *am'ā* (pl. of *mi'ā* معاء and معی) "intestines, guts."

بود ، همه را بیرون ریخت ؛ و در خُود اکنون نیروی جوانی درمی یابم ، و کم مانده
بعدد زوجات بیا فزایم ' * بدبختی ما منحصر بتأثیر این حَبّ نیست * شهرت
حکیم بدربارِ شاهی پیچیده است ، و رازِ تأثیرِ حَبّ نُقلِ مجالس و محافلِ بزرگان
گردیده * امروز ، همهٔ روز ، در حضور ، سخنِ حَبّ میرفت * قبلهٔ عالم بمعتمدالدوله
امر فرمودند که ' آنچه ازآن حبّ مشاهده نمودی باز گوی که ' هُوَ المسکُ ما کرّرتَه
[1] یتضوّع ' * معتمدالدوله بلند بلند تعریف حبّ را میکرد ، و مردُم آهسته[7]
آهسته تعریف حکیم را میکردند ؛ و من دردل بهمه دشنام میدادم * پس قبلهٔ عالم
روی بمن آورد ، که ' حکیم باشی ! سببی باین کوچکی را مُسبّبی بدان بزرگی
چگونه میشود ؟ ' من سرفرود آوردم که ' قبلهٔ عالم بسلامت ! من هنوز دولی
آن کافر را ندیده‌ام ؛ همین که به بینم ، عرض میکنم ، که عبارت از چیست :
ولی ندیده میتوانم گفت که تأثیرِ آن باید از اعمالِ ارواحِ خبیثه باشد * چون ارواح
خبیثه دشمنِ حقّند ، آلتِ دستِ مردمانِ ناحق میشوند * معلوم میشود که یکی
از آنان در فرمانِ این کافر است که پیغمبر مارا مزوّر و افسونکار میداند ،
و قضا و قدر را انکار میکند ' *

" پس ازین سخنان ، بفکرِ برهمزدنِ اوضاعِ شهرتِ حکیم افتادم * اکنون
میاندیشم که چگونه باید بر اسرار این کافرِ نابکار ، علی الخصوص بنسخهٔ این حَبّ
معجزه آثار ، اطلاع بهمرسانید * تو [2] سخت بجا ، بچنگم افتادی ؛ روز مردانگیست ؛
باید بی فوتِ وقت ، با او ، طرحِ آشنائی اندازی * بنازم [3] [4] اگر چمش را بگیری
و هذرش را بیا موزی * امّا چون نیت آن دارم که همان حبّ را ، که بمعتمدالدوله
داده است ، بعینه بچنگ آرم ، و فردا صبح تفصیلی در آن باب بخاکپای شهریاری
عرضه دارم ، تو باید ، از همین حالا ، دست بکار شوی * ابتدای کار را از خیار و کاهو
میکنی ، بنوعیکه مقداری [5] مُفرط خیار و کاهو میخوری ؛ و خود را با ناخوشیِ
معتمدالدوله ناخوش میسازی * آنگاه پیش [6] حکیم فرنگی میروی و میگوئی

[1] Lit. 'that is musk which the more you stir it up, the more it diffuses odour.'

[2] *Sakht bi-jā* "just in the nick of time."

[3] From *nāzīdan*: there seems to be a copyist's omission, or else the sentence is too elliptical.

[4] *Agar cham-i ūrā bi-gīrī* "if you get at him": *cham-i ūrā bi-bīn* "see which way the wind blows; what his inclination or intention is"; (a would-be buyer of a horse might say this to a friend whom he asked to 'feel the way' for him and see what sum the seller would really accept).

[5] No *izafat* after *mufriṭ*.

[6] *Ḥakīm-Frangī*; in m.c. no *izafat*.

[7] A ill-constructed antithesis: *past* is the antonym of *buland*.

' من با ناخوشي معتمدالدوله نا خوشم ' * حکیم نیز همان حَبّ را که بمعتمدالدوله داده است ، بتو میدهد ؛ و تو آنرا بمن میدهی ، و من بشاه میدهم * ".

ازین تکلیف هراسان گفتم " حکیمباشي ! چطور میتوانم بنزد آدم ناشناسا بدان تفصیل بروم ؟ وانگهی از فرنگیان چیزهای عجیب و غریب نقل میکنند ؛ و مرا از کردار و حرکاتِ ایشان هیچ سررشتهٔ نیست * پس ، ترا بخدا ! اولاً سررشته و دستورالعملي بمن بده ، تا حقیقتِ حالِ او را بدانم ؛ و بدانم که با او چگونه باید رفتار کرد " *

میرزا احمق گفت " قاعدهٔ کلیه دربن باب این است . که رفتار و کردارِ فرنگان طابق [1] النّعل بالنعل با رفتار و کردارِ ما مخالفست * من بعضی را میگویم ؛ تو پارهٔ [6] را بر آن حمل و قیاس کن * فرنگان بجای اینکه موی سر را بتراشند و ریش را بگذارند ، ریش را میتراشند ؛ این است که در چانه مو ندارند ؛ و سرشان چنان از مو انبوه است که گویا نذر کرده‌اند دست بآن نزنند * فرنگان برروی [2] چوب مي نشینند ، و ما برروی زمین مي نشینیم * فرنگان با کارد و چنگال غذا میخورند ؛ وما با دست و پنجه میخوریم * آنان همیشه متحرکند ؛ و ما همیشه ساکنیم * آنان لباس تنگ می پوشند ؛ و ما لباس فراخ می پوشیم * آنان ، از چپ براست مي نویسند ؛ و ما از راست بچپ مي نویسیم * آنان نماز نمیگذارند ؛ وما روزی پنج وقت نماز می کنیم * در ما اختیار با مرد است ؛ در ایشان اختیار بازن * زنانِ ما راست [3] باسب سوار میشوند ؛ زنانِ آنان [4] یکوري * ما نشسته قضاي حاجت می کنیم ؛ ایشان ایستاده مي کنند * ایشان شرابرا حلال میدانند ، و کم میخورند ؛ و ما حرام میدانیم ، و بسیار میخوریم * امّا آنچه مُسلّم و جای انکار نیست ، اینست ، که فرنگان نجس ترینِ و کثیف ترینِ اهل روی [5] زمینند ، چرا که همه چیز را حلال میدانند و همه جور حیوانرا میخورند ؛ حتی خوک و سنگ.

1 'Placing footprint on footprint; exactly': *na'l* is a man's shoe (not a horse's).

2 *Chūb.* In original "little platforms." The modern Persian word for chair is *ṣandalī*.

3 *Rāst* "straight," *i.e.*, cross-legged like men.

4 *Yak-vari* or *yak-bari* "on one side."

5 Persians cannot understand how an Englishman can write such remarks about his own countrymen, even though the words are supposed to be spoken by a Persian. Whatever modern Persians in a fit of petulance may *say*, they have at heart a certain admiration for Europeans: to style anyone, man or woman, *Farangī-ma-āb* is a genuine compliment.

6 or *hama?*

پشت و قور باغه را میخورند ، بی آنکه دلشان برهم خورد . مرده را با دست تشریح میکنند ، بی آنکه بعد از آن [1] غسلِ میّت بجا آرند . نه غسلِ [2] جنابت دارند و نه تیمّم بدل از غُسل ".

حاجی :— " حکیمباشی ! راست است که اگر کسی بحرفشان اعتماد نکند و آنان را [3] دروغزن گوید ، تا بپای مرگ میایستند و با آدم می جنگند ؟ "

حکیم :— " آری گویند مردمان ، و مرا [4] استوار نیست ، چرا که ندیده ام . امّا از یک چیز بر حذر باید بود ؛ اگر یک فرنگی را از یک چیز تو خوشش آید ، زنهار نگوئی که ' [6] پیش - کش است ' یا ' بشما تعلق دارد ' که [5] باختهٔ ؛ گفتن تو همان و بردن مردکه همان ؛ با اینکه قول تو بیجاست ، فعل او بجا خواهد بود . ولی باید با ایشان قول و فعلِ شخص مطابق باشد ، چرا که ایشان این طور خوش دارند . "

حاجی :— " با این حال چگونه ممکن است مرا با آن دروغ [7] علانیه بپذیرد ؟ خود را با تندرستی بیمار بگویم ؟ دوائی که از بهر دیگری است برای خود بگیرم ؟ "

حکیم :— " نه ، نه ؛ [8] تاویل این درست خواهد شد ؛ همینقدر کاهو و خیار را بافراط بخور ؛ اگر نا خوش نشدی ، بپای من ؛ آنوقت دروغ تو عین راست خواهد شد . " پس دست بگردنم در آورد که " حاجی ! قربانتم ؛

1 Muslims must perform the *ghusl-i maiyit* after touching a dead body, *i.e.*, they must wash the whole of their body. Zardushtis wash the whole body after even looking on the face of a corpse.

2 *Janābat* is ceremonial impurity (usually after a special action): *tayammum* is performing the ablution (*wazū'*, in P. *vuzū'*) with sand when water cannot be obtained.

3 It is no insult to tell a Persian he is a liar: a Persian says *ū durūgh mī-gūyad* where an Englishman says, "I dont think that can be quite the case."

4 'So people say—but I'm not quite certain.' The story is too wonderful for him to believe it.

5 *Ki* = "because if you do."

6 If you admire anything belonging to a Persian he at once says '*pish-kash*' 'it is a present,' but you are not supposed to take him at his word. When a Governor admires a thing it means that he intends to take it by hook or by crook.

7 "Evident."

8 "Interpretation," (*i.e.*, you are to interpret my words literally and be really ill).

برو ، خیار و کاهو را همین حالا بخور و خیلي بخور و امشب حبها را بیاور ؛ مبادا ناداني یا خلاف کني ، دیر بخوري ، کم بخوري ، که حبّ نیاوري ” * بعد ازین سخنان با نزاکت تمام مرا از اُطاق بیرون انداخت * من نیز بي آنکه بدانم باین صورتِ کارِ تازه باید بخندم یا بگریم ، راه پیش گرفتم * [1] مُزد طي ناکرده خود را ناخوشِ کردن کارِ عاقل ندیدم * بر گشتم تا با او مقاوله کنم : بحرم رفته بود *

[1] *Muzd ṭay nā-karda* “the reward not settled.”

گفتار بیستم

در فریفتن حاجي بابا دو حکیم را و از یکی حَبّی و از دیگری دیناري گرفتن ٭

ناچار بي مقاوله رفتم ٭ برای دلخوشيِ حکیم ، بفکرِ سُراغِ خانهٔ ایلچي افتادم ، باین قصد که تا بدآنجا رسم خود را ناخوش سازم ٭ امّا بعد از تأمّل بسیار دیدم که شکم - درد خریدن چندان آسان نیست ٭ با خود اندیشیدم که " اگرچه وزیر خیار و کاهو هضم نتوانه کرد ، از کجا که معدهٔ من هم مثلِ معدهٔ او باشد ؟ احتمالِ عدمِ هضم از صد یکیست ٭ پس بهتر آنست با نا درستي حیلهٔ درستي بکار برم ٭ اگر تمارض کنم ، شاید حکیم دریابد و مرا بنامِ [1] چاپ زن و قلّاش از خانهٔ خود براند ٭ بهتر آنست که خود را از عملهٔ خلوتِ شاهي قرار دهم و بدان فسون بکامِ دل برسم ٭ " نخست ببازارِ کهنه - فروشان رفتم [2] و جُبّه و قبائي که خاصّ میرزایان است کرایه نموده در بر کردم ٭

آنگاه دستورالعملهاي حکیم همه در پیشِ نظر ، با ترس و بیم ، در خانهٔ ایلچي و بمنزل حیکم رفتم ٭ [3] راه و نیمه راه از زنانِ فقیر ، که بچّگان در بغل برای آبله کوبی بمنزل حکیم مي رفتند ، پُر بود : علی‌الخصوص بیماران تهي دست ، که با دستِ خالي پیش حکیمان ایران نمیتوانستند [4] سبز شد ، درِ خانهٔ حکیم را فرو گرفته بودند ٭

1 *Chāp-zan* "cheat" : *qallāsh* "cunning," etc.

2 *Jubba* "a long Mirza's cloak" : *qabā'* an under-coat, worn now under the *sardārī* or "pleated Napoleonic frock coat."

3 *Az rāh u nīm rāh* (m.c.) "here and there on the way ; in different streets.

4 *Sabz shudan* "to appear, show up."

حکیم بر سر کرسی ، در پشت [1] چار پایهٔ بلند از چوب ، نشسته بود ؛ و در پیش او [2] قوطیها و کاسه و کوزها و کتابها و انواعِ آلات و ادوات ، که نمیدانم بچه کار میخورد ، چیده * لباسش غریب ترین و مضحکترینِ البسه که در عمر خود دیده ام * زنخدانش نمیدانم از تیغ تراشیده یا نوره کشیده ، چنانچه بخواجگان می ماند * از بی اعتنائی سرش برهنه * در گرد گردن ، [3] خالته وار ، دستمالی با جوز گرههای چم اندر چم بسته * گوشهٔ گریبانِ پیراهنش ، از دو سوی عذارش ، مانند آنکه زخمی یا لکهٔ را میخواهد پنهان دارد ، ببالا بر آمده * لباسش چنان تنگ که گفتی [4] با سیرشم بیدنش چسپانیده اند * دامان کُلیجه اش تیز و تند ، مثلِ دُمِ پرستو * شلوارش چنان بی معنی و بد نما که ساترِ عورت نه ، کاشفِ عورت بود : گویا ماهوت در ولایت [5] ایشان بسیار گرانست * در اطاق هم ، از شدّت بی مبالاتی ، با چکمه راه روان قالیها را میسود و میفرسود ؛ و این عادت بنظر من خیلی گستاخی و نا مردمی نمود *

نمیدانم از کجا با زبانِ ما حرف میزد * هنوز احوالم را نپرسیده گفت " امروز هوا بسیار خوب است ؛ " و چون در حقیقت هوا بسیار خوب بود ، نتوانستم جواب بدهم ، و نه جرأت کردم اعتراض بکنم * پس فکر کردم که باید با او حرفهای خوش آینده گفت : با کمالِ چاپلوسی گفتم " حکیم صاحب ! ماشاء الله تو در ایران شهرت و شأنِ عظیمی پیدا فرمودهٔ : با وجودِ تو کسی لقمانرا بچیزی ، و بقراط را به پشیزی نمیشمارد * حکیمان معاصرت قابلِ برداشتنِ دستهٔ هاون و پاک کردن شیشهٔ [6] اماله ات نیستند * حکیم فرنگی هیچ جواب نداد و نمیدانم چرا نداد * بعد ازآن گفتم که " اعلا حضرتِ شهریاری همینکه تأثیرِ دوای سرکار را در مزاج معتمد الدوله شنید ، بوقایع نویسان امر فرمود تا آنرا در صحایف تواریخ درج سازند ؛ و در حرمسرای پادشاهی این امر موجب حیرت [7] و هیجان گردید * جمعی از بانوان حرم باشتیاقِ دیدارِ حکیم نا خوش شده اند * یکی از کنیزان

[1] *Chār-pāya* probably means "a table."

[2] *Qūṭī* "box" (gen. of tin).

[3] In original "like a bandage." I do not know what خالته وار means. The usual word for a bandage is *takhta-band* (sp. for the bandage that binds a splinter on to a broken bone).

[4] "Glue".

[5] *Ishān* "they" *i.e.* "the Franks": substitute *ū*: *pros to semainomeno = non.*

[6] *Imāla* "enema": (*āb-duzdak* "syringe").

[7] *Hayajān* "being raised (of dust); ebulition."

خانمه اکنون در [1] بستر بیماریست * [2] آقا مبارک ، بزرگِ خواجه سرایان ، مرا با حکیمِ شاهي فرستاده است تا دوائي بعینه مثلِ همان که بمعتمدالدوله داده بودید بگیرم و بزودي ببرم " *

حکیم (بعد از تأمّل) :— " عادتِ من این نیست که بیمار را ندیده دارو بدهم چرا که میشود ضررش بیش از فائده شود * اگر بدانم کنیزک را داروی من در واقع [3] نا گزیر است اورا مي بینم " *

حاجي :— " از دیدنِ کنیزک بگذرید که کاري بس دشوار است * در ایران دیدنِ زنان ، مختصِ شوهرانِ ایشان است ، مگر اینکه کار خیلي تنگ شود ; آنوقت حکیم اذنِ گرفتنِ نبضِ آنرا دارد : آنهم از روي [4] چادر " *

حکیم :— " برای تشخیصِ مرض نبض گرفتن تنها نیست ، باید زبانِ بیمار را هم دید " *

حاجي :— " دیدنِ زبان درینجا خیلي تازگي دارد ; صحه ناخوش است بزبان چه ؟ * البته در حرم سرای شاهي این عمل هرگز بشما میّسر نخواهد شد حتی اگر بیمار یک خواجه سرا هم باشد ، زبان بریدن را بنشاندادن [5] آن بفرنگي ترجیح میدهند " *

حکیم :— " بسیار خوب ; امّا در نظر داشته باش که اگر من دوا را بدهم ، بعد از آن بر من [6] حرجي نیست : شاید بجای شفا دادن ، بکُشد " *

بسیار کوشیدیم تا خاطر نشانِ وی نمودم که در آن باب چیزی بر آن وارد نمیآید * پس صندوقي بزرگ ، بقدر یک دکانِ عطّاری ، پُر از ادویه بکشود ; و خیلی خیلی کم ، گردي سفید برداشت و با مغزنانِ گرد ساخت ، و بکاغذی پیچیده با طریقهٔ استعمالِ آن بمن داد * چون دیدم که هنرش از قبیلِ اسرار نیست گفتم " حکیم صاحب ، ترا بخدا ! این چه جور دواست و خاصّیت و طبیعتش چیست " ؟

1 " Confined to bed."

2 *Āghā* sometimes means 'a eunuch.' *Mubārak* is probably the eunuch's name. The head eunuch is *khwāja-bāshī*.

3 'Necessary.'

4 'From outside her *chādar*' (so as not to touch her skin).

5 The Translator has here mistaken the meaning of the English. *Mi-dihand* for passive.

6 *Ḥaraj* " fault, crime ; in India gen. " harm, inconvenience."

حکیم ، نه بطریقِ حکیمانِ ایران با عبارتِ غلیظ و اصطلاحاتِ اساتیدِ خود ، بقراط ، و جالینوس ، و بو علی سینا ، بلکه با کمالِ سادگي بی مضائقه جوابم داد *

همینکه مطلوبِ حکیم باشي بچنگم آمد ، برخاستم ؛ و شادمانه بیرون آمدم ، تا او را بیش از آن منتظر نگذارم * نخست لباسِ عاریتي را بر انداختم و لباسِ اصلی را باز در بر کردم ؛ و بقولنج سازی و مریض بازي حاضر شدم ، چه میخواستم مقدار خدمتِ خودرا بحکیم بفهمانم ، و حالي کنم که خیار و کاهو خیلی اثر کرده است * در حضورِ حکیم ، در هر کلمه ، چین وابرو و [1] شکنِ رخسار با پیچ و تاب اظهار کنان چنان نیک تقلیدِ قولنج داران نمودم ، که احمق با آن سنگدلي مثل دلسوزان نمود ، و گفت ، " ترا بخدا ! اندکی بیاسا ؛ شاید درد دلت تخفیفي یابد " *

من باز بر خود پیچان با آه و فغان گفتم " حکیم ! چنانچه بامرِتان گوش دادم ، بالتفاتتان چشم دارم " * او از یکسو در جدّ و جهد که دامنِ مقصود را رایگان بچنگ آرد ؛ و من بکوشش که برایگان از دست ندهم * عاقبت باو رسانیدم که زور و زاري [2] بیهوده است ؛ زر میباید * دیدم باز سخت گیری میکند * صراحةً گفتم که " اگر دلخواهم بعمل نیاید حَبهارا مي بلعم " * باندیشهٔ سوال و جوابِ شاه و اشتیاق بتحصیلِ محصول ، في الفور یک طلا بمشتم نهاد * هیچ عاشق برای وصالِ معشوق آنقدر نیاز و زاري نکرده است که حکیم برای گرفتنِ حَبّ از من ؛ و هیچ معشوق آنقدر ناز و استغنا ننموده است که من در آنحال نمودم * خواستم بتدبیر و تذویر بیفزایم ، و اشرفيِ دیگر ازو بربایم : امّا دیدم که برای علاجِ دردِ دلم ، [3] خاکشي [4] و تاج - ریزي با شیشهٔ [5] دستور خواست ؛ درد دل را کوتاه کردم و غنیمت شمردم ، و حَبهارا بدو سپردم *

بدقّت نگریست و در کف همی غلطانید ؛ ولي یقین میدانم که بمجهولش معلومي نیفزود * پس همه قیاس و براهینِ خود را در پیشِ خود بکار برد ، تا اصلِ

[1] *Shikan-i rukhsār* "wrinkled face." *Shikan-i mū* "wavy hair": *mūhā-yash pur shikan ast* (m.o.): also *shikanj*.

[2] 'Force or coaxing.'

[3] *Khākshi* (vulg. *khāk-i shīr*) a common seed used in medicine: it is boiled with sugar and eaten as a confection.

[4] *Tājrīzī* (= *aupāsh*) in the dict. "felon-wort."

[5] *Dastūr* "an enema": *shumā rā dastūr mī-kunam* is a vulgar joke to a Zardushtī priest (*dastūr*).

آنرا بداند ; ندانست * گفتم " حکیم ! زحمت بیجا مکش ; حکیم فرنگي حقیقتِ آنرا از من نهان نداشت * این دوا مرکّب است از جیوه * "

میرزا احمق گفت " په په ! چنان میگوئي مرکّب است از جیوه ؟ که گویا من نمیدانم مرکّب است از جیوه ؟ بلی این مردکهٔ [1] ترسا میخواهد با جیوه [2] تخمِ مارا از روی زمین براندازه ، و کم مانده است که شهرت مرا تمام کند و طریقهٔ معالجهٔ مرا ، که پدر او هم در خواب ندیده است ، آلت مسخرگي کند * خوب ; هیچ شنیده که جیوه دوا باشد ؟ وانگی جیوه سرد ; خیار سرد ; کاهو سرد ; هیچ یخ را با یخ میتوان آب کرد ؟ [3] تا جیوه رفعِ تأثیرِ برودتِ خیار و کاهو کند * این خر هنوز از مبادي طبّ هم خبر ندارد * خیر ، حاجي ، خیر ; این نشدني است : ما نمیتوانیم چشما چشم ریشخندیِ مردم شویم " *

پس بنا کرد بکندنِ ریش و برباد دادن ، و دُشنام و ناسزا بحریفِ خود گفتن ، و احتمال کلّيٌ داشت [4] که [5] تا فردای قیامت دست از گریبانِ فرنگی بر ندارد ، که خبرِ خواستنِ پادشاه بحضور آمد * شب-کلاه را از سر بر داشت ، و خرقه را از بر برکنده ; و با شال و کلاه ، جبّه را برداشته ، با ترسي بامید آمیخته ، بشتاب رفت *

1 *Tarsā* "Christian."
2 *Tukhm* "race."
3 *Tā* = 'how much the less.'
4 Impersonal verb.
5 *Fardā-yi qiyāmat* = *fardā ki qiyāmat ast.*

گفتار بیست و یکم

در بیانِ آدابِ دوا خوردنِ پادشاهِ ایران *

حکیم [1] عصرِ تنگی بخانه برگشت و با [2] تلاش مرا بخواست * در دخولِ من بحضور ، دیگران را بخروج اشارت نمود ؛ و مرا پیش خوانده بگوشم گفت که " حاجی ! باید تدبیری کرد ، و دمِ این حکیم را ازینجا کَنْد * هیچ میدانی چه شده است ؟ امروز بی اطّلاعِ من پادشاه اورا خواسته است ، و بقدرِ یکساعت با او گفتگو کرده * مرا طلبیده بود ، تا حاصلِ گفتگوشان را بگوید * معلوم میشود که کوزهٔ حکیم خیلی آب [3] میگیرد * از قراریکه معلوم شد پادشاه در بابِ ضعفِ قوّة و قوّتِ [4] ضعف ، و تنگیِ نفس و سوءِ هضم ، با او حرف زده است * با خشنودیِ تمام تعریفِ حذاقتِ آنحرامزاده را مینمود : گویا بمحضِ نگاه کردنِ زبان ، آنچه باید از حالتِ مریض بداند ، دانسته ؛ و گفته است که ' گویا پادشاه بسیار بحمّام میرود ؛ و در وقتِ قلیان کشیدن بسیار [5] سُرفه میکند * در غذا ، [6] تُرشی و شیرینی و چربی خیلی میخورد ' * پادشاه سه روز باو مهلت داده است که نیک در بابِ امراضِ او بیندیشد ؛ و بکُتُب و اقوالِ اطبّای فرنگ [7] مراجعت نماید ؛ و معجونی چنان قوی بسازد که پادشاه را ، از سرِ نو ، جوان کند * قبلهٔ عالم از من در خصوصِ طبایع و اخلاقِ فرنگان [8] علی الاطلاق سؤال فرموده ، و جوابِ صریح خواست *

[1] *'Aṣr-i tang-ī* "late in the evening": compare *ṣubḥ-i sūd-ī*.

[2] *Talāsh* "agitation."

[3] A common saying; = *pīsh-i mardum khaile shā'n dārad.*

[4] *Ẓu'f-i quvvat va quvvat-i ẓu'f*; an Oxymoron.

[5] *Surfa kardan*; vulg. *surfa kandan.*

[6] The Persians are passionately fond of all kinds of pickles (*turshī*, vulg. *turushī*) and are experts in making them.

[7] "Consult again, refer to."

[8] *'Alā 'l-iṭlāq* "in general."

من نخواستم [1] بزنگاهی بدان خوبي را از دست بدهم * در آنچه باید گفت دریغ نکردم ، بعد از ادای خدمت بهمین عبارت گفتم ' امّا در باب طبایع و اخلاقِ فرنگان ، بر رأیِ [2] منیرِ مهر - تنویرِ پادشاهی واضح و هویدا است ، که این قومِ مستحق اللوم نجس وکافرند ، چرا که تکذیبِ پیغمبرِ ما و استهزا بدینِ ما میکنند * علی رؤس [3] الاشهاد شراب مي نوشند و گوشتِ خوک میخورند * صورتِ زن دارند ، و [4] باطنِ خرس * باید از ین طایفه بر حذر بود ، که غرضِ عمدهٔ ایشان ، چنانچه در هندوستان معائنه شد ، تصرّفِ ممالک و استیصالِ ملوک و ابناء ملوک است ' * آمدیم بر سرِ معالجه و مداواتِ ایشان : ' حضرتِ شافی‌الامراض ، [5] دافع الاعراض پادشاه را از شرِّ دوای این بی دینان محفوظ دارد ! دوای ایشان در طبایع و امزجه بهمانقدر فاسد است که خود در تدبیرِ سیاست خاین اند ' * پس حب را از جیب درآورده بنمودم که 'اینک آنچه ما برای هلاک بکار میبریم ؛ فرنگان در ما برای شفا بکار میبرند : جزو اعظمِ ادویهٔ شان زیبق است ' * آنگاه از سوءِ ترکیب و ضررِ حبَ تصویر و تقریری چنان نمودم که پادشاه تعهّد نمود ، تا [6] بی استخاره و استشاره ، دوای فرنگي نخورد ، و چون حکیم فرنگي دوای ساختهٔ خود را بفرستد ، مرا برای کنکاش بطلبید * اکنون ، حاجي ! باید کاری کرد که پادشاه دست بدوای این ملعون نزند * اگر احیاناً از دوای او خاصیّتي بیند ، کارِ من تمام است : کسي بریش احمق نخواهد خندید [7] * لا ، والله ! بمرگ تو حاجي ! اگر باید همهٔ دوای اورا خود بخورم ، میخورم ، و بپادشاه نمی خورانم '' *

ختمِ سخن بر این شد که دوای حکیم را نگذاریم خاصیّتي بخشد * سه روز بعد از آن ، پادشاه میرزا احمق را خواست تا دوای حکیم را بدو بنماید * دوا عبارت بود از قوطي پُر از حبّ * حکیم باشي انواع و اقسامِ اعتراضات و اشکالات بمیان آورد و دلایل و براهین بی سر و بن در بابِ استعمالِ ادویه از دست بیگانگان بسرود ، و چنان دادِ [8] افادات بداد که پادشاه قرار داد تا در آن باب مجلسِ مشورتي برپا کند *

[1] *Bi-zan-gāh* "place of striking; spot; opportunity."

[2] *Mihr-tanvīr.*

[3] "Openly."

[4] *Ṣūrat——bāṭin*, an incomplete antithesis: the antonym of *bāṭin* is *ẓāhar.*

[5] *i.e.*, God.

[6] *Istikhāra* 'seeking an omen from the Qoran or from a rosary': *tafā'ul* 'seeking an omen from secular things (Hafiz, etc.)

[7] 'No one will come to joke with me, *i.e.*, consult me.'

[8] *Ifāda* "teaching": *ifāda na-kun* (m.c.) "don't teach your grandmother; shut up."

روز دیگر ، در بارِ عام ، پادشاه بر تخت (و معتمدالدوله و وزیر دول خارجه و معیر الممالک و دبیرالملک و مستوفیِ الممالک و حاجب الدوله و سردار و میر آخور و ایشیک آغاسي باشي و حکیم باشي و سایرِ ارکان و اعیان در حضورِ وي) روي بصدرِ اعظم ـ معتمدالدوله نمود ، که " با حکیم فرنگي ، در بابِ اصلاح مزاج و تدبیر و علاج ، انجمن منعقد فرمودیم * در نشستِ اول ، بعد از تحقیق تام و تدقیق با ترتیب و نظام ، رایِ حکیم بر این قرار گرفت که مزاجِ مبارکِ مارا ضعف و کسالتي طاري‌شده است ، و از جادّهٔ استقامت انحراف ورزیده * در نشستِ دوم عرضه داشت که " سه روز ، تمام ، کُتُب و دفاترِ خود را متصفّح و بتفصیل مطالعه و دقّت و برای و اعتقادِ سایرِ حکمای فرنگستان مراجعت نموده ، بغور مطلب و کُنهِ [1] مقصد وارسي نیک کرده ، معجوني از صنوف ادویهٔ مختلفة الطبایع و اجناسِ عقاقیر [2] متفاوتة التأثیر ، موافقِ دستورِ [3] قرابادینات ترکیب و ترتیب ساختم که داخلاً و خارجاً و ظاهراً و باطناً در مزاجِ همایون چنان تأثیر و فایدهٔ [4] عاجل و آجل بخشد که هیچ طاسم و تعویذي بگردِ [5] آن نرسد * " بعد ازان [6] گفت که " ذاتِ اقدس ما ، حلِّ عقود این مسایلِ غامضه را بعهدهٔ ناخنِ تدبیرِ مقرّب الخاقان ، حکیم باشي ، محوّل ساخت * حکیم باشي از روی خیرخواهيِ دولت و دولتخواهيِ ملّت ، با [7] رایِ رزین اختلافات و اعتراضاتي تبیّن نمود که " اولاً باید دانست که [8] ممالکِ داخله ، شخصِ سلطنت را بکف کفایتِ اجانب و رتق و فتق آنرا باوامر و نواهيِ [9] بیگانه تسلیم میتوان نمود یا نه * ثانیاً [10] بفحوای مضمونِ حکمت مشحون " لیسَ في الحرامِ شفاءٌ و النجسُ لیسَ بدواءٍ " آیا در دوای این حکیم (که بحکم آلودگی دست خویش بدان [11] ، نجس و پلید

1 *Kunh-i.*

2 Pl. of *'aqqār* "aromatic roots."

3 *Qarābādīn* "compound medicines; pharmacopœia."

4 *'Ājil* عاجل "quick; not fleeting." *Ājil* (آجل) "future; procrastinating" appears to be an error here. Possibly though the word is introduced to show the Shah's love of fine words, the application of which he doesn't rightly understand: آجلاً وعاجلاً "sooner or later."

5 *Bi-gard-i ān nami-rasad* 'can't touch it; can't come near it': a common m.c. expression; *lit.* "can't reach its dust even." The idea is taken from chasing a deer.

6 The subject of *guft* is "*pādishāh*."

7 *Rāy-i rasīn* "weighty counsel."

8 *Mamālik-i dākhila* is the subject to *mī-tuvān namūd* (usually an impersonal verb).

9 'To foreign regulations.'

10 *Fahwā* "signification."

11 *Davā* understood.

است [1]) شائبهٔ شفا ملحوظ می تواند بود یا نه * ثالثاً [2] از کجا که درین دوای [3] مجوز و مختار تأثیرات خفیهٔ مضرّه و مُفسده نباشد ، که بجای عمارت و آبادانی ، بنیادِ پادشاهی و بنیانِ مزاجِ شهریاری را اندک اندک رخنه دارد و رفته رفته [4] بالمرّه قلع و قمعِ مادهٔ حیات نسازد ؟ "

آنگاه گفت که " رأیِ مبارکِ ما مناسب چنان دید که پیش از مباشرتِ [5] عمل کنکاشی برپا سازیم تا همگنان با اتفاق و اجماع ، جوابی در خورِ مقامِ پادشاه بدهید ؛ و برای اینکه از حقیقت [6] او سررشتهٔ کاملی بهم رسانید ، رأی همایون ما بر این قرار گرفت ، که هریک از بندگانِ خیر خواه و ملازمانِ درگاه ، [7] بلا اشتباه ، در استعمالِ این دوا ، با ذاتِ اقدسِ ما اشتراک نمایند ؛ تا اگر خیر است ، همگنان از خیرِ آن مستفاد گردند ، و اگر شرّ است ، بحکم "البلیةُ اذا عمّت [8] طابت" از ضرر آن چندان متأثر و متألم نشویم و این معنی [9] نوعمّا مایهٔ تسلیت خاطر همایون گردد * "

حضّارِ مجلس متفق الکلمه " کلامُ الملوکِ ملوک الکلام [10] " گویان این سخنان را استحسان نمودند که " خداوند ، ظلّ ظلیل پادشاه را بر مفارقِ بندگانِ ذلیل ، طویل سازد ! اطاعتِ ما [11] بندگان بامر پادشاهِ جهان ، منحصر به بلعیدنِ یک حبّ نه ، بلکه اگر پادشاه ما را امر بنوشیدنِ سمِّ قاتل و زهرِ هلاهل سازد ، حکمش مطاع و فرمانش واجب الاتباع است * [12] نشأت و صدور این گونه اوامر از منشاء و مصادرِ حقیقی (یعنی از پادشاهِ جهان) بحال عبودیت - اشتمالِ بندگان

1 *Ast* refers to *davā.*

2 *Az kujā ki*—'How do you not know that--'

3 *Mujauwaz* "lawful or deemed lawful; tolerated," is here loosely coupled with *mukhtār* to mean "prescribed" or "selected."

4 *Bi 'l-marra* "suddenly, all at once," in m.c. also means "completely."

5 "Commencing."

6 *Ān.*

7 *Bilā-ishtibāh* "without any qualms": obviously a joke and not a copyist's error for *bilā istignā*.

8 A *ḥadis*: "if a calamity be general, it is easy" (to bear it).

9 نوعمّا for نوعاً ما (*yakān* being understood). Better *in ma'nī nau'-i māya-yi tasliyat.*

10 i.e., *Sukhanān-i padishāhān pādishāhān-i sukhanān ast* 'the speech of kings is the best kind of speech.'

11 Note there is here correctly no *izafat* after *mā* the pronoun of the 1st Pers. pl.

12 "Growing; anything produced."

هرچه زیاد تر[1] باز کم است که   مصرع   ' بهرچه حکم کند بر وجود ما حکم[2] است ' ٭
دولتخواهان را مال و جان صدقهٔ سر و فدای راهِ پادشاهانست ٭ خداوند پادشاه را
حیاتِ جاوید بخشاد ; و دشمنانش را [3] مخذول و [4] منکوب گرداناد ٭ "

پس از آن ، پادشاه به پیش - خدمت باشی امر فرمود تا قوطیِ حبّ را از اندرون
بیاورد ; و حکیم باشی را پیش خواسته امر فرمود که " ازین حبوب ، از صدرِ اعظم
گرفته همگی را یکان یکان در مرتبهٔ خویش ببلعان " ٭

بعد از بلعیده شدنِ حبّ ، شربتی آوردند ٭ بعد از آن ، استراحتی شد ٭
در اثنای استراحت ، پادشاه بروی همه مینگریست ، تا تأثیرِ دوا را بیند ٭
اولاً همه ترش روی و متفکّر ماندند ٭ چون چینهای جبین اندکی
بکشود ، پادشاه از درّه [5] و تپه پارهٔ سؤالات کرد و آنان بفراخور عقلِ خود ، [6] دست
و پای جواب دادن نمودند ٭ آنگاه آهسته آهسته دوا بتأثیر آغازید ٭ معیرالممالک
که مردی [7] گُنده و ستبر و پی [8] در پی بسؤالات بود تنها جوابِ "بلی بلی قربانت
شوم " میگفت ٭ همانا اخلاطش مجتمع و مزاجش مستعد بود ; پیش از همه
متأثر گردید : مزاجش برهم خورد ٭ همگنان دیده برو دوختند ، و این معنی
برهم خوردگیِ مزاجش افزوده بر خود پیچیدن گرفت ٭ مستوفی الممالک
بلند-قد بود ، و ناتوان ، و زرد روی ٭ بعد از آن ، او بنا کرد بعرق ریختن
و نگاهِ نیاز آمیز کردن که   بیت

' دستِ من و [9] دامنت ، ای پادشاه ! .·. تنگدلم ، زحمت جانم مخواه ' ٭

خلاصه دوا در مزاج هر یک نوعِ تأثیری کرد ، و هر یک بنوعی مسخره شدند ،
بجز صدرِ اعظم ، پیرِ کوتاه - قدّ و [10] زمخت - طبیعت که از دست پاچگیِ دیگران
شادان ، در زیر لب ، بهمه میخندید و بهمه مضمون [11] میگفت ٭

1 *Bāshad*, understood.

2 *Ḥakam* "umpire; judge" : *ḥikam*, pl. of *ḥikmat*.

3 "Forsaken."

4 "Afflicted."

5 *Az darra u tappa* from 'hill and dale,' *i.e.*, things here and there.

6 'Struggled to answer.'

7 *Gunda* (m.c.) "corpulent."

8 I think *pay dar pay* should mean 'covered with muscle.' If it is read with *bi-savʼālat* it can mean 'incessantly asking questions.' The omission of *būd* in the ms. makes the meaning obscure.

9 *Vāv-i luzūm*.

10 *Zumukht* lit. "astringent."

11 'Something significant; something with a hidden meaning.'

چون پادشاه خاصیّتِ آندوارا براق العین بدید ، مجلس را فسخ نمود ، و باحمق امر فرمود تا درین باب چیزی مفصّل بنویسد ؛ و خود باندرون رفت * حکیمِ حیله ساز را فرصتی برای شکست کارِ فرنگی بدست افتاده در سر آندوا آنقدر تفصیلات [1] واهی داد که پادشاه ، بی تجربه و آزمایش ، از سر استعمالِ آن درگذشت و نسخهٔ آنرا بطاقِ نسیان نهاد * حکیم در اظهارِ شادیِ دل بی اختیار ، مرا بدید ؛ و از واقعه مطلع گردانید که " حاجی ! ما کار خود را دیدیم * این مردِ کافر خیال میکرد که ما بی دست و پا و ریش [2] گاویم ؛ من باو حالی خواهم کرد که ما ایرانیان چه جانورِ [3] نا درستیم * فرنگی سگِ کیست که دوا بشاهِ ایران بدهد ؟ نی نی اینگونه [4] مباهات مرا میشاید که اطبّ طبیبانم * اختراعاتِ فرنگیک [5] را کجا میبرند [6] ؟ پدرانِ ما مردمانی بودند و ما پسرِ آن پدرانیم * از همان پل که آنان گذشته اند ما نیز میگذریم * دوائیکه بگذشتگانِ ما شفا میداد ، بما هم میدهد ؛ مگذر از حکمتِ لقمان و بوعلی سینا * تا احمق زنده است ، قانون و [7] قانونچه ، او را پسندیده است " * پس مرا اذن داد تا در بابِ قلع وقمعِ حکیم و برای استقرار و اعتبارِ خود تدبیری جدید اندیشد *

1 *Vāhī* " without foundation, false."
2 *Rīsh-gāv* " foolish."
3 *Nā-durust* ' blackguards, *i.e.*, smart.'
4 " Contending for superiority; boasting; honour."
5 Diminutive (for contempt).
6 A common idiom = ' whither are they carrying us ? ' : *vide* note 8 p. 178.
7 *Qānūncha* is the name of a treatise on medicine.

گفتار بیست و دوم

سؤالِ مواجبِ حاجی بابا از حکیم و چگونگیِ پاسخِ حکیم بوی

تا آنگاه با حکیم ، نه بطریقِ خادمی و مخدومی ، بلکه بطریقِ دوستی ، حرکت میکردم ، بجهتِ اینکه دستوریِ هم نشین و هم کاسه گی بلکه هم قلیانی با او داشتم - [1] و حال آنکه با سایر نوکران نیز همین کار میکردم * دیدم که از ین حرکت برکتی نیست : نه با خیالِ من میسازد ، و نه باُمید من * فائده ام مُنحصر مانده بهمان اولین اشرفی ، که گویا آخرین بود ؛ و آنهم در سایهٔ درد شکم * بر خود [2] مخمّر کردم که هرچه بادا باد غلبهٔ او را بر حکیم فرنگی [3] دست آویز کنان سرِ حکایتی باو باز بکنم * آنروز ، در درِ خانه ، باو خوش گذشت [3] * چون برگشت مرا بخواست که " امروز موردِ عنایاتِ بیغایاتِ جهانداری گشتم : بجای اینکه برسمِ عادت شش ساعت پای برهنه در پهلوی حوضِ مرمر بر سرِ پا وا دارد ، دو ساعت بیشتر وا نداشت * عجب پادشاهی داریم ! چه قدر مهربان و زیردست-پرور و خاطر-شناس است ! نمیدانم با چه زبان شکر انعام و احسان او کنم * حکیم فرنگی را دشنام داد ، و تعریفِ فضل و حذاقتِ من نمود که ' فرنگی قابلِ جُفت کردنِ کفشِ تو نیست ' * [4] بفرّاش-خلوت امر فرمود تا دو کبک ، که [5] بازِ همایون شکار کرده بود ، بمن انعام آورد * معنی پادشاهی این است " *

1 "Whilst."

2 *Mukhammark* "to brew, concoct a plan."

3 *Dast-āvīz* "opportunity." *Guzasht* impers. verb: subject is perhaps *auqāt* understood.

4 *Farrash-khilwat* (no *isafat*) is a head servant who looks after furniture and is generally present near the person of big officials.

5 *Bāz* 'goshawk' (sp. female).

گُفتم " پادشاه راست فرموده اند : امروز نظیرِ تو در ایران کیست ؟ یکتای بی همتائي * زهي سعادت پادشاهی که مانند تو گنجِ باد آوردي [1] دارد ! حکیم فرنگي چانه اش میچاید ، [2] که در پیش تو ژاژ خاید * درس دانش [3] میخواهند اینک میرزا احمق : تجربه و آزمایش میخواهند ، اینک میرزا احمق * "

حکیم ازین سخنان [4] بادي کرد و بروتي تابید ، و دستي بریش کشید ؛ و قلیان را از دهانِ خود باز گرفته بمن داد * باز گُفتم " امیدوارم که انشاءالله بنده نیز ازین فیضها بی بهره نشوم * البته مرا هم ازین نمدها [5] کلاهي خواهد بود * اما ني ني ؛ من سگِ که ام ، و [6] مرا کجا مي برند ؟ همانا بقدر گلي که از هم نشیني گُل خوشبو شود ، هم کمترم" *

حکیم :— " [7]چه چي ؟ مگر دیوانهٔ ؟ اینها چه حرفست ؟ باین شدت که چرا" ؟

حاجي :— " اگر مرخّص بفرمائید حکایتي در این باب بیان کنم و شما خود [8] حکم بشوید " :—

حاجي :— " وقتي سگی بود، در رفتار و کردار چنان گُرگ وار ، که گُرگان او را در حلقهٔ صحبت و سلکِ جمعیتِ خود راه داده بودند ؛ در خور و خواب با گُرگان هم نشست ، و در گرفتن و دریدنِ گوسفند با آنان همدست * همه تکالیفِ گُرگي را بجای میآورد و سنن و آداب آنان میگذارد ، با اینکه [9] در جزو با هم جنسِ خود ، سگان [10] ، نیز همین میکرد و در زمرهٔ آنان نیز [11] نقیر و قطمیري از ایشان باز نمي‌ماند ؛ تا اینکه رفته رفته سگان را از حرکات و سکنات او شبهه عارض شد ، و چنان [12] پي

1 *Bād-āvard* "windfall."

2 *Ki* "so that." *Lit.* "his chin will catch cold so that he will chatter foolishly before you." *Chāna-ash mī-chāyad ki bi-tu bad bi-gūyad* = *guh mī-khurad ki bi-tu bad bi-gūyad* = "He wont be able to say ill of you." The origin of this common m.c. saying is obscure.

3 The subject is "people," generally. There is the common m.c. ellipsis of "if."

4 *Bād-ī* "a pride; a swagger." *Burūt-ī tābīd* "gave a slight twist to his moustache." *Dast-ī kashīd* "gave a stroke."

5 A common idiom.

6 *Marā kujā mī-barand* "What sort of an opinion have they of me?" (*i.e.*, none, I'm dirt): *vide* note 6, p. 176.

7 *Chi chī* vulg. for *chi chīz* = "what?"

8 *Ḥakam* = *munṣif*.

9 *Dar juzv* (m.c.) "between whiles; at the same time."

10 = *Ya'nī sagān*.

11 *Naqīr u qiṭmīr* properly "minutely": in m.c. = *kam u andak*: here = *hīch*.

12 *Pe* (or *pay*) *burdan* "to trace, track."

بردند که 'اورا با گرگان سروکار، بلکه با آنان دستیار است' * از جانب دیگر نیز گرگان متشکک شدند که ' او کلب ابن کلب است، و تلبیس میکند: باید او را بحلقهٔ خود راه نداد، و خارج النسب ولعنة الله علیه شمرد ' * کار بجائی رسید که سگِ بیچاره از دیر رانده از حرم [1] ماندهٔ مذبذب درمیانِ آندو گروه آواره ماند * چون از حالت تردد [2] طاقتش طاق شد و بیش از آن تحملش نماند، بر آن [3] شد که با مجاهدهٔ تمام یا [4] سگ سگ شود یا گرگ گرگ؛ و از آن [5] برزخِ بد تر از دوزخ رستگاری یابد * اینک من آن سگ * تو بمن دستوری دادهٔ که یا تو، مهترِ خود، همکاسه و هم قلیان شوم * با من شوراً و صلاح میکنی، و با دوستانت هم نشینم * امّا چه سود [6] که با سایرِ خدمتگاران نیز همینم؟ این التفات بر من چه سود دارد؟ نوکری هستم بی مواجب؛ مانندِ [7] گدایانِ ارمنی در دو دنیا رو سیاهم * بنابرین التماس آن دارم که در خدمتِ سرکار کارم معیّن، و مواجبم مشخّص و [8] بریده باشد " *

حکیم (با آوازِ بلند):— " چطور مواجبِ بریده؟ من هرگز به آدم مواجب نمیدهم * گذرانِ خدمتگارانِ من از پهلوی [9] بیمارانست * تو نیز هرچه بتوانی بستان * فضلهٔ غذایم را میخورند: تو نیز هرچه میتوانی بخور * این نو روز خلعت، آن نو روز خلعت میگیرند: تو هم بگیر [10] * زیاده برین چه میخواهی؟ مرگ میخواهی برو بگیلان [11] " *

[1] *As dair rānda as ḥaram mānda* (a proverb) is here a compound adjective. [*Dair* "convent"].

[2] *Ṭāq* "odd" (not even). When things are even they look well and work smoothly; hence the common m.c. idiom *ṭāq shudan* "to be weak, not to act." An example of *Taj-nīs-i zā'id* (or *nāqiṣ*) a kind of Parison or Annomination.

[3] "He wished; intended."

[4] *Sag-i sag* "a real dog." Compare Urdu *dūdh kā dūdh yā pānī kā pānī* "all milk or all water (not half and half): the real thing."

[5] *Barzakh* "a thing that intervenes; the interval between death and the resurrection."

[6] *Ki* "because *or* when."

[7] *Gadā-yi Armanī = na dunyā dārad va na ākhirat.* The Armenians are Christians.

[8] *Burīda* "fixed, determined"

[9] "By means of."

[10] The servants of Persians have no fixed salary. They are well fed and well clothed and get a yearly allowance of wheat. Servants consequently have to 'make' what they can.

[11] A common saying: Gilan is unhealthy. The saying is equivalent to 'if you want more go to Hell.'

در این اثنا فرّاشی ، سینی و سفرهٔ در دست ، دو کبکِ شکارِ [1] بازِ همایون را بیاورد؛ و باعزاز تمام در پیش روی حکیم نهاد * حکیم از جای برخاست و سینی را بر سر نهاد که " خانهٔ احسان پادشاه آباد ؛ عمر و دولتش مزید و جاوید باد " * پس نوبتِ انعام بفرّاش آمد * اوّل پنجقران با نیاز فرستاد ؛ فرّاش با [2] ناز ردّ کرد * بعد از آن یکتومان با کجِ خلقی فرستاد ؛ فرّاش نیز با کجِ خلقی نگرفت که " انعامِ [3] متعارف پنجتومان است " * آخر الامر ، خواهی نخواهی ، تا پنجتومان انعامِ متعارفی را نگرفت ، نرفت * این حالِ پُر ملال همهٔ لذّتِ احسانِ پادشاه را [4] هباءً منثوراً کرد ؛ و دعاهای خیرِ حکیم بهدر رفت * از خشم چشم پوشید و دهان بکشاد و چنان دشنامهای شدید و غلیظ بپادشاه بشمرد که اگر بگوشش میرسید ، البتّه گوشِ حکیم را میبرید * میگفت " احسان ؟ احسان ؟ میخواهم این جور احسانها هرگز و [5] هفتاد سال نباشد * این التفاتها [6] بدرکِ اسفل برود * ما بیچارگان باید چه قدر این گرسنه چشمِ لقمه ربای بی‌شرم [7] و حیاها را تملّق گوئیم ؛ جیبشانرا پُر کنیم ، و خیلی هم ! بلی مواجبِ نوکرانِ شاهی را ما باید بدهیم * دردِ بی درمان اینکه اگر ندهی و یکروز زیرِ چوبشان بیفتی (از [8] کجا که من نیفتم ؟) تسمه از [9] گردهٔ آدم میکشند ؛ پدرِ آدمرا از گور بیرون میآورند * هرکه جیبشان را پُر نمیکند ، کلاهش را پُر میکنند [10] * بجای ده شاهی احسان ، پنجتومان انعام میخواهند ؛ و انگهی این احسانها از کجا که پایدار باشد [11] ؟ سعدی مگر دروغ گفته است که :—

تنبیه — ' برآوازِ خوشِ کودکان و در دوستیِ پادشاهان اعتماد نشاید که این بخوابی متغیّر گردد و آن بخیالی متبدّل شود ' ؟

1 *Vide* note 5, p. 133.

2 *Nāz* usually means 'declining a thing for the sake of being pressed; coquetry, etc.'

3 "Ordinary, usual."

4 "*Habā^an manẕūran*" (m.c.) "scattered dust."

5 A common expression: *mī-khwāham haftād sāl na-bāshī pīsh-i man* (m.c.) = 'I never want to see you again (in this life).'

6 "Lowest Hell."

7 Note the plural termination added to the last only of these epithets. Also *tansiq-i-ṣifāt*.

8 'How do I know when I shall find myself there?'

9 'They take the very skin off one's back' *lit.* they draw straps out of one's back. This is of course figurative, as it is the soles of the feet that are beaten.

10 i.e., *az nijāsat*.

11 "How does one know even that they will continue?"

پس از حدّت و شدت بسیار ، اندکی بخود آمد ؛ و خیالِ تلخیِ چوب و فلکِ فرّاشان ، تُرشیِ پنجتومانرا شیرین ساخت *

دیدم با آنحال جایِ مقال نیست * از فقرهٔ مواجب ، دَم در کشیدم ؛ امّا آنچه باید بفهمم فهمیدم ، که باید هرچه زودتر ترکِ لقمانِ عصر[1] شدن گویم ؛ و بنقد ، بحالتِ نهٔ گُرگی و نهٔ سگی بسازم *

[1] *Shudan* has to be coupled with *tark*: *tark shudan-i Luqmān-i 'aṣr—*; *shudan* might with advantage be omitted altogether.

گفتار بیست و سوم

ناخرسندیِ حاجی بابا از حالِ خود ، واز بلای کسالت بعشق مبتلا شدن *

از [1] حال ناخوشنود و از استقبال متردّد ، روز ، همه روز ببطالت ، و شب ، همه شب بکسالت میگذرانیدم * بطبّ و طبابت میلی نداشتم ، با اینکه میدانستم کاری بیمایه است ؛ و بسا کسان که با [2] مایهٔ اندک از آن من ، نان میخورند : اصرارِ میرزا احمق در آن باب بگوشم فرو نمیرفت * همه خیالم اینکه با وسیلهٔ نیک عطای او را بلقای او ببخشم * ناگاه واقعهٔ چنان برگ و ریشه‌ام جایگیر شد ، که با همه بی فایدگی ، بخانهٔ حکیم زمین گیرم [3] ساخت * این قضیه چنان همه چیز را از لوح خاطرم بشُست و آتشِ مقاصد و نیّاتم را فرو نشاند که خود را فراموش کردم * سلسلهٔ جنونم چنان بجنبید که گُفتی مجنون بن عامر شاگردِ من بوده است * بعد ازین تفصیلات، لازم نیست بگویم عاشق شُدم *

موسمِ بهار گُذشته بود و ایامِ تابستان مردمرا بالتجای پُشتِ بامها ناچار ساخته * من نیز با این حال از همِ خوابی و هم منزلیِ فرّاشان و آشپز ، در اطاقِ پائین بستوه ، رخت خواب خود را به پُشت بامی مشرف باندرونِ حکیم کشیدم * باغچهٔ اندرون ، با گُل [4] و لاله‌آراسته و با درختان چنار و اِسفیدار پیراسته ، اُرسیها و پنجرهای متعدّد

[1] *Ḥāl* "present;" *istiqbāl* "future."

[2] *Māya* "stock," here means 'knowledge.'

[3] This obviously ill-constructed sentence (a violent *anacoluthon*) shows a looseness of thought not uncommon among Persians. The subject to *shud* is *vāqi'a-i*: and *chunān barg u risha am* standing by itself and alone gives no correct meaning; yet few Persians would in reading notice the inaccuracy.

[4] Whether *lāla* is really a "tulip" as rendered by translators I cannot say, but it is certainly a name applied to the common poppy.

رو بباغچه داشت * تختی درمیانِ باغچه بود که در [1] قهرِ گرما ، زنان فرشي بر آن نداخته مي‌نشستند * درسراچهٔ [2] حکیم پارهٔ [3] زن میدیدم ولي هیچیک چنگ بدل زن [4] نبودند ، و منهم نه جسارت میکردم ، و نه بخاطرم خطور میکرد که بدیشان نگاهی کنم ، برای آنکه بمحضِ دیدن آنچه بدهنشان میآمد می[5]گفتند *

از قضا ، روزی بعد از غروبِ آفتاب ، در وقت گُستردنِ رختخواب ، از درزِ دیواری مُشرِف [6] بمهتابي اندرون، در روی مهتابي دختری دیدم ، بگُستردن برگِ تنباکو مشغول ؛ چارقدِ کبودي باستغنا [7] بر سر * چون سربلند کرد ، دو زلفش از دو سو بر روی افتاد امّا چندان [8] جای باقي بنهاد ، که دل مرا تواند ربود * این مشاهده مرا مشتاقِ تماشای سایرِ اندامش نمود چه دیدم :—

بیت

" بدستِ قدرت از آن خوبتر نشاید دوخت .·. قبای لُطف ببالای صورتِ بشري " *

اندامش همه متناسب ، و هر یک بجمال و کمال [9] دیگری ؛ دست و پای حنائش کوچک و ظریف ؛ لب و دندانش نازک و لطیف ؛ چشمانش آهوانه ؛ نگاهش جادوانه * آنقدر نگریستم که :—

بیت

* " نه توشي ماند اندر تن ، نه هوشی مانده اندر سر *
* نه آبی مانده بر عارض ، نه تابی ماند در پیکر " *

بی [10] اختیار سُرفه کردم : رو بمن نمود و تا فرصتِ روی - پوشي کُند چهرِ مهرِ آسایش را نیک تماشا کردم * حاصلِ تماشا اینکه :—

1 *Qahr-i garmā* = *ghalaba-yi garmā* "the overpowering heat of summer."

2 *Sarācha* "the inner court" (gen. *ḥayāṭ*).

3 Commoner *pāra-yi zanhā*.

4 Note concord: compare the English solecism "none of them do" for "none of them does:" *āvāz-i ū chang-ī bi-dil namī-zanad* (m.c.) "his voice doesn't attract." *Chang bi-dil-zan* is here one compound word.

5 *i.e.*, 'abuse.'

6 *Mahtābi* is a *flat* roof (for sleeping on). Owing to the scarcity of wood, houses in Persia are usually domed. The Shah, in his Diary, uses this word to signify a "terrace" (of a big house).

7 "Carelessly."

8 *Jāy* i.e., 'of her face.'

9 'Her limbs were all beautifully proportioned and each equal to the other in its perfection of beauty.'

10 *Bi ikhtiyār* = 'beside myself with infatuation': it doesn't mean 'I couldn't help coughing.'

بیت

" از کمانِ ابرویش تیری بجست .·. راست آمد بر دلم ، تا پر نشست * "

رُخ را با [1] معجر بپوشید ، ولي بعمد گوشهٔ چشمِ سیاه را باز گذاشت و همانا [2]سرِ تماشای سوزشِ دلم داشت * چون دید که دیده از دیدارش [3] بر نمیدارم ، دست درکار ، زبان بگُفتار بکشود که " بزنِ بیگانه این همه نگاه گُناه نیست ؟ " گُفتم " حاشا و کلاّ

بیت

* ' که گُفته بر رُخِ خوبان نظــر خطا باشد ؟ *

* خطــا بُوَد که نه بینند روی زیبــا را ' *

ترا بحقِ امام حسین ، و بجانِ پدر و مادرت ' نظرِ لطف ز حالِ دلِ من باز مگیر ' *

امان از آن چشمها ؛ امان از آن گوشمها که :—

مصرع

'که بُوَد بر دل و جان کار گر از خنجر و تیر " *

بآوازی نرم گُفت " مگر تو محرم و نا محرم نمیشناسي ؟ پدر و مادرم نیستي ؛ برادرم نیستي ؛ شوهرم نیستي ؛ چرا رو بنمایم ؟ مگر حرام نیست " ؟ پس بعمد سهوای [4] کرده چارقد از سر بینداخت ؛ و من سرا پایش را ، چنانچه باید، تماشا کردم *

بیت

" حیران شدم که تا بچه عضوش گُنم نگاه .·. زیراکه بود این یک از آن یک بدیعتر "

" مانا [5] که حُسنِ هر دو جهان آفریده بود .·. در جُزو جُزوِ صورت او واهب الصُور [6] "

" معلوم من نشد که تنش بود یا حریر .·. مفهومِ من نشد که لبش بود یا شکر " *

چشمانش سیاه و آهوانه ؛ نگاهش جانخواه و جادوانه ؛ مژگانش دراز ؛ ابروانش تیر انداز ، بی حاجت مشّاطه بهم پیوسته ، و بازوی کمانداران شکسته [7] * خلاصه سراپایش تفسیر اشعارِ شعرای ایران یعني گُل و لاله و ریحان ، و سرو و صنوبر ، و شیر

1 *Ma'jar* (=*chādar*) is a word seldom used in m.c.

2 *Sar* "intention."

3 An example of *ṣana't-i ishtiqāq*, a form of the figures Polyptolon or Paregmenon.

4 "Accidentally on purpose."

5 Poet for *hamānā*.

6 'The Bestower of shapes,' *i.e.*, God.

7 'Joined eye-brows' are considered a great beauty amongst the Persians and Arabs. Persian women often paint a join. *Bāzū-yi kamāndarān shikasta*, i.e., *tīr-andāzān rā maghlūb sākht*. *Tīr-andāz* of the *tīr-i ishāra u kināya*.

[1] و آهو، و مار [2] و گژدم، طوطی و طاؤس [3]، همه در وی جمع بود * اگر تا قیامت می‌نگریستم سیر نمی‌شدم * در کارِ آن [4] بودم که حجاب از میان بردارم و از دیوار بگذرم * ناگاه آوازے جانگزا بلند شد که " زینب، زینب " * نگارینم از عقبِ آن آواز، از بام پرواز کرد؛ و من از حیرت دهان باز ماندم، که شاید دوباره برگردد؛ امّا برنگشت * هرچه ایستادم بجز آوازیکه با در و دیوار در جنگ بود آوازی بگوشم نرسید * صاحبِ آواز معلوم است باید [5] زنِ حکیم باشد که (العهدة علی الراوی) نرمخوترینِ زنان نه، بلکه بدخوترینِ ایشان؛ و شوهرش [6] مذکّرِ سماعی او، چنانچه فرمانش بدو [7] جاری و حُکمش ساری بود *

هم چنان بر سرِ پا ماندم، تا روشنائیِ روز در گُذشت * بنومیدی بگُستردنِ رختِ خواب مشغول شدم * ناگاه باز همان آواز بلند شد که " زینب، در کجائی؟ [8] چرا نمیروی بخوابی؟ "

جوابی شنیدم که تشخیصِ آن نتوانستم؛ امّا چون صاحبِ جواب را در بام دیدم معنی آنرا فهمیدم * دلم به تپیدن آغازید و باز مهیای جستن از دیوار بودم که سبد [9] برگِ تنباکو بر سر، از نظر پنهانشد؛ و در وقتِ رفتن آهسته گُفت " فردا شب در همین جا باش " * شاید به از آن سخن در عمرم بگُوش نرسیده بود، بنوعیکه [10] طنینِ آن بهمهٔ سراپایم پیچید * این سخن را تکرار کنان با یادِ فردا - شب، در تاب و تب، تا صبح مدهوش، دیده برهم ندوختم * مصرع ' عاشقی کارِ سری نیست که بر بالین است ' *

1 *Shir u āhū* "lion and lamb"; the idea apparently is that the mistress's eye is a lion and the lover's heart a lamb. Also a lion is *gīranda* and the m.c. phrase *chashm-ash gīranda ast* signifies "her eyes are attractive."

2 *Mār* refers to long plaits and *gash-dum* to the little curved side-locks over the ears.

3 *Ṭūṭī* i.e., *shīrīn-zaban*; *ṭā'ūs* i.e., *dar qashangī*.

4 'I was just in the act of—.'

5 'It was evident *must* belong to—.'

6 *Muzakkar-i samā'ī* = 'henpecked,' i.e., *shauhar-i shunīdanī* (*na haqīqī*).

7 *i.e.*, 'to *him*.' *Chunānchi*, "so that."

8 *Chirā nami-ravī bi-khwābī?* "Why dont you go to bed?"

9 *Sabad* "basket."

10 *Ṭanīn* "a thrilling or tinkling noise."

گفتار بیست و چهارم

در ملاقاتِ حاجي بابا با زینب ، و تفصیلِ حالِ زینب در اندرونِ حکیم

چون چشم خود را نیکْ مالیدم دیدم که عاشقم * با خود گفتم "نتیجهٔ این عشق به بینم ، چه خواهد شد * امشب معلوم میشود که معشوقه چیست و کیست * اگر از کنیزانِ حکیمِ خانه ـ خراب باشد ، خواهم باو حالي کرد که چگونه کنیز[1] نگه میدارند ، و گرنه هیچ چیزم درست نیست * امّا اگر کسی دیگر[2] است و پای گرفتن درمیان آرد ، این مسئلهٔ دیگر است * من کجا و زن گرفتن کجا ؟ بهای یک شلوار زنانه ندارم ، تا چه رسد بخرجِ عروسي[7] * انشاء الله آنهم میشود در وقتش ; ولي بنقد باید حاجي با پولِ حکیم خوش بگذراند " *

با این نیت برخاستم و لباسِ خود را با تکلّفي بیشتر از رسمِ معهود پوشیدم * [3] زلف را مو بمو شانه زدم : کمر را چوز- گره بستم : کلاه را کج نهادم * بعد از آن رختِ خوابِ خود را جمع کرده باطاقِ خدمتکاران بردم * برای گذراندنِ وقت [4] مقدّماتي چیدم * اوّلاً بقصد شست و شو و پاکیزگي برای شب ، بحمّام رفتم ، و در آنجا با آواز ، اشعارِ مناسب بسیار خواندم * باقي روز را بیغرض و مقصود در کوچه و بازار سرگردان گردیدم * بهزار[5] معرکه روز بشب و شکیبِ من بنهایت[6] انجامید *

1 *Nigāh.*

2 *Ast;* the subject is *she.* *Giriftan,* i.e., *zan giriftan.*

3 The Persians are justly vain of their curls. *Zulf-i Irān va chashm-i Kashmīr va himmat-i Hindustān* is a common saying: *himmat* signifies here *ghairat* i.e., 'jealousy about the honour of one's women folk.'

4 "Made preparations."

5 *Ma'raka* here means "turmoil."

6 "Ended."

7 *Tā chi rasad bi*—"How much the less—."

بیت

' وعدهٔ وصل چون شود نزدیک .·. آتشِ شوق تیــزتر گردد * '

گوشم همه بر اذان که ببهانهٔ دردِ سر بخوابگاه دوم * از شومیِ بخت ، آنشب حکیم از هرشب دیرتر از درِ خانه برگشت ؛ و چون میبایست ما فضلهٔ او را بخوریم [1] شام خیلی دیر کشید *

حُمرهٔ مغربی برطرف شد و ماه از جانب مشرق نمایان گردید * رختِ خواب [2] را در زیر بغل بر بامِ معهود شدم ، و بدیوار مقصود شتافتم : امّا با نومیدی و تلخکامی بجز برگهای تنباکوی پریشان ، که نشانِ نا تمامیِ کار بود ، چیزی نیافتم * سُرفهٔ چند کردم : جواب نشنیدم * بجز لند لُندِ تیز [3] و تند، که هرآئینه [4] از آنِ زن حکیم بود و از تندی وتیزی، در و دیوار را سوراخ می نمود ، بگوش نمیرسید ، تا اینکه زنگ [5] صیحه را بلندتر و روشنتر کرد ، که " تخمِ شیطان ! پدر سوخته ! زینب ! کارِ تو بجائی رسیده که با من [6] مکابره کنی ؟ تو روی من بایستی ؟ ترا که گفته بود به بسرِ خود ، بحمّام روی ؟ در سرِ قبرستان کارت چه بود ؟ من کنیزم و تو خانم یا تو کنیزی و من خانم ؟ هرچه دلت میخواهد میکنی * چرا کارهایت را نا تمام گذاشتهٔ ؟ تا تمام نکنی خواب حرام است * زود باش ، برو ، کارهایت را تمام کن * اگر ندیم کاره گذاشتی وای بحالت * واللّه باللّه ! اینقدر بکلّه ات بزنم که چشمانت از [7] چاله درآید * پس آوازِ مُشت وسیلی بلند ، و نگار ینم با چهرِ تُرش پدیدار شد * ماه روئی ، که دقیقهٔ پیش از آن از وصالش محروم مانده بودم ، بیام بر آمد * با خود گفتم " ای عشق عجب نسخهٔ ، و غریب [8] مادهٔ ؛ در تدبیر چه قدر چیره و چست ، و در تزویر چه قدر نا درستی ! به بین معشوقه چه نیک اسبابِ [9] جامعِ یار و مانع اغیار چیده است ! " *

[1] *Shām* 'the Persian evening meal' is eaten about four hours after sunset. The common people, however, eat it about two hours earlier.

[2] The *rā* should be omitted. *Rakht-i khwāb-rā* is here the object of an imaginary verb "placing;" an example of 'absolute ellipsis.' This error of construction would probably pass unnoticed even by educated Persians.

[3] *Lund lund* m.c. "grumbling."

[4] *Az ān-i zan-i ḥakīm ;* note *izafat* after *ān*.

[5] *Ṣaiḥa* "shriek, cry."

[6] *Bā man mukābara kunī* and *rūy-i man bi-istī* both mean the same, "do you answer me back?"

[7] *Chāla* "vault, repository for grain": in m.c. = *gaudī*.

[8] *Mādda* here means *aṣl*.

[9] 'For collecting her lover and keeping off strangers.'

زینب مرا [1] ندیده انگاشت ، تا جوش و خروشِ طوفانِ بلا فرو گُذشت ، و آب از آسیا افتاد [2] ۰ پس از آن روی بجانب من گردانید ، و خواننده میداند که من چگونه خود را باو رساندم - آری کسانیکه ذوق عشق چشیده اند ، میدانند که این مسئله وُجدانی است ، نه بیانی ۰ یکی از شُعراء را مضمونی است که آبهای هستیِ ما اگر چه [3] از سر چشمهای جُداگانه است ، امّا چون بهم می پیوندند سیلی چنان تُند بر میانگیزند که آنرا پر وای هیچ سدّ و بندی نیست ، و از هیچ نمی اندیشد ۰

با لفظِ مبارک گُفت که " من دخترِ شیخی کُردم ؛ در کوچکی با مال و منالِ خود بدستِ ایرانیان افتادم ، و بتفصیل بیانِ آن خواهم کرد که بعد از آن چگونه بچنگِ حکیم افتادم و اکنون کنیزِ آنم " ۰

بعد از اطفای نائرهٔ اولین - دیدار ، معشوقه از رفتار و گُفتارِ زنِ حکیم [4] دلخون ، با غصه و اندوهی از حدّ افزون ، آهی کشیده و شکایت [5] سر کرد که " داد و بیداد ازین زن که گُفتارش را شنیدی ، و دیدی که مرا بیدین و لامذهب میشمرد ! روز و شب همین آش است و همین کاسه : دشنامم میدهد ؛ از [6] سگ کمترم میگُوید ۰ همهٔ اهلِ خانه مرا ریشخند میکنند ؛ کسی با من الفت نمیکند ؛ جگرم آب میشود ؛ کم می ماند بترکم ؛ مرا تخمِ شیطان میگویند چراکه کُردم ؛ [7] یزیدی میگویند با این که ایزدیم [8] ۰ راست است من از شیطان میترسم ؛ و کیست ازو نترسد ؟ ، امّا تخمِ شیطان نیستم ۰ اگر این [9] در کوهستانِ کُردستان بدست می اُفتاد نشانش میدادم که دختر کُرد یعنی چه ؛ و تخمِ شیطان چها میتوانند کرد " ۰

بقدر امکان بدلداریِ وی پرداختم و از روی دلسوزی گُفتم که " اکنون صبر باید کرد ؛ البته وقتِ انتقام میرسد " ۰ امّا می گفت که " از اخذِ انتقام مایوسم چراکه خانم همه اطوارِ مرا کُلّی و جزئی ملتفت است ؛ بنوعیکه بی اطلاعِ او ، ازین اُطاق بآن اُطاق

[1] Also *na-dīda girift* "pretended not to see me."

[2] A common saying = 'everything was still.'

[3] The thought is somewhat confused. Also the metaphor appears to be confused: 'the waters care nothing for dams and fear nothing.' Note false concords.

[4] *Dil-khūn* "grieved."

[5] "Began."

[6] *As sag kamtar-am* indirect narration.

[7] *Mard*, understood.

[8] The *Yasidis* are supposed to worship the Devil. *Izidi* "worshipper of God."

[9] *In* i.e., the Hakim's wife.

نمیتوانم رفت * حکیم مردیست [1] پست پایه و تنگ مایه * این زن که از کنیزانِ شاهی بوده است و بسبب بدکاری از حرم سرا رانده شده بامر شاهی گرفته است [2] * این زن بجز خوی بد و حالِ تکبّرِ یادِ ایام گُذشته (یعنی یادی که در اندرون شاهی بوده) [3] جهیزی ندارد ؛ و با این بی جهیزی ، حکیم را بچیزی نمی شمارد ، بلکه خاکپای خود میانگارد ؛ و بطوری با او حرکت میکند که حکیم محلِّ ترحّمِ بینندگان است * بی اذن (که آنهم بسیار کم اتفاق میافتد) در پیشِ زنش نمی نشیند * بدتر از همه چنان [4] رشکین است که در اندرون هیچ کنیزی از تهمت او نرَسته است * حکیم نیز با همه حرصِ جاه و ترسِ پادشاه از دیدارِ کنیزان بی تأثیر نیست [5] و از هوا و هوسِ بشری بیخبر نه ؛ و از تو چه پنهان ؟ مطمحِ نظرِ خاصِ او منم * این است که محلِ رشک این زنم * امّا از ترسِ زن جرأت نگاهی و اشارهٔ و یک کلمهٔ حرفی بمن ندارد * در حرمِ حکیم فتنه و سخن [6] چینی بقدری است که دلت بخواهد * همینکه خانم بمسجد یا بحمّام میرود ، او از روی احتیاط و پیش بینی ، ملاحظهٔ زمان و مکان و وضع و فرصتِ همه میکند [7] ؛ و چنان هر یک از کنیزان را بکار وا میدارد که گویا تدارکِ عروسیِ بزرگی درمیان است" *

چون تا آنگاه بجز اندرون خانهٔ خود اندرونی ندیده بودم ازین اوضاع متحیّر ماندم و ازین حکایتِ آیندهٔ معشوقه ، که چگونه در خانهٔ حکیم بسر میبرد ، حیرتم افزود :—

" ما در حرم پنج کنیزیم - شیرین گرجی - نور جهانِ بمباسی - فاطمهٔ آش پز - لیلای [8] گیس سفید و من * کارِ من خدماتِ خاصهٔ خانم است * قلیان و قهوه و غذا دادن ؛ همراهی حمّام ؛ و دوخت و دوز ؛ پوشاندن و کندنِ لباسِ او ؛ و گُستردن و خشک کردن و کوفتن و بیختن تنباکوی وی با من است : و همیشه دست بسینه رو برویش میایستم * شیرین گرجی وکیلِ خرج و صندوقدار : اسبابِ حمّامِ

[1] *Past-pāya* "of no family" : *tang-māya* "badly off, not well off."

[2] "Married her by the Shah's orders."

[3] *Jahīz* "dowry *or* pleuishing ;" brought to the husband by the wife.

[4] *Rashkīn* "jealous."

[5] 'Is not insensible to the charms of his fair slaves.'

[6] "Fault-finding."

[7] 'With respect to time, place and opportunity and all that, she takes precautions (as regards the female slaves).'

[8] *Gīs-safīd* (lit. grey locks) "duenna, etc." : compare *rīsh-safīd* and the Pushtu *spin--girai*.

شوهر و زن ، بلکه لباسِ همهٔ خانگیان را نگاه میدارد : خرجِ خانه و مطبخ از قبیلِ آرد و برنج و روغن با او : و سایرِ لوازمات و اسباب خانه ، از آنچه در خانه گرانبها و معتنابه است ، بدست او سپرده است * نور جهان بمجای بمنزلهٔ فرّاش است : شست و شو و رفت و رُو ، چیدن و برچیدنِ اُطاقها ، آب پاشیِ حیاط پادویِ [1] آش پز بگردن اوست : اینسو و آنسو میدود ؛ و رقعهٔ خانم و حکیم را باینجا و آنجا میبرد : خلاصه محکومِ اکثرِ حکمهاست * امّا لیلای پیر ، بگیس سفیدی و سر [2] پرستیِ پرستارانِ جوان و خدمتِ بیرون نامزد است * امورِ مخصوصِ خانم را سر و صورت میدهد و (بگردنِ گویندگان) بتجسّس حرکاتِ حکیم هم متّهم است * شب و روزِ ما ، بی تلخکامی و کشاکش نمیگذرد * ما نیز همیشه دو سه تن باهم [3] میسازیم و بجانِ یک دیگر میافتیم * این روزها با شیرینِ گرجی در اُفتاده ایم [4] ، که چندی پیش ازین بگمانِ اینکه [5] بختش را بسته اند ، برغمِ ما ، از درویشی طلسمِ باطل السحری گرفت : فردای آنروز خانم باو [6] چپکنی داد * ازین معنی غیرتِ من بجنبید : من نیز از همان درویش دعائی گرفتم ، تا خدا شوهرِ خوبی نصیبم کند * شام آنروز ترا در بام دیدم * دیگر ، قیاسِ خوشبختی کُن * امّا این کار دعا ، رقابتِ سختی بمیانِ من و شیرین انداخت : هم چشمی بکینه کشید * اکنون دشمن جانیِ یکدیگریم * امّا میشود که باز یکروز ، خود بخود ، میانهٔ ما سازگاری اُفتد * حالا من با نور جهان ساخته ام : او بتحریکِ من ، در نزدِ خانم [7] زیر آبِ شیرین را میزند * چند روز پیش ازین یکی از بانوانِ شاهی [8] خوانچهٔ شیرینی بخانم تعارف فرستاده بود ؛ قدری از آنرا موش خورد * ما گفتیم .·. شیرین خورد : گرجی از دستِ نور جهان کُتک معقولی خورد * بخت بد را به بین که شیرینی را موش میخورد ، کتک را شیرین [9] * کاسهٔ آبخوریِ خانم را من شکستم و بگردنِ شیرین

[1] *Pā-dau* is an 'understrapper, assistant,' etc.: *pā-davi* 'the business of an understrapper.'

[2] *Sar-parastī* "overlooking; *also* watching the sick."

[3] 'Conspire together.'

[4] Note concord.

[5] 'Her good luck had gone.' Note the *Passive* sense of the 3rd Pers. pl. active.

[6] *Chapkan* "a jacket for women."

[7] *Zir-āb-i kas-i rā zadan* "to report against." Sometimes this expression gives the idea of 'to suck up to.'

[8] *Khwāncha* 'an enormous wooden tray' (as large as a rug); carried on the head.

[9] An example of *tajnīs-i zā'id* (or *nāqiṣ* or *muṭarraf*).

انداختم: هم دشنام شنید ، و هم تاوان کشید * میدانم آنهم برای من مایه میگیرد [1]
بجهة اینکه همیشه با لیلا که حالا در پیش خانم کوزه‌اش خیلی آب [2] میگیرد ،
سر گوشي دارد * از بیم آنکه مبادا زهرم بدهد ، چیزی از دستش نمیگیرم : چیزیکه
دستش باو میرسد نمیخورم * آنهم با من همین طور میکند * غرضم این نیست
که براستي کار بزهر دادن کشیده است : تنها [3] میخواهم بگویم که در اندرونها این کارها
رسم است * بلی یکبار کار مان از سخنان درشت بهشت و مشت [4] کشید * او مرا کج
خلق کرد برای اینکه تف بزمین انداخت و گفت ' لعنت بشیطان ' ؛ میداني که این کار
در نزد یزیدیان دشنام بزرگي است : من بروی وی افتادم ؛ دشنامش دادم ؛
گیسوانش را دسته دسته کندم ؛ اندامش را با دندان' تکه تکه کردم : لیلا بمیان افتاد ؛
مارا از هم جداکرد * تا حلقمان بدرد ، ونفسمان [5] ببرد بهمدیگر فحش دادیم * بعد
از آن ستیزه ، کینهٔ مان اندکي فروکش کرد ؛ امّا باز باقی است ، برای اینکه شیرین
بغرضِ من هر [6] لمّی که میتواند بکار میزند ؛ ومن هم چنین" *

بدینمنوال تا بصبح در گفتگو بودیم ؛ وچون صدای اللهُ [7] اکبر که نشان مفارقت
از یکدیگراست [8] بشنیدیم ، یکدیگر را وداع کردیم با این قرار ، که هروقت خوش ،
که دست دهد ، مغتنم شماریم : [9] تدبیر اینکه هرگاه زینب [10] چارقدش را بر
شاخ درختی که از بام دیده میشود بیندازد ، من بدانم که ملاقات ممکن است ؛ وگرنه ،
دیده ام براه [11] نماند *

[1] 'She is making a brew for me; she is plotting mischief.'

[2] *Kūsa-ash k͟haile āb mī-girad* "she is much trusted by, high in favour with—."

[3] *Tanhā* "only."

[4] *Husht u musht* "boxing."

[5] Pres. Subj. for past time.

[6] *Limm-i ustādī-yi ū k͟hūb ast* (m.c.) = *fann-i ustādī-yi ū* —.

[7] The beginning of every *azān*.

[8] Note Pres. Tense for past time.

[9] No *izafat* after *tadbīr*.

[10] *Chārqad* is a large sort of handkerchief used as a head covering. The *chādar* envelopes the figure from the head to the feet.

[11] 'My eye should not be on the road.'

* گفتار بیست و پنجم *

ملاقاتِ عاشق و معشوق بارِ دیگر با یکدیگر، و نغمه سازیِ حاجی بابا

شبِ دیگر، بخیالِ دیدار اشارهٔ وصال، بدام بر آمدم: امّا دریغ، که چارقد بر شاخ نبود: نومید بنشستم * نه تنباکو بود، و نه اسباب پاکی تنباکو: در زیر پایم سکوتی مستولی؛ آوازهٔ ناخوش پی در پی خانم که در آن ایّام از سرودِ باربد[1] خوشتر می نمود، [2] بریده * تنها صدای کفش کهنه که گاه گاه بگوش میرسید علامت آن بود که در[3] دار دیّاریست، و آنم پدرهٔ لیلا ست * صدای گوناگون شنیدم؛ اوّلاً صدای نقاره[4] خانه؛ ثانیاً صدای اذان؛ پس از آن صدای طبلِ اول؛ پس از آن صدای طبل بر چین؛ بعد از آن صدای طبلِ بگیر و به بند[5]؛ بعد از آن آواز حاذق باش و بیدار باشِ کشیکچیانِ بازار و پاسبانانِ برج و باروی ارگ * خلاصه شب حقیقی[6] دریافت، و در خانهٔ حکیم بجز خاموشی چیزی نبود *

[1] Bārbud, a famous musician; a native of Jahrum, near Shiraz.

[2] *Burida* in m.c. "ceased; *also* interrupted."

[3] The rhetorical figure *ishtiqāq*.

[4] Drums are beaten about half an hour or less before sunset; an ancient custom in Persia and possibly connected with sun-worship.

The *ṭabl-i avval* sounds about an hour after sunset; it is supposed to say '*bi-rau bi-rau*.'

The *ṭabl-i bar-chīn* is beaten two hours after sunset: it is the signal to close the shops: it says '*bar-chīn bar-chīn*.'

The *naqāra-khāna* is also called *naqāra-yi āftāb-zard*.

[5] *Ṭabl-i bi-gīr u bi-band*, three hours after sunset; 'seize and bind anyone in the streets.' At the present time—in Kirman at least—this drum has no signification; an hour later however a trumpet is sounded, after which no one should go out without the *ism-i shab*, the countersign.

[6] *Dar-yāft* verb; the object is perhaps *'ālam* understood.

با خود گفتم «سبب اینهمه سکوتِ حرم چه میتواند بود ؟ حمّام اینقدر طول نمیکشد، وانگی حمّام زنان اکثر صبحگاهان است * باید یا بعیادتِ ناخوش، یا بعروسی ، و یا بسر کشی [1] زنِ [2] زاهو رفته باشند - یا اینکه حکیم چوب خورده باشد» * باری کم مانده بود که از خیال بترکم ، ناگاه طُراقِ سندان [3] از در برخاست : در بگشود ، وصحنِ خانه از صدای نعلِ کفشِ زنانه پُر شد : امّا صدای خانم بر هر صدای برتری و بدتری داشت * چراغهای متعدد از اینسو و آنسو روان گردید * چون زنان [4] روبندها بر افگندند ، چشمم بجمالِ زینب روشن گردید * بانتظار وصال کمر بستم ، و در حقیقت زمانِ انتظار دیر نکشید * با پیش [5] بینیِ تمام خود را بمن رسانید وبگوشم فرو خواند که « امشب [6] حضور میسر نخواهد بود ، چرا که غیبت میسّر نخواهد شد ؛ امّا بزودی تلافی خواهم کرد » * مختصر اینکه « خواهرِ خانم ، که در اندرونِ شاهی است ، فجأةً مُرد ؛ گویا یکی از رقیبان زهرش داده * خانم همراهانِ خود را برده بود تا شور و غوغا بر آورد * از صبح تا بحال ، در اندرونِ شاهی آوازِ نوحه و زاری گوشِ گردون را کر میکرد * خانم ، بعنوانِ گریبان - دریدن یقّهٔ لباسِ [7] نوش را بشکافت ، و باسمِ گیسو - بریدن سرِ زلف را [8] بزد : بنامِ خاک کاه بسر پاشید * فردا روز کفن و دفن است ؛ باید صبحِ زود آنجا حاضر باشیم * باجرِ عزا داری یک چارقدِ سیاه با شیرینی خواهم گرفت » * پس برفت و وعدهٔ وصال ، بشرطِ مساعدتِ احوال ، بفردا شب داد ؛ و گفت « حاذق اشارت باش » *

بامدادان چون سر از بالین بر داشتم متحیّر ماندم که اشارت بجاست ، و زینب بر سرِ پا ، بشارت دهان که « بیا » * از نرد بانیکه او فرا میآمد فرو رفتم ؛ و خود را در اندرونِ حکیم دیدم * بی اختیار لرزه بر من مستولی شد که بچنان جای ، مردِ بیگانه بی آنکه سرش برود ، پای نمیگذارد : اما زینب بدلداری و خنده روئی تسلیم داد

1 *Sar-kashī* "looking after."

2 *Zan-i zāhū* (m.c.) "a woman in child-bed": *zāhū* is perhaps a vulgar form of *zā'iū* (زائو).

3 *Sindān* "anvil; *also* (as here) the iron on which the door knocker strikes."

4 *Rū-band* "veil."

5 *Pīsh-bīnī* ("precaution" in original) does not appear to be a very suitable word here.

6 *Ḥuẓūr* here = *ḥāẓir shudan*. *Ghibat* (*az khānum*).

7 *Nav-ash*: *yaqqa* 'the collar of a garment.'

8 *Zulf* 'the side curls of women (but the hind curls, all round, of men)': *sar-i-zulf rā zadan* is to just clip the ends.

که "دل قوی دار که در خانه بجز زینب کسی نیست ؛ اگر بخت یاری کند ، تا شام بی [1] سر خر زندگی خواهیم کرد " *

حاجی (با تعجب) :— "بچه معجز بدین حال دست یافتی؟ خانم کجاست ؟ زنان چه شدند ؟ از دست حکیم چگونه در امان بودن میتوان ؟ "

زینب :— "مترس همه درها بسته است : اگر کسی بیاید، تا بگشودن آنها تو فرصت گریز داری ، و بیم وباکی نداری * زنان همه بعزا داری رفته اند : امّا میرزا احمق ، خانم کاری کرده است، که بیک فرسنگی خانه هم نزدیک نمیتواند شد * باید از همه چیز ترا مخبر سازم چرا که می بینم ازین سعادت در حیرتی * این روز اولین دیدار برای ما سخت مسعود شد * همه چیز در خانه بیاری من برخاست * رقیبم ، شیرین ، برای اینکه خانم مرا باخود نبرد ، و از چارقد سیاه و انعام عزا محروم مانم ، خاطر نشان خانم کرد که 'لیلا از کودکی تا حال مشق گریه و زاری نموده ، و در ماتمها خیلی کار کرده است : خنّانه وانّانهٔ استادی است * مصلحت آنست که درچنین حال اورا باخود ببری و زینب را بگذاری که کُرداست ، وناشی ؛ واز عادات ما بیخبر * بنابرین یکساعت است که مرا باز گذاشتند ، و خود بماتمسرا بسوگواری [2] رفتند * بساختگی ، خیلی اوقات تلخی کردم که ' چرا من ماندم و لیلا رفت ' ؟ امّا خدا را شکر که بکام من شد * دم را غنیمت شماریم ، که چنین دم کم اوفتد * "

پس او بتدارک نهار رفت و من بتماشای چیزهائی [3] مشغول شدم که حقیقت آنها بغریبان مجهول است *

نخست باطاق خانم رفتم * اُرسیهای او آغشقه [4] رو بباغچه بود * در گوشهٔ پهلوی اُرسی ، توشکی با بالش بزرگ پر ، با [5] منگوله و روپوش [6] پولکدار * رو بروی آنجا آئینهٔ خانم با قوطی سرخاب وسفیداب و وسمه و سرمه و وزک [7] ، بایک جفت

[1] *Sar-i khar* is an intruder; anyone who is not wanted.

[2] *Sūgvārī* "mourning."

[3] Note the *yā-yi mauṣūl* separated from the *kāf-i ṣila*.

[4] *Āghishqa* (m.c.) a door with small window panes in the upper half; (this word does not appear to be in the dictionaries).

[5] *Mangūla* "tassels." *Rū-pūsh* "a pillow case (of netting, *tūr*); *also* "a light sheet for the body" (in hot weather).

[6] *Pūlak-dār* "covered with sequins" : *pūlak* "scale of a fish, etc.; a sequin."

[7] *Vasak* 'materials for making up the face.'

بازو بند طلسم دار ، ویک توي [1] زلفي با چاقو و مقراض و سایرِ آلاتِ مشاطگي * دریک طاقچه [2] تاري و تُنبکي : در یک گوشه رخت خوابي بچادرِ [3] شب پیچیده * چند [4] صورت ، بي چار چوبه ، بر دیوار چسپانیده : [5] رفِ اُطاق پر از [6] بلور و بارفتن و چیني * دریک گوشه شیشهٔ چند شراب حاضر ، که یکي سرش تازه کشوده و گُلي تازه بر درش نهاده ، علامت آن بود که صبح خانم براي گرمي هنگامهٔ مزا نیمهٔ آنرا نوشیده بود *

باخود گُفتم " ترسِ خدا و رسول گویا در اینخانه چندان حکمي نداشته باشد : حالتِ مقدّسین [7] را دانستم * حکیم که در ظاهر تقدّس خرج میدهد ، بجاي آن آبهاي ناب ، که در خارج مي‌نوشد ، در داخل شراب خُلّرِ [8] شیراز بکار میبرد " *

[9] تا من از کُنج کاوي اطاقِ خانم و تماشاي حُجرهاي کنیزان فارغ شدم ، زینب در اطاق خانم سفره را حاضر کرد * برروي توشک در پهلوي هم بنشستیم * غذا عبارت بود از پلو ، و کباب پر درمیانِ نان ، با خاگینهٔ شب مانده ، و پنیر و دوغ ، وماست ، وعسل ، و[10] خربوزهٔ اصفهان و [11] امرود و زردالو *

چون سفره بدیدم برونها تابیدم که " زینب بجانِ مادرت بگو ، به بینم ، چگونه در این مدت اندک اینهمه نعمت فراهم آوردي ؟ اینک سفرهٔ در خورِ شاهان " *

گُفت " غذا بخور وغصّه مخور * خانم از شب سفارش [12] ناهار کرده بود : صبح رایش [13] برگشت ، و خواست در خانهٔ مرده غذا بخورد ; زحمتِ چندان [14] بما نگذاشت * بخوریم و بگذرانیم " *

1 *Tūy-zulfī* a skewer for the hair, of gold or silver.

2 *Tār* is a stringed instrument: *tumbak* or *dumbak* is a drum played by the fingers.

3 *Chādar-shab*: no *izafat*.

4 *Ṣūrat* "picture": *chār-chūba* "frame" (of wood).

5 The *upper* narrow ledge that runs all round a Persian room.

6 *Bulūr* "cut glass": *bār fatan* or *bār fitan* is coloured glassware that looks like China (probably a corruption of some Austrian word).

7 *i.e.*, now and for the future.

8 *Khullar* a place near Shiraz; famous for its wine.

9 *Tā* "by the time that—."

10 Isfahan is famous for its melons: the village of Gurgāb is specially noted.

11 *Umrūd* "a sort of pear."

12 =*nihār*.

13 "She changed her mind."

14 'She left me but little to do.'

پس داد غذا [1] بدادیم ، و بدآنان که بعد از ما بیـــایند چیزي بسیار برجا نه نهادیم * بعد از شستنِ دست ، شربتِ محمّدي را بر کنار و شیشهٔ شراب را در کنار نهادهٔ ، [2] بطاقِ ابروی [3] دو سعادتمندِ دوستکام ، به پیمودنِ [4] ساتگین و جام ، مشغول شدیم *

مستي بحدّي بر من غلبه کرد که با آنهمه ترسِ [5] حال واندیشهٔ استقبال تارِ خانم را برداشتم وآهنگ نغمهٔ خود را ، بآواز سازِ ، دمساز نموده این غزلِ حافظ را ، که در جواني برای لذّت افزائي مشتریانِ دکانِ پدر آموخته بودم ، شروع بخواندن نمودم :—

* خوشتر ز عیش وصحبتِ باغ و بهار چیست ؟ *
* ساقي کجاست ، کو ؟ سبب انتظار چیست ؟ *
* هر وقتِ خوش که دست دهد مغتنم شمار *
* کس را وقوف نیست که انجام کار چیست *
* پیوند عمر بسته بموئیست ؛ هوشدار *
* غمخوارِ خویش باش : غم روزگار چیست ؟ *
* رازِ درونِ پردهٔ ز رندانِ مست پرس *
* ای مدعي ! نزاعِ تو با پردهٔ دار چیست ؟ *
* مستور ومست هردو چو از یک قبیلهٔ اند *
* ما دل بعشوهٔ که دهیم اختیار چیست ؟ *
* سهو و خطای بنـــدهٔ چوگیرند اعتبار *
* معني عفــو و رحمت پروردگار چیست ؟ *
* زاهد شرابِ کوثر وحافظ پیالهٔ خواست *
* تا در میانه خواستـــهٔ کردگار چیست ؟ *

زینب از شادي بیخود افتاد ، چه در عمرِ خویش نه شعری بدان خوشي ونه آوازي بدان دلکشي ، ونه سازي بدان سازگاري ، شنیدهٔ بود * غافل از اینکه هردو بد بختیم - (او کنیزی است سیاهٔ روز ، ومن بندهٔ روسیاهٔ) - گویا آنچه در جلو

[1] 'Did our duty to the food.'
[2] *Bi-ṭāq-i abrū sharāb khurdan* "to drink to the health of."
[3] 'Two happy beings.'
[4] *Sātgīn* 'a large bumper glass drunk to anyone's health.'
[5] *Ḥāl* "present."

ماست از آنِ پدر و مادر هست ، و گویا مستیِ این شراب تا قیامت [1] بجاست • بعــد از خواندنِ چندین غزل موزون و پیمــودنِ چندین ساغرِ گلگون ، کیسهٔ اشعار خالي و شیشهٔ شراب تهي گردید : و چون یار ساقي بود و وقت باقي ، گفتم "زینب تو بمن وعدهٔ دادي تا سرگذشتِ خودرا بگوئي : اکنون وقت است ؛ احتمالِ آن میــرود که بزودي اوضاعِ مارا برهم [2] زنند : فرصتی بدین خوشي ودلکشي کم بدست مي افتد : بهتر آنست که این فرصت را صرفِ گفت وشنیدِ حالِ تو نمائیم" • بخندهٔ پذیرفت ، وشرحِ حالِ خود را بدینگونه گفت •

[1] "We did and felt as if all that surrounded us were our own, and that the wine and our love would last for ever." Note the present tenses; '*Hypotyposis*' and *Metastasis.*

[2] 'They will interrupt, upset, us.'

* گفتار بیست و ششم *

در سرگذشت زینب *

"من دخترِ اوکوز آغا نام [1] شیخم که در کردستان مشهور است * مادرم را نمی‌دانم کیست * اینقدر شنیدم که [2] محصولِ یکی از شبهای ' چراغ کُشانِ ' [3] کرندم‌که کُردان اینقدر مستور میگیرند که کسی را یارای پرسیدن چگونگیِ آن از ایشان نیست : این است که آنچه درباب نژادِ من گُفته‌اند ، دروغ و راستِ آنرا نمیدانم ؛ گُستاخی نکردم که حقیقتِ آنرا بپرسم * آنچه واقع و نفس‌الامر[4] است ، این است ، که من هرگز بهیچ زنی بچشم مادری نگاه نکرده ام * درمیانِ زنان قبیله ، در دست بخت و اتّفاق بزرگ شدم * رفیقِ اولینم کُرّه [5] اسبی بود که در چادرِ زنانِ پدرم ، مثلِ همسفرهٔ ما ، میزیست ؛ و مادرِ او مادیانی بود عربی که نزدِ ما ، نه چون حیوان ، بلکه مانند یکی از اعضای خاندان ، بود * در واقع از همهٔ زنان عزیزتر بود ، و جایش از همه برتر و بهتر ؛ [6] برگ و سازش هرچه گرانبهاتر : در سفرها از همه چیز بیشتر باو دقّت و رعایت میکردیم * وقتیکه مادیان بمرد ، همهٔ قبیله عزاداری و سوگواری نمودند * کُرّه‌اش برای سواریِ روزِ جنگِ پدرم بزیست و بزرگ شد ؛ وهم امروز مایهٔ اعتبار و افتخارِ کردانست * کاش

1 An *izafat* after *nām*; an awkward m.c. sentence.

2 *Maḥṣūl* "product." The *Chirāgh-kush* or "Lamp-extinguishers" are a religious sect: its rites are or were secret and obscene. Amongst the Waziris, on the N.-W. frontier of India, there is said to be a sect or class that calls itself *or-mur* or "fire-extinguishers": I have failed to obtain any trustworthy information about its mysterious customs.

3 *Karrand* or *Karand* is in Kurdistan.

4 *Nafs*ᵘ *'l-amr* "truth."

5 *Kurra-asb-ī*, no *izafat*.

6 "Trappings."

ما آنهمه مهر بدآن حیوان نبسته بودیم[1] که آنهمه بلا بسببِ یک مادیان بسرِ ما آمد * چنانچه تفصیل آنرا[2] دیگر بیشتر در ضمنِ حکایت خواهي شنید *

" باید دانست که کُردان با اینکه خود را زیردست هیچ زبردستي نمیدانند ، اما نیاکانِ ما و پدرم تا چندي پیش‌ازین هم با رمه و گلهٔ خود در کوههای ممالک کُردستان ، که اکنون در تصرّفِ عثمانیان و در زیرِ ادارهٔ والیِ بغداد است ، مانندِ تبعهٔ[3] عثماني چادر نشین بودند ؛ و هر وقت والي را با کسي جنگی و نزاعی بود ، از ما بیاري سواره میگرفت * سوارانِ ما چون در همهٔ مشرق - زمین بدلیری وِ چابکي معروفند ، اوّلین سوارانی[4] بودند که مظهرِ این معنی[5] میشدند * پدرم بجهة بهادري و سواري و عددِ زیادي که در جنگها بدست خود کشته بود امتیازِ پرچم[6] زدن بر نیزهٔ خود داشت ؛ و پاشای بغداد او را وقعي[7] وافر میگُذاشت * قبیلهٔ وهّابي بنزدیکي بغداد آمد و از دخولِ او[8] بشهر میترسیدند * پاشا مصلحت دید که پدرم را بیاري طلبد * پدرم با جمعی از سواران خود برفت ، و از قضا ، بر وهّابیها شبخون[9] برد و پسرِ شیخِ وهّابیان را بکشت ؛ و غنیمت او را با مادیانی بي نظیر ، که سواریِ او بود ، بیاورد * قدر آن مادیان و غدرِ ترکانِ[10] را ما میدانست که اگر خبر شوند برای باز پس گرفتن آن از هیچ کوتاهي نمیکنند * این بود که او را پنهاني بقبیله فرستاد ، و در چادرِ زنان بنهفت : اما سعي او بیهوده شد * صیتِ شجاعت و آوازِ اخذِ غنیمتِ پدرم به دهانها پیچید * خبرِ اسب بگوشِ پاشا رسید ؛ امّا بنا بخاطرِ او و بملاحظهٔ وقت ، بنقد ، چیزی نگفت * همینکه وهّابیانرا راندند ، و کُردان به بُنگاه بر گشتند ، روزی میر آخورِ پاشا با ده سوارِ مسلّح ، بچادرِ ما آمد * هر خدمتی که چادرنشین بچنان کسان تواند کرد ، در حقِ ایشان کردیم * پدرم ، بمحضِ پدیدار شدن ایشان ، مرحله[11] را دریافت ؛ و از روی احتیاط مادیان را گُریزانید * چادرِ ما

[1] Note Plup. after *kāsh*.

[2] *Digar* (adv.) "again; hereafter."

[3] *Taba'a* (تبعة) pl. of *tābi'*; generally used in m.c. for followers of *mujtahids*.

[4] Note the *yā* of the relative pronoun after a plural.

[5] i.e., *yārī*.

[6] *Parchum* (and *tūgh*) is an ox or horse tail used as a standard or mark of rank amongst the Turks. I think the tassel on the neck of a spear is also called *parcham*.

[7] *Vaq' nihādan* "to esteem."

[8] *ū* for *ān*.

[9] *Shab-i khūn*.

[10] *Turkān-i mā; iẓāfat-i bi-adnā mulābisat.*

[11] *Marḥala* here = *maṭlab*.

چنان واقع شده بود که ما زنان مردان را مي ديديم، و آنان مارا نميديدند * بعد از تعارفات[1] رسمی میرآخور روی بپدرم کرد و از زبان خود و زبان پاشا صداقت و غیرت و حمیّتِ او را بستود و حاضرین نیز تصدیقِ او نمودند * عاقبت درِ مطلبِ بدین نوع بگشود :—

'اوکوز آغا، وهّابیان (علیهم اللعنة) آدمي به پاشا فرستاده اند و مادیانیکه پسر شیخشان سوار بوده است، خواسته اند * اوّل میگفتند که خونبهای او خون پاشاست ؛ و پس، حالا، بباز دادنِ مادیان راضي شده اند * این مادیان گویا پشت به پشت بمادیانی مي پیوندد که پیغمبر در وقت هجرت از مکه بمدینه سوار شده است ؛ و اینقدر پول در این راه خواهند شمرد که پاشا بگوید 'بس است' * همه کس شجاعت ترا شنیده[2] است و میدانند[2] که تو پسرِ شیخ را کُشتهٔ * پاشا در کار وهّابیان مشورت کرد و مصلحت چنان دید که چون این کار دولتی شده است، از تو این مادیانرا درخواهند[3]، تا فتنهٔ وهابیان فرو نشیند * اینک سببِ فرستادن من' *

"پدرم جواب داد که 'چه بگویم و چه بکنم ؟ مادیان اینجا نیست : وهّابیان دروغ میگویند' *

"پس پدرم میرآخور را بکنار کشید ؛ و پس از قدری سرگوشی، میرآخور خندان شد * بعد از غذا، میرآخور را با بیست[4] باجاقلو و یک تازي راضي بفرستاد، تا در نزدِ پاشا شفاعتِ او نماید، و کارِ مادیان را رفع و رجوع سازد : و نیز وعده داد که 'اگر پاشا در دُنیا مالکِ حورِ عین شود :

نظـــم

به پرده درونم بُوَد دختــری .·. چه دختر بچرخِ جمال اختــری
اگرچه بصورت بُوَد بچهّ کرد .·. بمعني پري میتــوانش شمــرد
بکیش و نژاد و نهـــاد ایزدي .·. چون شیطان بشیطاني و بخردي *

با اینکه ها ایرانیانرا با اصحابِ سریرِ ملل داد و ستدِ دختر نشاید، امّا میتوانم اورا بپاشا پیشکش فرستاد' *

1 "Compliments."
2 Plural better after *hama kas*.
3 A good example of the Passive sense of the 3rd Pers. pl. active.
4 Gen. *bājughlī* a European gold ducat, value about one *tumān*.

"بعد از ساعتی میر آخور برفت ; و چون پدرم از رفتنِ او خاطرِ جمع شد ، کس بفرستاد و مادیانرا بیاورد ; و ریش سفیدان قبیله را جمع آوری نموده گفت :—

'حضرات ، کارِ ما گیر کرده است * مدتی است درین حدود ، عثمانیان را از خراج و رشوت و پیشکش سیر میکنیم * در هرکار ، بکار شان میخوریم * پاشا بمن اظهار دوستی میکند برای اینکه من در راه او جان فدا میکنم : امّا چنان تشنهٔ طلاست که دنیا را بدیناری میفروشد * این فرصت که بدستِ او افتاده است برایگان از دست نخواهد داد * اگر صاحبِ زن و بچّه نبودم ، میدانستم با این ترکان چه کنم * امّا چه کنم که پای بستِ عیالم و کاری از دستم بر نمیآید ؟ باعتقادِ من ، باید بزودی ترک حدودِ عثمانی نمود ، و بحدودِ ایران گریخت * البتّه آنجا پناهی خواهیم یافت' *

" یکی از ریش سفیدان جواب داد که ' او کوز آغا ، من نیز برآنم ، چرا که ترکان همیشه پی بهانه میگردند ، تا رعیّت خود را خراب سازند * اکنونکه بهانهٔ مادیانی بدست پاشا افتاده است ، زندگی بر ما حرام است[1] * فردا خواهند فرستاد و از ما گروی خواهند گرفت ، تا ناچار سازند بدینجا بمانیم * پس از آن آنچه دلخواهشان است می کنند * پناه بخدا ، و هرچه بادا باد ! باز بکوههایِ قدیمِ نیاگان خود میرویم ، و باصلِ خود رجوع میکنیم : اصلِ ما ایرانی است ، و هم ایرانی حقیقی و ایزد پرست مائیم' *

" جمعی دیگر با او یکزبان گردیدند * آدمی بشاهزادهٔ کرمانشاهان فرستادند ، تا بخیمه نشینانِ سرحد ضدفن کنه ، بما کاری نداشته باشند ; چه ایشان در باب دخل و تصرّف بسرحد خود بسیار غیورند *

" پس نیمه شب چادر ها را کنده بارها بر گاوان و شتران ، گله و رمه در پیش ، زن و مرد پیاده و سواره ، رو بسرحدّ ایران نهادیم *

" من از یکراه دلخور بودم که 'چرا زنِ پاشا و محسودِ امثال و اقرانِ خود از دختران ایزدیان ، نشدم' ؟

" خلاصه از راه و بیراه ، بیمانع ، بسرحدِّ ایران رسیدیم ، و در آنجا توقّف نمودیم *

1 = 'It *would be* better for us to die.'

” پدرم بکرمانشاه رفت ، و چون در آنجا معروف بود ، شاهزاده او را بنواخت و خلعت و اطمینان بخشید که ’ مُلکِ خدا وسیعست ؛ هر کس در هر جا میخواهد می نشیند ٭ اگر پاشا ببهانهٔ اینکه ’ اینان رعیتِ ما هستند و گریخته اند ‘ شما را باز پس خواهد ، پدرش را میسوزانیم ‘ ٭ ده فرسخ دور تر از خاکِ عثمانی ، [1] سه روزه - راه - خاک ، برای ییلاق و قشلاق بما دادند ؛ و بآسودگی آنجا قرار گرفتیم ٭

” شاهزاده راست گفته بود ٭ چند روز بعد از آن پاشای بغداد بشاهزاده نوشت که ’ اوکوز آغا دزد و راهزن و مُفسد و سرکش است ٭ مادیانی از ما برده است بی‌نظیر ، که بعالمی میارزد ٭ اگر او را با قبیله‌اش بجانبِ ما بر نگردانید ، آمادهٔ کارزار باشید ‘ ٭

” ازین خبر ترسان و هراسان ، اضطرابِ عظیمی درمیان ما افتاد ٭ پدرم مادیان را بنهفت ، و بخدمتِ شاهزاده رفت ٭ شاهزاده او را اطمینان داد که ’ در پناهِ شهنشاه ایران می باشی : از هیچ ، باک مدار ٭ کسیکه دست توسّل[2] بدامان قاجار زند ، از حوادث روزگار مصون است ٭ تو برو ، آسوده باش ٭ ما میدانیم ، و پاشا ٭ تو رعیتِ پادشاهی ، و در امانِ خدا ‘ ٭

” پدرم این خبر را بقبیله رسانید : همه خوشنـــود شدند مگر عموی پیر او ، که در ایام نادر شاه خدمت بایران کرده بود ٭ گُفت ’ ای یاران ! بایرانیان دل مبندید ، که وفا ندارند[3] ٭ سلاحِ جنگ و آلت صلحِ ایشان ، دروغ و خیانت است[4] ٭ بهیچ و پوچ ، آدم را بدام میاندازند ٭ هرچندهٔ بعمارتِ[5] ایشان کوشی ، بخرابیِ تو میکوشند ٭ دروغ ناخوشیِ ملّی و عیبِ فطریِ ایشان است ؛ و قسم شاهدِ بزرگ این معنی ٭ قسمهای ایشان را بینید : سخن راست را چه احتیاج بقسم است ؟ بجـــانِ تو ، بجانِ خودم ، بمرگِ اولادم ، بروحِ پدر و مادرم ، بشاه ، بجیقهٔ شاه ، بمرگِ تو ، بریش تو ، بسلام و علیک[6] ، بنان و نمک ، به پیغمبر ، باجدادِ طاهرین پیغمبر ، بقبله ، بقرآن ، بحسن ، بحسین ، بچهارده معصوم ، بدوازده امام[7] ، از اصطلاحات سوگند ایشان است ٭

1 *Si-rūza-rāh khāk* means a tract of country in extent about three days' journey across.

2 *Tawassul* "being joined; seeking connection with."

3 *Īrānī wafā na-dārad* is a common saying.

4 'Their weapons are lying and treachery.'

5 '*Imārat* "cultivating; rendering habitable."

6 *Bi-salām* = 'by the greeting' and *va 'alaik* by the answer to it.

7 This by no means exhausts the list of oaths used in daily conversation. A very common one is *tu bi-mirī* "may *you* die!"

خلاصه از روح و جانِ مُرده و زنده گرفته ، تا سر و چشم مقدّس[1] و ریش و سبیلِ مبارک[2] و دندانِ[3] شکسته و بازوی[4] بریده[5] تا بآتش و چراغ و آب حمام[6]، همه را ، مایه میگُذارند تا دروغِ خود را راست نمایند * باین دروغها باور مکنید * باینحال شما را اعتقاد این است که این مادیانِ بلائی را بشما باز خواهند گذاشت ؟ ایرانیان از عثمانیان طمعکار ترند * این مادیان مثل جواهر است : چگونه بدست شما میگُذارند ؟ اگر شهرتِ این حیوان بگوشِ پادشاهِ ایشان برسد و بخواهد ، چه خاک بسر کنیم ؟ هرچه میخـــواهید بگوئید من بایرانیان اعتقاد ندارم ؛ هرچه میخواهید بگوئید' *

"کار ، چنانچه پیره[7] مرد گُفته بود ، واقع شد ؛ و مرا باین روز که می بینی انداخت *

"روزی صبحگاهان سگانِ قبیله شروع بپُارس و شور و غوغا نمودند * پدرم برفت تا بیند چه خبر است * اوّل یک سوار پدید شُد ؛ بعد از آن یکی دیگر ، و یکی دیگر ؛ معلوم شد که اطرافِ چادران را احاطه کرده اند : بپدرم حمله آوردند * دو سه تن از ایشان بکُشت * غرضشان مادیان بود : بچادرها ریختند ، و مادیانرا ضبط کردند *

"چون روز روشن شد دانستیم که دشمنانِ ما ایرانیانند[8] * پدرم از قضا بزرگشانرا کشته بود * معلوم است مارا اسیر کردند * قیاسِ حالتِ مارا تو خود بکن * پدرم را در پیش چشمم بانواع و اقسامِ اشکنجه کُشتند ؛ و اموالِ ما غارت و تاراج شد" *

زینب میخواست تا شرحِ اُفتادن خود بدستِ میرزا احمق گوید که ناگاه بشدّت در را زدند * ما دست و پا چه * من از بام فرار کردم و زینب بگشودن در رفت * از صدای در دانست که میرزا احمق است و بعذرِ خود بنهار اعتماد کنان در را

[1] *Sar-i muqaddas*, of Ḥusain: *chashm-i muqaddas* of 'Abbās.

[2] *Rish u sabil-i mubārak* of any Imam or of the Shah.

[3] *Dandān-i shikasta*. The Prophet had a front tooth broken by a stone at the battle of *Uḥud* (أُحد). *Uḥud* is the name of a mountain at the foot of which the battle took place.

[4] Of 'Abbās at Kerbela.

[5] *Bi-īn ātash bi-sūzam agar darūgh gūyam* (m.c.). *Tā* is here an error: it should occur only once after *az girifta*.

[6] *Āb-i ḥammām*, this appears to be said in joke.

[7] *Pira mard* appears to be so written to indicate the *izafat* (never written) in m.c. after *pīr*: *pīr-i mard* or *pīr-i mard-ī* (m.c.) "an old man."

[8] *Īrāniyān*, note the plural of definiteness "*the* Persians:" but *shumā sag-īd* "you are *dogs*."

بکشود، چه راه عذرِ خوبي داشت * من از پشتِ بام تماشای ماجرا میکردم * زینب و او چنان با مهرباني صحبت داشتند که آب از دهانِ من جاریشد * چشمِ حکیم از دور باوضاعِ ناهار افتاد، و یقین کرد که در خانه اغیار بوده است [1] * در کارِ سوال و جواب بود، که خانم با همراهان در رسید [2]، و چنان بغفلت داخل اطاق شد که حکیم و زینب فرصتِ جدا شدن از یکدیگر نکردند * حالت خانم را درآنحالت، تاقیامت فراموشم نمیشود * با احترامی که میداني گُفت "سلامٌ علیکمْ؛ [3] کنیزِ شما هستم * انشأ الله مزاجِ شریفتان را مکروهی نیست * لذّت عیش و نوش عافیت باشد * وقتِ شریف، انشأ الله، بخیر و خوبي گذشته است؟ دریغ که قدری زود رسیدم" * امّا خونِ چشمانش را فرو گرفت: عقل از کلّه‌اش پرواز کرد * با ناخن و دندان روی مقصّران افتاد:—

"... و ناهار هم! در اطاق من هم! بروی - توشک من[4] هم! * ماشا الله! چشمِ بد دور! حالا معلوم شد که من هیچ سگی نیستم: در خانهٔ من؛ در اطاقِ من؛ بروی توشک من؛ بر روی متّکای من؛ غلام[5] من؛ کنیزِ من؛ ... ماشاءالله، بمن[6]! خداوندا! تو میداني * عجیب و غریب! من کجا بودم: کجا افتادم؟ در آسمان بودم؛ بزمین افتادم" *

پس روی بشوهرکرد که "خوب، احمق جان! سر بالا کن: بر روی من نگاه کن* بجانِ من بگو به بینم، ترا بچه دلیل باید آدم گُفت * تو کجا، اسمِ آدمي کجا؟ اگر خدا بخواهد تو هم باید سر درمیان سران آری[7]؟ خود را آدم بشماري، با این همه ریش، با این همه پشم؟ تُف باین ریش! تف باین پشم! و انگهی حکیم، لقمانِ عصر، وحیدِ دهر، با این صورتِ میمون؛ با این قوزِ[8] موزون؛ با این هیأتِ ریشخندي؛ با این ریشِ بزِ قندي[9]؛ این طور عشقبازي؟ زهی بازی! زهی بازی! من کیم که تو کنیزی را به از من بشماري؟ چه کرده ام که مرا بجای هیچ

1 Should be *būda and*.

2 Note the *correct* concord.

3 Note the *tanwin* in the Persian m.c. salutation.

4 There is an indecent suggestion.

5 *Ghulām* here refers to the poor husband.

6 i.e., *āfarin bi-man*.

7 'Do you count your head like other people's heads?' = *khar-i khud rā dar dakhil-i kharān-i 'allāfān mi-rānī?*

8 *Qūs* "hump."

9 *Bus-i qandi* is a he-goat kept by *lūṭis* for show: it usually has its beard dyed with henna.

میگذاری ؟ وقتی تو بودی و شیشهٔ دستور و قوطیِ خاکشیت[1]، من از خاکت برداشتم ؛ آدمت کردم * شال کشمیری بستی ؛ سر[2]شناس شدی * ای آدم از سگ کمتر ! ای سگِ کمترینِ آدم ! تو واین[3]حرکات ؟ این چه حکایت باشد ؟ این چه معنی دارد ؟ ' حکیم بجز قسم ، بُرهانِ انکار نداشت * بُرهانش قاطع نبود ، و انکارش مجال نداشت * خلاصهٔ خشمِ زن آتشی فرونشاندنی : سیلی بود که پیش بستنی نداشت * دشنام بروی دشنام میداد ، و سقط برروی سقط * از روی حکیم برروی زینب می افتاد ؛ و ازروی زینب برروی حکیم * از گیسوانِ دلارامِ زینب گرفت ، وچنان بدانسوی و اینسوی کشید که بندِ دلِ من برید ؛ وکم ماند که ریشهٔ جانم بگسلد * بیاریِ همراهان ویرا بگوشهٔ انداخت ، و چندان بکوفت که خود از حال افتاد *

دریغ که من اینها را میدیدم ، و دلم میخواست که بیاري روم ؛ امّا اگرپایم بحرم میرسید ، نعشم بیرون میآمد * اگر میرفتم شاید کشته میشدم ، وفائدهٔ هم بحالِ زینب نداشت ، بلکه حالتش بدتر میشد * چون طوفانِ بلا فروکش کرد از بام فرود آمدم ؛ و باین قضیه ، که خود از ارکانِ آن بُودم ، [4] تفکّرکنان بگردش رفتم * بدیهی است که بایستی همان وقت ترکِ آن مکان کنم ، چه بعد از آن ، عشق بازي من با زینب امکان [5] نداشت * چون حالت او را بنظر میآوردم ، دلم خون میشد ، برای اینکه از حرمها تفصیلهاي غریب شنیده بُودم ، و معاملهٔ عفریتی مثلِ زنِ حکیم ، با بی‌نوائي مثلِ زینب معلوم بود *

[1] 'When you had nothing but yourself, your enoma and your box of *khākshī*—.'

[2] *Sar-shinās* 'a somebody.'

[3] *Vāv-i istibā'd* or *vāv-i ta'ajjub?*

[4] 'Pondering that I was one of the causes of it.'

[5] This should be *na-dārad*.

گُفتار بیست و هفتم

در تدارکِ حکیم باشي برای مهمانيِ شاه و خرجِ هنگفتي که بزور بگردنش افتاد *

در هنگام گردش با خود مصمّم کردم که در[1] دم ترک خانهٔ حکیم بلکه ترکِ شهر طهران گویم کَه جاي اُمید نه، بلکه ورطهٔ خطر بود: "امّا بیت

'عشق چون زَنَد خیمه در درون .·. عقل را پراگندهٔ میکند' *

عشقِ زینب بعقلِ من غالب آمد و بامیدِ عطاي او، بلقای میرزا احمق متحمّل شدم، که "نهٔ سَگ و نه گُرگ باز زحمت بزرگ او را بکشم" * میرزا احمق را از رقابتِ من با او، و از اینکه سببِ آنهمه شور و غوغاي خانم من خود بودم، با خبر نبود؛ ولی اینقدر میدانست که در زیرِ کاسه نیم کاسه ایست[2]، یعنی در این کار پاي اغیاري درمیان است * بدینجهت چنان چشمِ دقت بکشود که من از حالِ زینب با هزاران تعب نتوانستم خبر شد؛ و از نتیجهٔ عتابِ خانم با هزار[3] زحمت نتوانستم سرِ حساب گردید * دم، همه دم، چشمم بر درِ حرم، که زینب با بانویش بیرون میآید یا نه: امّا هیچ اثري ازو درمیان نبود، بنوعیکه گمان کردم یا در بستر بیماري است، و یا در قیدِ گرفتاري * طاقتم طاق شُد، تا اینکه روزي نورجهان را دیدم تنها ببازار روان * به پُشتِ سر او اُفتادم و بحکمِ اعتمادي که بدوستداريِ ایشان باهم، داشتم، سلام دادم که "نورجهان، تنها بکجا میروي؟"

[1] *Dar dam* "at once."

[2] "There's something secret; no smoke without fire."

[3] Or *hazārān*.

جوابِ سلام بداد که " آقا صاحب، میروم برای کنیز- کُرده[1] دوا و درمان بخرم * "

آهی کشیدم که " مگر زینب نا خوش است ؟ "

پاسخ داد که " نه تنها نا خوش، حالش بسیار خراب است * شما اهلِ ایران (خدا خیرتان دهد) سخت بیرحم مردمانید * ما سیاهان، سگمانِ بشما میارزد * همیشه دم از حدیثِ ' اکرِمِ الضیف[2] ' میزنید و خبر از آنچه باین کنیز کُرد گردیده ندارید ؟ "

گفتم " ترا بخدا ! چه شد ؟ مگر چه باو کرده اند ؟ راستش را بگو * "

از دلسوزیِ من دلگرم، گُفت " که خانم از رویِ رشک زینب را در[3] پست - توئی نهاده، و غد غن کرده است که رویِ آفتاب نه بیند * از شدّت بد رفتاری با او، تبی شدید بوی عارض شده است، بنوعیکه در دمِ مرگ[4] است : امّا خدا برکت بدهد، جوانی و قوتش به تپ غالب آمد : حالا رو بِبِهبودیست * غضب خانم هم اندکی فروکش کرده است : اذنِ حنا و سُرمه داد * پیشِ عطّـار میروم تا حنا و سُرمه بگیرم * امّا بیقین میدانم که اگر خانم خبرِ آمدن پادشاه را در اینروزها بخانهٔ میرزا احمق نشنیده بود، هرگز این اذن را نمیداد * چون پادشاه مختار است که بحرمِ هر کس داخل شود و زنان را رو برهنه تماشا کند، خانم برای خود-فروشی و خودنمائی زینب را از حبس بیرون آورد، تا در حضور پادشاه خدم و حشمش را زیاد تر نماید * امّا هنوز زینب اینقدر مأذون بیرون و تو رفتن و آمدن نیست * "

ازین خبر آسوده و دلگرم، بفکر و تدبیر ملاقات دیگر افتادم ؛ ولی چون موانع را سخت قوی میدیدم، و از باعثِ بدبختیِ نو شدن میترسیدم، آهنگِ آن کردم که بنقد از خیال ملاقات در گذرم ؛ و نصیحتِ حکیمی را کار بندم که گُفته است " فرشِ هوس در نوردم، و گردِ مصاحبت نگردم * "

امّا روزِ ییلاق - رفتنِ پادشاه نزدیک بود * برسمِ معهود پیش از رفتن بدیدن نجباء و بزرگان میرفت، و برای خود و اتباع خود پیشکشی ازآنان میگرفت ؛ و ایشان هم بمیل

[1] *Kanīz-kurda* (m.c.) for *kanīz-i Kurda*; the ة is diminutive. Teheran is say *yārū-kūchika* and *pīr-i sana*.

[2] اکرم الضیف ولو کان کافرا "Honour the guest, even though he be an infidel."

[3] *Past-tū* "a small back-room, or closet."

[4] Should be *būd*. Persians, especially women, are careless about the sequence of tenses. Here the negress would probably use *ast* for the sake of dramatic effect.

خاطر این پیشکش دادن را مایهٔ مباهات و افتخار میشمردند : و از جملهٔ کسانیکه آن را مایهٔ مباهات میدانستند ، میرزا احمق بود *

رندان[1] ، از دیرگاهی [2]باز ، او را شکاری لایق سیمرغ شهریاری دیده بودند ، چه شهرت توانگری داشت * بنابرین روز تشریف مشخص شد ; و خبر دادند که این مباهات افزائی مانند مباهات افزائیهای عادی متعارف نه ، بلکه با لطفی خاص ، و شرفی باختصاص خواهد بود ; چنانچه پادشاه یا شام یا نهار را ، در خانهٔ احمق خواهد خورد *

حکیم [3] نیمی از مباهات خشنود ، و نیمی از طرف کیسه نا خوشنود ، بتدارک و تهیه افتاد * اولین تدارک ، تدارک پای انداز بود * میدانست که این فقره بدهانها افتاده و[4] میباید که مهمانی او خار چشم دشمنان و گل باغ دوستان شود ، تا رایت سرافرازی از التفات شاه بر افرازد * از یک سو مرضِ حُبّ جاه گل [5] کرده بود ; از دیگر سو بخالتش بخدا دخالت میکرد [6] * اگر دست از مالِ شُسته بجوانمردی حرکت میکرد ، برکت میشد * مدتی بود که بالتفات استشاره مرا سرافراز نفرموده بود[7] ، و منِ طفیلی حقیقی شده بودم : اما چون کارش تنگ شد ، چشم‌گشودگی من و تدبیر و تزویرم با حکیم فرنگی بخاطرش آمده ، مرا بکنکاش خواست *

حکیم :— " حاجی ، کار ما گیر کرده است ; نمیدانم چه باید کرد * شنیده ام قبلهٔ عالم از من توقعِ پای اندازی مکتنابه دارد * معیّر الممالک که در این کارها سرآمد اقران و محسودِ اعیان است ، با زبانِ خود بمن گفت که 'تو با من هم‌چشمی نمیتوانی کرد ' * اصرارش این است که سرتاسرِ[8] راهِ شاه را تا بجائیکه از مرکب فرود میآید قماشِ ابریشمین ، و تا درِ باغ اطلس ، و ازآنجا تا بشاه نشینِ خانه که محلِ نشستن شاه است شال کشمیری ، بگستَرَد * حاجی ; میدانی که من مرد اینهمه مخارج نیستم * راست است حکیمم و حکیم باشی ; اما شب و روز در جمع مال دنیا نیستم : و انگهی میدانم غرض معیّرالممالک ازین حرفها این است که قدری حریرِ رشتی و شال دارد ،

1 *Rindān* = here *saringān* and probably refers to the Shah's touts.

2 *Az dir-gāh-i bāz* = *az khaile vaqt bi-ba'd.*

3 *Nīm-i nīm-i*, "partly ...... partly."

4 This *vav* should be omitted. Instead of *uftāda* the future should be substituted.

5 *Gul kardan* "to blossom; commence."

6 *Bakhālat* and *dakhālat* are forms of doubtful accuracy: they do not appear to be used either in Persian or in Arabic.

7 'He had not deigned to consult me.'

8 *Sār tā sar* "all the way."

ازسر وا کند، یعنی بمن بفروشد * خیر[1]، بمرگِ خودش من رودستِ[2] او را نمیخورم این نصیحتها را بدیگری بدهد * ولی به بدانم من چه باید بکنم * "

حاجي :— "راست است تو حکیمي، امّا حکیم تنها نه ؛ حکیمِ شاهي و صاحبِ رتبه وجاه : و آنگهي بملاحظهٔ آبروي خانم وحفظِ شأنِ او اگر پادشاه را بنوعِ فدوي گري پذیرائي نکني ، و پادشاه نداند که مال و جانِ تو در راهِ او فداست ، اوقاتِ خانم تلخ میشود * "

حکیم :— "آري شاید حق‌داري امّا من حکیمي بیش نیستم[3] : نمي‌توانند گفت که همه[4] شالِ زربفت در وقتِ لزوم بکار میبرم * "

حاجي :— "خوب ، خیر این میخواهي چه بکني ؟ نمي‌تواني بگوئي 'من حکیمم و بسرِ راهِ پادشاه برگِ خطمي[5] میپاشم' یا اینکه 'سندلیش را لپّه[6] میگذارم' * "

حکیم :— "نه خیر ؛ مثلا میتوانم برگِ گل بپاشم که چندان گران نیست * گاوي[7] بسرِ راهش بکُشم : شیشه‌هاي شربتِ فراوان در زیرِ پاي اسبش بشکنم * آیا اینها کافي نخواهد بود ؟ "

حاجي :— "خیر، خیر ؛ این گونه حرکت با پادشاه مناسب نیست ؛ سررشتهٔ بدستِ دشمنانت میدهي ؛ وکاري میکنند که ریشه‌ات بآب[8] میرسد * شاید بآنطورهاي گزاف ، که معیرالممالک گفته است ، خرج لازم نباشد : امّا میشود راه را چیت ، درِ باغ را مخمل ، حیاط را زربفت ، و اطاق را شال بگستري ؛ و گویا این خرج چندان گزاف نباشد * "

1 *Khair* "no."

2 *Rū-dast* a throw in wrestling (by placing the right hand in the opponent's 'fork' and throwing him over the head).

3 *Ḥakīm-i bish nistam* (m.c.) "I am no more than a doctor."

4 *Hama* = 'always.'

5 *Khaṭmi* "hollyhock"; the flower is used in medicine. The hollyhock grows wild and is very common in Persia.

6 *Lappa* vulg. *lappā* is a cloth on which flat cakes are kneaded and then cast on to the upright sides of the oven: the cake sticks and the cloth comes away. *Sandali* or *ṣandali* "chair."

7 A *sheep's* throat is still cut in the road as a person of importance passes on first arrival.

8 Better *risha at rā tā āb mi-rasānand* (m.c.) "they will follow your roots up to the water" (*i.e.*, to the extremities, digging them out).

حكيم :ـ "بد نميگوئى ؛ خوبست اينطور سرش را بهم آريم [1] * چيت درخانه حاضر
داريم : ميخواستند شلوار زنانه بدوزند , ندوزند * يك [2] ناخوشى پريروز [3] دو توپ مخمل
اصفهانى آورده است * خلعت امساله را هم ميفروشيم زر بفت ميگيريم * شالهاى خانگيان
هم براى اطاق بس است * بيارى شاه مردان [4] كار سرانجام ميگيرد * "

حاجى :ـ " بسيار خوب اما در باب حرم چه ميكنى ؟ ميدانى كه شاه براى
اظهار التفات , ديدنشان خواهد كرد * بايد سر, و وضعشان موافق حساب [5] باشد * "

حكيم :ـ "كاشى همه دعواها برسر اين بود ! كه در خانه هرچه لازم باشد از
جواهر ـ [6] آلات و چپكن و شلوار و چارقد و شال از دوست و آشنا و همسايگان عاريت
ميگيريم ؛ غصّهٔ آن نداريم * "

چون تفصيل اين تدبير بخانم رسيد , علَم بر افراخت كه " قبول ندارم * "
شوهرش را فرومايه و پست پايه خواند كه " قابل شوهرى من نيستى * البته
بايد بطورى حركت كُنى كه شايستهٔ نشخّصى باشد كه بعد ازين بايد پيدا كُنى *'
با خانم چانه زدن كار حضرت [7] فيل است * بنابراين تداركِ خيلى مكلّف تر از آن
شد كه حكيم پنداشته بود * پس همهٔ اهل خانه , معلوم شد كه زبانى داشته اند *
آنچه در سالهاى سال , حكيم , بى آنكه از هيچ كوتاهى كند , از گردهٔ اين و آن
بيرون آورده بود, در ظرفِ چند روز بى آنكه سر موئى كوتاهى كند, از حلقش بيرون آوردند *

---

[1] =tamām-ash bi-kunīm "finish the matter."
[2] "Patient." In Persia patients often pay in kind, i.e., if they pay at all.
[3] *Tōp* is a " piece " generally of forty yards.
[4] i.e., ' by the help of 'Ali.'
[5] ' As it should be.'
[6] *Jawāhir ālāt*, no izafat.
[7] =janāb-i fil.

گفتار بیست و هشتم*

در آداب پذیرائی پادشاه و پیشکشها و گفتگوهای که واقع شد[7] *

منجمان برای حرکت شاه روز مخصوصی از اسعد ایام و ساعت مخصوصی از اشرف ساعات برگزیدند * صبح روز معهود در خانهٔ احمق ساز تدارک چیده شد ، یعنی مصراع ‹ شد وحشتی که روز قیامت ز یاد [1] رفت * › پیشخدمتان و فراشان در اطاق سلام پر شدند : فرشهای نو گستردند : شاه نشین را با شالی فرد واعلا گستردند : حیاط را جاروب وآب پاشی کردند * فوارهای حوض را گشودند * بر روی حوض ، روبروی آرسی شاه از برگ گل شکلهای گوناگون ساختند * گلدانها و تغارهای نارنج وترنج بر اطراف حوضها چیدند ، بنوعیکه طراوت[2] بهار بنظرها نمودار شد *

جمعی کثیر از آش پزان پوست کن با دیگ و مجموعه [3] و طشت [4] و سینی و لنگری[5] و دوری[6] و بشقاب و کاسه و کوزه و قدح و فنجان شربت خوری و قهوه خوری در رسیدند * حکیم دست و پا را گم کرد که " شمارا بخدا ، مگر میخواهید که همهٔ شهر را غذا بدهید "

گفتند "خیرولی نباید شعر افصح المتکلمین شیخ سعدی را فراموش کرد که فرموده است :—

شعر

‹ اگر زباغ رعیت مالک خورد سیبی .·. بر آورند غلامان او درخت از بیخ :
به پنج بیضه چون سلطان ستم روا دارد .·. زنند لشکریانش هزار مرغ بسیخ * ›

1 *As yād.*
2 " Freshness.
3 " Round copper tray."
4 ' Copper vessel for water and sherbet.'
5 *Langari*, a kind of drinking-glass.
6 *Dauri* ' a big dish.'
7 An instance of *Zeugma*.

مطبخِ حکیم که گنجائش چار یک تدارکاتِ آش‌پزان را نداشت ، بدستِ آش پزان افتاد ؛ و ناچار با جاق[1] همسایگان التجاء بُردند * دیگهاي پلو برپا شد * علاوهٔ بر آش‌پزان یکدسته[2] شربتدار و شیرینی ساز درجانبِ دیگر، حلویات و مشروبات و بستنیها[3] و میوه ترتیب میدادند * اینقدر چیزهاي ندیده و نشنیده با قیمتهاي گزاف خواستند ، که حکیم چون سیاههٔ آنرا بدید ، کم ماند که روح از بدنش پرواز کند * بعد ازآن لوطي باشي با دستهٔ مقلدان و بازیگران ، و با بیست نفر ني زن ، و تُنبک - زن، از قبیل[4] احمدي و باقري و اکبري و با بائي در رسید *

ساعتِ معیّنِ حرکت شاه طرفِ نمازِ پسین بود * چون سورتِ[5] گرمي روز گذشت و مردم طهران از گرما چشمي وا کردند ، پادشاه بقصدِ خانهٔ حکیم از ارگ بیرون آمد * راهها همه رُفته بود ، و آب زده * درپیشِ پاي خدم و حشمِ شهرياري در هرگام ، گُلها نثار میشد * حکیم بنفسه خبرِ حاضر بودنِ ناهار را برد ؛ و در رکابِ همایون ، با غلامانِ سواره ، پیاده برگشت * ریکایان[6] پیشاپیش دوان ؛ یساولان باکلاها و گُرزهاي مخصوص ، از چپ و راست ، مشغولِ "برو ، برو ، و دورباش ؛" زنان با رو بندها بر بامها و در پشتِ دیوارهاي سوراخ - دار ؛ گروهي انبوه از فرّاشان و پیش خدمتان ، با ترکه و چوبهاي بُلند ، مردم را برسر و صورت زنان بدینسوي و آنسوي میدوانیدند * بعد از فرّاشان ، گروهي غاشیه[7] بدوش، یدک کش ؛ پس از آن ، مُشتي غلامان ، با کمرهاي زرین ، قلیان دار ، و کفش دار ، و آبدار ، و جُبّه دار ، و چتردار و افیون‌دار ، فلاندارد و بهماندار * این گروه چون از خُدّامِ خاصه ، همه پیشاپیشِ شاه میرفتند * بعد از اینان گروهی پیادگان با لباسهاي گونا گون ، جُفت جُفت ، پارهٔ با رختهاي زردوز و پولکدار ، و پارهٔ با کلیجهاي مخملین و حریر ، پا از پاشنهٔ پادشاه پر نمیداشتند * میر آخور ، قمچيِ دسته - مینا بر کمر ، در رکابِ پادشاه ، و پادشاه بر اسبي نرمرو و لباسهاي ساده امّا گرانبها ، سوار ؛ سه نفر شاهزادگان در عقب ؛ نجباي قاجار در عقبِ شاهزادگان ؛ ایلخاني[8] و ملک‌الشعراء و جمعِ کثیري دیگر ، همه

1 *Ujāq* 'a temporary fire-place of mud or of bricks.'

2 *Sharbat-dār* is a man who looks after vessels and sweetmeats. No *iṣafat* after *dasta*.

3 *Bastanī-hā* "ices."

4 In Teheran *Aḥmadī* is vulgar for *Aḥmad*: in Kirman *Aḥmadū*. There appears to be no reason for the mention of these names,—except that they are common names.

5 *Saurat* "strength, fierceness."

6 *Rikā* a man who precedes the Shah and clears the way.

7 "Saddle-cloth."

8 *Īlkhānī* the title of the head of an *il*; here the *il* of *Qājār*.

با خدمتگاران و نوکران : خلاصه همهٔ آنانکه بایستی بر سرِ سفرهٔ میرزا احمق بنشینند * اگر پانصد بگویم کم گفته ام *

اسبِ شاه از درِ خانهٔ حکیم درون نمیرفت * فرود آمد ، و بر روي پاي اندازها رفته بمسندیکه آراسته بودند ، بنشست * بجز شاهزادگان همهٔ همراهان در حضور ایستادند * حکیم باشي بنفسه خدمتگذاري میکرد ، و پیوسته میگفت ، " باور از بخت ندارم که تو مهمانِ مني .٠. خیمهٔ سلطنت آنگاه فضائي درویش ؟ "

همینکه پادشاه بیاسود ، امینِ خلوت ، با میر آخور ، پای برهنه در پهلوي حوض پیدا شدند * امین خلوت از پرِ شالِ[1] خود ، صد تومان اشرفيِ تازه سکّه بیرون بیاورد ، و بآوازِ بلند گفت " جان - نثارِ خاکسار و نمک پروردهٔ بي مقدارِ حضرتِ شهریار ، [2] اعني میرزا احمقِ حکیم ، بخاکپاي توتیا آساي قبلهٔ عالم و عالمیان ، سایهٔ یزدان ، شهنشاه تمامِ ممالکِ محروسهٔ ایران ، بعرضِ این صد تومان پیشکش ، که [3] بمثابهٔ پاي ملخ بسلیمان بردن است ، [4] اجتسار مینماید * "

پادشاه جواب داد که " خانه آبادان ، حکیم ؛ معقول نوکرِ جانثاري بودهٔ ؛ ما در حق تو التفاتِ خاصي داریم ؛ الحق با این جانثاري در نزد امثال واقرانِ خود رو سفید گشتي ؛ شکرِ خداي بجاي آر ، و سرِ افتخار بآسمان بساي که پادشاه تنزّل بنزلِ خانه ات ارزاني فرمود ؛ و پیشکشت در تمعرضِ قبول مقبول نمود * "

حکیم چنان کُرنشي کرد که کم مانده بود بینیش بخاک مالیده شود * پس پادشاه روي بایلخاني کرد که " بسرِ شاه میرزا احمق خوب آدمي است ؛ امروز در ایران مانندِ او کم است ؛ از لقمان دانا تر ؛ و از جالینوس بالا تراست * "

ایلخاني جوابِ داد که " بلي بلي ، قربانت شوم ؛ لقمان را کجا میبرند ؟ جالینوس سگِ کیست ؟ این نیز از فیروزي بختِ شاه است که چنین حکیم دارد * هرگز نه ایران را چنین شاهي ، و نه هرگز شاه ایران را چنین حکیمي بوده است * بلي ، اگر چه در فرنگستان و هندوستان هم حکیم هست ، امّا [5] اسم بي مسمّاست *

1 *Par-i shāl* "the end of his *kamar-band*."

2 "*I mean.*"

3 *Mis̤āba* "a place where one returns again and again; likeness."

4 *Ijtisār* = *jasārat*.

5 *Ism-i bā-musammā* is "worthy of the name borne; whose name is expressive of (its) qualities:" *bī-musammā* is the opposite.

بجز در ایران حکمت در کجا است ؟ حکمت هر مملکت بدستِ حاکم [1] اوست و حاکمِ علی‌الاطلاقی ، مانندِ پادشاه کجاست ؟ آری حقیقتِ اولین است ، [2] و منتِ وافر خدایرا که چنین است * "

پادشاه :— " آری راست گفتی ؛ سرزمینِ ایران از بدو خلقتِ دنیا ، تا زمان شهریاری ما ، [3] مهد معارف و علوم ، و منبع عرفاء و علماء بوده است * مردم ایران همیشه بدانش و بینش معروف ، و بفرهنگ و خرد موصوف ؛ و سلاطینِ ایران خواقینِ دوران بوده اند * از زمان کیومرث که نخستین خدیوِ کشور گشا است ، تا بعهد ما ، چه سلاطین نامدار از ایران بر آمده است [4] ؟ بلی در هند راجگان و جیپالان ؛ [5] و در چین و خطا فغفوران ؛ و در توران خانان ؛ و در عرب خلیفگان ؛ و در عثمانی خونکاران [6] بوده‌اند اما این فرنگان ، نمیدانم از کجا پیدا شده اند * حمد خدا را که ما پیله‌ور[7] و هدیه آوری پیدا کردیم * صاحب [8] مردگان خیلی پادشاهان هم داشته اند ، که ما اسمشان را نشنیده ایم * "

ایلخانی :— " بلی بلی قربانت شوم * بغیر از انگلیز و فرانسه ، که از قرار معلوم چیزکیند[9] ، سایرین را کالمعدوم هم نمیتوان شمرد * اگر روس را میگوئی ، آن فرنگی نه ؛ از سگِ فرنگی هم کمتر است * "

شاه (قهقهه کنان) :— " روس خورشید کلاه [10] دارد ؛ اعتقادِ روسیان این است که این زن خیلی نقل [11] داشته است ، اما میدانیم که چون در کاری پای زن بمیان میآید - پناه بر خدا ! و آنگهی روسیان پطری دارند که دیوانهٔ حسابی است [12] ؛

1 *Ān (mulk).*

2 'The King is the first truth in the world'; the phrase seems to have no particular meaning. Muslims say *Paighambar ḥaqīqat-i avvalīn ast.*

3 "Cradle."

4 *Ast* should be *and.*

5 *Jay-pāl* "guardian of victory" is the name of several celebrated Hindu princes.

6 *Khwan-kār* for *khwand-kār* and *khwand-gār* is a title applied to the Turkish Emperors. Has this word any connection with the Persian *khūn-khwār* "blood drinking?" *Vide* original English.

7 *Pila-var* "pedlar."

8 *Ṣaḥib-murda* is a term of abuse usually applied to animals; 'one whose master is dead.'

9 *Chīsak-i and.*

10 *Khurshīd Kulāh* "Catherine II."

11 "Very smart, very clever."

12 "A perfect madman."

ترکان بیخود ' دلي [1] پطرو ' نگفته اند * براي ديوانگي او همين بس که ميخواست لشکر بهند بفرستد ، مثل اينکه گويا تخم قزلباش از دنيا بر افتاده است ؟ روميان خيال ميکنند که بمحض کلاه فرنگي نهادن ، و رختِ تنگ پوشيدن ، و ريش و سبيل تراشيدن ، آدمِ فرنگي ميشود * خير ، ' هزار نکته باريکتر از مو اينجاست ' * پس تو هم گر دو بال قاز بدوش به بندي ، ميتواني فرشته بشوي ؟ "

ايلخاني :— " احسنت احسنت [2] ! کلام الملوک ، ملوک الکلام * مصراع

' اين نه تکلّم که معجز است و کرامت ' * "

همه حضّار :— " بلي ، بلي ؛ چنين است * عمر و دولت شاه جاويدي و ابدي باد ! "

شاه :— " امّا از زنانشان چيزهاي غريب نقل ميکنند * ميگويند که درميان روس بيروني و اندروني و محرم و نا محرم نيست * زنانشان مثل زنانِ ايلات ما روبند ندارند : زن و مرد باهم کار ميکنند ، و توي هم راه ميروند ، و کار يکديگر ميکنند * ' چه خيري بيايد ازآن خاندان که بانگ خروس آيد از ماکيان [3] ؟ ' " پس بخنده و استهزاء ، روي باحمق کرد که " خوب ، حکيم باشي ؛ تو مردي هستي حکيم [4] ؛ بگو به بينم چطور شده است که در دنيا ملتي که بزنان خود مسلط باشند تنها ما مسلمانان واقع شده ايم ؟ علي الخصوص تو ، که ميگويند زني داري بسيار فرمانبردار ، حرف شنو ، نرمخو ، خنده رو ؛ حد خود را خوب ميداند و حق ترا ميگذارد * "

احمق :— " از عنايتِ بي غايتِ پادشاهِ دوران ، بندهٔ خاکسار مظهرِ سعادت دارين وعافيتِ کونين [5] گرديده ام : بنده غلامي از غلامانم و خانگيانم کنيزي از کنيزان ؛ وهمگان بحکم ' العبد و مافي يده کان لمولاه ' تعلق بخاکپاي پادشاه داريم * اگر در بنده فضلي است از مولاي [6] من است ، که ' کُلّ کلبٍ [7] ببابه نباح ' واگر عيبي است در صورتيکه منظور همايون گرديده ام :— مصراع

' هر عيب که سلطان به پسندد هنر است ' * اما آنچه در بابِ زنان با لفظ گهربار

1 *Dili* in Turkish "mad." In the English 'Paul' (*Būlus* Pers.) and not 'Peter.'

2 *Aḥsant* Ar. "Bravo; thou hast well said."

3 "It is a sad house where the hen crows louder than the cock." *Eng. Prover.*

4 *Mard-i hastī ḥakīm* "you are a philosopher."

5 "Both worlds."

6 *i.e.*, the Shah.

7 "Every dog barks at his own door," *i.e.*, the door helps the dog and the Shah helps me.

سلطان محمود غزنوی را کجا میبرند ؟ ایلخانی ! برو ؛ دهنِ ملک الشعراء را ببوس ، دهانش را پر ازین شیرینها بکن ؛ دهانیکه از آن اینهمه سخنانِ شیرین در می آید شیرین خوشتر است " ٭

ایلخانی با ریشِ انبوه بوسهٔ سختی بر دهانِ شاعر نواخت که دهانش پر از موی ریش شد ؛ و با مشتی شیرینی دهانِ او را چنان بینباشت که سر و ریشش پر آرد و خاکهٔ قند شد ٭

در ظاهر شاعر از آن شیرینیها تلخکام: آب از چشمان و شیرهٔ شکر از گوشهٔ دهانش بر روی سینه اش روان شد ٭ جدّ و جهد بسیار کرد و حالتِ خود را از حاضران مخفی داشت ٭

آنگاه پادشاه اذنِ حاضر کردن ناهار داد ٭

گفتار بیست و نهم

در تفصیل ناهار و واقعهٔ که بعد از ناهار پُشت پا ببساط عیش حاجي بابا زد[1]

در اطاقِ ناهارِ شاه بجز پیشخدمتان ، سه تن شاهزاده بُودند و بعض * شاهزادگان دور از شاه ، دو زانو نشسته ، پُشت بدیوار ، شمشیرها بر روی زانو * میرزا احمق در کفش کن منتظرِ فرمان * امینِ خلوت ، سفرهٔ از شالِ کشمیري زردوز بزمین بگسترد * پادشاه دست بشست و ظرفیکه در وقتِ بیرون آوردن از مطبخ ، از ترس زهر - ریزی ، آش - پز - باشي مُهر کرده بود ، بکشود * همه استادي و طبّاخي بکار رفته بود * پلو از هر گونه، مانند [2] مزعفر پلو، باقلا پلو، عدس پلو، ماش پلو، سیر پلو؛ و شاهِ همه، خوراک نارنج پلو پخته بُودند؛ و بوی دیگ - افراز [3] آنها مشام جان را معطّر میساخت * ماهي قزل آلا[4] و ماهي شور در طبقهای چیني ؛ مرغهای بریان ؛ فسنجان ؛ [5] کوکو ؛ کباب شامي[6] ؛ آبگوشت ، با مغزِ بادام ، و پسته ، و فندق ، و آلو ، و تمرِ هندي ؛ [7] خاگینه با شکر ؛ بادنجانِ[8] سرخ - کرده و یتیم چه[9] ؛ و چندین غذای دیگر که بوصف

1 *Pusht-i pā bi-chīz-ī zadan* "to kick away."

2 *Muza'far* "coloured with saffron" (the name of a *pulao*).

3 'The savour that their pots sent up.'

4 "Trout."

5 *Fisinjān* is a palatable Persian stew with pomegranate juice and walnuts in it. *Kūkū* "savoury omelette" (with leeks in it).

6 In India *shāmī kabāb* is a fish rissole, highly spiced, and flavoured with coriander, fenugreek, etc.: it is encased in gram flour and fried in butter. It is delicious.

7 *Khāgīna* "sweet omelette."

8 *Bādinjān* "egg-plant:" *bādinjān farangī*, "tomato."

9 *Yatīmcha* or *yatīm bādinjān* is the name of the egg plant when cooked in a special manner.

نمیاید * یک برۀ بریانِ درست ، با دُنبه [1] ، و سر ، و کبک ، و تذرو ، و تیهو ، و قرقاول مازندران ، و گوشتِ گورِخر [2] ، و آهو وغیره وغیره * کثرت و ندرتِ اطعمه چشم بینندگان و خورندگانرا لذّت می بخشود * این قدر دَوری وکاسه در اطراف پادشاه بود که نمیدانست بکدام دست برد * از جزئیات سفره ، از قبیلِ تُرشیها و [3] ریچارها و مربّاها و پنیر و کره و سبزی و پیاز و نمک و فلفل در گذر ، که سرِ دراز دارد ؛ اما از شربتها در نمیتوان گذشت : شاه کاسهای چینی با قاشقهای شمشادیِ منبّت - کارِ خوانساری [4] و شیرازی ، پُر از شربتِ لیمو و نارج وسکنجبین - همه با گلاب [5] مقطّر ، معطّر ، و با تخم [6] شربت مبذّر : آخرین شربت انارِ اردستان بود و یخ در همه شنا میکرد *

پادشاه ازین قاب و آن قاب تنقل کنان ، و شاهزادگان و پیشخدمتان در برابر ، دست بر سینه ایستاده * بخاموشي غذا خورد ، و دست شُست ، و باطاق دیگر بقلیان کشیدن رفت *

در سر غذا یک قاب پلو را امر فرمود تا پیشخدمتی بحکیمباشي برد * چون این اشارت نوعی از بشارت و التفات بود ، میرزا احمق ناچار شُد که انعامي ببرندۀ پلو دهد * التفاتي ازین قبیل هم بشاعر شد ، و او نیز گویا چیزي [7] بمایه گذاشت * یکی از دوریها نیز که دستِ اقدسِ شهریاري رسیده بود ، بزنِ حکیمباشي فرستاد : او نیز انعامی مردانه داد * بدینطریق دل دو کس همي [8] بدست میآمد ، احسان - ده و انعام - گیر * خلاصه فضلـۀ شاه را شاهزادگان ، و فضلـۀ شاهزادگان را ایلخاني و ملک الشعراء و میر آخور و آبداران و سایر صاحب منصبان و مقرب الخاقانان نوشِ جان فرمودند * عاقبت نوبتِ نوکران و شاگرد - آش پزان هم رسید *

پس ازآن ، حکیم پادشاه را تنها باندرون بُرد ؛ و چون ، اگر کسی میخواست [9] گُوش - بزنک

1 *Dumba* "the *tail* of the fat-tailed sheep": in India the sheep itself is so called.

2 *Gūr-i k͟har* "wild ass."

3 *Turshī* "pickles." *Richār* "dried cherries."

4 *K͟hwānsār* is noted for its wooden spoons.

5 *Muqaṭṭar* "sprinkled."

6 A seed sprinkled into sherbet to make its effects *k͟hunuk*: it is also used in medicine.

7 *Bi-māya guẕāshtan* = *k͟harj kardan*.

8 *Hamī* or *hay* a continuative particle used in m.c: *ūrā dīdam hamī mī-k͟hurd* (m.c.) "I saw him eating and eating away.

9 *Gūsh bi-zan* (or *bi-zanak*) adj. = *gūsh-kash* "eaves-dropping." It is a common saying *shaiṭān istirāq-i sam' mī-kunad*.

باشد ، گوشش [1] بقاپوق کوبیده میشد، از جای نجنبیدم * نفسم در نمی آمد
و سخت مشتاق بودم که تفصیلِ آنرا بدانم * چه قدر هول کردم وقتیکه شنیدم حکیم
برای قدوم پادشاه باندرون ، کنیزِ کردی را پای انداز کرد ! ازین خبر رنگ و [2] روی من
پرید ، با اینکه میبایست از خلاصي او و از دستِ زنِ حکیم دلشاد شوم * با یادِ نتیجهٔ
که در برابر چشمم مصوّر بود ، خون در رگ و پیم افسرد * چون عشق بیکدیگر زیاده
بر آن بود که گوش بحرف عقلِ دهیم و اندیشهٔ استقبال کنیم ، [3] زمینهٔ از صورِ هولناک
در نظرم مصوّر مي‌نمود ، که دست هیچ مصوّر مانند آن کشیدن نتوان [4] * با خود
اندیشیدم که " در آن هرج و مرج ، خود زینب را به بینم و حقیقت حال را بفهمم * "
بیدرنگ به پشتِ بام [5] بمیقاتِ معهود رفتم * صدای زنان بدآنجا طنین - انداز بود چراکه
علاوه بر خانگیان حکیم جمعی دیگر نیز بتماشا آمده بودند ؛ امّا منظور خود را درمیان
ندیدم * بسببِ نزدیکي شب ، راهِ اشارت مسدود بود امّا بحکم مهرباني [6] دوسري یقین
داشتم که او هم در همین تلاش است * پشت بام معهودِ ما یکطرفش رو بکوچهٔ بود ،
که در وقت سیر و تماشا ، زنان بدآنجا جمع میشدند * [7] شهنهٔ اسبان و نعرهٔ مردان
و جلوهٔ [8] فانوسها ، که دلیل رفتن پادشاه است ، در رسید * از یمنِ بخت و طالع
تق‌تقِ کفش و خش‌خشِ [9] تُنبان بلند شد * معلوم شد که زنان به پشت بام میایند *
در پشتِ دیوار چنان نهفتم که بجز کسیکه سرش در حساب [10] باشد نداند و نه بیند ؛
و چشمِ آن داشتم که زینب ، خواهی نخواهی ، نگاهی بدآنسوی خواهد انداخت *
حدسم بجای بوده است * زینب درمیان تماشائیان بود ؛ نگاهی بمن انداخت و آنچه
میخواستم همان بود * باقي تدبیر و ترتیب ملاقات را برای او وا گذاشتم *

صدای " دور باش" ، و "بروید" ، و "بروید" بلند ؛ وهرکس حاضررفتن شد * بجز

[1] I do not know what قاپوق is unless it is a vulgar form of قاپو or قاپي T. "door."

[2] Vulg. for *rang-i rū-yi man.*

[3] *Zamīna* "background."

[4] Note *na-tavān* for *na-tavānad.*

[5] *Miqāt* "a place appointed."

[6] *Du-sarī* "mutual."

[7] *Shahna* "neighing."

[8] *Fānūs* is a kind of Chinese lantern made of cloth.

[9] *Tumbun* in Modern Persian is the name of the short ballet dancer outer skirt worn by Persian women in the house. The still shorter skirt worn under the *tumbun* is called *shalita.*

[10] *Sar-ash dar ḥisāb bāshad* (m.c.) "who was in the know."

چند نفر، باقی جمعیت، از همان راه که آمده بودند باز با همان ترتیب از همانراه برگشته بارگ رفتند؛ و رونق خانه با پادشاه برفت * زنان از پشت بامها رفتند * صحبتشان همه جنگ و جدالِ اینکه پادشاه بکه بهتر و با دقّت تر نگریست؛ و از همانگاه حسدِ ایشان بزینب نمودار بود *

یکی میگفت "نمیدانم شاه در این دختر چه دید * گذشته از اینکه خوشگل نیست، بد گلست: دهن از ان بزرگتر نمیشود، و [1] جاذبه که هیچ ندارد *" دیگری که میگفت "[2] قوزش را چه بکنم ؟" آن [3] یکی میگفت "قد و بالاش را به بین؛ خدا فیل را بیامرزد [4] و اگر پاهاش را میگوئی، خدا شتر را رحمت کند!" آن [5] دیگر میگفت "گیرم که خوشگل است، یزیدی است؛ البته شیطان او را بنظرِ انسان طاؤس مینماید *" عاقبت قرار برین دادند که شیطان او را بپادشاه خوراند و خوب خوراند * درین اتّفاق من با آنان متفق نبودم و میگفتم :— مصراع

'گویند [6] مردمان و مرا استوار نیست' * صدای زنان بریده شد و ببهانهٔ حالتِ رفتنِ شاه یکی بیش در پشتِ بام نماند؛ آنهم زینب بود * تماشا کردن

[1] *Jāẕiba* "attraction." Note the idiomatic use of *ki*.

[2] "Hump."

[3] *i.e.*, a third.

[4] 'God forgive the elephant' (which is much more elegant though it has been called the reverse). *Ū chi qadr bad-gil ast: Kh̲udā 'Umar rā bi-yāmurzad* is a common m.c. expression. An effigy of Umar, hideous and indecent is, burnt on the 9th of *Rabī' 'l-Avval*.

[5] 'Another.' *Gīram* "I admit."

[6] 'People say so but *I* don't feel sure.'

گفتار سیئم

در رقابت شاه با حاجي بابا و ربودن معشوقهٔ او را

چون حجاب دیوار از میان من و زینب برخاست ، دست و پای میکردم که خطرِ ملحوظ را بزینب بیان نمایم • گفت " این دیدارِ آخرین است : پس ازین من مالِ شاهم • اگر ما را باهم ببینند ، قتل هردو حتمي [1] است " • خواستم تفصیل قبولِ او را از جانبِ پادشاه بدانم ، ولی گریه ، خواه از روی شادي قبول شاه و خَلاصي اسارت ، و خواه از جدائي من ، [2] امانِ بیانش نداد • کمتر اَز یکدیگر گریه نکردیم : پشتِ بام حکیم تکیهٔ تعزیهٔ روزِ عاشورا شد •

زینب گفت که " چون پادشاه باندرون داخل شد ، یکدستهٔ زنان ، سازنده و بازنده ، او را با ساز و نواز باطاقِ خانم بردند • خانم ، بعد از پای - بوسي ، اطلسي زراندود پای اندازی کرد که بمحضِ رسیدنِ پادشاه بدان ، غلامان سیاه ببهانهٔ تبرک او را [4] پارچه پارچه کردند • پیشکش خانم عبارت بود از شُش [5] عرقچین ، شُش [6] سینه بند ، دو شلوار شال ، سه پیراهنِ ابریشم ، شُش جُفت جوراب • همه بمعرض قبول و تحسین در آمد • پس زنان از دو سوی صف آراستند • من درعقبِ همه ، حتی درعقب نور جهان بودم • جات[7] خالی بود

[1] "Unavoidable."

[2] *Amān*—*furṣat*.

[3] *Takiya* is an open courtyard with rooms round it: used for celebrating the *rauẓa-khwānī*.

[4] 'Each took a piece.'

[5] *'Araq-chīn* is a small cap worn by children: also by men under the *kulāh*.

[6] *Sīna-band* "breast-cover" (not now worn). In m.c. *sīna-band* is a jacket without sleeves worn by very small children.

[7] "Your place was empty to see it, *i.e.*, 'would that you had been there to see it.'

به بيني ؛ حتى ليلاى پير هم حاضرِ پسندِ خاطرِ شاه-افتادن بود * يكى عصمت ميفروخت ؛ ديگرى ناز خرج ميداد ؛ آن ديگر جلوه گري ميساخت مصراع ' تا چه قبول افتد و كه در نظر آيد *' شاه بعد از تماشاى همه نگاه بمن دوخت ؛ بحكيم گفت كه ' اين دختـــرك بدقماش [1] نيست * بحقيقـــة شاه كه جانوركي خوب بنظر ميآيد ! حكيم باشي ، ماشاء الله بى سليقه نبودة * پس روى بمن كرد كه ' قحبه[2] ! چشم گيرا، رخِ زيبا قد رعنا داري * و آنچه خوبان همه دارند تو تنها [3] داري' *

حكيم كرنشي عظيم كرد كه ' قربانت شوم ! من غلام پادشاه و اينان همه كنيزكانند * اگرچه اين دخترك بهيچ روى لايقِ جان - سپاري خاكپاى حضرت شهرياري نيست ، اما اگر طبع همايون پادشاهِ جهان پناه قبول و ارزاني فرمايد ، پيشكش حضورِ معدلت - دستور است ' *

" شاه گفت ' قبول كرديم* ' خواجه باشي را خواست و گفت ' باين دختر، بازيگرى بياموزند و لباسش را درست كنند * همينكه قابل حضور شد بحضور آورند ' *

" امان از حالت زن حكيم ! چون اين بديد، نگاهى خشم - آلود بر من انداخت كه كم ماند با تير نگاه مرا بكشد * گرجي بالمرة مرد * نور جهان خوش حال بود چراكه هوادارِ من است *

خلاصه من درپيش پادشاه منظور نظر، و بمحض دور شدن شاه تبديل حركات خانم با من تماشا داشت * نه ' تخمِ شيطان ' نه ' دخترة ملعون بلكه مظهرِ ' خواهر - جان ' و ' نور چشم ' و ' فرزندم ' شدم * من كه هرگز نامِ قليان پيش او بزبان نمى توانستم آورد ، تكليف قليان كشيدنم كرد * خواه ناخواه با دستِ خود شيـــرينـــي بدهانم گذاشت * گُرجى در گوشة بسوگواري مشغـــول شد * سايرين همه ' مباركباد ' و ' عاقبت بخير ' گفتند كه ' درِ عشق و شراب و ساز و جواهر گرانبها و لباسهاى فاخر برويت گشودة شد * كارى بكن كه موردِ التفات پادشاه شوى : بانوى حرم گردي : ما را هم فراموش مكن ' * آدابِ سخن گفتن و پاسخ دادن بپادشاه،

1 'Is not a bad bit of stuff.'

2 *Qaḥba* "whore" (from a root signifying "to cough") is a pleasantry on the part of the Shah; it would be taken as a compliment. Persian mothers sometimes address their small girls as "little whore," much in the same manner as an English father affectionately styles his son 'a young blackguard.'

3 The Shah apparently means that she alone has all the conventional points of beauty enumerated by the poets.

بیادم میدادند * خلاصه منکــه در هیچ [1] حسابی نبــودم ، در دم ، بانوی حسابی شدم " *

باری زینب چنان از حال خود خرسند بُود که من باز نمودنِ خطریکه بپای خود بدان میرفت ، مقاومتِ خیال آن [2] نداشتم * هیچ واهمهٔ آن نداشت که پادشاه او را بخواهد و قابل حضور نباشد ، و حال اینکه دیده و شنیده بود که در چنان حال بجز قتل - کاری کسی را مجال شفاعت نبود * بنابرین خود را شریک خرسندیِ او باز نمودم و با دلگیــریِ جدائي ، بدان [3] دلخــوش بودیم که باز فرصتِ ملاقات خواهد افتاد *

میگفت که " پس فردا یکی از خواجه سرایان خواهد آمد و مرا خواهد بُرد ، تا فی الفور داخل دستهٔ بازیگران شوم * "

پس ، بنام ، او را مکرّر خواندند ، و با اظهار مهریِ چنان که گویا دیدار آخرین ماست ، از یکدیگر جدا شدیم *

1 *Yā* of unity.

2 'I did not dare to think of it.'

3 'In spite of sorrow at our parting we were pleased that—'

گفتار سي يكم

در انديشهٔ حاجي بابا بجهة جدائي زينب
و بناگاه حكيم - شدنش *

چون آرام جان از برم رفت ، بی آرام ، بجای او نشسته ، مستغرقِ دریای اندیشه ، با خود گفتم " اینک معني دو دوست چون دو مغز در یک پوست ! اگر دنیا عبارت ازینحالت بود (که مرا در دوماه مشغول داشت) خواب است یا خیال * مجنونِ لیلائي شدم که تا زنده ام باید از آتش عشقش بسوزم و با دردِ دل بسازم * باید آوارهٔ کوه و بیابان ، با رنجِ بی پایان ، با وحش و طیر همراز ، و با دیو و دد دمساز شوم ؛ که ' عشق این کارها بسیار کرده است ' * این قضیّه گویا ریشخندِ فلک است بر من * شاهي آمد ؛ ماهي را دید ؛ دو کلمه [1] حرفی زد ؛ کار از کار گذشت * حاجی بابا فراموش شد ، و زینب با بال شاهي پریدن گرفت * باشد ؛ برای من هم قحط النساء نیست * ولی مزه دار نیست [2] که خرما را حاجي خورد و [3] قوصره ، یعني جلدش ، بشاه ماند ؟ وقتیکه مي بیند چه مي بیند ؟ ' در دجله که مرغابي از اندیشه نرفتي .·. کشتي رود آنجا که سرِ جسر بریده است .·. از کوزهٔ که بیگانه مکیده است فقاع-بخورد تا چشمش کور شود [4] ' * "

شبی تبناک گذرانیدم و سحرگاهان با سری پُر از اندیشهٔ نو ، از بالین برخاستم و برای آسوده - خیال - کردن به پشت باروی شهر رفتم * در وقت رفتن دیدم زینب

1 No *izafat* after *kalima*.

2 'Is it not funny that— ?'

3 *Qauṣara* is a basket of woven dwarf-palm leaves, etc., used for packing dates.

4 The application of the quotation or quotations is not clear. *Fuqā'* is a drink made from barley. The Subject to *bi-khurad* seems to be 'he' *i.e.*, the Shah (understood).

بر اسبی مجلّل سوار ، غلام سیاهی رکابدار ، با جمعی دور باش کُن[1] ، از خانهٔ حکیم دور میشود * من باعتقاد این ، که گوشهٔ چشمی بما کند ؛ امّا هیهات ! از ترس اینکه مبادا وضع سواریش برهم خورد ، [2] خودی[3] هم نجنبانید * با اوقاتِ تلخ خواستم بالمرّة از خیالش بیفتم ؛ زور براه آوردم * نمیدانم چه شد ؛ بجای اینکه از دروازهٔ قزوین بیرون روم ، خود را در ارگ دیدم *

میدانِ ارگ از سوارهٔ پُر و پادشاه در سردرِ[4] دیوانخانه نشسته مشغول تماشا دیدن بود * از پسِ قراولان بدینسو و آنسوی انداختند[5] : زینب از نظرم غائب و رنگِ تماشا دیگرگون شد * فوج قشان-ده ، سوارهٔ[6] نامرد خانِ نسقچی باشی بود ، که خود بر اسبی بسیار پاکیزه سوار ، بر سرِ فوج فرمان میداد * کلیجهٔ [7] سجاف - زرینِ درخشان در بر ، نشانِ شیر و خورشیدِ مینا کاری در کلاهش شعاع افشان ، دیده را خیره میکرد * چون هرگز سان نه دیده بودم ، این تماشا برای من تازگي داشت * تماشای اسبان و سواران و نیزه ها و تفنگها ، یادِ ایّام میانِ ترکمانان را ، بخاطرم میاورد ؛ چنانچه باز طریقهٔ سپاهیان پیش گرفتن[8] در دلم میگذشت * فوج سان - ده در یک گوشهٔ میدان ایستاده ؛ سردار با شش نفر[9] مشرفِ فوج درمیانِ میدان ، نام و نشانِ سواران مي پرسید * یک مُشرف بآوازِ بلند نام سوارة را میبرد : دیگری "حاضر" و "غایب" میگفت * بهر آواز ، سوارهٔ از فوج جدا شده با تُندي هرچه تمامتر از اطرافِ میدان میتاخت ، و از رو بروی شاه ، بعد از کُرنشي سخت ، میگذشت * این قاعده تا بآخرین کس جاري شد * سوارگان گویا هر یک مشقی دیگر داشتند : حرکاتِ پارهٔ نجیبانه و بنظر رستم میآمدند ؛ پارهٔ دیگر (که اسبشان البته عاریتی بود) با اسب[10] شلِ از جنگ برگشته بنظر مي‌نمودند * جمعی از آنان را میشناختم ؛ در آنمیان جوانی بود چست و چالاک ، و موجبِ حیرت و تعجّب *

[1] *Dūr-bāsh* "baton"; *dūr-bāsh-kun* "the man who carries the baton" (and cries '*dur-bāsh, dūr-bāsh*').

[2] 'For fear lest she should disarrange her seat.'

[3] *Khud-i* m.c. = *khud rā*. Possibly the *yā* gives the signification of "a little."

[4] *Sar-dar* "lintel."

[5] *Khud-i shān rā*, understood. The subject is Zainab and her slave, understood.

[6] *Izafat* after *Nāmard Khān*.

[7] *Sijāf* "piping." *Maghza* "piping on a military uniform."

[8] 'Adopting the profession of a soldier.'

[9] *Mushrif* is a military clerk who keeps the nominal rolls, accounts, etc. There is one to each *fauj*.

[10] *Shal-i az jang bar gashta* is one compound epithet.

اسب بر انگیخت * از قضای آسمانی پای اسبش [1] بمیلِ میانِ میدان پیچیده بسر بغلطید ، و جوانمردِ بیچاره را بر روی میل پرانید * در دم برداشتند و از اژدحامش بیرون گذاشتند * یکی از آنمیان مرا بشناخت که از بستگان حکیم شاهم [2] * بمداواتم طلبید * من هم بی آنکه پرکاهی از نادانی خود پروا کنم ، قبول کردم * جوان را دیدم بر روی زمین دراز ، و از قرارِ ظاهر مرده ؛ و پیرامونیان ، هر یک بفراخور عقل خود ، بطبابت مشغول * یکی بیادِ یکّه - تازِ [3] میدانِ کربلاء آب بحلقش میریخت ، تا دهان گشاید * دیگری بحکم تجربه دودِ قلیان بدماغش [4] میدمید تا بحال آید * یکی [5] جوارح و اعضایش را بیادِ میلی و مشت گرفته بود ، تا خونِ فسرده اش در رگ و شریان جریان گیرد * این همه مداوات بمحض ورودِ من باطل شد * پیش رفتم و با کمالِ وقار نبضش گرفتم * چون چشمِ هر کس بتجویزِ من دوخته بود ، با طمأنینهٔ [6] تمام گفتم که " باین جوان [7] نظر خورده است و حیات و ممات در سر او بجنگند ، تا کدام غالب آید " * پس ، بعادتِ استادِ خود ، بعد از باز نمودن بحاضران که هرچه در دنیا بد تر آزان نیست ممکن است که بدین شخص رسد ، گفتم " باید بنقد این نیم مرده را سخت جنبانید ، تا دانسته شود که هنوز جان در بدن دارد یا نه " * هرگز هیچ تجویز بدانگونه اجرا نشده است : حاضران هر یک یکی اندام او را گرفته چنان تکانیدند که از هر بندش آوازی دیگر خاست * ناگاه آوازِ " سرِ [8] حساب " و " راه بدهید " بلند شد * حکیم فرنگی که ذکرِ خیرش گذشت در رسید * همانا از جانب ایلچی انگلیس ، که از تماشائیان قضا بود ، آمد ؛ و بی آنکه ناخوش را به بیند فریاد برآورد که " زود خون بگیر " *

منِ روسیاه [9] ، که برای رو سفیدی ایرانیان در طبابت و هنر نمائی خود بد آنجا دعوت شده بودم ، گفتم " چگونه خونَ گرفتن ؟ زهی طبابت ! مگر نمیدانی که مرگ

1 *Mīl* here probably means a 'high pole.' The subject to *bi-ghalṭīd* and *parānīd* is *asp* understood.

2 Indirect narration.

3 *Yakka-tās* (or *yaka-tāz*) "single-champion."

4 "Nose."

5 "Limbs"; pl. of *jāriḥa*.

6 *Tumā'nīnat* "repose, quiet of manner."

7 *Naẓar* "evil eye."

8 *Sar-i ḥisāb* (*bāsh*) (m.c.) "Look out;" gen. used by riders. This corresponds to the *posh posh* of Northern India and the *pusht pusht* of classical Persian (Umar-i Khayyām, etc.).

9 *Rū-siyāh* here implies ignorance.

سرد و خون گرم است ؟ قاعدهٔ کلیّه در طبابت آن است که مرض بارد را باید با حار معالجه نمود * بقراط ، که رئیس الاطبّاست ، بهمین اعتقاد است ؛ و تو منکر اعتقادِ او نمی توانی شد * خون گرفتن همان و مردنِ این مرد همان : برو ؛ بهر که میخواهی بگو من این را گفته ام و میگویم " * همینکه چشم فرنگی بر قضا زده افتاد گفت " دعوا کوتاه ؛ نه از شما و نه از ما ؛ و نه طعن و لعن ببقراطِ حکیم : مرده که سرد و گرم باو علی السویه است " * پس کلاهِ فرنگیش را بر سر نهاد و مرا با بقراطِ خود مدمّغ نهاده برفت *

آنگاه گفتم " ' چون قضا آید طبیب ابله شود : با اجل ، حکیم کارزار نمیتواند کرد ' * ما [1] معاشرِ اطبّاء با خواستِ خدا پیکار نمیتوانیم ، چنانچه آبِ کاریز با رودِ سیل‌خیز مقابله نیارد " * ملّائی حاضر بود * " انّا للّه و انّا الیهِ راجعون [2] " گویان پاهای مرده روبقبله کشید : [3] شستهای پا را بهم پیوست : چشمان و زیرِ چانه اش با دستمالی به بست * در این اثنا جمعی از صاحب [4] مردگان در رسیده با شیون و [5] شین ، مرده را بخانه بردند *

از قرارِ تحقیق دانستم که مرده یکی از صد و پنجاه نسقچیِ ابواب [6] جمعی نامرد خان بوده است ، که پیشاپیشِ شاه میدوند و مردم را می پراگنند : نظم و نسقِ کارها میدهند : زندانبانی و کار و بارِ محتسبی با ایشان است * فی‌الفور خیال مرا برداشت که بمرگِ آن ناکام ، شاد - کام بنشینم * با خود گفتم که " با واسطه آدم کشتن به از بیواسطه کشتن است * با نیشتر و تیغِ برّان چه حاجت بعناب و [7] سپستان " ؟ با اینخیال بخاطرم آمد که نسقچی باشی دوستِ یکرنگ میرزا احمق ؛ و سخت در خیالِ آن بود که باو خدمتی کند ، چه چند روز پیش از آن سوگند در حضورِ شاه خورده بود که " با مخالفتِ شرع اگر نسقچی باشی شراب نخورد ، اوضاع دولت [8] بهم میخورد ؛ و منع شراب باو شمول [9] ندارد ، چه از برای لذّت نه، بلکه برای حفظِ صحت

[1] Pl. of *ma'shar* "companion." In the Qoran occurs a passage *yā ma'shara 'l-jinni wa 'l-insi*.

[2] "Verily to God we belong and verily to him do we return:" said at death.

[3] *Shast-i pā* (m.c.) "big toe."

[4] 'Relatives, connections.'

[5] *Shīvan u sheyn* (m.c.) = *giriya u zāri*.

[6] *Abvāb jam'ī* (m.c.) 'subordinates, directly commanded by'—.

[7] *'Anāb* "the Jujub," *sipistān*, the name of a common drug.

[8] Executioners in Persia, it is said, make themselves drunk before an execution.

[9] = *shāmil-i ḥāl-i ū nīst*.

میخورد " * این بود که نامرد [1] استفتاء کرده بود ; و با فتوای عُلماء , بی پروا
شبانه روز شراب میخـــورد * آهنـــگِ آن کردم که بآن شربتِ ناگوار (که ساغرِ قضا
[2] نسقچی را تلخکام کرد) با دستیاری میرزا احمق از آن شهرین - کام گردم *

1 *Istiftā'* asking for a *fatwa* from a *mufti*.

2 *i.e.*, the deceased sub-executioner.

گفتار سي و دوّم

در آمدنِ حاجي بابا بخدمتِ دولت، و نسقچي شدنش *

فرصتی میجستم تا پیش از رفتن حکیم بدرِ خانه ، التماس گرفتن جای نسقچي مرحوم از برای من بکند * بسیار اصرار بفوت ننمودنِ وقت نمودم * چون در آن روزها شاه خیال سفرِ سلطانیه داشت و حکیم نیز از همراهان او بود ، تخفیفِ بارِ مرا از دوش خود از خدا میخواست * وعدهٔ صریح داد ؛ و قرار بدیدنِ نسقچي - باشي دادیم * بعد از سلام عام در دیوان خانه منتظرِ آمدنِ او بایستمی [1] بود * در آذانِ ظهر روبروی تالار بزرگِ دیوان خانه که مخصوصِ نسقچي باشي است حاضر شدم * نسقچي باشي خود در گوشهٔ اطاق بنماز ، و جمعی دیگر با ملک‌الشعراء و ایشیک آغاسي باشي در صُحبت * ایشیک آغاسي بشاعر تفصیلِ مرگ نسقچيِ دیروز را با خیلی کم و زیاد و تعجّب صُحبت میداشت * ناگاه نسقچي باشي (درمیانِ نماز) فریاد برآورد که " دروغ است ؛ صبر بکنید ؛ من میگویم چه طور شد " * بعد از نماز ، هنوز تشهّد [3] نخوانده مشغول تفصیل شد ، با مبالغهٔ بیشتر از مالِ دیگران : و قضّیه را بدین آنجامانید که فرنگي خونِ بیچاره [4] - نسقچي را گرفت و بمرد ؛ و حال آنکه اگر حکیم ایراني تمام تکانش

[1] Note the 1st Pers. of the impersonal verb *bāyistan*: rare and of course ungrammatical.

[2] *Kam u ziyād* "misrepresentation, exaggeration," *i.e.*, he took away much from the truth and added much to it.

[3] *Tashahhud*, the principal part of the prayer, is the "I testify that there is no God but God [to which the Shi'ahs add "who has no partner"]; and I testify that Muhammad is his servant and his messenger." The *tashahhud* is repeated in the sitting posture, both hands on the knees, the eyes lowered, the face to the front.

Persians, when reciting the *tashahhud*, do not raise the forefinger of the right hand.

[4] In m.c., *bī-chāra*, like *pīr*, is often, when it precedes the noun it qualifies, followed by an *iẓāfat*.

داده بود نمیمرد * در اثنای این گفتگو میرزا احمق داخل شد و [1] غیبتِ حکیم را بجای انکار بیشتر تصدیق کرد ; و حق [2] داشت * پس مرا با انگشت بنمود که " اینک آنکه اگر مي گذاشتند، نمیگذاشت نسقچي بمیرد " * پس همه چشمها بر من دوختند ، تفصیل قضیّه را چنانچه واقع شده نه ، بلکه چنانچه گفته شده بود ، گفتم : و هنرهائیکه آنجا بخرج مردم داده بودم اینجا باسم حکیم خرج دادم * میرزا احمق ازین مدایح سرفراز ، و برای خدمت نمودن بر من مهیا ، بنسقچي باشي گفت که " این جوان بسیار قابل و مستعد گرفتن جای نسقچي مرحوم است " * نسقچي باشي تعجّب کنان که [3] " حکیم جلّادي خواهد ؟ این کار تازگي دارد " *

شاعر با گوشهٔ چشم بمیرزا احمق نگریست که " چندان تازگي ندارد ; طبیب وجلّاد سیاه و زرد [4] برادرِ یکدیگر اند : مرگ خواه آهسته آهسته از تأثیر حبّ باشد وخواه بیک ضربِ کارد، هردو یکی است " *

میرزا احمق جواب داد که " شما شعراء قیاسِ [5] بنفس میکنید * این طایفه سر ننگ و ناموس مردم را میبرند که مرگِ روحاني است ; و بگردن من که این مرگ باعتقاد همه بد تر از مرگِ جسماني باشد که از حکیم آید یا از نسقچي " *

نسقچي باشي :— " شما اطبّاء و شعراء هر طور میخواهید مردم را بکشید ; همین قصر بکارِ سرباز مداخله مکنید * تني را که باید در معرکه با یک ضربِ شمشیر دو نیم ساخت ، و سری را که باید در جنگ با یک زخم خنجر جدا کرد ، بمن بگذارید : باقي را خود دانید * جنابِ حکیم ! گُرز وگاو - سر [6] از من ; گُلِ گاو - زبان [7] از تو * من تخم دشمن را از میانِ میدان بر دارم ، و تو تخم ریحان وکدو [8] را از دکانِ عطاری * جنابِ شاعر ! بوی باروت و نعرهٔ توپ از من ; بوی گُلْ و نغمهٔ بُلبل از تو : گلولهٔ تفنگ و سرِ نیزه از من ; تیرِ غمزه و پیکانِ نگاه از تو * از فنونِ جنون ، فنِ من این ست : شما خود دانید " *

1 "Backbiting."

2 'He had right on his side,' (as the Frank was spoiling the Ḥakim's practice).

3 *Ki* "saying that."

4 *Sag-i zard barādar-i shighāl-i siyāh* (m.c.) "they are nearly allied."

5 =*khiyāl-i khud-at mi-kunid* 'judge others by yourselves.' *Nafs* also means "breath"—a hit at poetry.

6 *Gāv-sar* is a large mallet used in executions: *gurz* is a roundish battle club.

7 *Gul-i gāv-zabān* is a medicinal herb with a violet coloured flower: in the dictionary it is said to be the plant "ox-tongue *or* bugloss."

8 Pumpkin seed is used in medicine. *'Aṭṭārī* (adj.).

ایشیک آغاسي باشي روی بدیشان نمود : " بلی همه ، هنرهای گوناگونِ شما را میدانند ، بخصوص پادشاه که از جلادتِ شما - [1] همگي بسیار اظهارِ امتنان مي نماید که ' در ایران هیچ شهریاری مانند [2] من سرداران و غلامانِ جان - نثار نداشته است : با این جان‌نثاران تا بنافِ گرجستان لشکر خواهم راند ' " * پس روی بنسقچي باشي آورد که " اگر دولتِ روس آهنگِ جنگ - داشتنِ شما را بشنود ، البتّه ازین دنیا فرار کرده، میرود در آن دنیا بدعاي شما مشغول میشود" *

نسقچي باشي اندکی سر خورده [3] شانهٔ نیم - بلند کرد که " دخول روس بگُرجستان مثل افتادنِ [4] ککّ است به تُنبانِ بنده ; اندکی زحمت میدهد اما اگر بکنم ریشه اش را میکنم * حرفِ روسِ منحوس ، قابلِ زدن نیست " * آنگاه از برای قطع [5] دنبالهٔ کلام روی بمن کرد که " بسیار خوب ترا بخدمت قبول میکنم ، بشرطیکه تو هم بوی باروت را بقدر من دوست داري ; و باید بداني که نسقچي را قوتِ رستم و قدرتِ پشنگ [6] و دلِ شیر و زهرهٔ پلنگ میباید " * پس سراپایم را نگریست و از وضع و طورم خشنود گُفت " برو ، نایب را ببین ، [7] همین حالا لباست را بپوشاند و تکلیف را معیّن کند " *

[8] نایبِ نسقچي مشغولِ تدارکاتِ سفرِ شاه ، ترتیب لوازمات میداد و از [9] تابعینان نوشته میگرفت * بعد از اظهارِ قضیّه ، اسبِ نسقچي را با لباسي غریب بمن تسلیم ، و غدغنِ بلیغ نمود که "خوب متوجه شو ; و تا دم و پوستِ داغِ [10] شهریاريِ او را نیاوري دیگری نخواهند داد : [11] مواجب سي تومان ، وخرجِ خود و اسبت

[1] *Shumā-hamagī*, no *iẓafat*.

[2] *Mānand-i ū* (indirect narration) could be substituted.

[3] *Sar-khurdan* or *sar-khurda shudan* "to be disheartened; to be checked by fear or by shame." *ū az raftan-i Ṭahrān sar khurd = ẓarar kard or ṣadma dīd*.

[4] *Kak* vulg. for *kahk* or *kaik* "a flea"; *also kek*.

[5] 'To end the topic under discussion; to change the subject.'

[6] *Pashang* the father of Afrāsiyāb. There are several Pashangs mentioned in the dictionaries.

[7] *Hamīn ḥālā* "this very moment."

[8] After *nā'ib* an *iẓafat* can in m.c. either be inserted or omitted.

[9] *Tā'bīn = zīr-dast. Navishta* = 'reports.'

[10] *i.e.*, 'should it die you must bring its tail and the piece of skin branded with the royal brand.'

[11] Yearly stipend, not monthly as in India. Thirty *tumans* (a year) is about ninety rupees, not sufficient to buy flour for one man.

با تُسمی ،، * پس چنانچه باید، ملبّس و مُسلّح شدم * از آلاتِ نسقچیگری تبری باقی ماند که آن بایست از جانب دولت داده شود *

از مطلب پُر - دور نرفته اول قدری از حالتِ نامرد خان نسقچی باشی ، رئیس ما ، بشنوید * مردی بود بزُرگ - اندام، پهن شانه ؛ دُرشت استخوان ؛ سالش نزدیک بچهل امّا هنــوز جوان ، و قابلِ گفتنِ "خوب جوانی است" ؛ سیمایش مهمنــاک ، و در سایهٔ ابروی سیاهِ پُر موی [1] مشکین و ریش [2] عنبرین ؛ چهرهاش تیره ؛ دستش بزرگ و پهن و رگ رگ ؛ و از موی پیچــا پیچ که از چاکِ پیراهنش می نمــود قوم و خویشِ که بودنش معلوم [3] بود * روی هم رفته صورتش مهیب و وضعش با [4] موضوع مطــابق و موافق * شهرتش[5] آسایشِ شهــر را کافی : دیدارش تنها نسقِ مُفسدان را وافی * در خوش [6] گذرانی و عیش و عشرت مشهورِ زمان ؛ علی الروس، بلکه با بانگ کوس، شراب - خوار؛ درخلا و ملا ملّایان را لعنــت گذار * باوجود آنکــه باید او را [7] سیف الاسلام و یادگاری نبوی شمارند ، باز با نام میرغضبی و جلّادی از اراذلِ ناس بود * خانه اش عشرت آباد یعنی بیت اللطف : شَب تا صبح صدای تار بود و تنبک : رقصِ مرد بود و زن ؛ لوطیان وابستهٔ او: مقلّدان دستهٔ او * با همه خباثت و نابکاری ، از [8] عُنف و سختیِ منصب خود سرِ موئی فرد گذار نمیکرد ؛ اغلب اوقات بآوازِ دف و نی ، و دورِ عرق و می ، صدای چوب و فلک و تضرّع نسق و کتک هم بلند بود * در سواری چست و چالاک ؛ در جرید - بازی چیره و بی باک ؛ با اینکه قالب و قوارهٔ مردِ جنگی و پر دل داشت ، در واقع کمدل و کم زهره ترین مردم بود * عیوب ذاتی خود را در سایهٔ شاه-اندازیها [9] و روباه - بازیها می پوشید ؛ و با کسانیکه از چند و چونِ وی خبر نداشتند، سامی و افراسیابی و پهلوانانِ قدیم ایرانیان را [10] میفروخت *

1 *Mushkīn* "dark, jetty," is tautology (*ḥashv-i qabīḥ*): it has already been stated that his eyebrows were *siyāh*.

2 *'Anbarīn* is simply used to rhyme with *mushkīn*: it is quite inappropriate here.

3 'His being the relation of whom was evident.' Persians take this to mean he was rough and uncouth like a bear, but in the English he is likened to a monkey.

4 = *ẓāhir bā bāṭin muṭābiq*.

5 Or *ṣūrat-ash*?

6 *Khush-guẕarānī* is 'luxury' or rather 'being well to do' and not 'sensuality.'

7 *Saifu 'l-Islām* is said to be a euphemistic title given to the Chief Executioner by people in conversation.

8 *'Unf*, "severity."

9 *Shāh-andāzī* = "boasting."

10 'Made himself out to be a Sam,' etc.

تا وقتِ رفتنِ شاه منزلم شبها در خانهٔ حکیم، و روزها کارم جمع آوریِ سیورسات * بنقد همه چیز را بی زحمت بنسیه میخریدم * در زمانِ اقامتِ خانهٔ حکیم، از آنچه ازبیماران بزور اندوخته و از آنچه با هنرِ خود بدست آورده بودم، از قبیلِ زیر [1] انداز، رو انداز، اسبابِ منزل، دست وپا کرده بودم [2] * بیچاره نسقچی که در دست ما مرد، بخویشاوندانِ او گفتم که "باعتقادِ من اینجوان مسلمان پاک است و مرگش تقصیر ما نه * همه کس میدانند که تدبیرِ ما با تقدیر خدا نساخت * رختخوابش ابریشمین است و استعمالِ حریر در شرع حرام ؛ و انگهی در این رختِ خواب پایش را روی بقبله نیز کشیدند" * این رختخواب از چشم قبیله افتاد : این بود که رخت خواب را بمن دادند که 'الخبیثات للخبیثین' *

آئینه لازم داشتم : میرزائی ناخوشی [3] یرقان داشت و صورتش را در آئینه زرد میدید * خاطر نشانش کردم که زردی در آئینه است و صورتش مثل گل شگفته * میرزا بر آشفت ؛ آئینه را بمن داد که " [4] بجهنم : " من آئینه را بلعیدم *

در اعمالِ دینیه میرزا احمق خود سخت و در منهیات و محرمات بسیار [5] موسوس بود * جفتِ یخدانی لازم داشتم و احمق دو جفت از آن در یک اطاق داشت * شب و روز دیده برآنها دوخته بودم که " چه کنم یک جفتش را بربایم ؟ اگر نیمهٔ تدابیر درویش سفر را داشتمی اکنون اسبابِ سفرم در این یخدانها نهفته بودمی" * تدبیری کردم : یکی از آن سگان که در طهران از شپش و شاهزاده و [6] شتر کمتر نیستند در نزدیکی خانهٔ ما در زیر دیوارِ خرابه بچه نهاده بود * دور از چشم مردمان بچگانِ او را آورده دریکی از آن یخدانها گذاشتم و دیگریرا از استخوان انباشتم * در وقتِ سفر حکیم برای العین یخدانها را پر از بچهٔ سگ [7] دید که مادر شان آدم پاره پاره میکرد * متعجّب ومتحیّر آنرا بشگون خوب نگرفت : معانی و تأویلات دادند ؛ یکی میگفت که " این دلیل بر آنست که از خانم یک خانه پر از حرامزاده متولد خواهد شد ؛" دیگری میگفت

1 *Zir-andāz* is anything to lie on, quilt, etc.

2 'Had struggled together (collected with difficulty) for myself.'

3 "Jaundice."

4 *i.e.* 'Devil take the glass!'

5 *Muvasvis* "superstitious."

6 Teheran is famous for three things all beginning with the letter *shīn*, viz., lice, princes and camels: all three are equally common in Teheran. I have seen a *Shāhzāda* ploughing in the field.

7 Or *bachcha-sag*, without an *izafat*.

[1] بچه - سگان چشمشان وا نشده است ؛ خدا نکند که ما و حکیم مثل آنها بشویم ! "
اما حکیم دلش بیخدانها میسوخت • قرار بنجاست یخدانها داده ، قرار بیرون انداختنِ
آنها با سگان نیز داد : و من قرار بدرون آوردنِ آنها • بنـــابرین مردی شدم صاحبِ
یخدان • اندکی پس از آن اینقدر خرت و پرت جمع کردم که بزحمتِ [2] سیاهه گرفتن
میارزید : در هنگامِ سفر دیدم که اگر [3] با خر - بندگانِ شاهي بر سرِ استري بنه - بردار
بجنگم ، جا [4] دارد •

[1] In m.c. *bachcha-sagān*, no *izafat*.

[2] *Siyāha* "list."

[3] *Khar-band* = *chārvā-dār* "a donkey man *or* a mule man."

[4] *Jā dārad* = *bi-jā ast*.

گفتار سي و سيم

در همراهي حاجي بابا با اردوی شاهي و آموختن

مقدّمات كار خود

روزِ حركت شاه باردوی سلطانيــه از جانب مُنجّمين تعيين شد ; و بيست و يكم ربيع الاول چهل و پنج دقيقه پيش از طلوع آفتاب براه افتاد ; و يكسر در [1] كوشک سليمانيه كه در نُه فرسخي در كنار كرج اَست فرود آمد ٭ همراهان اردوی سلطانيه همه در ساعت معيّن در آنجا حاضر شدند ٭ همراهانِ شاه عبارت بود از يک فوجِ سرباز ، و شتران زنبورک خانه و يكدستهٔ سواره ٭ وزراء و صاحب منصبانِ بزرگ و مستوفيان همه بيكبار بحركت آمده ، شهر در يكروز از ثلثِ سكنه محروم مانده ٭ بنظرم آمد نديدهٔ ٭ [2] گويا مردم طهران ، بلكه مردم ايران ، مانند زنبور عسل كندو‌يرا ترک كرده باتفاق [3] بكندوي ديگر ميروند ٭ قطارهاي استر و اُشتر از بار و بنه و رختخواب و فرش و اسبابِ مطبخ و چادر و جل و پلاس و آذوقه پربار ، با گرد و غبار و آوازِ زنگوله و درای [4] ، و غلغله و ولولهٔ قاطرچيان و ساربانان، چشم و گوش را تيره و خيره ميساخت [6] ٭

صبحِ روزِ حركت ، مرا بر درِ دروازه گماشتند تا مانعِ ازدحامِ سرِ راه شاه شوم ٭ دهقانان كه شبها آذوقه و ميوه بشهر مي آوردند و تا كشودنِ در ، پشتِ دروازه منتظر ميماندند ، امر شد كه از راه ديگر بروند ٭ سقايان راهها را با دقّتِ تمام چنان آب‌پاشي و روفت و روب كرده بودند كه بهتر از آن تصوّر نميشد ٭ وجودِ پيره زن ، بسبب [5] بداوغوري ايشان، در سر راه شاه قدغن بود ٭

[1] *Kūshk* "villa, summer residence; kiosk."

[2] *Bi-naẓar-am āmad na-dīda-ī* 'I think you have never seen such a sight.'

[3] *Kandū* "hive."

[4] *Darā* or *darāy* "bell."

[5] *Bad-ūghūrī* "being ill-omened": *ūghūr bi-khair bāshad* is a road greeting in some parts of Persia. *Ishān* 'Kata sunesin' construction.

[6] An example of *laff u nashr-i murattab*.

در آنروز دورباشیِ [1] مردم ، در خود غیرتی دیدم که هرگز گمانِ آن بخود نمیبردم زیراکه یادم آمد که در آن زمان که از اراذل و لوباش بودم چه قدر مردمانِ معتبر را اهانت مي‌کردم * چنان بی‌محابا و بی‌تحاشی چماق بسر و مغزِ مردم می نواختم که نسقچیان میگفتند " عجب ولدالزنائی بزمرۀ ما داخل شده " * بشهرتِ کارآمدي و جرأت [2] شتابان ، امیدوار بودم که رفته رفته بمناصب عالیه برسم *

خلاصه اردو براه افتاد * شبانۀ پیش ، یک قطار شُتر زنبورک - خانه بانتظارِ شاه بسلیمانیه رفت * [3] صدای توپِ سواري شاه بلند، و سکوتي بهر سوي مستولي شده، همه صامت و [4] ساکت منتظر ایستادند * اول تفنگداران ؛ بعد از آن یدکداران با اسبانِ پاکیزۀ [5] یراق - مرصّع و زین - بندهاي کشمیري و اطلس زردوزِ اعلا ؛ بعد از آن [6] شاطران و ریکابان ؛ بعد از آن ذاتِ اقدسِ شهریاري و شاهزادگان و وزراء ؛ بعد از آن یک [7] تیپ سواره در رسیدند *

بزرگان و وابستگان ایشان ، و بسیاري از وابستگان وابستگان ، و میرزایان و نوکران و قلیانداران و آش پزان و شاگرد-آش پزان و فرّاشان ، [8] پادوان ، مهتران ، قاطرچیان، ساربانان ، و اُردو- بازاریان و ده هزار دیگران : همراهان اُردو را براي این میگویم که محشر و محشري تصوّر کني که از پیشِ چشم من و دروازه - بانانِ دروازۀ قزوین میگذشت * [9] سر و کلّۀ پادشاه با ریشي، از پهنا تا دوش و از درازي تا کمر، با چهري پُر از علامتِ قهّاري و جبّاري ، پدیدار شد * چشم و گوش و بیني من هر یک جداگانه ، از ترس ، تودیع یک دیگر میکردند ، پیش از آنکه صدا توانم در آورد *

همگنان از دروازه بیرون رفتند ، و من با دروازه بانان براي [10] خستگي در آوردن مشغول قلیان کشیدن بودم : ناگاه زن وزیر، مأذون بهمراهي شوهر باُردو ، آمد از آنجا

1 = *dūr-bāsh kardan.*

2 'Hastening to acquire a reputation for usefulness and courage, I was in hopes that—.'

3 'The gun fire announcing the mounting of the Shah.' *Sukūt-i* "a silence."

4 Generally *sākit u ṣāmit.*

5 No *izafat* after *yarāq ; zīn-band* is in m.c. the cloth in which the saddle is wrapped when in the stable. اعلا for اعلی .

6 *Shāṭir* is a running footman who runs just in front of the horse. A *rikā* goes a little way ahead, gives notice of the approach of the Shah and clears the way.

7 *Tīp* T. (m c.) 'a body of troops, a division :' in dictionary *top.*

8 *Pā-dau* a boy who is an assistant in a kitchen, a bakery, a *ḥammām* or a stable.

9 *Sar u kalla-yi fulān shakhṣ paidā shud* (m.c.) 'so and so appeared in sight' (gen used for important people).

10 *Khastagi dar andākhtan* (m.c.), "to rest, refresh oneself."

بگذرد : زینب و شومي بخت آن بخاطرم گذشت * شب پیش ، بنا بروایت نورجهان ، او را بقصر قاجار [1] شمران بآموختن سازندگي و بازندگي با سایر مطربان فرستاده بودند ؛ چه شاه خواسته بود که تا مراجعت او از اردو زینب قابل حضور او شده باشد * چشمم بقصر قاجار و پایم راه - سپار ، اگر باردوي سلطانیه رفتن مامور نمي بودم احتمال داشت که بد آنجا بروم *

بیت

"بامیدیکه بدهم بوسه خاک آستانش را .·. زنم هر شب هزاران بوسه پاي پاسبانش را"

روز [2] نوبتم بسر رسید *

بخیمه گاه نسقچي باشي رسیــده براي من ، با پنج نفر نسقچي دیگر ، خیمه برپا دیدم * در شهر باهم آشنائي جزوي داشتیم : در آنجا کلّي و تنگ [3] شد ، چه عرض و طول چادر زیاده از شش گز نبود * رفقا مرا ناشي و کوچک تر میشمردند و من مصلحت وقت را تحمل مینمودم *

نسقچي باشي علاوه بر نایب که ذکر خیرش لازم است وکیلی هم داشت که من بواسطهٔ او باوج اعلاي معروفي و توانائي عروج کردم * این وکیل ، لقبش شیر علي و اصلش شیرازي ؛ و با آنکه او شیرازي و من اصفهانی با همه رقابت با یکدیگر ، دوست جاني شدیم * در روزي گرم ، او بمن [4] قاچ خربزه تعارف کرد ؛ و من با دست خود قلیاني براي او چاق کردم * من [5] هیضه کرده بودم ؛ او با چاقوی خود خون از من گرفت * اسب او قولنج کرده بود ؛ من با آب تنباکو اماله اش کردم * دوستي از دو سو محکم شد ، و بقول حکماء نخل حیاتمان بیکدیگر پیوسته یک میوه داد * او سه سال از من بیشتر داشت و بزرگ هیأت و خوش صورت و فرّاخ شانه و کمر - باریک و توپ - ریش [6] بود : بروتهایش کلفت و [7] کمراه ، و (مانند شاخ تاک ، که بر دیوار باغ پیچید پیچان) از بنا گوشش در میگذشت *

[1] Shimrān is a district N. of Teheran and on the slopes of the Elburz : this word already plural has been arabicized by munshis into *shimrānāt*. *Shamr* Ar. is a mountain that supplies plains with water.

[2] 'My turn for duty.'

[3] *Kullī va tang shud* = 'our acquaintance became complete and close.'

[4] *Qāch* or *qāsh* (T.?) "a bit, a piece." A melon is divided into quarters; the pulp is then slashed across diagonally and a knife passed between the pulp and the rind: the cut pieces which are of a convenient size for eating are served on the rind. *Qāch* may mean an entire quarter or one of these diagonal pieces.

[5] "Indigestion."

[6] *Tūp-rīsh* = *rīsh-ash tūpī 'st* "thick-bearded" (not long bearded); opposed to *kūsa*.

[7] *Kam-rāh*, i.e., 'short.'

شیر علي در خدمت [1] چکیدهٔ بلکه مربّا بود ; چراکه در مجلسِ [2] اول چشم-بازیش معلوم شد * چشم مرا هم خیلي باز کرد *

میگفت " برادر ! شاه مواجبي نمیدهد ; اگر هم بدهد ، دوای درد مان نمیشود * مزدِ ما بستهٔ بخدمتِ ما ، یا [3] بقوللق یا برشوت یا نسق - [4] بها یا چیزِ دیگر ازین قبیل است * [5] عبرت از رئیس خود گیریم که «سگ را بخداوند میشناسند» [6] * مواجب نسقچیباشی سالیانه هزار تومان است : آنهم باسم ، نه رسم : برسد ، یا نرسد خدا میداند * امّا اقلاً پنج یا شش مقابلِ آن خرج دارد * اگر از جای دیگر نگیرد از کجا خرج میکند ؟ خانی مغضوب و مستحق کتک و جریمه میشود ; البته حدّ کتک و جریمه بمبلغي وابسته است که بنسقچي باشي باید بدهد : اگر پولِ هنگفتي داد ، ما چوب را بجای پای او بفلک میزنیم * این روزها [7] مستوفی باین بلا مبتلا شد : برای حرمت ، نمدي بزیرش انداختیم : دو نفر نسقچي فلک را گرفته بودند و من با یکي دیگر چوب [8] میزدیم * عمامهٔ شالِ کشمیري را از سر ، و شال را از کمر ، وجبّه‌اش را از بر ، چون حقِ صریح ما بود ، بر مي‌داشتیم که آهسته و چنان که نه شاه و نه کسی دیگر بشنود گفت ' اگر هیچ چوب نخوردم ده تومان میدهم ' * چون پایش بفلک بر کشیده بود و مشغولِ کار شدیم برای اطمینان و خاطر جمعي وعده ، اولاً بنا کردیم بضربِ حقیقي تا فریادش بلند شد * پس باستادي چنانچه شاه هم نفهمید بخاطر - خواهِ خود بمقدارِ نقدِ موعود افزودیم تا آنکه بنا کردیم بزدنِ چوب برروي فلک * مقاوله طرفین همانا بدین طریق شد ' ایوای ! امان ! مردم ! غلط کردم ! شما را بخدا ، به پیغمبر ، دوازده تومان ! بجان پدر و مادرتان پانزده تومان ! بریشِ شاه بیست تومان ! بدوازده امام سی تومان ! چهل تومان ، پنجاه ، شصت ، صد

1 *Chakīda-yi kār* (m.o.) = *pukhta : murabbā* "jam" is a joke depending on the word *chakīda*, 'anything dropped or distilled :' the meaning is that he was thicker (and better) than *chakīda*.

2 *Majlis* "sitting :" *chashm-bāsī* (m.o.) "being wide awake" for *chashm-wāsī*.

3 *Qūllūq* (قولّق or قوللق) a fee to any *ma'mūr*. The proper fee is fixed but the *ma'mūr* extracts all he can. The word "perquisite" is perhaps better expressed by *khurda manfa'at*.

4 *Nasaq-bahā* a fee to those who execute *nasaq*. [After an execution, an executioner will demand a tip from the relatives of the deceased].

5 '*Ibrat* here = *namūna*.

6 A common saying. People only respect a dog on account of its master.

7 'An accountant, secretary.'

8 Note false concord.

هزار تومان ! بحضرتِ عباس هرچه بخواهید ! ' قسم که بحضرت عباس رسید کار تمام شد * امّا نا مردِ پدر سوخته ، بهمان زودي که در شدّت [1] افزود در فراغت کاست ؛ و از آنچه اول وعدهٔ دادهٔ بود زیادهٔ ندادن خواست : آنهم از ترسِ اینکه اگر بارِ دیگر دُمش گیر بیاید سر بسلامت نبرد "

این حکایتِ شیر علي چنان رگِ اشتهای مرا جنبانید که بجز چوب زدن و پول گرفتن هوسي در دلم نماند * روز تا شام ترکه بدست ، در گردش ، هرچه شکلِ آدمي داشت میزدم : بقوتِ ورزش و [2] ممارست اگر میگفتند ' هرچه در عالم پاست ، همه را بیکبار چوب بزن ' میزدم * من که در خود هیچ سنگدلی و شجاعت گمان نداشتم ، نمیدانی چه شیرِ بی پیر [3] شدهٔ بودم * اما حقیقهٔ امر این است که این ادا از صحبت و معاشرت دیگران بود :— * بیت *

* ' اسب تازي را دو روزي گر ببندي پیش خر '
* ' رنگشان همگون نگردد ، طبعشان همگون شود ' *

در آن اوقات زندگانیم در عالمي بود که بجز بیني-بري ؛ گوش - بري ؛ شقه کردن ؛ داغ نهادن؛ چشم- کندن؛ بدم توپ گذاشتن ؛ از بام انداختن؛ چیزي دیگر نمي‌شنیدم : میتوانم گفت که اگر پدرم را میدادند که " پوستش را بکن و پر از کاه کن " مضایقه نداشتم * مصراع ' گر بمنصب برسي ، مست نگردي ، مردي ' [4] *

[1] *Shiddat* = *sakhti* : *farāghat* = *āsūdagī*.

[2] *Mumārasat* from *maras*ᵃ Ar. "to soak, macerate:" *māras*ᵃ "to exercise oneself."

[3] *Shīr-i bī-pīr* "desperado; a fellow without pity."

[4] A common proverb. Persians are easily elated and as easily depressed.

گفتار سی و چهارم

شمهٔ از ظلم ایرانیان در هنگام ماموری حاجی بابا *

پادشاه آهسته آهسته بسلطانیه راه‌پویان بعد از چارده روز در ساعتی معیّن و سعد‌اندوز بکوشک تابستانیِ نوساختهٔ خود فرود آمد * این کوشک در پهلوی خرابهای شهرِ قدیم ، بر تلی واقع و بچمن سلطانیه مُشرف، منظرهٔ خوش و خرّم دارد * در زیر پای نظّارگیان تا چشم کار میکرد چادرِ سفید برافراشته بود * من اینحالت نسقچی گری خودرا با حالتِ اسیریِ خود درمیان ترکمانان قیاس کنان ، با عظمت و شکوه بر خود میبالیدم که "باری امروز [1] مردیم ؛ وقتی مردم مرا میزدند و امروز من مردم را میزنم * اسم فاعل و مفعول را مثالی صحیحم : مثلاً وقتی که آخوندم چوب میزد تا عربی آموزم ، اسمِ مفعول و بمنزلهٔ لازم [2] بودم ؛ اکنون که فعلم میتواند بدیگری تجاوز کند ، بمنزلهٔ [3] اسم فاعل و متعدّیم" *

من در تصوّر و تصدیق این قضایای اتّفاقیه، شیر علی داخل چادر شد که "رفیق، چه نشستهٔ ؟ کار و بار چلّه [4] شد ؛ بهمراه من بیا و کار [5] مدار * برای اُردو [6] سیورسات باطراف و جوانب حواله شده است * سیورسات از ده قاچ سوار که میانهٔ اینجا وهمدان است ، بعد از اینکه چند روز پیش شاهزاده بعزم شکار آنجا رفته

[1] *Mard-ī am.*

[2] *Lāzim* "intransitive (verb)."

[3] *Ism-i fā'il* "active participle:" *ism-i maf'ūl* "passive participle." *Muta'addī* "transitive (verb)."

[4] *Kār u bār-ash chāq u chilla* (m.c.) "this work is profitable;" *chilla* is here short for *chāq u chilla*.

[5] *Kār ma-dār* (m.c.) "do nothing; ask no questions."

[6] *Siyūrsāt = dādan-i siyūrsāt.* The word *siyūrsāt* "rations; provisions for a camp," to a Persian mind suggests articles taken by force and without payment. *Ḥavāla shuda ast* "was consigned."

و [1] سیورسات را چرانیده ، نرسیده است * تحصیل آن و تحقیقِ آن و آوردنِ ریش - سفیدان و کدخدایانِ آنجا را بخدمت نسقچي باشي [2] ، بمن واگذار کرده‌اند * چون رفیق مني ، با همه لُندلُندِ [3] نسقچیان، که نوبتِ قوللق از دستِ ایشان گرفتم تو را بهمراه میبرم * بعد از نمازِ عصر بمهراهي حاضر باش که باید فردا صبح در آنجا باشیم ". *

من از شادي بی تاب که باین زودي قوللق پیدا کردم ، وبا بی خبري [4] از شالودهٔ کارِ شیرِ علي ، میدانستم که این چنین فرصتها امثالِ ما مردمانِ جاه-جو را خیلي غنیمت است * با خود گفتم که " اگر شاهزاده از سیور سات چیزی برای ما بجا نگهداشته دریغ از زحمتِ ما " * امّا باز خیال میکردم که [5] "هرچه بجا نمانده باشد بقدر سیر کردن ما مانده ؛" چنانچه شاعر گفته است : — * نظم *

"خورند ار مغز را برجای ماند ∴ اقلاً پوستي از هندوانه
کنند از چانه ار ریشِ کسي را ∴ ازو ماند بجا البته چانه * "

اسبم در پهلوي چادر [6] در چدار بود ؛ بشناختم : * نظم *

گشودم پای-بند از پای رهوار ∴ نهادم زین وبرگش بر بکاهل [7]
بدو گفتم که ای پابسته تا حال ∴ هلا [8] پابندِ خویش از پای بگسل
بچر کت عنبرین بادا چرا گاه ∴ بچم [9] کت آهنین بادا مفاصل
اگر ایرانئی را بگسلانند ∴ چوتو پا-بند [10] از پا (گرچه مشکل)
لگد اندازي وگردنفرازي ∴ تماشا کرد باید ربِّ سهِّل [11] *

[1] *Siyūrsāt charānīdan* (m.c.) "to eat up." *Ast* is understood after *rafta* and *charānīda.*

[2] 'Bringing them before the N. Bāshī.'

[3] "In spite of all the grumbling of—."

[4] *Shālūda rīkhtan* (m.c) = *tarḥ rīkhtan* "to make a plan of operations; make a plan beforehand:" also *rang u rishta rīkhtan* (m.c).

[5] *Harchi* "although."

[6] *Chidār* or *chadār* "cord fetters for horses."

[7] *Kāhil* 'the spot between the shoulders' (of man or beast): *bar bi—*, a double preposition—by some sort of poetical license.

[8] *Halā!* "come along; bravo; take care."

[9] *Bi-cham* = *bi-kharam*. *Chamīdan*, "to walk affectedly, waving from side to side; to twist." *Mafāṣil* "joints."

[10] *Pā-band* "fetter" (object).

[11] For *Rabbī* "my Lord": *sahhil* Ar. "make easy" (its kicking, etc.).

في الجمله من و او با يک قاطر بنه و بنه دار در وقتِ غروب از اردو بيرون
رفتيم * در عالمِ نوکر بابي [1] لقب بيگي هم دست و پا ، [2] و از رفيقي رشمهٔ [3] نقره براى
سر اسب خود ، و کمري [4] نقره براى ميانِ خويش ، کرايه کرده بودم ، بشرطيکه اگر گم
شود تاوانش بدهم ؛ و اگر نه بکرايه سوقاتي براي او برم [5] *

با آن يراق و آن کمر ، شب ، همه شب راه پيمايان، دوساعت پيش در راه نخوابيده،
در وقت بيرون رفتن گلهٔ وقليان کشيدن صحرا-روندگان، به قاچ سوار رسيديم * از ديدن ما
معلوم است دست پاچه، زنان رو پوشيدند * مردان بتواضع برخاستند * حالا [6] بيا و باد
و بروت ميرغضبانهٔ شيرعلي را باش که با چه قارت [7] و قورت کدخداى آنجا را
خواست * مردي ريش سفيدِ محترم ، با لباسي از [8] منش خود ساده تر ، پيش آمد
و سلام داد و بايستاد که " کدخدا بندهٔ شما منم : خوش آمديد ؛ صفا آورديد ؛
قدم بالاى چشم ؛ بسم الله ؛ از اسب فرود بيائيد ؛ بفرمائيد * " يکى جلو
اسب را گرفت ، ديگرى رکاب را ؛ و يکي بزير بغلش خزيد : از اسب فرودش
آوردند [9] * بزرگي-فروشي ما ديدني بود * بر روى سکوى در خانهٔ که خدا ، قاليچهٔ
گستردند تا اطاق حاضر [10] شود * تمام اهل ده در دنبال رفته بروى قاليچه نشستيم *
کدخدا با دست خود چکمهٔ ما را از پاى کند * از انواع تعارفاتِ رسمي [11] که نسبت
ببزرگان بجا مى‌آوردند سر موئى فرو نگذاشت * شير علي بيحيا مثل کسيکه در واقع
مستحق آن احترامات است آنها را بريش خود ميخريد [12] * بعد از دمى چند بچپوق

1 *Dar 'ālam-i naukar bābī* "in the days of my being a servant;" *as naukar bāb-hā 'st* (m. c.) "he is a servant."

2 After *dast u pā* the *karda budam* at the end of the clause is understood, but after *khud* the full compound verb *kirāya karda būdam* is understood: such an elliptical sentence is impossible in English. *Beg* (pronounced like the English words 'beg' or 'big') is in Persian a title of respect added to the names of servants of a good class. In India descendants of the Mughals have *Beg* after their names.

3 *Rishma* is a picketing chain for a horse or donkey; it is worn round the animal's neck: also a picketing rope of camel hair worn in the same way.

4 *Kamar-ī* (m. c.) = *kamar-band-ī*.

5 *Ū* i.e., the *rafiq*. *Baram* or *biyāvaram*, both common.

6 This is addressed to the reader. *Bāsh* means 'be attentive to, consider;' *ūrā bāsh* (m. c.) "just look at him:" *bā shumā na-būdam* (m. c.) "I wasn't with you, *i.e.*, I wasn't addressing you."

7 *Qārt u qūrt* (m. c.) "commanding airs; ordering about insolently."

8 *Manish* = *vaẓ'.*

9 A Persian gentleman is lifted on to and off his horse.

10 *Ḥāẓir* "ready."

11 *Rasmī* "usual."

12 *Bi-rish-i khud khariden* "not to reply, to accept as one's due": *fuḥsh-hā-yi ū rā bi-rish-i khud kharīdam* (m.c.) "I did not reply to his abuse (either from fear or amusement.)"

زدن ، روی بکدخدا نمود که " مردکه ا تو ، که کدخدای قاچ سواري ، بدان که من از جانبِ پادشاه آمده‌ام ، از جانب پادشاه ؛ و محض از برای اینکه بدانم چرا بحسبِ فرمانِ پادشاه که دو ماه پیش ازین بوالي همدان فرستاده شده است [1] مقرري خود را بارودي سلطانیه نفرستاده اید * "

کدخدا : — " اگر دروغ گویم چشمایم از چاله [2] در آید * " (مردم را نشان دهان) " این مردم همه میدانند که من تا حال دروغ نگفته‌ام : هرچه گفته‌ام باز همانرا میگویم * سرکار نسقچي باشي ، عرض میشود که تو (همه خدا را) چشمِ حقیقت بین و گوشِ حقیقت - شنو داري ؛ آدمي زیرک و هوشیاري ؛ متدّیني و خدا پرست * من راست و پاکش را عرض بکنم ؛ بعد از آن تو هرچه میخواهي بکن ؛ خود داني * "

شیر علي : — " من نوکر پادشاهم ؛ هرچه پادشاه فرموده آنرا میکنم " *

کدخدا : — " اختیار داري : حالا بعرضِ من گوش ده * سه ماه پیش ازین وقتیکه گندمها بیش از یک گز قد نکشیده بودند [3] و برّها در پشتِ سرِ مادرانِ خود [4] مرمر میکردند وهرکس بکارِ کشتِ خود مشغول و با گاو و گوسفندِ خود [5] مشعوف بود ، کسي از جانبِ خراب قلی [6] میرزا آمد که ' ارباب فردا بدینجا بشکارِ گورِ خر و آهو و کبک میآید با أمراء ؛ و باید، خانها را برای خدم و حشم او خالي کنید ' * مردم را جمع کرد که ' تا وقت بودن او در اینجا ، خرجِ مطبخ و پولِ کاه و جوِ [7] مالهایش با شما ست ' * ازین خبر مردم هراسان و ترسان که [8] کبادۀ شهزادگان کشیدن نه کاري است آسان * خواستیم با رشوت و التماس و انابت [9] دفعِ بلا کنیم : نشد * قرار بغالے

[1] *Muqarrari* " that which was fixed for you."

[2] *Chāla* " socket ; *also* the pit for the feet of shawl-weavers when weaving."

[3] Better *būd*.

[4] *Mar-mar* " bleating."

[5] " Delighted."

[6] *Mirzā* when it follows a name = " prince : " before the name " clerk."

[7] *Māl-hā* " horse, mules, etc."

[8] *Kabāda* is an iron bow for gymnastic exercises : it has a loose chain instead of a string. During the exercise the left hand holds the bow and the right one the chain.

[9] *Inābat* " penitence " signifies saying *ghalaṭ kardam*, *tauba kardam*, etc., etc.

کردنِ ده و فرار کردن بکوهها دادیم تا ازین ستارهٔ[1] دمدار رستکاری یابیم * سرکار نسقچی باشی ! اگر آنوقت حالت آن بیچارگان ، و ریختنِ آنچه دارند و ندارند[2] ، و فرار کردن ایشان بکوهها میدیدی دلت کباب و جگرت آب میشد » *

شیر علی (بآواز بلند) : — «بارک الله ! دهِ پادشاه را تق[3] و لق میاندازید تا خراب شود و توقع آنهم دارید که دلم کباب و جگرم آب شود ؟ چنین نیست ؟ اگر پادشاه بفهمد همه را از شمشیر میگذارند » *

کد خدا : — « سبحان الله ! تا آخر گوش بدهید : از اوقات تلخی فرودِ خواهید آمد * گاو و گوسفندِ خود را باآنچه می توانستیم برداشتیم و بمیان درّه و آبکندِ[4] کوهها فرار کردیم * در ده بجز گربها و سه زنِ پیرِ ناخوش برای شاهزاده نماند » *

شیر علی (روی بحاجی بابا) : — «حاجی بیگ ! می بینی مال و اموال و آنچه اشیای گرانبها داشته اند بکوه برده اند ، و برای شاهزاده گربها را با زنانِ پیرِ ناخوش گذاشته اند ؟ ای کد خدا ! باقی را بگو » *

کد خدا : — « سرکارِ آقا ، ما درمیانِ درّها و کنارِ آبها چادر زدیم و آدمی چند گماشتیم تا بما خبر آرند * روز دیگر در وقتِ ظهر خبر آوردند که شاهزاده با خدمِ و حشمِ بسیار آمد * از فرار اهل ده در غضب ، امر فرمود تا خدمتگارانش درهای خانه را بزور شکسته داخل و جایگیر شدند * می گفتند که برای اطفای آتشِ غضبِ شاهزاده ، یکی از زنانِ پیر چشم را بسته[5] دهن را کشوده از فحش و دشنام بشاهزاده چیزی باقی نگذاشت * پس شاهزاده امر فرمود تا آذوقه و علوفه از جای دیگر آوردند و درخانهٔ من نشست * همراهانش آنچه در خانها غله یافتند بردند * اول آلات و ادوات[6] کشت و زرع ، بعد از آن در و پنجره ، و در آخر تیرهای خانها را بجای هیزم وهیمه سوزاندند * اسبان را در کشت‌زار بخصیل بستند ؛ آنچه از پیش اسبان باز ماند چیدند و بردند *

[1] A comet is a sign of calamity.

[2] *i.e.*, leaving all their belongings.

[3] *Laqq u daqq* or *laq u taq* (m.c.) "a desert, a wilderness."

[4] *Āb-kand* (m.c. *ā-kand*) is any place where the water collects, or any place hollowed out by water during a torrent.

[5] Blind people in Persia are noted for the carelessness of their speech, perhaps because they cannot see the effect of their words. When uttering angry abuse Persians often shut their eyes, partly to concentrate their attention and partly to avoid any feeling of shame at the sight of the face of the abused. Here the phrase *chashm rā basta* signifies, I think, 'blind abuse,' and not 'shutting their eyes to the consequence.'

[6] *Adawāt* (pl. of *adāt*) "instruments."

خلاصه مارا بخاکِ سیاه نشاندند ، اکنون خانه‌خراب ، بی پول ، بی لباس ، بی گاو و گوسفند ، نه خانه نه مایه نه زندگي ، بجز شما و خدا پناهي نداریم " *

ازین سخنان شیر علي از جای بر خاست و ریشِ پیر مرد را گرفت که " مردکه ! با این ریش و پشمِ سفید حیا نمیکني ؟ اینطور دروغ میگوئي ؟ دو دقیقه پیش باقرارِ خودت هرچه گرانبها داشته اید بکوه برده اید ؛ و حالا خانه خراب شده اید ؟ این میشود ؟ ما این همه راه برای مُزخرف و نامربوط - شنیدن نیامده ایم * اگر خیالِ ریشخند ما کرده اشتباه کرده * تو شیر علي را نمیشناسي ؛ ما این جور مردمان ، [1] اگر یک چشممان در خواب باشد دیگري باز است * اگر تو روباهي ، ما پدر روباهیم ؛ اگر تو کهنه-آپاردیلي [2] ، ما کهنه آپاردي تریم * باید ریش تو خیلی سفید تر و ازینها [3] دراز تر باشد و چشمت خیلی دنیا دیده تر که مارا رودست بزني " *

کد خدا : — " خدا نکند ؛ من هرگز قریب تو نخواستم ؛ من کجا ، این خیال کجا ؟ ما رعیت پادشاهیم ؛ هرچه داریم و نداریم از پادشاهست ؛ امّا چه کنیم ؟ لُختمان [4] کرده اند ؛ پوستمان کنده‌اند ؛ این تاپوهامان [5] این لته‌هامان ؛ نه در خانه‌مان [6] حبّه ایست و نه در کشتمان خوشهٔ " *

شیر علي : — " من این حرفها سرم نمیشود [7] ؛ پوست کنده یا نکنده حبّه دار یا بی حبه ، ما یک کارِ کردني داریم و یکحرفِ گفتني * حُکمِ پادشاه باید بجا بیاید ؛ یا سیورسات یا بدلِ سیورسات ؛ یا تو وسایر ریش - سفیدان بسلطانیه بحضورِ حاکم " *

پس کدخدا و ریش سفیدان بگوشهٔ فراکشیده ، با سرگوشي ، باستشاره [8] و استخاره

[1] 'We are such that —' *ki* understood.

[2] *Āpārdī* T. "he took away" from *āpārmaq : kuhna-āpārdī* (m.o. = *bardār u bi-dau* (m.c.).

[3] *Inhā* refers to the hairs in his beard.

[4] *Lukht* (m.c.) "naked, bare."

[5] Or *tāpūhā-yi-mān*. *Tāpū* (m.c.) is a wooden hut shaped like a *tente d'abris* and covered with mud. In the dict. *tāpū* is said to be "an earthen vessel for baking bread."

[6] "A grain."

[7] *Turkī sar-at mī-shavad?* (m.c.) "do you know Turki? is it in your head?"

[8] *Istishāra u istikhāra* "consultation." *Istikhāra* by itself means seeking an augury by the beads or from the Qoran.

پرداختند ؛ و ما با کمال تشخّص و کیف بی [1] آنکه ککمان گزد چپوق میکشیدیم و فیس میکردیم [2] *

نتیجهٔ استشارهٔ اینکه مارا بپزند [3] * یکي شیر علي را بکناري کشید ، و کدخدا با کمال چرب زباني و چاپلوسي بنزدِ من آمد که " آقا ! هم من و هم سایر اهل این ده محبّت غریبي بتو پیدا کردیم * همانا تو خضر [4] وقتي که خدا بخلاصِ ما بیچارگان فرستاده است * کسیکه مارا ازین ورطه نجات دهد توئي " * کدخدا این حرفهای چاپلوسانه را میزد و من با وقارِ تمام با چپوقِ خود بي صدا بازي میکردم ؛ امّا راستش بگویم همینکه حرف رشوت بمیان آمد طوري دیگر شدم * کدخدا گفت که " ما مشورت کردیم و متفّقیم بر اینکه چیزیکه نداریم چگونه بفرستیم؟ این مسلّمي [5] است* آمدیم [6] بر سر اینکه اگر شما این بلا را از سرِ ما دفع کنید حاضریم ؛ چیزی بشما پیشکش کنیم " *

من :— " بسیار خوب ، امّا ما تنها نیستیم ؛ بزرگي داریم * اگر چمِ بزرگ ما را نبیني این حرفها مفت است : ازین گذشته چربيِ دستِ او را روغن بمن باید ، نه بمثقال " *

کدخدا : — " چه بکنیم ؟ هرچه داریم ظاهر و باطن [7] * امّا تحمیل [8] امسالهٔ ما خیلی گران بود ؛ بجز فرزند و زن چیزي نماند که بدهیم " *

من :— " رفیق ! راستش این است که اگر پولِ نقد ندارید بیهودهٔ زحمت مکشید : با پول نقد بالای سبیل شاه نقاره میتوان زد [9] ؛ ولي بي پول بجز ضرب چوب چیزي درمیان نیست " *

[1] *Bi ānki kak-i mān gasad* ‘ without even the distraction of a flea-bite.’

[2] *Fīs kardan* = *tashakhkhuṣ farūkhtan.*

[3] *Bi-pazand* = *narm kunand.*

[4] The common people believe that ‘ *Khizr dar khushkī bi-faryād-i dar-māndagān mī-rasad va Iliyās dar daryā* ’. *Khiẓr* is confused with Elias and St. George of England.

[5] *Musallamī* for *musallam.*

[6] “ We now come to this matter, *viz.*—.”

[7] *i.e., zāhir-i mā īn ast va ham bāṭin-i mā īn ast.*

[8] *Taḥmīl* “ imposing a burden,” perhaps refers to the revenue (*māliyāt*).

[9] A m.c. expression = “ you can do anything you like.”

کدخدا : — " از کجا پول ؟ پول اینقدر کمیاب است ، که اگر زنان ما بیابند تعویذ گردن میکنند ؛ و اگر ما مردان پنجاه تومان بدست آریم خود را مالک کوه نور میشماریم و در زیر خاک پنهان میکنیم که ' قارونیم ' " * پس سر بگوشم فرود آورد که " تو مردی متدینی ، احمق نیستی * اگر خلاصی ممکن است ما را بدهن شیر مینداز " * رفیقم را نشان دهان گفت " به بینم چم این را چطور میتوان دید ؟ به پنجتومان نقد و یک شلوار قصب سرخ میتوان دهنش را بست یا نه ؟ * "

گفتم " این را نمیدانم ولی میدانم که معنی رحم ذرهٔ در دل او نیست * تومان را ده ، و شلوار را دست [1] رخت کنید ، بلکه بگردن قبولش بگذارم " *

پیره [2] مرد گفت " آه ! خیلی است : همهٔ ده ما باین مبلغ نمیارزد * تو او را باینکه میگویم راضی کن ، تعارف تو هم بالای چشمان ؛ ترا هم راضی خواهیم کرد " *

مجلس ما بدینجا انجامید * من مشتاق اینکه آن مرد دیگر بگوش شیر علی چه یا سینی [3] خوانده است ، و او مشتاقتر که کدخدا بمن چه افسونی دمیده ، خود را بیکدیگر رساندیم * از فقرات گذشته یکدیگر را مطلع ساختیم * معلوم شد که هر دو میخواسته [4] اند بدانند ما چند مرده حلاجیم * بشیر علی گفتم " رفیق ! من ترا جانوری قلم [5] داده ام که سیر نمیشوی ؛ و چند آنکه شترمرغ آهن میگوارد [6] تو نقره و طلا میگواری * حرمت بحدیکه از آحاد و عشرات حرف زدن در نزد تو کفر است ؛ همه از [7] مآت و الوف باید گفت " *

شیر علی : — " راست گفتهٔ و خوب گفتهٔ * اگر ترا راضی نکنند ، با این نرمی ، همه سختی از دست من بر میآید [8] " * در آخر بعد از نجوای بسیار ، همهٔ

[1] *Dast-i rakht* "a suit of clothes." *Balki* "perhaps."

[2] *Pira mard* is the translator's method of writing *pīr-i mard*; an *isafat* is never written.

[3] *Yā sīn* is the 36th *sūra* of the Qoran. *Harchi bi-ū bi-gū'ī misl-i yā sīn khwāndan ast bi-gūsh-i khar* (m.c. saying). Sometimes the chapter *yā sīn* is repeated into the ear of a refractory animal to subdue it.

[4] 'Have been wishing;' Contin. Perf., a tense rarely used.

[5] "Have given you out as—."

[6] *Gavārīdan* "to digest."

[7] Pl. of مائة *mi-atun* "one hundred."

[8] 'In return for this, if the villagers do not reward you, I will in spite of my present mildness treat them roughly.'

اهلِ ده با کدخدا هدیهٔ بزرگي از سیب و امرود [1] و عسل و پنیرِ تازه در خوانچهٔ [2] آورده با کمالِ فروتني التماس پذیرفتن آن نمودند * کدخدا آهسته پنجتومان و شلوار را در پیش ما نهاده از بیچارگيِ اهلِ ده و ویراني ده بنوعی سخن گفت که بجز دلِ شیرعلي هر دلي آب مشید *

ما باهم ساخته ، هدیهٔ شان را ردّ کرده پیشِ ~~اشیلی~~ ایشان انداختیم * دسته پاچه ، خوانچهٔ میوه بر سر ، آهسته ، بی نولوار ، [3] برفتند * بعد از نیمساعت کدخدا بحکم دستورالعمل با ده تومان و یکدست رخت آمد * بعد از خوردنِ میوه‌ها ، و گذاشتنِ شیرعلي ده تومان را در جیب ، من بر روي کدخدا نگران که "مالِ من کو؟" اما بجز بعض اشارات و رموزِ وي چیزي درمیان ندیدم *

از تنگي حوصله بي تابانه گفتم "آخر کو؟ و چه؟ و چه قدر؟"

گفت "اندکي تأمّل بفرمائید ؛ هنوز حاضر نیست" *

در آخر بعد از کنکاشِ بسیار دهقانان شلوارِ مرده ریگ [4] ردّ کردهٔ شیرعلي را در مجموعهٔ بزرگي با سخنانِ اعتذاري خیلی از مجمعه بزرگ تر بحضورم آوردند *

بانگ بر آوردم که "این چه چیز است؟ عجب مردمانِ بی شرمید * مگر نمیدانید که من نسقچیم؟ پدرِ آدم را میسوزانم؟ بلائي بسرتان بیاورم که اگر بر روی نان بگذاري سگ نخورد [5] * کد خدا! تو خیال میکني که همه کس مثلِ تو خر است؟ با این شلیتهٔ مادر صمد [6] که هفت هشت پارا زیارت [7] کرده میخواهي مرا احیا [8] کني؟ مي‌پنداري با این پیراهن [9] یوسف چشمِ من روشن خواهد شد؟ بیا ، بردار ؛ برو

[1] *Umrūd* a *hard* kind of pear like a winter pear: *natans* is a somewhat softer kind and *gulāb* is a good eating pear.

[2] *Khwāncha* is a large (not small) oblong tray with legs three or four inches high.

[3] *Bī-navā-wār* "disappointedly."

[4] *Murda-rig* "effects of a dead person; anything hereditary; worthless."

[5] *Chunān fuḥshhā'-ī dād ki agar rū-yi nān bi-guzārī sag namikhurad* (m.c.) "He gave me such abuse that were you to put the abuse on a bit of bread, a dog wouldn't eat it."

[6] *Mādar-i Ṣamad.* In Kirman they say *Mādar-i Ḥasan*: no special person is referred to. *Shalīta* is the short woman's petticoat worn under the *tumbān*: the latter is a short ballet dancer kind of skirt (barely down to the knees) which is the modern indoor dress of Persian women.

[7] *Ziyārat k.* is here a quaint term for 'visited' (*pā* = the legs of seven or eight men).

[8] = *Zinda k.* 'to revive, *i.e.*, to delight.' The rhetorical figure *talmīḥ*.

[9] Joseph's shirt brought to Jacob and cast in his face restored his sight.

گم شو ؛ به بین در عوضِ این شلوار نسقچي چه [1] پاتابهٔ برای آدم میدوزد ! " *

بعد ازین سخنان کدخدا درکار دلجوئي من ، ناگاه شیرعلي شلوار را برداشت که "به بینم چطور چیزیست" * پس مانندِ کسیکه میخواست بر آورد [2] کند ، روي بآفتاب گرفته نیگریست و تا کرده [3] بپهلو نهاد که " هیچ عیبي ندارد ؛ خوب چیزیست : من قبولش دارم * کدخدا ، خانه ات آبادان " *

ازین سخن مردم دهٔ انگشت بردهان ، کسي را یاراي دهان گشائي نماند * من با دستِ تهي (یعني با لنگِ [4] بي شلوار) چیزي که فهمیدم تجربهٔ این بود که بعد ازین با همشهریان و همکارانِ خود چگونه حرکت کنم ؛ و بکسیکه خود را دُوستِ من میگفت چگونه اعتماد نمایم *

1 *Pā-tāba* ' putties' (which are sometimes lined).

2 ' To make an estimate.'

3 *Tā karda* " having folded them : " *bi-pahlu nihād* " put them aside."

4 *Ling* " leg."

گفتار سي و پنجم *

در تبديل ترش روئي بخت به خنده روئي و رسانيدن حاجي بابا را بدرجهٔ وكيل نايب[1] نسقچگري *

دو برّهٔ بزرگ كه بترك قاطر بنده بسته بوديم تنها پيشكش بزرگ مان شد * در ورود باردو اول پيش نايب رفته او ما را بنزد رئيس برد * رئيس در چادر با جمعي از رفقا باختلاط مشغول ، بشير علي گفت " خوب ؛ چه كردي ؟ سيورسات را آوردي يا كدخدا را ؟ " *

شير علي جواب داد كه " خدمت سركار عرض ميشود كه نه ميورسات را نه كدخدا را * قاچ سواريان دو برّه خدمت سركار فرستاده و ما بچشم خود ديديم كه بيچارگان را بجز اين دو برّه چيزي در[2] بساط ، بلكه جاني درجسد نبود * هرچه داشته و نداشته اند از دستشان گرفته اند * بالعكس اگر چيزي بايشان فرستاده شود از گرسنگي گوشت يكديگر را ميخورند " *

نامرد خان :— " بسيار خوب ؛ اگر گوسفند نداشتند ، برّه از كجا فرستادند ؟ " *

شير علي :— " راست است ؛ حرف سركار درست است ؛ امّا حرف سر گندم بود ، نه گوسفند " *

خان :— " چرا بموجب فرمان ، كدخدا و ريش سفيدان را نياوردي ؟ اگر آنجا مهيّا مي‌بودم ، زنده زنده آتششان ميزدم : زانو بند[3] ميكردم تا اقرار چيز داري بكنند * بگو به بينم چرا نياوردي ؟ "

1 *Nā'ib-nasaqchī* is the 2nd in command and *vakīl-i nā'ib-nasaqchī* is the 3rd in command.

2 *Bisāṭ* "goods, wares, etc."

3 *Zānū-band* is a kind of *nasaq;* the term is not now quite understood by Persians. In the English original the "Camel-tie." The foreleg of a kneeling camel is bound above the knee (fore-arm and shank) to prevent it rising.

شیر علي (بمن نگاه و استشهاد کنان) :— " ما خیلي جهد کردیم ؛ بستیم ؛ زدیم ؛ فحش دادیم * حاجي همه را دید و میداند و گفت که ' اگر پول ندهید البته کسي بشما رحم نخواهد کرد ' * مرحمتي از ما بایشان نشد و حالي کردیم که 'خان مرحمت ندارد : اگر یکبار بزیر دستش بیفتید دیگر خلاصي ندارید' " *

خان :— " اینها همه را گفتي ؟ "

شیر علي :— " گفتم و چنان ترسیدند که اگر زمین میشگافت فرو میرفتند " *

خان :— " حاجي ، چه میگوید ؟ نمي فهمم چرا اینها را پیش من نیاورده است " *

من (با تواضع تمام) :— " راستي بنده هم نمیفهمم * نائب دوم او بود و همه کاره ، و من هیچکاره " *

خان (خشمناک رو بحاضران) :— " این دو پدر سوخته بد نساخته اند [1] * شیر علي ! بسرِ من ، بنان و نمکِ پادشاه، بگو به بینم چه قدر گرفتي ؟ حاجي ! تو که یک ماه بیش نیست در خدمتِ مني ، بگو به بینم چه اندوختي ؟ "

هرچه قسم خوردیم و عذر آوردیم کسي گوش نه داد و باور نکرد * در آخر ما را از چادر بیرون کرده بدستِ نایب سپردند تا کدخدا را بیاورند و رو برو کنند *

چون با شیرعلي تنها ماندیم [2] ، في‌الفور خواست آنچه گرفته بود با من قسمت کند * ده تومان را از جیب در آورد و نصفش را بمن داد ؛ امّا من ردّ کردم که " رفیق ! حالا کار از کار گذشته است : شراب را تو خوردهٔ ، دردِ سرِ خمار را تو بکش * من چرا ناخوش شوم ؟ تو خود درسِ خوبي بمن دادي " *

بسیار سعي کرد که در وقتِ روبرو شدن با کدخدا از بیخ [3] حاشا کند و هر نوع قسم بخورد ، و من شهادت بدهم : امّا فریب وي نخوردم * میگفت " اگر پاي من بفلک برود زندگي بر من حرام است ؛ بهمه چیز تن در میدهم الّا بچوب : من چوب زدانرا چندان رنجانده‌ام و بیرحمي در حقِ ایشان کرده که اگر بدستشان بیفتم زنده جان بدر نمیبرم " * سوگندها یاد کرد که " بچوب خوردن تن در نخواهم داد " *

[1] Ironical = 'have well conspired together.'

[2] Note concord.

[3] *Az bīkh* = *az aṣl.*

بار دیگر که بحضور خواستند کسي از وي خبر نداشت : ' رفت بد آنجا که صرب ني فکند ' * تحقیق حالش از من خواستند ; گفتم " اینقدر میتوانم گفت که از چوب سخت میترسید " * در ورودِ که خدا و ریش سفیدان ، مرا بروبرو کردن بُردند ; همه باتفاق گفتند که " حاجي چیزي نخواست و نگرفت ; بلکه اصرار همداشت که پیشکشي باید ببزرگ ما داد " * همه شکایتها را بجانِ شیر علي بستند که " استکمالِ بدبختي ما بدستِ او شد ; و پوست بدنِ مجروح ما را او کند " *

این وقایع همه آهسته آهسته بخیرِ من واقع میشد و راه پیشرفت [1] من میکشود * قصهٔ راستي و درستي من بهر سو پیچید و حکایتِ یگانهٔ روزگار بودنم بدهانها افتاد *

یکي میگفت که " این در سایهٔ دانستنِ حکمت و طبابتِ اوست که میداند آبرو بهتر از مال است " *

دیگري میگفت " بواسطهٔ عاقبت بیني اوست " *

دیگري هم میگفت که " کهنه اصفهاني است ; جائي نمیخوابد که آب زیرش [2] در آید " *

خلاصه باُستادي و رندي مشهور شدم چرا که طالع بکامم میگشت [3] ; و همه معصومم میشمردند * نتیجهٔ این جزوِ سرگذشتم اینکه بجاي شیر علي نایبِ دوّم نسقچي - باشي ایران شدم * اگرچه خوانندهٔ این را منصبي کوچک میشمارد ، امّا در ضمن [4] خواهد دید که منصبي بزرگ بوده است *

[1] *Pish-raft* " promotion."

[2] *i.e.*, at the time of rain. *Kuhna-isfahānist* " he's a real old Isfahani."

[3] *Mī-gasht* = *ḥarakat mī-kard.*

[4] *Dar ẓimn* ' in the contents ' (of this story), *i.e.*, further on in the story.

گفتار سي و ششم *

با میرغضبمِش اظهارِ شفقت و جوانمردي ودیدن او زني را در حالت بد *

لشکر روس که با پادشاه ایران جنگ داشت در آنروزها در گرجستان بود * ترس آن داشت که ، از حدود ، بمیانۀ ارس و کور بگذرد * حاکم ایروان ملقّب بسردار و مقرّب شهریار از مدّتی باز با چرخ چیهاي روسیه بطریقِ جنگ و گریز ، بستیز و آویز[1] ، و دهها و قصبهاي سر راه را بخراب کردن مشغول بود * ولیعهد ، حاکم تبریز ، در نزدیکي آنجا با آردوئي قصد آن داشت که دشمن را تا تفلیس (و باصطلاحِ اهلِ دربار تا به پشتِ دیوارِ شهرِ مسقو) براند *

در آردوي شاهي هر روز منتظرِ ورودِ خبر یورشي که بایست به قمشلو برد ، و در تدارک پذیرائي [2] سرانِ دشمنان بودند که براي نشانِ فتح و ظفر بایستي بفرستند : تا اینکه چاپارِي جلو- [3] ریز بهمراهي پنج بار سر بأردو آمده سرها را با طنطنۀ تمام در سرِ راه چادرها چیدند : امّا چون جبرِ استعداد مؤکد همداشت معلوم میشد که حادثۀ تازه واقع شده است * از ینجهة ، بزرگِ ما ، نامرد خان را فرداي همانروز با ده هزار سوار برگماشتند تا بزودي بکنار ارس رود *

مین [4] باشي و یوز باشي و اون باشیان در أردو بدینسو و آنسو شتابان تهیّه و تدارک نامرد خان را میدیدند ، و دستور العمل خویش میگرفتند * چادر نامردخان پُر از سرکردگان [5] ، بایشان دستور العمل و چگونگيِ حرکتشان میداد *

1 All this means desultory skirmishes. *Charkhchi* is a scout sent ahead to spy upon the enemy. *Az muddat-ī bāz* = *az muddat-ī bi-ba'd*.

2 *Sarān* means the decapitated heads (not captured chiefs).

3 *Jilav-rīz* "at full gallop."

4 *Mīn* T. "one thousand:" *yūz* T. "one hundred" and *on* T. "ten." *Yūz-bāsh*. T. (lit. 'one hundred, its head') is 'a commander of one hundred, a centurion'; in Afghānistān *ṣad-bāsh-ī*.

5 "Being," understood: misrelated participle.

مأموریت من اینکه با یک فوج [1] نسقچي یکروز پیشتر از همه، براي ترتیب سیورسات بروم * این کار غیرت و کوشش بسیار لازم داشت * اگر پر کردن کیسه میخواستم فرصتي بود ؛ اما از حرکت شیرعلي متقلبه، جرأت رشوت ننموده عهد کردم با آب قناعت آتش حرص و طمع را فرو نشانم *

با ابوالجمعي [2] خود بشتاب یکروز پیش از ورود اُردو بایروان رسیدم * سردار هم بعد از هجوم بر قمشلو خود را بدآنجا کشیده منتظر سوارانِ نامردخان میبود ؛ و اُردوي ولیعهد از سمتِ دیگر سرحد، بسرِ گنجه که تازه بدست دشمن افتاده بود میرفت : و چون ولیعهد نمیتوانست از لشکر خود کسي جدا کند سردار از اُردوي شاهي استعانت میجست *

بعد از ملاقاتِ سردار با نامرد و کنکاش ایشان باهم قرار دادند که از براي اطلاع از حرکتِ روس بهرسوي جاسوس روانه دارند * من با بیست نفر از جانب نامرد خان مأمور بدین کار شدم * سردار نیز از براي بلد بیست نفر همراهم کرد *

در وقت غروب همه جمع شده در آذان [3] الله اکبر براه افتادیم * در نزدیکي طلوع آفتاب بده اشترک رسیدیم تا از آنجا بقرق کلیسا جایگاه [4] خلیفه برویم * در کنار پلِ اشترک کلیسا [5] خرابهاي ارمنیان بسیار است * ناگاه یکي از همراهان بانگ بر آورد که "نادِ علیاً مُظهر العجایب [6] ! این هیکل عجیب و غریب چیست ؟ آنچه من مي بینم شما هم مي بینید یا نه ؟"

یکي گفت "منهم مي بینم : غولِ بیاباني است * این ساعت ساعت غولان است که میآینه و مُردگان را میخورند * شاید حالا هم در آنجا مرده میخورد" *

منهم چیزي میدیدم اما تشخیص آن نمیتوانستم *

بر سرِ پل ایستادیم و چشمها بجانبِ سیاهي دوخته ؛ همه باعتقادِ اینکه چیزي خارج از عادت وماوراي طبیعت است * همه پناه به پیغمبر و امام میبردند و کسي یاراي پیش رفتن نداشت * هر یک [7] بنام دفع و گریزاندن غول آیتي و عزیمتي

[1] *Fauj* "body, detachment:" no *isafat* after *fauj*.

[2] *Abū 'l-jama'ī-yi khud* (m.c.) (also *abwāb-jami'*) refers to either things or people; here to the latter, "detachment."

[3] *i.e.* of that evening.

[4] *Khalīfa* is said to be the title of the Armenian Bishop. *Usquf* (pl. *asāqif*) is the ordinary word for a bishop.

[5] *Kalīsā-kharāba* (no *izafat*) "ruins of churches." A Christian church is also called *kanisa*; Greek *'ekklēsia*.

[6] "Call on 'Alī, the exhibitor of wonders."

[7] *Bi-nām* = *bi-ism* = *barāy*.

دیگر میخواند * پیری عراقی گفت که " بند [1] تنبانهارا بگشائید ، تا در رود : ما در اصفهان تجربه کرده ایم ; این مجرّب است " *

جوانی تُرک گفت " این تجربهٔ بند تنبانی برای گریزانیدن غول اصفهان است : غولِ آذربایجان باین چیزها از میدان بدر نمیرود * باید پاچه را ورمالید و اورا پی کرد [2] " * این بگفت اسب بر انگیخت * خبر آورد که " غول زنی است ، چادر سفید : با مردی در پناهِ دیوار پنهان شده است " *

با پنج شش از همراهان برای تحقیقِ حال بخرابه رفتم چه [3] وظیفه ام بود *

در زیرِ طاقی شکسته زنی دیدم نیم مرده ، بر روی زمین دراز کشیده ; و جوانی [4] سر بگریبان در پهلویش نشسته : هر دو جوان و هر دو با لباس گُرجی : و با اینکه زن در پرده و زرد گونه بود ، آثارِ وجاهت ازو پیدا * جوان قمهٔ در کمر ، تفنگی بدیوار نهاده ، یکی از آن برا زندگان که هرگز چونان ندیده ام * روبندِ زن سفید ، و جا بجا خونین و دریده *

پرسیدم که " [5] ایدو ! در اینجا چه میکنید ؟ اگر رهگذرید ، چرا بده نمیروید ؟ "

جوان سر برداشت که " ایجوانمرد ، روز یاری و دستگیریست * اگر هم بگرفتنم مأموری ، بحقِ مردی و مردانگی که این زن را از چنگ مردار برهان " *

گفتم " نی نی بگرفتنِ تو مأمور نیستیم * تو خود بگو از کجا میائی و بکجا میروی " ؟

جوان مرد جواب داد که :— * بیت *

" آن به که نپرسی تو ، و ما نیز نگوئیم ∴ کافسانهٔ ما باعث صد گونه ملالست * "

اولا از روی یاری و مددگاری این زنِ نیم مرده را به پناه گاهی برسان تا نمیرد ، چه مجروح است و تیمار داری لازم دارد * آنگاه من بیان حالِ خود خواهم کرد ،

[1] *Tumbān* here means the old-fashioned wide trousers.
[2] T. 'turn up the trousers and run after him.'
[3] "My duty" (m.c.).
[4] 'Head hanging down.'
[5] "Oh, you two" (m.c.).

و هر آئینه دلت بحال من خواهد سوخت • همین بس که از [1] غلامانِ سردار نباشي " •

مرا دل بحالِ او چندان سوخته بود که التماسش لازم نداشت • با وعدهٔ یاري زنش را پوشیده - روي ، با آه و زاري ، بخانهٔ پیرهٔ زني برده بتیماردار ماهري سپردم •

چون جوانمرد گفت " ارمنیم " و اهلِ اشترک هم ارمنیند ، این کار صحت بجا [2] افتاد •

1 *Ghulām* is a Government servant, mounted and armed.

2 'The matter turned out very fortunate.'

گفتار سی و هفتم *

سرگذشت یوسف ارمني و زنش *

فرضم این بود که براي استراحت خود و چریدنِ حیوانات بکوهِ ابهران روم ؛ ولي [1] از قبیلهٔ که بایست سیورسات گرفت ، از ترسِ جنگ بکوهها گریخته بودند * ناچار بامید خبر گرفتن از روس ، در اشترک ماندم *

بعد از دو ساعت خواب ، و صرف غذاي ما حَضَر ، جوان‌مردِ ارمني را طلبیدم تا شرحِ حالِ خود ، و علي الخصوص فرارش را ، بیان سازد * چون روز روشن شده بود ؛ از وجَنات حال و حرکاتش چنان استنباط کردم که در سرگذشت او نباید دروغ و ساختگي باشد * او بدین گونه بیان حالِ خود نمود :—

" من اصلم ارمني و اسمم یوسف ، و پدرم کد خداي دهٔ قمشلو که در دو فرسخي اینجاست * بجههٔ سرد - سیرو کوهستاني مکان تنومند و با توان ، و از ظلم و جور حکّام اندکي در امانیم * عمّو [2] و خالویم درخدمت [3] اوچ کلیسا بودند : مرا به آنجا مربوط نمودن خواستند ؛ بمدرسهٔ آنجا فرستادند * در کتاب خانهٔ مدرسه با اینکه اکثر کتابها متعلق بادیان بود ، کتابي در تاریخِ ارمنیان مطالعه نمودم و فهمیدم که ما وقتي در دنیا قومي و ملتي و صاحب حکمراني بوده ایم * ازین معني سلسلهٔ غیرتم بجنبید ، چنانچه ترک رهبانیت و اختیارِ سپاهیگري کردم * در آن اثنا جنگِ میانِ روس و ایران ، و دهِ ما در راهگذارِ لشکریان واقع شد * براي یاريِ بخاندانِ خویش به آنجا شتافتم و زراعتي را که مایه تعیش [4] و زندگاني ماست پایمال [5] سیولِ

[1] *As* is incorrect: confusion of thought.

[2] *Ammū* "paternal uncle;" *Khālū* "maternal uncle."

[3] A Persian Armenian informs me this is the name of a place now in Persian territory.

[4] *Ta'aiyush* "procuring a livelihood by industry; *also* leading a pleasant life rejoicing."

[5] 'Floods of horse, of cavalry.'

خیول دو سوي ، و آشنا و بیگانه را ترسان و پریشـــان ، یافتم * اینـــک شرح حالِ علي العموم *

" و ازآن من علي‌الخصوص اینکه روزي مسلّح در کشتزار سواري ایراني دیدم که زني در ترک ، از میان درّۀ [1] پهلوئینم میگذرد * چشم زن از دور بر من افتاده بیاري اشارت نمود و من از روي غیرت دعویش را اجابت کنان ، تیغ بر دست ، در درّۀ سرِ راه بر سوار گرفتم * سوار بجهۀ سنگیني [2] سربار ، دست بتفنگ و شمشیر یازیدن [3] نتوانست : بلسب تازیدن آغازید * بروي تاختم و بسبب رمیدن [4] اسب ، زن را از ترکش بینداختم * خواست در آویزد ؛ حریف را سخت دید * از ترسِ جان چارۀ نتوانست جز اینکه بگریزد *

" من بیاري زن دویدم : در لباسِ ارمنیش دیدم * بپرستاري شتافتم : بهترین زنانش یافتم :—

* نظم *

سیم‌خدّ ، سروقدّ ، فرشته [5] همال .·. مشک مو ، ماه رو ، ستاره جبین
بدلِ سرمه ، در دو چشمش ناز .·. عوضِ شانه ، در دو زلفش چین
باد در زلفکانش حلقـــه شمـــار .·. ناز در چشمهاش گوشه نشین *

سالش چهارده و بهتر از ماهِ چهارده * چشمم برو افتاد ؛ از پاي در افتادم * زانویم لرزیدن گرفت و دلم طپیدن * عشقش چنان بسراپایم مستولي شد که * مصراع * ' گفتي از ین جهان بجهان دگر شدم ' * اگر چشم بر نمیکرد تا قیامت از دیدارش دیده بر نمیکنـــدم * چون خویش را در بغلِ بیگانه دید از عقـــل بیگانه گردید [6] * هراسان چهره بخراشید [7] که ' خوابست یا خیال ؟ من و بیگانه امریست محال ' * امّا مرا هم جنس دید : میلش بکشید * گناهِ من نه آن که او را از چنگ

[1] *Pahlū'īn* (adj.).

[2] *Bār* "load" and *sar-bār* 'something extra on the top of the load, an extra load *or* a person riding on the top of a load.'

[3] *Yāzīdan* (obs.) 'to extend the hand to take anything.'

[4] *i.e.*, "I made the horse to shy."

[5] *Hamāl* (old) "like, resembling."

[6] An example of *Tajnis-i kāmil*.

[7] Scratching the face is a sign of fear and sometimes of astonishment.

دشمن ربودم ، بلکه چرا نقابش کشودم ؟ چه درمیان ارمنیان بجز شوهر هرکس نقابِ زن را کشودن نتواند * سوگندها خوردم که کشودن برقع وي نه ازروي هوا بود و هوس ، بلکه براي افاقت و خود يابيِ او بود و بس : و [1] استوارش داشتم که اين رازِ درميان من و او مانده و کسي ديگر نداند *

" پس از آرام گفت که ' من اين مردِ ايراني را نمي شناختم ، امّا چند روز پيش ازين جنگي درميان ايرانيان و گُرجيان واقع شد * ايرانيان جمعي از گُرجيان اسير گرفتند * اين مرد همانا در آبِ گل آلود ماهي گرفتن ، و مرا بجاي اسيرِ گُرجي گذراندن خواست * صبحي زود کوزهٔ آب در دست ، بسر چشمه رفتم * اينمرد از پشتِ ديوار ، کارد بر دست ، بر آمد و بتهديد گفت ' اگر صدات بر آيد شکمت را ميدرم ' * مرا بترک خود بنشاند و براند * دختري چند از دور اينحال را مشاهده نمودند و يحتمل که خبر بخانوادهٔ ام رسانيدند * مرا از راه و نيمه [2] راه بدينجا رسانيد ؛ با همهٔ تهديدات او ، ازتو استمداد نمودم : باقي را تو داني ' *

" در اينحال جمعي سوارهٔ و پيادهٔ تازان و دوان در رسيدند * دخترک فرياد بر آورد که ' اينک خويشان من ' *

يکديگر را بشناختند و ببوس و کنار پرداختند * من از يکسوي هراسان و لرزان که مبادا نامزدي در آنميان داشته باشد ؛ امّا حمدِ خدا ! که نداشت * ايشان اظهار شکرانه نمودند و دختر مرا هوادار خود [3] شمرد * پدرش نام و نسبم پرسيد * بگفتم : شناسا در آمد * شادمان گرديد و براي اداي شکرانه باصرار و ابرام بمهمانيم برد *

" درنزديکي ده مرد و زن بديدنِ ما شتابان ميگفتند که ' ديوي آهن - سرِ پولاد - پنجهٔ روئين - تنِ زره - [4] دار بر اسبي سوار ، که در وقتِ پويهٔ زمين را شگافتي و مانند رعد غُريدي ، مريم را بربود ؛ (اينک اسم آن) * همانا اين ديو [5] دجّال آن فرشته بود که در سرِ چشمه آمده مريم را حامله ساخت * پس فرشتهٔ ديگر بصورتِ جواني کشاورز از ميانِ ابر بکوه ، و از کوه بدرّه ، فرود آمد ؛

[1] "Made her assured."

[2] *Rāh u nīma rāh* = *rāh u bī-rāh.*

[3] *Shumurd* = *nishān dād.*

[4] These epithets are all connected to each other and to the name they qualify by an *isafat*: this construction is called *tansīq-i ṣifāt*.

[5] It is supposed that every *paighambar* has a *dajjāl*.

با سلاحي [1] اژدر - شکلِ آتش فشان مریم را از دست دیو خلاص ساخت ؛ و او را خاکستر وار بباد نیستي دادهٔ خود نا پدید گردید * همانا این فرشته روح القدسِ مجسّم بود که بخلاصي مریم آمد ' * مرا نادیدهٔ فرشته انگاشته بودند ، و سخت بر خود میبالیدم که بهمان اعتقاد باز مانند : ؛ امّا یکي از کودکان که مرا بارها د گله باني وگاوراني دیدهٔ بود بشناخت که ' اینک این فرشته ، پسر فلانِ قمشلوئي ' * با آنهمه ، مرا معجزهٔ - کردار و کار مرا معجزهٔ - قار میشمردند * خویشانِ مریم از شکرانه عاجز و دلِ من از عشق او مالا مال * میسوختم و میساختم ، چه دیگر او را بي نقاب ندیدم : مگر آن لذتي لذتِ یکدمه بودهٔ هست * بر خود مصمّم کردم که

* بیت *

' دست از طلب ندارم تا کام من بر آید .:. یا جان رسد بجانان یا جان ز تن بر آید [2] *

اگر همه باید با دجّال بسازم آن فرشته مثال را میربایم ' * گاه گاهي بمریم بر مي خوردم ؛ و لو آنکه گفت وگوئي زیادي نمي‌شد دانستم که مهرباني از دوسوست *

" امّا فرداي آنروز بخانه برگشته بدست و پاي پدر افتادم و مادر را شفیع ساختم که ' مریم را بهر بها باشد برایم خواستاري کُن ' * پدر پوزش کنان ' این اوقات عروسي را نشاید ؛ من بي سر وسامان، جنگ درمیان ، با این عرصات [3] عروسي یعني چه ؟ ' *

خلاصه بزوري و زاري در انجام راضي شده بخواستاري رفتند * پدر و مادرِ دختر نیز راضي شدند * نشان دادهٔ نامزد شد ؛ شیریني خوردهٔ تداركِ عروسي دیدهٔ شد : و هم در آنروزها دهٔ ما بدست روس افتاد * خانهٔ ما بحکم اینکه خانهٔ کدخدا ست منزلِ سرهنگ روس شد * از ایرانیان بیش از روس میترسیدیم * سرهنگ روس را با ما دلگرمي بود ، اما از جانب مریم بیمي نداشتم * این سرهنگ مردي بود در صورت بعینه نسناس : رویش مانندِ رخسارِ [4] برصیان ، سفید ؛ مویش مانندِ سوزنِ خار پشت و برنگِ کاه ؛ چشمانش کوچک و گود و کبود ، بلکه زاغ ، و [5] در پشتِ تپهٔ عذار ، در دامنهٔ کوهِ پیشاني ، در مغاکي درخشان ؛ بینیش اندکي گوشت با دو سوراخ

1 *Ashdar* = *ashdahā*.

2 Hafiz.

3 *'Araṣāt* (pl. of *'arṣa*); *'araṣāt-i 'arūsī* a common m.c. saying = *maidān* or *dast-gāh-ī*.

4 'Lopers.'

5 *Chashm-zāgh*, *lit.* "one who has eyes the colour of a crow," *i.e.*, light bluish grey; *chashm-i zāgh* "eyes of this colour."

کوچک ؛ چانه اش [1] نوره کشیده ، و در نوکِ آن موئی دو سه نمایان * مصراع *
مگس گفتی بنوک تیزِ[2] تخمِ مرغ ریدستی *

" خلاصه شب زفاف شد و من در حجله[3] بودم که ناگاه طوفانی برخاست * از یکسوی رعد و برق و باران ؛ از دیگر سوی غُرّش توپ و تفنگ و شیههٔ اسبان * چیزی درمیانِ حجره افتاد و گمان کردم که برق است * بمریم فریاد کردم که ' بگریز ' * او درکارِ جستنِ نقاب بود ؛ من بیهوش شدم *

" چون بهوش باز آمدم عروس بمن خیالی نمود * در روشنائی برق سرهنگ روس را خون چکان در دستِ سربازان ایران دیدم * روسیان را پی میکردند : مردم از بام ببام میگریختند * دو سوار زنی بترکِ اسب میراندند ؛ یاد مریم آمد * از پی ایشان دویدم ، امّا پایم یارائی نکرده بیهوش افتادم * تا صبح بیهوش * فردای آنروز چون بحال آمدم بده رفتم * ده را خراب و مریم را باسیری رفته دیدم *

" ایرانیان درکارِ شادیِ فتح که خبرِ ورودِ روس رسید * خیمه از آنجا کنده بایروان زدند *

" چندی از مریم بی خبر ، در آخر شنیدم که در ایروان در سرای سردار است * بایروان رفتم و در پل[4] زنگی که دیوان خانه بد آنجا مشرف است پانزده روز پی در پی بایستادم : اثری ندیدم *

عاقبت روزی ببالای بام آمده مرا دید و بشناخت * بدست اشارت کردن گرفت * من خود را بنهر انداخته بپای برج رفتم * او از بالای برج خود را پائین انداخت ؛ امّا بیاری بخت در نیمهٔ راه بشاخهٔ درختِ بیدی گیر کرده زخمدار شد ، ولی هلاک نگردید * او را بربوده شنا کنان بکنار آمدم و تا اینجا توانستم آورد * اینک من و اینک او " *

[1] *i.e.*, clean shaved: the speaker concludes that the hair had been removed by a depilatory.

[2] 'As though a fly had * * on the sharp end of an egg.'

[3] *Hajla* "bridal chamber."

[4] In original Zengui.

گفتار سي و هشتم

در تتمهٔ سرگذشت یوسف ارمني و نيّت حاجي بابا

یوسف حکایت خود را باختصار تمام کرد و من متعجّب ماندم * دستوري خواست تا برود و زنِ خود را دیده از حالت وي بمن خبر آورد *

چون تنها ماندم با خود گفتم " اینجوان ، چنین حکایتي در حضور من نمیتوانست بسازد ؛ البته واقعیّت دارد * زنِ خون آلود گواهِ صادقِ اوست : امّا اگر بگذارم فرار کند ، در پیشِ سردار چه گویم ؟ رفتنِ منصب از دست سهل است ؛ حرف در سر گوش و بیني است * رها نباید کرد که منافي نسقچیگریست * لقمان حکیم چه خوب گفته که ' اگر پلنگي ، براستي باش ، تا سایر جانوران بدانند سر کار شان[1] با کیست ؛ امّا اگر دراز گوشي باشي در زیر پوست پلنگ ، پوستت را بد تر از آن میکنند که خر واقعي باشي ' " *

من در تردد که پلنگِ واقعي باشم یا خري در پوست پلنگ که یوسف خبر آورد که " مریم بخود آمده و راحتي یافته ؛ امّا از کثرتِ ریختنِ خون ضعفي بر او طاریست ؛ و بجهتِ صدمهٔ ساقِ پایش در اضطرابست ؛ و تا چند روز ازینجا حرکت نمیتواند کرد ، مگر اینکه سردار تعاقب کند و بزور حرکتمان دهد * " و هم گفت که " از وقت بیرون آمدن از ایروان تا حال ، حالتِ شرحِ حالِ خود را نداشت ؛ اما اکنون گفت که ' چون از حجله - گاه با نقاب بیرون دویدم ، دستگیرِ سربازيِ ایراني شدم * در روشنائيِ برق صاحب جمالم دید * از ده دور تر ، و با یاريِ دیگري ، باردو برده بسردارم فروخت ، و سردار مرا باندرون فرستاد * با آنحال[2] در نظرِ سردار جلوه ننمودم ، بلکه جلوه نمودن هم نخواستم ، چه حرکات واطوار وحشیانهٔ اورا باندرونش شنیده بودم * گفتم زني شوهر دارم ، و نامِ شوهرم فلان است ؛ و چون در خانهٔ

[1] 'If you are a leopard be one in truth so that the other animals may know with whom and with what they are dealing.' *Sar-i kār* or *sar u kar*.

[2] 'In the state I was then in.'

مسلمانان زنِ شوهر دار محترم است [1]، محترمم داشتند و کسي بخيالِ من نيفتاد * امّا از شومي بخت باميد رهائي بيکي رازِ دل کشودم * او براي خود نمائي خبر بسردار داد * سردار خواست که اقرار بدختري [2] خود کنم، و حاضر شدنم امر فرمود، تا در حالِ بوصال رسد * بخيال فرار افتادم : راهها بسته بود * تا آنگاه ملتفت پرتابگاه [3] پاي پنجرهٔ اطاق خود نشده بودم * چون آنجا را ديدم خيال کردم که خود را از آنجا پراندن بهتر، که ناموسِ خود را بباد دادن * دو سه ساعت پيش ازآن که تو را [4] بينم سردار خبر فرستاد که حمّام روم [5] و مهياي پذيرائي او شوم * ببهانهٔ اينکه دو سه دقيقه کارِ خلوتي دارم زنان را بيرون فرستادم * در را بسته پنجره را کشودم ; و کردم آنچه کردم تا بتو رسيدم * "

يوسف بعد از اتمام سرگذشت متحير، بياري من التماس و التجاء نمود *

چون [6] روز بالا آمده بود و همراهان براي پژوهش، سوار و منتظرِ من مي بودند، خيالي بخاطرم رسيد که [7] بايد دفع همهٔ دشواريها کرد *

يوسف را طلبيدم که " بعد ازين حکايت من ترا رهائي نميتوانم * باقرار خود زني از اندرون سردار گريزانده که در مسلماني بالا تر ازين خطائي نيست * ناچار بايستي ترا بايروان بفرستم، امّا نمي فرستم : تو با ما بيا و در جاهاي نا بلد بلدي نما * اگر غيرتي درست و خدمتي بزرگ کردي، موردِ مکافات ميشوي و من هم در خدمتِ سردار طرفداري و کاري ميکنم که شايد با زنت بي دغدغه خلاص شويد [8]. بالفعل زنت در اينجا آسوده است ; و تا بوقت برگشتن تو البته از تأثير صدمات راحت ميبايد * "

جوان ازين سخنان شادان دستم ببوسيد، و بموجب دستورالعمل من، وداع زن کرده مسلّح بهمراه ما روانه شد، و مانند گوزنِ کوهي، بيک چشم بر هم زدن، تا بنوکِ کوه پيش روي ما فرا رفت *

[1] This is not correct in these days—though according to Muslim law stoning is the punishment for adultery (*zinā-yi muḥṣina*).

[2] "Virginity."

[3] *Partāb-gāh* = *part-gah* "precipice."

[4] Note this modern use of the Present Subjunctive. In classical and in Indian Persian *dīdam* the Preterite would be used here.

[5] *Ravam* is the indirect narration, and not as might easily be at first supposed the direct.

[6] *Rūz* "the sun" (m.c.)

[7] *Bāyad* = "should *or* would."

[8] *Shavīd* incorrect for *shavī*.

گفتار سي و نهم *

در امنيت حاجي بابا بيوسف ارمني *

از ميان درّه و کوههاي خلوت و راههاي دزده با راهبري يوسف ، که از قرار ظاهر[1] بلد بود ، روي بسرحدِ گرجستان نهاديم * اذنِ رفتنِ بده خود نخواست که " بي‌زن به آنجا نخواهم رفتن " * خبرِ رسيدن روس درکنارِ[2] پمباکي بود ; و حمّاملو را تصرّف کرده باستحکام قرا کليسا مي پرداختند * چون از قرا کليسا چندان دور نبوديم ، بسيار مشتاق بودم که از چند و چون روس اطلاعي بهم رسانم * با خود انديشيدم که " با[3] مجمعي خود اين ارمني را بکشتن ميدهم يا رستگار ميکنم * چه به از اين که او را بحمّاملو فرستم ؟ اگر خبري بدلخواه آورد ، اشکالي بخلاصي او و زنش باقي نمي ماند ; و اگر خيانت کند ، بلائي از سرِ خود دفع ميکنم و از سردار انعامي ميطلبم که ' بندهٔ[4] گريختهات را آورده ام' " *

غرضِ خود را بدو بيان کردم * در دم نتيجهٔ قضيّه را استنباط کرده بي تردّد پذيرفت * کمر را تنگ بست و دامن بر ميان ، کلاه را کج نهاده ، تفنگ بشانه ، راهِ کوه مرا گرفت ; و بيک طرفة العين درميانِ جنگل دامنهٔ کوه ناپديد شد *

[5] دليخان مي گفت " [6] رفت که رفت ; وعدهٔ ما و او بقيامت ماند " *

گفتم " چرا ، مگر دُمش در دست ما نيست ؟ مگر ارمني که شد [7] از زنش دست بر ميدارد ؟ "

دليخان جواب داد که " چون او ترسا و روسها هم ترسا هستند ، اگر [8] بميرد

1 "Apparently."

2 The Pembaki River.

3 *Mujma'* and *mujamma'* "collected; resolved upon." Here the word appears to be *mujma'ī* (with the Persian formative ى) "resolution," etc.

4 Or *kanīz*?

5 *Delikhan* according to the original English means 'a hare-brained youth' and refers to the youth in Chapter 36 who made a facetious remark on the supposed *ghūl*. Persians, I have asked, do not understand the term *dalīkhan*. In Turkish *dalī* means "mad, *also* a kind of trooper."

6 *Raft ki raft* (m.c.) "gone clean; gone and doubly gone."

7 *Armanī ki shud* (m.c.) Armenian though he be; Armenian, grant him."

8 'Even if he were to die by staying—.'

آنانرا گذاشته بمیان مسلمانان بر نمیگردد * با این اسبِ سواریِ خود نذر[1] می‌بندم که اگر او خود [2] یوسف کنعان و زنش زلیخای مصر باشد، ما ایشانرا نخواهیم دید" *

چهرهٔ مردی با رویِ پر چین، از آفتاب سیاه و سوخته، با ریشی انبوه، و ابروئی از ریش انبوه‌تر، روی بدلیخان کرد که "حرف مفت مزن: اسبِ سواری تو شاهی است * چه طور بر سرِ آن نذر می بندی؟"

"دلیخان گفت "به بخشید؛ اسب از من است، از شاه نیست" *

مرا بمیانجیگری خواستند و مباحثه دراز کشید تا در چمن زاری از اسبان پیاده شدیم * بهر سوی پراگنده، از جلِ اسبان و بالا پوشِ خود هریک آفتاب گردانی ساختیم، و اسبان را بمرغزار بچریدن و برجستن و فرو جستن سر دادیم * خیال داشتم که اگر یوسف تا شب نیاید شب در آنجا بمانم * دو تن از همراهان فرستادم تا از گوسفند و مرغ و چیز دیگر برای شام دست و پائی کنند * بعد از ساعتی گوسفندی از گلّهٔ دهقانان بزور بیاوردند * فی‌الفور سرش را بریده بسیخ کشیدیم * همگان باتّفاق بر او تاختند، امّا قسمتِ مرا از روی احترام جدا گانه دادند *

تا انجامِ روز از یُوسف خبری نشد، و ما آمادهٔ خواب شدیم * دو نفر [3] کشیکچی قرار دادیم * تقریباً نیم ساعت از شب گذشته و ماه در حالت غُروب بود: بناگاه صدائی چند پشت سرِ[4] هم شنیدم * بمراجعت یوسف شکی نماند * صدا را جواب دادیم: بعد از اندکی صاحبش پیدا شد: با همهٔ خستگی وکوفتگی راه، واقعه را بدینمضمون گفت: —

"چون بعمّاملو داخل شدم، یکی از [5] سالدات روس که از دهِ ما از دستِ ایرانیان گریخته بود، مرا بشناخت * از درِ دوستی در آمد * مرا بنزد سردارِ خود بُرد * سردار باکمالِ دقت بجستجوی حالم بر آمد * ببهانهٔ جستن زن، گریبانمرا خلاص کردم؛ و آنگهی اطلاعم از خراب شدن ده و حملهٔ ایرانیان و غیره شاهد راست گوئی من بود" * از اطلاعات و استحضارات، آنچه می خواستم، آورده بود؛ چنانچه با قیاس و احتمال، حرکات دشمن بعد از آن وقوت، و تعداد ایشان را هم استنباط کردم *

1 *Nazr* "gift," here = "bet."

2 'Were he as true as Joseph of Canaan and were his wife as beautiful as Zuleikha.'

3 *Kishik-chi* E. T. is the ordinary word for a "sentry, guard, etc."

4 *Pusht-i sar-i ham* "one behind the other, one after the other, in quick succession."

5 *Sāldāt* (R.) "soldier."

یوسف شکي نداشتم یوسف را اذن استراحت دادم * چون براستي و معتمدي بدستهٔ خود امر بر گشتن بایروان دادم * بحکم خستگي یوسف را بترکِ دیگران سوار ، واز کوتاهترین راهها پي ـ سپار در نزدیکي دهي قدري استراحت نمودیم ، تا از حرکتِ سردار و نسقچي باشي خبري گیریم * و یوسف را هم اذن دادم تا برود ، و زنِ خود را بیند * از شادي بیخود برفت ، و خبر بهبوديِ اورا باز آورد *

سردار و نسقچي باشي از ایراوان نزدیکِ منزلِ خلیفهٔ ارمنیان آمده بودند * با یوسف روي به آنجا رفتیم *

گفتار چهلم

در رفتارِ حاجي بابا با رئیسان خود و خودرا یار بد - بختان نمودن

[1]اوچ کلیسا در صحرائي وسيع و معمور و پرآب در پای کوه[2] اغري داغ واقع است که باعتقاد عیسویان ، خاصه ارمنیان ، کوه[3] جودي مقرّ کشتي نوح است[4] * کلیسای آنجا که در مشرق - زمین بتمول مشهور است ، درمیان دیوارهاے بلند است و با درهای آهنین * خلیفهٔ بزرگ ارمنیان با توابع و خدم و حشم از رهبان و سایر کشیشان در آنجا مي نشینند * ایرانیان اورا خلیفه لقب میدهند و ارمنیان با احترام تمام گروه گروه از هر جانب بزیارت او مي روند *

ما روی به آنجا نهادیم * دیدم که سردار و نسقچي باشي در اطراف کلیسه با چادرهاي سفید اردوي بي نظامی نظام داده بودند[5] * پیش از آنکه آنجا برسیم[6] شنیدیم که هر دو سرکرده مهمانِ خلیفه اند *

دلیخان ازین خبر شادمان اسب بسوی من تاخت " که پدرِ ارمنیان[7] راسوزانیده از شراب ایشان[8] خستگي خوبي درمیکنیم " *

گفتم زهی " مسلماني ! تو کجا و شراب کجا ؟ پس پدر سوختهٔ تولي " *

1 'The three churches:' T.

2 In the English Agri Dagh. Mount Ararat (on the confines of Georgia and Armenia) is by the Western Turks called آغري طاغي.

3 *Al-Jūdī* according to the Muslims is the name of the mountain on which the Ark rested: by some it is supposed to be in Shām.

4 *Ast* here is m.c.: better than *būd*.

5 In the original "in an irregular figure." The meaning of the Persian is not quite clear: the sentence is capable of two constructions, neither of which, however, is a correct rendering of the English.

6 "Before we *reached* there;" note the Pres. Subj.

7 The Armenians being Christians would naturally have wine. The Jews also in Persia usually sell wine. The Zardushtis make excellent wine but only for their own consumption.

8 *Khastagi dar kardan* "to get rid of one's weariness."

گفت " به بخشید ، من پیرو بزرگانِ خویشم : سردار خود شراب را مثلِ خر [1] میخورد * من چرا نخورم ؟ خریکه از خوری باز [2] ماند یال و دمش باید برید " *

در نزدیکي کلیسا یوسف را خواسته تعلیم دادم که " اگر در فلان و فلان باب قسم لازم آید ، بخور ، که فایدهٔ تو در آنست * زنهار زنهار [3] خدمتِ خود را شاخ و برگِ بسیار بگذار ; و خرجِ خود را باضعاف [4] مضاعفِ خرج ده ; و پا فشرده باداي آن البته قبضِ وصولي بگیر تا وسیلهٔ وصولِ بزنت شود " *

پس از اینقرار - داد داخلِ بار بند [6] کلیسا شدیم که از بُنه و اُغروق [7] و اتباع سردار و نسقچي باشي مالا مال بود * اسپان در هر سو درپابند ; مهتران درمیان ; زین [8] و برگها وا کشیده : یکسو قاطران با زنگ [9] و دراي ; و از یکسو قاطرچیان در جنگ و [10] هراي *

اسبانِ نوکرانِ بزرگ در حیاطِ دوم ، وخود در حُجرهاى آن *

در بار بند پائین آمدیم * بچادر نسقچي باشي رفتم * وقتِ نهار بود ، و او در پیشِ سردار * بي درنگ با چکمه و شلوار مرا آنجا خواستند * .

گویا مالک حریمِ [11] مبارك خلیفه بودند * آنان در حجره نشسته ، خلیفه بدینسوي و آنسوى تکاپو میکرد * [12] همانا از تصرف آنان بمال خود شرم داشت * اسبان خاصهٔ سردار و نسقچي باشي بدیوار کلیسا بسته ، بحالتِ استراحت و آسودگيِ آنها بیشتر از حالتِ ارمنیان دقّت میکردند *

بخوانندگانِ کتاب پیش ازین گفتم که نسقچي باشي که و چه بود * اکنون دو کلمه از سردار بگویم * هرگز صورتي بشومي و نحوستِ صورتِ او دیده نشده * چشمش زاغ

[1] 'To eat or drink like a donkey' is a common m.c. expression to signify 'greedily.'

[2] *Bāz mānad* 'is beaten in going.' In m.c. *gūsh u dum-ash bāyad burīd* is the usual expression.

[3] *Zinhār zinhār* (with the verb in the affirmative) "mind you do."

[4] *Aẓ'āf* (pl. of *ẓi'f*) "doubles," and *muẓā'if* "double; doubled."

[5] The translator has here missed a point in the English.

[6] *Bār-band* is an open yard for stabling, etc.

[7] *Ughrūg* "tent, camp."

[8] *Zīn u barg* (m.c.) "horse furniture."

[9] *Zang* is a cattle bell hung from the neck; *darāy* is a large bell suspended (one on each side) from the loads of a camel or of a mule; one or two animals only in each *kāfila* have *darāy*.

[10] *Harāy* "an incoherent speech; foolishness, etc."

[11] *Ḥarīm* "sanctuary, sacred place."

[12] *Hamānā* means "apparently" as well as "certainly."

مانند توتیا [1]، و مثلِ چشمِ گربه ، در شب تار درخشان ، و با هیبت ، بلکه آتش - فشان ؛
و گفتي از [2] حدقه در [3] بلوقیده بود * صاحب مرده بعد از نگاه، تبسّمي [4] داشت که
ملک‌الشعراء در آن باب گفته بود " صورتِ حسن خانِ سردار بکوهِ آغوي داغ مي‌ماند ؛
وقتیکه کلّه‌اش پُر از ابر و میغ است و در پاي آن آفتاب مي‌تابد ، میتوان گفت که نشانِ
طوفان است " * از دست بُرد [5] پدر پیر فلک ، دو چین در دو رخسارش ، که ریشِ
کوسه‌اش با همهٔ تخلخل [6] آنها را نمي‌انداشت * پدر بي [7] پیر از دندانهایش چیزي
بر جاي نمانده مگر یکي ، که مانند [8] کل گراز از دهانش بیرون بود * دو آوردش درّه وار
سخت بگود فرو رفته و موبهاي [9] تنکش خاشاک - کردار آنمغاک را پُر میکرد * بسیار مشکل
بود که تشخیص توان داد بپلنگ شبیه تر است ، یا بنسناس ؛ امّا آنچه محقق است
این است که هرگز صورتِ آدمي بد آنطور نمیشود * سیرتش بعینه صورتش ، چنانچه هیچ
رسم و آئینِ انساني ، جلوِ شهواتِ حیواني اورا نمیتوانست گرفت * چون سلسلهٔ هوا و هوسش
مي جنبید ، سنگدلي و تهورش را کرانه [10] و کران نمیتوان قرار داد * امّا با این همه ، خصایص
و خصایلِ مخصوص داشت ؛ زیر دستانش را مینواخت ؛ دستگیري میکرد ؛ خنده روئي
تحویل میداد ؛ دلداري میکرد و با اُمناء [11] چنان حرکت میکرد که در نزد شاه معتمد تر
و محترمتر از همه بود * مثل شاه بعیش و عشرت گذران مینمود ، و با دانگهٔ سفره مردم را
بدام میکشید * از فسق و فجور مانندِ مسلمانانِ پاک ، ترس و باک نداشت ، و پوشیده
و پنهان نمیدانست ؛ رو [12] در واستي نمیکرد : در پنهان هرچه بود در میدان همان بود *
زیر دستانش را انیسي ، و هم ساغران را جلیسي خوب بود * بجز رفیقش نسقچي باشي ،
کسي از دائم‌الخمران ، بي دغدغه از خشم و غیظِ پادشاه ؛ عهد ابد با مینای [13]
مي و اداي ني نبسته بود *

1 " Blue stone."

2 *Ḥadaqa* in the dict. " the pupil of the eye " but in m.c. the " eye-socket."

3 *Qŭlŭpidan* or *dar bulūqidan* " to bulge out suddenly " (m.c.)

4 ' Had a kind of smile after looking at one, had a habit of smiling after looking at one.'

5 *Dast-burd* " victory, getting the better of."

6 *Takhalkhul* " to be displaced."

7 *Bī-pīr* = *bī-dīn*. Does *pīr* refer to Time or to the Sardar? The construction is faulty.

8 *Kal-i gurāz* " boar's tusk."

9 *Tunuk kardan* is " to spread out, scatter : " *khāshāk-kirdār* " like chips."

10 *Kirāna va kirān* " end."

11 " Ministers."

12 *Rū dar vāsti kardan* (for *vā īstādan*) m.c. = *takalluf kardan* and *khijālat kashīdan* ; here the latter.

13 *Mīna* " decanter, etc."

با دو سه تن از تابعان خود بحضورِ آن دو بزرگوار در آمده در دمِ در بایستادم * نسقچي باشي رو بمن کرد که " حاجي، رسیدن [1] بخیر * مرگِ من، بگو به بینم چند روس کشتي ؟ سر آوردي یا نه ؟ "

سردار :— " بگو به بینم، چه کردي ؟ روس تا سرحد آمده یا نه ؟ کثیر بزیر چنگ ما میآفتند " ؟

من :— " بلي سرکار ؛ آنچه میبایست بکنم کردم * از یمن طالع سرکار ساعت سفر ما ساعت سعدي بوده است * بقدر دلخواه اطلاع حاصل نمودیم ؛ خدمت شما عرض خواهم کرد * بدیهي است که بختِ بلند سردار و سرکارِ نسقچي باشي خیلي یار است که مانند من بندهٔ خاکساري موردِ خدمت بایشان توانسته است بشود " *

سردار (چشمها را گردانیده، با چهرهٔ خندان، رو بنسقچي باشي) :— " راستي بخت خوب چیزي است، امّا پشت . گرمي ما بشمشیر ما است نه [2] بخت ما " *

نسقچي باشي :— " بلي گلوله و باروت و تیغ و تیر، اینک سهم الغیب، اینک سهم [3] السعادة * ساعت سعد، ساعتیکه سر کافري بریم * اگر مرا میگوئي قزلباشم و هنوز همین کافي است * اسبِ عربي در زیر، تیغ هندي در دست، نیزه بر کف، میداني پر از روسِ منحوس، از خدا همین میخواهم و بس " *

سردار :— " امّا از شراب خوب هم مگذر * اعتقادِ من این است که شراب خوب هیچ کم از اینها نیست * خلیفه را بگوئید بیاید، و یک شیشه از آن شرابهاي اعلي به حاجي به پیماید * امّا حاجي، پیش از همه بگو به بینم چه دیدي و چه کردي ؟ لشکر روس در کجا اردو زده است ؟ چه قدر است ؟ توپي چیزي دارند یا نه ؟ سردارِ شان کیست ؟ قزاقشان کجاست ؟ از گرجیان هیچ حرفي شنیدي ؟ سپهسالارِ روس در کجا است ؟ لزگیان چه میکنند ؟ اسمعیل خان مرتد در کجا است ؟ زود باش همه اینهارا درجمله بیان کن " * پس رو بمنشي خود کرد که " میرزا، تو هم زود باش ؛ هرچه حاجي میگوید، بنویس " *

1 "May your arrival be good; well come."

2 Notice that the preposition *bi* is not repeated before *bakht*.

3 "The arrow of the invisible" and "the arrow of fortune" are to be two lucky stars: in the dictionary, however, the former means 'death' and the latter 'wealth.'

پس من بکمالِ وقار و تشخّص آغاز گفتگو نمودم بدینطریق :—

" بجانِ سردار ، بنان و نمکِ نسقچي باشي که لشکرِ روس هیچ هیچ نیست * نسبت بلشکرِ ایراني سگ حسابیند * من که چکیدهٔ کارم میتوانم گفت که یک ایراني، بي آنکه شمشیر بکشد ، میتواند ده روس را بکشد " *

نسقچي باشي زین گفتگو شادان بي‌تابانه فریاد برآورد که " هاي شیرِ نرم ، حاجي ، هاي ! من میدانستم که نوکاري خواهي کرد * آفرین ، کُهنه اصفهاني ! باید خیلي دجّالي بکار زده باشي " *

حاجي :— " در سرحد روس خیلي کم است ; پانصد ، ششصد، هفتصد یا هشتصد ، شاید هزار، نه دو هزار : البته بیش ازینها نیست * ده ، بیست ، مُنتها چهل یا پنجاه توپ دارند * قزاقشان را میگوئي هیچند ، پوچ * بسیار کم است که آدم ایشانرا در جائیکه گمان میبرد ، بیند * با آن نیزهاي کلفت که [1] دکنک گاو - میش - راني مي مانه نه بنیزهٔ جنگي ، نمي دانم چه میتوانند کرد * آن نیزها [2] بارند، نه مرهم - [3] اوبار" * آمدیم بر سر اسبشان : "یابوي حسابي است ; هرگز بگردِ اسبان چهل پنجاه تومانِ ما نمیرسد ، که تا دشمن چشم باز کند ، از نظر غائب میشوند " *

نسقچي باشي :— " چرا زحمت میکشي ، و نامِ قزاق و اسب قزاق میبري ؟ بگو ' میمونند بر خرس سوار ; ریشهاشان هم کلفت ' " *

حاجي :— " ریشهشان کلفت نیست اورا [4] دلي مایور مي گویند * چیز هاي غریب ازو نقل میکنند * از آنجمله میگویند قرآن [5] بغلي سردار را برده بهمه کس مثل علامتِ ظفر بزرگ مینماید " *

سردار :— " آه راست است ; این سگ - پدرانِ [6] لات و لوت ، سالِ گذشته مرا غافل گیر آوردند * در پنجفرسنگي همین جا چادر زده بودیم * مرا فرصتِ شانه و رخت نداده اند * یکتا - پیراهن و زیرجامه ، با اسبِ بي زین ، در رفتم * چادرم

1 *Dakanak* "an ox goad."

2 And here better than ast.

3 *Aubāridan* "to worry, be a nuisance; stir up (a wasp's nest):" in dict. "to swallow, engulph."

4 "The mad major:" *dali* T. "mad."

5 "Pocket Quran."

6 *Lāt u lūt* (m.c.) "poverty-stricken."

را یغما کردند ، و از میانهٔ قرآنم را هم دزدیدند * امّا من هم تلافی را خوب در می آوردم * در قمشلو کردم آنچه کردم و هنوز هم برروی قبر پدرِ شان کارِ کردنی خیلی دارم * گفتی چه قدر توپ دارند ؟ "

حاجی :— " پنج یا شش " *

میرزا :— " من حالا سی یا چهل نوشتم * کدام یک راست است ؟ "

سردار (با چشم دریدهٔ) :— " بما هم دروغ ؟ اگر آنچه میگوئی ، بخلاف آن درآید ، بامیرالمومنین که خواهی دید ما بمفتی ریشخندی نمیشویم " *

حاجی :— " راست این است که این اطلاعات از من نیست * از یُمن طالعِ سردار و نسقچی باشی وسیلهٔ غیر[1] مترقبی جُستم و این استحضارات درسایهٔ اوست * جوانی ارمنی جان خودرا براه ما نهادهٔ بواسطهٔ وعدهٔ التفاتی که من از جانب سرکارِ سردار باو دادم " *

پس حکایت یُوسف را از اول تا آخر نقل کردهٔ چشم آن داشتم که با آن رندی و آشکار - گوئی تدبیرم مفید فائدهٔ بشود ؛ و با خود میگفتم که محالست سردار در حق جوان ارمنی با بی‌اعتدالی رفتار کند و زنش را واپس ندهد *

بعد از سخنانِ من سردار چیزی نگفت * حاضرین گاه گاه " لا اِلهِ اِلاّ اللّٰه ولا حولَ ولا قوةَ الاّ باللّٰه " می گفتند * آنگاه سردار باطراف نظرکنان با دهانِ کج و مج گفت " ارمنی معرکه کردهٔ است * بچّها ! قلیان " *

بعد از دو سه پف دراز بقلیان گفت " این ارمنی کجا است ؟ خلیفه را بگوئید بیاید اینجا " *

پس برسمیکه اکثر اوقات ارمنیان را بزور بحضورِ بزرگان ایران پیش میرانند ، یوسف را پیش راندند * با جمالی که در مردان بالا تر از آن تصوّر نمیتوان ،[2] بحضور آمد وهیأت بیباکانهٔاش البته بحضّار تأثیرِ بزرگی کرد ؛ علی‌الخصوص بسردار که با چشم خریدار[3] نگاهی باو اندوخته * روبهٔ نسقچی باشی ، با آن اشارتهای مخصوصِ ایرانی آنچه باید حالی بکند کرد *

1 "Unexpected." *Justam* "I found" (m.c.).

2 Note this method of forming the superlative.

3 I am sure of the meaning of *Kharidār* here; it may mean 'with the eye of approval of a person who is desirous of purchasing an article' or it may have a secondary and more objectionable meaning.

آنگاه خليفه با دو سه تن راهب بيامد * مردي بُود درشت اندام ، فربه ، خندان چهره ، گلگون روي ، با لباسِ مخصوص كشيشان ارمني * بعد از اندكي توقف بسرِ پا ، سردار اشارت بنشستن كرد * با ادبِ تمام بدو زانو بنشست * پس سردار رو بدوي كرد كه " خليفه ! راستي ما مسلمانان در ايران از سگ هم كمتريم * ارمنيان بحرمِ ما داخل ميشوند : زن و كنيز ما را ميكُشند و بگور پدر ما ميرينه * اينها چه معني دارد ؟ اين كار خدا ئيست يا كار شما " ؟

خليفه ازين سخنان ناشنيده[1] در تلاش ، هراسان بنا كرد عرق ريختن : وبتجربه دانسته بود كه اين گونه تشرها[2] مقدّمهٔ جريمهٔ بزرگست * بمدافعه برخاست كه " اينها چه فرمايش است ؟ ما سگِ كيستيم كه نسبت بسركار بي‌ادبي از ما سر زند ؟ ما رعيت شاهيم : پشت و پناه ما شمائيد * ارمنيان در زير سايهٔ سركار آسوده اند * كه چنين خاكي بسر ما ريخته است " ؟

سردار (يوسف را نشان دهان) :— " اين پسره * بگو به بينم تو يك كنيزي ندزديدي " ؟

يوسف :— " اگر زني بغير از زن خود برداشته‌ام مقصّر و مستحقِ هر جزائي كه ميفرمائيد هستم * امّا زنيكه از پنجره خود را به بغل من انداخته ، پيش از اينكه كنيز شما[3] شود ، زن من بوده است * من و زنم هر دو رعيت شاهيم ؛ شما از همه كس بهتر ميدانيد كه بما اسير ميتوان گفت يا نه * راست است ما ارمنيئم ، اما آدميئم * همه كس ميداند كه پادشاهِ ما ، كه ولي نعمت ماست ، هرگز ، خود ، دست بحرمِ كمترين خدمش دراز نكرده است * چگونه ميشود كه سردار كُلّ ، حاكمِ ما ، اين عنايت را در حقِ ما دريغ دارد ؟ كسيكه بخدمت شما عرض كرده كه آن زن اسيرِ گُرجي است البته خلاف عرض كرده است * اگر سركار[4] شما ميدانستيد كه اين زنِ يكي از رعيتانِ شما است هرگز بكنيزي قبول نميفرموديد " *

خليفه از گستاخي يوسف ترسان باو بر آشفت ، امّا سردار بجاي اينكه از بي پروائي او بر آشوبد (چه هرگز چنان حرفهاي بي‌پروا بگوشش نخورده بود) اثرِ خشنودي از چهره‌اش نمايان شد با اينكه در چهرهٔ نامباركِ اش اثر خوشنودي از قبيلِ

1 *Dar talāsh* "in agitation."
2 "Threatening words; frightenings."
3 *Shavad* Pres. Subj. for classical *shud*.
4 *Sarkār-i shumā* "you."

کراملی است * پس دیدهٔ خیره [1] بجوانمرد دوخت ، چنانچه گویا سبب احضار او را فراموش کرده * خشونت اولیه را بناگاه بدل بملایمت نمود ، و از روی طیِ دعوا باو گفت " بس است ، بس است ؛ برو زنت را بگیر و آه و فریاد را کوتاه کن * چون در حمام او خدمت کرده ، در خدمت من بمان و خاصهٔ بهمراه من باش * برو ؛ فرّاشباشی تکلیف [2] ترا معیّن میکند * همینکه رخت بتو پوشاندند ، بیا بحضور * هم در خاطر داشته باش که التفات من در بارهٔ تو برفتار [3] بعد ازینت وابسته است " * یوسف ازین سخنان شادان ، از دل و جان بحضور سردار دوید و درمیان آن شادی ، بی آنکه بداند چه میگوید و چه میکند ، زمین خدمت بوسید *

همه حضّار اظهارِ حیرت و تعجب نمودند * نسقچی باشی شانهٔ بر افراخت [4] و خمیازهٔ بزرگی کشید * خلیفه مثل اینکه باری گران از دوشش افتاده است ، دست و پائی وا کرد [5] : قطرهای خوی جبینش چکید ، و دماغش [6] تر شد * همه کس سردار را در مردمی و نیکوکاری و داد ، بنوشیروان عادل معادل نمودند * دهانها از " بارک الله " پر ، و آوازهٔ " احسنتّ احسنتّ " [7] به بیرون پیچید ، و در همهٔ اردو نُقل مجلس شد * من نمی توانم ادعا کرد که غرض اصلی سردار بدانجوانمرد برای چه بود ؛ امّا آنان که سردار را خوب میشناختند یقین کردند که این نیکوئی و نوشیروانی او از راهِ درستی و خوبی نمیتوانست بود * مصراع "درختِ مقل [8] نه خرما دهد نه شفتالو" *

1 "Fixed a staring eye on—."

2 *Taklīf* "duties" (m.c.): never as in India "trouble, wrong, exertion."

3 *Raftār-i ba'd as in-at.*

4 "Gave a slight shrug."

5 "Stretched himself."

6 *Dimāgh-ash tar shud* "he recovered" (from *dimāgh-khushkī* "imbecility").

7 *Aḥsant* "well done!" (classical A. *aḥsanta* "thou hast done well"): in m.c. usually contracted to *aḥsan aḥsan*.

8 *Muql* "bdellium," an Arabian shrub.

گفتار چهل یکم

در لشکرکشیِ ایرانیان بر سرِ روس و نامردیِ نامرد خان

چون سپهداران ایرانِ از یوسف ارمنی استحضاری تام بحال و محل روسیان حاصل کردند ، قرار بتاخت بردن بحماملو داده سپاه را بحرکت امر فرمودند *

در دم همه براه افتادند : توپ خانه از میان کوه با حرکتی خسته دار و دشوار ، روانه گردید ؛ و پیادگان بدلخواهِ خود راه سپار ، و سواران دسته دسته پراگنده و تار و مار از هرسوی هامون پدید آمدند * پیش از آنکه فراموش شود ، این را هم بگویم که من بیش‌از حرکت ، با ارمنی ملاقات کردم * دیدم که او آنکوهستانی با [1] قلپاق کذائی و کمر-چین کوتاه گرجی و کفشِ پاشنه دارِ ، با قمهٔ دراز در کمر ، و تفنگِ چپ و راست انداخته بدوش ، نیست * قبای اطلس سرخ سنجاب ترمه و زرین تکمه در بر ؛ شالِ اعلای کشمیری با جوز و گره در کمر ؛ کلاهِ بخارائیِ فردِ اعلا کج نهاده ؛ و زلفکانِ دراز را با نهایت مشاطگی و سلیقه شانه زده و تاب داده ؛ و مروس ، آسا عطرسا * و از بس اندام نازنینش در لباسهای گوناگون نهفته بود ، تشخیص زن و مردیش دشوار می نمود * ' از صنع ما شطکان بینی اگرنگری ترسای دادگری ورزی ذاتِ [2] حری ' * چون مرا بدید از آن [3] استحاله و انتقال در شرم و حجاب پیش آمد و بهرزبان و بیان که میتوانست اظهار شکرانه و امتنان بجای آورد * گفت " بجای اینکه خود را بسردار اینّ [4] العریکه نمایم باخود مختّر کرده‌ام که از زن بلکه از جان درگذرم : با او دست از جان شسته سخن گفته‌ام * با این تغیر اوضاع هرگز ننگ پیشخدمتی سردار را بر خود هموار نمیتوانم کرد : اگر هرچه زود تر ترکِ سعادت خدمت سردار نکنم نامردم * تا زنم را بجای امن بنهم این ننگ را بر خود مینهم ، امّا بعد از آن دیگر نه * در کوهستان گرجستان

[1] "Fur cap:" *kaẕā Ar.* "such like, such and such" and *kaẕā'ī* (Pers. adj.) = "before mentioned, well known."

[2] *Ḥirr* or *ḥir* = *pudenda mulieris.*

[3] *Istiḥāla* "undergoing a change of state."

[4] *Arīka* "nature, disposition."

برهنه و بی خانمان گُراز - چراندن بهتر که در پرنیان وحریر زیردست و بیمار بودن -
اگرچه در بار خسرو و پرویز [1] ایران باشد ” *

اگر دیگر یرا محرم میساخت کمال سعادت من میبود ، چه در فرار پاي مواخذة
را درمیان میدیدم ؛ امّا از استحسانِ خیال و همت او نتوانستم گذشت *

باري لشکرراه مي پیمود * در پهلوي اشترک یوسف دستوري خواست تا مریم
را با خود آورد ، چه در آنحال مریم زنِ مردي بود متشخّص و مورد نظر التفات
سردار ، سوارة ومحترم و معتبر ، ویکي از آنان که در آردوي ایرانيّ اغلب در سرِ کارند *
آردو درمیان قمشلو وابهران خیمه زد ، و غدغن شد که بجز [2] ناگزیرِیهاي جنگ
آنچه هست تا وقت بر گشتن در آنجا باشد ؛ و قرار اینکه سردار و نامرد خان هر یک
با توابع خود و دو فَوج توپچي بجنگ پردازند * در دَم آفتاب براه افتادیم *

چون به بزنگاه رسیدیم ، سردار از دیريِ جنگ تنگ ماند ، و مثل سایرِ ایرانیان
که بتوپخانه اعتقاد [3] ندارند گفت ” دلم میخواهد با سوارة خود پیش رانم “ * من
نمیگویم که آرزوي رئیس ما هم کمتر از آرزوي سردار بود * [4] منتهاي شاه-اندازي
و غرابي [5] را خرج میداد و میخواست بهر کس بنماید که بمحضِ دیدار او دشمن
از معرکهٔ کارزار رو بفرار خواهد نهاد * در آخر ، بخواهش سردار قرار بر این شد که سردار
با سوارانِ گزیدهٔ خود بحماملو تازد ، و او با [6] دمداران لشکر از دنبال در رسد * سردار
بداعیهٔ اینکه پیش از آفتاب بحماملو رسد ، و راهها را بر دشمن تنگ سازد ، از راه جدا
شد ، تا از گذار رود پینک بگذرد * ما بایستي در سر آفتاب بحماملو برسیم که اگر
(خداي نکرده) سردار را [7] وهني عارض شود بآساني او را [8] دریابیم *

چون بکنار رود رسیدیم آفتاب تیغ [9] کشید * در دور نسقچي باشي قریب پانصد
سوار بودند و پیاده بمیل خاطر از عقب مي‌آمدند * خواستیم از گذار بگذریم *

1 The son of Nūshīrvān and a contemporary of the Prophet.

2 "Necessities:" ānchi hast = 'all else.'

3 Persians say *mardānagī bā-shamshīr ast na bā tūp u tufang.*

4 "Utmost limit."

5 Ghurābī (m.c.) = *bī-bākī.*

6 *Ū* is the chief executioner. *Dum-dār* may mean "rear-guard; *also* camp-followers" and in m.c. "a blackguard." *Dam-dār* in m.c. signifies "adherents." The translator has probably selected the word on account of its obscurity.

7 *Wahan* "being unequal to."

8 "Assist him."

9 i.e. 'had just risen.'

ناگاه از آن سوی رود آوازی و دو سه کلمه با زبانی[1] غیر معروف سخنی شنیدم که با واز معروف تفنگ تفسیر شد * این معنی ما را از حرکت باز داشت ; و موجب تلاش رئیس شده ، با رنگی از رنگ مرده پژمرده تر نزدیک من دوید ، و با آوازی از آواز معتاد خود بلند تر ، گفت " چه باید کرد ؟ کجا باید رفت ؟ حاجی ! تو بودی[2] تفنگ انداختی ؟ "

من از او ترسناک تر گفتم " نه من چکار دارم تفنگ بیندازم ؟ بلکه چنانچه در اشترک ارمنیان غول دارند ، روسیان هم اینجا دارند " *

یکدقیقهٔ دیگر آوازی غریب تر در آمد و تفنگی دیگر خالی شد * در سایهٔ تیغ آفتاب ، دو نفر سالدات روس در آنطرف رود دیدیم * چون سر کردهٔ ما بچشم خطر را (یعنی دشمن را) رو برو دید چهره اش بشگفت * مردانه روی باشکریان کرد و پی در پی میگفت " بروید ، بگیرید ، لعنت کنید ، بکشید ; سر شان را برای من بیاورید " *

پس سواری چند شمشیر بدست خود را برود انداختند و آن دو سالدات خود را به تپهٔ کشیده پشت به پشت بر روی هجومیان چنان بی پروا گلوله باریدن گرفتند که ما متحیر ماندیم * دو سوار مارا بکشتند و باقی به پیش سرکرده باز آمده کسی یارای خود کشی نکرد * نسقچی باشی بیهوده دشنامها وعدها وعیدها التماسها[3] کرد که " بروید ، سر این دو نفر را بیاورید " * کسی پیش رفتن نخواست * عاقبت خود بهادرانه فریاد بر آورد که " من میروم ، خود میآورم ، راه بدهید * کسی همراه من میآید یا نه ؟ " پس روی بمن کرد که " حاجی ، مرگ من ! برو ، سر این دو سالدات بیاور ; هرچه دلت میخواهد میدهم " : پس دست بشانهٔ من زد که " برو ، برو ; خاطرم جمع است که این دو سر در دست تو است " *

ما در این گفتگو که گلوله برکاب نسقچی باشی خورد : سخت ترسید و بناکرد[4] بهرچه بدتر تفنگ و باروت و روس فحش دادن * طبل بازگشت زده ، اسب تازان ، فریاد برآورد که " لعنت بپدر و مادر شان ! بکلّهٔ پدرشان سگ[5] ... ; اینطور هم جنگ میشود ؟ آدم را

1 *Isafat* after *ghair*: in India no *isafat*.

2 *Tu būdī* —— ? "was it you who fired the shot?"

3 Asyndeton.

4 *Bi-harchi bad-tar-i tufang* = *bi-kūn-i tufang*. *Harchi bad-tar-i khud-ash u khāna-ash u māl-ash karda* (m.c.) "I abused him by the *sharmgāh* of himself, of his house and of his property" = 'I abused him as much as it was possible to do, I covered him with filthy abuse.'

5 The verb is for the sake of decency omitted, even in the original Persian.

مثل گراز میکشند * عجب جانورند ! هرکار میکنی فرار نمی کنند * از جانور هم بدترند : جانور اقلاً شعور دارد ; ایشان شعور هم ندارند * خدایا ! تو بهتر میدانی که اگر پای مرگ درمیان نمی بود ، ایرانیان عجب جنگاور می بودند " *

باری چون قدری راه برفت ، باز ایستاد * خیال داشت که در پای هر خار - بُنی دو سالداتِ روس پشت بیکدیگر داده نشسته اند : نمیدانست چه کند تا اینکه ورودِ لشکرِ سردار دعوا را طی کرد * دیدیم سردار با جنگ و گریز از پیش دشمن برگشته است ، و معلوم شد که حمله اش بعجز باز گشت اثری نبخشیده بود *

حالِ پُر ملالِ لشکرِ سردار را بیان کردن زحمت بیهوده است * بیچارگان کوفته و خسته ، خنده بر لبها و رنگ بر روها نمانده (ولی در دل خرسند) بی آنکه یک نگاه بقفا کنند رو بدیار خود نهادند * امّا هر قدر دماغِ سردار سوخته بود ، دماغِ نسقچی باشی کوک [1] بود * از [2] مباهات و افتخارِ هنر بروز - داده ، از زخمِ بر داشته ، از تدبیر خیال کرده خود لاف زنان بیتاب نیزه بگرفت ; و چار نعل رو بآش پزِ خود ، که سوارِ اسب آشپزخانه اش بود ، بتاخت ; و با گرمیِ غیرت نیزه را چنان بر پشتِ بیچاره آش پز نواخت که کمرش سوراخ شد *

باری لشکر کشی که سردار آنهمه امیدِ افتخار و غنیمت - اندوزی و پدرِ دشمن - سوزی از آن داشت ، باین طریق بپایان انجامید * و نسقچی باشی شهرت و اعتبارِ عظیمی تا بآخرِ عمر اندوخت *

وقتیکه کور و [3] کچلان او (که من هم جزو ایشان بودم) اطراف اورا گرفته بودند و او خود فروشی می نمود ، قاصدی از سردار رسید که "حاجی را زود بمن بفرست" * با قاصد برفتم * سردار چون چشمش بر من افتاد اولین سوالش اینکه "یوسف کو و زنش کجاست ؟ "

فی الفور دریافتم که یارو [4] گریخته است * با کمال صاف و صادقی و اظهار بیخبری گفتم " چه می دانم ؟ من اصلا از حرکت او خبر ندارم " *

پس چشمها را در کاسه [5] بفرفره انداخت ، و دهان خود را کج میکنان ، و دندان

[1] *Lit.* "wound up" (like a watch).

[2] *Mubāhāt* "disputing for superiority, vain glory."

[3] 'His blind and scald-headed beggars'; a joking term for 'his adherents.'

[4] *Yārū* (m.c.) "the friend" somewhat corresponds to the Irish "boy."

[5] *Firfira* or *firfirū* (m.c.) is a child's paper wind-mill and also sometimes a spinning-top. [This word also signifies 'breaking-wind.'].

خایان ، دشنامهای شدید و غلیظ دادن گرفت ؛ و قسم یاد کرد که دمار از روزگار یوسف و خاندان و خانمان و ده و برگ و سازِ[1] خانه و آنچه که رابطه و پیوندی باو داشته باشد در[2] آورد : و روی بمن کرد که " هنوز از عدم معاونت تو باو خاطر جمع نیستم ؛ و بدانکه اگر دست تو در کار بودن گوش زدم بشود ، صفحهٔ زمین را از لوثِ وجود خبثیت پاک میگردانم " ٭

بعد از آن شنیدم جمعی به قمشلو فرستاد تا پدر و مادر یوسف را با آنچه دارند بحضور آورند ، و خانمانشانرا غارت کنند ، و بسوزانند : امّا یوسف از زرنگی همه را فهمیده بود وچنان خوب[3] دست پیش را گرفته بود که دست سردار بهیچ[4] بند نشد ٭ خود و زن و پدر و مادر و خویشان و دوستان و اموالش بجز کشتزار خود همه را بر داشته بخاک روس گذشته بودند ؛ و دولت روس و سایر هم‌ملتانشان آنانرا بجان و دل پذیرفته ، آنقدر ملک و مال که تلافی مافات بشود بایشان داده بودند ٭

[1] *Barg u sāz-i khāna* "furniture; plenishing."

[2] Indirect narration. Note the direct narration immediately afterwards.

[3] *Dast-i pīsh girifta būd* = *pīsh-dastī karda būd* "had anticipated."

[4] 'Was tied to nothing' *i.e.* got nothing.

گفتار چهل و دوم

رفتن حاجي بابا باردوي شاهي و اثبات كردن وي که دروغگوئي بزرگست

از تهديدات سردار سراپايم لرزيدن گرفت و چون رفتار زبردستان ايرانرا با زير دستان ميدانستم قضيه را بنسقچي باشي گشودم * آتشي گرفت که اگر اندکي دامن ميزدم در ميانِ ايشان نزاع بزرگي برپا ميشد : امّا چون ضررِ سردار يقيني، و ياري نسقچي باشي مشکوک بود مناسب ديدم که مسله ر کوتاه گرفته اذن برگشت بطهران گيرم * از کثرت مدح و ستايشم در نزدِ نسقچي باشي که " مثل تو کسي با زير دستانِ خود خوشرفتار نيست " بمقصد خود واصل گرديده اذن رجوع و دستورالعمل آن داد که در بابِ سفرِ جنگ بصدر اعظم چه گويم و شرحِ حالِ مردانگيِ او را چگونه بنمايم *

گفت " حاجي ، تو خود آنجا بودي وقضيه را بچشم خود ديدي : مثلِ من [1] نقل ميتواني کرد * در واقع ما نميتوانيم گفت که غالب آمديم ، امّا مغلوب هم نشديم * سردار مثل خر واقعي ، بجاي آنکه منتظر توپ و توپخانه شود و با پياده جنگ کند ، با سوارة بشهرِ مستحکم حمله بُرد * مستحفظين درها را بسته و از برج و بارو گلوله بارانش کردند : کاري از پيش نبرد : شرمنده واپس برگشت * باوجود اينهمه کسيکه با دشمن دست [2] و گريبان شد و زخم برداشت ، من بودم * اگر رودِ حايله حايله نمي [3] بود يکروسي زنده نميگذاشتم تا بمملکت خود خبر برد * اينها را همه ميگوئي و آنچه مناسب ميداني از شاخ و [4] برگ ميافزائي " * پس يک دستمال کاغذ از براي صدرِ اعظم و سايرِ بزرگان و عريضهٔ بشاه داده مرخّص نمود *

1 "Explain."

2 *Dast u giriban shudan* "to come hand to hand."

3 'If the intervening river had not intervened.'

4 'Embellishing.'

تابستان گذشته و وقت رجعت بطهران رسیده امّا باز پادشاه در سلطانیه بود * با چند تن از قاصدان ولایت دیگر، وقت صبح، کاغذ های خود را بحضور صدر اعظم بردم * او بعد از مطالعه مرا خواسته بآواز بلند گفت " خوش آمدي آ تو هم در حماملو بودي ؟ "

حاجي :— " بلی ، بلی ، آقا " *

صدر اعظم :— " روس منحوس با [1] قزلباش جرأت مقابله و مقاتله که نکرد " ؟

حاجي :— " خیر ، خیر ، آقا " *

صدر اعظم :— " معلوم میشود که خان شما زخمدار شده است : او از فدویان شاه و از جانسپاران دولت است * خدا رحم کرده است * الحمد للّه ضرري چندان بوجودش نرسیده " ؟

حاجي :— " خیر ، خیر ، آقا " *

صدر اعظم :— " در کنار آب پینک جنگ پر زوري کرده اید ؟ "

حاجي :— " بلی ، بلی ، آقا " *

بهمه سئوالها ، جواب " بلی بلی " یا " خیر خیر " گفتم ؛ و خوشم مي آمد که مرا بچشم آدمي از جنگ برگشته مي دیدند * وزیر یکی از میرزایان خود را طلبید که " پیش بیا و فتحنامه بنویس که بهرجا ، و بخصوص بخراسان ، فرستاده شود تا فتنهٔ خانان عاصي فرو نشیند و قدر پادشاه مظفّر و منصور ، معلوم نزدیک و دور گردد * در حقیقت مارا این فتح لازم بود ؛ اما ملتفت باش که این فتح خیلي عمده و خونین است " *

میرزا روی بمن کرد که " خوب عدد دشمن چه قدر بود " ؟

من :— (متردّد چه بگویم که موافق طبع ایشان بشود) گفتم " بسیار بسیار " *

وزیر (آهسته در بیني) :— " بنویس پنجاه هزار " *

میرزا :— " چه قدر شان کشته شد ؟ "

وزیر :— " بنویس ده پانزده هزار [2] شان : و ملتفت باش که فتحنامه براه دور

1 *Qizil-bāsh* or 'red-head' is by Turks and others a term applied to the Persians and it means simply "Persian." The *Qizil-bāsh* were also a separate class.

2 An *iẓafat* after *hazār*.

میرود * شأنِ پادشاه اجلّ از آن است که دست بخون پنج شش بلکه ده هزار دشمن بیالاید * پادشاه کجائی از رستم و افراسیاب کمتر است ؟ خیر خیر ؛ تا پادشاه خونخوار و خونریز و دشمن کش قلم نرود ، رعایای دور دست از او حساب نمي برند * میرزا نوشتي یا نه ؟ "

میرزا :— " بلی سرکارِ وزیر " *

پس فتحنامه را بخواند بدیمضمون :—

صورت فتحنامه :— آنکه حکّام دور و نزدیک و تبعهٔ تُرک و تاژیکِ ذاتِ اقدسِ ملوکانهٔ ما بدانند که درین اوقات روس منحوس خورشید کلاه معکوس چون ادبارِ طالع ناسازگار و برگشتگي بخت نامیمون بي هنجار بمخاصمت ذاتِ اقدسِ همایون ما ، که سایهٔ آفریدگار و مایهٔ رحمتِ شاملهٔ پروردگاریم ، بر انگیخته سپاهي گمراهِ شقاوت[1] پناه با چند عرّادهٔ توپ بلا - اراده از راهِ رود ارس بصفحات آذر بایجان از بلادِ مینو نژاد ایران حرکت داد * از آنجا که همواره تائیدات الهي و فیوضات و تفضلات نا متناهي در خاطرِ دریا مأثر ما مکنون ، و مکمون است ، امر و مقرّر فرمودیم تا مقرّبَ الخاقان معتمد السلطانِ نامردخان ، با سپاهي شیر افکنِ و کتیبهٔ[2] لشکر شکن ، بمدافعه و مقابلهٔ آن گروهِ شقاوت - انبوه نامزد گردیده بیمن بخت بلند و کوکب ارجمندِ فیروزي - موکبِ حضرت شهر یاريِ ما ، که همه جا فتح و ظفر همعنان دارد و نصرت و شوکت همدست ، نامردخانِ موصي الیه در یک حمله ، چون مردانِ شیر - شکار و شیرانِ دلیر درمیدانِ کارزار ، آن فرقهٔ نابکار را تار ومار نموده و مانندِ طومار بهم پیچیده ؛ و در یک حملهٔ مردانه پانزده هزار پا نصد وشصت نفر از آن نابکاران را بر خاکِ هلاک افکنده و آنان را شکست داده پست نمود : و بقیةالسیفِ ایشانرا[3] تعقّب کرد * بلي گور و گوزن را همینکه اجل نزدیک شود و مرگ بسر رسد ، خود را هموزنِ شیرِ نریان خواهد[4] و هم سنگِ پلنگ بیند * لهذا برحسبِ این فرمان جهان - مطاع[5] همایون بعموم ممالکِ فسیح المسالک ملوکانهٔ خود امر و مقرر میداریم که باسم جریک[6] لشکر بسیاري از دور و نزدیک با سیو رسات بسیار و سایر لوازم سفر و جنگ گرد آورده جمع-

1 " Misfortune."
2 *Katiba* "army."
3 'Those who escaped from the sword.'
4 'Wishes to make itself equal.'
5 " Obeyed by the World."
6 Or *charik*, 'volunteers enlisted by force and lent arms and uniforms.'

آوري نمايند ; و بطرف رود ارس سوق و اعزام[1] دارند، تا اينكه ما بكلّيه ريشهٔ عداوت پيشهٔ اين قوم مستحق اللوم بخت برگشته را با تيشهٔ قهر و تبر انتقام از بيخ و بن بر آوردهٔ و عالمي از لوث و كثافتِ روس منحوس پاک و پاكيزه گشته، قاطبهٔ رعايا و[2] برايا در كنف[3] امن و امان و كهف راحت و آسايش در سايهٔ خديوانهٔ حضرت ملكداري ما بيارامند * [4] المقرر آنكه مضمون حكمِ مطاع و فرمان واجب الاتباع را مستوفيان عظّام[5] ثبت دارند و در عهدهٔ شناسند * فی فلان[6] *

وزير:—" بارک الله ! خوب نوشتهٔ * اگر هم قضيه چندان واقعيت ندارد، بيمن همت پادشاه ، انشاالله ، واقعيت بهم ميرساند * فال نيک بزنيم تا انشاي تو بهدر نرود * حقيقت وقتي[7] خوب است كه با ميل شخصي مطابق باشد ; و گرنه چه فايدهٔ از آن ؟ "

ميرزا سر از زانو بر داشت كه " براي همين شيخ سعدي فرموده است ' دروغ مصلحت آميز به از راست فتنه انگيز ' *"

پس وزير كفش خواست وسوار شده بمژدهٔ فتح بحضورِ شاه رفت * من هم بهمراه نوكران ميرفتم روي بمن نمود كه " تو برگرد ; برو استراحت كن : آمدنت لازم نيست " *

[1] *Sūq dāshtan* = *ravāna kardan* : *iʻzām* = *ʻazīmat dādan* (caus.). These unusual expressions occur in *farmans*.

[2] Pl. of *bariyat* ; "creatures, people."

[3] *Kanf* lit. "edge."

[4] From *al-muqarrar* to the end of this *farman* is the usual wording of the close of every *farman*.

[5] Pl. of *ʻaẓīm*.

[6] 'Dated such and such.'

[7] *Vaqt-i* = *ān vaqt*.

گفتار چهل و سوم

وقوع واقعهٔ هولناک که حاجي را سخت دردناک ساخت

چند روز بعد از آن ، اُردو از سلطانیه بطهران برگشتني شد * من باز در سرِ کارِ خود مأمور بنظم و نسقِ راهگذر شاه ، ناگاه قاصدي خبر آورد که بازیگران ، پیش از ورودِ شاه در قصرِ سلیمانیه ، حاضر شوند * این قصر چنانچه گفتم در نه فرسنگي طهران ، در کنارِ رود کرج ، واقعست *

ازینخبر ، یادِ فراموش شدهٔ زینبم نو شد : هندوستان بیادِ فیل [1] افتاد * از اول آشنائي تا آنگاه ، یعني از هفتماه ، همه را با مردم دلسنگ و بیمروّت و فراموش سازِ مهرباني و مودّت بسر میبردم ، امّا از یادِ آن کارِ هولناک و هراس آمیز (که سببِ آن خودم بودم) دود از نهادم بر مي آمد ; و با خود میگفتم " اگر ترسم را واقعیتي است موعدِ [2] ظهور آن شده است * در سلیمانیه بوي آن بلند میشود [3] " *

در روزِ ورود بقصر ، بر سرِ دسته ، متوجه بودم هر چیزی بجای خود باشد : در وصول بدیوار حرمسرا صدای آلات و ادواتِ موسیقي شنیده میشد * اگر با زینب از دور گفتار و دیداري ممکن میشد ، چها که نمیدادم و چهاکه نمیکردم ! جویاي حالش از کسي موافق مصلحت نبود ، چه خوفِ عروض شبهه داشت ، و رفتن هردو بانجا که میبایست [4] * در حقیقت اگر درین باب سعي هم میکردم بجاي نمیرسید ، چه بسي نگذشت که صداي توپِ سلام ، از پشت شترانِ زنبورکخانه بلند ، و آمدنِ شاه معلوم شد *

پادشاه ، بعد از قلیان و روانه کردنِ همراهان ، داخل اندرون ، و مقارنِ دخول او آوازهٔ زنان و صدای ساز و تنبک بآسمان بلند شد * من اگر چه سرا پا گوش بودم

[1] A common m.c. saying.
[2] "Fixed time."
[3] 'Will spread abroad.'
[4] Death.

اما صداي زينب را نمي شنودم : سعيم بيهودة بود ؛ ازين سبب درميان بيم و اميد معلّق ماندم * پس في‌الفور خواجه سراي بيرون آمد كه "ميرزا احمق حكيم باشي را حاضر كنند" * قياساتِ عقل، در موادي [1] كه مارا بدان علاقه و مدخلِ كلي است ، مانندِ وحي و الهام نبوت وقوع مي يابد * ازين خبر لرزه براندامم افتاد ؛ و غرقِ عرقِ سرد با خود گفتم "ايواي [2] كه كارِ زينب تمام شد" *

ميرزا احمق زود باندرون رفت و زود بيرون آمد ، و در آنحال مرا در دم در ديده * بكناري كشيده و گفت "حاجي! شاه آتش گرفته است * در خاطر داري كه من در نو روز كنيزي بشاه پيشكش كردم؟ با بازيگران بدينجا نيامده است و خود را بناخوشي زده است [3] * شاه مرا براي تحقيق خواسته بود ، چنانچه گويا من للهٔ آن تخمِ جن بوده‌ام * قسم خورد كه ، ' اگر در ارگ او را صحيح و تندرست وقشنگ نه بينم ، ريشت را از بيخ ميكنم ' * خدا لعنت كند ساعتِ را كه آن دختر كنيزِ من شد ، و لعنت بدان روز كه من شاه را بخانهٔ خود مهمان خواستم [4] " *

اين بگفت و زود جدا شد تا بطهران رود * من خود را بچادر رسانيده در سرِ بختِ وارونِ دخترک باندیشه خيلي كوشيدم كه ناخوشي بودنش را باور كنم امّا نشد * تسلّيت بدين يافتم كه اگر در واقع ترسم بجاست ، شايد دل حكيم بحالش بسوزد وبروز كار نده‌د ؛ يا كاري كند كه شاه نفهمد : ديدم نميشود * عاقبت ، بتكرارِ اين اشعار ، دلخوش شدم * بيت *

* نه در جهان گل روئي و سبزه زنخي است [5] *
* درختها همه سبز است و بوستان گلزار *
* چه لازم است يكي شادمان و من غمگين *
* يكي بخواب و من اندر خيالِ او بيدار؟ *
* خُنک کسيکه بشب در كنار گيرد دوست *
* چنانچه شرطِ وصال است و بامداد كنار [6] *

1 *Muwādd* (pl. of *mādda*) "matters."
2 *Āyvāy* "alas."
3 "Made herself out to be ill."
4 A figure of speech as the Shah invited himself.
5 'There is not *one* charmer in the world (there are many).'
6 *Kinār* = *dūrī*.

آري باین اشعار خواندنها و حکمت [1] راندنها میخواستم کار را [2] سرسري گیرم و بعادت مسلمانان ، زن را جزو آدم نشمارم ؛ اما بهر دندهٔ که غلطیدم و واغلطیدم ، و بهر جا که خیالم رفت و باز آمد ، یادِ زینب و نعشِ پارهٔ پارهٔ اش در پیش چشمم [3] مجسّم شده خیالم را از همه جا باز میداشت *

خلاصه روزِ نافیروزِ شاه در رسید ؛ با احتشام تمام از میان تماشائیان و پیش-باز-آمدگان [4] داخل طهران شد * [5] هم واحدم اینکه حکیم را به بینم و از حال زینب اطلاعي گرفته از شک و شبهه در آیم [6] *

بختِ بدِ من ! در همانشبِ ورود ، آرزویم بجا آمد ، امّا بنوعیکه مسلمان نشنود ، کافر نه بیند [7] * به یک نسقچي درکار فرمان دادن بودم ؛ ناگاه حکیم از خلوتِ شاهي بیرون آمد ، یکدست به پرِ شال ، یکدست بر دل ؛ قوزش از سایر- اوقات بر آمده تر ؛ دیده اش بر زمین دوخته * بر سرِ راهش بایستادم ، سلام دادم ، سر بالا کرد و گفت *

" حاجي خوب شد ، ترا در آسمان میجستم ، در زمین یافتم [8] * بیا اینجا " * بگوشهٔ رفتیم *

حکیم :— " هیچ خبر داري که این کنیزِ کرد خاکِ عالم بر سرِ من ریخت ؟ والله وبالله که شاه دیوانه شده است ! میگوید , هر مردي که در حرمسرا وغیره است ، از وزیر گرفته تا خواجه سرا ؛ همه را قتل میکنم ، [9] و به پیغمبر قسم خورد که اگر مقصّر را نجویم [10] از همه پیشتر سر مرا میبرد " *

حاجي :— "چه مقصّر ؟ مگر چه شده است " ؟

حکیم :— " این شده است که زینب آبستن است " *

[1] Note the plural Infinitive.

[2] *Sar-sari* " an easy business ; a perfunctory carrying out of a duty."

[3] *Mujassam* " embodied," *i.e.* ' the thought took shape and appeared vividly before my eyes.'

[4] *Pish-bāz-āmadagān* = *istiqbāliyān*.

[5] *Hamm* " anxiety, solicitude."

[6] *Az——dar āmadan* " to come out of."

[7] *Musalmān na-shinavad, kāfir na-binad* (m.c. saying) ' alas how fatally.'

[8] A common m.c. saying.

[9] *Mi-kunam*, direct narration, the speaker being the Shah.

[10] *Na-jūyam* " if I (the *doctor*) do not discover ;" indirect narration. Note that the indirect narration here gives rise to an obscurity as the subject to *na-jūyam* could grammatically and idiomatically be the Shah.

حاجي :— " ها فهميدم * آنكه [1] تو اينقدر خاطرش ميخواستي" *

حكيم (ترسناک مانند کسيکه از خود شبهه ناک باشد) :— " من ؟ استغفر الله ! حاجي ، ترا بخدا اين حرفها را مزن ، براي اينكه اگر چنين شبهه در حق من بشود ، پادشاه ، در دم ، قول خود را بفعل ميآورد * خوب ، توكي شنيدي من خاطرش را ميخواستم " ؟

حاجي :— " آنروز ها در حق شما چيزها ميگفتند ؛ و همه كس تعجّب ميكرد كه چگونه آدمي مثل شما ، لقمان مصر و جالينوس دهر ، بچنان متاع غروري و شيطان - زادهٔ حسابي دل دهد كه بعجز [2] عين بدبختي نيست : نه تنها خرابي خانمان مثل ترا ، بلكه خرابي مملكتي را ، كافي است " *

حكيم سري جنبانيد و دستي بردل زد " كه راست مي گوئي ، حاجي ، كه ديو فريبي كه مفتون چشم سياهش شدم * در واقع آنها چشم نبود ؛ دام بلا بود * شيطان خود در آنها آشيان داشت * آنگاه او نگاه خود شيطان بود كه بجزاي او [3] قرمساق ابدي شدم * امّا بعد از همه ، حالا چه بايد كرد " ؟

حاجي :— "چه بگويم ؟ چيزي بعقلم نميرسد * پادشاه چه ميتواند باو بكند " ؟

حكيم :— " هرچه ميخواهد بكند ؛ بجهنم برود ، پهلوي دست پدرش ! من درد خود دارم " *

آنگاه بادل نرم روی بمن كرد كه " حاجي ! ميداني من چه طور هميشه ترا دوست ميدارم : وقتيكه در بيرون مانده بودي ، در خانه‌ام جا دادم ؛ رتبه‌ات دادم * مگر بواسطهٔ من بدين منصب نرسيدهٔ ؟ اگر اعتقاد داري باينكه در دنيا چيزي به از حق - گذاري و نمک - شناسي نيست ، اينک وقت آنست كه باعتقاد خود عمل كني " * پس قدري باريش خود بازي كنان گفت " يافتي چه گفتم ؟ "

حاجي :— " نه خير ؛ درست نفهميدم " *

حكيم :— " خوب ، مختصر اينكه ، بيا بگو ' اين دختر از من حامله است ' * فايده و اعتبار اينحرف بمن خيلي است و بتو ضرري ندارد * جوانمردي ؛ چه عيب دارد بگويند فلان زن از فلان جوان حامله است ؟ "

1 "She whom."

2 *'Ain* probably means "spring" here.

3 *Qurramsāq* T., is properly *kas-i ki zan-i khud rā bi-ḥarīf mī-barad.*

حاجي :— " راستي، راست ميگوئي ؟ جان عزيزتر است يا اعتبار ؟ مگر ديوانهٔ ؟ حكيم باشي ! مرا چه پنداشتي ؟ چرا خود را بكشتن بدهم ؟ جانم فداي سر تو بكنم ؟ بعشق چه ; بباد كه ؟ آنچه از من بر ميآيد اينست كه اگر از من بپرسند ، ميگويم ' از حكيم باشي نيست ; حكيم باشي خيلي از خانم ميترسيد ' : امّا اينكه تقصير را بگردنِ خود گيرم هرگز نميشود : نه آنجوانمردي ، نه اين جوانمرگي " *

در اين اثناء خواجه سرائي بنزد من آمد كه " بخواجه باشي امر داده‌اند كه تا نصفِ شب مخوابيد ، تا وقتيكه وكيلِ ميرغضب باشي ، يعني تو ، با پنج نفر جلّاد در زيرِ برجِ پشتِ حرم بيائي ; و تابوتي با خود بياوري كه [1] جنازهٔ ايست بايد بقبرستان ببريد " *

بجز ' بچشم ' چيزي نتوانستم گفت * از يمنِ طالع زود برفت * احمق نيز رفته بود * تاريكي شب هم [2] بفريادم رسيد وگرنه باختنِ رنگ و دست پاچگي و [3] تلاش بخطرم مياندا‌خت * عرقِ سردي از سرا پايم جاريشيد ، وكم ماند كه دردمِ حرمسرا غش كنم *

با خود گفتم " سبب قتلش [4] شدنم كم نبود كه بايد قاتلش هم بشوم ؟ قبرِ بچه‌ام را بدستِ خود بكنم ؟ خونِ مادرش را بريزم ؟ يا ربّ ! بچه عذابي معذّب شده‌ام ؟ اي طالع نحس و اخترِ زشت ! اين خط به جبين من كه بنوشت ؟ ازين حال پر ملال كو خلاصي و مجال ؟ بجاي اين كار بهتر اينكه [5] دشنهٔ آبدار بر سينهٔ خود فرو كنم : امّا نه ; معلوم است تقدير چنين بوده است * با سر نوشت چه چاره ؟ اى قضاى بي تغير ! اى تقديرِ بي تدبير ! كوششِ من بي فايده است : خطائى كه آغازيده‌ام ، بايد بيانجامم * تُف بر تو ايدنيا ! اگر هركس بودهٔ از كارِ خود بر ميداشتى و چنانچه هست مي نمودى ، آنوقت معلوم شدى كه دنيا چيست و اهلش كه " *

با اين اعتقاد ، با حالتى كه گفتي كوهِ دماوند را بر پشتم بار كرده‌اند با پنج

1 *Janāza* "a corpse."

2 i.e. 'helped me.'

3 *Talāsh* in m.c. often = *iẓṭirāb*.

4 "Was not my being the *cause* of her being killed sufficient that I must also be her actual killer?"

Dishna "dagger."

نفر که با یستی شریک آن مصیبتِ خون آلوده شوند ، ننگِ [1] خود را بکمال رساندم * آنان را پروائي نبود ، چه مُرده بردن و زنده کشتنِ در نزدِ ایشان تازگي نداشت *

آن شبِ تار ومناسب این کار دهشت آثار ، بر خلاف سایر اوقات ، آفق در میانِ ابر های خونین رنگ فَرو مانده * هرچه از شب زیاده تر میگذشت ، ابرها انبوه تر و تارتر ؛ و از نوکِ کوهِ البرز صدای رعد از روشنائي برق دیده میشد * ماه [2] هاله‌دار گاه از میان ابرهای تنگ سر بر میکرد و عالم را منوّر میکرد ؛ گاه بیکبار مي نهفت وعالم را بظلمت مي نهفت * من در گوشهٔ اطاقِ جلّادي قصر نشستم تا صدای شب خوانان [3] گلدستها ، که باوازِ غراب البین [4] رحمت میخواند ، و آوازِ پاسبانان پشتِ بامهای بازار ، که [5] بزوزهٔ شغال و کفتار مي ماند خبر شوم نیمشب (یعني آوازِ [6] پیش-آهنگ قافلهٔ مرگِ بیچارهٔ زینب) بلند شد * لرزهٔ سراپایم را فرو گرفت * بیش از آن ماندن نتوانستم * از جان نومید ، روان شدم و در جای موعود رفقای خود را ، پیش از خود ، در کنارِ تابوتي ، که بایست نعشِ زینب را در آن نهاد ، نشسته دیدم * [7] تنها سخني که توانستم گفت ، پرسیدم: " شد " ؟ گفتند " هنوز نشد " * همه ساکت و صامت ماندیم * مرا گمان که آن تماشا بی من تمام شده است و بجز بردن نعش چیزي نخواهم دید اما کار هنوز نا تمام بود و مرا قدرت واپس کشیدن نه *

در گوشهٔ حرمسرای شاهي بُرجیست ، [8] هشت پخ ؛ چند گز از عمارت بلند تر ؛ از همه جای طهران نمایان * در بالای آن اطاقیست تفرّجگاه شاه ؛ اطرافِ آن برج ،

1 *Nang* "disgrace."

2 *Hāla* "halo."

3 *Shab-khwān-i gul-dasta;* paid singers (generally one in each mosque) that three or four hours before dawn commence singing sacred verses in Arabic and Persian. Here the translator makes them chant before midnight, probably by an oversight.

Gul-dasta is the place between two minarets and over the gate of the mosque.

Mī-khwānd; a false concord.

4 In m.c. *raḥmat khwāndan = guftan ki tu az man bihtar hasti: in kitāb bi-kitāb-i 'Mūsh u Gurba' raḥmat mī-khwānad* in m.c. = "the book '*Mūsh u Gurba*' is *far* better."

5 *Zūza kashīdan* "to howl" (of jackals).

6 In caravans a lightly laden horse with bells on its sides precedes the line of mules; this horse is called *pīsh-āhang:* it is a quick ambler and the mules try to keep up with it.

7 "The only word I could utter—."

8 *Hasht-pakh* "octagonal." In m.c. *pakh* is used only in compounds and with reference to buildings as *chahār-pakh* "with four sides;" if, however, the angles were right-angles *murabba'* (which properly means "square") would be substituted.

زمین خالي که اکثر در های حرم بد آنجا کشوده میشود و بامی بد آنجا مشرف است ؛ هرگز فوا موشم نمیشود ؛ همه چشم بدان بام دوختیم * در بالای بام بر شنائي مهتاب گاه گاهي دو مرد و یکزن مي دیدیم * مردان ، معلوم بود که زن را بزور مي کشیدند ؛ و زن بالتماس و التجا بزانو افتاده با وضع جانِ کندني ، که بد تر از آن نمیشود ، دست و پا میزد * چون بلبِ بلم رسیدند آوازِ زن بلند شد ، امّا از اثرِ بادیکه از طرفِ عمارت میوزید چنان در هم برهم وبنوعي وحشت انگیز، که بقهقهۀ خندهٔ دیوانگان مینمود *

ما با خاموشي تمام نگرانِ ، و بگشودن دهانِ هراسان ؛ حتی آن پنج نا مرد که با من بودند متأثر مي‌نمودند * من مانندِ [1] پارچۀ چوبی بر جای خشک * اگر از حالم بپرسي از خود بیخبر : در واقع مرده بودم ، امّا بچشمِ سر آنچه میگذشت میدیدم * در آخر بیکبار آواز سخت هول افزا و جانگزا در نهایت شدت بر خاست و با صدای [2] خره خره فرو نشست ؛ و از انداختنِ نعش از بام دانستیم که کار گذشت * من از اندیشه بخود باز آمدم ؛ سرم از خیالاتِ درهم و برهم بر * واقعه را میدیدم و باور نمیکردم * روی بجانبي که نعش خفه شده (یعنی بجای که زینب خود با طفل من درشکم) افتاده بود دویدم * هنوز نفسش باقي ولي در کشاکشِ مرگ بود ؛ و با اینکه از دهانش خون مانندِ فواره فرو میریخت [3] لبانش بهم میخورد ، چنانچه گفتي حرف میزند * ولي در آنحالت از غرغره‌ایش چیزی مفهومم نشد مگر آنکه آوازش بآوازِ " فرزندم ! فرزندم ! " گفتن مي ماند - امّا شاید این خیالِ من بود * با کمالِ نومیدي بر روی نعش متحیر ، اندیشۀ خویش از یادم رفت و چنان بیخود شدم که اگر همراهانم اندکي از حالم با خبر مي بودند ، ادراکِ مافي‌الضمیرم مي نمودند ، ومرا از پنجۀ مرگ بهیچ روی خلاصي نمي بود * عالم بیخودي را بجائے رساندم که دستمالِ خود را از جیب آورده بخونش آلودم و ببغل نهفتم که " لا اقل تا آخر عمر یادگارم باشد " * باري از صدای وحشت افزای یکی از جلّادان که از بالای بام مانندِ زبانۀ دوزخ فریاد برآورد که " مرد یا نه ؟ " بخود آمدم * یکی از پنج نا بکاران گفت " آری ، مثلِ سنگ " * گفت " پس ببرید " * نا بکاري دیگر آهسته گفت " بجهنم با تو " * پس نعش را بر دوش گرفتند و در بیرون شهر بقبرستاني که قبرش

[1] *Pārcha* "piece."

[2] *Khara khara*, also *khir khir* "breathing heavily at the time of death; the death rattle in the throat of a slaughtered sheep. *Khur khur* "snoring; *also* the purring of a cat."

[3] Generally *labhā*.

را در آنجا آماده کرده بودند بردند * من با فکرهای تیره [1] و تار، بدا خواه، همراهی نمودم * چون بقبرستان رسیدیم بیخود برروی مزاری در نزدیکی نشستم ; و آنچه می گذشت [2] بزور می فهمیدم، و با نظری بی معنی ملتفت آدابِ [3] نسقچیان بودم * نعش را نهفتند و قبر را از خاک انباشتند * دو سنگ بر سر و پای قبر نهادند * پس نزدِ من آمدند که " تمام شد " * گفتم " شما بروید بخانه ; من می آیم " * مرا در قبرستان گذاشته خود برفتند *

هنوز تاریکی شب بجا، و رعد و برق از کوههای دور هویدا بود * بجز آوازِ شغالان که گاهی همه باهم، وگاهی جدا جدا، در اطرافِ قبرستان مانندِ [4] مرده کشان میگردیدند، آوازی شنیده نمیشد *

هرچه بیشتر در آنجا نشستم دلم از شغلِ خود بیشتر [5] وازده گردید و بیشتر بخیالِ ترک آن کارِ بد [6] فرجام افتادم * از زندگی سیر، هرچه زودتر دلم میخواست ترکِ دنیا و ما فیها کنم : تنها خواهشم اینکه لباسِ درویشان پوشم و باقی عمر در گوشهٔ عزلت و خلوت، با توبه وانابه، دورِ از مردم بسر برم * از همه گذشته، خیالِ اینکه مبادا رفتار و گفتارِ من نسبت بحالتِ مرده رفقا را شک زده ساخته باشد، مرا با این اندیشه استوار ساخت *

خلاصه در دمِ آفتاب از خطرِ ملحوظ و بآرزوی دوری از جائی بدان شومی ومکروهی، عزمم برآن جزم شد که بکنارهٔ مرد روم و از آنجا با اولین کاروان خود را باصفهان رسانم *

با خود گفتم " میروم و در پهلوی پدر و مادر می نشینم، و به بینم چه شده اند * شاید پیش از مرگ پدر برسم، و موردِ دعای خیر او شوم * شاید در پیری چشمش بدیدار پسرِ گم کرده روشن شود * با این بار [7] شامت بجای خود برگشتن نمیتوانم * گناهکاری بس است : دیگر وقت توبه است " *

باری این قضیهٔ هایله چنان تاثیری در ذهنم کرد که اگر آن تاثیر برجا می ماند هر آینه یکی از اولیاء و اربابِ کرامات میشدم *

1 "Gloomy."

2 *Bi-zūr*, (m.c.) better *bi-mushkilī*.

3 *Ādāb* "rites."

4 *Murda-kashan* is here probably slip for *murda-khurān*.

5 *Vā-zadan* (m.c.) "to cause loathing, etc.:" *īn khurāk marā vā zad* "this food has disgusted me;" *man īn tankhwāh rā vā zadam* (m.c.) "I separated and rejected these goods."

6 *Farjām* "end, conclusion, etc."

7 *Bār-i shāmat* "load of misfortune."
In Teheran *jā-yi khud* = "profession."

گفتار چهل و چهارم *

در ملاقات حاجي بابا با يكي از دوستان قديم خود ونصيحت دادن و از خطر رهاندن وي حاجي را *

دستمالي كه هنوز از خون زينب تر بود از بغل بدر آوردم و برروي قبر گسترده نمازيكه مدتها نكرده بودم كردم * ازين روی دلم اندكی تسلّي يافت وبترک طهران مصمّم ، از سر قبر رو باصفهان نهادم *

چون بكنارهٔ گود رسيدم اثر كاروان نبود ؛ اما در من قدرت بيش رفتن بود : عزم آن كردم كه تا حوض سلطان رفته شب را در آنجا مانم *

در نزديكي كاروانسرای حوض سُلطان ، در صحرا، مَردي ديدم با وضعی غريب ، بچيزي در زمين خطاب كنان ؛ گفتي مسخرگي و بازي ميكرد * چون نزديک وي رسيدم ديدم كلاه خود مضطرب لوست * نزديكتر رفتم ، آشنا بنظرم آمد * گفتم اين نمي تواند بود مگر يكي از درويشان رفيق مشهد * در واقع رفيق نقّالم بود : حكايتي تازه ساخته ، براي زير[1] چاقي بكلاه خود نقل ميكرد * بمحض ديدن بشناخت ؛ و باشادي تمام ، بعزم مصافحه[2] پيش دويد كه " حاجي ، جمال[3] ديديم! اينهمه سال در كجا بودي ؟ جايت در حلقهٔ رندان خالي " * پس ازمدتي دراز از اين قبيل تعارفات ، بسر گفتگو آمديم *

[1] *Zirchāqi* (m.c.) "quickness in anything, facility."

[2] *Muṣāfiḥa.* "Taking by the hand; joining hands, etc." Each person closes the two hands palm to palm and then presents them in that attitude till their finger-tips meet; the hands are then opened and conveyed to the chin and forehead. This action perhaps signifies 'I kiss your hands, and your step (*i.e.*, coming) is on my head.'

[3] A darvish idiom. Darvishes on meeting after a long absence say *jamāl dīdīm* (= *jamal-i yak dīgar didim*).

سرگذشتِ خود را از ایام جدائي تا آنگاه[1]، که عبارت بود از سفرهاي دور و دراز با زحمت، و تدابیرِ متعدده براي اندوختنِ ذان، نقل کرد؛ و معلوم شد که پیاده از استانبول میآید و خیال داشت که بهمان پا[2] باصفهان و از آنجا بدهلیِ[3] هندوستان رود *

اگرچه با آنحالِ پر مُلال دماغِ گفتگو چندان نداشتم، ولی باصرار و ابرامِ وي تاب نیاورده شرحِ حالِ خود را از وقتیکه با درویش صفر از مشهد بیرون آمدیم[4] تا بدانگاه بیان کردم *

تماشا داشت[5] که هرچه در ایّامِ سرگذشتِ من عزت و احترامِ من بیشتر میشد، عزت و احترام او در ظاهر بمن بیشتر میشد * چون بدآنجا رسیدم که وکیلِ نسقچي باشي شدم، از کثرتِ تجربهٔ که در چگونگي حرکت با این طایفه داشت، کم ماند که بمن سجده بَرَد: امّا همینکه دنبالهٔ کار دید که من بجهته خاطر زني ترکِ پیشرفت کار نموده‌ام، بیکبار ترک عزت و حرمتم کرد؛ و بآواز بلند گفت "رفیق! قابلِ تشریفي که دستِ قَدَر بر[6] بالایت دوخته بوده است نبودي؟ * * بیت *

* سالها باید که تا یک مُشتِ پشم از پشتِ میش *
* زاهدی را خرقه گردد یا حماري را رَسن *

خوب! پادشاه خواست از بي رحمی کنیزی را، که در تقصیرِ او ترا مدخلي بوده است بکشد؛ بتوچه؟ بگذار بکشد * تو چرا باید از راهیکه دولت برویت گشوده برگردي، و باز راه دریوزه و سرگرداني (که براه من هم نمیارزد[7]) پیش گیري؟" پس اندکي توقّف نمود و گُفت "آری راهِ طلبِ سعادت مَردم مختلف است: یکي شاه راه میگیرد، یکي کوره[8] راه؛ یکي از راهِ نو میرود، دیگري هر چه باداباد گویان پیش میرود: امّا من تا حال کسی را بجز تو ندیده ام که از همهٔ راهها که در پیش او گشوده برگردد، و با میل خود چنان راه را گم کند که دیگر روی بازگشت بدان

[1] *Ki* refers to *sar-guzasht* and not to *āngāh*.

[2] *Bi-hamān pā* = *yak rāst* "without stopping."

[3] Note the *izafat* after *Dihlī*.

[4] *Āmadim* note idiom; pl. for grammatical sing. This idiom (or grammatical error?) occurs in the Gulistan.

[5] *Tamāshā dāsht* "it was amusing to see —."

[6] *Bālā-yat* = *qāmat-at*.

[7] "Which is not even as profitable as my means of livelihood."

[8] *Kūra rāh* "short cut, by-path."

نداشتند " * آخرالامر برای تسلّیت من این بیت فردوسي بخواند * * بیت *

" چنین است رسم سراي درشت [1] * گهي پشت زین گهي زین به پشت ∴ "

ما درین گفتگو که کاروانِ اصفهان به‌آنجا رسیده بار انداخت *

درویش از روي خنده روئي و خوش صحبتي گفت " رفیق ! گذشته گذشته است * اینقدر اندوهِ گذشته را فراموش کن * با اینکه در بیابانِ بي آب و علفیم، شبی خوش میگذرانیم * بگذار مسافران و چاروا داران جمع شوند ; بعد از شام حکایتی تازه نقل میکنم که در استانبول واقع شده است ، و البته تا حال بایران نیامده است " *

ازین گفتار بسیار خشنود شدم ، چرا که بسیار دلم دفع ملال میخواست * بهرچه بود و بهر طور [2] بود با هم به کاروانسرا رفتیم *

راهروان هر یک بکاري مشغول بودند : یکي بار فرود مي آورد ، یکي حجرهٔ خود را میروفت ; یکي چاي مي پخت ، یکي قلیان چاق میکرد * درویش وانگهي نقّال [3] مر ایشان را نعمتی بود * بعد از خستگي و کوفتگيِ آن صحرای نمکزار ، بر روي مهتابی کاروانسرا جمع شدند ، و درویش حکایتِ [4] معهود را نقل کرد *

خیلي میخواستم گوش دهم ، امّا چنان حواسم پریشان بود که بی اختیار درمیانِ قصّه ذهنم بجای دیگر میرفت ; و رشتهٔ سخن را گم میکردم ، بلکه نمیدانستم چه میگوید * با خود مي‌گفتم :— * بیت *

" من از وجود برنجم ; مرا چه غم بودي ∴ اگر وجود پریشانِ من عدم بودي *
همه عذابِ وجود است هرچه مي بینم ∴ اگر وجود نه بودي عذاب کم بودي *
بلی وجود که در رنج و بیم و ترس بود ∴ اگر نبودي خود غایت کرم بودی " *

امّا میدیدم که شنوندگان نهایت لذّتی دارند ، چه در عینِ اندیشهٔ [5] من بیکبار صدای خنده و کف [6] زدن بلند میشد ، و من از جا بر مي جستم * قرار بر این دادم که در وقتِ دیگر آن حکایت را ازو بشنوم و بنقد فارغ البال بخیالِ خود پردازم * چه

1 " This rough world."

2 *Bi-harchi bûd* or *bi-har ţaur bûd* " somehow or other." Here it probably means " somehow or other that I need not detail."

3 *Mar ishan râ : mar* is still used in writing.

4 " Promised above."

5 " While plunged in melancholy."

6 The Persians clap their hands as an expression of joy.

قدرِ حسرت سبکروحي رفقا میبردم که پي در پي صحنِ کاروانسرا را از خندهٔ شادي پُر صدا میکردند * با خود میگفتم "کی میشود که من نیز مانند اینان با دلی بیغم و جانی خرّم از زندگي بر خورم ؟" اما غم نیز مانند سایر تاثیراتِ نفساني نوبت خویش دارد ; و بهمان گونه که آبِ تُند از بالاي سنگ ریزان آهستهَ آهسته جویِ زمرّد میشود ، غم و اندوه نیز باید بتدریج بکاهد تا خیال معتدل گردد ، و کم کم جزوِ هوای [1] دنیا میشود * "

در انجامِ قصهٔ درویش ، روز نیز انجامید * سقف پیروزه گونِ آسمان از ستارگانِ روشن تابناک شده بود و بارانِ شب دوشین بآن ، آب و تابي تازه داده * ماه درکارِ آن که [2] بروشنانِ فلک رونقی افزاید ; ناگاه سواری سراپا مسلّح بدهلیز کاروانسرا در آمد *

چاروا داران بسرپرستيِ چارپایان ، و خدمتکاران بسرپرستيِ خواجگان ، و خواجگان قلیانها در دست ، بر روی مهتابي بمباحثهٔ [3] کم و کیف قصه مشغول بویند * من از رنج راه خورد و خمیر ، در خیالِ آن بودم که سر بر سنگ ، بر روی خاک بخوابم * چون چشمم بسوار افتاد ، خیالم دیگر شد * دیدم یکی از نسقچیاني است که درِ شهادةِ زینبِ بیچاره با من بود *

پرسید که "این کاروان از طهران مي آید ، یا بطهران میرود ; و آدمي بفلان وفلان نشان در این میان هست یا نه ؟" من دیدم که خودمم *

رفیقم درویش في‌الفور استنباط کرد که چه خبر است ; و عاقلانه بچارهٔ کار کوشان ، و با دهانِ همهٔ همراهان بجواب شتابان ، گفت "همه بطهران میروند مگر من و یک نفر که از استانبول مي آیم * مردی چنانچه میگوئي دیدیم ، اندوهناک ، دردمند ; روی به بیابان نهاده میرفت" * پارهٔ چیزهاي دیگر مطابقِ علامات و نشانهٔ من بیفزود ، تا سوار را شکی نماند که مطلوب او بوده است * چار نعل بجائیکه درویش سراغ داده بشتافت و معلوم است که درویش راهِ خلافي نشان داده بود *

چون نسقچي برفت درویش مرا بکناری کشید و گفت که "اگر میخواهي از شرِّ این جانور در امان باشي ، باید همین حالا رفت ، برای آنکه او میرود و میگردد

[1] *Khiyāl juzv-i havā ast* (m.c. saying) : *havā* "air."
[2] "Lights of the sky," *i.e.*, the stars.
[3] *Kam u kaif* (m.c.) : *kam* Ar. "how much ?" and *kaif* Ar. "how ?"

و خسته میشود : چون چیزی نمي یابد باز بدینجا بر میگردد * آنگاه کیست که ضامن ننمودن تو شود ؟ "

گفتم " من هرچه باید کنم میکنم - مگر نمودنِ خود * البته او را بگرفتن من فرستاده اند * از چنان خبیث چشم مرحمت نباید داشت ; و انگهي نقدی هم ندارم که باو دهم ، چه زبان - بنده لو نقده است * پس کجا بروم " ؟ .

درویش قدری فکر کرده گفت " بقم : پیش از صُبح بآنجا برسي ; و بی فوتِ وقت یکسر بصحنِ معصومه به بست [1] میروي آنوقت ; از شرّ شاه هم در پناهي * وگرنه اگر در بیرونِ دیوار قم هم بگیرند آمیدِ خلاصي نداري * دستهایت را مي بندند و خدا حافظ " *

گفتم " خوب ! در بست از کجا گذران کنم " ؟

گفت " آن با من * من از عقب مي آیم و چون اکثر سکان آنجا را میشناسم ، کاري میکنم که بی بوجودی نگذرد : مترس * من یکدفعه به بست رفته ام برای اینکه بجهة یکی از زنانِ شاه زهر تحصیل کردم ; رقیبش را بکشت * مرا گرفتن خواستند ، امّا پنج دقیقه پیش از آنکه فرّاش بمن رسد ، من خود را بشاه عبدالعظیم [2] رساندم * در عمرم هرگز چنان خوش نگذراندم که در آنجا ; چرا که زوّاران متوجهٔ من میشدند * زنانیکه یا برای زیارت و یا برای عیش و عشرت [3] بد آنجا مي آمدند ، هر یک ، بواسطهٔ ، دستگیریم میکردند * یک ترسی هست و بس ، که شاه امر کند کسی چیزی بتو ندهد تا از گرسنگي بمیري یا تسلیم شوي * آنوقت پناه بر خدا ! ولی تقصیرِ تو چندان بزرگ نیست که کار باینجاها کشد * شاه را از مرگ یک کنیزک چندان غم نباشد که در [4] خیلش به ازو کم نباشد * و مردم چنان که ما ایرانیان مي پنداریم بدان آساني نمي میرند * نمي بیني شیخ چه میگوید :—

* قطعه *

ابر و باد و مه و خورشید و فلک درکارند .·. تا تو ناني بکف آری و بغفلت نخوري
همه از بهر تو سر گشته و فرمان بردار .·. شرط انصاف نباشد که تو فرمان نبري "

[1] *Ma'ṣūma, i.e.*, the sister of *Imām Raẓā* : she is buried at *Mash-had*.
Bast "sanctuary" : in m.c. *bast nishastan* "to take sanctuary."

[2] *Shāh 'Abd*^{u} *'l—'Aẓīm* (an *imām-zāda* of sorts) is within four miles of Tehran. *Nāṣir*^{u} *'d—dīn Shah* is said to have gilded the dome.

[3] There are gardens by the shrine.

[4] *Khel* "troop" (prop. of horses).

گفتم " من از آنان نیستم که خوبیِ ترا فراموش کنم * شاید باز آبی بروی کارم آید آنوقت تلافي خوب میکنم * خلاصه ریشِ حاجي بابا بدست تست * او را میشناسي ؛ از آنانیکه " هنرها را بکفِ دست و عیبها را در زیرِ بغل مي [1] نهند " نیست * حالا همانم که در مشهد بودم : قلیان فروش با تنباکوي ساخته ، با وکیل میر غضب باشي ، در معنا یکیست : هر [2] دو آدم را میکشند " *

پس مرا بکنار گرفت و گفت " دست علي بهمراهت ! امّا در صحرای نمکزار از غول مردم ، آزما بر حذر باش : برو ، بخدا سپردیم " *

در دمِ طلوعِ آفتاب گنبد زرین معصومهٔ قم از دُور نمایان شد ؛ اما من هنوز مبلغی راه پیمودنی داشتم * ولي ازین نشان اطمینان ، براي طيِ بیابان زانویم قوتي تازه گرفت * چون به پشت باروي قم رسیدم ، از دور سوارِ جویندهٔ خود را دیدم ؛ بنابرِ این نه براست نگاه کردم ، و نه بچپ ، تا اینکه زنجیر درِ بزرگِ صحن درمیانِ من و سواره حایل شد * آنگاه نَفَس کشیدم که " الحمدُ للّه وَ صلّيَ اللّهُ علی سیّدنا محمد [3] و آلهِ ! " آستانهٔ درِ معصومه را بوسه دادم و نمازی از سرِ صدق و خلوص ، مانندِ نماز نجات یافتگان از طوفان ، کردم *

اول دیداري که دیدم روي نسقچي بود * پیش آمد که " بحکمِ شاه هرجا ترا دیدم باید ببرم " *

حاجي :— " اگر چه بحکمِ شاه بی ادبي است ، امّا میخواهم از فایدهٔ این سر زمین محترم و معزّز مستفید و مستفیض شوم * تو مرا از اینجا بیرون نمیتواني برد * وانگهی ازین بست که را یاري بیرون بردن من هست ؟ "

نسقچي :— " حاجي ! پس چه کنم ؟ این اول دفعه ایست که مرا بآدم گرفتن فرستاده اند " *

حاجي :— مرگ تو ! منهم این اول دفعه ایست که به بست آمده ام تا مرا نگیرند " *

1 More or less a quotation from Sa'di.

2 *i.e.*, the tobacco and the executioner.

3 "Praise be to God" and "may God bestow blessings on our Lord Muhammad and his descendants": = *ṣalawāt firistadan*. The following, however, is a commoner expression:—

اللهم صل علی محمد و آله الطیبین الطاهرین

نسقچي :— " میدانی مضمونِ فرمان این است که اگر من بي تو بروم پادشاه [1] گوشم را مي بُرد ؟ "

حاجي :— " هر که نخواهد چشمش کور شود " *

نسقچي :— " عجیب و غریب ! پس من اینهمه راه آمده‌ام که تو مرا بجای خر بگذاري ؟ اگر ترا نبرم آدم نیستم " *

حاجي :— " اگر ببري آدمي " * پس دعوا دراز کشید ، بشدّتي که چند از [2] متولّیان از حجرها بیرون آمدند که " چه خبر است ؟ "

فریاد بر آوردام ؛ که " ای مسلمانان ! این مرد میخواهد بست را بشکند * من باینجا پناه آورده‌ام ؛ میخواهد بزور ببرد * شما که دیندار و پرهیزگارید ، روا میدارید ؟ "

همه طرفِ مرا گرفتند که " این در ایران تا حال شنیده نشده است * اگر بخواهي بست را بشکني ، نه تنها صاحبِ بست بکمرت [3] میزند ، بلکه همه کس بسرت میزند " *

نسقچي لال ماند و نمیدانست چه کند * عاقبت ناچار از درِ معقولي در آمد که " ترا نبرم چه میدهي؟ "

من نمیگویم که نسقچي حقِ قوللق نداشت : اگر منهم مي بودم همین میکردم *

منتهای [4] تنگدستي خود اظهار نمودم و خود هم میدانست که بچه حال از طهران گریخته ام ؛ پرکاهی با خود بر نداشته بودم *

گفت " آنچه در طهران باز گذاشتهٔ بمن ببخش " *

گفتم " ترا بخدا ! از راهی که آمدهٔ بر گرد ؛ و غمزدگان را بحالِ خود بگذار ؛ جواب من این است و بس " *

[1] Often the lobe only is cut off.

[2] *Mutavalli*: assistants to the *mutavalli-bāshi*; they attend to the shrine, the hospital, the cook-house, etc., etc.

[3] *Kamar-at mī-zanad*: it is related that once at Najaf (in Turkey) the hand of Ali came out of the tomb and a finger struck a certain sinner on the waist, and severed the body in two.

Bi-sar-at mī-zanand "will beat you on the head."

[4] "Excess."

امّا در واقع و نفس الامر[1] یارو[2] پیش از همه آنچه از رخت و صندوق و قلیان وغیره داشتم همه را ضبط کرده ، و خبر را هم خود بشاه داده بود که از تاثیرِ مرگِ کنیزی[3] باو ، معلوم شد که مایهٔ کار اوست ؛ وتعهّد کرده بود که مرا[4] بگیرد ، و در عوض بمنصبِ من سرافراز گردد *

چون بیقدرتی خود و بی عُرضگی فرمانِ شاه را در بست دید ، به برگشتنِ طهران مصمّم گردید ؛ امّا در وقتِ رفتن فرمان را بحاکم قم داده غدغن بلیغ کرد که ملتفتِ من شود و اگر از بست بیرون آیم دست بسته بطهران بفرستند *

1 "Essence, pith:" *fi nafsi 'l—amr* "in fact, in truth."

2 *Yārū* = "the fellow; the rogue."

3 *Bi-ū*, i.e., to Haji Baba.

4 *Marā*; note change from the third to the first person and apparently from direct to indirect narration.

گفتار چهل و پنجم

در بست نشستن حاجي بابا ودفع ملال وي
از شنیدن قصّهٔ عجیب *

بعد از دست ¹ بسرکردن نسقچي ، صدای درویش بلند شده ، و مدح خوانان
داخل صحن گردید *

بنزد من آمد که " چشمت روشن ! جانِ مفتي ² بدر بردي که بشّرِ نسقچي
گرفتار نشهي " *

قرار بر این شد که مدتي باهم بسر ببریم * در صحن امام زاده ، حجرهٔ گرفتیم *
از یاری بعّت نقودم را (یعني بیست طلا ³ و چند قران نقره) با خود آوردهٔ بودم *
قدری از آنرا بلوازمِ ضروریه ، از قبیل حصیر و کاسه و کوزه و جاروب و گللک ⁴ ،
خرج کردیم *

اما پیش از تکمیلِ اثاثُ الحجرهٔ درویش پیش آمد که " رفیق ! پیش
از همه بگو ، به بینم ، نماز و روزه و غسل و وضویت بقاعده است ؟ یا اینکه باز
همانی که در مشهد بودي ؟ "

حاجي :— " اینها چه حرف است ؟ خوب ! تو ⁵ قابضِ نماز و روزهٔ من نیستي :
بتو چه و بتو چه دخلي دارد ؟ "

درویش :— " بمن چه ⁶ یعني چه ؟ اگر بمن دخلي ندارد بتوخیلی دارد * این

---

1 *Dast bi-sar kardan* (m.o.) " to get rid of somehow or other."
2 " You bought your life for nothing " *i.e.*, " you've got off cheaply."
3 *i.e.* " pieces of gold."
4 *Galak* (m.c.) " an earthen brazier " [for *gilak* (?)].
5 " Keeper " *i.e.* *zāmin*.
6 *Bi-man chi?* " 'what is that to me ?'—you say :" *ya'ni chi* " what do you mean ?"

شهر قم جائیست که حرفِ دیگر غیر از ثواب و عقاب[1] ، و حلال و حرام و نجس و طاهر ، در میان نیست * ساکنین ، همه ، یا سر سبزند ، یعنی جنابِ سیّد یا سر سفید یعنی سرکارِ آخوند * [2] عملهٔ شرعند یعنی طلّاب ; عملهٔ دین یعنی مقدّس : همه زرد رنگ ، دراز صورت ، عبوس رو : اگر کسی را بچهرهٔ پُرآب و تاب و خندان به بینند ، منافق و فاسق میگویند * این است که من بعد از ورود بدینجا پیش از تبدیل آب و هوا تبدیلِ صورت و سیما میکنم * بمقتضای وقت و مقام ، ملاحظهٔ طهارت و نجاست و کثافت و نظافت همه میکنم * کمرم که هیچ وقت خم نمیشد ، از رکوع ، و سرم که بزمین نمیرسید ، از سجده برنمیخیزد : یکی می‌شکند و یکی [3] پینه می بندد * میدانی که من در سایرِ اوقات ' روی نیاز از همه سو تافتم قبله نفهمیده مسلمانم ؟ ' در وقت خواب هم رو بقبله میخوابم و راهِ قبلهٔ اینجارا از انحراف و میلِ به یسار ویمین و جنوب و شمال بهتر از راهِ دهانِ خود میدانم" *

حاجي :— " خوب ! اینها ، که میگولي صحیح ، امّا بچه کار میخورد ؟ من مسلمانم ; بخدا و بپیغمبر و قیامت اعتقاد دارم ; بس است * باین شدّت و باین درجه چرا ؟ [4] خیر ، هرگز " *

درویش :— " چه طور بکار میخورد ؟ باینکار میخورد که نمیگذارد تو از گرسنگي بمیري ، یا سنگسار بشوي * این ملائکن حدِّ وسط را نمیدانند : باید بدانند که تو راستي مؤمني یا نه ; اگر مؤمنی ، باید که سرِ موئي از سُنن شرع فرو نگذاري ، مثلاً اگر بدانند که قرآن را مُعجزه وغیرِ [5] مخلوق ندانی ، و خواه معنیش را بفهمی خواه نفهمي ، با احترام[6] و تجوید ، تلاوت و قرأت ننمائي ، ریشه‌ات را بآب [7] میرسانند * خدا نکرده ، اگر بفهمند تو صوفيِ ، بجانِ پدر و مادرت که با دندان تکه تکه‌ات مي‌کنند ، باین اعتقاد که برای هدایتِ بصراط مستقیم مستقیم‌تر ازین راهي نیست * رفیق !

[1] '*Iqāb* " Coming behind; chastisement, torment."

[2] '*Amala* here properly used as a plural is in m.c. treated as a singular noun.

[3] *Pina* "corn;" (produced on his forehead from its constant pressure on the *muhra-namaz* the little block of sacred earth).

[4] *Khair* "no" (m.c.).

[5] *i.e.*, part of the Creator and not created.

[6] *Tajwīd* is a special way of reading the Quran. A treatise exists on *tajwīd-i-qirā'at*.

[7] *i.e.*, they will utterly uproot and destroy you (by digging up your roots and following them up to the place whence they drink their water, deep down in the ground).

اینجا را قم میگویند : * مصراع * "سر زمینی است که ایمانِ فلک رفته بباد [1]" * اینجا نشیمن میرزا * * * [2] مجتهد است که اگر همت کند ، هر دینی را بخواهد به مردم تلقین تواند کرد * در پیش رفتِ [3] حرف ، اعتقادِ همه اینکه با پادشاه سر کلّه [4] میزند و فرمان شاه را بمردم بیش از پارچهٔ کاغذ [5] قلم ندهد * حقیقتاً آدمِ خوبی است ، امّا عیبش اینکه دشمنِ درویش و صوفي است ، ومارا سخت خوار میدارد * بجز این هیچ عیبی ندارد " *

بعد از استماع این سخنان اگرچه بسبب بُعدِ [6] عهد نماز کردن بمن زور [7] و دشوار بود ، امّا برای مصلحتِ وقت و بخصوص بجهتِ قبول عامه لازم آمد * بنای طهارت و وضو و نماز گذاشتم ، بشدّتی که گفتي از برای همینها زنده‌ام * في الواقع اول تکلّف و مخلّ [8] مي پنداشتم ؛ در آخر دیدم بد مشغولیتي نیست : برای دفعِ ملال و وقت گذراني معقول بکار میخورد * وقتِ اذانِ صبح بر میخاستم و در سرِ حوض ، با [9] بی معنی و سخت ترین تکلفاتِ شیعه وضو میساختم * پس از آن در محضرِ همهٔ انظار ، با قرائت [10] جهر ، که از چهار جانب شنیده میشد ، نماز میخواندم باین امید که آهسته آهسته [11] گوش زدِ همه بشود * هیچ صورت مثلِ صورتِ من منحوس و نا میمون و پر ملعنت و بی [12] اُغور نبود * درویش خود نیز در تقدّس فروشي و ظاهر سازي ([13] از قبیلِ به زمین نگریستن و آهِ سرد کشیدن و بیهوده لب [14] جنباني

[1] *Sar-samin-i 'st ki īmān-i falak rafta bi-bād.*
Har-ki Shīrin ṭalabad tīsha khurad chūn Farhād.
Farhad killed himself on receiving false intelligence of Shirin's death.
The first line, commonly quoted aptly or inaptly, signifies *hīch kas īmān na-dārad* or else *falak ḥairān ast.*

[2] I have been requested to omit the name.

[3] *Pīsh-raft-i ḥarf* "advancing his own word" *i.e.* "influence."

[4] *Sar-kalla sadan* (m.c.) "to fight, dispute, stand up to, etc."

[5] *Qalam dādan* "to give out."

[6] *'Ahd* "time:" perhaps *'ādat* would be clearer.

[7] *Zūr* in m.c. is often used as an adjective "difficult," etc.

[8] *Takalluf* here "inconvenience," etc.: *mukhill* (in P. also *mukhil*) "disturbing a nuisance."

[9] In the English original "strictest" is the only epithet used.

[10] *Jahr* "speaking loud" "(a word used in the Quran). *As chahār jānib* "on all sides."

[11] *Gūsh-sad* "renowned." *Bi-shavad* or *bi-shavam?*

[12] *Ughur* T. "omen;" (= *shugūn* which latter is a either a good or an evil omen, but generally the former).

[13] An *isafat* after *qabīl.*

[14] Should be *jumbānīdan*, to avoid a change of construction.

وسکوتِ 1 ساخته و ترشيِ رو و کج خلقي و بیمزگی پارسائي) بگردِ من نمیرسید * پیشاني را داغ 2 نهادم و سبیلها را از بیخ برچیدم : چشمها را 3 سرمه کشیدم * 4 مهر در بغل، تسبیح در دست ، 5 مسواک در کمر، با پای بی جوراب و کفشِ 6 شلختهٔ پاشنه تخته ، 7 ملحدي شدم حسابي *

عنقریب معلوم شد که از بستیانم 8 * خاصیتِ زهد فروشي که درویش بیان کرده برایِ العین مشاهده نمودم * آوازهٔ بد بختیم بالطّبع بمیلِ دلم بهرجا پیچید که مجرم بجرمِ دیگریم و بجدّ و یقین مي‌گفتند که " خطا از حکیم است و این بیچاره 9 محکوم شده است " *

با معارف و مشاهیر آشنا شدم و کار بجائي رسید که مي گفتند " اگر در بست نبودی مرآینه تورا در مسجدِ خود پیش نماز میکردیم " * دیدم این زهد ریائي بهترین وسیلهٔ اکتساب شهرتِ دانشمندي و دانائي است ; و در سایهٔ شمارِ پی در پیِ تسبیح ، و جنبشِ لا ینقطعِ حنک و 10 پوزه و آهِ اندوهناک گاه گاهی ، شاه راه اعتبار و احترام بر رویم گشوده شد *

از کثرتِ وصولِ لقمهٔ مفت ، من و درویش ، بي آنکه دیناري مایه 11 گذاریم وقتی خوش میگذراندیم * زنان از میوه و عسل و نانِ روغني آوردن کوتاهي نمیکردند * من هم گاهی تعویذی ببازوي ایشان مي بستم و طلسمي بگردنشان میانداختم *

1 *Sukūt* perhaps refers to *sitting* still pondering on the *sharī'at.*

2 "I branded my forehead (with the impression of the *muhra-namāz*);" *vide* note on *pīna*, p. 259.

3 To make the eyes look 'hollow.'

4 i.e., *muhr-i namāz.*

5 *Miswāk* is a fibrous stick used as a tooth brush. There is a *ḥadīs̤* that the teeth should be cleansed with a *miswāk.*

6 *Kafsh-i shalakhta* a kind of shoe down trodden at the heel; it makes a slip-shod noise in walking; this shoe is used by mullas as it can be easily removed for ablutions.

Pāshna takhta is much the same, perhaps even identical with, the above: the second word is used here for the sake of rhyme.

7 A *mullā* is often styled a *mulḥid* "infidel" in the sense of "*hypocrite:*" *mis̤l-i-ākhūnd-hā dast az mulḥid-garī bar namī dārī?* (m.c. saying).

Banda rā nīz Khudā marg dihad mullā-yam.

Man az īn ṭā'ifa yak mulḥid-i pā bar jā-yam (is a joke by irreligious mullas).

8 *Az bastiyān-am* "I am (was) one of the refugees of the sanctuary."

9 *Maḥkūm* "judically condemned."

10 *Ḥanak* "chin:" *pūza* is "nose, chin and mouth."

11 *Māya guẕāshtan* "to spend (out of our capital.)"

خلاصه با اینکه گذران مان در ظاهر موافق طبع شد امّا در معني خیلی خنک بود و بیمزه * از اتّفاقات ، خندهٔ رویِ رفیقم نیز کم کم بکم شدن بلکه بفنادن روی گرفت * عاقبت برای گذراندنِ پارهٔ از آن ساعتهای ملال نما اورا [1] وا داشتم تا قصهائی از بر کردهٔ خود را یکان یکان بگوید ; و قصهٔ را ، که در مهتابيِ حوضِ سلطان با آن حسنِ نتیجه بیان کرده بود ، فراموش نکند ; که گذرانِ وقت را دست آویزِ خوبي دیدم *

اي مستمع ! مي بینم تو هم مانند من دلتنگ شدهٔ ; برای این بهمان گونه که درویش از من رفعِ دل تنگي کرد ، من از تو کنم * یکي از قصه‌های اورا بتو باز میگویم ، خواه خوشت آید خواه نیاید * خواهي دانست که ذهنِ بیچارهٔ بست نشین باچه چیزها از اندوه و ملال رهائي مي یابد :—

حکایت سربریان

" خونکار [2] امروزهٔ رومِ سنّي است پاکِ ، متشرعِ متدین ; در راهِ ایمان سخت پایدار ، و در حفظ ناموس شرع استوار * چون بر تخت سلطنت استقرار یافت [3] آوازه انداخت که ' بسیاري از رسوم و عاداتِ خاصهٔ کفّار را که بملکت باسمِ ' [4] آلا فرانق ' راه یافته ، باید بر انداخت * بر ذمّتِ ما واجب است که همهٔ اشیاء را بحالتِ اصلي و بسادگي طبیعي بر گردانیم و طریقهٔ حکمرانيِ ترکان و یاسای [5] قدیم خود را که متروک شده مجدّد باید ساخت '. * بنابرین عادتِ [6] تبدیل گردي و تجسّس احوال و افکار را ، که از دیر گاهی باز فراموش شده بود ، نو کرد * در بابِ لباسِ تبدیليِ خود و همراهان بسیار سخت گیري مي نمود ; و بنوعي پوشیده میداشت که کسی از حرکاتِ ایشان سر موئي وقوف نمي یافت *

1 *Ū rā vā dāshtam tā*—(causal) " I made him relate—."

2 *Khūn kār*, for *khwand-kār*, a title of the Turkish Emperor; *khwand* " lord, prince." This word should not be *khūn-khwār* " blood-drinker; bloodthirsty."

3 " Announced openly."

4 '*A la Frank.*'

5 *Yāsā* " rule " = *qānūn*.

6 " Wandering about in disguise."

„ چندي پيش از اين در ممالکِ ترک ، خاصه در استانبول ، نا خشنودي بسيار و آثارِ شورش در مردم پديدار گرديد * خونکار اطلاعِ حالِ مردم را بنفسه خواست :— آهنگِ آن کرد که تبديلِ گردي خود را از نديمانِ خاص و همرازانِ خود نيز پنهان دارد * بنابرين خياطهاي مختلف آوردن ولباسهاي مختلف ساختن گرفت *

„ يکبار از غلامانِ خاصِ خود ، خواجه منصوري را برگماشت تا خياطي شهرِ معروف با کمالِ احتياط براي دوختنِ لباس نو آورد *

„ غلام زمينِ خدمت بوسيده بهر جانب شتافتن گرفت * در پهلوي بزستان پيره مردي ، خميده قد ، و چشمانش از شدّتِ نظر بکار بتحمل بار مينکِ دو چار ، ديد * در دکاني که گنجايشِ اندامِ او بيشتر نداشت مشغولِ وصله کاري ديده گفت „ اينک وصله - کارِ من “ * سلامي داده و ’دست ا مريزاد‘ [1] گفت * پيره مرد اول از شدتِ التفاتِ بدوخت و دوز ، ملتفتِ او نشد ؛ در آخر بهواي صدا [2] سري بلند کرد : مردي موقّر ديد ؛ [3] محلّي نگذاشت چه خود را قابلِ خطابِ او نمي پنداشت *

„ چون خود را منظورِ نظرِ آن مرد موقّر ديد ، مينک از چشمان برداشت ؛ و کار بکنار گذاشته خواست بزانوي ادب بنشيند * منصوري دست بشانه‘ش نهاد که ’ زحمت مکش ؛ از کار ممان * اسمت چيست ؟ ‘

„ خياط :— ’ غلام شما عبدالله ؛ امّا دوستان ويکجهتان بابا عبدل ميگويند * ‘

„ منصوري :— ’ تو خياطي ؟ ‘

„ بابا عبدل :— ’ هم خياط وهم موذّنِ مسجد بازارِ ماهي * چه بايد کرد ‘ ؟

„ منصوري :— ’ خوب ! ميتواني براي ما زحمتي بکشي ؟ [4] حمالي بکني ؟ ‘

„ بابا عبدل :— ’ کارم چه چيز است ؟ براي همين اينجا نشسته‌ام * بفرمائيد ؛ چه خدمتي است ‘ ؟

„ منصوري :— ’ رفيق ! آهسته : پُر تند نرويم مبادا بيفتيم * آيا بدين

[1] *Dast ma-rizād* (m.c.) is a greeting to anyone who is labouring with his hands: = *dast-i shumā na-rizad* = *dast-i shumā hamisha bāshad.*

[2] *Sar-ī buland kard* "raised his head *a little.*"

[3] " Paid no attention.

[4] i.e., *zaḥmat-i buzurg-ī.*

مسئله راضي هستي که نیم شب آمده چشمان ترا به بندم و برای حمّالی که گفتم همراه من بیائي ؟ '

" بابا عبدل :— ' این مسئلهٔ دیگر است : وقت قدری نازک ونا هموار ، و سرهای پران بسیار است * سرخیّاط بینوا از سرِ وزیر و [1] قیودانِ پاشا متشخّص تر نیست * مزد درست بده ; اگر بخواهي برای ابلیس هم لباس تلبیسي توانم دوخت ' *

" منصوري :— ' از اینقرار راضي هستي ؟ ' و دو طلا بر مشتِ او نهاد *

بابا عبدل :— ' راضیم * خدمت را بفرمائید ' * پس قرار بر این شد که منصوري نیم شب بدکانِ بابا عبدل بیاید و او را چشم بسته ببرد *

" چون بابا عبدل تنها ماند مشغول بکار ، سراسیمه وار با خود میگفت ' حمّالی من با چشم پوشیده چه میتواند بود ؟ ' پس برای اینکه مژدهٔ این سعادتِ تازه را بزنِ خود برد ، از سایرِ اوقات زود تر در دکانِ خود به بست و در پهلوی مسجد بازار ماهي بخانهٔ خود رفت *

" دلفریب زنِ بابا عبدل ، در خمیدگي قد ، جفت با شوهر و همسر بود * بدیدارِ آن دو طلا و بامیدِ عقبهٔ او[2] سفره را از کباب و سبزیها و میوه و مربّا بیاراست ; و قهوهٔ تلخی بر پشت آن نهاده زن و شوهر بنای شکم[3] بآب زني گذاشتند *

" در نیم شب بابا عبدل صادق الوعده ، و منصوري از و صادق الوعده تر ، درِ دکان بابا عبدل یکدیگر را جستند * بی آنکه بابا عبدل سخنی گوید ، منصوري چشمش را به بست و از کوچه و پس کوچه بحرمسرای پادشاهي برده از درِ کوچکي بخلوتِ خاص سلطاني درون برد * چون چشمش بگشود اطاقی دید زمینه اش از انواعِ قالیهای نفیس گسترده و [4] صفه هایش از قماشهای گونا گون آراسته ; امّا بجز یک [5] چراغِ دزدي روشنائي نه * منصوري بابا عبدل را در آنجا نشانده و برفت ; و با بقچهٔ شالِ کشمیري بر گشت * از میان بقچه لباس درویشي در آورد و ببابا عبدل نشان داد که ' نیک

1 قیودان : apparently the English word 'Captain' or the French equivalent.

2 *U* for *ān*.

3 *Binā-yi shikam bi-āb-zani guzāshtan* or *shikam bi-āb-zani kardan* 'to give oneself up to gobbling all that comes to hand.'

4 "Sofas."

5 *Chirāgh-i duzdi* is any lamp that gives insufficient light; sometimes a lamp closed on three sides. [For *chirāgh-i mūshi* '*vide*' chapter V.]

بیازمای و ببین که برای دوختنِ لباسی بدین قسم چه قدر وقت لازم است ؛ و درست پیچیده باز به بقچه بگذارد ؛ و از جای متجنب تامن بر گردم ' *

" بابا عبدل لباس را بدین سوی و آنسوی گردانیده نیک بیازمود ، و آنچه باید نیک حساب بنمود و بموجب امر باز به بقچه نهاد * ناگاه مردی مهیب ، بلند قامت ، که از دیدارش بابا عبدل را سرا پا لرزه گرفت ، داخل شد ؛ و بی آنکه سخنی گوید بقچه را برداشت و بیرون رفت *

" دقیقهٔ دیگر ، هنوز بابا عبدل از حیرتِ حالِ اول بخود نیامده در دیگری بگشود ، و مردی با لباسِ فاخر ، بقچهٔ کشمیری بوضع و بزرگی بقچهٔ اول بیاورده به پیش پای بابا عبدل نهاد ؛ و بی آنکه لب بسخن و یا چشم بروی بابا عبدل گشاید ، زمین ببوسید و برفت *

" بابا عبدل با خود در اندیشه که ' این کار بد نباید بود و من باید آدمی بزرگ شوم ؛ اما از همه بهتر این بود که در گوشهٔ دکان باز بهمان وصله کاری مشغول باشم ، و این حمّالی را با همهٔ سود بگردن نگیرم * که میداند مرا برای چه بد اینجا آورده اند ؟ دخول و خروج این مردمان غریب که [1] بزبان بسته می مانند ، هیچ خوب نمی نماید * اگر تواضع نمی نمودند و سخن می گفتند همانا بهتر می بود ؛ و من می دانستم چرا بدینجا آمده ام * شنیده ام پارهٔ زنان را بجوال میدوزند و بآب میاندازند * یحتمل برای آنگونه خیّاطی مرا بدینجا آورده اند ' *

" بابا عبدل با خود درین سخنان که منصوری داخل شد ؛ و بی آنکه حرفی دیگر بزند گفت ' بقچه را بر دار ' ؛ و باز چشمِ او را بسته از جائی که آورده بود بد آنجا رسانید * بابا عبدل در [2] عهدِ خود استوار ، بی هیچ جواب و سوال وعده داد که ' بعد از سه روز حاضر است ؛ ده طلا بیاور از دکان بگیر ' *

" بابا عبدل بخانهٔ خودِ برگشت تا زن خود را از انتظار بدر آورد * در راه با خود میگفت ' راستی این کار بزحمتش میارزد ؛ آسمان در این آخرِ عمر خوب نانی برایم پخت ' * دو سه ساعت بصبح مانده بود که در خانه را بزد * زنش با عزّت و احترام بگشود ؛ و بقچه را دو دستی بگرفت * بابا عبدل فریاد بر آورد که

1 *Zabán-basta* " tongue-tied " usually signifies " animal, brute."
2 " Promise, agreement."

'دلفریب جان! مژدهٔ کار، این را میگویند: تمام شود، ببین چه قدر مزد میدهند' *
" صورتِ دلفریب بخندید و دماغش چاق شد * خواست سرِ بقچه را بگشاید *

" بابا عبدل گفت ' حالا بیا بخوابیم ; وقت گشودن او نیست ' *

" دلفریب گفت ' تا آن نگشایم و نه بینم چه آوردهٔ راحت نمیشوم، و خوابم نمیبرد ' * پس بقچه را گشوده بدم روشنائي برد * چه دید و چه شد تو خود قیاس کن * به بین، خیاط و زنش که بجای لباس در بقچه، سر آدمي درهم [1] و برهم کشیده در دستمالی به بینند، چه حالتی بایشان دست میدهد!

" سرِ بریده از دستِ زن غلطان بیفتاد * اول، زن و شوهر هردو چشم پوشیده قدری تفکّر کردند * بعد از آن ساکت و صامت، قدری بر روی یکدیگر نگریستند بطوریکه بهیچ زبان و بیان نمي آید *

" پس دلفریب نعرهٔ بزد که ' عجب کاری آوردهٔ ; مثلِ جان آدم قُربانِ کارت بروی * مردکه! این چه کار است؟ مگر بد بختي درونِ خانهٔ مان کم بود که این همه راه رفتي و از بیرون آوردي؟ سرِ مرده آوردهٔ که لباس بدوزي؟ خاک بر سرِ مردهٔ ات! '

" بابا عبدل :— 'اي! اناسنه بابا[2] سنه! بکّلهٔ پدر و مادرِ آنکه این بلا را بسر من انداخت! همان وقت که آن سگِ سیاه چشم مرا مي بست و میگفت ' صدا در میاور ' دلم مي‌طپید و گواهي میداد که بی چیزی نیست * [3] با همهٔ ترکي و خري میدانستم که حمّالي - گفتنِ او محض [4] لباس دوزي نباید باشد * پدر سوخته بجای لباس سر آدمي [5] جا زده است * خداوندا! حالا چه باید کرد؟ راهِ خانه‌اش را نمیدانم تا سر را ببرم [6] بصورتش بزنم که ' نه نه [7] سگ! بیا لباست بگیر' * حالاست

1 'With wrinkled-up face.'

2 *Anā* T. "mother;" *bābā* T. "father;" generally *la'nat ana sena bābā sene.* The Persians say *bar pidar-ash, bar mādar-ash,* the word *la'nah* being understood.

3 "With all my 'Turkishness' and 'asininity;'" The Persians laugh at the Turks for their stupidity.

4 *Maḥẓ* in mod. Pers. = *barāy.*

5 *Jā sadan* "to substitute, put in the place of."

6 *Ṣūrat* in m.c. "face."

7 *Nana -sag* = *madar sag* or *sag-mādar* = 'his mother is a dog.' Children call their mother *nănă*, or *nāna* or *nāna jān* (and not *mādar*).

که [1] بستانجي باشي با هزار باشي دیگر بخانه ام میریزند که ' بیا و خونبهای[2] این سر را بده ' * ' آنگاه خر بیار و معرکه [3] بار کن ' ! احتمال است که مرا بیاویزند ، یا خفه سازند ، یا پوستم از کاه پر کنند * دلفریب جان ! بیا و تدبیری نما ' *

" دلفریب :— ' باید گریبانِ خود را از شرِّ این سر خلاص کنیم * مگر غیر از ما آدم قحط [4] بود که باید این سر بگردن ما بیفتد ' ؟

" بابا عبدل :— ' خوب ! حالا روز روشن میشود ; هر کار [5] کردنیئم زود بکنیم ' *

" دلفریب :— ' یک تدبیری بخاطرِ من میرسد * همسایهٔ ما حسنِ نانوا ، حالا تنورش را میافروزد * اکثر اوقات همسایگان دیزي و کماجدان [6] میدهند بپزند * عادتشان این است که در اولِ شب آنها را مي برند ، در دمِ تنور میگذارند * چه طور است این سر را در دیزي ببریم ; در دم تنور او بگذاریم تا بپزد و چه لازم که بعد از آن برویم بیاوریم ؟ گورِ پدرِ [7] دیزي ! بگذار بگردنِ حسن [8] بیفتد ' *

" بابا عبدل بعقلِ زنک ماشاءالله گویان درون خلوت سر را در دیزی بردہ در پهلوی ظرفهای دیگر (که آوردہ بودند بپزند) بگذاشت [9] وبجست * پس زن و مرد در را محکم چفت کردہ ، بغنیمت شال و دستمال خرسند ، بخوابیدند *

" حسن پسري داشت ، محمود نام * پدر و پسر هر دو بتقدّس معروف * در آنحال تنور میافروختند ، ناگاہ سگی (که برای ریزهٔ چیني نان اکثر بد آنجا میآمد و بسیار عزیزمیداشتند) بیامد وبطرزي غریب و عجیب [10] پارس کردن گرفت * حسن روی به پسر کرد که ' آیا این سگ را چه شدہ است ؟ باید چیزی غریب

[1] *Bustānjī bāshī* is said to be the Superintendent of the Police on the Bosphorous. *Bustān-jī* of course means "gardener."

[2] The *K͟hūn-bahā* or *diya* for a Muslim is a thousand *misqāl* of gold.

[3] Fetch a donkey and carry away (load up) the *ma'nika* "is a common m.c. saying = "then the fat will be in the fire;" *ma'rika = jinjāl*. *Gil biyār va ushturū darust kun* has the same application: *ushturū* is *dimin.* "a small camel."

[4] *Ast* would perhaps be better than *būd* here.

[5] *Kardanī-'īm.*

[6] *Dīzī* is a pot of baked clay for cooking meat; used by Muslims and not by Parsis. *Kumājdān* is a copper-pot for cooking; (it is not shaped like the Indian *degchī*).

[7] *Gūr-i pidar-i dīzī* = 'damn the coat of the *dīzī*; let it go.'

[8] The subject to *bi-yuftad* is the "matter" or else *kalla*.

[9] *Bi-jast* = "cleared off, departed."

[10] *Pārs k.* (m.c., corrup.) "to bark."

دیده باشد * محمود بدینسوی و آنسوی نگران سببِ پارس سگ را ندید * گفت ' برشی [1] یوق ' (چیزی نیست) و برفت *

امّا سگ چندان پارس کرد که حسن نا چار بجستجوی سبب افتاد * سگ دیوانه وار بوی همی کشیدی و پیرامونِ دیزی بابا عبدل همی گشتی و بر روی [2] حسن جستی ، تا اینکه حسن را یقین شد که در دیزی چیزی است * سرپوشش را برداشت ؛ سر بریدهٔ دید ، در دیزی چشم باز * و لازم نیست که بگویم حالش [3] چون شد *

" فریاد بر آورد ' لااِلهَ الّااللّهَ ' ؛ [4] وچون آدمی کم جگر نبود سرپوش را از دست نیانداخت ؛ بلکه باز بجای خود نهاده پسر را طلبید که ' فرزند محمود ا دنیا بد دنیائی شده است و مردم دنیا بد مردمی * نابکاری سرِ انسانی را برای پختن در تنور فرستاده است ؛ امّا ازیمن طالع ما و ببرکت شعور سگ تنورِ ما ملّوث نشد : دربن باب آسوده باشیم * امّا چون پای شیطان درمیان است بگذار آنچه ما باید به بینیم دیگری بیند * اگر بدانند در تنورِ ما سرِ آدم پخته میشود ، دیگر کسی از ما نان نمیخورد * باید از گرسنگی بمیریم : اسمهان بدین در میآید که نان را با روغنِ آدم چرب [5] میکنند : اگر بالتفاق موئی از نانِ ما برآید میگویند موی ریشِ انسان است ' *

" محمود جوانی بود بیست ساله ، و در خشک [6] مغزی پسرِ پدرش ؛ امّا اندکے زود تدبیر و شوخ * این قضیه را اسبابِ شوخی دید و بهیات غریب و زشت سر نظر کرده سخت بخندید که ' این سر را بدکان علی کور دلّاک یا علی دلّاک کور که رو بروی ماست میبریم * علی در کار وا کردن دکان است ؛ با یک چشمی خوب نمیتواند دید ؛ ما خوب می توانیم کار خود را به بینم * بابا ، ترا بخدا ؛ چنین کنیم ' *

" پدر به تکلیفِ پسر راضی شده ، وتتیکه علی کور بسرِ [7] آب رفته بود محمود

[1] *Bir shay yoq* T. " there's nothing."

[2] The street dogs in Constantinople are protected; they are, in consequence, civilised and friendly, even with strangers. In Baghdad, however, they are vicious and attack strangers.

[3] *Chūn*, " how."

[4] *Lā ilāh^a illa 'llāh wa Muhammad^un rasūl^u 'llāh*, the fundamental doctrine of Islam.

[5] Or *mī-kunim*.

[6] *Khushk-maaghzi* in m.c. signifies " being cracked, insane," but here it seems to mean " insensibility " or " dullness."

[7] *Bi-sar-i āb raftan* (m.c. and polite) " to go to the lavatory."

سر را بُرد و در دکان او بطاقچهٔ پشت بر دیوار نهاد ؛ و در اطرافِ [1] او پارهٔ کهنه چند پیچید مثل اینکه مشتری هست ، و حاضرِ سر تراشاندن نشسته است * پس با حیلهٔ مخصوصِ اطفال بجای خود آمد تا از تأثیرِ تدبیر خود بعلی کور ، کیف کند *

"علی کور عصا زنان داخلِ دکان شد : باطراف نظر کنان ، از عکسِ شعاعِ آفتاب که تازه بر پنجرهای کاغذینِ دکان تافته بود ، آنصورت را بدید ؛ و در حقیقت مشتری پنداشته گُفت 'سلامٌ [2] علیکم ، خوش آمدید ؛ صبح خیزی خوبی کرده‌اید : چشمم درست نه می بیند ، امّا موی سرِ تان خیلی بلند شده [3] بوده است و تراشیدن لازم داشته است * چرا پیش، از وقت کُلاهتان را بر داشته آید ؟ بلکه زکام بشوید ' * چون جوابی نشنید با خود گفت ' معلوم است یا گُنگ است یا کَر * منهم که کورم با هم [4] جُفته توانیم رقصید ' * پس روی بدو کرد که ' عمو ! بیک چشمی من ببین ، و اگر بالمرّه [5] کور شوم باز سرِ تُرا توانم تراشید ؛ تیغِ من در سر تراشی از چاقوی گوش بران [6] تیز تر است ' *

" آنگاه با ادب تمام لگن و صابون حاضر کرد ؛ و تیغ [7] بفسان زده روی بمشتری برفت * همینکه دست بدان سرِ افسرده زد ، چنان زود واپس کشید که گفتی سوخت * گفت ' رفیق ! سخت سرد است ؛ گویا یخ کرده است ' * بار دیگر دست پیش بُرد ؛ سر از جای بغلطید و بزمین افتاد ؛ و علی هم ، شش گز از آن دور تر ، فریاد میکرد که ' خداوندا پناه برتو ! ' و جرائتِ بیرون آمدن از کنج دکان نمیکرد ؛ و میگفت ' ای سر ! این دکان ، این تیغها ، این [8] فوطها ، هرچه دارم از آن تو ؛ بگیر و دست از گریبانِ من بردار * اگر جنّی یا شیطانی بسخن درآ ؛ و مرا معذور دار که میخواستم سر ترا صابون مالی کنم ' *

" چون از سرِ بریده صدا برنیامد و دید که جای ترس نیست ، پیش آمد و از [9] کاکلش

1 No *izafat* (m.c.) after *pāra*.

2 *Salām*^{un} *'alai kum*: note that the Persians (Shi'ahs) insert the *tanwin* in the greeting: also the reply differs slightly from that of the Indians and Arabs.

3 Should be *shuda ast*.

4 *Jufta* (adj. or adv.); generally applied to a pair of horses that go in a carriage

5 *Kūr shavam*, i.e., blind in both eyes.

6 Compare *gūsh-i fulān rā imrūz khaile burīdam* (m.c.) = "I got goods on credit from so and so.

7 *Fasān* "whet-stone."

8 *Fūta* "an apron; a bath wrapper."

9 *Kākul* is a top-knot left on a head that is otherwise clean shaven.

گرفته از زمین برداشت ؛ و نگاهی درست کرد وگفت " راستي سرِ بریدهٔ بودهٔ ؛ امّا بچه
باب بدینجا آمدهٔ ؟ ای لقمهٔ گوشت نجس ! چه تدبیری در زیرِ سر داشتهٔ ؟ نی نی ؛ علی
یکچشم است امّا با آن چشم دیگر هر چه در دنیا میشود دیدن میتواند * ترا بدکانِ
حسن نانوا مي انداختم ، امّا پسرش پر شیطان و نادرست است : سرِ[1] حساب میشود *
خوب ! حالا که چنین است ترا بجائی ببرم که کسی بسر[2] وقت نیفتد * ترا بدکانِ
کبابی یانقوی یوناني میبرم تا بجای[3] مزهٔ عرق به مشتریان بدهد " * پس بیکدست
چپوق ، وبدست دیگر سر بریده ، در زیرِ دامان ، درکوچهٔ پهلوئین بدکان یونانی رفت *

" علی کور این دکان را بسایر دکانهای کبابي مسلمانان ترجیح میداد ، چه در[4] آنجا
بی سرِ[5] خر شراب نیز میتوانست خورد * در دکان [6] دولابی بود که کبابی گوشتهای
ناپخته را درآنجا نگاه میداشت * علی نگاه بدینسوی وآنسوی کرد ؛ چون کسی را
متلفت خود ندید سر را در پشت [7] شقهٔ گوشت انداخت که بایست آنروز کباب شود *
چون [8] اولِ روز بود وجمعیت کم ، کسی ندید * پس چپوق خود را با آتش اُجاقِ یانقو
بر افروخت ؛ و برای گُم کردن پی ، کبابی را برای نهارِ خود سفارش کرد و برفت *

" یا نقو بعد ازآنکه ظرفهای ناشستهٔ خود بشست و سیخهای کباب را بترتیب به
[9]پیچید ، آتش بر افروخت ، شربت بساخت ، دکان را جاروب کرد ؛ رفت از دولاب برای
کباب علی کور پارچه گوشتي بیاورد * این یا نقو مردی بود یوناني [10] خالص ؛ زیرک
و حیله کار[11] و وهّام ؛ نسبت به بزرگان متملّق و مظلوم،[12] و نسبت بخوردان متکبّر و ظالم *
با اینکه [13] شتربان عثماني بود با آغایان خود کینهٔ [14] شتري داشت ؛ و برای چاپلوسي
ایشان از هیچ دریغ نمیداشت : هر چند پست پایه هم بودند باایشان از روی احترام

1 'He would trace it out, perceive.'

2 *Sar-vaqt uftādan* (m.c.) = *fahmīdan*.

3 *Masa-yi 'araq*, a relish eaten with *'araq*.

4 *Ānjā* should be *injā* as the the shop is referred to as *in dukān*.

5 *Sar-i khar* (m.c.) "intruder:" *samīn bi-shigāft, sar-i khar paidā shud* and *yak dam na-shud ki bī-sar-i-khar sindagī kunam* are common m.c. quotations or sayings.

6 *Dūlāb* "cupboard."

7 *Shaqqa* 'a split (a half) of any carcase.'

8 *Avval-i rūz* not *avval rūz*.

9 Note the three Preterite tenses after *ba'd azānki* as the actions closely followed each other. In English these three first verbs would be in the Pluperfect.

10 "A true Greek, a real Greek."

11 *Vahhām* "suspicious; cunning."

12 *Maẓlūm* in m.c. means "quiet, subdued" (of a horse, etc.) and not "oppressed."

13 *Shutur-bān*, i.e. *nisbat bi 'Usmāniyān misl-i shuturbān-i-būd*.

14 The camel in India and in Persia is proverbial for bearing malice.

سر فرود میآورد * باری یانقو گوشتها را برهم زدن گرفت ، تا پارچهٔ گوشتی گندیده
برای علی کور جوید ؛ و با خود میگفت ' زهرِ مار بمار گوارا ؛ بشکم ترکی ، که قابل
دریدن با خنجر و تیغ است ، [1] گوشت گورم و پشت [2] مازه دریغ است ' * گوشتها را
می آزمود و میگفت ' خیر ، هنوز [3] علی کور خور نشده است ' * ناگاه گوشهٔ چشمش به سرِ
بریدهٔ آدمی افتاده دلش از جای بر آمد ؛ و چند قدم دور ترک جسته گفت ' ماشاءالله ،
عجب چشمهای درخشان ' ! دست فرا کرد واز میان کلّه [4] پاچها و گوشتهای گندیده سررا
بیرون آورد ؛ و مانند آنکه باو ضرری برساند دور از خود بگرفت : امّا از هیأت او سر مسلمان
بودنش بشناخت ؛ گفت ' لعنت خدا بر تو ! چرا سر همهٔ پیروان عمر باین طور نمیشود ،
تا من کباب کنم و سگهای استانبول را رایگان فربه سازم ؟ کاش عاقبتِ همهٔ ایشان
اینطور [5] شود ! کاش همهٔ یونانیان امروز مثل من خوش بخت شوند ' ! پس باغیظ ،
سر را بر زمین انداخت و با نوک پا بغلطانید * بعد ازین بازیها و هرزگیها با خود گفت
' خوب ! حالا چه باید کرد ؟ اگر این سر را اینجا به بینند ، کارِ من تمام است :
می پندارند که من مسلمانی کشته ام ' *

" ناگاه شیطانیتی بخاطرش رسید : بحالتی نابکارانه [6] گفت ' زهی طالع ! یهودی
خوب بیادم آمد : برای این سر از آنجا بهتر جائی نمیشود * ای اندامِ خبیث
ملّت محمد ، برو پیش دستِ اندام خبیث ملّتِ موسی ' !

" پس سر را بزیر دامان گرفته بجائیکه نعشی یهودی سر درمیان پا بود دوید *

" درویش گفت ' باید دانست که در ممالکِ ترک وقتی که سرِ ترکی را میبُرند ، سر را
بر روی بازوی او میگذارند تا اینکه مردهٔ او از مردهٔ یهود ونصاری فرق شود : اما سر
نصاری و یهود را بمیان پا ، نزدیک موضع [7] معتاد شان میگذارند ' *

" یانقو فرصتی جست ، و سر را بمیان پای یهودی در پهلوی سر او گذاشت *
چون هنوز کوچها خلوت [8] بود ، کسی او را ندید * در باطن دلشاد از اینکه یکی از

[1] *Gūsht-i gorm* (m.c.) is a butcher's term for the neck of a slaughtered animal.

[2] *Māza* "back-bone."

[3] *'Ali-Kūr-k͟hur* is one compound word = 'Ali-Kur-eatable,' *i.e.* fit for Ali Kur to eat. In m.c. *hanūz mullā k͟hwār na-shuda ast* signifies that anything in a shop has not yet become cheap and worthless ('suitable for a mulla').

[4] *Kalla pācha* (m.c.) "head and legs of a slaughtered animal."

[5] Note the Pres. Subj. after *kāsh*.

[6] Better *bā vajd-i mufsidāna*.

[7] *Mauṣa'-i mu'tād* (m.c.) = "*penis*" and not "*nishīn-gāh.*"

[8] " = The streets were empty."

[1] ظلمهٔ خود قلم نمود ، و بکین خواهي [2] سرش را بهرچه بدترِ یهودي گذاشته بدکان برگشت *

" یهودي کشته شده، متّهم شده بود براینکه کودکِ مسلمانی را دزدیده و کشته است. (ترکان و ایرانیان را اعتقاد اینکه براستي یهودان این کار را می کنند) * از این تهمت فتنهٔ غریبی برپا شده و هنوز فرو نه نشسته بود * این کشتار بعمد در دمِ درِ یونانیءِ متموّل واقع شده بود ، تا نعش چند روز در آنجا باشد ، و یوناني برای استخلاص از شرّ مبلغی گزاف بجلّاد دهد * یوناني هم برغم مهر غضب در و پنجرهٔ خانهٔ خود را بسته ، از خانه بیرون نمي آمد ؛ و نعش یهودي در همانجا بود * بجز مسلمانان کمتر کسی جرئتِ پیرامون گردي آن نعش میکرد ، از ترس اینکه مبادا مسلمانان بزور ایشانرا بمرده کشي [3] وا دارند * چون روز قدری بالا آمد مردم بآمد و شد شروع کردند ؛ ازدحامي در آنجا شد وآواز بهر سو پیچید که امشب معجزه شده ، و نعش یهودي دو سر پیدا کرده است * از اینخبر همه اهلِ شهر بتماشا دویدند * کعب [4] الاحبار یهود خبر داد که چون چیزی خارجِ عادت درمیانِ قوم بني اسرائیل بظهور پیوسته است البته ملجئی برای ایشان ظهور خواهد کرد * دانشمندانِ یهود بهر سو بتکاپو ، مژده میدادند که 'حالا این مرده بر میخیزد ، و با دو سر ، یهودان پریشان را از پنجهٔ ستمکاران میرهاند' *

" امّا همانا این پیچ و [5] واپیچ کار ، برای بدبختي ایشان بوده است * یکی از یکیچریانِ [6] از میان تماشائیانِ بحیرت فریاد وفغان برداشت که 'سبحان الله! یکی از این دو سر ، سرِ بزرگ و رئیسِ ما ، آغایِ یکیچریان است' * یکیچری دیگر شهادت داد * رگِ غیرتشان بجنبید ؛ بنزدِ [7] اورتهٔ خود دویدند *

" خبر همگانی، وآتشي بجان یکیچریان شد * این طایفهٔ هول انگیز بیکبار از

1 Pl. of *ẓālim*.

2 *Sar-ash rā*, i.e. 'the head of one of his oppressions.' *Gugāshta* should apparently be *guzāsht*: the sentence is incorrect in construction.

3 In Kerman the Jews are (it is said) obliged to keep watch over the corpse of a Muslim that is executed, and under the directions of the executioner to bury it next day—no prayers being said over the body.

4 A title given by the Persians (and the Arabs?) to a Rabbi. *Aḥbār* is the pl. of *ḥabr* "a learned man, a Jewish doctor."

5 *Pīch u vā-pīch* "tangle (of events)."

6 *Yangicheri* "Janissary."

7 *Orta* is a regiment of Janissaries.

جای بر خاستند و معلوم شد که در پای تخت هنوز از قتلِ آقای منتخب خود، خبر نداشتند * مي گفتند "فریب ما و قتل بزرگِ ما کافي نیست که باید باینخواري و بیمقداري مرلی را درمیان پای یهودي گزارند ؟ این اهانت نه تنها بر ما شد بلکه بیضهٔ اسلام ملوّث گردیده * هرگز چنین معاملهٔ نسبت بما نشده است و تلافي این نمیشود مگر بقطع نسل یهود * این کارکدام سگ است ؟ این سر با چه پا بدینجا آمده است ؟ یا کارِ وزیر است ، یا کارِ رئیس افندي ; یا اینکه باز کار پدرسوختهٔ ایلچیان فرنگست * والله وبالله ، به پیغمبر، بقبله ، بکعبه ، بدرهٔ [1] عمر ، و تیغ [2] حیدر صفدر که ما کینِ خود خواهیم خواست ! "

بگذاریم ازدحام زیاد تر[3] شود ; ما قدری حرف بزنیم * ای مستمعین ! تصور کنید که یهودان درآنجا چه حال داشتند * هر یک بعوض دو پا با چهار پا بسوراخ خود میدویدند ; ترکانِ غضب آلود با فحش و قسم و طپانچه و کارد وخنجر و شمشیر فریاد مي کنند ، " بگیرید ، به بندید ، بزنید ، بکشید " * شهری بنظر[4] آورید با راههای تنگ وخانهای دیوار کوتاه ، وکوچهای پر-ازدحام با مردمی با لباسهای گونا گون[5] و رنگا رنگ ناموزون[6] وشفّاف وبراق ;[7] همه میترسند و نمي دانند چرا ; همه سخن میگویند ونمي دانند چه مي گویند : گویا حالا قیامت برپا میشود ; آسمان وزمین برهم میخورد * شما را باین شهر بمیان این مردم رها میکنم ; ومیگویم " ازینجا نگاهی بسرای سلطانی بیندازید تا معلوم شود با اینحال در اینحال جنابِ شوکتماب[8] افند یمیز درچه کارند *

" درشبِ آوردنِ خیاط بسرای شاهي، پادشاه امر فرموده بود که سرآقای یکیچریان

[1] A spear made of the sword of a sword fish ; still carried by some dervishes.

[2] *Ḥaidar* Ar. "lion." The Arabs style 'Ali, *Asadu 'llah*, etc. ; the Persians style him *Shir-i Khudā.*

By the Persians Ali is also styled *Ḥaidār-i karrār* or "the lion of repeated attack." When only four months old he slew an *ashdaha* or python. According to some accounts he, for this reason, was given the epithet *ḥayya-dar* ('snake-tearer') which has been corrupted into *ḥaidar*.

Ṣaf-dar "breaking the ranks of the enemy," from *ṣaff* and *daridan*. Note the omission of the *tashdid* in the compound.

[3] *Shavad* is perhaps a clerical error for *shorad*.

[4] 'Imagine, oh hearers.'

[5] *Gūnāgūn* "of different shapes" and *rangārang* "of different colours."

[6] *Nā-mauzūn* : better *kaj u kūr* 'put on anyhow.'

[7] "Bright coloured."

[8] *Efendi-miz* T. "our *effendi*."

را که در آنروزها فسادِ بزرگ میکرد ببُرند * ازکثرتِ اعتنای اودرین باب بایستي بمحض بریدن ، سرشرا بحضورِ آورند * مأمورِ این امر ، دروقتِ آوردنِ سر باطاق (چون جرئتِ نگاه برروی سُلطان نداشت) بالطبع خیّاط را سُلطان فرض نمود ; و سررا به پیش پای او نهاد و برفت * سلطان برای اینکه منصوری خواجهٔ خود را هم فریبد و لباسی تبدیلي را جای زند ، یکدقیقه پیش از آن باطاق داخل شد و بقچهٔ لباس را برد تا لباس دیگر آورد * در این اثنا منصوری آمد ; و خیّاط بقچهٔ سر را که آنجا بود بجای بقچهٔ لباس برداشت و بیرون برد * پادشاه از قضیهٔ سر را و بُردنِ خیاط [1] آنرا بیخبر : چون باز گشت خیّاط را در آنجا ندید * آدم فرستادن و خیّاط را باز آوردن منافیِ تدبیر وی بود * بی اطلاع از حقیقت حال ، ناچار ، منتظرِ برگشتنِ منصوري شد * میدانست که خیّاط بی لباس نمیرفت و لباس هنوز در نزدِ او بود * از طرف دیگر در بابِ انتظار سر بی تابي داشت * مأمورِ کُشتنِ آقای یکیچریان را بخواست * حالا بیا و حیرتِ آمر و مأمور هر دو را ببین *

" سلطان دست بزانوی حیرت میزد که ' اگر خیّاط سر را [2] نبرده من این ریش را میتراشم ' !

" سُلطان در انتظار منصوري بی تاب شد * هرچه آشوب کرد و دست و پا زد ، و خود کُشي نمود و ' الله ، الله ! ' گفت منصوري بر نگشت * فحش هم داد : باز بر نگشت * اگر آدم نمي فرستاد و منصوري را از رختخواب بیرون نمي کشیدند ، باز بر نمي گشت * آنوقت منصوري خیلی خواب هم دیده [3] بود *

" بمحض پدیدار شدنِ وی ، سُلطان فریاد کرد که ' زنهار ، ای منصوري ' بنزدِ خیّاط بدو که سر آغا را بجای لباس درویش برده است * تا زود است [4] ، مایست ، برو ، بگیر ، بیاور ; وگرنه قیامتي برپا خواهد شد ' * پس قضیه را حالي منصوري کرد * نوبتِ حیرت بمنصوري رسید * دکانِ خیّاط را میدانست ، امّا خانهٔ اش را نمیدانست * پیش از صبح بود ، و بزستان باز نشده * [5] یکقهوه باز دید : از آنجا هم فائده نشد * دمتش از همه جا برید * عاقبت بخاطرش آمد که خیّاط میگفت مؤذنِ مسجد بازار

[1] Note that *ān ra* is the object of the Infinitive *burdan*.

[2] M.c. for *na-burda bāshad*.

[3] *I.e.*, he had been asleep a long time.

[4] *Tā zūd ast* ' while the matter is fresh, while there is still time.'

[5] *Qahvah* (often pronounced *gahvah*) is used by the Arabs and Turks for "coffee house" : the Persians say *qahva-khāna*.

ماهي است ؛ بد آنجا دويده ؛ خياط را ديد دست [1] درگوش ، چشم بسته ، با دهاني يک گز باز ، براى فراموشي حالتِ شب بانگِ نمازِ صبح ميداد *

" منصوري نفس زنان ببالاى منارة رفت * چون چشم خيّاط بمنصورى افتاد ، از ترس استنطاق درباب سر ، اذان در گلويش گره شد ؛ و کم ماند که سکته کند * بى آنکه فرصتِ حرف زدن کند بگريبان منصورى آويخت که ' مردکه ! [2] با شريفى مثل من اين چه بازى بود ؟ مگر خانهٔ من قبرستان است ، يا کلّه پزخانه ' ؟

" منصورى :— ' رفيق ! داد و بيداد مکن : مگر نمي بيني که در کار اشتباهى است ' ؟

" خياط :— ' اشتباه کجا ؟ عمداً سهو کردي که بيچارة را بيلا بيندازي * مرا ريشخند ميکني که ' لباس خواهم ساخت ' ؟ تو نمونه ميآوري ، ديگرى ميبرد ؛ ديگرى سري بجاى او ميگذارد * سبحان اللّه ! درميان عجب گروهي گير کردة بودم * آنجا [3] کجا بود ؟ آشيانهٔ حرامزادگان يا سوراخِ شيطان ' ؟ *

" منصوري (دهن اورا گرفته) :— ' مردکه ! خفه شو ، بس است ، پُر پيش مرو [4] * ميداني با که حرف ميزني ' ؟ *

" خياط :— ' نميدانم و نميخواهم هم بدانم * اين قدر ميدانم که **** '

" منصوري (ديوانه وار) :— ' مردکه ! سايهٔ خدا را سگ ميخواني ؟ خدا دهنت را بشکند ! پادشاه عالمپناه اسلام را کافر خطاب ميکني ؟ [5] چه...ميخوري ؟ زود باش ، خفه شو ؛ بگو سر کجا است ؟ وگرنه سر ترا بجاى او ميبرند ' *

" ازين سخنان دهان خيّاط بسته شدة بپاى منصوري افتاد که ' زنهار ، زنهار ! خطا کردم ، غلط کردم ؛ هرچه ميگوئي خوردم ؛ خرم ، ديوانه ام ؛ از تقصيرم در گذر * بيا بخانه ؛ قدمت بالاى چشم ' *

[1] A *muazzin* usually places the tips of his fingers in his ears when calling the *azān*.

[2] *Sharif* "noble" is one whose mother only is a *sayyid*.

[3] *Ānjā ku-jā būd* (m.c.) "what place was that?"

[4] *Pur pīsh na-rau* (m.c.) "dont go so fast" = *tund ma-rau, var mī-kūbī; (var = bar)*: note that *pur* is intensive.

[5] *Ghi * * * mī-khurī*: *guh* understood.

" منصوری :— ' خانهٔ ات آبادان ! زود باش ; من کار دارم * بگو به بینم سرِ آغای یکیچریان کجا است ؟ '

" چون خیّاط دانست که سر از کیست و دید که او و زنش با آنسر چه کرده اند ، قوّت زانویش برید و سراپا غرقِ عرق شد ; و گفت ' نمیدانم کجا است * خداوندا ! عجب طالع بد وبخت شومی داشته ایم ! '

" منصوری :— ' کجا است ؟ آخر کجا است ؟ زود باش بگو ' *

" خیاط (با اضطراب) :— ' نمیدانم ، خبر ندارم ' *

" منصوري :— ' سوزاندي ؟ '

" خیاط :— ' نه ' *

" منصوري :— ' انداختي ؟ ' *

" خیاط :— ' نه ' *

" منصوري :— ' پس چه کردي ؟ ترا به پیغمبر بگو ! خوردي ؟ '

" خیاط :— ' نه ' *

" منصوري :— ' درخانهٔ تو است ' ؟ *

" خیاط :— ' نه ' *

" منصوري :— درجاي پنهان کردي ؟ ' *

" خیاط :— ' نه ' *

" منصوری بی تاب ، ریشِ خیاط را گرفته ، دیوانه وار ، فریاد بر آورد که ' مردکه ! پیر مردهٔ شوي برده ! آخر به بینم چه کردهٔ ' *

" خیاط نیم مرده و با آوازی درگلو گره شده گفت ' در تنور بریان شد ' *

" منصوري :— ' چه بریان ؟ مگر میخواستي بخوري ' *

" خیاط :— ' نمیخواستم بخورم امّا بریان شد * حالا در تنور است * دیگر چه میخواهي ' ؟ پس تفصیل تدبیر را باز گفت *

" منصوری :— ' حالا خانهٔ نانوا را بمن نشان ده ، و گرنه مارا آتش میزنند * سبحان الله ! بعقل که میرسد که آغای یکپچریان را هر تنور بریان سازند ؟ ' *

" پس بنزد حسنِ نانوا رفتند ; و او بی [1] تلاش تفصیلِ بردنِ سر را بدکانِ علی کور باز گفت ; خوشا بحال [2] آنکه از تهمتی که بر او وارد می آید بجهد *

" منصوری و خیاط و نانوا بدکان علی کور رفتند که ' سرِ مشتری [3] کو' ؟ *

" علی کور اول قدری تردّد کرد، امّا در آخر اقرار نمود که ' او را بجای سر شیطان گرفتم وبنزد یا نقوي کبابی بردم که البتّه تا کنون از این قبیل سرها برای مستان خیلی کباب کرده است ' * عاقبت همه ' علی خدا وپیغمبر' گویان، بنزدِ کبابي شتافتند *

" چون چشم کبابی یوناني بدان دستهٔ مسلمان افتاد ، دانست که مشتریِ کباب نه ، بلکه مأمور کباب کردن جگر او هستند * چون پای چگونگي سر بمیان آمد ، بانکار برخاست که ' ندیده‌ام و هیچ اطلاعی ندارم ' *

" دلّاک [4] بجائیکه سر را انداخته بود بنمود ; و بقرآن قسم خورد * کبابي انکار کرد ، و بانجیل قسم خورد ، تا آنکه که معجزهٔ یهودي دوسر درمیان یکپچریان برپا شده بود * منصوري هنوز در تجسّس و تفحص، که یکبار از شورش و آشوب خبر دار شد *

" پس، خیاط و نانوا و دلّاک در عقب ، بجانب نعش یهودي [5] دوید * با حیرتِ تمام سر را بشناختند ، امّا کبابي [6] مرحله را فهمیده ; و آنچه بسرش بایستی آمد از پیش بدید * نقودِ حاضرِ خود را بر داشت و از شهر بگریخت *

" منصوري خیال میکرد که کبابي نیز بهمراه اوست ; روی واپس کرد که ' همه باید بحضورِ پادشاه برویم' ; یوناني را ندید * پرسید کبابي کو؟ '

" دلّاک گفت ' بیشک بگریخت * من اگر چه کورم امّا چشم شناختن یوناني دارم ' *

1 *Bī-talāsh* (m.c.) "without pain, effort, hesitation."

2 *Khushā bi-ḥāl-i—bi-jihad* should perhaps be *Khush-ḥāl az ān ki—*, otherwise the words appear to be a blessing from the story-teller to his audience.

3 'Your earliest customer;' there appears to be an omission necessary to the sense.

4 *Bi-jā'ī ki—*: the *bi* is incorrect.

5 The subject to *davīd* is *Manṣūrī*.

6 *Marḥala* in m.c. = "*maṭlab*; event."

"منصوري خواست سر را بر دارد ، امّا هواداران سر را دید و مقصود شان را فهمید و گفتار شان را بشنید * مصلحت در بر داشتن آن ندانست * با سه تن شاهد بنزد سلطان بر گشت *

" چون سُلطان دانست که سر را در کجا یافته اند و چگونه بد آنجا رفته است و چگونه شورش برپا شده ، خوانندهٔ میداند که نویسندهٔ صورتِ حالت او را نتواند نوشت * سلطان دید که بیانِ واقع حال مخالف شأن ، و مایهٔ ریشخندي است ؛ و از طرف دیگر البتّه باید پیشِ این کار گرفته شود ، و گرنه مُنجر بباژگونیِ تخت و واروني بخت او خواهد شد *

" متحیّر بتفکر فرو رفت ؛ ولا حول کنان وزیر و شیخُ الاسلام را بخواست *

" ترسان و هراسان ، با حالتیکه جای رشک نیست ، آمدند * پادشاه شرحِ شورش شهر را بایشان بیان کرد *

" بعد از استخارهٔ و استشارهٔ قرار برین دادند که خیّاط و نانوا و دلّاک و کبابي را بمحاکمه کشند ، چنانچه گویا آنان را در قتل آغا مدخلی بوده است و ایشانرا متّهم سازند که سر را پخته و تراشیده و کباب کرده اند ؛ و باید خونبهای اورا بدهند * وهم قرار دادند که ' چون علتِ غائي شورش کبابي است ، و با سرِ آغا آنطور بی ادبي کردهٔ (و آنگهي ترسا و یوناني است) سرش را باید برید ؛ و بهمانجا که سر آغا را نهاده بوده است گذاشت * تمهیدی نیز نمودند که برای تسکین هیجان و غلیان یکیچریان ، باید آغائي از نو ، ایشان خود ، انتخاب کنند ؛ و آغای مردهٔ را بعزت و احترام دفن سازند * همهٔ اینها شد ، مگر قتل یوناني که دستِ کسی باو نرسید ؛ و شهر آسود * امّا بهمّت سُلطان این را نیز باید افزود که نه تنها تلافیِ مافات خیّاط و نانوا و دلّاک کرد ، بلکه انعامی بهرا خور حال هریک بایشان بداد ، تا کفارهٔ زحمت ایشان شود " *

من این قصه را خیلی کوتاه گرفتم بخصوص جائی را که منصوري حالتِ سر را بسلطان بیان کرد * اگر مثل درویش شاخ و برگ [1] مي نهادم خیلی دراز میشد ؛ و بیمِ آن بود که کتابِ حاجي بابا هفتاد من کاغذ شود * قصه چنانچه (قصه خوانان و قصه شنوان دقّت مي کنند) باید دراز باشد امّا موجب ملال نشود ؛ بلکه هرچه بیشتر

[1] *Shākh u barg nihādan* (m.c.) "to embellish with details, etc."

پیشتر رود ، شنوندهٔ را مشتاقتر سازد * و آنگهی درویش قسم میخورد که " با سرمایهٔ همین حکایت سه روز متوالي میتوانم جیبِ مَردم را خالي کنم ، و باز چیزی از [1] آن باقي ماندهٔ باشد " *

1 *Ān* refers to "story."

گفتار چهل و ششم

در تقدّسِ حاجی بابا و آشنائیش با مشهورترینِ مجتهدان

ماقبلِ میرزا * * * قمی[1] خود آوازهٔ تقدّس و زهدم بشنید * روزی در وقتِ رفتن بزیارتِ حرم کس بعقبِ من فرستاد * این فقره را ترسناک دیدم * ترسیدم که علم و فضلم (که عبارت از مبادیِ شریعت بود و بس) در مقامِ امتحان بخیه ام بروی کار[2] اندازد * بنابرین مسایلِ لازمه را روان و زبر[3] چاق کردم و آنها عبارت بود از اینها :—

اول : هر کس به نبوتِ محمّد و امامتِ علی نگرود ، کافر و واجب القتل است *

دوم : بجز امّتِ محمّد (آنهم شیعهٔ علی) همهٔ مردم بدوزخ میروند *

سوم : لعنت بر عمر از جملهٔ واجبات است ; و کسانیکه پیروِ عمرند از اهل جهنّم اند *

چهارم : همه نصاری و یهود و سایرِ ملل از اهلِ کتاب وغیره نجس اند *

پنجم : شراب نوشیدن و گوشتِ خوک خوردن حرام است *

ششم : کافر و خوک و سگ نجس العین اند *

هفتم : نماز و روزه و زکوة و حج و خمس بر همه کس واجب است *

هشتم : وضو از واجباتِ نماز است ; امّا باید آب را از [4] مرفق روی بسر انگشتان ریخت ; و مرفق باید شست که " غایت داخل مغیّا است [5] " * هرکه مانندِ [6] سنّیان بعکس این کند ، کافر و بیدین است *

[1] *Vide* p. 260, note 3; Chap. xlv. The teacher whose name is omitted is the author of a work in *uṣūl*, so profound that few have ever grasped its meaning.

Qumī a man of Qum is in m.c. *Qummī*.

[2] An idiom, = *musht vā kardan* or *parda az rū-yi kār bar dāshtan*.

[3] *Ravān k.* "to learn by heart; to repeat to oneself:" *zir-chāq* "ready, quick," etc.

[4] *Mirfaq* "elbow." *Sar-angusht* no *izafat*.

[5] Mulla saying: غایت is the further end, the extremity; and مغیّی is what is fixed as the extremity. The meaning is that as the elbow is the limit its further edge must be included, *i.e.* taken as the limit.

[6] The Shi'ahs of course perform the *wuzū'* differently from the Sunnis.

در این کار بودم که باین فضیلتها پارهٔ چیزهای دیگر نیز بیفزایم که درویش در آمد * بی پروا اظهارِ نا دانیِ خود، بوی نمودم *

درویش :— "درینهمه مدّتِ عمرِ خود نفهمیدی که در دنیا هیچ کاری بی گستاخی نمیشود؟ و حکایتهای من و درویش سفر را فراموش کردی؟"

حاجی :— "من حکایاتِ شما را فراموش نمی کنم: در سایهٔ آن حکایات چوبی خوردم که لذتش تا قیامت از دماغم بیرون نمیرود * چوب و فلک حافظه را زیاد میکند * حالا بقولِ تو خود اگر غَضَبم بروز کند بجای چوب و فلک خوفِ سنگساریست: این معنی برای تو علی‌السویه است، امّا نه برای من * درویش جان! حالا بگو چه بایدم کرد" *

درویش :— "اگر آن قدر تزویر، که مجتهد را خر کُنی، نتوانی بکار بری، حاجی و اصفهانی نیستی * سکوت، و حیوت، و قوز، و بزمین نگاه کردن، و داغِ پیشانی، و زدنِ شارب، و خود را احمق نمودن از دست مده: دیگر کار مدار * منهم بیش ازینها نمی توانم" *

حاجی :— "در این باب خدا کریم است، امّا بی شام خوابیدن بهتر که بمهمانی رفتن و نامربوط [1] خوردن" *

پس با چهری عبوس و چشمی بزمین دوخته بدیدن مجتهد رفتم * در عالمِ مصیبت خود در شهر قم، همانا کسی صورتِ تقدّس مرا نداشت * در وقتِ آهسته آهسته راه رفتن، این حکایت شیخ سعدی دربابِ فضیلتِ درویشان بخاطرم میآمد (و سخت بحالِ خود مناسب میدیدم) که "یکی از بزرگان پارسائی را پرسید که چه گوئی در حقِ فلان عابد که دیگران در حقِ او سخنها بطعنه گفته اند * گفت در ظاهرش عیبی نمی بینم و از باطنش غیب نمیدانم * * قطعه *

هر که را جامهٔ پارسا بینی ∴ پارسا دان و نیک مرد انگار
ور ندانی که در نهادش چیست ∴ محتسب را درونِ خانه چه کار؟"

[1] *Nā-marbūṭ khurdan* = *chīz-i bī-khud khurdan*, i.e. *guh khurdan*: there is an *īmā'* here.

و هم از شیخ مرحوم فقرات دیگر بخاطرم آمد که اگر فرصت [1] بجویم بمناسبت مقام برای مجتهد بخوانم * از آنجمله "اِفعلْ بی ما انتَ اهلُهُ ولا تفعلْ بی ما انا اهلُهُ *

* بیت *

گرکشی ورجرم بخشی روی و سر بر آستانم .·. بنده‌را فرمان نباشد هرچه فرمائی برآنم" *

آغا نمازِ ظهر را تمام کرده ، سر بدوش راست و چپ خمان ، [2] سلام میداد که برسیدم * مقلّدان [3] و مرده ، پشتِ سر او ، همه خُشُبٌ مُسنّدةٌ [4] دیده بر او دوخته بودند * چون از اوراد و اذکار [5] پرداخت یکی از ملایان پیش رفته مرا معرّفی کرد * آغا اشارت نشستن فرمود * دامنِ عبایش بوسیده بنشستم * گفت "حاجی! خوش آمدی ؛ مشرّف ؛ مزیّن ؛ ما مدح ترا خیلی شنیدیم : بالا تر بفرمائید" *

با توقّف و اعتذار بسیار ، از صفِ [6] نعال ، با هزار اصرار ، زانو زانو مرا بجای نزدیک خود کشانید * دستهارا در آستینِ عبا و پاهارا در آستانِ مقعد نهفتم *

مجتهد :— "شنیدیم شما مردی مؤمن و متعبّدید ؛ قول و فعلتان یکیست : ریش دو ندارید [7] یعنی مانند ریاکاران در ظاهر مؤمن و در باطن منافق نیستید" *

حاجی :— "سایهٔ سرکارِ [8] آقا از سرِ ما کم نشود ! کمترین خاکپای آغا و سگِ آستانِ سرکارِ [1] شریعتمدارم" *

1 *Justan* in m.c. means "to find."

2 There are two recording angels, the *Kirām^u el-kātibīn* or "Illustrious writers": one is on the right to record man's good actions, and one on the left to record his bad actions. (Muslims ought to spit to the *left* hand). The *salām* at the end of the prayer "the peace of God be with you" is supposed to be said to these angels:—

Looking to the front the supplicant says *As-salām^u*, and then over the right shoulder *'alaikum*; then while turning the head to the left shoulder *va raḥmat^u 'llah'*, the final short vowel being ennnciated just as the face is over the left shoulder; next while the face is being turned again to the right shoulder *va barakāt^uh*, the final—*^uh* being said just as the face reaches the shoulder.

3 *Muqallidān* "his imitators:" *marada* pl. of *murid*.

4 A saying from the Quran; كأنّهم خُشُبٌ مُسنّدةٌ 'like dry sticks propped against a wall.'

5 Pl. of *wird* "a portion of the Quran: *azkār* (pl. of *zikr*) 'telling over beads or any religious repetition as an exercise.'

6 Pl. of *na'l*.

7 *Rish-i du*: this idiom is not in use; probably there is a clerical error. In the original "—not wearing a beard of two *colours*, like—."

Du-rū nistīd "you're not double faced" is a common m.c. expression.

8 An *izafat* after *sarkār* in both cases.

مجتهد (خودي جمع كرد كه) " حاجي! راست است توفيق الهي چراغي فرا راهِ تو داشته است كه مجاورِ قم شدهٔ؟ ما، مدّتي است، تركِ دنيا گفته ايم؛ سؤال من براى اين است كه به بينم نسبت بحال تو از دستِ من خدمتي بر ميآيد يا نه: 'تعاونوا [1] وتحابّوا' * حديثِ شريف نبوي است 'مَن يَبصُر يهدِ مَن لا يَبصُر و من يَسعَد يعن مَن لا يَسعد [2] ' " *

ازين سخنان جرأتي پيدا كردم و حكايتِ شيخ سعدي را بكار زدم و سرگذشت خود را با تعديل، بلكه با تبديل، بيان كردم كه حضّار بنظر شهيدم نگريستند *

مجتهد :— " از اينقرار روزيكه بيارى خدا اصلاح كارت شود، نزديك است * شاه بزيارت معصومهٔ قم ميآيد * چون بمن يك نوع ارادتي دارد، يقين داشته باش كه در استخلاص تو بهيچوجه كوتاهي نخواهم كرد " *

حاجي :— " بندهٔ خاكسارى مانند اين مقدار در ازاي التفات سركارِ شريعتمدار چه مي تواند گفت؟ هر احسانى كه در حقِ حقير بفرمائيد محضِ عنايت والتفات است؛ وگرنه من كجا و لطفِ سركار كجا "؟

مجتهد (بپاداش تملقات من) :— " معلوم است تو از مائي بحكمِ 'المومنونَ اَخوةٌ'؛ مومنين پاك يكديگر را بمحض ملاقات ميشناسند، چنانچه ميگويند طايفهٔ از فرنگان هستند بنامِ اهل فراموش [3] خانه كه يكديگر را درميان هزار نفر بمحضِ يكنظر تشخيص ميدهند " *

همهٔ حضّار " لا اله الا الله " و " لا حول " گويان استحسان كردند *

مجتهد :— " حاجي! قلندرى با تُست كه درويشش ميگويند * شنيده‌ام گفته است باهم آشنا و همراه بوده ايد * راست است "؟

حاجي :— " چه عرض كنم "؟ (متردّدانه) " باي فقير و مردى بى نواست درپهلوى خود جا دادم * خدمتى جزوي در حقِ من كرده است، بآن ملاحظه رعايتش ميكنم " *

1 *Tu'āwinū wa taḥābbū* "help each other and love each other."

2 'Let him who sees help him who does not see, and let him who is fortunate help him who is unfortunate.' [*Man* apocopates two verbs].

3 *Farāmūsh-khāna* 'a lodge of freemasons.'

مجتهد دست پرِ شال [1] کرد و مریدان میدانستند که در آنجا سر افادهٔ [2] دارد ؛ همه گوش شدند • "ایشان همه نام خود درویش می گذارند • خواه نور علی شاهی ، خواه نعمة [3] الهی ، خواه ذهبی، خواه نقشبندی ، خواه سلسلهٔ ملعونِ [4] اویسی ، همه کافرند و مُرتدّ ، و واجب القتل • هرکه بدینها معتقد باشد، کشتنی و سوختنی و گردن - - زدنی است • پارهٔ از ایشان می گویند که 'روزهٔ رمضان [5] صرفهٔ نان است ؛ و نماز کارِ بیوه- زنان، و حج تماشای جهان؛ امّا دل بدست آوردن کارِ نیکان' • پارهٔ دیگر میگویند :—

• بیت •

'طاعت آن نیست که بر خاک نهی پیشانی .·. صدق پیش آر که اخلاص به پیشانی نیست'•

یکی میگوید :— • بیت •

'گر کسی از سجدها رهبر شدی .·. دنگ هر رزّاز پیغمبر شدی [6]'

دیگری میگوید :— • بیت •

'فسق من و زهدِ تو فلک را چه تفاوت ؟ .·. آنجا که بصر نیست چه خوبی و چه زشتی' ؟

'پس حُسن و قبح اعمال و افعال باعتبارِ ماست : در حقیقت حسن و قبح نیست' • خلاصه عباراتهم شتّی[7] و معناها واحدٌ • حقیقت این است که بقرآن و احادیث و اخبار و سُنن اعتقاد ندارند : میگویند ' قران رَطْب [8] و یابس است و احادیث و اخبار مجهول و ساخته • ما را بسننِ آدابِ گذشتگان پیروی بچه کار آید' ؟ قومی ' یا هو، یا من هو ، یا من لیس الّا هو' گویان اینقدر سر می جنبانند که دهانشان مانندِ دهان شُتر کف [9]

[1] *Dast par-i shāl kard* 'stuck his hand into the front of his *kamarband*,' a not uncommon attitude amongst orientals when standing at their ease.

[2] *Ifāda* "instruction, speech:" *ifāda na-kun* (m.c.) = 'dont teach your grandmother.'

[3] *Na'mat Ullah Shah* was from India: he is buried at *Māhān* (always pronounced *Māhūn*) near Kirman.

[4] *Uvais-i Qaran* is said to have lived in the time of Muhammad. Dervishes claim that he was the first dervish.

[5] *Ṣarfa* "gain, economy."

[6] 'If anyone could become a spiritual guide by doing *sijda*, the *ding* of a rice-cleaner would become a prophet.' The *ding* is an instrument (like a hammer) for husking rice; it falls down on the ground into a hole.

[7] *Shatta* pl. of *shatīt* "scattered, divided, dispersed."

[8] *Raṭb* "moist" and *yābis* "dry:" the meaning is obscure.

[9] The Persian translator is probably here referring to the sect of "howling dervishes" of Cairo, Constantinople, etc.

مي كند و اسم اينرا ' ذكر ' ميگويند * قومي ديگر ميگويند كه " ما اهل حقيقتيم و برتر
از همهٔ مردم * پيروان ما اهل طريقتند و باقي مردم اهل شريعت * حقيقت اعتقادِ
محمد است و طريقت افعال او ، و شريعت اقوال * ما را با معنيِ محمدي كار است
و بافعال و اقوال او كاري نيست * ما اهل باطنيم و بس * پيروی افعال واقوال كارِ
اهل ظاهر و [1] قشري است ' * حركات و سكنات اين قوم بيشتر بحركات و سكنات
رنود و قلاش و بوالفضول و اوباش مي ماند ، نه بحركات و سكناتِ مردمان معقول *
رابعي هم دارند كه ميگويند " ما با ذاتِ واجب الوجود متحديم يعني وحدت وجوديم ' *
[2] شطحياتي چند از قبيل ' ليس في جبتي سوى [3] الله ' و ' انا الحق ' بقالب زده
اند [4] * خرقه و ژنده مي پوشند و نعمتهای الهي را خوار ميشمارند كه " پشت
پا بدنيا زده ايم ' * از جذبه و شوق و سماع و خلسه و مراقبه [5] و خلوت و وصول
بالله و فناء في الله ، واز ين قبيل مزخرفات و ترّهات سخن ميرانند ; و معاني اينها را
نه خود مي فهمند ونه ديگری ميفهمد * پاک و پليد و حرام و حلال و مباح و مكروه
نمي دانند * لعنهم الله ، لعنهم الله ! هرچه بدهنشان ميآيد ميخورند ; و هرچه
بزبانشان ميگردد مي گويند * يهود و نصاری [6] و گبر و ترسا در نزد شان مساوي است *
كيش و آئين و مذهب و دين نميشناسند * خذلهم الله ، خذلهم الله [7] ! يكی از
رؤسای ايشان گفته است :— * بيت *

" نه در آئينِ مسلمان ونه دركيش كشيشم .·. حيرانی بصبرم از خود كه من آخر بچه كيشم " *

" آن پدر سوختهٔ ملای روم را نمي بيني با آن غو غو و كوكوهای [8] بی معنی چه

[1] *Qishrī* = *pūsti*.

[2] *Shaṭḥ* "the ravings of ecstatics."

[3] "There is nothing in my garment except God;" a saying of the Dervish Manṣūr, for which he was executed.

[4] *Qālib* means a brick mould (which makes about a thousand bricks a day): *ū, darūgh bi-qālib mī-zanad* = 'he turns out lies as quickly as bricks are made.'

[5] These are dervish idioms. *Jaẕba* "the attraction of God;" *shauq* "the desire for God;" *simā'* (also *raqṣ-i simā'*) "the dance of dervishes" (during which they hear a voice from the unseen and then attain the two states first mentioned); *Khalsa* (lit. "carrying off") is a state betwixt sleeping and waking in which revelations are made; *murāqiba* = '*dar chilla nishastan*, etc.'

[6] *Gabr*, vulgarly *gaur*, is a Parsee.

[7] 'God forsake them'!

[8] Mullā-yi Rūm, celebrated mystic and poet and founder of the sect of whirling dervishes uses, it is said, these words (غو غو and کو کو the cooing of doves, etc.) about Shams-i Tabrizi.

نامربوط و چه جفنگها قالب زده است؟ در مثنویش هم میگوید :— * بیت *

'هر کرا خلقش نکو نیکش شمر .·. خواه از نسل علی خواه از عمر' *

"آن عطّارِ بیمزهٔ شان، که پردور [1] افتاده است، با وحدت و کثرت و ریاضت و مجاهده و مشاهده و سلوک و سیرش باز چیزیست؛ امّا از طرف دیگر خدا میشود، گدا میشود، آب، آتش، زمین، زمان، بره، تره، زردالو، شفتالو، میشود، میشود، میشود * اینان همه خود را اهل معنی و صوفی و عاقل و حکیم و راهنما و راهبر می دانند * زهی راهنما! زهی راهبر! زهی راهرو! زهی راه جوی! 'اذا کانَ الغرابُ دلیلَ قومٍ سیهدیهم بوادی [2] الهالکینا' *

از ذوالنونِ مصری، و حسن بصری، و حبیب عجمی، معروف کرخی، شبلی بغدادی، منصورِ حلاج، و اویسِ قرن گرفته تا بهرسی و بنگیان [3]، امروز همه باید لعنت کرد" * حاضران همه لعنت کردند و من ملعون هم با ایشان لعنت کردم *

چون سخنانِ مجتهد تمام شد، حاضران از استحضار واطلاع او متحیر و از طریقه و اعتقاد او متعجّب، ملتفت بودند که این سخنان در من چه تأثیر کرده است * من هم در اظهارِ حیرت و تعجّب هیچ از ایشان واپس نماندم؛ و در تملّق [4] و مزاج گوئی استادی و بیساختگی بسیار خرج دادم؛ چنانچه موردِ آفرین و تحسین همه گشتم *

مجتهد از حیرتِ حاضران سرگرم، چنان دادِ تقبیح و توبیخ صوفیان بداد که اگر من صوفی میبودم البته او را با دستِ خود میکشتم * امّا از حسنِ نتیجهٔ تقدّس-فروشیِ خود، برخود بالیدم و کم مانده بود که امر بر خودم نیز مشتبه شود که درِ واقع مقدّسم *

1 i.e., *pur dūr az sharī'at.*

2 A quotation from an Arab poet, "when a raven is the guide of a tribe, it will guide them to the valley of them that perish." The final *alif* in هالکینا is a poetical license.

3 Note the plural termination added to the second noun only.

4 *Mizāj-gū'ī* is 'saying something suitable to a person's temperament, *i.e.*, something merely to please him, 'blarney'; *mizāj-gū'ī ma-kun, ḥaqīqat-rā bi-gū*, "dont say this to please me, tell me the truth" is a common m.c. saying.

با خود گفتم " اگر زهدِ ریائی مایه‌اش همین است، این چیزی نیست * با اینحالت چرا باید زحمت کشید و اسیرِ ستمگاران و متحمل ناملایمات دنیا شد ، و علاوه بر حالتِ حالیه هدفِ هزار [1] و یک تیرِ بلا گردید ؟ " *

با نیت مواظبت بعملِ تقدّس ، بمنزلِ خود برگشتم * چون با درویش تنها ماندیم ، آنچه در حقِ درویشان علی العموم ، و در حق او علی الخصوص ، گفته بود باو اظهار نمودم ; و گفتم " مناسب است که ترکِ بودنِ محل مظنهٔ سوءِ گوئی : همه را دیده بر تست * اگر فرصتی یابند دمار از روزگارت بر میآورند " *

درویش تند شد که " سرشان را بسنگ میزنند ! قرمساقان تشنهٔ خون شده اند ! از کشتن بیچارهٔ بی اذیت چه ثوابی حاصل خواهند کرد ؟ من در اینخانه کاری بطریقت دارم نه بشریعت ; نه بصوفی میپردازم نه به مُتشرّع * بنا بخاطر ایشان سرم که روی خاک نمیدید ؟ پنجوقته بسجده میرود : اینقدر برای ایشان بس نیست که میخواهند اینجا نباشم ؟ من میروم * این درک [3] بدان ریاکاران ارزانی ! اگر دیگر سرم سرِ مُهر [4] یا رویم روی وضو دید ، لعنتی که سزای ایشان است بمن باد ! "

از شما چه [5] پنهان ؟ از نیتِ درویش بدم نیامد * برخاست ; [6] رشمه و جوز بند [7] بر کمر ، و تسبیحها بر گردِ دست ، تخته - پوست و کشکول بر دوش ، و منتشا در [8] دست روان شد : و وداع یکدیگر کرده خلوت را بمن باز گذاشت * با آنکه بجز دو پای دنیا کوب بهرهٔ از دنیا نداشت ، با شادیی که گویا مال دنیا همه از اوست ، برفت *

از دفعِ شرِّ آن بلا خندان گفتم " دستِ علی بهمراهت ! پایت از گیوهٔ نو برهنه ، و چنته‌ات [9] از قصهٔ نوتهی مماناد ! که [10] با این حال میتوانی بکامِ خود و بکامِ دیگران

[1] *Hazār tīr-i balā* is commoner in m.c. *Hazār u yak* is popularly supposed to be the number of the names of the deity, and hence to be the limit in counting. Ali is said to have a thousand names and God a thousand and one.

[2] *Māndīm* incorrect for *māndam*.

[3] *Darak* "lower Hell."

[4] *Sar-am* is the subject and *sar-i muhr* is the object in the clause (the verb *dīd* being understood).

[5] *Shumā*, i.e., the reader, the audience.

[6] *Rishma* 'the strings on the head and waist of a dervish' (gen. of camel hair).

[7] *Jauz-band* a small bag, generally of carpet, suspended from the *kamar-band*.

[8] *Mantashā* is a knotted stick carried by dervishes.

[9] *Chinta* is said to be a dervish's bag, (rather larger than a *jauz-band*) or a wallet suspended from the shoulder; *also* a small nose-bag for a donkey.

[10] *Ki* "because."

اطراف جهان را بگردی و لذتی که اغنیا با اسارت هزار گونه ما یلزم و ما یحتاج نمی برند ، تو با بی احتیاجی و بی ضرورتی ببری "!

گفتار چهل وهفتم

در اطلاع حاجي بابا باینکه درویش او را بی برگ و نوا ساخته ، وخلاصي وی از بست *

در باب خلاصي از بست همه خیالم صرف وعدهٔ مجتهد بود و چنان گوش[1] زدم شده که برای اطمینان از وعدهٔ او بایه بقدر امکان هدیه باو داد که هرکار در ایران بی مایه فطیراست[2] : پس بایستي پیش از وقت بدین امر بیندیشم * بجز جزئي وجهی که بالفعل مایهٔ گذرانم بود چیزی نداشتم ; واز روی احتیاط او را در یک گوشه بزیر خاک نهفته بودم *

خیالم برآن قرار گرفت که جا نماز برای پیش نماز[3] بخرم ، وسفارش کردم بیاورند به بینم *

با خود مي گفتم که " جانماز همیشه در حضور مجتهد مرا بخاطر او میآورد" *

بگوشهٔ دفنیه دویدم * اذن[4] بده تا من قدری بایستم * تو هم تفکّر بکن اگر به بینم که جاهست وکیسه نیست ، حیرت و نومیدي و حدّت وخشونت و از جا بر آمدگیم چه قدر میشود *

جگرم بدهانم آمد ; بی تأمل بر سر زدم و فریاد بر آوردم که " ای نرّهٔ قلندرِ سگ[5] صوفي ! عجب ، کشتيِ مرا بلنگرگاه آوردي و بی لنگر گذاشتي * الهي ! از تلخکامي خلاص نشوي ، و از گدائي و دریوزگي رهائي نیابي که مرا بخاکِ سیاه نشاندي وگدایم کردي " *

[1] *Gūsh-zad-am.*

[2] The meaning is not clear: *māya* is 'leaven' and *faṭīr* is 'dough without leaven; *also* anything done precipitately (fig.).

[3] *Pīsh-namāz*, i.e., the Mulla.

[4] These words are addressed to the reader.

[5] *Sag-ṣūfī* and *sag-sunnī*; no *iẓāfat*.

پس بنا کردم بهایهای گریه و زاري نمودن ؛ چه ترسِ آن داشتم که اهلِ قم یاریم نکنند ، و از گرسنگي بمیرم • چون نومیدي نا خوشي است که هرچه باو رو بدهي [1] زور آور تر میگردد ، بنا کردم باندیشه نمودن ؛ اولاً بدیدن قتلِ زینب بدان حالت ؛ بعد از آن بحالت بست که نوعی از زندان است ؛ بعد از آن بدزدیده شدنِ پول که مایهٔ اُمیدواریم بود • نومیديِ خود را بمرتبهٔ دیدم که اگر زهر میداشتم هر آلینه میخوردم •

در اینحال پیرهٔ آخوندیي از پیرهٔ آخوندان که در نزدِ مجتهد مرا باجتناب از درویش تحریص مي نمود داخل شد • حالِ دل بگشودم ، با سوز و گدازي که دلش بسوخت •

گفتم " جناب ! راست گفتي که باید از آن درویشِ ملعون بر حذر بود • پولم برد و مرا بدردِ درویشي نشاند • خود را دوستِ من میگفت و در واقع دشمنم بوده [2] است • اکنون کجا روم ؟ چکنم ؟ چه چارهٔ سازم " ؟

گفت " غم مخور ، خدائي هست : اگر مشیتِ الهي بزندگاني تو با ذلّت قرار گرفته است ، هرچه سعي کني بیهوده است • پولت رفت ؛ برود • جانت بسلامت که سلامتِ نفس سرور همهٔ چیزهاست " •

گفتم " ترا بخدا ! اینها چه حرف است ؟ ازجان خشک و خالي چه فائده ؟ سلامتِ نفس پول مرا از درویش پس نمیگیرد " •

پس التماس کردم که حالم را بمجتهد باز نماید و عذرِ حالِ هدیه ندادن بخواهد • ملاّ با تعهّدِ درست کردنِ کارم برفت وهم در آنروز خبرِ نزدیکي ورود شاه بقم بواسطهٔ فرّاشباشي ، که برای تهیه و تدارک آمده بود ، برسید •

خیابانهای صحن آراسته ، و صحن شسته و رفته ، و فوّارها جاري ، و اطاق مخصوص پادشاه فرش شد • جمعي از ملاّیان مأمور به پیش باز [3] رفتن شدند • خلاصه از رسومِ استقبال [4] و پذیرائي پادشاه سرِ موئي فرو گذار نکردند •

1 *Harchi bi-ū rū bi-dihī* = 'the more you think about it, encourage it.'

2 *Būda ast*, indefinite time "has been all along and still is :" *būd* (definite time) would signify that the dervish was an enemy at a particular time.

3 *Pīsh-bāz* "going out to meet a personage."

4 The first *istiqbāl* signifies 'reception by going out some distance to meet a person,' and the second *istiqbāl* signifies "future."

پس من باندیشهٔ استقبالِ افتادم چه مدتی بود از طهران خبر نداشتم، ونمیدانستم که [1] مغضوبیم تا بچه درجه است * چون کار را از جای بدش ملاحظه میکردم، میدیدم که استیفای غیظ شاه بریدن سرِ من است وبس : از طرفِ دیگر با خود میگفتم مصراع " من کیم تا که بیایم بشماري باری [2] ، با همّت شاه وعلوّ جاهِ او " ؟ مصراع " آنچه در هیچ حسابي نَبُود خونِ من است " * وآنگهي امیدِ خود را بر روی شفاعت و وساطتِ مجتهد مبتّنی میساختم *

فرّاشباشي دوستِ قدیمم بود ، و در میانِ همراهانش چند تا از آشنایانم بودند * با اینکه گفته اند * بیت *

" هر کرا پادشاه بیندازد .·. کسش از [3] خیل خانه ننوازد "

باز اظهارِ آشنائي با ایشان شد * تازه رسیدگان آنچه در غیبت من روی داده بود ، باز گفتند * با اینکه بترک دنیا مصمّم شده بودم ، باز حرفِ دنیائي ایشان بگوشم خوش آیند مي نمود * گفتند که نسقچي باشي از جنگِ روس برگشت : هدایای بسیار برای شاه آورد * از جملهٔ هدایا و علامتِ غیرت و شجاعتِ او کنیزان و غلامانِ گرجي فراوان بود * هدایایش مستحسن افتاد ، و شاه برای اظهار التفات خلعتي باو بخشید ، باین شرط که مِن بعد از شراب خواري توبه کند * هم ، چنین شنیدم که با فهمیدنِ شاه که مرا در تقصیر زینب دخل است ، و با اینکه حکیم باشي پیشکش بسیار داده بود ، شاه بجهت محرومي خود از خوانندگي و سازندگي زینب ریش حکیمباشي را کنده بود * خشمش فروکش نکرده بود تا اینکه نسقچي باشيَ کنیزی گُرجي آورده که باتفاق همهٔ اهل [4] خبره بعد از طاوس ، زني بدان برازندگي و گوهری بدان ارزندگي دیده نشده بود ، بلکه هرگز از پشتِ انساني مغزی بدان کمال و از چرخ [5] حُسن ماهي بدان جمال نیامده * از قراریکه فراشباشي نشان میداد چشمش بقدر [6] مایهٔ کفِ دستِ او ، و قدّش مثل همان سرو که در [7] باغچهٔ صحن

[1] *Maghẓūbī-yam* "my being the object of wrath."

[2] "Who am I that I should ever be counted as anything?"

[3] *Kheyl-i khāna* = *ahl-i dar-i khāna-yi shāhī.*

[4] *Ahl-i khibra* "experts."

[5] *Charkh-i ḥusn* "heaven of beauty."

[6] *Māya-yi kaf-i dast* (m.c.) = *kaf-i dast* : *kaff* in Ar.

[7] There is a famous cypress in the garden of the shrine at Qum. *Mash-had*, lit. "place of martyrdom" is often applied to any place where a holy person has died. *Maʿṣūma* was not martyred.

مشهدِ قم است (امّا بشرطیکه روان باشد) * در آخر گفت که " سرِ همهٔ وسایلِ الطافی غضبِ شاهي مایه‌گذشتنِ چند تومان است و بس " *

از اسمِ تومان باز درویش بیادم افتاد و باز دشنامش دادم که " خیر نبینی ، قلندر ! اگر مالِ مرا نبرده بودي ، اکنون مبالغي کارسازي [1] میتوانست کرد " * باری دلم بدان خوش شد که گفت " کارِ تو نه بدان دشواریست که مي پنداري " * بنابرین بر سرِ حصیرِ صبر ، قلیانِ انتظار برلب ، باورد " الصبرُ مفتاحُ الفرَجْ " و " مَنْ صَبَرَ ظَفَرَ ، " منتظرِ عاقبت کار ، نشستم *

روز دیگر پادشاه رسید و در بیرونِ شهر در چادر منزل کرد * تفصیلِ پذیرائي او درد سر آرد * پادشاه بقدرِ امکان آنرا مختصر گرفت تا ثوابِ زیارت بیشتر شود *

تدبیرِ پادشاه خوش رفتاري با ملّایان قم بود ، چه از ایشان در باطن واهمه داشت * ازین سبب به * * * خیلي اظهارِ ارادت نمود : پیاده بدیدنش رفت ; او را در پهلوی خویش بنشاند * این التفات بکمترهٔ ملائی شده است * در ایام مجاورت در شهر پیاده میگشت ; بفقرا ، ولا سیما بسادات ، صدقهٔ زیاد میداد * همراهانش نیز بحکمِ " الناسُ علی دینِ ملوکهم " زهد و ورع میورزیدند ; و من چون ایشانرا در ریاء همرنگِ خود میدیدم خوشم میآمد * در ایام قلمگی [3] شنیده بودم که پادشاه در باطن صوفي و اهل حال ، و در ظاهر متشرّع و اهل قال [4] است * از بزرگانِ بی دین یکی را مي شناختم که هیچ کم از یزید [5] نبود ; او را هم دیدم لباس ایمانِ ظاهري در بر کرده است *

روزِ زیارت عرض لحیه [6] نمودم تا وعدهٔ مجتهد از خاطرش نرود *

نزدیک بظهر ، شاه پیاده ، عاري از همه لباس وجواهرِ حشمت ، [7] تعلیمی منقّش در دست ، با بزرگان و ملّایان داخل حرم شد * از مالِ گرانمایهٔ دنیا تسبیحی

[1] The subject is *māl*.

[2] M.c. for *kam bi-mullā'ī dāda shuda ast.*

[3] *Qalamagī* "being an official:" *ahl-i qalam* is a term applied by Mullas to all Government officials.

[4] *Ahl-i ḥāl* is a term applied to a sect of free-living dervishes; opposed to *ahl-i qāl* a term applied to bigoted mullās. *Ḥāl* also means a state of religious ecstasy.

[5] *Yazid* who caused the death of Husain.

[6] "I showed my beard (*laḥya*)" *i.e.*, face: "I appeared in public."

[7] *Ta'līm* (m.c.) "a swagger cane."

در دست داشت و بس * این تسبیح از مروارید بزرگ - دانهٔ آبدار ، پیشکشی بود
که از بحرین [1] آورده بودند و از دست فرو نمیگذاشت *

مجتهد سه قدم عقب تر بسؤالاتِ شاه محترمانه جواب میداد و شاه ازین
معنی باد - کنان نیک ملتفت گفتارش بود *

چون ازدحام بایستی از درِ حجرهٔ من بگذرد ، همینکه پادشاه بدمِ حجره
رسید ، اطرافش را از مانع خالی و فرصت را غنیمت دیدم * بپایش افتادم که " ای
پناهِ ضعفاء ! ای پادشاهِ عالم-پناه ! بحقِ همین معصومهٔ قم که بحال من [2] ناتوان
رحمت فرما " *

پادشاه روی بمجتهد کرد که " این کیست ؟ از شما مدت ؟ "

مجتهد جواب داد که " مردی هست بستی ، وعادتست که بستیانِ بیچاره
در چنین وقت از پادشاهان تظلّم و استغاثه می نمایند * خداوند سایهٔ پادشاه را از
سرِ فقراء و ضعفاء کم نکرداند ! " *

پس شاه روی بمن کرد که " کیستی ، و برای چه به بست نشستهٔ " ؟

گفتم " تصدقت شوم ! کمترین وکیلِ نسقچی باشی بودم ؛ اسمم
حاجی بابا است ، با بی گناهی به تهمتِ هم چشمان گرفتار شدم " *

بعد از اندکی سکوت گفت " یافتم [3] ! بمبارکی ؛ حاجی بابای معهود
تو بودهٔ " ؟ پس روی بمجتهد نمود :—

پادشاه :— " خواه نسقچی باشی ، خواه وکیلش ، خواه سگی دیگر ، هرکه
خطا کرده ، کرده باشد ؛ حرف در سرِ این است که مال پادشاه را آتش زده اند *
سرکارِ آغا غیرِ این است ؟ "

آغای مقدس :— " خیر [4] بسر شاه همین طور است ؛ امّا اغلب در چنین

[1] Bahrein, an island in the Persian Gulf near the Arab Coast, is still noted for its pearl fishery : the trade is chiefly in the hands of Hindus from Bombay.

[2] No *iẓafat* after *man* though *nā-tavān* qualifies it.

[3] *Yāftīm* "we have it ; we've grasped it ; understood it."

[4] *Khair* in m.c. means "no" and not "yes."

موارد (یعني در مسائل متعلق مرد و زن) مناطِ[1] اعتبار قولِ طرفین است نه قول خارج " *

پادشاه :— " اما سرکارِ آغا چه میفرمائید در صورتیکه این چنین موارد تعلّق بشاه داشته باشد ؟ کنیزی از شاه هلاک شد * ادنیِ نفس را هم دیت لازم است ; روس با همهٔ بیدیني از چنین عمل بمفت نمیگذرد * ما چرا برای لذّتِ نفسِ حکیمباشي ، یا برای استیفای شهوتِ وکیلِ نسقچي باشي بمفت از مال خود بگذریم ؟ "

مجتهد :— " راست است هر نفسی را دیتی است ، و حفظِ نفس از واجبات است ; امّا عفوِ خطایا نیز از مثوباتست * اگر چه انتقام را در این احوال لذّتیست ، اما لذّتِ عفو بیش از لذتِ انتقام است ; و انگهي حدیث است که ' عفوِ محصورین را ثواب بیش از عفو سایرین است[2] ' * اگر حضرتِ ظلّ آلهي از خطای این مجرمِ مسکین در گذرند ، ثواب آن داره که بیست روس با دستِ خود کشته ، یا قبرِ فرنگي را آتش زده ، یا صوفي را سنگسار نموده باشند " *

پادشاه روی بمن کرد که " مرخّصي" ; و (دست بشانهٔ مجتهد گذاشت که) " برو دعا بجانِ این مرد بکن ; وگرنه روزِ روشن در جهان [3] نبایستي دید * برو ! چشمت را وا کن ; برو ! دیگر ترا چشمم نه بیند " *

1 *Manāṭ* "place of suspension; cause."

2 'Pardoning the beseiged (who are in a corner and can't escape) is better than pardoning others.'

3 *Na-bāyistī dīd*, lit. "you ought not to have seen; you would not have seen.'

گفتار چهل و هشتم

در رفتن حاجی بابا باصفهان و [1] تصادفِ ورودِ وی با وفاتِ پدر

احتیاج بتکرارِ این [2] لفظها نبود : بی آنکه یکبار بعقب بنگرم وبی هیچ [3] دلنگرانی از قم و مجتهد قم رو باصفهان نهادم * دو سه قرانی که مرا باصفهان رساند در جیب داشتم : اگر منزل را بگوئی ، در ایران بهمّت شاه عباس [4] این قدر کاروانسرا در راها هست که سرِ مسافرِ محتاج ببالین خانگی نباشد * [5] با همه - جوانی از دنیا سیر شده بودم ؛ شاید اگر در قم مانده بودم باستصواب * * * * مواظبِ تُرشی و تلخی زهد شده ، عاقبت هم می تُرشیدم هم می تلخیدم : امّا میدانِ عمر هنوز وسیع و [6] سمندِ امید هنوز از تک و تازِ جهان خسته و ناتوان نشده * بخاطرم آمد که این بلاها که بد آنها مبتلا شدم باید بجهته فراموشی پدر و مادر و عدم مراعات حق والدین باشد *

با خود گفتم " وای بر من که بد پسری بوده ام ! وقتیکه در سرِ کار و [7] آماسیدهٔ بادِ افتخار بودم، یادِ دلاّکِ بیچارهٔ اصفهانی هیچ در پیرامونِ خاطرم نگشت وحالا که سرم بسنگِ حوادث خورده، و دستم از خوش گذارانی کوتاه گردید ، بیادِ پدر و مادر افتادم * بیت *

گنجِ قارونت ار بوَد بجهان .·. نتوان دوستی خرید بدان " *

[1] *Tapāduf* "meeting by chance; happening by chance."

[2] *I.e.*, the last words of the Shah.

[3] *Dil-nigarānī* "sorrow; regret."

[4] *Himmat* "magnanimity, ability." Most of the fine caravanserais in Persia are said to have been built by Shah 'Abbas.

[5] No *izafat* after *hama*, here.

[6] *Samand* "charger, etc.; *also* dun-coloured."

[7] *Āmāsīda* "swollen; puffed up."

گفتم " کو دوستی بهتر از پدر و مادر " ؟ با تکرارِ این کلمات رقّتی [1] دست داد" *
در دل گفتم که "بگذار پدر و مادر به بینند که پسری داشته اند : چون بخانه برسم
می بینند که ناخلف نبوده ام " * امّا گویا یکی بگوش جانم میگفت که " وقتی
نیامدی که بیائی بکارِ دل [2] " * حدسی [3] که با تأسفِ زینب در حال بیرون آمدن
از طهران با آنحالتِ تقوی زده بودم بخاطرم میآمد *

چون چشمم بکلّهٔ کوهِ قاضی [4] که علامتِ نزدیکی اصفهان است افتاد ، دلم
در سینه طپیدن گرفت * در هر قدم اضطرابم میافزود که " خاندانِ خود را در چه
حالی خواهم دید ؟ آیا آخوند پدرم هنوز عمامهٔ حیاتش در سر است یا کفنِ مماتش
در بر ؟ بقّالِ [5] همسایهٔ دکانمان (که پولِ سیاههای دزدیدهٔ از دخل پدر را همه در دکان
او بشیرنی آب میکردم) دکان زندگیش تخته [6] شده است یا هنوز کشاده ؟ پیرِ
کاروانسرادار که در شبِ الامانِ ترکمانان چندان ترساندم ، دروازهٔ عمرش باز است
یا دستِ اجل آن را برویش بسته است " ؟

تا بدیدارِ منارهای شهر ازین قبیل خیالات همیکردم * از دیدارِ خاک پاک [7]
شادمانِ بشکرانهٔ اینکه یادِ وطن با اینهمه سفر هنوز در خاطرم مانده دو رکعت [8] نماز
کردم و سجدهٔ شکری بجاآی آوردم * بعد از آن ، دو سنگ بر روی هم گذاشتم و نذرِ
امامِ رضا کردم که " یا امامِ ثامنِ ضامن [9] ! اگر ضامن ورودِ من بسلامت به دودمانم
بشوی ، نذر کردم که در راهِ تو یک گوسفند بکشم ، و پلاو پخته بدوستان
و اقربای خود بدهم " *

1 *Riqqat* "tenderness."

2 "*Dar rāh-i-marg āmadī, ay gham-gusār-i dil!*
Rūz-i nayāmadī ki bi-yāyī bi-kār-i-dil."

3 *Ḥads* "imagining; conjecturing."

4 Name of a hill about seven miles from Isfahan.

5 *Izafat after baqqāl.*

6 *Dukān-ash takhta ast* (m.c.) "his shop is shut."

7 *Man-bachcha-yi khāk-i-pāk-am* is a *luti* phrase = "I am a Shirazi." The Shirazis call their town *Khāk-i pāk* and the Isfahanis have borrowed the expression.

8 No *izafat* after *raka't*.

9 When out riding one day Imam Raza met a hunter leading in a leash a hind to the slaughter. The hind besought the Imam and the Imam besought the hunter to let her go free for a time to visit her young. The hunter demanded security for the hind's return and Imam Raza gave his riding animal. The hind returned in due course attended by her two young and also by a wolf that had tended them in the hind's absence. [All ended happily]. From the previous circumstance Imam Raza is styled *Imām-i ẓāmin-i Āhū.* He is also styled *Imām Raẓā-i-gharīb* because he was a *stranger* in Khurasān where he suffered martyrdom.

از دهنهای اطراف شهر با دل طپان گذشتم ، و هرجا را که میدیدم یادِ حالِ قدیمي وی [1] بذهنم میآمد ، تا اینکه در بازارهای روبروی دکانِ پدر ، بدرِ کاروانسرای شاه ، رسیدم *

درِ دکان بسته بود ، هیچ علامتی از سکوني وی [2] پدیدار نه * چون این حالت را بشگون نیک نمیگرفتم ، پیش از پیش رفتن خیلی ملاحظه [3] کردم ؛ امّا در آخر بخاطرم آمد که "شبِ جمعه است ، شاید چنانچه عادی است پدرم در پیروی مقدّس شده و شبِ جمعه را به تخت [4] فولاد بزیارتِ اهل قبور [5] رفته است" *

خلاصه کاروانسرا باز ، و بنظرِ من همان بود که بود * لنگهای [6] بازرگانان بدینسوی وآنسوی افتاده ؛ در هر گوشه استر و اشتر چاروداران و مسافران ؛ و مردمانِ دیگر باللباسهای رنگارنگ ، همه با هایهو [7] صحبت کنان ؛ پارهٔ مرده‌وار در تماشا ؛ پارهٔ بی هیچ خیال با کفشهای [8] پاشنه تخته بر روی سنگ ـ فرشها [9] با صدای بلند ، تند تند در رفت و آمد ، روها همه غمناک و درهم ؛ سرها همه پر از سودا و حساب * دوستِ ایام کودکي خود دروازه بانرا جستم ، ندیدم ؛ ترسیدم که دروازهٔ کاروانسرای جهانش کلید شده باشد : ناگاه دیدم قلیانش را چاق کرده [10] سرش را میبرد آتش بگذارد *

• سر بیچاره بمیانِ شانها فرو رفته بود ، و از خمیدگي قدش معلوم میشد که در پشت ، بار سال بسیار دارد *

[1] *Ve* seems to refer to *jā* and not to *pidar*.

[2] *Ve* for *ān*.

[3] "Thought; contemplation."

[4] *Takht-i-fūlād* is the name of the old graveyard of Isfahan.

[5] On their Friday evening (Thursday evening according to English computation), the Persians visit the graves of their dead, give alms to the poor and pour water on the graves. When asked why they pour water they reply, "*rūḥ-i-murda tāza mī-shavad.*" There seems to be some special belief attached to the custom of pouring water. Many Persians believe that from the morning of Thursday to the noon of Friday, the souls of the dead are free to revisit this earth.

[6] *Linga-hā* "bales," etc. All shops are shut on Fridays but the carpet-weavers work till noon.

[7] *Bā hāy u hū*; such as *ūī*, *biyā bi-bar*, *bi-rau*, etc., etc.

[8] *Kafsh-i pāshna takhta*, (now almost confined to Mullas) were formerly generally worn, as shoes of European pattern were not obtainable.

[9] *Sang-farsh*.

[10] *Sar-ash*, head of the *pipe*: *ātash bu-guzārad* "put fire on the top of it."

گفتم « آری ! [1] خودِ علي محمد است ؛ آن بينی را من در ميان هزار بينی ميشناسم ، چرا که سبيلِ زيرِ او را بارها درست کرده ام » *

من با او در گشودن [2] سرِ سلام وکلام ، و او چنان با صحبتِ آينده و [3] روندهٔ مألوف و چنان بترتيب قليان سرگرم که دنيا در نظرش نبود : سر نيز بالا نکرد * گفتم « [4] عمو ! علي محمد ! مرا ميشناسي» ؟ سری بالا کرد و مانندِ کسی که از تکِ چاه نگاه کند بر روی من نگريست که « رفيق ! کاروانسرا نمونهٔ دنياست ؛ مردم ازين درش مي آيند و از آن بيرون ميروند ؛ کسی ملتفتِ ايشان نيست * چگونه ترا بشناسم ؟ علي محمد پير شده ، وچشمانش بدنيا ' شب [5] خوش ' گفته است » *

حاجي بابا :— « امّا بايد حاجي بابا ، آن حاجي بابای کوچک که بارها سرت را تراشيد و [6] شاربت را زد ، بشناسي » *

علي محمد :— « لا اله الا الله ! عجيب وغريب ! راستي تو حاجي بابائی ؟ فرزند ، جات [7] خالي * آخر آمدي ؛ خوب کردي آمدي : [8] مولا را شکر * کربلائی حسن در دمِ مرگ چشمی بديدارِ فرزند روشن ميکند » *

حاجي :— « چه طور ؟ مگر پدرم کجا است ؟ چرا دکانش بسته است ؟ دم مرگ يعني چه ؟ »

علي محمد :— « ای حاجي ! پدرت ، دلّاکِ پير ، سرِ آخرينش را تراشيد * فرصت را فوت مکن ؛ برو بخانه ، شايد در دمِ آخر دريابي و دعای خيرش بگيري * او در حالِ نزع است دنيا فاني است : ما همه ميميريم * من ، پنجاه سال است

[1] *Izafat* after *khud*.

[2] *Sar* "beginning."

[3] *Āyanda va ravanda* "the comer and goer; traveller."

[4] *'Ammū* = "paternal uncle." Persians, like Arabs, often address strangers of almost any age as *'ammū*, but by the Persians this is now considered vulgar. A father will address his son as *pidar* and a paternal uncle his nephew as *'ammū*, using the same address that the younger rightly uses to the older.

[5] *Shab-khush* "good night."

[6] *Shārib* (also *āb-khwār*) is that portion of the moustache that overhangs the mouth.

[7] "Your place is empty" = "you are missed:" "so and so's place is empty" can also mean "he ought to be here (to see this, etc.); I wish he were here."

[8] *Maulā*, i.e., Ali.

که درِ این کاروانسرا را میکشایم و می بندم ؛ حالا می بینم که همهٔ درها [1] بروی من بسته است * کلید های درها از سائیدن دستها روز بروز شفافتر و پاکیزه تر میشود و من از فرسودگی دستِ روزگار زنگدار شدم [2] * ما کاروانیان و جهان کاروانسرا : در کاروانسرا نکند کاروان [3] سرا " *

فرصت اتمام گفتگو نداده بسرعت تمام بخانهٔ پدر شتافتم *

در دمِ در دو ملاّ دیدم : با خود گفتم " اینان بوم شومند که بجز خبرِ مرگ خبری نمی آورند * هر کجا دست اجل کوسِ رحلت مینوازد اینان بارِ اقامت می اندازند " *

بی آنکه بایشان سخنی بگویم داخلِ اطاق شدم * پیره مردی دیدم بر روی بستر افتاده وجمعی کثیر پیرامونش را گرفته * اینک پدرم *

کسی مرا نشناخت ؛ و چون در چنان حال همه کس بی مانع نزد بیمار داخله تواند شد ، کسی مانعم نشد * حکیم در یکطرف بیمار ؛ درطرفِ دیگر پیره مردی که اخوندِ قدیمم بود بتسلّی بیمار می پرداخت ، و سخنانش همانا اینکه " کربلائی مترس ؛ انشاءالله هنوز امیدِ عمر هست * و شاید دیدارِ پسرت نصیب میشود ؛ شاید حاجی در همین نزدیکها ست * امّا در هر حال وصیت مبارک است بهتر این است که برای خود وصیّی تعین کنی * یکی از حاضران را وصی کن "

پدرم آهی کشید که " افسوس ! حاجی چنان دست از من برداشت که در من امّیدِ باز دید خود نگذاشت * میگویند از نامِ پدر و مادر خود عار دارد * میراثِ من قابلِ او نیست " *

این سخنان تأثیری عظیم در من کرد * بیش از آن تابِ ناشناسائي نیاوردم : بیخودانه فریاد بر آوردم که ؛ " حاجی اینجاست ؛ حاجی بامیدِ دعای خیر تو بپا بوست [4] آمده است ؛ دیده باز کن ؛ پدر من ! فرزندِ تو ام " *

[1] *Dar-hā*, i.e., *darhā-yi ummīd*.
[2] *I.e.* 'My keys get brighter by use but I more rusty.'
[3] *Sarā* "staying."
[4] *Pā bās* m.c. for *pā-būsī*.

پس در پای بستر بدو زانو نشسته دستِ پدر را بوسیدم ; و نشان مهر پسری ، [1] اشکم ، رقّت و گریه [2] در گلویم گره شد *

حاضران از آن حالت در حیرت * دیدم پارهٔ را خوش نیامده است وپارهٔ این حال را باور ندارند و بعضی [3] مات مانده اند *

چشمان پدرم که دیگر تابِ گشادن نداشت دقیقهٔ چند بر رویم دوخته شد ، گویا جهد میکرد تا مرا نیک بشناسد * پس دستی بر داشت که " الحمد لله ! نمردم تا پسرم را دیدم * اینک وصی من " * بعد از آن روی بمن کرد که " فرزند ! چگونه دلت تاب آورد که این همه وقت ترکِ ما گفتی ؟ چرا اندکی پیشتر نیامدی " ؟ خواست بیش ازین سخنی گوید ; امّا ضعفِ بیماری از یک سو و شادی دیدارِ من از یکسو عنان طاقت و توانش را از دست گرفت : بیهوش بیفتاد *

آخوندم مرا بشناخت وگفت " حاجی ! دست [4] مزن ; بگذار پدرت بحال آید ، هنوز وصیت نکرده است " ; و جوانی که بنظر دشمنی بمن مینگریست گفت " آری وانگهی باید بشناسیم که این حاجی است یا نه " * بعد از آن دانستم که او برادرِ [5] زنِ اول پدرم بود وامید میراث بردن داشت ; میترسید از گلویش [6] ببرند ; و معلوم شد که سایرین نیز از همان قبیل بودند ; [7] ببوی میراثی که من از آن محروم میشدم ، در آنجا جمع شده بودند *

در ظاهر همه در تردّد که من حاجی بابا میباشم * اگر آخوندم حاضر نمی بود ، همه متفق الکلمه ساحر و چشم بندم میگفتند ; امّا با اقرار او جای انکار نبود *

[1] *Ya'ni* understood before *ashk-am*.

[2] *Giriya dar gulū girih shudan* (m.c.) = ' to sob with inarticulate sobbings.'

[3] *Māt* Ar. " he is dead " (hence English " mate " in chess) : *māt-ash mī-barad* (m.c.) " he is struck dumb from amazement."

[4] *Dast ma-zan* " don't interfere, don't touch him."

[5] In m.c. *barādar-zan* and *mādar-zan*, without any *izafat* : here, however, as *avval* qualifies the word *zan* alone, an *izafat* after *barādar* is necessary ; *barādar-zan-i-avval* would signify " the first brother-in-law " and not " the brother of the first wife."

[6] *Bi-barand* is passive ; *bi-baram* would be better. *Az gulū burdan* (m.c.) " to deprive a person of a thing at the last moment (as he is about to swallow) ; to snatch from the lips (throat)."

[7] *Bū* " hope."

در آن حال مادرم پیدا و دفع همهٔ شبهات گردید * از خبر ورودِ من تاب ماندن در اندرون نیاورد * بغل کشوده بمیانِ مردان دوید که " کو فرزندم ؟ کو حاجی بابایم ، کو ؟ مادر جان ! کجائی " ؟

بمحض دیدن ، دست در گردنم انداخت ودر کنارم گرفت ؛ و با اصطلاحات و تعبیراتی که بجز مادران قابل ترکیب و ترتیب آن نیستند بنای شادمانی و مهربانی گذاشت *

حکیم شربتی برای بهوش آوردن پدرم ترتیب نمود ، خواست بحلقش ریزد * چون نا خوش را از جای حرکت دادند عطسه کرد * حاضران گفتند " صبر آمد [1] ؛ باید تا دو ساعتِ صبر کرد " * بنابر این ، دوا دو ساعت در کاسه بماند *

بعد از دو ساعت خواستند بیمار را بر خیزانند ؛ سرد شده بود *

پیره ملّا هر چه گفت " بر خیز تا حالا وصیت نامه‌ات را بنویسم " و خیلی زور کرد که سرش را از بالین بر دارد ، کار از کار گذشته بود *

پس دهانش را بستند ؛ پایهایش رو بقبله کشیدند ؛ [2] کاسهٔ آبی بر بالینش نهادند؛ انگشتان بزرگ پایش را بهم پیوستند ؛ همه " انّا للّه و انّا الیهِ راجعون " خواندند *

این مقدّمات بآهستگی تمهید یافت ؛ [3] پس از آن کسانیکه بنام خویش [4] و پیوندی گرد آمده بودند همه بیکبار بنعره و فریادِ جانکاه شروع نمودند ؛ و شیون بلند شد * ازین نشان دو نفر آخوند که ذکر خیر شان بگذشت ببام خانه فرا رفتند و برای اِخبار مردم از مرگ یکی از مؤمنین ، بنای گلبانگ و خواندنِ آیات و اَخبار گذاشتند *

انگاه شیون همگانی [5] شد * زنان نیز از اندرون بشیون و شین بر خاستند *

[1] *Ṣabr āmad* 'a sign of patience has come (as *one* sneeze is unlucky) *i.e.*, we must wait.''

[2] *Kāsa-āb-ī* (m.c.) "a glass of water" *also kāsa-yi ābī.*

Some Persians place water or *pillo* at night near the spot where the person died under the idea that the spirit revisits that spot.

[3] *Tamhīd yāft* "were performed."

[4] For *khwishī u paivandī.*

[5] *Hamagānī* (adj.) "general" from pl. of *hamā.*

پدرم بجهتِ نیک مردی و خوشخوئی ، مطبوعِ طبعِ همه کس بوده است * مادرم ، که در اصل از گریه کنانِ مشهور و تعزیه [1] گیران معروف بود ، جمعی از زنانِ همکارِ خویش بر سرِ خود جمع آورده محشری بر پا کرد ، که میتوان گفت در مرگِ هیچ امیری آن قدر عزاداری نشده است *

من تازه خانه [2] دیده ، نو دودمان یافته ، در گریهٔ حقیقی رشکِ امثال واقران شدم [3] : یادِ اعمالِ گذشته و فراموش نمودن اهل و عیال خود میکردم و میدیدم که باید بحال من گریه کنند *

در گوشه تنها ، آواز گریهٔ راستین را با گریهٔ ساختهٔ دیگران دمساز نموده [4] بودم ؛ ناگاه اخوندی پیش آمد که " گریبان بدر تا پدر مردگیت [5] معلوم شود ؛ امّا زینهار پُر مدر و بد مدر " *

گفتم " این ثواب را تو بجای آر " * درزی [6] از گریبانم بشکافت و سه پارچه [7] از لباسم بیاویخت و کفش و کلاهم را بیرون [8] آورد که " اقلاً تا بسرِ مزار سر و پا برهنه رو " *

درد مادرم بی درمان بود : چار قد سیاه بر سر ، موی کَنان ، فریاد کُنان ، " حَسَن ! حَسَن ! " گویان ، خانه را از جا میکند *

در آن حال همسایگان و راهگذران ، آشنا و بیگانه ، خویش و اقوام ، در دورِ خانه جمع شدند : پارهٔ قران خوان ، پارهٔ گوش دهان ، این اعمال را ثواب میشمردند * پارهٔ هم بنام تسلّی بخشی آمده بودند و هریک باصطلاحی خاصّ تسلّی ماتم - زدگان میکردند *

[1] *Nauḥa-gar* is the usual term for *professional* mourners : *mātam-gar* and *giriya-kun* is a term applied to *any* mourner. *Tā'ziya-gīr* = *mātam-dār*, etc.

[2] *Man tāza-ḵẖāna-dīda* ; it is better to omit the *izafat* after *man* (the 1st Pers.) but it can be inserted.

[3] 'I became the envy of my companions (whose simulated grief was eclipsed by my emotion).'

[4] *Dam-sāz* "reciting together ; in harmony, etc.": *namūda būdam*, the Imperfect might be expected here and not the Pluperfect.

[5] *Pidar-murdagiyat*.

[6] *Darz-ī* "seam." [In India *darzī* is a "tailor"].

[7] This custom is not now general—at least Persians do not seem to understand this passage.

[8] "Took off" : this does not seem to be a modern custom.

آخوندِ قدیمم از روی دلنوازي دستِ مرا بگرفت و در پهلویم نشسته بدین عبارات بتسلّي پرداخت :—

"بلی پدرت مُرد ; مُرده باشد * چه شد ؟ مگر ما همه نمیمیریم ؟ زندگاني کرد ; اولاد پیدا کرد ; در آخر مرد * چه مي توان کرد ؟ یادگارش در دنیا توئي ; تو خوشهٔ آن ساقهٔ گندمي ; از تو هزاران خوشه تواند حاصل شد * اگر ساقه خشک شد و بریخت ، این مسئله باید موجبِ شادي تو باشد ، نه موجب اندوهِ تو * بجای اینکه درین دنیا بسر تراشي این و آن پردازد [1] ، اکنون در آن دُنیا با حور در قصورِ ، شراب [2] طهور با مزاج [3] زنجبیل و کافور میخورد * چرا باید گریه کني ؟ خیر ; گریه بر آن کن که اگر تو مي مردي چه میشُد * امّا از گریه چه سود ؟ چیزهای دیگر بخاطر بیاورِ * به بین که این حالت مایهٔ شادي است ; مثلاً احتمال [4] داشت پدرت کافر باشد - وحالِ آنکه مسلمان است ; احتمال داشت ترک باشد و حال آنکه تاجیک است ; سُني باشد و حال اینکه شیعه است ; عیسوي باشد و حال آنکه محمدي است * کلمهٔ [5] شهادت دردهان مُرد که اولین سعادتِ دارین است " *

باری از این قبیل چیزها بسیار گفت ; و بعد از اتمامِ افادات ، مرا بگریهٔ خود باز گذاشت و رفت *

مُرده شوي مرده [6] روي را خواستند : تابوتي آورد * پرسیدند " [7] عماری لازم است یانه ؟" حواله برأی [8] آنان کردم * آخوند و سایرین مرده را با آبِ

[1] *Pardāsad;* the subject is now *he*, i.e the dead man, and not *sāqa.*

[2] *Sharāb-i ṭuhūr:* the phrase شراباً طهوراً occurs in the Qoran, but its meaning is not quite clear. *Ṭuhūr* = "purification, cleansing."

[3] The phrase مزاجاً زنجبیلاً occurs in the Qoran, but the application of the word *mizāja** is obscure. The old tutor is of course using set and conventional phrases which he does not in the least understand.

[4] *Iḥtimāl dāsht* = "perhaps; or he might have (been)."

[5] The *kalima-yi shahādat* or creed is the same as the *tashahhud*; the Shi'ah formula varies slightly from the Sunni formula. The Shi'ahs, or at least the Persian Shi'ahs, add the name of Ali.

[6] *Murda-rūy* = *naḥs:* only one washer is referred to. In the whole of Kirman there are but two; one for men, one for women.

[7] '*Imārī* is an arched canopy with a bottom to it, used as a hand bier.

[8] 'I told them to act as they (the askers) thought fit.'

[1] قراح شستند و با [2] سدر و کافور [3] حنوط کردند ؛ و در کفنی که [4] با تربت تمام قران باو نوشته بود پیچیدند ؛ و با تحمید و تمجید بگورستان بردند *

از ازدحام [5] مرده کشان معلوم میشد که پدرم خیلی محبوب القلوب بوده است * بیگانگان نیز هر یک برای ثواب گوشهٔ تابوت را مي گرفتند : تا بمزارستان جمیعت بسیار شد *

من نیز با آنان که خود را متعلقان ما مي گفتند بهمراه رفتم * با [6] اذن ، نماز میت شد * مرده را بگور سپردند و با عربي تلقین [7] نمودند که " یا عبدَ الله و ابنَ عبد الله اذا جاءک الملکانِ المقربانِ و یسألانکَ منْ ربّکَ قُل اللّهُ ربّي و محمدٌ نبیّي و عليٌّ امامي و الکعبةُ قبلتي و القرانُ کتابي والله حقٌّ و النبيُّ حقٌّ و الکعبةُ حقٌّ و القرانُ حقٌّ و الصراطُ حقٌّ والجنةُ حقٌّ .والنارُ حقٌّ والقبرُ حقٌّ و سؤال المنکر و النکیر حقٌّ و البرزخ حقٌّ و الثوابُ حقٌّ و العقابُ حقٌّ " * پس فاتحه خوانده قبر را پوشانیدند و آب بر آن پاشیدند و حاضران بخانهٔ مُرده برگشتند * تنها آخوندي در آنجا برای قرآن خواندن گذاشتند *

در برگشتِ [8] بخانه چون خود را یگانه وارث پدر دیدم ، ناچار از روی خود نمائي دو اطاق فرش کردم ؛ یکی مردانه یکي زنانه * جنازه کشان و آینده و رونده را غذا دادم * نذري که در راه کرده بودم بخاطرم آمد : گوسفند و پلاؤ هم بخرج رفت * سه ملّا کرایه کردم برای قرآن خواندن در خانه ؛ و دو برای قرآن خواندن در چادرِ کوچکی که بر سر قبر برپا کرده بودم * تعزیه دارئي که از سه روز تا هفت روز

[1] *Qarāḥ* "pure."

[2] *Sidr* in the dict. the "lote tree." Whatever *sidr* may be it is a leaf used for sprinkling the dead.

The corpse is first washed, generally with *sidr* or with camphor, and lastly with pure water *āb-i qarāḥ*; in m.c. called *āb-i ākhirat*.

[3] *Ḥanūṭ kardan*, "to sprinkle the dead with sweet herbs."

[4] *Turbat*, *i.e.* the earth of Karbalā. *Tamām-i Qur-ān* is used for the sake of exaggeration.

[5] *Murda-kash* "the bearer of a bier," (generally a professional). It is, however, a *ṣawāb* to carry a bier.

[6] The Mujtahid asks the heir if he will permit the prayers to be read over the dead.

[7] *Talqīn* 'instruction as to the replies to be made to the angels Nakir and Munkir.'

[8] *Izāfat* after *bar-gasht*.

طول میکشد برپا داشتم * روزِ آخر چند تن از ریش [1] وگیس سفیدان آمده مجلس [2] ختم را برداشتند * گریبانِ دریده را دوختند * در آنروز هم ناهار غذا دادم و آنان نیز، در عوض ، هریک جزوي از سي [3] پارهٔ قرآن خواندند *

بعد از آن مادرم بهمراهیِ چند زنِ دیگر بر سر قبر رفت ؛ حلوا و نان [4] فطیر بفقراء داد و با گریه و زاري بر گشت *

چندی بعد از آن مارا بحمّام بردند ؛ حنا بستیم و من سر تراشیدم * آداب ماتم داري تمام شد ؛ ومن بحال خود ماندم تا کارِ پدر را صورتی دهم ؛ و برای آینده و رونده قرار و مداری دهم *

[1] I.e., *rish-safidan va gis-safidān.*

[2] *Majlis-i khatm* is a sitting for reading through the entire Quran.

[3] *Sipāra* in m.c. is a Quran in *thirty* parts, well written in large bold writing. Each *pāra* is subdivided into two, so that the whole volume can be *shast pāra*. Such a Quran is usually *vaqf* 'church property' and is borrowed when necessity arises. Anyone coming to a *fātiha-khwānī* can take a *pāra* or a *nim-parā* and read by himself, but the *ākhūnds* read aloud.

As a sign that a *majlis-i fātiha-khwānī* is taking place, a chair is covered with a cloth and at the foot of the chair is placed a tray with two empty sherbet bottles and a little dry coffee in a coffee-pot. Amongst the better classes unsweetened black coffee in little cups and a *gulāb-pāsh* (containing rose water for sprinkling the person) is handed round. *Qaliyāns* are smoked but tea or sherbet being *sweet* are never served.

[4] *Nān-i fatir* "unleavened bread;" not now used.

گفتار چهل و نهم

در اطلاعِ حاجي بابا بميراثي که نتوانستند یافت و سوءظنِ وی در این باب *

چون پدرم بی وصیت مُرد شرعاً من وارث منفرد [1] او شدم ; و آنانیکه دندان بمال او تیز کرده بودند محرومي نصیب ایشان شد * برای فرو نشاندن آتش دل بدشنام من پرداختند که " ناکس ، نامردم ، [2] بی دین، [3] هرجائي ، عاقِ پدر ، با لوطیان هم-نشست ، با درویشان هم مَشرب ، خانه بدوش ، [4] بی سر و پا است " *

چون مقصود من ماندن در اصفهان نبود محل سگ هم باین حرفها [5] نگذاشتم * خوار شان شمردم و بیک دشنام ده دشنام جوب میدادم با اصطلاحاتی تازه محصول سفرهای بی اندازه ، و یادگار قلندران ومیر غضبان که پدر و جدِّ شان هم نشنیده بودند *

چون با مادر از تعزیه‌داري و سوگواري فارغ شدیم ، درِ گفتگو بدین طریق باز شد :—

من :— " مادر جان ! بیا به بینم ، درمیان مادر و پسر چیزی پنهان و پوشیده

[1] *Munfarid* "sole." His mother, having a child, would be entitled to one-eighth of the inheritance.

[2] *Nā-mardum.*

[3] *Har-jā'ī*, "of every place, vagabond, adventurer"; *'āq-i-pidar* "undutiful, disowned by one's father."

[4] *Bī sar u pā* (m.c.) "not respectable."

[5] *Mahall guẕāshtan* "to take notice of" 'I paid no more attention to what they said than a dog would have.'

نباید بود * کارِ مرحوم [1] کربلائي حسن چه طور شد ؟ تو دوستدار و محرم اسرارش بودي ؛ بنابر این باید از کار و بارِ او سررشتهٔ کاملي داشتهٔ باشي " *

مادرم (با دست پاچگي) :— " فرزند ! من چه مي دانم ؟ "

من (بي تاب) :— " میداني که شرعاً باید وارث، قرض میّت را بدهد ؛ قرضهایش را باید دانست : وانگهي اینهمه خرج کفن و دفن کردیم ؛ من امروزه لخت مادر زادم ، هیچ در دست ندارم * [2] دست خاليِ هیچکار نمیتوان کرد ؛ درمیان مردم سر نمیتوان در آورد [3] * برای اظهارِ [4] حیات در پیشِ این و آن پول لازم است ، وگرنه اسم من و پدرم هردو آلوده میشود ؛ زبان دشمنان و سرزنش کنان دراز میگردد * در ظاهر پدرم باید توانگر بوده باشد ، وگرنه آنهمه زالو [5] که در وقتِ مرگ بمکیدن خون منتظر بودند و از دیدارِ من از هم پاشیدند ، دَورش را نمي گرفتند * مادر جان ! بگو به بینم پول نقدش را کجا میگذاشت ؟ بده [6] کارانش کیانند [7] ؟ تخمیناً مالش چه قدر میشود ؟ بغیر از آنچه درمیان است دیگر چه دارد ؟ "

مادرم :— " خدایا ! پناه بر تو ! اینها چه حرف است ؟ پدرت مردی بود لات [8] و لوت ؛ نقد چه ؟ تنخواه چه ؟ نانِ خشک را بهزار جهد و بلا پیدا میکردیم * اگر آینده و روندهٔ دکانش بسیار میشد ، ما روی گوشت و برنجی میدیدیم ؛ و الّا زندگانيِ ما منحصر بود بنان و پنیر * از ماست [9] و پیاز بستوه آمده بودیم * با اینحال از من پول پرسیدن (و انگهي پول نقد) یعني چه ؟ مالِ پدرت عبارت بود ازین خانه ، از این دکان ، ازین اسباب خانه که مي بیني و میداني ؛ هست و نیست اینها و آخر سخن [10] این * فرزند ! تو خوب بجا و بوقت آمدي ؛ در سکوی دکانِ

[1] *Marḥūm-i Kārbalā'ī Ḥasan ;* (m.c.) note the incorrect *izāfat*, generally in m.c. inserted after *marḥūm* when it precedes its substantive : compare *pīr-i-mard*.

[2] *Dast-i-khālī* (m.c); note *izafat.*

[3] The subject is *dast-i khālī.*

[4] *Iẓhār-i ḥayāt* " avoiding disgrace ; showing oneself respectable."

[5] *Zālū* " leech."

[6] *Bi-dih-kār* subs. " debtor."

[7] *Kiyān-and* or *kihā-yand* (m.c).

[8] *Lāt u lūt* (m.c.) " destitute."

[9] *Māst* and onions are cheap.

[10] *Ākhir sukhan* " the last word."

پدر بنشین ؛ پیشۀ او را پیش گیر * اگر خدا بخواهد دستت مبارک است[1] ، از اینسرِ سال تا آن سرِ سال خالی و بیکار نخواهد ماند " *

من : — " خیلی عجیب است ! بعد از پنجاه سال کسب[2] وکار نه یکدرم ، نه یک دینار ! این بعقل هیچ آدمي نمي گنجد * باید فالگیر و رمّال آورد " *

مادر (باتلاش[3]) : — " فالگیر و رمّال برای چه ؟ بیایند چه بکنند ؟ بلی ، فال گیر و رمّال را وقتي مي آورند که بخواهند دزدیدۀ یا گمشدۀ[4] پیدا کنند * تو مادرت را دزد نمیگوئي ؛ اگر بگوئي میگویم دروغ[5] میگوئي * برو ؛ از آخوند رفیقِ مرحوم پدرت[6] بپرس : او از همۀ کار و بارش خبردار است : یقین دارم که او نیز همینها را مي گوید " *

مَن : — " بلی حق داري مادر ؛ آخوند باید از تمامي حالت پدرم مطلع باشد ، چه ترتیب امور پدرم را ظاهر او میداد ؛ و اگر پدرم پول نداشت یا داشت ، و در کجا است او بمن میگوید " *

بنابرین راست پیش آخوند رفتم * آخوند ، در همان گوشۀ بیست سال پیش ازین ، درمیان شاگردان بود * چون چشمش بمن افتاد شاگردان را آزاد کرد که " بروید ، دعا ببرکت قدوم حاجي کنید ، که بهرجا میرود شادي پیشا پیش او مي رود " *

مَن : — " آخوند ، ترا بخدا دست بردار ! ریشخند مکن : مبارکي قدوم کجا ؟ طالع یکبارۀ روي از من گردانیده * مرا گمان که اگر آسمان پدري از دستم گرفت ، میراثی از وی یادِگار نهاد تا تلافي ما فات شود ، و حال آنکه نزدیک است

1 Note *ast* and not *bāshad*: she assumes that it is or *will be* (and not *may be*) fortunate.

2 *Panjāh sāl kasb u kār*; no *izafat* after *sāl*.

3 *Talāsh* (m.c.) "agitation."

4 *Duzdīda-i yā gum-shuda-i*, "something stolen or lost."

5 A common m.c. phrase; "you wont, I know, call me a thief, and if you do I'll tell you that you are a liar."

6 *Rafīq-i marḥūm-i pidar-at* (m.c.); note the faulty collocation; *marḥūm* ought from its position to qualify *rafīq*, whereas it is intended to qualify *pidar*. Substitute *rafīq-i-pidar-i marḥūm-at*.

شیرازهٔ [1] کارم از هم بگسلد چنانچه دیگر انتظام نپذیرد ، و بیش از پیش لات و لوت مانم " *

آخوند (روی بآسمان و دستها کشاده [2]) :— " إِنَّ اللَّهَ يَفْعَلُ مَا يُرِيدُ ، يُعِزُّ مَن يشآء و يُذِلُّ من يشآء بغيرِ حساب ! آری فرزنده چنین است، دنیا همین است [3] ; و تا آدمي ترکِ دنیا و ما فیها نکند همین خواهد بود * چیزی لازم نداشته باش ، چیزی مطلب ، چیزی ترا نمي طلبد [4] " *

من :— " آخوند ! از کی تا حال تو این مسلک را اختیار کردهٔ ؟ پیر - صوفیانه حرف مي زنی * منهم وقتی شومیِ بخت پا پیچم شد و بقم رانده ، همین حرفها را مي زدم ; امّا حالا بخیالِ دیگرم " * پس سرِ مطلب کشودم و التماس کردم که " در بابِ کاروبار پدر بمن استحضاري [5] دهٔ " *

آخوند سُرفهٔ کرد و با وضعی حکیمانه اولاً چند قسم خورد ; بعد از آن بعینه همان حرفها که مادرم گفته گفت ; یعنی اعتقادش اینکه پدرم نقدی نداشته و چیزی میراث نگذاشته است ; ما یملکش عبارت بوده است از آنچه من دیدم و میدانستم *

اولاً قدری سکوت کردم ; پس از آن با شدت تمام اظهارِ حیرت نمودم که " میدانم پدرم بسیار مقدّس بود ، پولش را [6] بربا نمي داد ، چرا که در کوچکي من ، این قضیه مدّلل شد : عثمان آغا ، خواجه اولیئم ، پولی از پدرم بقرض خواست و سود بسیاري [7] عرضه کرد * پدرم آیت " وَحَرَّمَ الربوا [8] " بخواند و سود نخواست *

[1] *Shīrāza* "binding of a book;" specially the two outside cords in an Eastern binding on which the solidity of the binding depends.

[2] This probably means the attitude in which the hands are placed on the knees, palm upwards; an attitude adopted in the *ta'qīb-i namāz*, a voluntary or extra prayer said at the end of each *namāz*. (Each *namāz* has a special *ta'qīb*).

[3] *Dunyā hamīn ast* "such is the world."

[4] *Chīz-ī turā namī-ṭalabad;* there is no special meaning in this speech of the garrulous old man.

[5] *Istiḥẓār* "calling, summoning; information."

[6] In the text *bar bād*, evidently a copyist's error for *bi-ribā'*.

[7] The Persians, though Muslims, have seldom any objection to taking interest.

[8] In the *Sūra-yi Baqara* :—

وَاَحَلَّ اللّٰهُ البیع وَحَرَّمَ الرِّبوا

"And he made lawful to you merchandise and he made unlawful to you usury." The ordinary term for "usury" is *ribā'*.

اگر از آن بعد سود خوار شد ، آنرا نمي دانم ، امّا يقين دارم پدرم مؤمنِ پاک، و منزّه[1] از اعمال ناپاک مرد *

از مسجد بيرون آمدم ؛ و با کج خلقي تمام بدکِ[2] اولينِ کسب و کار (يعني بدکانِ پدر) رفتم ، سرم از ين سودا پر که " چه کنم ؟ در اصفهان ماندنم محال است چه لعنت باصفهان و بر هر چه اصفهاني است[3] ! بنابرين چارهٔ نيست مگر اينکه هست و نيست خود را فروخته باز بپاي تخت بر گردم که جاي مردمان بيکار و بيمار آنجا است " * اما از اينخيال هم نميتوانستم گذشت که " پدرم را البته نقدي بوده است " * : اينخيال گريبانم را رها نکرد * ماندم معطّل و مشوّش ؛ خواستم کار را بدرگاه قاضي اندازم : بدر کاروانسرا رسيدم * پيرِ[4] دربان سلامم داد ؛ سر[5] سلامتيم گفت ؛ درازي و برکت عمر از خدا خواست * گفتم " بابا[6] علي محمد ! بنظرم ذهنت کور شده است ؛ با اين حرفها چه سلامتي بسر ، چه درازي عمر ؟ اين سر بسلامت نباشد[7] ! اين عمر را مردهٔ شو ببرد ! برکتي[8] که ميگوئي در زحمتِ من است * پس آهي کشيدم که " افسوس ، افسوس ! دلم آب است و جگرم آتش گرفت " *

پير متحيّر گفت " اينها چه حرف است ؟ پدر مرحومت فوت شد * تنها وارثش هستي ، جواني داري ، ماشاء الله برازندهٔ[9] و خوش اندامي ؛ عقلت هم کم نيست * ديگر چه ميخواهي ؟ اگر مرگ ميخواهي[10] برو بگيلان " *

1 *Munazzah* " blameless, free, holy."

2 *Dak* (m.c.) = *bi-san-gāh* " place, spot."

3 I.e. 'I hate all that is in Isfahan or is Isfahani.'

4 *Pīr-i darbān ; iẓafat* after *pir.*

5 *Sar-salāmatī* is greeting to the bereaved after the death of a relation, as *Sar-i shumā bi-salāmat bāshad ; Khudāwand ṣabr bi-shumā bi-dihad ; Khudāwand ṭūl-i 'umr-ī bi-dihad ; Khudā kunad ghām-i ākhir-i tān bāshad*, etc., etc. Such expressions take the place of the English phrase, "You have my sympathy." A European might say *Sharīk-i gham-i shumā hastam*, but such a phrase would not be used by a Muslim to a Muslim.

6 *Bābā* is used in addressing very old people ; also by the latter to the very young.

7 'May it not be !'

8 'The *barkat* is for my *zaḥmat*, not for my *rāḥat*.'

9 *Barāzanda* " superior, accomplished : " *In kulāh bi-tu mī barāzad* (m.c.) "this *kulāh* suits you."

10 A common saying, 'You have everything but death, and that you get by going to Gilan.'

من : — " آري ، تنها وارثش هستم ; کو ارث ؟ از یک خانهٔ گلین و چار پارچه گلیمِ کهنه و کاسه و [1] کوزهٔ شکسته چه فایده ؟ دور از جناب [2] لعنت بر این مرده ریگِ [3] صاحب مرده [4] " !

علي محمد : — " امّا کو پولها ؟ حاجي ! کو پولها ؟ پدرِ رحمتیت [5] بقدری که در خرج صابون دست کشاده بود در خرجِ نقد کف بسته بود : ارزن [6] از لای انگشتانش نمیریخت * همه کس میداند که خیلی اندوخت و پس انداخت [7] : همه میدانند که روزی نگذشت که چیزی بمایه نیفزاید * کو آنها کو ؟ "

من : — " احتمال که راست باشد ، امّا در صورتیکه یکدینارش درمیان نیست ، نمیدانم از آن چه طرفی مي [8] بندم * مادرم میگوید ' پدرت چیزی نداشت ' ; آخوند شهادت میدهد : منهم غیب نخوانده‌ام [9] * رمّال هم نیستم که به بینم راست است یا نه ، و اگر راست است کجا است * میخواهم پیشِ حاکم شرع بروم " *

علي محمد : — " حاکم شرع ! خدا نکند ! بجهنم برو و آنجا مرو * رفتن آنجا مثل این است که من اینجا نباشم و تو درِ کاروانسرای بزني ; آن وقت که بفریادت میرسد ؟ در درِ خانهٔ حاکمِ شرع فریاد رسي میجوئي وانگهی خبر از خرجش نداري : حاکم شرع حکم را بمثقال میفروشد و رشوه را [10] بقنطار میگیرد ، و حکمش یکجو نمي‌ارزد * اگر جدولِ قرآن از طلا نمي‌بود نمیگشود * از همه گذشته کسانیکه

1 In m.c. *kūzā-shikasta*, without an *izafat*, is also used.

2 *Dūr az janāb* (m.c.) = 'present company excepted.' In the Gulistan the expression *dūr az dūstān* occurs with a similar application. *Bi-nisbat-i ḥāẓirān* has the same signification but is less common.

3 *Murda-rig* or *murda-rik* "effects of a dead person;" often used in the sense of "worthless."

4 *Ṣāḥib-murda* = *ṣāḥib-ash murda ast* "its owner is dead" is generally used of animals; also abuse *to* an animal.

5 *Raḥmatī-* = *marḥūm*.

6 'Millet couldn't escape between his fingers, he kept them so tight.' In m.c. generally "*water* could not escape between his fingers."

7 "Saved"; better *pas-andāz kard*.

8 *Ṭaraf bastan* (class and m.c.) "to derive advantage, profit."

9 'I have not learnt how to read the invisible.'

10 *Qinṭār* "a weight of forty *ūqiyat* (ounces) of gold; the hide of an ox full of gold or silver." In m.c. used in an indeterminate sense, "an enormous amount."

پولِ پدرت را از میان برده اند مپندار که بحکم حاکم بتو پس دهند ؛ نه نه ،
تو بمیری بحلقِ حاکم میریزند تا از حلق تو ببرد ” *

من :— ” پس چه کنم ؟ از فالگیر ورمّال فائده هست یانه “ ؟

علي محمد :— ” [1] باز فالگیر و رمّال بد نیست * از وقتیکه در این کاروانسرا
هستم خیلی چیزها از ایشان شنیده‌ام * بازارگانان بارها پول گم کردند و بواسطهٔ ایشان
جستند * بلی مالی که رفت و پیدا نشد آن بود که ترکمانان بردند * هیهات ! هیهات !
آنواقعه عجیب و غریب بود * چه بلاها بسرِ ما آورد ؛ پدر سوختگانِ بسیار بودند که
مرا هم دستیارِ ترکمانان مي گفتند : از همه غریب تر اینکه پای تو درمیان بود ؛
بنامِ تو در را بمن باز گردانیدند و آنهمه غوغا برپا شد “ *

خدا رحم‌کرد که علی محمد نیم کور بود و تأثیریکه حرفهای او در رنگ و روی
من میکرد نمیدید ؛ وگر نه [2] فسق من بر روی دایره میافتاد [3] * خلاصه سخن برین
وعده آنجامید که بفرستد و ماهر ترینِ [4] طاس گردانانِ اصفهان را بخواهد ، تا میراث
پدرم را بیابد * میگفت که ” این طاس گردان آدمي است که اگر یکذره - طلا بیست
گز در زیرِ زمین ، بلکه اگر در [5] چاهِ مشهور کاشان هم باشد ، باز در میآورد “ *

[1] *Bás* "well!" In vuglar m.c. *bás* and *bá'z* are often used for *bih az án*, the origin of the corruption being forgotten.

[2] *Fisq* is any immoral or vicious conduct.

[3] *Bar rú-yi dá'ira uftádan* is a common m.c. expression; I am uncertain of its exact signification.

[4] *Máhir-tarín-i ṭás gardánán* or *máhir-tarín ṭás-gardán* (sing.)

[5] There was, and still may be, a well in Kashan celebrated for its depth.

* گفتار پنجاهم *

در تدبیرِ حاجي بابا برای یافتن مال پدر و چگونگي حالِ تیز نگاهِ طاس گردان *

روزِ دیگر بعد نمازِ صبح [1] مردکی داخل شد ؛ دانستم که طاس گردان است * کوژ پشت ؛ بغایت سر - بزرگ ؛ چشمانش آتشین و چنان تند و تیز که گفتم بیک نگاه هرچه هستم خواهد دانست [2] و تاج کلاهی با عمامهٔ کوچک برسر ؛ مویهای قلندر وار [3] بر شانه ریخته ؛ ریشش پهن و مایهٔ هیبت و مهابت * از چشمانِ تیزش ، که خواه ساخته خواه راستین، [4] با حرکات پی در پی مي درخشید ، معلوم میشد که آن جانور ، نه از قبیلِ آدمیان ، بلکه نوعی از شیاطین و جنّیانست *

مرا بزیرِ سؤال کشید : اکثر وقایع عمر ، لا سیما وقایع بعد از عودتم باصفهان را ، پرسید ؛ و دانست که دوست حقیقي پدرم که بوده ، و بکه گمانم میرود * خلاصه مانندِ حکیمی که از بیمار کیفیتِ دردِ مشکل - فهمش را استنباط کند همه را از من استمزاج کرد [5] *

همینکه تمام گفتهایم را بذهن [6] سپرد جائی را که پدرم اکثر اوقات مي نشست

[1] *Mardak-ī* "a little man."

[2] *Tāj-kulāh* is a dervish's tall cap, generally of eight pieces, verses being worked on it in silk.

Ṭās-kulāh is a common Persian felt hat (so called while fairly new and still in shape).

[3] A dervish may be well dressed and quiet in manner but a *qalandar* always has long hair, an axe, etc., etc., and a wild appearance.

[4] *Khwāh sākhta khwāh rāstīn* "real or affected."

[5] *Istimzāj* "asking after a person's health; asking one's opinion."

[6] *Bi-ẕihn sipurd* = *bi-khāṭir ẓabt kard.*

پرسید * اتفاقاً مادرم بحمّام رفته بود : من اورا باندرون بردم و بکامِ دل همه جا را دید : التماس کرد که او را تنها بحال خود گذارم ، تا از راه و چاه خبردار گردد و بتدبیرِ آن پردازد * [1] یک چهار یکِ تمام آنجا ماند ؛ و چون بیرون آمد گفت که " یارانِ عزیز و مراودهٔ کنندگانت را جمع کُن ؛ بعد از آن من آمده کار خود مي بینم " *

بي آنکه ازین مسئله سخنی بمادر گشایم ، از وی خواستم تا یارانِ پدرمرا [2] بناهار طلبد ؛ منهم آخوند و دربان و متعلّقانِ زنِ اول و خالوی خود و کسانیکه بخانهٔ ما راهی داشتند همه را طلبیدم *

[3] بي تخلّف آمدند * بعد از ناهار سر مسئله را کشودم که "طاس گردان آورده‌ام تا جا و چند و چون پولِ پدر را که همه میدانند بوده است بفهمم" * با این سخن بسیمای همه حاضرین نگاه میکردم تا علامتی که بدردم دوائی بخشد مي توانم دریافت یا نه ؛ امّا همه را مستعدِ یاري بخود ، [4] بي غرض دیدم *

باری درویش تیز نگاه (اینک اسم او) بهمراهيِ شاگردی که پارهٔ چیزها در دستمال باخود داشت بیآمد * زنان روی پوشیدند و درویش دست بکار شد *

اول همه حاضرین را از نظر [5] گذرانید ، امّا بیشتر برروی آخوند نگریست * آخوند تابِ آنهمه نگاه تیزنگاه نیآورده، در زیرلب "لا اله الاّ الله" و "اللهم [6] وقني شرّ مَنْ لایخافك" خوانده و باطرافِ خود دمیده ، و دست بر شانها مالید چنانچه گفتي شیاطین میگریزاند * مردم قدری بدو خندیدند امّا خندهٔ هیچیک را بریش نگرفت [7] *

پس درویش شاگردِ خود را پیش خواند و از دستمال طاسی مسین بیرون آورد ، بر اطراف او آیاتي مناسب دزدیِ مالِ یتیم نوشته ؛ از قبیلِ " السارق والسارقة فاقطعوا ایدیهما " [8] — " فلا تقربوا مال [9] الیتیم" * این مرد کم حرف میزد ؛ همین قدر گفت

[1] *Yak chahār-yak-i tamām* "a full quarter of an hour": this expression is incorrect. *Yak rub'i sa'at-i tamām.*

[2] *Pidar-am-rā.*

[3] *Bi-takhalluf* "without disappointing us; without breaking their word."

[4] *Bī-gharaz* without self-interest.

[5] "Looked at, scrutinized"; *not* "made them pass before him."

[6] (Ar.) وقي - يقي "to protect."

[7] *Bi-rīsh na-girift* = 'he did not respond to; apply to himself.'

[8] "The man-thief and the woman-thief, sever the hands of the twain." From the Qoran.

[9] "Do not appropriate to yourselves the property of the orphan." From the Qoran.

" إِنَّ اللهَ عالمُ الغيبِ و الشهادةِ و يَعلم ما في الصدورِ و يعلم خائنة [1] الأعينِ " *
پس طاس را بر زمین گذاشت و قدری غرایمِ مناسب بخواند *

آنگاه روی بحاضرین نمود که " این طاس ما را بجائی که پولِ مرحوم کربلائي حسن بوده است یا هست خواهد بُرد " *

پارهٔ با سستي اعتقادِ ، و پارهٔ با اعتقاد کامل بر روی او نگران و چوبی از گُل (که باطراف او پارهٔ اشکال کشیده بود) در دست ، بنا کرد بطاس زدن * حمله بطاس [2] آورد و او را با دست حرکت داد که " به بینم کجا میرود ; چیزی در دم این طاس بند [3] نمیشود ; راهش را کسی نمیتواند بست ; بزور خواهد رفت ; انشا الله ; ماشا الله ; ای طاس ! مال را پیدا کن ; دزد را رسوا کن " *

بهمراهي او رفتیم تا طاس را بدر اندرون رسانید * در را بزدیم * بعد از مشورت بکشودند ; جمعی کثیر از زنان بود ، پارهٔ روی بسته ، پارهٔ نیم - [4] باز ، همه بمعجزهٔ طاس بی شکیب *

زنان را امر کرد تا از سرِ طاس واپس کشیدند که " رهبرِ مرا چیزی نتوانست ببز داشت " ، تا طاس را بکنجی که روزنهٔ [5] اطاق بد آنجا مشرف بود براند *

زنی که میدانستم مادر من است بارها جلوِ طاس را بگرفت تا اینکه تیز نگاه با نگاه تیز و آواز تند او را واپس راند که " مگر کوري که نمي بیني ما کارِ خدائي مي کنیم ؟ خواه مخلوق بخواهد خواه نخواهد ، خالق کارِ خود خواهد کرد " *

عاقبت طاس بکنجی رسید که معلوم بود خاکش تازه کنده شده است ، و بایستاد *

طاس گردان آستین بالا زد که " بنام ایزد اکنون همه خواهند دید که چه خواهم کرد " * زمین را بشکافت ; نیمه - کوزهٔ بیرون آمد و معلوم بود که در پهلوی آن نیمه - کوزه کوزهٔ دیگر بوده است *

1 = *Khiyānat kunanda-yi chashmhā* = *nigāh zīr-i chashm kardan* = *nigāh-i duzdī*.
2 *Ḥamla bi-ṭās āvard* " he rushed at the cup."
3 *Dam* " edge "; ' nothing will stick to and stop this *ṭās*.'
4 *Nīm-bāz*, i.e., *rūy nīm-bāz* " half-unveiled."
5 *Rauzana* is any light-hole, glazed or unglazed ; any skylight, covered or uncovered.

گفت " پول اینجا بوده است ، امّا حالا اینجا نیست " ٭ پس طاس را برداشت و بنواخت[1] که " جانمي ، طاس ! عمرمي ، طاس ! "

همه بتعجّب بدو نگران گفتند " العجب ثم العجب ! زهی معجزه ! کرامت ! " غوزک[2] را مردي خارج از عادت و از قبیل معجزه و کرامت شمردند ٭

تنها دربان که ازین کارها بسیار دیده بود و حدتي[3] ذهني داشت از آنمیانه گفت که " امّا دزد کو ؟ آنچه نمودي شکارگاهست ؛ شکار کجا است ؟ مارا شکار مي باید ، یا دُزد با پول ، یا پول بی دزد ؛ اینک آنچه مارا لازم است " ٭

درویش گفت " آهسته رفیق ، باین زودي از گناه بگناهکار مجه ٭ ما درمانِ همه درد را میدانیم امّا هر چیزی را مقامی و هر کاري را هنگامی است " ٭

پس نگاهی تند بحضّار کرد که " امید وارم همهٔ شمارا از شبهه بیرون آرم ؛ تکلیفی میکنم ، قبول بفرمائید ٭ [4] عمل خیلي ساده و آسان است " ٭

همه گفتند " بچشم " ؛ و من از درویش خواستم تا عمل را بجای آرد ٭

باز از شاگردِ خود چنتهٔ[5] را خواست و کیسهٔ از آن بیرون آورد که " این کیسه پُر از برنج کهنه است ٭ هر کس را مشتی از آن در دهان میریزم ، بجاود و بخاید و ببلعد ٭ هر که نتواند ، ملتفت باشد که پای شیطان در میان است " ٭

پس مارا قطار کرد و مشتی برنج در دهان هر کس ریخت ٭ همه بنای جاویدن گذاشتند ٭ چون من مدعي بودم مرا مستثنا داشت ٭ مادرم نیز خود را شریک من قلم داد ؛ خواست مستثنا ایستد ٭ قبول نکرد که " مالی که میجوئیم از آن پسر تو است نه از آن تو ٭ اگر پسرت شوهرت بود چه مضایقه ؟ امّا شوهرت نیست ٭ ترا هم باید آزمود " ٭ مادرم نیز با ترش روئ پذیرفت و برنج را در دهان گرفت ٭ آروارها[6] همه بجنبش افتاد ؛ پارهٔ این آزمون[7] را بازیچه شمردند و پارهٔ برنج را

1 "Caressed it."
2 *Ghūzak* "the little hunch back."
3 *Ḥiddat-i ẕihnī* "quick understanding."
4 *'Amal* "operation," etc.
5 *Chanta* (m.o.) "a small bag."
6 *Ārvārā* (for *ilvārā*) "jaw."
7 *Āzmūn* "proof, trial."

مستحیل [1] المضغ می گفتند یعنی جاویدنش ممکن نیست * هرکه می جاوید و می خائید دهان را بدرویش بنمود *

همه بیگناهی خود را اثبات نمودند مگر آخوند و مادرم * آن[2] با خندهٔ مجازی و ترس حقیقی دهان را بسته برنج را در دهان می گردانید : عاقبت با شکایت فریاد کرد که " این چه لجن [3] بود بدهان من انداختند ؟ مرا دندان پالوده [4] خوردن نیست ، برنج چهل ساله چه طور خورد کنم ؟ این دانه باب [5] دندان من نیست " * برنجهارا بریخت * مادرم نیز از سختی برنج ، شکایت کنان همین کرد * همه خاموش شدیم * راه شبهه از هر سو کشود * رفع خاموشی موجب التفاتی شد در حق مادرم : پیره زنی فغان بر داشت " که این بازیچهای کودکان چیست ؟ هیچ کس دیده یکی با مادر و استادش این نوع گستاخی و بی ادبی کند ؟ تف بر شما ، تف ! برویم پی کار خودمان : شاید دزد ، خودش است * "

درویش گفت " مگر ما دیوانه ایم یا خر ، که این طور حرف می زنید ؟ در این گوشه پول بوده است یا نه ؟ در عالم دزد هست یانه ؟ " آخوند و مادرم را بنمود که " اینان آنچه دیگران کردند نکردند : شاید بدرستی پیرند و بتجربه [6] نمی‌آیند کسی نمی گوید که دزدند " * پس نگاهی کاشفانه بدیشان نمود که " اینان خود میدانند که طاس گردان مشهور که هزار فن میگویند (و برادر کوچک دُبِّ اکبر [7] و یار غار [8] زحل لقب داشت و آنچه یکی نیّت میکرد یا کرده بود همه را میدانست) او گفته است که برای شناختن مجرم از معصوم عملی بهتر از عمل برنج نیست * حالا رفیقان ، می بینم که هیچیک از شما شیر افگن نیستید ; شما را ترسانیدن کاری ندارد * اگر در این هنر من شکی دارید تکلیفی دیگر ساده تر و آسان تر میکنم که بکسی ضرر نرساند و کسی را دزد قلم ندهد ; مثل سحر ، بر اذهان [9] کار میکند

[1] *Mustaḥīl* "impossible, absurd": *maẓg͟h* "chewing, mastication."

[2] *Ān* "the former" (the more remotely mentioned).

[3] *Lajan* is the black mud at the bottom of a stream, well or marsh.

[4] *Pālūda* is a drink made of starch water, rose water, syrup, ice, etc.

[5] *Īn tank͟hwāh bāb-i Īrān nīst* (m.c.) "these goods are not suitable for the Persian market; would not sell in Persia."

[6] *Bi-tajriba nāmī-āyand* "cannot be (justly) tried"; *īn qalam bi-tajriba namī-āyad* (m.c.).

[7] *Dubb-i kabar* "The Great Bear"; *dubb-i aṣg͟har* "the Little Bear."

[8] *Zuḥal* "Saturn."

[9] "Consciences, minds;" pl. of *ẕihn*.

و دزد را بپای [1] خود مي آورد : و از مشغول ذمگي و مال مردم خوردن فارغ [2] میسازد ؛ و همهٔ اینها [3] از روی اختیار و رضا میشود * این تکلیف ، خاک ریزي بطاس است * در این گوشهٔ طاس میگذارم و امشب چنان بشدّت و سختي غرایم میخوانم که بیاري خدا ، حاجي بمراد خود میرسد یعني پول که برده اند ، بجایش میآورند ؛ و فردا هر که میخواهد به بیند ، بیاید * اگر اثری و آثاری ندیدند یک [4] مثقال از موی ریش من بگرو' *

پس طاس را در گوشهٔ ، در زیر تلي ، از خاک بنهفت ؛ و مردم در اطراف او جمع ، هریک از کار او سخني میگفتند : پارهٔ مرا مانند درویش از ارواح خبیثه و تابع سوء [5] ظن میشمردند ، و پارهٔ این گمان را در حق مادر و آخوندم مي بردند * بعد از آن همه از هم پاشیدند و بیشتر وعدهٔ رجعتِ فردا و تماشای طاس نهفته نمودند *

[1] *Bi-pā-yi khud* "of his own accord."

[2] "Frees his conscience and frees him from having obtained other people's goods." *Mashghūl-zimmagī* (subs.) "occupying the conscience." *Man mashghūl-zimma-yi shumā hastam* (m.c.) "my conscience pricks me about something that has reference to you."

[3] *Hama-yi īnhā* "all these acts; all this."

[4] In m.c. *yak shākha az rīsh-i man bi-giro* is a common expression.

[5] "A follower up of my own evil thought."

* گفتار پنجاه و یکم *

در میسّر شدن مراد طاس گردان و نیت حاجی بابا بعد از پیدا شدن مال [1] مسروق *

از شما [2] چه پنهان ؟ من از پیدا شدن گم شده مایوس و نومید ماندم * اخبار غیبي طاس گردان همینقدر فایده داد که دانستم در خانهٔ پدرم درحقیقت پول بوده است ; و گمان بدي درحق مادرم و آخوند حاصل شد : بیش از آن امید نداشتم کاری کند * ولیکن فردا او با دربان و جمعی از دیروزیان باز آمدند * اما آخوند پیدا نشد ; و مادرم نیز ببهانهٔ عیادت [3] یکی از دوستان غایب گردید * با جمعیت بکنج طاس نهفته رفتیم * درویش عزایمی چند با مهابت بخواند و باحرمتی خاص و رمزامیز پیش رفت که " به بینم دیشب جنّیان و پریان کاری کرده اند یا نه " *

بنام خدا زمین را بشکافت * سنگی بزرگ نمودار و در زیر سنگ بشادي دل من ، و بحیرت بیندگان ، کیسهٔ پر، اشکار شد *

فریاد برآورد که " هی جانم ! هی آفرین بر پري و جنّي ! " کیسه را برداشت تا به بیند * "درویش نیز نگاه موی ریش در گرو [4] نمیگذارد" * کیسه را بمشت من نهاد که [5] " بفرما، شکر خدا کن که بدست من اُفتادي ; [6] حق سعي مرا فراموش مکن " *

1 In m.o. *māl-i masrūqa.*

2 *Shumā*, i.e., the reader.

3 *'Iyādat* "visiting the sick."

4 'Wont let that hair of his beard remain any longer in pawn.'

5 *Bi-farmā* = "please."

6 *Ḥaqq-i sa'i, ḥaqq-i qadam, ḥaqq-i qalam*, etc., and their Arabic eqnivalents all siguify "commission," according to the nature of the service rendered.

همه بر دور من ریختند تا از کیسه چه بر آید * من بامید طلا گشودم ؛ نقره در آمد * زنگِ غم، رنگ چهره‌ام را تار، و دلم را تیره ساخت * پانصد ریال در کیسه بود ؛ پنجاه عددش را نیاز چشمانِ تیز نگاه کردم که " بگیر، خانه ابادان ! اگر بیشتر مي بود بیشتر میدادم : با اینکه این [1] ده یک نهادهٔ پدرم نیست اما باز خانه آبادان ! بسیار بسیار ممنون و متشکرم " *

درویش از حرکت من خشنود با سائرین [2] بدرود نمود * دربان بماند و روي بمن کرد که " راستي امروز سحر کردیم * من بتو نگفتم این درویش خیلي [3] نقش است ؟ مردکه اعجاز [4] دارد " * گفتم "آری هرگز مرا باو این امید نبود " *

چون چشمم بنقود افتاد رگ طمعم بحرکت آمد * بعلي محمد گفتم " باید کار را بمرافعه کشایند ؛ بهمین طور که پانصد بدستم رسید باقي نیز بدستم خواهد آمد ؛ تو نیز شهادت میدهي که این اقلِّ قلیلِ [5] ارث کربلائي حسن است " *

علي محمد گفت " رفیق ! آنچه بدستت افتاد غنیمت شمار * آمدیم بر سرِ شرع اولاً یقین را باید بدهي شک بخري : آنهم بدستت آید یا نیاید * یقین بدان که بعد از مخارج ، خواهند گُفت ' بروید صلح بکنید ؛ سرِ مردم را بدرد میاورید ' * و انگهی مگر نشنیدهٔ که همه کس را دندان بترشي کُند شود مگر قاضي را که بشیریني کند گردد ؟ "

بعد از استخاره و استشاره ، قرار بر شنیدن نصیحت دربان دادم چه [6] مدّعي مادر و آخوندم بودند ؛ و در تعاقب آن احتمال داشت که مبالغي دشمن بهم‌رسانم و در آخر مورد طعن و لعن همه گردم *

بخاصه خود گفتم " هرچه در اصفهان دارم میفروشم ، باین نیت که دیگر بدینجا بر نگردم ؛ مگر اینکه وقت و حال خیلي مساعد باشد * اصفهان مرا دیگر نخواهد دید مگر با قوّت و قدرت باشد " *

[1] *Dah-yak-i nihāda-yi pidar-am* "a tenth of that put by, by my father": note the *iṣafat* after the fraction.

[2] *Bidrūd* (m.c.) for *padrūd* "good-bye."

[3] In m.c. *naqsh* or *numra* = "smart, clever": *numrat* Ar. ("a spot of any kind") is in m.c. supposed to be the European word "number, *numero*," etc.

[4] *I'jāz* "miracle."

[5] *Aqall-i qalīl* (m.c.) "the least part."

[6] A violation of the 'rule of suspense': the causal clause should come first.

من این سخنان را با حدّت و خشم میگفتم و خبر نداشتم که طالع چگونه برای بجا آوردن آرزویم میکوشد *

دربان نیتم را پسندید چه پسری داشت دلّاک : بهتر و با رواج تر از دکان ما جائی برای او نبود *

تکلیف خریدن دکانم کرد و باستصوابِ [1] اهل خبره - دکان و اسباب دکانرا باو فروختم *

در باب خانه ، چون خواستم نام نیکی بگذارم (و خیلی هم لازم داشتم) تمسّکش را نگاه داشتم و دکان با اسباب بمادر سپردم *

پول دکان را از دربان، که او نیز مانند پدرم اندوخته بود، گرفتم * همه کس میداند که با آن پول ، به از آن دکان از حیثیت جا و مکان ، جائی خریدن ممکن نبود * همه باهم صد تومان پول شد : بطلا بدل کردم تا سنگینی نکند * قدری را برخت و لباس خرج کردم : أستری نیز خریدم نه اسب ، بجهته اینکه از طریقت شمشیر بندان سیر شده بودم * بعد از همهٔ زحمات در آنراه و بعد از بعثه قم ، طریقتِ خر [2] سواران را ترجیح میدادم که " اسپ و شمشیر و طپانچه و تفنگ دیگر بکارم نمیخورد * و [3] کلاه را نمی شکنم : زُلف را میتراشم ؛ بجای شال با جوز گره [4] شالِ شُل و مُل ، و عمامه می بندم * بجای قبای کمر چین ، [5] قبای بغلی می پوشم تا خلائق همه دانند که مؤمن شده ام * بجای طپانچه [6] لوله کاغذ بر کمر میزنم ؛ بجای [7] پالسقه ، قرآن حمایل [8] میاندازم *

1 *Istiṣwāb* here "taking the opinion of :" *ahl-i khibra* "experts."

2 Mullas generally ride donkeys and mules.

3 *Kulāh rā shikastan* "to indent the cap" : the pattern of cap that used to be indented is not now worn but the idiom is still in use.

4 *Shul u mul* "loose."

5 *Qabā-yi baghalī* the *qabā* with a flap over the breast ; still worn by Zardushtis.

6 *Lūla-kāghaz*, no izafat.

7 Or *fālisqa :* said to be a leathern case carried, slung from the shoulder, by gunners or by soldiers, and to contain paper cartridges.

8 *Ḥimāyil andākhtan*, (m.c.) "to suspend from the neck (as field-glasses)" ; also *qur-ān-i ḥimāyil* is a small Qoran (of course with a cover) for such suspension. [The Qoran should be read in the *du-zānū* position and with clean hands : the *waẓū* should be performed before reading. Should the volume fall to the ground it is raised kissed and its weight in sweetmeats given to the poor : should the donor himself be poor, salt is substituted. However, the generality of modern Persians omit these ceremonies—as a rule.]

بجای أُرسي کفشِ پاشنه [1] خوابیده بپا میکُنم ; بجای [2] لوطي اجلاقي و قشنگي ، ژولیده ، کوریده [3] ، خمیده قد ، دیده بر زمین ، دست [4] بر پر شال ، بي جوراب ، [5] پا بر زمین کشان ، در رفتار بي تبختر ، [6] میشوم * چشم مردم همه بظاهر است ; ظاهر خود را عوام پسند میآرایم ; آنوقت اگر [7] نامربوطي هم بگویم ، بجاي مربوط بخرج میرود — علی الخصوص از دهنِ مردی مرتاض ، ریا خو ، با دستار و شال بزرگ ، و با آه و ناله ، و ذکر ' سبحان الله ' باشد * اگر احیاناً در مقابل مردی دانا اُفتم خود را با سکوت ، عالم قلم میدهم : ' چو در بسته باشد چه داند کسی که جوهر فروش است یا پیله ور ' ؟ وانگهي خواندن میتوانم ; در سایهٔ مواظبت ، در اندک مدّت خوش نویسي هم میآموزم : بنای قران نوشتن میگذارم و بدین سبب شهرت میاندوزم ." *

بدین تفکّر مي بودم تا اینکه وقت سفر رسید * همه چیز بگوش دلم میگفت " از تأثیریکه در دل میرزا * * * قمي کردهٔ استفاده و استفاضه کن که از همه کس بهتر درین عالم نو بکارت میخورد : او قابل این است که تُرا بیکی از مجتهدین سفارش کند تا معمّر یا نوکرش باشي و راه و چاه ملائي را نیک بیاموزي " * وانگهي بعد از رهائي از بست چنان زود ازو جدا شده بودم که گفتي دیدنش بر من قرض بلکه قرض است * گفتم هدیهٔ ببرم تا نگوید ' فراموشم کردهٔ ' * بعد از خیلي اندیشه رایِم بخریدن [8] جانمازي قرار گرفت * خریدم و در حقیقت در راه و بر روی خاطر زیر [9] انداز خوبي بود *

[1] *Ursī*, now the term applied to shoes of European pattern: *pāshna-khwābīda;* the 'down at heel' pattern of shoe is worn by mullas. The big mullahs, however, wear green *na'lain*.

[2] *Lūṭī ijlāfī* "swaggering in walk" (with the arms apart from the body and the shoulders raised, something in the London music-hall style).

[3] *Zholīda* means unkempt, slovenly; *kūrīdā* "slack (without spring in the limbs), slouching.

[4] *Dast bar par-i shāl:* Mullas never swing the arms; they usually put their hands in the *kamarband*.

[5] *Pā bar zamīn kashān* refers to the shuffling walk in the down at heel shoes.

[6] *Tabakhtur* "walking in a stately manner; strutting."

[7] *Nā-marbūṭ* "confused, disconnected, foolish;" *marbūṭ ḥarf zadan* (m c.) "to speak Persian grammatically and correctly."

[8] In Persia a prayer carpet is generally called *sujjāda*, but in India *jā-namāz*. In England people erroneously think that any small Persian rug is a prayer-carpet.

[9] *Zīr-andāz;* a prayer-carpet should be kept clean, but Haji Baba was anything but a good *Musulman*.

همه بسیج سفر ساز [1] شد * ظاهر ملالي از مرکهٔ هفت ساله ترشتر * بستن آن لقب را بر خود، بوقت مرهون [2] گذاشتم چه لقب حاجیگري مادرزادي کفایتم میکرد *

یک کار باقي مانده بود ؛ اداي وجه [3] کفن و دفن پدر * راستي تصوّر کردم که " با آن نهب و غارتِ خویشان ، اینخرج سخت دشوار است " * بارها در دلم آمد که بیخبر از اصفهان بروم و این بار را بدوش مادر و آخوند اندازم ؛ امّا حسن نیت و پاکدلي نگذاشت ؛ گفتم " با این حرکت البته موجب دشنام پدر سوختگي اصفهانیان میشوم که بد دشنامي است " [4] * بنابرین بی تاب بنزد ملاّ و گریه کُن و مرده شو و گورکن رفته مزد [5] همه را دادم و از همه حلالیت طلبیدم [6] *

[1] *Sāz shudan* "to be arranged, prepared."
[2] *Bi-vaqt marhūn guẕāshtam* "I left it to time (or circumstances)."
[3] *Vajh-i*, (not *vajh-yi*).
[4] Especially bad then as his father was just dead.
[5] In Kirman these gentry require ready money.
[6] *Ḥalāliyat*, i.e., *marā biḥil bi-kunīd ; marā bī-bakhshid*, etc.

* گفتار پنجاه و دوم *

در وداع حاجي بابا با مادر و [1] بمحرري يكي از علماى مشهور رفتن *

مادر را بي دل واپسي [2] وداع كردم * آنهم گويا چندان دلنگران نماند چه او در خيال خود بود و من در خيال خود * از خدا ميخواستم كه بكار يكديگر مداخله نداشته باشيم *

بامدادي سوار بر استر، تا يک نيزه آفتاب بلند شود مبالغي راه قم را پيموده بودم* دلم بسيار ميخواست كه قدري در راه لنگ [3] كنم بخصوص در كاشان ؛ امّا از ترس تضيع وقت به بيهودگي ، روزِ نهم بار دويم باز با گنبد معصومهٔ قم ديدار تازه كردم *

قاطر را بكاروانسرا بستم * پس از [4] وارسي بگاه و جوش ، پيشكشي [5] را در زير بغل رو بخانهٔ مجتهد نهادم * درِ خانهٔ مجتهد باز بود ، و مانندِ درِ خانهٔ سائير بزرگان ، كبر [6] و ناز و حاجب و دربان نداشت ؛ هر كس ميخواست ميآمد ؛ هر كه ميخواست ميرفت * جانماز را در كفش كن نهاده بطاقي كه مجتهد در گوشه اش نشسته بود داخل شدم *

في الفور بشناخت ؛ تواضعي نمودم : با اعزاز و اكرام در زيردست [7] خود نشاند

1 *Muḥarriri* "the being a writer; the office of writership."

2 *Dil-vāpasi* "looking back, regret."

3 *Lang* "a halt."

4 *Vā-rasi* "looking after."

5 Better omit *rā*.

6 *Kibr u nāz* means parade of servants.

Ḥar ki khwāhad gū biyā va har ki khwāhad gū bi-rau.

Kibr u nāz u ḥājib u darbān dar īn dargāh nist · common quotation from Hafiz).

7 The *mujtahid* was seated in the *ṣadr* = *bālā dast*: anyone sitting nearer to the *ṣadr* (whether on the right or on the left) is *balā-dast* of anyone sitting further off; and the further off person is *zīr-i dast* or *pāyin-dast* of anyone who is nearer to the *ṣadr*.

و از شدّت میلي که بکیفیت کار و بارم داشت ، بتفصیل ، [1] استعلام و پرشش حال نمود ؛ و منهم نقیر [2] و قطمیر جواب دادم ؛ و استخلاصم را ، در سایهٔ او ، اظهار امتنان کردم و گفتم که " اکنون دلم از همه راه سیر شده ، طریقهٔ عبّاد و زهّاد پیشه گرفتن ، و از امور دنیوي بامور آخروي پرداختن ، و در سلک عُلماء عمر گذرانیدن میخواهم * اگر بجاه سرکار جهتی معین شود که بقیهٔ عمر را در خدمتِ شرع شریف بسر برم اجر این مسئول عندالله و عندالرّسول ضائع نخواهد ماند " *

مجتهد قدری بتأمل فرو رفت : پس از آن گفت که " امروز صبح از ملا نادان که یکی از علمای مشهور طهرانست کاغذي بمن رسید ؛ آدمي لازم دارد که هم محرّر او باشد وهم نوکر ؛ یعنی هم سواد داشته باشد وهم کاردان باشد : امرِ درس و تربیت و ترقیش را هم متعهّد [3] است " *

از استماع این [4] نوید دلم به تپیدن آغازید که منتهای آرزویم همین بود * با خود گفتم " بگذار دستم بگوشهٔ دامان ملاّئي بند شود ، بعد از آن من میدانم چه میشوم " *

بی هیچ تردّد اظهار شکرانه و التماس [5] همتي نمودم * با دست خود سفارش نامهٔ نوشت و مُهر کرد و بدستم داد که " زود بطهران رو ، مبادا تا تو برسي [6] دیگری این لقمه را ربوده باشد * ملا نادان عماد [7] الاسلام است و پهلویش خیلي [8] چرب " *

شادمان ، دستش ببوسیدم و با شکرگذاري گفتم " اکنون التماس دیگر دارم ؛ [9] پر ملخي برسم نیاز آوردهام که در هنگام نماز برروی آن از گوشهٔ خاطرِ عالي محو نشوم " *

گفت " حاجي خانه آبادان ؛ همین قدر که مارا فراموش نکردی ؛ احتیاج

[1] *Istiʿlām*, "wishing to know; asking for news or for information."
[2] *Naqīr u qaṭmīr* "minutely."
[3] *Mutaʿahhid* "attentive to; undertaking, engaging in."
[4] *Navīd* "Good tidings."
[5] 'Entreating for help, good offices.'
[6] Or *na-rasī* or *na-rasīda bāshī*.
[7] *ʿImādᵘ 'l-Islām*, now the title of certain mullahs.
[8] *Pahlū-ash charb ast* used in either a good or in a bad sense, generally the former: "there is much gain to be made by being with him."
[9] *Par-i malakh*, lit. "wing of a locust," *i.e.*, "a trifling offering": *pā-yi malakh* and *rān-i malakh* are also used.

باین زحمتها نبود • اگر رضایت مرا میخواهي امر بمعروف، و نهي از منکر را از دست مده[1] ؛ علماء را دوست بدار ؛ و عُرفا را[2] خوار شمار : بیش ازین از تو نمي خواهم " •

پس[3] اذن خواسته بکاروانسرا رفتم و بی آنکه بزیارت حرم[4] یا ملاقات دوستان روم سوار شدم ؛ و در همان شب بپل دلاک و از آنجا بطهران رفتم •

شامگاهی بطهران رسیدم و برای ندیدن قبر زینب از دروازهٔ شاه عبدالعظیم نه ، از دروازهٔ قزوین داخل شدم • بیمن اقبال دربانان نشاختند و مانند سایر اوقات مأموریتم بسلام نایستادند • در حقیقت نصفچي را در لباس آخوندي دیدن بی تماشا نیست • از میدان وبازاریکه وقتی بجز صورت من صورتی دیگر در آنجا جلوهگر نمي بود بي آنکه کسی بصورت[5] مبارکم ملتفت شود بگذشتم • راه خانهٔ ملا نادان را پرسیدم • بیش از آن مشهور بود که نشناسند • شب را در همسایگیش در کاروانسرائي ماندم و برای تهیّهٔ حضور، صبح را بحمام رفته دست و پا و ریش را حنا بستم ؛ و رختی عوض کردم ، و بدر خانهاش رفتم •

خانهٔ ملا نادان در پشت مسجدِ شاه نزدیک خانهٔ زنبورکچي باشي و مانندِ

• مصراع • ' درِ سرای مغان رُفته بود وآب زده ' .·. دهلیز و حیاطش سنگ فرش ؛ اُطاقها نه پر محتشمانه ، و نه پر فقیرانه ، گسترده[6] •

در تالار روبروي حوض ، آخوندي نشسته بود ، پژمرده رخسار ، بیمار وار • پنداشتم ملا نادان است امّا چون نوکران گفتند " آغا در اندرون است ، حالا بیرون مي آید "، دانستم نه آنست •

داخل تالار شدم و برای اینکه بآخوند خودرا برتر شأن نوکري بنمایم ، بنشستم • درِ صحبت باز شد • من با دو کلمه دانستم که آخوند از وابستگان ملا نادان است ؛ امّا آخوند بسیار کوشید که بداند من کیستم ؛ نتوانست : سوألهای عجیب و غریب و موجب حیرت درمیان واقع شد •

[1] " Dont cease to counsel what is right and warn from what is wrong."

[2] Pl. of 'ārif which seems here to mean '*irfān bāf* or *ṣūfī*.

[3] *Izn* 'permission to go'; in India generally *ijāzat*.

[4] *Ḥaram* is the sacred portion of the shrine (*i.e.*, the inside portion where the tomb is).

[5] A joke as he was a mulla.

[6] i.e., *utāqhā gusturda*; the rooms were spread with carpets or felts.

آخوند — ” گویا شما تازه بطهران آمده اید “ ؟

من — ” بلی جناب “ ٭

آخوند — ” البته اینجا خیلی وقت خواهید ماند “ ؟

من — ” خدا میداند “ [1] ٭

آخوند — ” طهران جای خوش گذرانیست : چنین نیست “ ؟

من — ” هم چنین شنیده‌ام “ ٭

آخوند — ” امّا در طهران تنها بآدم بد میگذرد “ ٭

من — ” همه جا همین طور است “ ٭

آخوند — ” اگر خدمتی نسبت به بنده دارید حاضرم “ ٭

من — ” خیر لطف شما زیاد ٭ خود آقا را میخواهم به بینم “ ٭

آخوند — ”چه آقا چه من ، تفاوت نمیکند ٭ حمد خدا را دست مکشته نیستم ٭ بدلخواه شما بهر طور و بهر بها بخواهید ممکن است “ ٭

من — ” بنده تاجر نیستم “ ٭

آخوند — ” تاجر بودن لازم ندارد ؛ همین قدر که مردی هستید غریب ، و راه و چاه را نمي دانید ؛ خدمت کردن بشما بر ما فرض است ٭ مگر فرض وقت گذراني است ، خواه یکساله خواه یکماهه ٭ براي یکهفته و یکساعت هم هست “ ٭

ازین سخن شک زده شدم ، چه خیلی گوشه [2] دار بنظرم آمد ، و دست و پا میزدم که بگویم ” زِدْنی [3] بیاناً “ که ناگاه سر و کلهٔ ملّا نادان پدیدار شد ٭

ملّا نادان مردی بود پا [4] بچهل ، خوش اندام؛ تازه رو ، ریشش از شدت حنا [5] و رنگ بغایت سیاه و مثل پرِ پرستو [6] شانه زده ؛ چشمانش سرمه کشیده ؛

1 Note the Pres. Indic.: in India the Aor. or Pres-Subj. would be used, the equivalent of *Khudā jāne*.

2 *Gūsha-dār* = *ma'ni-dār*, i.e., 'with hidden meaning.'

3 From the Qoran; = *ziyād kun marā bayān rā* "make clearer to me."

4 *Pā bi-chihil* "rising forty *or* just forty."

5 *Ḥinā bastan* is to dye the hair (a beautiful chestnut colour) with henna: *rang bastan* is to dye the hair a purple black with indigo leaves; as a rule, the hair is first dyed with henna.

6 *Misl-i par-i piristū shāna-zada*, i.e., glossy and smooth from combing, like the plumage of a swallow.

عمامهٔ بزرگ با پیچشی غریب بر سر ؛ عبای[1] شوشتری لطیف در بر * قالب و قوّاره‌اش قابل توپچیگری و فرّاشی ، امّا بعد از گفتگو ، از فصاحت بیان و نرمیِ سخنانش معلوم شد که درشتی و تندی نوکر بابان[2] ندارد *

بچالاکی بر خاستم و کاغذ مجتهد را بدستش داده بایستادم * نگاهی بعنوان کاغذ کرد و نگاهی بصورت من ، تا مناسبت رسول و مراسله را در یابد *

چون نامه را بخواند چهره‌اش بشگفت و گفت " خوش آمدی * سرکارِ آغا چه میکردند ؟ انشاءالله مکروهی نداشتند ؟ " منهم بی تکلف گفتم " الحمد لله صحیح و سالم بودند ؛ سلام بسیار رساندند " * نامه را با دقت تمام مطالعه فرمود امّا از مضمونش چیزی نگشود * بعد از آن عذر قلیان نیاوردن خواست که " من خود قلیان نمی کشم ، و غدغن کرده‌ام بمهمان هم ندهند * تکلیفِ[3] ما اهل شرع این است که از آنچه مشابهٔ نهی و منع رود ، کف[4] نفس نمائیم * اگرچه در حرمت قلیان نصّ صریحی نیست و از مُسکرات بودنش مشکوک است و در نزد اهل تسنّن و تشیع ، هردو ، استعمال آن متداول ، امّا چون احیاناً کیفیتی خمار وار میدهد و باعث نوعی[5] دوار میشود ، لهذا[6] احوط اجتناب از آنست " *

پس ، از صوم و صلواة و از سایر عبادات و طاعات خود سخن گشود ؛ و من با خود گفتم که " لقمهٔ که مجتهد قم گفته بود چندان هم چرب نباید باشد " اما وقتیکه تر و تازگی صورتش را با آنچه گفته بود موازنه کردم گفتم " آقا نباید چندان پابند قوانین پرهیزگاری خود هم باشد ؛ البته با تاویل شرعی راه کار خود را میجوید و با این ظاهرسازی ، در معنی ، باید خیلی[7] نقش باشد " *

[1] A Shuster *'abā* is made of pure camel hair and is somewhat costly: camel hair is considered holy. Silk is of course forbidden, but modern Persians evade the law by mixing silk with the wool, or wool with the silk.

[2] *Naukar-bāb* Government officials of the lower ranks, farrashes, mirzas, etc.

[3] Note, no *izafat* after *mā* the 1st Pers. Pl.

[4] *Kaff* "abstaining from, refraining from."

[5] *Duwār* "giddiness, light-headedness."

[6] *Aḥwat* "most comprehensive"; in m.c. "most prudent."

[7] *Naqsh* = *rind* or *numra* (m.c.).

* گفتار پنجاه و سیّم *

در تدبیر ملا نادان برای پول اندوختن و مردم آسوده ساختن *

آخوند از اطاق بیرون رفت و همینکه ملا نادان مرا با خود تنها دید کاغذ مجتهد قم را از جیب بر آورد که " بموجب این سفارش‌نامه ترا در نزد خود نگاه میدارم " * از حال کیفیتم سؤالی چند نمود ، و از جوابهایم خیلی حظ کرد *

پس سر مسئله کشود باینطور که " مدتی [1] بود مانند توئی مي جستم امّا نمي یافتم * این آخوند که حالا از اطاق بیرون رفت معاون و دستیار من است اما بسیار ناپاک [2] است * آدمي دلم مي خواهد که مال مرا مثل مال خود بداند و با لقمهٔ نانی که مي خورد قناعت کند و زیادهٔ طلب نباشد " *

چون غرض من (چنانچه بمجتهد قم گفته بودم) با زهد و پارسائي در زیرِ دستِ علما ماندن بود تا بر جائی پا بر [3] جا شوم جواب دادم که "سرکارِ اغا، من آدمَي جهان گشته و جهان دیده‌ام؛ تکلیف خود را میدانم و انشاء الله شما در خدمت خود مرا آدمي راستکار و درست رفتار، و بدلخواه فرمانبردار خواهید دید" *

گفت "تو هم آسوده باش که در خانهٔ من سعادت دارین نصیب میشود * اولاً بدانکه من عمادُ الاسلام و [4] قدوة الانام ، نُخبهٔ [5] ملت حنیف و شرع شریف ، انموذج [6] دین حمدي و ملت محمدیم * اجتهادم بهمه جاري ، و فتاوي و احکامم بهمه ساري

[1] *Muddat-ī 'st—mī-jūyam* would also be correct.

[2] *Nā-pāk* properly "impure, polluted; lewd, licentious," is in m.c. often applied to a woman in a sense by no means bad, much in the same way as "wicked" might be used. Here the word seems to mean "intriguer."

[3] *Pā bar jā shudan = mustaqill shudan.*

[4] *Qidvat* "pattern, exemplar."

[5] *Nukhba-yi millat-i ḥanīf* "chosen of the orthodox faith."

[6] *Anmūzaj* or *anmūdaj* "a sample, model": also *namūdaj* and *namūdish*.

است * شاربین خمر را حد[1] میزنم : زانیان محصنه را رجم[2] مي‌کنم * در امر معروف،[3] و نهي از منکر، و تالیف قلوب ، و موعظه و خطابت ، وحید و فریدم * حامي بیضهٔ اسلام[4] و راهنمای خواص و عوامم : آیت صائم النهار ; معني قائم اللیل * غسل و وضویم عبرةٌ للناظرین; و صوم و صلواتم أسوةٌ[5] للسّایرین است * بحکم اجتهاد خود، از ستعمال الات و آواني مفضض و مطلا[6] محترزم، و از اکتسای کسوهٔ اقمشه و حریر مجتنب ; مواظبِ تعبّد، ملتزم تهجّدم[7] * از قلیان وانفیه متنفرم، و بازي نرد و گنجیفه و شطرنج و سایر ملاعب و ملاهي را منکر ; چه این گونه مناهي و مکاره[8] مضر آداب دیانت[9] و مشغل[10] اوقات طاعت و عبادت است * پارهٔ اجامره[11] و اوباش و رنود در باب تخفیف تکالیف روزه از قبیل تجویز[18] قلیان کشیدن و مصطکي[18] خائیدن از من استفتا نمودند ; اما از من بجز جواب 'لا' چیزي نشنوند * سر شان را با عصاي 'لا' شکشتم ' که روزه خوردن[14] (دور از جناب !) گه خوردن است; و باید روزه را گرفت و نماز را کرد تا چشمتان کور شود ' * اگر شارع مقدس[15] حکم فرموده بود که مدت افطار یک هفته باید باشد، هرآئینه اولین روزه گیر و آخرین روزه - گشا من مي بودم ; و حاشا وکلّا اگر دهان بلا و لعّل میگشودم" *

اگرچه این قدر شدت در پرهیزکاري بمذاق[16] من گوارا نمي نمود امّا باز ا

1 Eighty stripes. *Mi-zanam* and *mi-kunam* are futures to signify desire, intention, etc., since the Mujtahid has never yet delivered such a *fatwā*.

2 Though stoning is the punishment for adultery fixed by Muslim law, it is not inflicted in Persia.

3 *Ma'ruf* "what is known; good": a word used in the Qoran.

4 بیضهٔ الاسلام =*jamā'at-h*" (Ar. Dict.).

5 *Usvat*un "a paragon." *Sā'irin* "all" (also "walkers").

6 *I.e.*, even silver-plated or gold-plated vessels.

7 *Tahajjud* "repeating prayers during the night": [*shab zinda-dāri* = "watching]."

8 Pl. of *makrūh*.

9 = *rusum-i diyānat* (*dīn-dāri*).

10 *Mushtaghil*, 'employs, takes up the time for holy meditation.'

11 *Ajāmirat* "turbulent fellows."

12 *Tajwiz* "permitting."

13 *Maṣṭakī* (in dict. *maṣṭakā* "gum mastic") is a gum that does not melt and is lawful for weak persons during the Fast.

14 *Rūza khurdan* (m.c.) "to eat during the Fast."

15 "The expounder of the Law."

16 *Mazāq* "tasting; palate."

استحسان ظاهر دریغ نداشتم ؛ و بمناسبت مقام اظهار استغرابي [1] مي نمودم که خیلی حظ میکرد *

از نشاءِ [2] استحسان و استغراب من سرگرم ، شروع بسخنان آشنا کرد که " پارسائي من ببین تا بچه حد است که از زن گرفتن اجتناب کرده‌ام و کمال نفسِ [3] من درین باب از درجهٔ کمال نفس حضرت [4] ختمي مآب گذشته است : آنجناب در تعدّد زوجات از حضرت سلیمان گذشت و من در ترک تزوّج ازو در گذشتم که یکي هم ندارم * درین باب بحدیث شریف 'خیرُ امتي بعدي رجل خُبطَ [5] ' عمل کرده ام * اگرچه خود سُنّت نکاح بجا نیاورده ام ، امّا از ثواب این سنّت محروم نیستم : دیگران را بمناکحت و مزاوجت مي پردازم و ترا میخواهم درین ثواب شریک سازم " *

اگرچه در کشتزار این هنر از کشاورزان چغندر و گرز هم کم سررشته تر بودم ، اما باز سخنانش را تصدیق کنان روي رضا نمودم و او دنبالهٔ سخن را بدین نوع کشیدن گرفت :—

" بدان و آگاه باش که بخلاف شرع انور و برغم قوانین مطهّر [6] به ننگ ناموس و بناموس ننگ [6] ، کار بچه بازي و غلام بارگي [7] چندان انتشار و اشتهار یافته که نام زن گرفتن ، کم مانده از صفحهٔ روزگار سترده شود ؛ و همهٔ مردم به پشت بي ریشان میافتند * بیچاره زنان بخدا مینالند * پادشاه از آنجائیکه محبّ علمای اسلام و مروّج شعایر [8] ایمان است ، درین باب شکایت بملا باشي کرده سرزنش وي نمود که 'تدبیر و چارهٔ این ناخوشي عام البلوی [9] در دست تست' * درمیان خودمان [10] باشد ملا باشي مردکهٔ خیلی خریست : از وظایف [11] اسلام بقدر یک فرنگي هم

1 *Istighrāb* "wonder; admiration."

2 *Nashā'* "intoxication": a doubtful form; *vide* dict.

3 "Spirit, self."

4 *Khatmī-ma-āb*: from *khatm*.

5 Has not the Persian translator misquoted this *ḥadis*?

6 *Bi-nang-i nāmūs va bi-nāmūs-i nang* (= *bad-nāmī*) is a saying without any special meaning.

7 This is not in the original English.

8 *Sha'ā'ir* (pl. of *sha'ira*) "signs."

9 "Which is a common affliction."

10 "Between you and me."

11 "Duties, observances."

خبر ندارد ، تا چه رسد بقلع و قمع این گونه مواد مُهم درهم [1] ؟ بندهٔ شما ملا نادان ، بلی ملا نادان ، منافع عوام را با قوانین و اساس شرع مطابق و موافق کرده بقوت تتبع احادیث و اخبار ، اجتهادی [2] نمودم که بی ضرر و ضرار [3] ، منافع عرف با قوانین شرع جمع آیند * میدانی که در مذهب شیعهٔ اثنی عشریه [4] ، متعه (یعنی نکاح موقّت) بهر قدر مدت باشد ، جایز است * در نزد ملا باشی زمزمهٔ کردم که ، در شریعت سمحهٔ سهلهٔ ما ، چرا باید [5] با تجویز متعه ، از عهدهٔ [6] پیشگیری این فسق و فجور بر نیآمد ؟ چارهٔ این درد آسان ، و مردِ میدانِ این چاره ملا نادان ، * ملا باشی ، که در هرکار خر حسابی است ، در حساب کار خود خیلی روباه است ؛ تکلیف مرا پسندید ، چه خیر خود را در آن دید * بنابرین خانهٔ کوچکی چند خرید و صیغه خانه ساخت * در آنجا جمعی از زنان [7] یائسه و غیر یائسه بنشاند ، تا هر مرد که خواهد تمتّع از ایشان بتواند ؛ و ملا باشی هم از طرفین ، حق تمتعی میگیرد * این است که برایگان مالک گنج شایگان شده است * هجوم عام بدرجه ایست که ده دوازده آخوند از صبح تا شام از عهدهٔ صیغه خواندن بر نمی آیند * راه این شریعه را دست اجتهادِ من کشاد ؛ این فکر از خیال بکر من زاد : و ملا باشی هیچ بهرهٔ از آن بمن نداد و این تدبیر هم باسم او بقلم رفت * من هم رغماً لانفه [8] قصد آن کرده‌ام که زمام حلّ و عقد این کار خانهٔ ابداع [9] را بالذات بدست گیرم و خدمتی خاص بعام کنم * ولی زینهار این راز را سربسته دار که اگر ملا باشی بوئی برد آنچه از دستش بر آید فرو نمی گذارد و شاید ، عاقبت ، مارا اخراج بلد کند » *

ملا نادان مشغول این سخنان و من سراپای او را نگران ، با خود میگفتم « آیا این گونه آدم میتواند عماد الاسلام شود ؟ مجتهد قم کذائی [10] در حق این یارو آنخوییها که گفت آیا راست گفت ؟ امّا چون در جادهٔ شرع هنـــوز پای

1 *Darham* "intricate."

2 Legal or theological decision.

3 *Ẓarār* "hurting each other."

4 *Shi'ah-yi asnā 'ashariya*, i.e., followers of the 12 Imams.

5 *Bāyud* = should.

6 *Pish-giri* = *jilav-giri* "stopping."

7 *Yā'is* "despairing;" of an age when the *ḥaiẓ* stops. Sayyid women are supposed to continue their courses, and consequently their *hope* of offspring, up to the age of sixty.

8 *Raghman li-anfih* (= *bi-ẓidd-i ū*) 'for rubbing his nose on the ground.'

9 *Ibdā'* "publishing something new."

10 *Kazā'i* = *hamchunānī* = *ba fulān va fulān ṣifat.*

بر جا نشده از مراتبِ متشرعین [1] بیخبر بودم * ناچار تصدیق سخنان وی نمودم و او مطلب را بدین طریق پی کرد :—

" از همین حالا سه زن تدارک کرده درین همسایگي در خانهٔ کوچکي نشانده ام * ترا میخواهم برای آنها آدم بیاوري * واِلّا پیدا کردن آدم آسان است * هر صبح میروي بکاروانسرا ؛ همینکه تاجری یا مسافری وارد میشود آهسته بپهلویش خزیده میگوئي که ' اگر زن بخواهي ، من دارم خوشگل و ارزان و بی ترس ' * امّا زینهار که نرخ آنان را از نرخ زنانِ ملا باشي گرانتر نکني که باعث کسادي است : در تجارت ، ارزاني و رواج شرط است * بفواخور هر کس مزد خود را هم میگیري : من مواجب علیحده بتو نمیدهم ، امّا هرچه دلت بخواهد در خانه‌ام موجود است * تنگي نمي بیني ؛ مزدِ پائي [2] هم میگیري مفت چنگ [3] تو * وقتي که مهمان دارم بسر پا میایستي ، نوکري [4] ؛ و در سایر اوقات مي نشیني و محرّري " *

ملا نادان از افادات باز ایستاد و منتظر که من چه جواب خواهم داد * بحکم غامض بودن و خیلی آب برداشتنِ مسئله [5] ، تأملي میبایست * مرا هوای [6] آنکه از مردم کناره گزینم و در کنجِ عبادات بکار نماز و روزه پردازم و زیلوي [7] مدارس و بوریای مساجد شوم ؛ و امیدوار بودم که مخدومي تارکِ دنیا و طالب عقبی پیدا کرده ام : معلوم شد که مخدومم در حرص جاه و حبّ مال و منال دنیا از هیچ نامي ننگ ندارد و ننگ نام و ناموس بر شرع میگذارد * مال دنیا بیابد از هر راه و از هر روي که باشد ، شهوت دست بدهد بهر اسم و بهر رسم که بخواهد * " من هم خادم چنین مخدومي و سالک چنین مسلکي شوم " * امّا چون حالم پریشان تر از آن بود که ترک این تکلیف بآساني گفتن بتوانم ، و محرّري مردی که در پای تخت بعماد الاسلامي شهرت داشته باشد خیلی نقل است ، ناچار دنده بقضا و تن برضا دادم *

پس ازان گفت که " انشاء الله تعالی درین باب عریض و عمیق ، صحبت

1 "The ranks of the holy."

2 *Muzd-i pā* "fee for the trouble of going, an errand-fee."

3 *Muft-i chang-i tu* = for your own pocket.

4 "You will be a servant."

5 *In mas'ala khaile āb mi-girad* (m c.) this requires much thought, considera. tion," [*i.e.*, sucks up a lot of water (thought) like a sponge].

6 *Havā* = *khiyāl*.

7 *Zilū* is a cotton stuff used for the floors of schools and mosques.

8 *Ṣuḥbat* "conversation, speech."

خواهیم داشت : اکنون مرا ملا باشي خواسته است ، باید بروم " ؛ و در وقت بیرون رفتن گفت که " من[1] از جاه و جلال خوشم نمیآید ؛ زیاده از لزوم ، نوکر نگه نمیدارم " - و راست میگفت * خدم و حشم آقا ، عبارت بود از یک آش پز و یک نوکر با سه اسم ، ناظر و فرّاش و میر آخور * در سر طویله اش بیش از یک خر سفید نبود ، که میگفت " بهزار مشقت گیرآورده ام چونکه خر سفید نشانِ تشخّص و اعتبار است ، و مشتریش بسیار ، و بدست آوردنش دشوار * چون کار و بارم روز بروز در ترقي و اعتبارم در تزاید است ، انشاء الله بعد از [2] تحمّر تبغّل هم خواهم کرد؛ استری میخرم —" * من این فرصت را غنیمت شمرده گفتم که " اگر سرکار آقا میل داشته باشند بنده قاطر[3] حاضر است ، و موافق دلخواه ایشان " * بعد از گفتگوئي ، قرار بر این شد که او بسمت مخدومي بر قاطرِ من و من بسمت خادمي بر خر او سوار شوم ، و چنین کردیم *

[1] Note that there is no verb to *man*; this construction not uncommon in modern Persian.

[2] *Taḥammur* = *khar-savārī* and *tabāghghul* = *qāṭir-savārī*.

[3] *Banda-qāṭir*: compare *banda-manzil*.

* گفتار پنجاه و چهارم *

در مهمّساز گردیدن حاجي بابا و دفتر-دار متعه خانه شدن وي *

همینکه دستور العمل معیّن گردید ملا نادان شخصِ مرا بزنان و شخصِ زنان را بمن معرّفي کردن خواست ، تا سررشتهٔ کاملي از کار و بار شان پیدا کنم ؛ و بآینده و رونده در توصیف و تعریفشان نامهٔ عملي بنویسم ، و چند و چون [1] ارزش و مقدار شان را معیّن سازم *

نخست ببازار رفتم و با دستار و عبا و شال ، خود را بصورت آخوندان آراستم * بعد از آن بمتعه خانه رفتم * چون از پیش خبردار بودند سرزده [2] داخل شدم *

متعه خانه محقّر خیرابهٔ بود منحوس ، و خراباتیان [3] بقلیان کشیدن مشغول * از دیدارم رویها پوشیدند * *

سلام دادم که " اي بانوانِ حرمسرای عفت ! ملانادان مرا بخدمت شما فرستاده ، و معلوم است از برای چه * این رو گرفتن پس از برای چیست و از که ؟ از درِ التفات بر آمدند که " خوش آمدي ؛ سایه ات از سر ما کم نشود ! انشاءالله قدمت مبارک است ، و آخورت بخیر " *

پس دوتن پردهٔ از رخسار بر انداختند و گُل زار جمال را عرضه ساختند * دیدم که شاخ گل نسرینشان [4] از گردش ایّام خزانست و [5] چراغ لالهٔ شان را از دمِ سردِ

[1] *Arsish* "cost, value."

[2] *Sar-sada* "suddenly, without warning."

[3] There is a play on the words *kharāba* and *kharābātī*.

[4] *Shākh-i gul-i nasrīn-i shān*—is a common m.c. phrase for "their youth had gone": the word *shākh*, though redundant, is used in this phrase; *nastaran* (and not *nasrīn*) is the usual form of the word in m.c.

[5] *Chirāghh* = *nūr* and is here used on account of the word *lāla* "a poppy; a pink cheek; and in m.c. a (European) candlestick with a globe."

روزگار آفتها [1] ، با همه وسمه و سرمه و خط و خال، شکنجِ [2] عذار شان از دور نمایان بود *

با گشایش رو، چنان تنورهٔ قهقهه بر رویم [3] طوفانیدند که کم ماندهٔ بود پرتاب شوم [4] * بی اختیار گفتم " روی بپوشید ای قمران خانگي که عقل بدیوانگي ! چشم بد دور ! این چه چشمان نیکو ! چشم زخمي باید [5] * این چه خال عنبرین است ! سپند [6] بسوزانیم : باطل السحری لازم است * آتش نه تنها بجان من، بجهان زدید * بیش ازین منگرید که چیزیم [7] میشود * امّا شمارا بخدا ! ناز آن سهِ دیگر از کجا ؟ و آن همه استغنا چرا ؟ * مصراع *

' حیف نبود که رخ خوب ببرقع باشد ' " ؟

آن دو روی بازان بر او تازان که " حق دارد ؛ این درگاهِ کبر و ناز بر نمیدارد، درگاه نیاز است * هیچ چیز ما نباید از آیندهٔ وروندهٔ پنهان باشد، تا چه رسد برویمان ؟ وانگهي نهفتگي دیدار باعث کسادي بازار و مایهٔ سرکوب [8] یار و اغیار است " *

گفتم " شاید چشم من شور است — یا اینکه قابل دیدار نیستم * رُخسارهٔ که ماهِ افلاک از شرمِ او بمیغ است از آخوندي مفلوک پوشیدن دریغ است " *

بالتماس من و اصرار آن دو تن تاب نیاوردهٔ گفت " خوب حالا که باید پردهٔ از کار برداشته شود، بگذار تا آنچه در دیگست بچمچه آید " * با هزار غنج و دلال نقاب از جمال برداشت * چه دیدم ؟ مخدّرهٔ [9] عصمت سرای حکیم باشي شاهي، مخدومِ قدیمِ بندگان - پناهي [10]، میرزا احمق *

[1] *Āftat-hā*=*ṣadma-hā.*

[2] *Shikanj* "a fold, wrinkle."

[3] 'Bubbled over with laughter in my face.' *Tanūra* is the tunnel through which the water rushes on to the mill-wheel. Also note the rhet. figure *Talmīḥ* "Allusion."

[4] *Partāb shūdan* "to fall away from (a horse, etc.)" : *partāb k.*" to cast to a distance." *Hamīn ṭaur ki mī-davīd partāb shud* (m.c.) "As he was running, he fell."

[5] i.e. *duʻā yi chashm-zakhmī.*

[6] *Ispand* or *sipand* seed is burnt to remove the effect of the evil eye.

[7] "I shall think something" : *Ān zan chīzī-ash mī shavad* (m.c.) = *khiyāl-i* (*bad kurda ast.*

[8] *Sar-kob* "reproaching."

[9] *Mukhaddara* "matron, virtuous woman."

[10] *Bandagān panāhī* is an epithet jokingly applied to the *Ḥakīm.*

خروشي حيرت آميز بر آوردم كه " سبحان الله ! * * * آنچه مي بينم به بيداريست ، يا رب ، يا بخواب ؟ " چشم ماليدم " كه منم و او ، يا كار پري و جادو ؟ "

گفت " عجب مدار ، من همانم كه ميداني : اما ترا كه قاتل شوهر مني با اين لباس زهد و تقوي چه كار ؟ "

من :— " مگر شوهرت را چه شد ؟ مرا از مرگ شوهرت چه خبر ؟ وقتي خادم و مخدوم بوديم ، آنوقت گذشت ؛ يادش بخير * او مرد ؛ خدايش بيامرزد : شما زنده ايد ، خدا عمر تان دهد ! "

خانم :— " تجاهل و ندانم [1] كاري مفروش * تو باعث مرگ زينب شدي ؛ مرگ زينب سبب ريش كندن ، ريش كندن موجب فلاكت ، و فلاكت سبب مرگ حكيم * پس سبب مرگ حكيم توشدي ، يعني تو او را كشتي * "

من :— " من چه تقصير دارم ؟ چه خاك بسر كنم ؟ صد فرسنگ از شوهرت دور تر بودم * از صد فرسنگي چه گونه مي توانستم او را كشت ؟ * مصرع * ' خري زاد و خري زيد و خري مرد ' [2] * گناه اين همه را از چشم من بايد ديد ؟ "

خلاصه گفتگوي ما دراز كشيد * زنان گويا از ترس گذشتن وقت رواج [3] بر اشفتند كه " بس است ؛ دعوي را كوتاه كنيد * مصرع * همانا غرض تو زين كار داريم * " چه درد مرا پيش ازانكه دست بكار زنم زن حكيم را گفتم كه " از حال و كيفيت خود مرا آگاه گردان " *

گفت " ميداني كه من وقتي در اندرون شاهي خيلي نقل داشتم : پادشاه برايم مي مرد ؛ حسنم از همه بيش و رتبه ام از همه پيش * امّا از بازي فلك غافل نتوان بود * زني نو باندرون آمد و بنيروي كش [4] و فش و بقوت فند [5] و فعل ، پادشاه را از دست من بربود و از ترس اينكه مبادا آب رفته ام باز بجوي آيد ، تا از اندرون بيرونم نكرد ، نيارميد * پادشاه مرا بحكيم باشي بخشيد — از بهشت بجهنم ، يعني از ميان مشك و عنبر بميان معجون و مرهم افتادم * از حكايت زينب

[1] *Na-dānam kāri* is a compound substantive = "saying 'I do not know.'"

[2] *Zād = za'ida shud* and *zid = zist kard.*" "He was born an ass, lived an ass and died an ass."

[3] *Ravāj* "selling well."

[4] *Kish u fish* a meaningless phrase that signifies *qir* or *qirr*.

[5] *Fand* vulgar for *fan* (Ar. *fann*) : *fand u fa'l* (m.c.) "tricks, artifices.'

در گذریم ؛ من حوصلهٔ روضه[1] خواني ندارم * حکیم باشي هم مُرد * بعد ازان خیلي کوشیدم که باز راهي باندرون پیدا کنم و نامم بگوش شاه برسد ؛ اما هیهات ! زنِ فتّانه[2] ، نه چنان راه چشم و گوش شاه را بسته بود که ممکن باشد * اي میرزا حاجي بابا من که بکندن ریش پادشاه مقتدر بودم ، ریش شوهرم را کندند * ناچار در کوچه و بازار بسراغ[3] خریدارم افگندند " *

پس از طالع زشت و وارونی سر نوشت شروع کرد بهایهاي گریه کردن * دلداریش دادم که " غم مخور ؛ جواني بر نمیگردد - اما ایام آن توان بر گشت * این کلبهٔ احزان[4] روزي برایت گلستان میشود[5] * بیاري خدا جدّ و جهد میکنم تا شوهری خوب برایت بجویم[6] و ترا ازین رنج و اندوه رستگار سازم " *

آنگاه رویش خندیدن گرفت و بشوخي گفت " نادرست[7] ! میداني که هنوز وقت من نگذشته است ؛ آهوی چشمم نرمیده ، کمان ابرویم زه نزده ، آئینهٔ بلوریم از طاق نیفتاده ، کوزهٔ حقهٔ نافم هنوز خیلی آب میگیرد[8] " *

او موبمو شرح حُسن و جمال خود میکرد و من با چار چشم حیرت ، بحالِ جمال و جواني او نگران ، او را از نحوست[9] بُرجي و از ملعنت درجی بیش نمیدیدم * خیلي دلم میخواست که انتقام زینب از وي بکشم که خیلي خونابه اش چشانیده بود *

آن دو زن نیز شرح حالِ خود بگفتند * یکی زن زرگري بوده است که شوهرش را بجهة دزدي چند مثقال - طلا از شمعدان پادشاه ، بدمِ توپ گذاشته بوده اند * دیگری را ، شوهرش بجهة خلاصي از پنجهٔ شاه گذاشته ، خود بمملکت روس فرار کرده بود *

[1] *Rauza-khwānī* is the funereal-speeches or narratives of the death of the Martyrs (declaimed during the Muharram, etc.).

[2] *Fattān* "a great tempter; seductive."

[3] *Surāgh* "mark, etc.; inquiry; a thing cried for or searched for publicly."

[4] "Cell of sorrowing."

[5] An imperfect quotation from Hafiz.

[6] "Find" (m.c).

[7] *Nā-durust* "sly; naughty one" (m.c.).

[8] *Huqqa-yi nāf = nāf* (*huqqa* "a small box"). "My navel is still beautiful and open" In old age the navel is supposed to close up.

[9] *Nuḥūsat-i burjī = naḥs būdan-i burj : durj* "a small box; a casket (contents unknown), and hence = *taqdīr*."

Ūrā, the object of *namī dīdam*, refers to the lady, and *bīsh az = ghair az*: "I saw nothing more than her wretchedness."

در آخر سینهٔ وناف و ساق خود را نشان دهان زیبائي و رعنائي و هنر خود را عرضه داشتند و من هم اسم و رسم و خواص[1] و قیمت ایشان را در جریدهٔ عمل خود ثبت کرده ایفاي خدمت هر یک را جداگانه بگردن گرفتم *

در وقت بیرون آمدن از خانه یکی از دور فریاد بر میآورد که "فراموش نکني که من هجده سال بیش ندارم" * دیگری میگفت "قرّ و فر[2] من از یادت نرود" * زن حکیم میگفت "پیوستگي ابرویم را فراموش مکن" *

گُفتم "اي بچشم ; اي بچشم ; خاطر جمع باشید * خواهان پیدا بشود , من حدیثم همه از سرو و گل و لاله میرود" * در دل خود گفتم "ثلاثه غسّالهٔ مرده - شو - برده[3]" * پس بکثافت بشره و عنق منکسرهٔ[4] ایشان خندان و برای خُنکي دل بآن سه گندهٔ تنور دوزخ و مترسي[5] بستان برزخ[6] دشنام دهان پي کار خود گرفتم *

[1] Pl. of خاصة

[2] *Qir u fir* : *fir* is the 'meaningless appositive' *tābi'-i muhmal*.

[3] *Ṣalāṣā* is said to be "the three washings of the dead body": *ghassāla* (fem.) "body-washer:" *murda-shū burda* is a common term of abuse. Can the translator have meant to say "three body-washers"? If so *ṣalāṣ*, should be substituted for *ṣalāṣa*.

[4] '*Unuq-i munkasira* (= *gardan-i-shikasta*) means, I think, *nā-tavānā'i* or *bad-gilī* and not "old wrinkled necks."

[5] *Si ganda tanūr-i-duzakh* "three evil-smelling ovens of hell."

Ma-tars "a scare-crow" (the thing).

Bustān = *khiyāristan* = a bed of melons or cucumbers.

[6] *Barzakh* is the interval between death and the resurrection, etc. : in m.c. used in a bad sense as *ān shakhṣ hamīsha barzakh dārad* (m.c.) = *hamīsha turush rū ast.*

* گفتار پنجاه و پنجم *

در ملاقات حاجي بابا باکسیکه مرده مي انگاشت و زن دادن وي اورا *

بعد از ترتیب مقدّمات کار خود براي آگندن کیسهٔ ملا نادان، بجانب کاروانسرائي که بیشتر از همه جا محلّ آینده و رونده بود، روان شدم * در نزدیکي کاروانسرا شتران و استران گرانبار بسیار و جمعي دستار بند بصورت زوّار دیدم * چون از آمدن کاروانِ خراسان خبر داشتم دانستم که زوّار مشهدند * در گوشهٔ بایستادم تا غلغله و هایهوي کاروانیان فرونشست * داخل صحن کاروانسرا شدم؛ و بامید اینکه بیاريِ بخت یکي از آشنایان مشهد برخورم، چشم بهر جانب میگردانیدم و بدقت همه را مي نگریستم * اگرچه بعد از کتک و ترک کردن من مشهد را، بسبب دست تظلّم روزگار باید خیلي تفاوت کرده باشند، اما در شناختن آدم ماهر بودم، و هیولا[1] و هیأت مشتریان مشهد چنان در نظرم بود که بمحض دیدن، هر کدام باشد مي شناختم *

از شکار نومید وار در کار برگشتن بودم، ناگاه بیني بزرگ و قوزي[2] عظیم و شکمی گنده خیال عثمان آغا، خواجهٔ اوّلینم را در برابرم جلوه گر ساخت *

با خود گفتم که این هیأت مقوّس بنظرم خیلی آشنا میآید" * اگرچه یقین داشتم که عثمان آغا تا انگاه فدای سخت گیریهاي ترکمانان شده است، امّا باز دیده از دیدارش برنداشتم * هرچه زیاد تر نگریستم خیالم بیشتر قوت گرفت که

1 *Hayūlā* here = *rikht* or *haikal*.
2 "Hump."

"عثمان آغا یا برادرش یا سیاهی اوست"[1] * بهوای شنیدن صدایش نزدیکتر رفتم امّا باز، یارو سر از قلیان بر نمیداشت تا صدا در آورد * بعد از معطّلی بسیار عاقبت سری بالا کرد و از تاجری که از در حجرهٔ اش میگذشت پرسید که "ترا بخدا! هیچ میدانی نرخ پوست بخارائی در اسلامبول چه طور بوده است؟"

بمحض شنیدن این سخن گفتم "والله! خود عثمان آغا است؛ بالله! خود عثمان آغاست." * پیش رفتم و آشنائی دادم * او در شناسائی بیش از من متردد شد *

بعد از گفتگوی بسیار یکدیگر را بشناختیم و در کنار گرفتیم * من میگفتم "ریش تو جو گندم[2] شده است" و او می گفت "عجب ریش سیاه خوبی بهم زده" و می خندیدیم *

پس با کمال آهستگی و وقار، از ایام گذشته و دنیای ناپائیدار سخن کشودم * دیدم که اعتقادش بقضا و قدر همان است که بود؛ و بجای اینکه از مصیبت کمتر شود افزون و استوار شده است * پس بطریق اجمال، از وقت مفارقت تا زمان مواصلت، سرگذشت خود را بدین گونه بیان کرد :—

"چون تلخی ابتدای ایام اسارت را گذاشتم، روزگار به ازان شد که می پنداشتم * همدم و هم نفسم شترانی بودند، در بردباری و نرمخوئی هم مزاج و هم خوی * از خوراک بگذر امّا آبهای گوارا آشامیدم * از چیزی که تنگی میکشیدم توتون بود * سالها با محال بودن امید خلاصی گذشت * ناگاه چرخ بازیگر یکی از آن بازیچها که بخاطر کسی خطور نمی کند باخت[3]، و مرا بامید نجاتی انداخت * رندی پاچه برمالیده[4] درمیان ترکمانان بادعای پیغمبری برخاست و پیش[5] برد * بتردستی دو سه معجزه، تنگ مغزان[6] دور و برش را گرفتند[7] * ترکمانانی که مال خدا و رسول را میدزدند هرچه داشتند نثار پای او نمودند؛ و سر از خط فرمانش

1 *Siyāhi* here means "spectre."

2 *Jau-gandum* "grizzled, half black and half white (of hair).

3 *Bākht* = *bāzi kard*.

4 *Pācha bar mālīda* here = *nā-tarāshida*. The expression *lit.* signifies 'to roll up the bottom of the trousers.'

5 *Pīsh burd* "was successful."

6 *Tang-maghz* "foolish, credulous."

7 *Daur u bar-ash rā giriftand* "collected round him."

نمیکشیدند * من بسایهٔ سنّت و سیادت باو پناهیدم * بنام خدمت بدین مبین ، بی سر بها ، از دست ترکمانانم خلاصی داد * آزاد شده بمشهد شتافتم و از برکت قضا درمیان تجّار بغداد از یکی از خویشاوندانم سرمایهٔ جزوی گرفتم * رواجی متاع بخارا را در ممالک عثمانی شنیدم و ببخارا رفتم * در سایهٔ الفتِ ایرانیان وتجارت ترکمانان ، درمیان بخارا و ایران راه سوداگری کشودم ؛ و چندان نقد اندوختم که مرا بدیار خود تواند رسانید ، هم با چیزی زاید * اکنون با چند سر[1] استر از امتعهٔ بخارا و کشمیر محمول ، باستانبول میروم ؛ و بعد از فروختن اموال ، ببغداد بسر خانه و اهل و عیال خود برمیگردم " *
پس گفت " اما تا جمع آمدن کاروان بهار ، در طهران خواهم ماند ؛ و داد دلی از خوش گذرانی در پای تخت ایران خواهم داد * در این مدت درمیان ترکمانان از لذایذ جهان محروم ماندم * راه خوش گذرانی در طهران چه طور است ؟ میدانی " ؟

دیدم که شاهراه بخت زن حکیم و جادهٔ کارِ من باز شد * از اول ، طبیعت عثمان آغا را میدانستم * گفتم " لذّت طهران عبارت از زن بردن[2] است و آوردن آنهم در دست من " *

ازین قضیه مرا محقق شد که " هر آینه در دنیا قضا وقدری است : بیهودهٔ سخن بدین[3] درازی نمیشود * چنانچه دست قضا از شرق ، یعنی از اقصای خراسان ، با آرزوی خوشگذرانی به پشت سر عثمان آغا میزند و بجانب غرب میدواند * خواجهٔ دومّ را ، برای اینکه خواجهٔ اولم با زنش خوشگذارانند ، در آن اوقات در طهران می میراند * مرا در همان اوقات برای زحمت کشیدن در این کار ، از جنوب بشمال یعنی از اصفهان بری[4] میکشاند * اذَا ارادَ اللّهُ شیئا فانّما یقول لَهُ كُن فیكون " *

زن حکیم از سایر زنان گنده تر و عثمان آغا هم گنده * عرضه کردم ، قبول کرد ؛ و وافق شبقه[5] طبقهٔ اُفتاد * بد خوئی زنک را با اندک اعتدالی ماستمالی[6] و تعریف

[1] *Sar astar:* no izafat.

[2] *Zan burdan* "to marry." 'Usmān Āghā was a Sunni and the Sunnis hold that marriages by *mut'ah* are unlawful. However, Sunnis in Persia generally shed these scruples.

[3] *Sukhun* "sayings of men." 'People would not talk of it at such length were there not something in it.'

[4] *Ray* is the city of Tehran.

[5] The Arab saying is وَافَقَ شَنٌّ طَبَقَةً *Shannun* (and *Shabaqa*) is a man's name and *Ṭabaqa* a woman's.

[6] *Māstmālī k.* "to whiten by rubbing on curds."

پیوستگي ابرويش را فراموش ننموده تا بقوس قُزح رساندم * خلاصه از سراپایش چنان تعریفی به عثمان آغا نمودم که آب در دهانش آمد *

پس دوان دوان بنزد ملا نادان رفتم * از نوید این فتح و ظفر چهرهٔ اش بشگفت و از شرح حال آندو گنده با بیان واقع حظي کرد و گفت " اما پیش از کار باید تو صیغهٔ متعه خواندن را بیاموزي تا عمل مقدس بر وفق شرع باشد * بدانکه در متعه دو وکیل لازم است یکي از طرف مرد و دیگري از طرف زن : وصیغهٔ ایجاب[1] و قبول آن ، باید بعربي جاري شود * مثلاً بعد از تعین مدت ومبلغ و وکالت ، وکیل زن بطریق ایجاب میگوید ' متعت نفسي موکلتي - لموکلکَ علی الثمن المعلوم في المدة المعلومة ' * وکیل مرد بطریق قبول میگوید ' قَبِلْتُهَا لِمُوَکِّلي عَلَی الثَّمَنِ المَعْلُومِ فِي المُدَّةِ المَعْلُومَة ' و چون احوط آنست که صیغهٔ ' مَتَّعْتُ و قَبِلْتُ ' باهمهٔ حروفَ تعدي[2] متعدي شود وکیل زن میگوید ، ' متَّعتُ موکلتي لموکلک بموکلک من موکلک عَنْ موکلکَ علي موکلکَ علي الثمن المعلوم في المدة المعلومة ' * وکیل مرد میگوید ' قبلتُها لَهُ بهِ منَه و عنه وعلیه علي الثمن المعلوم فی المدة المعلومة "[3] * پس قرار بر این دادیم که ملا نادان همیشه طرف ایجاب ومن طرف قبول واقع شوم و بمن حالي کرد که " این چنین فرصتها را برایگان از دست نباید داد و از طرفین بقدر امکان باید تمتعی گرفت " *

چون این مژده را بگوش خانم رساندم معلوم است رگ غیرت و حسد دیگران را جنباندم * گفتند " بلی مارا نازِ شصت[4] نیست ؛ ابروی پیوست نیست " * باري بر راستانِ[5] داستان پوشیده و پنهان نماناد که زنِ حکیم برای جلوهٔ گري و دلربائي به عثمان آغا ، بی اضطراب بود و در خود سراغ هنری که استیفاي میل ترکي نماید داشت ؛ ومن برآن بودم که با همهٔ وسمه و سرمه ، بزورِ[6] کمان ابرو و بغمزهٔ چشمِ آهو ، نباید مغرور شود *

از نزد خانم بنزد عثمان آغا رفتم : دیدم که حاضر ، براق ایستاده است *

[1] *Ijāb* is the first proposal in negotiating a bargain.

[2] *I.e.*, prepositions ; making a verb transitive with two prepositions. In Arabic an intransitive verb with a preposition may be equivalent to a transitive verb.

[3] The Arabic is intentionally inaccurate.

[4] *Nāz-i shast* " a tip ; douceur ": (*shast* " thumb").

[5] *Rāstān* (*rāst* " true") here means ' readers.'

[6] *Zūr* " power."

چون دیر گاهی میان کُمیز [1] و سرگین حیوانات بسر برده بود صفائی سر و صورتی و استعمال عَطر و طیبی لازم داشت * بحمّام رفت : دست و پارا حنا و ریش را رنگ بست : لباسی عوض کرد : بروت خود را بخلاف عادت مستمرّه چخماقی [2] تابید * پس با گرگ [3] یراق خود یعنی من بنزد ملا نادان آمدیم * راستی عثمان آغا با آن هیأت ، هیچ نباشد [4] پانزده شانزده سال کوچکتر از خانم مینمود *

قرآن نر و ماده تماشا داشت * عثمان آغا بحکم آنکه یکباره [5] حق الرویه [6] دارد خیلی گردن دراز کرد تا رازی از پرده بداند ؛ ولی خانم نه از آن استادانِ فن بود که از پرده رازی بدر اندازد * در زیر رو - بند عشوه و کرشمهای چند اظهار کرد که دلِ سنگ آب شد * من از دور در تماشا ، و در دل بی دریافت ، ذوقی بنمودم امّا این را هم خیال میکردم که اگر عثمان آغا از فقرهٔ پنجاه اشرفی مطلع شده باشد و بخواهد او را بجای حق متعه بگیرد من چه خاک بر سر کنم *

باری صیغهٔ شرعی جاری شد و بجرأت قسم میتوانم خورد که تا آنگاه با همه گردن - درازی و کوشش ، عثمان آغا سر موئی از اندام خانم ندید ؛ و هم سوگند میخورم که بعد از دیدن هم غش نه کرد * همینکه دید ، ما بها التمتّعش [7] زلیخای مصر و لیلی عصر نیست ، مرا بکناری کشید که " حاجی رویت سفید ! با من هم ؟ خوش گلیش بجهنم ، کاش جوان میبود و رویش بیش از گردن شتر چین و شکنج نمیداشت ! "

من بتلاش افتادم و برای تزکیهٔ نفس خود گفتم " این زن وقتی چشم و چراغ اندرونِ پادشاه قاجار بوده است ، و انگهی در زن چندان جوانی و زیبائی شرط نیست ؛ سازگاری و مطابقت ستاره شرط است * گذشته از اینها کار بخت و طالع است " *

گفت " بلی بخت و طالع بد جوابی نیست * امّا نه هرگز یک و یک سه نه هرگز پیر جوان میشود " *

1 *Kumīs* (rare in m.c.) "dung."

2 *Sabīl-i chaqmāqi* "moustaches stiff like the cock of a gun," *i.e.*, twisted and curled upwards.

3 *Gurg-yarāq* is said to mean *hamakār-kūn* "a stand-by in every difficulty'(either servant or friend)." *Gurg* is said to be a corruption of the Turkish *gal* "come."

4 *Hīch na-bāshad* = "at least; nothing if not—."

5 *Yak-bār* "at least once."

6 "Seeing."

7 *Mā bi-hā at-tamattu' ash* "what he had to enjoy."

میترسیدم که آنچه داده بود باز خواهد ؛ امّا بملاحظهٔ اینکه از زن متعه جمال خواستن از جیب سگ[1] چاقو خواستن را ماند و زنی که با عمر و زید بخفت و خیز یکساعته و دو ساعته راضی شود باید از چه قماش باشد ، و یائسه و کُهنه اسقاطی[2] نباشد تن بدین کارها در نمی دهد ، صدایش در نیآمد * ما منتظر اینکه عثمان آغا شکار خود را عقاب وار برباید : برخلافِ پندارِ ما ، با کمال طمانینه[3] رو بزنک کرد که " هر وقت دلت میخواهد بیا ، مرا ببین " ؛ و راه کاروانسرا پیش گرفت *

[1] A common saying.

[2] *Kuhna-isqāṭ* "goods that are worn out or of little value."

[3] *Ṭamānīnu* "tranquillity, serenity."

* گفتار پنجاه و ششم *

در حُبّ جاه و حرص ملا نادان و پریشانی اوضاع وی *

بعد از راز داري ملا نادان دانستم که نه تنها نا خوشي مال پرستي بلکه ناخوشي جاه پرستي هم دارد * همّ واحدش شب و روز اینکه ملاّ باشي طهران شود * درین باب از هیچ تدبیر و تذویر کوتاهي نمیکرد * در مسجد جمعه امامت داشت و در مدرسهٔ شاه مدرّس بود * درمیان مردم دعوا مي انداخت تا خود مرافعه کند * در روز بار، خاصه در نو روز، بالاي دستِ همهٔ علما میایستاد و از همه بیشتر دعا و ثنا و قیل و قال و ولوله میکرد *

با این وسیلها قبول عامه پیدا کرده بود ولي آنان که از آنروي[1] کارش خبردار بودند کاه[2] هم بارش نمیکردند * براي اثبات این مدعا و دیگر گوني اوضاع من، این[3] قضیه روي داد :—

سرماي زمستان از سر ما دست برداشته بود و تابستان پاي پیش گذاشته * از جانب جنوب ایران، خاصه از لار و فارس خبـــر خشکي و آثار قحطي بهر سُوي پراکند ؛ و در جانب شمال هم بیم اینمعني میرفت * پادشاه بملاّ باشي امرِ دعاي باران داده بود، و ملا باشي در تلاش افتاده *

ملا نادان این فرصت را دست آویز خوشي ساخت و براي اظهار دینداري و غیرت دین پرستي بهم چشمي پرداخت * بقبول عامه فریفته، خواست تا در میدان رقابت، گردي، بر انگیزد * با جمعي ساده دلان در میدان خارج نمازي گذارد * ولي خدا نمیخواست؛ خشکي افزود و نکاست * پادشاه امر فرموده بود که مردم طهران

1 "Knew tho other side of—"
2 *Kāh* chopped straw, (*bhūsa*) is generally transported on asses.
3 *In* "following."

از هر صنف با ملا نادان بنمازِ باران روند * ملا نادان ازینمعني مباهي ، نصارا و یهود وگبران را نیز بهمراه برد * باز فائده حاصل نشد * * نظم *

چنان آسمان بر زمین شد بخیل ∴ که لب تر نکردند زرع و نخیل
بخوشیـد سرچشمهاي قدیم ∴ نماند آب جز آب چشمِ یتیم
نه باران فرود آمدي ز آسمان ∴ نه بر میشدي بانگ فریاد خوان[1] *

خلاصه در روزیکه هوا از همه روز خشکتر بود بتحریک او جمعي بدرِ خانه اش آمدند * ملا نادان روي بدانان نمود که " اي مردم طهران ! مي بینید که * نظم *

" حقیقت پا کشیده است[2] از میانه ∴ محبت بر طرف شد از زمانه
ز بس کردند مردم روسیاهي ∴ بدل شد با غضب لطفِ الهي
بمیخانه چنان روی نیاز است ∴ که خشت فرشِ او مُهرِ نماز است
ز مسجد نعرهٔ مستان علم زد[3] ∴ موذن بانگ از آنجا بر قدم زد[4] " *

" آیا سبب این بلا بجز فسقِ بر ملا و رونقِ معابد خارج مذهبان و رواجِ بازارِ شیرکچیان[5] و شیرک خانهاي ترسایان چیزي دیگر تواند بود ؟ این ملاعین[6] بیضهٔ اسلام را ملوّث ساخته اند * در و دیوارِ دار الخلافه[7] را به پلیدي آلوده اند * کوچه و محلّات طهران دکهٔ[8] خمّاران شده است * مردم شراب را بجاي آب مي نوشند * قوموا ؛ اکسّروا الدنان[9] - یا زمرة المؤمنین ! این کارِ دیگر مانده است بکنیم * برویم ، برویم * داخلِ فرقهٔ غزات و مجاهدین شویم * هرکه با من سرِ همراهي دارد ، بسم الله ؛ برویم خمهاي میخانها را مثل توبهٔ بدکاران بشکنیم * شرابها را مثل خون منافقان بریزیم * انشاء الله بثواب این عمل ، خداوند عزّ و جلّ این بلا را از ما دور میگرداند " *

ازین سخنان در مردم هیجان و غلیاني[10] پدید آمد * ملا نادان از پیش ، و من از عقب ، و هزار نادان از پي ما ، روي بمحلهٔ ارمنیان نهادیم *

1 *Khwān = sufra.*
2 " Truth has departed."
3 *'Alam zad = buland shud.*
4 *Bāng bar qadam zadan = hay bar qadam zadan.* The Muazzin fled from the mosque.
5 *Shir-chi* (m.c.) " wine maker."
6 Pl. of *mal'ūn*.
7 Tehran.
8 *Dakk* or *dakka* " place of meeting."
9 *Dinān* pl. of *dann* " wine jar."
10 *Ghalayān* " boiling."

بیچارهٔ ارمنیان چون ازدحام مسلمانان دیدند ، دست و پای خود گم کردند * پارهٔ درِ خانها را استوار بسته بدرون خزیدند * پارهٔ رو بگریز نهادند * پارهٔ دیگر ، خشک برجای ، متحیر ایستادند تا به بینند که چیست * امّا بزودي رفع حیرتشان شد * بمحض تقرّب شروع بسنگ انداختن و دشنامهای غلیظ و شدید دادن نمودیم * گمان کردند که بقتلِ عامِ ایشان آمده ایم *

نادان بخانهٔ جمعي از رؤسای ایشان رفت ، و بی ملاحظهٔ اندرون و بیرون ، بهر درکه رسید شکست و بهرجا سر زد داخل شد * همراهان بی سروپایش ، همینکه شیشه یا خمی شراب جستند خواندهٔ قیاس توان کرد چه میکردند * نظم *

بمیخـــانه در ، سنگ بردن[1] زدند .·. سبـــو را نشاندند و گردن زدند
مي لاله گون از بطِ سرنگـــون .·. چنان ریختی‌که از بطِ کُشتـــه خون
شکم تا بناوش دریدند مشک .·. قدح را برو چشمِ خونین پُراشک
عجب نیست بالوعه[2] گر شد خراب .·. که خورد اندر آنروز چندان شراب *

بعد از ادای این مناسک ، [3] هیجانِ مردم افزود * از میکدها رو بکلیسا نهادند و از [4] خاچ و شمعدان و قندیل و الواح و توریة [5] و انجیل ، آنچه یافتند شکستند ، و ریختند ، ودریدند ، و پایمال کردند * معلوم است این قبیل بازار های آشفته بابِ کارِ دزدان است * جیب‌وبغلهارا از غنیمت و یغما پُر کردند *

کم مانده بود که تأثیر هیجان عام بقتل عام ارمینان مُنجر شود ، ناگاه فرّاشي از جانب شاه با یکی از بزرگان ارامنه پیدا شد *

از ورود ایشان عقل از سرها و رنگ از روها پرید * پیروانِ ملا نادان از ترس تنبیه گستاخي خود ، همه روي بگریز نهادند * در حضور فرّاش ، نادان ماند ومن * وقتیکه فرّاش گفت " پادشاه شمارا خواسته است " ما حالتی پیدا کردیم که گویا کسی رشک نبرد * نادان بنا کرد بمن نگریستن ، و من باو * هرگز دو ریش - دارِ

1 *Bar dann.*
2 *Bālū'at* "a filth hole."
3 Ceremonies and sacrifices prescribed in the Mecca pilgrimage.
4 *Khāj* "the Cross."
5 *Taurāt* or *Taurit* "the Books of Moses" here means the Old Testament.

دیوانه چنان بروي هم نگاه نکرده‌اند * ملا نادان بحیص و بیص[1] و لیت و لعل خواست راه دغلي[2] جوید * روي بفراش کرد که " بخانه روم چاقشور[3] بردارم " *

فرّاش گفت " تکلّف ضرور نیست ؛ همین طور بفرمائید " *

این سخن بملا نادان خیلي کارگر افتاد * فریاد بر آورد که " خوب پس چه باید کرد ؟ خم شرابرا نباید شکست ؟ شرابرا نباید ریخت ؟ دشمن دین را نباید آزرد ؟ من چه خلاف شرع کردم ؟ سنگ بخانهٔ خدا نیانداخته‌ام * خون شهدا را نریخته‌ام : از قراریکه شما گرفته اید سگِ اصحاب کهف را چخ[4] نباید کرد و گربهٔ ابوهریره را پیشت نباید گفت[5] ؟ چنین نیست ؟ "

فرّاش گفت " خواهید دید " *

چون بدیوانخانه رسیدیم صدرِ اعظم با ملا باشي نشسته بود ، و نسقچي باشي با چوماقش ایستاده *

رو بروي اُرسي ایستادیم * صدر اعظم روي بملا نادان کرد که " آخوند ، ترا بخدا ! ترا بامیرالمؤمنین ! این چه اوضاع است ؟ دیوانه شدهٔ ؟ پادشاه مرده است ؟ چه خبر است " ؟

ملا باشي گفت " خوب مگر من مرده بودم که تو باید اینگونه امر بمعروف ، و نهي از منکر را بجاي آوري ؟ "

نسقچي باشي روی بنسقچیان کرد که " این دو مرد را بحضور قبلهٔ عالم ببرید منتظر است " *

ما را نیم مرده از دالاني تاریک و باریک بخلوتي بردند *

پادشاه در دمِ اُرسي نشسته بود و از روي غضب بروتها را مي تابید * ملا نادان را دیدم عرق از همه مساماتش جاري است * کفشها کنده بدم حوض ایستادیم * ملا باشي و نسقچي باشي و بزرگ ارمنیان هم حاضر بودند *

1 *Ḥais-baiṣ* or *ḥīṣ-bīṣ* "perplexed business, etc."
2 *Daghal āvardan* "to cheat at a game."
3 *Chāqshūr* T. "red hose" (formerly worn in the presence of the Shah).
4 *Chikh* is a sound made to drive off a dog, and *pīsht* the same for a cat.
5 This common saying = 'must not one do such things' = *khūn ki na-shuda ast*

نسقچي باشي چوماقش را بر زمين نهاده كُرنشي كرد كه " قربانت شوم ، اينك ملا نادان و معرّكش " *

پادشاه با صدائي سهمناك روي بملا نادان كرد كه " آخوند ! از كي تا بحال رتق وفتق مملكت را بعهدهٔ تو محوّل كرده اند ؟ كه بتو امر تاخت و تاز داده است ؟ ادعاى نبوّت ميكني ؟ دعواي سلطنت داري ؟ مردكه ! چه گه ميخوري " ؟

نادان روسياه كه در ساير اوقات سَلسِ القول داشت بسلس البول گرفتار شد * شكسته و بسته ، لفظى چند از قبيل بيدين و شراب وگناه و ثواب و باران و خراب در زير دندان جاويد و نفسش بگرفت *

پادشاه روى بملا باشي كرد كه " چه ميگويد ؟ من نمي فهم * براى چه اين گه را خورده است " ؟

ملا باشي گفت " براى خير عامه * ميگويد با وجود شراب باران نمي بارد " *

پادشاه گفت " پس بايد در لندن ابر هم نباشد * پس بايد نصف مردم را كشت تا براى نصف ديگر باران ببارد " * باز روى بنادان كرد كه " خوب نادان ، ترا بخدا ! بگو به بينم من چه كاره ام * در دم بيني ، مشتى . رعيت بيچاره ام را بهيچ و پوچ اين طور سوزاندن و داغ كردن چه معنى دارد ؟ مردكه ! بنگ خورده بودي ؟ چرس كشيده بودي ؟ دماغت خشك شده بود ؟ نفست بالا بيايد جواب بده * ديشب چه خواب ديدي ؟ سگ هار[1] گزيده بود " ؟ پس بآواز بلند گفت " آري مردم ايران هركس كه ميخواهد باشد ، مسلمان وكافر ، بايد بدانندكه پادشاهى دارند ; و در زير سايهٔ كسي زندگي مي كنند * فرّاش ! عمامهٔ اين [2] خره را بردار ; ريشش را موبمو بكن : دستش را از قفا به بند ; وارونه بر خر سوارش كن : در كوچه و بازارش بگردان ; بعد ازان از شهر بيرونش بينداز " * مرا هم نشان دهان " برود با اين معرّكش بجهنم " *

خدا را شكر كه در آنحال مسئلهٔ زينب بخاطرش نيامد و ديگر شكر تر كه فرمان درين باب طابق النعل بالنعل بجاى آمد * گويا تا آنحال هيچ امري بدان درستي و واقعي بجاى نيامده باشد * من نسبت بنادان از اهل بهشت بودم *

[1] *Sag-i hār* (m.c.) " mad dog."
[2] Diminutive.

بحسب فرمان عمامهٔ خرهٔ را از سرش برداشتند : ریشش را مو بمو کندند : دستهایش را از قفا بستند : وارونه بر خرش سوار کردند ; و بامن بندهٔ محررش ، که سروپا برهنه از عقبش میدویدم ، از دروازهٔ بیرون انداختند بجهنم * دران وقت

* بیت *

"موجي بجُنبش آمد و بر خاست کوهٔ کوهٔ .·. ابری ببارش آمد و بگریست زار زار" *

شهر طهران را سیل باران ویران کرد * گفتي این همه خشکی و سخت گیريِ آسمان در طلبِ نکال ما دو بدفعال بود و گردون منتظر انتقامِ ارمنیان از نادان بی ایمان *

* گفتار پنجاه و هفتم *

در وقوع واقعهٔ غریب که در حمّام بحاجی بابا روی داد و فرابت رستن او از خطر *

چون با رفیق خویش تنها ماندیم[1] گفتم "آغا جان! این دولتِ بندهٔ هم در سایهٔ دولت سرکار است * اگر این طور میدانستم، با سفارش مجتهد قم نه، با حکم پیغمبر هم پیرامون خانهٔ تو نمی گشتم؛ و تو بشرف شناسی من سرفرار نمیشدی * [2] میخواهد باران ببارد، میخواهد نبارد، میخواهد مسلمانان پاک باشند وارمنیان نجس، یا ارمنیان پاک و مسلمان نجس؛ میخواهد طهران پر از شیرک خانه باشد، میخواهد پر از تکیه و صومعه؛ خواه مردم مست خواه[3] هشیار، خواه بیدین خواه دیندار — مردکه! آخر تو چه[4] کارهٔ؟ ترا بکجا می برند[5]؟ وکیل کائیناتی؟ قابض بهشت و جهنمی؟ در جهنم مردم بر روی هم بخوابند، یا در بهشت روباه و شغال بچه بگذارند، بتوچه؟ ای فضول[6] آغا! دستت درد نکند[7] * خودت بجهنم، من هم باید بآتشِ دردِ دینِ تو بسوزم؟"

در آنحالت درد و اندوه، بیش ازین نخواستم طعن و لعنش کنم * مهموم و مغموم، ساکت و صامت، دوش بدوش راه پیمودیم؛ و در اولین جلسه باستشاره و استخاره نشستیم * بیچارهٔ نادان با آنحالتِ اخراجِ بلدی، پیش از گذشتن آن طوفانِ بلا، روی برگشتن بطهران نداشت * هردو بدین اندیشه که بهست و نیستِ

[1] Note concord.

[2] *Mi-khwāhad* "whether."

[3] "Sober."

[4] "What has it to do with you?"

[5] *Turā bi-kujā mī-barand* (m.c.) = "What are you about?"

[6] *Fuẓūl* "meddler."

[7] *Dast-at dard na-kunad* (m.c.) is said to any one who has done or made something well. Here the application is ironical.

ما چه رسد ؛ او بفکر خانمان و مال ، و من بفکر رخت وقاطر ؛ قرار دادیم که من بشهر برگردم و خبر ماجرای [1] بعد از مارا باو ببرم *

عصر تنگي داخل شهر شدم و بی آنکه خود را بکسي بشناسانم از کوچه و پس کوچه تا نزدیکی خانه ملا نادان آمدم * در اول چه دیدم ! قبه و بارگاه [2] خانهٔ نادان از دست برد نسقچیان زیر و زبر ؛ درها و پنجرها شکسته ؛ تا ناودانِ بام بیغما رفته * اول کسیکه بلو راست [3] آمدم فرّاشِ معهود ما بود بر قاطر من سوار ؛ و بقچهٔ که پیشک کهنه هاي من با نوهاي ملا نادان در آن بود در پیش روي میرفت *

از ترس ، نزدیکی نکردم * مصرع * " که در دست تو جامه بهتر که من .·. " سر گردان وحیران بهر سو پویان ، عاقبت در نزدیکي خانهٔ ملا باشي دشمنِ ما ، بحمّامي داخل شدم *

بی آنکه کسی ملتفت شود رخت کنده بگرمخانه رفته در گوشهٔ بفکرهاي دور و دراز مشغول شدم *

با خود میگفتم که " خوب بعد ازین چکنم ؟ آسمان بازیچه ام ساخت و دورم انداخت * عاشق شدم ، پادشاه رقیبم شد ، عزلم کرد ؛ میراث پدر خواستم فریب خوردم ؛ بجای تونگري گدا گردیدم * مجتهد قم خواست از خاکم بردارد ، [4] بخاکتسرم نشاند * ملا نادان بجای علم آموزي جاکشیم [5] آموخت * رفتیم رحمت بطلبیم ، عذاب طلبیدیم ؛ اخراج بلدمان کردند ؛ مالمان بتاراج رفت * آیا کسی مانند من که درین گوشهٔ حمّام فلاکت خویش تواند شمرد ؟ آیا کسی بقدر من ببلا مبتلا شده است " ؟ اینهارا مي گفتم و آرزوی مرگ میکردم *

در حمّام مشتري نمانده بود * ناگاه آواز پائي بلند ، شخصی با عظمت و جلال داخل حمّام شد * بروشنائي چراغ حمّام ، تشخیص ملا باشي بودنش توانستم داد ؛ امّا او و خدمتگارانش تشخیص من نتوانستند داد *

[1] Note *isafat.*
[2] These terms are usually applied to a shrine.
[3] "I met."
[4] *Az khāk bar-dāshtan* (m.c.) "to raise, exalt."
[5] *Jā-kashi* (m.c.) "pimping."

داخل خزینهٔ [1] حمّام شد و بعد از آن صداي فشافش [2] و غراغري [3] چند شنیدم که بآوازِ لطیفهٔ [4] مي ماند ، نه بآواز آدم معقول * گفتم " شاید مانند مضمضه و غرغره و استنشاق و تنخنخ [5] اینها هم از سنّن شرع باشد " * آواز غراغر افزود چنانچه تاب نیارستم ؛ آهسته آهسته سري از خزینه بتو بردم تا به بنیم چیست * دیدم نعش ملا باشي برروی آب در حال نزع شناوري میکند ؛ مگو که[6] گرمي حمّام بر سرش زده نفس نتوانسته بود برآورد و خفه شده بود *

شومي فرجام این قضیهٔ هایله سراپایم را استیلا نمود * باخود گفتم " اگر مرگ این [7] بابا را از چشم [8] من بدانند (و جای باورهم هست) چه خاک بسر کنم ؟ شکر- آب . میان نادان را با این ، همه کس میداند * منهم که معرّر نادانم البته مرا واسطهٔ قتل او میدانند * من در پلّهٔ خزینه باین اندیشه که ناگاه آدم ملا باشي با حمّامي ، لنگ و قطیفهٔ [9] اورا آوردند : مرا ملا باشي پنداشته لنگم را بگشودند و قطیفه را بدوشم انداخته از زیر بغلم گرفتند ، تا بسر بینه [10] آوردند * چون بنشستم" بمشتمالم[11] مشغول شدند * آنگاه بسر صبر ، بتفکر افتادم : دیدم که این قضیه موجب نجات من ازین محل تهمت ، بلکه موجب خیري هم بر من ، میتواند شد * دل بدریا [12] زده گفتم " هرچه بادا باد ، من خود بجاي ملاّ باشي میگذرانم ، ' تا خود فلک از پرده چه آرد بیرون ' " *

چراغ حمّام عبارت بود از قندیلی کوچک ؛ آنهم کور کورانه میسوخت ؛

[1] *Khazīna* "tank of water:" generally there are two, one hot and one warm; if there are three, the third is cold.

[2] Generally *fish-fish* a noise such as that of a rocket.

[3] In m.c. usually *khir khir* "heavy breathing in sleep; the rattle in the throat of a dying sheep when its throat is cut."

[4] *Laṭīfa* "playfulness."

[5] *Maẓmaẓa* "rinsing the mouth:" *gharghara* "gargling:" *istinshaq* drawing up water into the nostril": *tanakhnukh* "clearing the throat."

[6] *Mā-gū ki* (m.c.) = *ẓāhir ast*.

[7] *Bābā* = *shakhṣ*; here something like *yārū*.

[8] *Az chashm-i man* (m.c.) = *az dast-i man*.

[9] *Qaṭīfa* is a towel or sheet (generally of *qalam-kār*) used in the bath, or for the covering of a corpse.

[10] *Bina* (in dict.) the place in a *ḥammām* where people undress: in m.c. this place is called *jāma-kan*.

[11] *Musht u māl*.

[12] 'Plunging into the difficulty, the adventure.'

باشتباه کاری بر دیگران یاری میتوانست کرد * چون در قد و بالا و جثه و تنه و ریش و پشم شبیه ملا باشي بودم حمّامي و نوکران مرا بجای او گرفتند * در سایهٔ رفت و آمد با ملانادان بخانهٔ او ، از حرکات و سکناتش چندان سر رشته پیدا کرده بودم که [1] تقلیدش بتوانم تا از حمّام خود را بخانه برسانم * اشکال امر در دخول بحرم بود که راهش نمیدانستم و از طریق حرکت ملاباشي در حرم ، ناشي بودم * ولي شنیده بودم که در حرم با ابداعیان [2] کُن فیَکون ، خیلي ناسازگار است وخبر چینان [3] از روی چاپلوسي بنزد ملا نادان تفصیل حال او و رشک زنش و ستیزشان را با یکدیگر ، بارها بیان میکردند؛ و هم میدانستم که مردي بود کم گو ، بدگو ، کم خنده ، پر شدّت * عبارات غلیظ با الفاظ مغلق مي گفت و بخلاف فارسي گویان همه حروف را از مخرج [4] ادا میکرد و اکثر حروف حلق بکار میبرد *

بنابرین در وقت رخت پوشیدن دستوری گشود بدهان ، و اینِ بیان بزبان ندادم * صورت خود را بقدر امکان دور از روشنائي گرفتم * غلیان را مانند او بآن قدر شدید و جزر [5] مدید کشیدم *

از خدا حافظ گفتنم بحمّامي ، بیکی از نوکران شبهه عارض شد ؛ اما گراني جثه ام در وقت سواري باستر ، رفع شبهه اش شد *

یکراست در درِ خانهٔ مرحوم از استر پائین آمدم * اگرچه من راه را نمیدانستم امّا ریش سفید حرم بعادت همیشگي بي صدا بپشاپیش میرفت تا فریاد چراغ آوردن کرد و خود برگشت * دو کنیز جوان ، برقابتِ یکدیگر دوان ، چراغ آوردند *

تالارِ خانه منور بود ، و از زن پُر * دانستم که نشیمن خانم است * میترسیدم کنیزان مرا آنجا برند ، پا سست کردم * از قضا در آنروزها درمیان ملا باشي و زنش بر سرِ کنیزی نزاع بوده است * کنیزک از سُست کردن پا حدس [6] زد که بد آنجا رفتن میل ندارم : بخلوتي کوچکم برد *

[1] The Persians are good mimics and make a study of mimicry.

[2] From ابداع "to invent." The word in the text is a Persian plural with the *yā-yi nisbat* and signifies "creators" (*i.e.*, women who bring children into the world). The word is coined in joke.

[3] *Khabar-chīn* "gossip."

[4] That is from the throat, in imitation of the gutturals of the Arabs.

[5] *Jazr* "ebb of the tide, reflux."

[6] "Conjectured."

کار باشکالِ خلاصي از دست کنیزک رسید * چون پیش از من میرفت رویم را نمیدید ؛ ترسیدم که اگر با من داخل اطاق شود پردهٔ از روي کار بر افتد * شمع را از دستش گرفته با اشارت، دست[1] بسرش کردم * اگر مانند اوائل جواني لاابالي میبودم، شاید حرکتی مثل حرکت با زینب میکردم ؛ امّا در آن حال از ترس و بیم برکتي[2] در وجود نبود تا حرکتی شود * زهي ساعتي که مرا تنها گذاشت ! چون پشت بر من کرد دولت روي بمن نمود * ازین واقعهٔ غیرِ مترقب نمي دانستم در زمینم یا در هوا * تصور کردم که نصف تعزیه[3] بی دغدغه در آمده است ؛ خرسند شدم * پس بتصور اینکه اگر دنبالهٔ کار بد در آید، چه باید کرد، شروع کردم بترسیدن و لرزیدن *

1 *Dast bi-sar kardan* = *az sar-i khud vā kardan* "to get rid of."

2 That is *tavānā'ī*

3 *Ta'ziya*, *i.e.* "act, drama."

* گفتار پنجاه و هشتم *

در نتیجهٔ قضیهٔ که خطرناک مینمود و بخوشي گذشت *

بعد از رهائي از دست کنیزک در را آوستوار بستم و چراغرا بگوشهٔ نهادم که اگر کسی از روی پژوهش از بیرون بنگرد مرا شناختن نتواند *

پس با خود اندیشیدم که "ازین قضیه میتوان نتیجهٔ دیگرگرفت * پیش از همه قدري جیب بغل مرحوم را بکاوم و بلوله کاغذهي نگاه کنم ؛ شاید براي بعد ازینم[1] چیزي نافع در میان باشد" * در جیب راستش دو رقعه بود و یک تسبیح و یک مهر ؛ و در چپ قلمداني با آئینهٔ کوچک و یک شانه * در بغلش ساعتي و کیسهٔ پولي *

پیش از همه کیسهٔ پول را کشودم ؛ پنجتومان اشرفي بود با ده قران * ساعتش انگلیسي و طلا ؛ قلمدانش مینا کاري و گرانبها * در قلمدان قلم تراش و قطزن[2] و قاشق[3] و قلم ؛ همهٔ اینها را تصرف مالکانه کردم چه مي خواستم تعزیه را مکمّل در آورده باشم * هر چیز را بر جاي خود نهادم * آمدم بر سر رقعه ها * یکي کشوده بود و مضمونش این :—

" دوستا مهربانا [دانستم یکي از همشأنان اوست] معلوم ملاي زمان سامي است که راقم حروف را شکی در علوّ حسب و رفعت نسب سرکار نیست ؛ و سرکار را ، در مسند شریعت ، جا نشین حضرت رسول و جامع معقول و منقول میدانم ؛ و همیشه از خداوند دوام دوستي را خواهان و جویانم * بعد از طي مراسم اخلاص ، معروض میشود که شش عدد خربزهٔ فردِ[4] اعلای گرگابِ اصفهان (که درین اوقات آسان بدست

[1] *Ba'd az in-am.*
[2] In m.c. *qad-zan* a piece of horn on which pens are nibbed.
[3] A small spoon, generally silver, for adding water to the Indian ink.
[4] *Fard-i a'alā*, (m.c.) " choice (adj.)."

آوردن نتوان) ارسال خدمت شد ؛ و ریش سرکار را بخون [1]دیده ام اگر خلاف واقع باشد[2] * حکم حکیم و امرِ حاکم است که بنده شراب بخورم ؛ اگر نخورم از عهدهٔ مأموریت خود ، که قلع و قمع کفّار و تنبیه و آزار فسّاق و فجّار است ، بر نتوانم آمد * مصرع .·. آري شتر مست کشد بارِ گران را ' .·. امیدوارم که درین باب از التفات فرمودن فتوای شرعي دریغ مدارید که میدانید و مي دانم که گفته اند * بیت *

' بآبی حکم شرع خوردن خطاست .·. وگر خون بفتوی بریزي رواست '
' اگر شرع فتـــوی دهد بر هلاک .·. الا تا نداري ز کشتنش باک '

و السلام " *

بی شک دانستم که از نسقچي باشي است چه مردي بود کوتاه سخن و چاپلوس و دائم الخمر و جرأت فروش و مناسب گوي * گفتم " بد نیست ، ازین تمتعي میتوان ؛ ولی آن دیگری را به بینم " * در آن یک نوشته بود :—

" سرورا[3] بزرگوارا معلوم ملازمان جناب حجّت الاسلام حامي الانام محيي الاسلام بوده باشد که بهزار مشقّت و زحمت ، از رعایای قریهٔ سرکاري صد تومان نقد ، و پنجاه خروار جنس وصول گردید * حسینعلي بده خود را نمیتوانست بدهد * دو بار بفلک بستم چوب زدم ؛ فائده نکرد * عاقبت جفت گاوش را در عوضِ بده از دستش گرفتم * از چوب کاري و شکنجه دریغ نخواهد شد تا همه بدهٔ دیگران وصول شود * هر کس قبض سرکار را بیاورد صد تومان نقد موجود و بندگي[4] خواهد شد * رقعهٔ خاکسارانه تمام " ؛ و بنام عبدالکریم مهر بود *

گفتم زهي طالعِ یار و اختر سازگار ! باید ابن عبدالکریم و آن ده را یاد گرفت و صد تومان را زود بود " * این رقعه را به کناري گذارده بعد از اندک تأمل بنسقچي باشي جوابي نوشتم بدین مضمون :—

" دوست جاني من مکتوب بدیع الاسلوب رسید * مضمونش مفهوم گردید * در صورتیکه اهلي عَلَمِ ایمان بسته باوجودِ مانندِ شما ، لیثي[5] هارب[6] و غضنفري[7]

1 A form of oath.
2 *i.e.*, what he is about to say.
3 *Sarvarā!* (voc.).
4 *Bandagī* = *ifā'at*.
5 *Lais* Ar. "lion."
6 A joke?
7 *Ghazanfar* Ar. "lion."

غالب است ، برای تقویت ذات و پرورش وجود سرکار بچه فتوی نتوان[1] و از چه مضائقه بتوان ؟

* بیت *

"شراب ناب بفتـــوای من هنیأً لک .·. تو می بنوش و بهل خون دل خورد کفّار"*

خربزهای التفاتی رسید * خانه آبادان ؛ در باب خربزه دو بیتی مناسب در خاطر بود عرض افتاد *

* نظم *

"هست نیکو نعمتی نزدیک دانا خربزه .·. نعمت خلدست در دنیا همانا خربزه"

"همچنان کز انبیا همتا ندارد مصطفی .·. هم ندارد نیز از هر میوه همتا خربزه"*

باری الاکرام بالاتمام * اسپی یراق مرصّع صبح زود لازم است * در ورود مراسله با جُل آن ارسال شود که به بیرون شهر عزیمت[2] شده ؛ بعد از رجعت ارسال خدمت خواهد شد * زیاده عرضی نیست " *

مهر مرحوم را بپای کاغذ زده قرار دادم که صبحگاهان خود بدست خود رسانم * بدان دیگر نیز جوابی نوشتم بدین مضمون :—

" معتمدی عبدالکریم بسلامت باشد * کاغذت رسید : مضمونش مفهوم شد * حامل مکتوب دوست و محرم من حاجی بابا بگ است * صد تومان که حاضر است باو تسلیم کن * در بارهٔ سایر امور وقت دیگر دستورالعمل ارسال خواهد شد ؛ امّا تو بهرحال از کُتک و سخت گیری دست مدار و السلام " *

پس از نوشتن اینها بفکر فرصتی افتادم تا بجهم ، بنوعیکه دُمم گیر نیاید * همه در خواب برفتند و شب از نیمه گذشت ؛ و من در تدارک جستن که دیدم در را آهسته آهسته میخواهند بگشایند * زهره ام آب شد " که دیدی[3] که گریبان را بدست دارغه دادم ؟ " در این حال نزع ، و منتظر که چه بسرم میآید ، صدای مِرمِر زنی شنیدم ؛ امّا از اضطراب نه دانستم چه گفت * بعوض همه[4] جواب بنای خُرخُره کشیدن نهادم یعنی " حالت پذیرائی ندارم " *

چون اندکی بگذشت و مطمئن شدم که همه کس بخفت و جای ترس نماند ، آهسته آهسته دروازهٔ خانه را بگشادم و مانند کسیکه سر به پیش[5] گذاشته باشند بنا کردم بدویدن *

1 *Bi-chi fatwq na-tavān dād.*

2 'I have intended to go outside the city.'

3 *Dīdī:* Haji is addressing himself. This idiomatic use of *dīdī* is common in m.c. Note change to 1st Person, *dādam*.

4 'All answers that I ought to give.'

5 *Pay-ash. Sar bi-pay guẕāshtan* "to pursue."

از گوشه و کنارها و پاي ديوار ها از آنجا دور شدم وگشوکچيان و شب گردان نديدند * صبحدم بر آمد و بازارها بباز شدن آغازيد * بر درِ دُکان کهنه فروش رفتم * رخت و لباس ملا باشي را که در برم بود تعديل و تبديل کردم تا کسي نشناسد * اينک اولين کارم ؛ امّا از لوازم گرانبها چيزي کم نکردم *

پس يکسر بدرخانهٔ نسقچي باشي رفتم و کاغذ را بنوکري نا شناسا دادہ گفتم " ملا باشي جواب ميخواهد ؛ براي کاري لازم زود بيرون رفتني است " *

بياري بخت نسقچـــي باشي هنوز در اندرون بود و براي جواب تأملي مي بايست ؛ امّا بنقد حکم بحاضر کردن اسپ دادہ شد *

چون چشمم باسپ و يراق طلاي مرصّعش افتاد ديدم چندان خوب است که اگر ديگري ميبود بکار من بهتر مي آمد ، و کم ماندہ بود که ديگري سادہ تر بطلبم * با خود گفتم " آه ! خوش دولتي است و خوش ميدرخشد امّا حيف که مستعجل[1] است * از ترس اينکه اگر منتظر گرفتن جواب شوم شايد قضائي پيش آيد با لذت انتها يافتنِ نکبت سوار بر مرکب شدہ ، تا بگوئي " چه " از شهر بيرون رفتم *

بي آنکه پشت سر بنگرم يکنَفَس تا بکنار رود کرج راندم * شنيدہ بودم که دهاتِ ملا باشي در طرف همدان است ؛ بنابراين، روي بدانسوي نهادم * امّا راستي وقتيکه نفسي گرفتم و نشستم ، از آنحال غريب خود و از آن احوال عجيب دنيا و از بازي خود و بازيچهٔ گردون ، چنان هراسي بر من مستولي شد که کم ماند که برگردم و خود را بجزاي اعمال خود مواخذ سازم * با خود گفتم که " خوب دزد شاخ و دم ندارد ؛ اينک من دزد * اگر بگيرندم آسانترين عذابم بدم خمپارہ گذاشتن ؛ اما بيا به بينم مرا که چنين کرد ؟ البته اين کار کار تقدير است و در صورتيکه کار تقدير است بر من چه تقصير است ؟ ملا باشي را تقدير آورد و در پهلويم کشت * تقدير مرا بجاي او گذرانيد و نشناسانيد * هرچه کردم بجا کردم * اگر غير آن ميکردم بخلاف تقدير حرکت کردہ بودم * پس اين رخت از آن من و آن صد تومان از من است * هرچه باسم او نوشتم بجا نوشتم ؛ المقدَّرُ کائن[2] ؛ بر من حرجي[3] نيست " *

ترتيب اين مقدمات گستاخيم افزود * اسپ راندم تا از دهِ پيشِ روي بپرسم

[1] " Fleeting."
[2] *Al-muqaddar^u kā'in* " what is fated must be."
[3] *Ḥaraj* " sin, fault, etc."

که ده ملا باشي که عبد الکريم مباشر او باشد درانحوالي هست يا نه * گفتي براستي
اين کارها را تقدير براى خاطر من ميکرد و اين قرعه[1] را بنام من انداخته بود *
يک فرسنگ دور ترک بدهي رسيدم ؛ از آن ملا باشي ؛ مباشرش عبدالکريم ،
کدخدا و ملاى آنجا * با خود گفتم که " اين مرد ملاست و کاغذيکه نوشتم باين
مناسب نيست ؛ بايد عوض کرد و القابي مناسب شأن او نوشت " * از اسب فرود
آمدم و با قلم و دوات و لوله ـ کاغذ خود ملا باشي ؛ رقعهٔ از نو فراخور حال ملائي
نوشتم ؛ و براه افتادم باين نيت ، که اگر صد تومان را بگيرم هرچه زود تر با راهي
هرچه کوتاه تربسرحدي هرچه نزديکتر خود را برسانم *

[1] "Lot."

* گفتار پنجاه و نهم *

جلوه نکردن حاجي بابا در درست کاري و سرگذشت ملّا نادان *

با سواري آن اسپ آنقدر باد کردم که * مصرع * گنبد سلطانِ خدا[1] بنده شدم .·. چون بسعید آباد رسیدم (اینک نام ده ملا باشي) از کوچها با عُظمتی تمام گذشتم * روستائیان بدیدنم دویدند و همه بسلام و تعظیم ایستادند *

از اسپ فرود آمدم و اسپ را بدست کسی دادة پرسیدم " ملا عبدالکریم کجا ست " ؟

مردم بدینسو و آنسو دویده آوردند *

بعد از تعارفاتِ[2] متعارف کاغذ را بدستش دادم که " برای آن کار ملا باشي که میدانید آمده ام " *

عبد الکریم آدمي بود تیز نگاه ، و تیز نگاهي اُو منافي با کار من * دلم طپیدن گرفت امّا بعد از مطالعهٔ رقعه بچشمي[3] گفت که " پول حاضر است ولي باید که قدري استراحت بکنید " *

از تیزي نگاهش ترسان ، درازي زمانِ اختلاطش را چندان طالب نبودم ؛ ولی براي آنکه شک زده نشود بقدر خوردَن میوه و نوشیدن آب ، دوغي خواستم تا ببهانهٔ خنکي[4] ، از آتش آن چشمان محفوظ مانم *

1 *Ṣulṭān Khudā Bandā* near Tabriz is said to be famous for the size of its dome.
2 " The usual compliments."
3 " After (saying) a '*bi-chasm.*' "
4 *i.e. khunak shudan.*

چون قاچ[1] اولینِ خربزه بدهان بردم عبد الکریم گفت " من شما را هیچ در نزد ملا باشي ندیدم ; همه وابستگانش را میشناسم " *

من خودي جمع کرده گفتم " آدم او نیستم * آدم نسقچي باشیم ; گویا با ملا باشي حسابي دارد * از آنجهت مرا فرستاد " *

این جواب رفع شبهه او کرد امّا خدا پدرِ اسپ و زین و یراق را بیامرزد که بیشتر بقربان رسید *

چون صد تومان بجیب رفت با دلي آسوده روان شدم ; و بعمد راه طهران پیش گرفتم * در بیرون ، سرِ اسپ را بر گردانیده رکاب زنان براه کرمانشاهان افتادم تا خود را بد آنجا رسانیده اسپ و زین را بهر قیمت که باشد بفروشم ; و هرچه زود تر خود را بدارالسلام[2] بغداد رسانده سلامت مانم *

بعد از طي پنج شش فرسنگ ، از دور مردي دیدم عجیب ، تند رو ، آوازه خوان ، کلاه برسر ، کفش برپا ، چانه و صورت[3] بسته * نزدیکتر شدم دیدم که گویا از پیش دیده‌ام : بلندي بالا و فراخي شانه و باریکي میانش آشنا بنظرم آمد * اگر آوازه نمیخواند مي گفتم که ملا نادان است امّا آوازه اش مرا معطل کرده بود * از آن مرد سنگین این حرکت سبک زور[4] مي نمود * باري پیش از آنکه او مرا بشناسد من او را شناختم *

سر اسپ را کشیدم که " بشناسم یا نشناسم ؟ اگر بی آشنائي بگذرم ظلم است ; اگر آشنائي بدهم بار دوش پیدا کرده ام * و انگهي اگر بی آشنائي بگذرم و بشناسد و سراغ گیرند[5] از روي دشمني خبر میدهد " *

شب نزدیک بود : هردو بایستي بیک ده وارد شویم * از شدت خستگي اسپ ، گریز هم ممکن نبود * گفتم " بحکم خیرُ الامورِ اوسطها[6] از میان راه بیرون نمیروم ;

[1] *Qāch* '*Vide*' p. 195, note 4.

[2]. *Dāru s-Salām* "the Mansion of Peace" is a name for Baghdad.

[3] *Ṣūrat* "face" (m.c).

[4] *Zūr* (lit. "strength"), sometimes in m.c. = *mushkil* : *īn kār zūr ast* (m.c.) "this is difficult"; *zūr* (or *mushkil*) *ast ki ū bāshad* (m.c.) "it can't be he; it can hardly be he."

[5] The subject is *mardum* understood.

[6] "A middle course is best."

راه راست را میگیرم : اگر بشناخت منهم او را می شناسم ، و گر نه از دستش میجهم " * اسب را راندم * چون نزدیک رسیدم روی بمن کرد و سراپایم را نگریسته ظاهراً بی آنکه بشناسد گفت " آقا ، ترا بخدا ! رحمی بمن بینوا بکن که بجز تو پناهی ندارم " *

تاب این التماس نیاورده بایستادم تا دیگر چه گوید و بنا کردم بقهقهٔ خنده * چون خندهٔ من بقدر آوازهٔ او نا بجا بود متحیّر ماند * همینکه بسلام آغازیدم رفع شبهه اش شده مرا بشناخت ; و مانند کسیکه هیچ غم در او نمانده باشد روی بمن دوید که " حاجی جان ! عمرم ! چشمم ! از آسمان میرسی یا از زمین ؟ چه نقشی زدهٔ ؟ این چگونه اسب ؟ این چه زین و یراق ؟ از کجا تسخیر جنّ و پری کردهٔ ؟ میراث خورِ معشوقی دولتمند شدهٔ ؟ چه شده است " ؟

من از خنده خود داری نتوانستم از بس ازین سخنان خوشم آمد * پس گفت " حاجی ، قاطرِ منحوست چه طور اسب عربی ، و پالان و پالاسش چه طور زین و برگ مرصّع شد ؟ خوب از خانه و زندگیِ [1] من چه خبر ؟ ترا بمحاسنِ [2] پیغمبر حقیقت واقع را بیان کن " *

خیال کردم " اگر بیان واقع را نگویم شاید گمان کند که اموال او را متصرف شده ام " * گفتم " چنانچه میگوئی نقش زده‌ام * بیان واقع را میگویم بشرط آنکه زود - باور شوی و بدروغ حمل نکنی که قضیه هم معجّب است ، و هم مضحک ; هم از عقل دور ، و هم بدروغ نزدیک " *

خلاصه باهم ، بده ، و در ده بکاروانسرا رفتیم تا شب در آنجا بمانیم *

معلوم است من با آن سر و وضع مردی مشارٌ الیه بودم * کدخدای ده بنفسه بخدمت پرداخت *

سرگذشت خود را بملا نادان بیان کردم * چون سعادتم را در نکبت ملا باشی دید ، بسیار خرسند شد * از صحبت یکدیگر بسیار حظّ می کردیم چه شرح پریشانی دیگـــران موجب تسلیـــت است * دیدم که ملا نادان نه آن بوده است که من می پنداشتم *

1 *Khāna u zindagī* = *khāna u kāshāna* = *khān-u mān*.
2 *Muḥāsin* here = "mustachios."

گفتم " از خلوص و صفاي تو معلوم ميشود كه در باطن نه آني كه در ظاهري * با آنهمه رنگ ، اين يكرنگي[1] در تو گمان نميبردند " *

گفت " حاجي ! نكبت بزرگ چيزى است * بلندي و پستي ايامِ عمر من بسيار است * من خود را بدولاب بازي[2] تشبيه كرده‌ام ; امّا از بدبختي هيچگاه بمفاد اين مثل عمل نكرده ام كه گفته اند ' جائي مخواب كه از زيرت آب در آيد '[3] " *

گفتم " ترا بخدا ! سرگُذشت را بمن نقل كن كه اسباب گذراني وقت به از آن نميشود ; و اميدوارم كه اينقدر اعتماد بمن داشته باشي كه چيزي پنهان نداري " *

گفت " سرگذشت من تازگي ندارد ; سراپا عبارت است از حالتي كه اكثر ايرانيان را دست ميدهد ، چنانچه يكروز پادشاه مملكتند و ديگر روز گداى محلّات ; امّا بنا بخاطر پژوهش تو نقل ميكنم :—

" من همدانيم * پدرم ملائي بزرگ بود * از براى اجتهاد جان ميداد ; امّا در مسائل اجتهاد خود ، چندان از طريق متعارف انحراف ورزيد كه جمعي از علماء بمخالفت برخاسته ردّ اجتهادات او كردند * هنر بزرگ پدرم رواج تشيّع و سبّ تسنّن بود * يكي از اجدادم، گويند، در حين تربيت اطفال ، براى انتشار بغض و عداوت اهل سنت، اختراعي كرده است كه تا قيامت باقي خواهد بود ; يعني در مكتب وقتى كه قضاءِ حاجت بطفلي زور آور مي شود نشان اذن خواستن را اين قرار داده بود كه طفل پيشِ معلّم بيايد و بگويد ' لعنت بعمر '[4] * از نتيجهٔ اين ، باقيات صالحاتست[5] كه من يا تو يا ديگري هيچ ايراني نيست كه اقلاً روزى يک دفعهٔ عمر را با بدترين دشنام فحش نداده باشد ، و با بدترين صفت لعن ننموده " *

گفتم " آري بر پدرش لعنت كه ايرانيان حق دارند او را لعنت كنند * "

پس از آن گفت " احداث عداوت ديني پدرم منحصر باهل سنت نماند ، بلكه شامل همهٔ خارج - مذهبان از يهود و ترسا و گبر و بت پرست شد * جدّم اين كار را اول وسيلهٔ تحصيل جاه و مال كرده امّا رفته رفته در او اين حكم طبيعت ثانويه گرفته

[1] *Yak-rangī* "amiability, unceremoniousness."

[2] *Dūlāb* is a Persian wheel in a well and *dūlāb-bāzī* = *gardīdan*. Better *khud rā bi-charkh-i dulāb tashbīh karda am.*

[3] = *kār-ī ma-kun ki iḥtimāl-i khalal dāshta bāshad.*

[4] This custom has nearly if not quite died out, but elderly men still recollect it. Persian boys now place the right hand over the heart and say '*adab.*'

[5] باقيات صالحات signifies "always"; شايسته = صالح

است چنانچه وابستگانش اکنون مثل فرایض و واجبات میشمارند ؛ اعتقاد شان اینکه اگر کسي مشغول لعن عمر باشد سلام باو نباید داد تا از ثواب مشتغل نشود امّا اگر مشغول صلوات به پیغمبر باشد بسلام اشتغال او باکي ندارد * همهٔ خاندان او بخصوص من ، در زیر سایهٔ او با این اعتقاد ببار آمدیم و چنان با وصف این اعتقاد متصف بودیم که مردم مارا زمرهٔ دیگر مي شمرند و ما را طائفهٔ کفر برانداز و ایمان نواز مي گفتند *

" بعد از این سخنان حرکت پرپروز مرا تعجّب مدار * تحریک فساد من منحصر باین نیست * در کوچکی نیز مایهٔ فسادي بزرگ گردیدم که شنیدني است *

" والي بغداد کار پردازي بهمدان فرستاده بود که روزها از در خانهٔ ما بدیوانخانهٔ والي میرفت * یکی از درسهاي پدر را عمل کردن خواستم * گروهي طفل را با خطبهٔ بلیغ تحریص و تحریک نمودم تا به عثمانیان بفهمانیم بغض ما بعمر ، تا بچه درجه است ؛ و ایشانرا از راه باطل تسنّن براه راست تشیع دعوت کنیم * ما نمیدانستیم کار پرداز که ، و حرمت باو یعني چه * سلیمان افندي را (اینک نام آن) مردي سخت شیعه گداز[1] و سنّي نواز میدانستیم و بس * روزي در مراجعت او از در خانه ، بر سر او ریختیم و با اجماع با آواز بلند فریاد کردیم که ' لعنت بر عمر ' * همراهانش خشمناک بجاي جواب چوبی چند بما زدند * سنگسارِ شان کردیم ؛ دستار سلیمان افندي از سرش افتاد ؛ بریشش تف انداختیم ؛ لباسش را دریدیم و نگفته چیزي[2] نگذاشتنم *

" معلوم است آن گونه گستاخیها بی پاداش نمي ماند * کار پرداز ازینحرکت از جاي در رفت[3] * خواست در دم ، چاپاري بطهران فرستد و خود ببغداد رود * والي همدان از عقبهٔ کار ترسان و هراسان ، براي خاطر جوئي و استمالت ، به تسلیم ما بدو ، و انتقام او از ما ، تعهّد نمود *

" من باعتبار پدر نازان ، و از مصدر فعل چنان شدید شادان باینحرفها گوش نمیدادم ؛ امّا والي از عزلِ خود میترسید ؛ و انگهي مردي بود که حُبّ علي و بغض عمر در نزد او هردو بی معني مینمود ؛ نه این را غالبِ[4] کلِّ غالب ، و نه آنرا غاصب حق این میدانست * مرا با رفیقان بکار پرداز سپرد *

1 *Gudāz* here = *aziyat-kun*.
2 *Chiz-i na-gufta* would be better.
3 *Az jāy dar-raft* "was beside himself, furious."
4 An epithet of 'Ali.

" چون مرا بحضور سلیمان افندي بردند سخت بر آشفتم و چوب خوردن هیچ بخاطرم نمیرسید : همه را مشق الفاظ رکیک [1] در جواب مي نمودم *

" ترکان در این خیال که سرمایهٔ تلافي را با سود از ما در آورند ، و چنان فرصتي گویا از خدا میخواستند ، اغماض و مسامحه سرِشان نشد * اعتبار پدرم نیز کاري نکرد * با چنان بغض و عداوت دیني ، ما را چو بکاري کردند که گمان میکردم چنان عداوت بجز در دل من در هیچ دلي نمیتواند بود * باری رضای خاطر ترکان بجا آمد ؛ و این کار بنقد چند سالی آتش غیرت دینیم را فرو نشاند *

" چون خطم دمید باصفهان رفتم تا درآنجا تکمیل تحصیل و اظهار [2] فضلي نمایم* چنان شد حتی اینکه بجزئیات مقاصد خود رسیـــدم ؛ امّا برای شهرت فرصت مي جستم * ناگاه آنهم بدینطور روی نمود *

" شاه صفي [3] چون نیمچه زندقي بوده است وقتی بخارج مذهبان خاصه بفرنگان ببهانهٔ رواج تجارت و داد و ستد روی داده جمعي را باصفهان کوچانیده بود ؛ و اختیار اجراي آئین و بناي کلیسا و آوردن رهبان ، حتی زدن ناقوس هم ، که بالمرّه خلاف شریعت اسلام است ، بایشان داده * فرنگان خلیفهٔ بزرگ ، پاپا [4] نام ، دارند که مثل بزرگان دین ما بنشر دین محمدي ، او هم بنشر دین عیسوي مامور است * پاپا از صفویه بلطایف [5] الحیل اذن گرفته بود که فرنگان در نفس اصفهان [6] و در جلفا صوامع و دَیري چند سازند ، تا فرستادگانش در آنجا نشینند * ساخته بودند ، اما آنوقت خراب شده و تنها یکي مانده بود * من بفکر خرابي آن یک افتادم *

" در آن دیر دو راهب بود ؛ یکي از آنان کار دیده و جهان گشته ، دانشمند و زیرک ، چنانچه شیطان را درس میداد [7] * در هیات و صورت هم بلند بالا ، باریک اندام ، قوي دل ، چشمانش مثل زغال افروخته ، و صدایش مثل رعد ؛ در هر جا با علماي ما درمیان مي افتاد ، و بي پروا میگفت که ' پیغمبر شما دروغ زن و تلبیسکار

[1] *Alfaẓ-i rakīk* "abuse (filthy)."

[2] *Taḥṣīl* = *'ilm.*

[3] *Shāh Ṣafī*, Grandfather of Shah Ismā'īl.

[4] *Pāpā* "Pope."

[5] "Fine pretexts."

[6] *Dar nafs-i Iṣfahān* (m.c.) = *dar khud-i Iṣfahān* : *nafs* should only be used for rational beings.

[7] A common saying : comp. *pā-pūsh baray-i Shaiṭān dūkhtan.*

بوده است * بمباحثات تقریری اکتفا نکرده است[1] کتابی نوشته و چاپ کرده تا خطاهای خود را صواب نماید * یکی از مجتهدین ما ، خواسته بود جوابی ردّی بآن کتاب نویسد * در آن کتاب مثل کتاب بحار[2] مجلسی بجز آنچه نباید نوشته باشد نوشته ؛ چنانچه در حقیقت تقویّت اقوال معترض[3] نموده بود * در وقت بودن من در اصفهان ، در همه جا ذکر آن کتاب همیرفت * من بداعیهٔ این برخاستم که در فلان روز در مدرسهٔ نو شاه ، فرنگی بیاید تا مباحثه کنیم * هر کس دعوا و دلیل خود بمیدان گذارد و هرکه مجاب[4] شود بحقیقت دین دیگری اقرار کند * راهب این تکلیف را قبول کرد * ما علمای اسلامیه اتّفاق کردیم که آن خار را از پهلوی خویش بدر آریم * همه جمع شدیم برای اثبات حقانیت اسلام *

" چنان ازدحامی هرگز نشده است * در و بام مدرسه از منتظران غلبهٔ اسلام پُر ؛ عمامه بر روی عمامه ؛ سر بر روی سر * راهب تک و تنها در آمد و چون ازدحام را بدید حساب کار خود کرد و باطراف و جوانب نگریستن گرفت * از داو[5] - طلبانِ علماء سه تن در پیش ، و من در پیش ایشان * سؤال و جواب را زیر چاق[6] کرده بودیم * در راهب آلتِ کارزاری بجز زبانش ندیدیم *

" از جمعیت علماء متوحش شد ، و ما بی آنکه فرصتی بدو بدهیم بیکبار شروع بسؤال کردیم *

" یکی گفت ' ترا اعتقاد این است که خداوند بشکل آدمی از آسمان بزمین فرود آمده است ؟ ' دیگری ' گفت ترا اعتقاد این است خدا مرکّب است از سه و سه باز یکیست ؟ ' دیگری گفت ' ترا اعتقاد این است که روح القدس از آسمان بشکل کبوتر آمد و مریم را حامله کرد ؟ '

چون[7] راهب استادی را بنابر این گذاشته بود که اولاً می پرسید ' آیا باعتقاد شما و بحکم کتاب شما عیسی برحقست یا نه ' ؟ البته مسلمان را واجب این است که

1 Or *būd?*

2 *Majlisi* is the *takhallus* of the first Persian author of a book on *rauẓa-khwānī*. Under the title *Baḥār* there are included 25 books of this author, but each book has also a special title.

3 "Objector, opposer."

4 "Answered."

5 *Dāv-ṭalab*, "volunteer."

6 *Zir-chiq k.* (m.c.) "to prepare beforehand."

7 *Chūn* "since, because."

بگوید ' آری ' ؛ آنگاه ، می‌گفت 'همان عیسی که شما به برحق ـ بودن او اعتراف دارید حکم ببطلان دین شما فرموده و گفته است که ' بعد از من پیغمبری نیست ' * من جواب این مسئله را چنان ساخته بودم که بگویم ' اگر آن عیسی را که میگوئی همان عیسی است که کذّاب ما بما حکم باقرار نبوّت او نموده است و او خود بآمدن پیغمبر ما و برحق بودنش وعده داده آنرا میگوئی، برحق است ؛ و گرنه آن عیسی که شما نصاری ساخته اید و پدر و مادر و کتاب دروغ و آئین شرک و هزار مزخرف باو بسته اید ما آن عیسی را هرگز به نبوّت قبول نداریم ' * اما کار باینجا ها نکشید ؛ ازین قبیل مسئله ها مباحثه نشد *

" یاران سؤالهای خود را بنوعی درهم و برهم کردند که راهب دست و پا را گم کرد ؛ و هوای کار را فهمیده سراسیمه گفت ' که اگر غرض شما کشتن من است مباحثه هیچ لزومی ندارد : اگر میخواهید مباحثه کنید ، طریقهٔ مباحثه این نیست * با این هایهو و قیل و قال جواب مرا چگونه خواهید داد ؟ و همه کس خواهند گفت که گویا شما از جواب حسابی عاجزید ' *

" ما ازین جواب مدقّع بلکه مجاب شدیم * مردم بگمان این افتادند که حق بطرف راهب است * برای رفوی کار ، اول کسیکه بنای کولیگری [1] گذاشت من بودم * فریاد بر آوردم که ' وا شریعتا ! ای مسلمانان ! کو دین ؟ کو ایمان ؟ اسلام از میان رفت ! داد، اسلام را از کفر بگیرید ' *

" ناگاه در مردم هیجان و غلیانی پدید آمد و از هر سو صدای برخاست که ' بگیرید و بکشید و پاره پاره کنید ! ' * دریای ازدحام بتلاطم آمد * راهب خود را درگرداب خطر دید و سلامت را بر کنار * بخیال فرار افتاد * یکی از ملایان ، عبای خود را بر او پوشانیده از میان مردم بخانهٔ ارمنئی گریزانید *

" ما از نخچیر خویش نومید بدیوانخانه رفتیم و افزودن هیجان مردم خواستیم *

" چون بیگلر بیگی اصفهان مردی بود مقدس ، گمان کردیم که با ما یار خواهد شد * گفتیم که ' این راهب مخرّب اسلام است ؛ مردم را بکفر دعوت می کند ؛ باسلام

[1] *Kauli-gari* "uproar" from *kauli* "a gypsy."

ردة [1] میگوید * علماء را بجهل نسبت میدهد و تکفیر میکند ، * باری خیلی تهمت
بدو بستیم و دفع آن بلا از بیگلربگی خواستیم *

" بیگلربیگی که چه کند ؟ میدانست که با فرنگان و علی الخصوص با راهبشان
بجوال نمیتوان رفت ؛ و انگهی از جانب پادشاه حمایت آنان را ملتزم میشد *
لهذا با ما همراهی نکرد و گفت ' شما که نمی توانید براهب جواب بدهید چرا می روید
و مباحثه میکنید ؟ ایراد و اعتراض نمی توانید * با زور میخواهید حق را باطل کنید ؟
بلی اگر دلایل میتوانستید آورد و او را میتوانستید مجاب ساخت و آنهم بجواب شما
مقتدر نمیشد ، آنوقت در حقیقت کافر و واجب القتل بود * اما حالا با این فهم
و فضل شما ، با او حرفی نتوان زد ' *

" ما مخذول و منکوب کینه جویان و انتقام خواهان بیرون آمدیم * اگر در
آنوقت راهب بدست ما میافتاد پارچهٔ بزرگش بقدر گوشش میشد [2] * راهب شبانه
چنان فرار کرد که تا چند سال کس اورا در اصفهان ندید *

" درین کار من ید بیضا [3] نموده بودم * در شهر ، اولین مجتهد قلم رفتم ، اما این
شهرتی بود خشک و خالی : چیزی نیندوختم * غرضم تحصیل جاه و مقامی بود
که از وی نقدی حاصل شود * بقصد اجازهٔ اجتهاد گرفتن ، بقم به نزد میرزا * * * [4]
قمی رفتم که اجازهٔ آن از هر سرمایه بهتر بود * آغای قمی بهوای شهرتِ نامم ،
نیک پذیرفت * چندی بدرسش مداومت کردم : استعدادم را پسندید * چون دشمن
صوفی بود منهم با صوفیان در افتادم * در ازاء آن ، لقب عماد الاسلامی با سفارش نامهٔ
بارباب در خانهٔ طهران خواستم * اگرچه مفارقتم نمی خواست اما با اظهار کدورت
خواهشم را بجای آورد *

" در طهران هم از ارکان شمرده شدم - اما از توچه پنهان ؟ هرچه سعی کردم دستم
به در خانهٔ شاهی بند نشد * رقیبانم خیلی گُرگ بودند ، و در چاپلوسی و دنیا [5] داری
خیلی ماهر تر از من * بتملّق و چرب زبانی به مجلس ملّا باشی راه پیدا نمودم *

[1] *Radda* "repelling, rejecting."

[2] Usually in m.c. *khurda-yi buzurg-ash gūsh-ash mi-shud.*

[3] *Yad-i baiẓa* "white hand (of Moses) *i.e.*, a miracle": *yad* P. for *yadd* Ar. The translator might have substituted *shaqq*ᵘ *'l-qamar*.

[4] I have been requested to omit the name.

[5] *Dunyā dārī* "time serving."

درآنجا معروف صدر اعظم و معیّر الممالک و وزیر دول خارجه و نسقچي باشي شدم * هر صبح پیش از آفتاب بخانهٔ شان و هر شب بمجلسشان میرفتم ، امّا باز بیش از قلاشي نبودم * چشمم در قبول عامه بود ، تا شاید با آن کاری کنم — و با آن خیلی کار مي توان کرد * صدر اعظم بمن التفات پیدا کرد چراکه روزي در خانه اش روضه میخواندند ؛ من موعظهٔ بلیغی کردم و روضه خواندم که او را گریاندم ؛ و در عمر خود نگریسته بود * حاضران متعجب و من مورد تحسین شدم *

" قبول عامه که نیز مطلوبم بود میسر شد امّا همهٔ اینها با بي التفاتی شاه هیچ مقابله نتوانست کرد * بلی * بیت *

هر کرا پادشه بیندازد .:. کسش از خیل [1] خانه ننوازد *

به پشت گرمي آن التفاتها و قبول عامه ، آن بلا که دیدي بسرم آمد * اکنون رو بمملکت خود میروم برهنه تر از روزیکه بیرون آمدم ؛ و بعلاوه ، ریشي کنده هم سوقات میبرم " *

[1] *Kheyl-i khāna* = *ahl-i dar-i khāna.*

* گفتار شصتم *

تدبیرهای حاجي و ملا نادان در خور حال ایشان ، و معلوم شدن اینکه نابکارانرا بیکدیگر اعتماد نیست *

بعد از انجام سرگذشت ملا نادان گفتم "چون دولت و نکبت ما هر دو بستهٔ بتقدیر آسمانیست ، باقتضای همان تقدیر از کجا که باز بسعادت اولین نرسي ؟

* بیت *

" روزگار است اینکه گه عزّت دهد گه خوار دارد .·. چرخ بازیگر ازین بازیچها بسیار دارد *

هردو ، ازین پست و بلندیها بسیار دیده ایم * در صورتیکه در ایران اختیار همهٔ مردم بدست یک کس است امروز ریش یکیرا مي کند ، فردا مورد محاسنش میکند * بمفاد " عسي أن تکرهوا شیأ و هُوَ خیرٌ لکم "[1] ازین قضیه دل تنگ مباش که مصراع

" شاید که چو وا بیني خیر تو در این باشد " * نمي بیني که آهنگر چون بزغال افروخته آبی پاشد و شعلــه را اندک زمانی فرو نشاند ، همینکه باز در دمد افروخته تر گردد " ؟

گفت "منهم بهمین دلخوشي آوازه میخواندم که شاید پادشاه خواست در ظاهر بمردم عدالتي و بطائفهٔ نصاري عنایتی فرماید ؛ امّا روزي میرسد که بدین و مردمان دیندار بدوستي ناچار شود ؛ آنگاه قدر مانند مِني را که مورد قبول عامه شده ام میداند * بارها درین اندیشه افتادم که ترک جُبه و دستار و طریقت طائفهٔ صفت خوار کنم ، و راه سوداگري و بازرگاني پیشه گیرم ؛ اما بعد از تفکّر و تَدبیر دیدم که المقدّر کائنٌ *

* بیت *

قضاي کن فیکون است، حکم بار خداي[2] .·. بدین سخن سخني در نمیتوان افزود *

1 "It may be that you dislike a thing and *it* is good for you."

2 "The order of God is 'be and it will be.'"

میداني که اکنون خود را شهید زنده قلم خواهم داد ، و این نام ، بخصوص نام ریش کنده شدن ، از تمام مال و منال حتی از خر سفید و منگان نیز بیشتر بکارم خواهد خورد * * بیت *

سالها باید که تا یکمشت پشم از پشت میش .·. عابدي را خرقه گردد یا حماري را رسن" *

گفتم " بسیار خوب ، شهیدان راستین را چه کردند که تو با نام شهادت چه کني ؟ اکنون با من ببغداد میائي و یا اینکه درینجا منتظر عقبهٔ کار مي نشیني ؟ "

گفت " فرضم اینکه بزاد و بوم خود همدان روم بنزد پدر خود ؛ بواسطهٔ شهرت او و با وساطتش باز بطهران بسرکار بر گردم * اما تو چه اندیشیدهٔ و چه مناسب حال خود دیدهٔ ؟ اگر خدا بخواهد و من آب و تاب اولین را پیدا کنم میداني که منعه خانهٔ من بیتو نشود * * بیت *

چون[1] تو پیري بباید اندر دیر .·. دیر بی پیر را نباشد خیر * "

گفتم " رفیق ، من در این طریق از تو رانده تر و ماندهٔ ترم * دست قضا مرا بناخواهي بجاي قاتل و سارق نشاند * ظالمم لباس ملا باشي در بر ، با مال او مالدار ، و بر اسب نسقچي باشي سوارم کرد * * مصرع *
" اگر همراهي اختر نمیکردم چه میکردم[2] ؟ * همه دانند که اگر در همدان مانم لاشهٔ منحوسم زیب دروازهٔ شهر و حالت معکوسم عبرت اهل دهر خواهد شد * وقتی خود را آسوده خواهم دید که خود را در خاک عثماني بینم ، و در گوشهٔ آزادي فارغبال نشینم " *

پس براي استمالت ، خواستم که نیمهٔ آنچه دستگیرم شده نیازش کنم * بیش از ده تومان بر نداشت و باقي را بمن وا گذاشت که " این مرا بس و قرض باشد ؛ انشاء الله در وقت قدرت پس میدهم " * اما بعد از گرفتن نقد باز بهمدان رفتنم را تکلیف کرد که " رفیق راه را اندیشیدهٔ و خطرش را نیندیشیدهٔ * تا تو بسرحد ممالک شمالي برسي جها بسرت آید * قضیهٔ ملا باشي و نسقچي باشي کاري کرد که آدم بعقب ما خواهند فرستاد * ترا که گاو سفید پیشانگي خواهند گرفت * اما اگر تا آبها

1 " Like."

2 " What could I have done had I not followed my destiny ? (*i.e.*, I was obliged to follow my destiny)."

از اسها افتد [1] با من باشي ، در دهي از آن پدرم در نزديكي همدان ترا ناشناسا نگه ميدارم و براي اسب و لباست هم فكري ميكنم كه بوي بد شان بلند نشود * از اينجا تا همدان راهي نيست : اگر نصف شب دو پشته هم سوار شويم صبح زود بدانجا ميرسيم * اما سرحد خيلي دور است و اسبت خام ؛ اگر در راه بماند و گرفتار آئي ، كرا غم تخليص تو باشد ؟ "

سخنانش را سنجيده ديدم * با خود بسنجيدم كه " از صفحات ايران اطلاعي ندارم ؛ نه فقط كوره راه ، شاهراه را هم نميدانم : كار بدان آساني كه فرض كرده بودم نيست * اگر آخوند با من خيال خيانت داشته باشد چه بگريزم چه نگريزم ميتواند * پس بهتر اينكه باو تسليم شوم " * ناري بهمراهيش قرار دادم و نيمه شب براه افتاديم *

تا طلوع آفتاب مبالغي راه پيموديم * همينكه به تلي مشرف بشهر رسيديم ، در آنجا از نو طرح دخول شهر را ريختيم * ملا نادان با انگشت ، دهي كوچك بنمود كه " اينك ده پدرم ؛ تا آوازهٔ مرگ ملا باشي بخوابد در آنجا مي ماني ؛ و من با لباس تو ، بعد از آن رسوائيها ، اعتباري ميفروشم * تو از شبهه وا ميرهي و من از خواري ميجهم : بيك كرشمه دو كار بر ميآيد [2] * البته خبر افتضاح من بگوش اهل شهر و خانواده ام ميرسد و موجب كسر شان [3] ميشود ؛ اما چون اعتبار بظاهر است ، وقتي كه مرا با اين لباس و اسب به بينند اندكي ماست مالي رسوائي ميشود * با اين دست آويز چند روز شات و شوقي [4] مي كنم ؛ بعد ازان ببهانهٔ ، اسب را فروخته بهايش را بتو ميدهم " *

من ازين تدبير خرسند نمي نمودم كه در مقابل آنهمه مال بجز اميد و خيال چيزي درميان نبود * اما از راه ديگر ديدم كه راست ميگويد * با آن لباس بده نميتوان رفت * ريشم بدست ملا افتاده بود * شايد خير خود را در شر من بيند *

گفتم " خوب فرضاً نسقچي باشي اسب را جست : شما چه مي كنيد ؟ آنوقت هم ريشِ كندهٔ شما و هم ريشِ كندهٔ من هردو در معرض خطر است " *

1 " All is still; the matter has blown over."

2 " Kill two birds with one stone."
Chi khush buvad ki bar-āyad bi-yag kirishma du kār.
Ziyārat-i Shah 'Abd^u 'l-'Aẓim u dīdan-i yār : (Teheran song).

3 'Will cause my family to be lowered in the eyes of the people.'

4 *Shāt u shūt* (m.c.) " noise."

گفت " خدا بزرگست ؛ پیش از ما کسي بهمدان نرفته * تا بیاید من بخانهٔ پدر رفته کار خود را دیده ام[1] * بعد ازان کار مدار " *

سخن بدین تمام ، و لباس سراپا عوض شد * نادان با عمامهٔ ملا باشي معمّم و من با کلاه کلاتهٔ[2] او مکلا[3] ؛ پول و ساعت و مهر ملا باشي در پیش من و قلمدان و تسبیح و آئینه و شانهٔ کوچکش در پیش او * لوله کاغذش را بکمر زد * چون باسب بر نشست چنان شبیه بود بملا باشي که خود از حیرت مي خندید *

با دلنگراني از یکدیگر جدا شدیم * عهد نمود که از ارسال خبر دریغ ندارد و گفت که " تو در باب اقامت ده هر قصهٔ که میتواني بساز " *

پس او خشنود ، راه همدان گرفت و من راه ده ، متردّد تا در آنجا با چه لباس نمود کنم * راستي است مثل کسي بودم ، که از آسمان بزمین افتاده باشد ؛ چه آدم معقول ، کلاه بر سر ، کفش در پا ، با قباي بي شال خیلی نا معقول مینمود * بعد از تفکّر ، قرار بر آن دادم که سوداگرِ کرد لخت[4] کرده و نا خوش قلم روم ، و براي مداومت چند روز در آن ده بمانم *

از یُمن طالع خداوند چندان باهل آن ده بلاهت[5] عطا فرموده بود که هرچه گفتم قبول شد * چیزیکه رنجه ام میداشت پیره زني حکیمم واقع شده بود ؛ و هر روز نیم من[6] خاکشي و تاجریزي بحلقم فرو میکرد و نفسم در نمي آمد[7] " *

1 Note this use of the Perfect for the Future Perfect.

2 *Kilāta* (m.c.) = *pūch*, "useless."

3 *Mukallā*: an Arabicised word from the Persian *kulāh*: *ān shakhṣ mukallā būd, na muʻammam* (m.c.) "he wore a *kulāh*, not an *ʻammāma*."

4 *Kurd-lukht-karda* (one compound adjective) "robbed by the Kurds."

5 *Balāhat* "stupidity."

6 The Persian *man* (Ar. *mann*) varies in every district. The Tabriz man is about 7½lbs.: the *Ḥāshimī* man is about 116lbs. The Indian 'maund' is about 80lbs.

7 "I could say nothing."

* گفتار شصت و یکم *

در کشیدن ملا نادان جزای حاجي بابا را *

ده روز تمام که هر روزش سالی بود بگذشت و از نادان خبری نشد * در عالم نادانی همه [1] را میترسیدم که باز آبی بروی کارش آید و ملعنه خانه اش بی من برپا شود * رفت و آمد چنان از ده بشهر کم که کم مانده بود من از بیخبري بمیرم تا عمله از ده، کار در شهر پیدا نکرده خشمناک برگشته خبری رافعِ شک و دافعِ شبهه آورد *

خبرش اینکه "یک نسقچي آمد و پسر آغا را با اسبش بگرفت و بطهران برد" *

ای خوانندگان و شنوندگان! قیاس حالت من بکنید * معلوم شد که چرا ملا نادان خبر بمن نمیداد * از حالت حال، خاطر جمع و از استقبال در قرده * باهل ده بدرود کردم که نا خوشي من تا همین جا بود * برای اطلاع، از ده بهمدان رفتم * پدر نادان نه از آنان بود که خانه اش مجهول ماند * امّا بدانجا نرفتم و برای اطلاع در پیرامونش هم نگشتم که * مصرع * پیر خردم بگوش میگفت * مصرع * با خبر باش که سر میشکند دیوارش * بدکان دلّاکي رفتم * اولاً برای اصلاح سر و ریش ثانیاً برای اینکه درانجاها خبر از همه جا بهتر و بیشتر است *

بمحض اینکه گفتم "اُستا [2] چه هست و چه نیست؟" دو قدم واپس رفته برویم نگریست که "از کجا میآئي؟ گویا از کار نادانِ [3] سگ و سگِ نادان خبر نداري؟ ملعون بقتل ملا باشي اکتفا نکرده رختش را هم پوشیده و اسب نسقچي باشي را سوار شده بود * چه قدر گه خورده است" *

1 *Hama rā* = "all the time."

2 *Ustā* m.c. for *ustād*.

3 *Nādān-i sag*; izafat.

پس تجاهل کنان آنچه دلم میخواست از ندانستها ، از او دانستم ؛ و جای التماس دوباره پرسي نگذاشت * بدين نوع گفت که :—

" ده روز پیش ازین ملا نادان با اسبی لایقِ سرهنگان ، نه شایستهٔ قرآن خوانان، با لباسی فاخر آمد * عمامه و شالش کشمیری عظیم خاني ، بعینه مثل ملا باشي * ظاهرش موجب حیرت ما شد ، چرا که اول خبرهای بد ازو میآمد * با غرور از اسب فرود آمد و احوال طهران را بسر جواب دهان [1] چنان بعرج داد که آن اسپ و یراق برای دلجوئي باو داده شده است *

" ما باور کردیم * او هم در خانه با احترام بنشست * روز دیگر در درِ خانه حاضر بیرون آمدن و در شهر خود نمائي کردن بود ، که ناگاه نسقچي از طهران در رسید ؛ و از در خانهٔ او ، گذشته چشمش باسب افتاد * نعره زد که ' سبحان الله ! این اسب از کیست ' ؟ گفتند ' از ملا نادان است ' *

" گفت ' ملا نادان سگ کیست ؟ او را چه باین گُه خوردنها [2] ؟ این اسب از نسقچي باشي ، ارباب ماست * هرکه گفته ' از من است ' دروغ گفته است ، میخواهد نادان باشد میخواهد دانا ' *

" در این اثنا نادان خود از خانه بیرون آمد : چشمش بنسقچي افتاد ؛ دانست چه خبر است * از قضا بابای[3] نسقچي یکی از خر سوار کنندگان طهران نادان بود *

" نادان را چون عمامهٔ ملا باشي در سر و قباش در بر بود ، دانست بچه خطر افتاده است * خواست طویله[4] گذارد ؛ نشد * نسقچي داد و بیداد بر آورد که ' بگیرید ؛ به بندید ؛ خودش است ؛ خوب گیر آمد ؛ طالعمان یار بوده است ؛ قاتل ملا باشي ؛ دزد ملا باشي ؛ بخدا ، به پیغمبر ! همین است ' *

" از اسب فرود آمد ، و با یاران خود، نادان را با لابه [5] و انابه و انکار و داد و بیداد و قسمهایش بگرفتند " *

[1] 'Replying with his head to enquiries about the news for Teheran *i.e.*, making light of, etc.'

[2] = *U chi ḥaqq dārad az īn guh-hā bi-khurad.*

[3] *Bābā* '*vide*' p. 354, note 7, chap. 57.

[4] 'He wished to leave the stable' (like a donkey ?).

[5] *Lāba* "supplication."

خلاصه گفتگوئي که درمیان نسقچي و ملا نادان شده بود ، دلّاک همه را بگفت و معلوم شد که با همه وساطت پدر و احبّاء ، نادان را دست بسته[1] بطهران برده بودند *

از اینحکایت دلم چاک و زهره آب شد ، بنوعیکه گویا بهیچ کس چنان حالتي هرگز روي نداده است * در اول دلم بگم کردهای خود سوخت ؛ امّا در آخر فکر کردم که قضاهای من بر سرِ نادان میترکد : و چون از سرِ بریده صدا در نمي آید کار من در پرده مي‌ماند * و بخود نگران ، دیدم که ستارهٔ من همیشه یار ، و از آن نادان همیشه بوبال دو چار بوده است : اگر چنین نبودي رخت خود با من عوض نمیکردي * سزای مرا او کشید ، و دیدم که در ایران ، ماندن من کار عقل نیست * باز کما في السابق به نیّت ترک ایران افتادم * اگرچه اسب و یراق نداشتم امّا آن قدر نقد که تا سرحدم رساند مانده بود * با لفظِ مبارکِ ' خدا بزرگ است ' آسوده ، از قضا و بلاهای دیده و ندیده ، خود را بخدا سپردم *

1 *Dast-basta*; compound adjective and not past participle.

* گفتار شصت و دوم *

در شنیدن حاجی بابا حکایت غربت حمّام را ، و دریافتن تقصیر خود *

از شامت آخوندی متأثّر ، لباسش را از بر انداختن و خود را بصورت سوداگران آراستن خواستم * قافلهٔ کرمانشاهان را سراغ کردم * حاضر بود * استری خالی و سرنشینی [1] بی بار با هم اُخت افتاد [2] *

روز هفتم بکرمانشاهان رسیدیم * در آنجا از نو بجستجوی قافلهٔ بغداد ناچار شدم * راهها از کُردان نا امن بود ؛ تا قافله سنگین [3] نمیشد نمیرفت ؛ بایستی چند روز توقّف کنیم * شنیدم که روز پیش یکدستهٔ زوّار و نعش - کش رو بکربلا رفته اند * اگر اندکی زور بیاورم بدیشان خواهم رسید *

چون دقیقهٔ از ترس خالی نبودم ، دقیقهٔ فوت کردن نمیخواستم * پای پیاده بانگ [4] بر قدم ، در دستم بجز یک چماق چیزی نه ، ولی در کمرم نود و پنج طلا ، از کرمانشاه بیرون رفتم *

روزانهٔ سیوم ، مصرِ تنگ ، خسته و کوفته ، از دور دودی دیدم ؛ دانستم که کاروانست * نزدیک رفتم تا از بار [5] خانه سراغ جلودار گیرم * چادر سفید کوچکی بر افراشته ، کجاوه و تخت روانی در پهلوی وی ، زنی چند درمیان ، نشانِ زوّار متشخّص دیدم *

1 *Sar-nishīn* is the rider of an unloaded mule; the *sar-nishīn* is Haji: perhaps the words *ya'nī man* are understood after *bī-bār*.

2 *Ukht uftādan* (m.c.) "to fall opportune." *Ān du tā ukht-i ham and* (m.c.) they are a pair (*i.e.*, both bad)": *ukht* Ar. "sister."

3 *Sangīn* (= ziyād) is generally used of a *qāfila*.

4 *Bāng bar qadam zadan* "to walk swiftly."

5 *Bār-khāna* in the dict. is said to be a tent or covering for the protection of baggage.

با [1] جلودار کرایهٔ قاطورا با هم در رفتیم * با آن حال ، شناسائی [2] بی معنی بود امّا از افتخار مجمانه نتوانستم گذشت *

باری چند دراز [3] بنمد پیچیده دیدم * گفتند که نعش است بکربلا میبرند * جلودار ایشان ، مانند سایر جلوداران ، روده [4] درازی گرفت که " گویا غریبی ؟ تا حال نعش ندیده ؟ چیز عزیز را بجای عزیز میبریم : این نعشها بکربلا نه ، یکسر به بهشت [5] میروند " *

گفتم " به بخشید ، غریب کور میشود * آیا این نعشها از کیست " ؟

جلودار :— " نعش ملا باشی است * مگر از مردن غریب او خبر نداری که چه طور در حمّام مرد و [6] همزادش بر اسبش سوار شده بحرمش و بر در خانهٔ نسقچی باشی و بدهش [7] رفت " * پس دستی جنبانید که " او هو ! [8] تا حالا کجا بودی " ؟

از این سخنان ترسان ، تجاهل تمامی نمودم و جلودار حکایت را بنوعی نقل کرد که با اینکه خود موسّس و رکن اعظم قضیه بودم باز تعجّب و حظ کردم *

گفت " میدانی که آنچه میگویم راست است بجهته آنکه خود در آنجا بودم * گفتند که ملا باشی بعد از نماز عصر ، با نوکران خود بحمّام رفت * بخانه برگشت : در خلوت خانه نشست *

" میدانی که در ایران بعضی حمّامها صبح زنانه ، و بعد از ظهر مردانه میشود * زن ملاباشی روز دیگر در اولین صدای [9] بوق ، باکنیزان ، بحمّامی که دوش شوهرش

[1] *i.e.*, *Man va jalav-dār*. *Bā-ham dar raftīm* "we settled together;" *kirāya rā* "for the hire."

[2] = *shināsā'ī dādan*.

[3] *i.e.*, long things.

[4] *Rūda-darāzī* (m.c.) "loquacity."

[5] At the time this was written whole corpses enclosed in 'tin,' with an outer covering of scented leather (*bulghār*), used to be conveyed to Kerbela.

The Turkish Government now allows the bones only to be transported, and levies a duty.

[6] *Ham-zād* "a twin"; here—"ghostly double."

[7] *i.e.*, to the village of the *nasaqchi bāshī*.

[8] *O-ho !* an exclamation of surprise.

[9] *Būq* "bugle, etc." It is said that in Teheran, usually during the month of Ramazān, a conch is blown at dawn to give notice that the *hammām* is open.

رفته بود ، رفت * بجهت جاسنگینی [1] او ، حمّامرا [2] قوروغ کرده بودند ؛ و هنوز تاریک بوده است * خواست بخزینه داخل شود ؛ دستش بپارچهٔ گوشتی خورد *

" فریاد کنان بیهوش شد * همراهانش بی اختیار و بی سر رشته از کار ، نعره کشیدند * فریادکردند و داخل حمّام نتوانستند شد *

" در آخر پیره‌زنی ، دل بدریا ، داخل خزینهٔ حمّام شد * لاشهٔ در روی آب شناور دید * از فریاد و فغانِ او ، زن ملا باشی بهوش آمد و می [3] بیند که نعش ملا باشی است *

" باز بیهوش میشود * کنیزان فریاد و فغان کنان ، یکی میگوید ' بآقای ما می ماند ، اما نمی شود او باشد ، چرا که بچشم خود دیدم از حمّام برگشت * رخت خوابش را انداخته بودم ؛ روز خوابید * صدای خور خورش را هم شنیدم * چه طور میشود که یکی هم در رختخواب بخوابد ، هم خره بکشد ، هم در حمّام خفه شود ؟ '

" ازین دلیل ، حیرت حاضران افزود و معلوم شد که آنکه کنیز دیده ملا باشی نه ، همزادش بوده است * زن ملا باشی باز بهوش آمد و با انگشت خود نشان داد که ' شوهرم است ؛ خودش است ؛ از رویش که دیروز خراشیدم معلوم است ' * کنیزی دیگر گفت که ' آری بدین دلیل که یکطرف ریشش هم که کندی معلوم است ' *

نشانها بجا [4] ، گریه و زاری برپا شد * می گویند که اگر دست زنکه را نمی گرفتند خود را می کشت * کنیزک گفت که ' آخر چراغ را خود از دست من گرفت و خود در را بست و خود خرخُر کشید * بروم به بینم در خانه چه خبر است ؛ خبرش را میآورم ' *

" یکی گفت که ' خوب ، گیرم تو رفتی ودیدی که در خانه است ، پس این کیست ؟ '

" دیگری گفت که ' این همزاد او میشود ، چرا که یک روح در دو بدن نمیشود * بدن که رخت [5] عوضی نیست که هر ساعت تبدیل کنی ' *

[1] *Jā-sangīnī = busurg-martabagī.*

[2] *Qūrūgh* k. (قوروغ) " to forbid ": here it means the exclusive occupancy of the *ḥammām* while the noble lady is in it. Only very big people can exercise *qurugh*: a special fee is of course paid. To reserve a railway carriage would be *qurugh kardan*.

[3] Note change of tense from Preterite to Historical Present.

[4] The marks were correct.

[5] ' A change of clothes.'

" يكي ديگر گفت كه ' اين حكايت خيلي تازگي دارد ، بعينه مثل همان است كه كسي دو خانه داشته باشد ، يكي در ييلاق ، يكي در قشلاق ' *

" درين اثنا مشتريان ديگر رسيدند و هر كس چيزي گفت * زن ملا باشي از گريه و زاري دست بر نميداشت تا كنيزك از خانه برگشت و خبر آورد كه ' ملا باشي در رخت خوابش نيست ' *

" واقعه به بيرون سرايت كرد * زنان بيرون رفته مردان داخل حمّام شدند ; گويا در ايران حمّام بازی زنانه[1] به از آن نشده * صداي مرد و زن گوش فلك را كر ميكرد *

" در انجام كار ، اقارب و اقوامش نعشش را بردند و بعد از غسل[2] و حنوط و كفن ، قرار بكربلا - برون دادند *

" زنش هم برخاست كه ' من نيز ميروم ' * استرهاي مرا كرايه كردند * آن چادر كه مي بيني از اوست ; و در آن ديگر نعش شوهر او * جمعي كثير هم كه نعش فرستادني داشتند اين فرصت را از دست نداده خواستند كه مردگان ايشان با عالمي محشور[3] شوند " *

از فقرهٔ آخرين حكايت جلودار ، چندان ترسيدم كه كم مانده بود من نيز از محشورين[4] با ملا باشي شوم * معلوم شد كه از بلائي كه ميگريختم با پاى خود بميانش افتادم[5] * اگر از خدمتكاران ملا باشي كسی مرا ميشناخت كارم تمام بود *

روي بجلودار نمودم كه " خوب ! بعد از در آوردن نعش ملا باشي از حمام چها شد ؟ " تا فقرهٔ رختهاي خود را كه در گوشهٔ حمّام انداخته بودم بدانم چه شده *

گفت " بسر امير المؤمنين درست در خاطر ندارم * اينقدر ميدانم كه در اين باب روايات مختلف بود * يكي ميگفت كه ملا باشي بعد از خفه شدن در حمّام ، در اندرون خود ديده شده است ; و ديگری ميگفت كه فرداي آنروز ، از در خانهٔ نسقچي باشي ، بهترين[6] اسبش ارا گرفته و رفته ; و به نسقچي باشي با دست خط خود فتواي

1 *Ḥammām-i sanāna*, an idiom for an uproar.

2 *Ḥanūṭ* "sweet herbs sprinkled over a corpse."

3 *Maḥshūr* "raised from the dead."

4 An *izafat* after *maḥshūrīn*.

5 Confusion of metaphor; should be *āmadam*.

6 *Bih-tarīn asb-ash*; note the superlative qualifying a noun (and preceding it without an *izafat*).

7 "Such a learned man." *Bā Rasūl maḥshūr shavī* is a blessing, and *bā 'Umar maḥshūr shavī* is a curse.

شراب خوردن داده * باری این قدر اختلاف بود که چیزی حالیم نشد * خوبتر از همه اینکه بشهادت نوکران ، زنده اش از حمّام بیرون آمده است و مرده اش در حمام مانده * امّا چیزي دیگر بروز کرد که قدري موجب رفع اشتباه مردم شد * در گوشهٔ حمّام پارهٔ رخت [1] کنهه پیدا شد و بحدس دانسته بودند که رخت حاجي بابا نامي، آدم ملّا نادانِ مفسد است * اي ! بر پدر هر دو لعنت ! همه کس میگفتند که قاتل، حاجي بابا است ، و در بدر و لا [2] بلا، پي او میگشتند * پارهٔ هم میگفتند که ملّا نادان هم بی مداخله نیست * باری بهر طرف آدم بگرفتن هر دو فرستادند * کاش یکي از ایشان بدست من [3] میافتاد ! اینقدر مژدگاني مي گرفتم[3] که ازین مرده کشي خلاص میشدم [3] " *

اي خوانندهٔ کتاب ، من چیزي نمیگویم ؛ تو خود قیاس حالم کن * منکه هرگز مرد روبرو شدن با خطر نبودم و همیشه از خطر روی میگردانیدم ، با پای خود بیایم و جان خود را بخطر اندازم ؟ نه پاي واپس رفتن ، نه یاراي پایداري ، میبایست چه کنم ؟ فکر کردم که " باز پیش رفتن بهتر است ، بلکه خود را بسرحد [4] توانم رسانید و از بلا [4] میتوانم رست * با خود قرار دادم که خود را بعبا پیچیده مانند کسیکه چار سویش را قضا و بلا احاطه کرده بانجام حال خود نگران باز مانم *

[1] *Rakht-kuhna* (m.c.); no *izafat*.

[2] *Lā bi-lā* lit. "fold to fold." In 'Irāq *lā-yi tust* = *pīsh-i tust*.

[3] Note that the Imperfects here after *kāsh* give a Future sense.

[4] Note this change of tense: incorrect but m.c.

* گفتار شصت و سیم *

گرفتاري حاجي بابا و خلاصي او *

فردا کاروان براه افتاد ، تخت روان از پیش ، شتران مرده کش در عقب آنان ، و قاطران با سر نشینان در عقب همه * من در پهلوي جلودار پنهان پنهان روان * چون چشمم بآدمي زشت و بد لباس میافتاد که کسي برویش نمینگریست بحالتش رشک میبردم و حسرت میخوردم * بیشتر ترسم از اینکه مبادا درمیان همراهان زن ملا باشي ، کسي مرا بشناسد * چون یکي از ایشان بعقب مي نگریست زهره‌ام آب میشد و زود سر را بر میگردانیدم *

روز اول بسلامت گذشت ؛ شب ، در بارخانه ، بر روي بارها خوابیدم * روز دیگر هم بد نبود * بنا کردم اندکی آسوده شدن ؛ میل وا کردنِ درِ گفتگو باین و آن کردم *

اولین آشنایم راهبي ارمني بود ؛ خواستم بدو بفهمانم که سخت ممنون بوده است که طرف [1] صحبت مسلماني واقع شده است ؛ ناگاه یکي از پهلویم گذشت * دیدم آخوندي بود که در خانهٔ ملا نادان میخواست صیغه بمن دهد * جگرم بدهنم آمد * اگر خود روح ملاباشی را میدیدم چندان نمیترسیدم * بزودي سر را برگردانیدم * او هم مرا ندید و بلاي رسیده بخیر گذشت ؛ و بجز ترس چیزي مایه نگذاشتم [2] * باز خود را پهلوی جلودار کشیدم و از آشنائي راهب در گذشتم *

روز سیم می بایست از دهنهٔ بگذریم که کُردان بسته بودند * هرکس بفکر خود بیش از فکر من بود * اگر از آنجا مي گذشتم بسرحد رسیده بودم و در صورت ظهور غائله بترکان التجا بردن میتوانستم *

[1] *Ṭaraf = muqābil*, i.e., *yak ṭaraf-i ṣuḥbat man, va yak ṭaraf ū.*
[2] *Māya guẕāshtan = kharj kardan.*

آنروز کذائي را هرگز فراموش نمیکنم * در آنروز قافله هیأت لشکري داشت * هرکس از سلاح معني [1] چیزي داشت بیرون آوردند * روز ایلغار ترکمانان در سفر با عثمان آغا بخاطرم آمد * دیدم همان ترس در همین جا هم هست * درمیان خودمان [2] باشد بنده را نیز مرور دهور چندان اژدها افگن و شیر اوژن نساخته بود *

قافله با نظام تمام درپي هم ؛ چاوش و بلدي با وابستگان ملا باشي چرخه-چي وار [3] در پیش * مرا برای آسودگي بجاي یک دلیل دلائل متعدده بود * بجز درد سر خود درد چیزي نداشتم ؛ و دستگیري بجز تومانهاي [4] در کمر نبود *

قافله ساکت و صامت ، بجز آواز درای [5] چیزي درمیان نه : من در تفکّر که نود تومان را در بغداد بچکار اندازم ، ناگاه بلد با مردي خوش سر و وضع، [6] روي بمن تاخت و با انگشت بنمود که " همین است " *

خدا میداند که تمام شدم [7] *

همراه بلد را دیدم که عبدالکریم صد تومانیست * گفتم " ایواي که گرفتار شدم ؛ " اما بلد روي بمن کرد که " تو از همه عقبتر آمدي : هیچ نشنیدي که کلب عليخانِ دزد در کدام سمتها بوده است ؟ "

آنگاه اندکي دلم بجاي آمده و شکسته بسته جوابي دادم ، اما چشم من به عبدالکریم و چشم او بر من * دلم درهم و برهم شد * از نگاه تند و تیزش تاب از زانو و رنگ از رویم پرید * او برای تشخیص تمام ، زیر چشمي همی مینگریست و [8] من براي کوچه غلطي ، [9] پهلو همي [10] تهي کردم تا اینکه عاقبت بشناخت و نعره بزد که

1 *Silāḥ-ma'na* "anything in the nature of a weapon."

2 *i.e.*, 'between you (the reader) and me (the writer).'

3 *Chark͟ha-chī* T. "shirmisher, scout;" *chark͟ha* 'a wheeling about, skirmishing.

4 Note the *iẓafat*. Were it omitted *dast-gīr-ī* would naturally refer to *dar kamar*.

5 It is the usual custom to remove the bells when passing near a dangerous spot.

6 'Well turned out as to head dress and apparel.'

7 = *halāk shudam*.

8 Note the double prefix, *i.e.*, the continuative particle and the prefix.

9 *Kūcha-g͟halaṭi* (m.c.) = *tajāhul*; ('I knowingly went into a wrong street to avoid him).

Compare *Fulān kas k͟hud rā bi-kūcha-yi Ḥasan chap mi-zanad* (m.c.) 'he is pretending ignorance; saying 'why' and 'where' as though ignorant of the matter.'

10 *Pahlū tuhī* (*tahī*) *kardan* (m.c.) = *aqab kashidan*. Note position of همي.

" آري خودش است ! اینکه بریش من خندید و صد تومان را گرفت و جست ، همین است " *

پس روی بهمراهان کرد " که اگر دزد میخواهید اینک دزدي که پدر کلبعلیخان است ; شمارا به پیغمبر ، بامیرالمومنین این پدر سوخته را بگیرید " *

من بانکار و اصرار برخاستم و شاید هم پیش مي توانستم برد ، اما آخوند معهود ملا نادان ، از جانبي در آمد و مرا باسم بخواند * رفع همهٔ شبهه و ماجری شد * همه یقین کردند که قاتل ملا باشي و مرتکب آنهمه فسق و فجور من بوده‌ام * همهمهٔ[1] و آشوبي درکاروان بخاست و بنقد ، چند دقیقه ، حرف کردان از میان رفت * هرکس بمن چشم دوخت *

عاقبت بگرفتند و دستم را از قفا بستند و درکار بردن نزدِ زنِ ملا باشي بودند که ناگاه ستارهٔ میمون و طالع همایون باز بمددکاري برخاست * از دور نعرهٔ بلند شد ; جمعي سوار از کوه روي بدرّهٔ سرازیر شدند * خدا پدر کُرد را بیامرزاد ! کُردان در رسیدند * کاروانیان از هم پاشیدند * کُردست ، کو دل تا مقاومت کند ؟ سواران گریختند * قاطرچیان براي خلاصي خود و حیوانتشان بند بارها را بریده بمیان صحرا ریختند * شتربانان نعشهارا از شتران بدینسوي و آنسوي انداختند * بچشم خویش دیدم که نعش ملا باشي بجوبي بزرگ افتاد ، گویا در خزانهٔ حمّام افتادن و خفه شدن کم بوده است * خلاصه ' بگریز بگریز ' همگاني شد *

من بحال خود باز ماندم * بجدّ و جهد دست خود را کشودم * چشم کُردان همه بر تخت روان بود * بیمن اقبال دیدم کسانیکه مرا بدان روز انداختند بروز من افتادند * همراهان زن خیلي فریاد کردند اما در چنان روز و در چنان جا * مصرع *

' آنچه البته بجائي نرسد فریاد است ' ; کُرد فریاد نمیشنود * ببهانهٔ سلامت بها[2] همه را بسلامت لخت کردند * تیمناً[3] و تبرکاً ژندگي[4] لباس ، مرا از برهنه شدن رهاینده ; ومن ، بوسیلهٔ لباس ، قاطر را رهاندم * نه مرا بچیزي و نه قاطرم را بپشیزي شمردند * مجرّد بي اندیشه ، نه در فکر مال برده ، و نه در خیال نعش مرده ، مانند باد آزاد ، و مانند هوا بي پروا ، بقاطر مردکهٔ جلودار سوار ، تنها با زمزمهٔ * بیت *

" باز شد رفع بلا از سر حاجي بابا ∴ بارک الله ! زهی اختر حاجي بابا ! " روي براه نهادم *

[1] *Hamhama* "murmuring."
[2] *Salāmat bahā* "fees for safe conduct."
[3] *Tayammun* "being fortunate."
[4] *Zhandagī* "raggedness."

* گفتار شصت و چهارم *

در وصول حاجي بابا ببغداد و ملاقات وي با خواجهٔ اولین ، و سلوکِ وی بطریق تجارت *

زن و بچّه و غلام و کنیز ملا باشي بدست کردان، و من بصوب [1] مقصود شتابان برای نفي [2] وجود ، اظهار حیات بهیچ کس نمیکردم ، و دور از راه راه پیمودم *

گروهي از فراریان بدین سوي و آنسوي همي دویدند ; و چون بیش و کم ، هر یک را دردي از قبیلِ درد آشنا یا مال بود ، پر دور نرفته بامید چاره بر گشتند * من بي درد، آزاده ترین همه ، بعد از طي دو فرسنگ راه ، خود را تنها و وارسته دیدم * چون ماجرای خود را پیش چشم آوردم ، بجز باري بغت بهیچ حمل نتوانستم کرد *

باخود گفتم که "با این طالع سازگار ، وقت[6] آن است که شاه راه حُبّ جاه پیش گیرم * این همه مصیبت برای حصول سعادت من بود : 'إِذَا أَرَادَ اللّٰهُ شَيْئًا هَيَّأَ أَسْبَابَهُ' * با نود و پنجتومان درمیان ، و با این وسعت راهِ جهان ، چه نمیتوان ؟ نادان را بدم خمپازه [3] نهادند ، بمن چه ؟ زن و بچّهٔ ملا باشي بدست کُردان افتادند ، بمن چه ؟ چرا کلاه خود را کج نگذارم و باد بزیر بغل نیندازم ؟"

خلاصه بالیمن والسعادت والاقبال به بغداد رسیدم ; و غریب‌الغربا داخل شهر شدم * در بغداد کاروانسرا بسیار است ، ولی خود را باختیار قاطر سپردم * بحکم بلدي ، زبان بسته مرا بر در کاروانسرائي بزرگ برد که گویا محط رحالِ [4] رجالِ قافلهٔ ایران [5] بود *

1 *Ṣaub* = *ṭaraf.*

2 *Nafī-yi wujūd* = *khud rā nīst sākhtan.*

3 *Khum-pāra* or *qumbāra* (قنبارة) "a mortar."

4 *Riḥāl* pl. of *raḥl* "baggage for a journey."

5 There are many Persians in Baghdad.

6 *Iẓafat* after *vaqt.*

در دمِ در ، از فراق یاران و عزیزان بنای عرّو عرّ[1] گذاشت * اگر میتوان خوش بختی گفت ، خوش بخت شدم که در صحن کاروانسرا مشتی از همشهریان دیدم ؛ و گمان کردم که مرا نخواهند شناخت ، امّا چه چاره ؟ کار بعکس شد *

بمحض دیدار من منتظران زوّار و قافله بر سرم ریختند * منِ بایجاز ،[2] بجوابِ سؤالات ایشان پرداختم * عاقبت قاطر را درهمانجا انداختم که "البته بصاحبش میرسد"؛ و خود بجانب دیگر شهر رفتم تا دور از شرِّ خفته خوابِ آشفته نه بینم *

در اولین قدمِ اجتناب ، از روی احتیاط ، تغییر سر و وضعی[3] دادم * توبرهٔ سرخ بنام فیس[4] بر سر ، جوالی فراخ بنام قبا در بر ، تنگی[5] دراز بنامِ شال درکمر ، عثمانی حسابی شدم * از پا[6] افراز سرخ هم نتوانستم گذشت که ترکی بی خُف[7] احمر ، خریست *

پس ازآن بفکر اهل و عیال عثمان آغا افتادم ، تا بواسطهٔ ایشان خود را بکاری وا دارم *

بطرف راستهٔ بازار پوست فروشان ، که بزنگاهِ تجارت عثمان بود ، رفتم ؛ و از نشانهائی که در ایام رفاقت ، از جا و مکان خود داده بود گمان میکردم که بی سؤال هم توانستم جست *

خدا راست آورد * بیزحمت ، دکانِ پوست فروش بزرگی در راه دیدم * سر بدرون بردم که "عثمانِ آغائی بود ، بغدادی ؛ بپوست بخارائی خریدن رفته بود ؛ ~~چیزی~~ خبری ازو ندارید" ؟ از کُنجِ دکان صدای آشنا بگوشم رسید که "ترا به پیغمبر کیستی ؟ بیا به بینم ؛ عثمان آغا منم" *

با حیرت تمام دیدم که پیرهٔ مرد خود اُوست * ازین ملاقات تعجبها کردیم * من از حالت خود آنچه گفتنی بود گفتم ؛ و او نیز حکایت خود را بدین نوع بیان کرد :—

"از طهران بقصد استانبول بیرون آمدم * راه میان ارض روم[8] و ایروان[9] بسته بود :

1 Or '*arr* '*arr* "braying."
2 *i.e.* with short answers.
3 *Yā* of unity.
4 *Fis* (for T. فس *fiss*) "a fez."
5 *Tang* "a girth for a horse or mule."
6 *Pā-afrāz* "slippers."
7 *Khuff* Ar. "boot."
8 Arẓ Rūm.
9 Erivan.

بهتر آن دیدم که به بغداد بگذرم و بعد از غیبوبت [1] دراز بمسقط الرأس خود باز گشتم * پسرم بزرگ شده بود و بنا بخبر مرگم تعزیه ام گرفته * میراثم را قسمت کرده حق مادر و خواهر را داده بود * امّا بحکم مسلمانی پاک ، از دیدارم هراسان نشد و حق پدری و پسری فراموش نکرد * زنم زنده است و دخترم پا بر بخت [2] و من بهروز " [3] *

پس نگاهی غریب بمن کرد که " خوب حاجی ! آن متعهٔ طهرانی که بود ، و بچه خیال بگردن منش بستی ؟ بنان و نمکی که باهم خورده ایم آن پنجروز [4] با آن زن بودن بد تر از چند سال با ترکمانان در اسارت بودن گذشت * کسی با دوست دیرینهٔ اینکار را میکند ؟ "

قسم خوردم که " غرضم از آن ، تمتع تو و خوشگذرانیت بود * آن ملعونه را همخوابهٔ خاص شاه گفته بودند * با این خیال هر قدر اساسش کهنه باشد باز از آثار صنادید [5] عجم است ؛ و در نظر کسیکه سالها با شتر بسر برده باشد جلوه تواند کرد " *

عثمان گفت " چه شتران ! بحق خدا که شتران با آن لب و لنج [6] در نزد او فرشته و از مشک و عنبر سرشته اند * کاشکی شتری بتمتع گرفته [7] بودم ! اقلاً راحتم میگذاشت ؛ آن اژدهای مردم اوبار [8] ، آن افعی هژده نشان ، [9] هر دم منّت میگذاشت که ' سخت بختیاری که مرا در کنار گرفتی ؛ من همانم که ریش شاه را می کندم ' * علاوه براین هر ساعت سیلی بصورتم میزد و مشتی از ریشم می کند " * پس رخساره مالیدن گرفت که " اکنون نیز صدای سیلی بگوشم میاید " *

در آخر با قسم و آیه [10] خاطر نشانش نمودم که " غرضم خوشبختی تو بود " * پس با کمال مردانگی گفت " تا در بغدادی مهمان منی ؛ بیا و در خانهٔ من منزل کن " * منهم معلوم است از خدا میخواستم *

1 *Ghaibūbat* "absence."
2 *Pā bar bakht* "of a marriageable age."
3 *Bihrūz* = *khush-bakht*.
4 *Panj rūz* is an idiom for "a few days," and often "the span of a human life."
5 "Chiefs; kings"; pl. of *ṣindīd*.
6 *Lunj* "cheek; lip."
7 Note Pluperfect after *kāshki*.
8 *Aubāridan* (rare) "to swallow, engulph."
9 *Hizhdah nishān* is a common and vague term of abuse for women: one *nishān* is said to be its horns, a second its wings, and a third fire instead of breath.
10 A common m.c. expression.

این صحبتها در میان دکان بود و هنوز بجز دو قاز [1] قهوهٔ صرف نشده * پس از آن بدکان پسرش رفتیم * دکان او نیز در آن نزدیکی بود * اسمش سلیمان ، کوتاه قد ، فربه اندام ، گوژ پشت ، شکم گنده ، تخم پدرش * بمحض معرّفی پدر که " این حاجی بابا ست " مرحبا [2] گفته قلیان را از دهان خود باز گرفت و بدهان من داد *

پس ازین حالات ، خیال کردم که با آن مردمانِ خوبِ ساده، در بغداد با راحت و استراحت توانم زیست ؛ امّا برای خود نمائی که یارِ شاطرم نه بار خاطر گفتم " مرا صد تومان نقد است ؛ با آن چه میتوانم کرد ؟ از دله زندگی [3] و آوارگی بستوه آمدم * غرضم اینکه بعد ازین ، آدم وار لقمهٔ نانی بکف آرم و براحت عمر گذارم * بسا که با مایهٔ کمتر از آنِ من بمال و دولت رسیده اند " * هردو تصدیقم نمودند و عثمان آغا که ببرکت سفر بایران و مباشرت با ایرانیان تک و توک [4] نظمی هم داخل نثر میکرد گفت " بلی * مصرع * قطره قطره جمع گردد و آنگهی دریا شود " [5] *

پس با عثمان آغا روی بخانهٔ او رفتیم *

1 *Du qāz qahva* " two *ghās* worth of coffee " : ten *dinār* equal one *ghaz* (nominal money).

2 *Marḥabā* (مرحباً) " welcome ! *also* bravo ! "

3 *Dila-zindagi* = *harzagi* or *lūti-gari* : *ān shakhs dila ast* (m.c.) " that man is a bad lot and keeps low company." *Dala* is " a marten ; a coarse habit of a dervish ; a deceitful woman " and *dalla* " a marten ; fraud ; false ; a whirlwind."

4 *Tak u tuk* (m.c.) " one or two."

5 A misquotation from *Sa'di*.

* گفتار شصت و پنجم *

در چپوق خریدن و مهر بي ثمر بدل دختر خواجهٔ خود افگندن *

خانهٔ عثمان آغا در کوچهٔ تنگ رو بجادهٔ بزرگ بود * در در خانه اش تلی از خاکروبه ؛ بر روی تل ، یکسو چند بچّه گربه [1] در ماوماو ، [2] و از یکسو چند توله سگ [3] در حاوحاو ؛ [4] * در خانه درمیان ایندو دستهٔ سازنده * صحن خانه کوچک ، و اطاقها از پاکی و پیرایه خالي [5] * چون برگ و سازمن منحصر باحرامي [6] بود و بس ، کوچ نمودن از کاروانسرا بخانه چندان دشوار ننمود * احرامم را در گوشهٔ اطاق بزرگ انداختم که رخت خواب عثمان آغا هم در گوشهٔ دیگرش بود *

بمبارک باد قدومم شیلانی کشید * برّهٔ بریان با پلاو فراوان و خُرما و پیاز از حرمسرا بر آمد ، دست پخت زن و دختر ، و یک تن کنیز منحصر بفرد [7] که هنوز بجهته دیر رسي ، رویشان ندیده بودم و برای حرمت و ادب ، احوالشان نپرسیده *

یکی از رفقای راه بخاطرش نیز موجود بود ، تا نصف شب سخن از تجارت رفت * من از بی سرشتگي دهان نگشودم ولي چون نیّت تجارت داشتم بگفتگو [8] شان نیک دقت مینمودم *

1 *Bachcha-gurba* (m.c.) ; no *iẓāfat*.

2 *Māū maū* "mewing."

3 *Tūla-sag* (prop. *ṭūla*) "pup:" *ṭūla* is also a term applied to sporting dogs other than greyhounds (*tāzī*).

4 *Ḥāū ḥāū*.

5 The Persians keep their houses neat and tidy.

6 "Blanket."

7 "Limited to one:" *aulād-ash munḥaṣir bi-fard ast* (m.c.) "he has only one child."

8 *Guft-u-gū-shān* or *guft u gū-yi-shān*.

از نکات و دقایق موضوع [1] چیزی فرو گذار نکردم * هرکس گفتگوي ایشان مي شنید گمان برخاستن قیامت مي نمود چه از استانبول خبر کساد در پوست بخاري بایشان رسیده بود * پس مصلحت چنان دیدند که من سرمایهٔ خود را بتجارت پوست نگذارم بلکه چپوق بخرم که هرگز قیمت او را تنزّلي نیست و عادت چپوق کشي را تبدّلي نه *

بعد ازین قیل و قالها و رفتن مهمان ، با اندیشهٔ شنیدها [2] همهٔ ذهنم بچپوق رفت * شب ، همه شب ، دراین فکر که چند چپوق بیک تومان توان خرید و از هر چپوقی چند توان اندوخت * از نشاء شرابِ این خیالات مست ، باندیشهای باطل افتادم * حکایت سعدي با تاجر جزیرهٔ کیش در پیش حکایت من افسانه بود * در سر آن بودم که " انجیر از میري بفرنگستان برم و فیس فرنگي بمصر آورم * از مصر پول بافریقا برم ؛ و ازآنجا اسیر [3] بیمن آرم ؛ ببهای گران بفروشم * از یمن بمکه روم : از مکه بیمن برگردم * قهوهٔ یمني بایران برم * در ایران بسوداگری پردازم : از سود سوداگري رُتبه و منصب بگیرم ؛ از پای نه نشینم تا صدر اعظم و شخص اول ایران شوم " *

با تقرّر [4] و اُستواری اینخیالات ، بخریدن متاع پرداختم با کسیکه بکوهستان بختیاری و لرستان میرفت ، تا چوب مُهلب [5] آرد * قرار دادیم که فلانقدر چوب چپوق در بغداد تسلیم من کند و من آنها را سُوراخ نموده بار استانبول ببندم *

بعد ازین مُقدّمات ، در ایّام انتظار چوب چپوق ، ببلای زخم خرما یا دمّل بغدادی که در آنجا عام البلوی است دوچار شدم * از قضا این زخم از میان رخسارم بر آمد بنوعیکه یک گوشهٔ ریش مبارک را نیز خرابکاري کرد *

شب و روز بی شکیب و نالان و با بخت ستیزه کنان که "ای زخم بي پیر مگر جای دیگر قحط [6] بود که باید از رخسار من در آئي و مرا روی دیدن این و آن نگذاري ؟ " پس آهی از جگر بر کشیدم که " چه باید کرد ؟ حکماء راست گفته اند ' اگر آنچه میخواستي میشدی همهٔ سنگها الماس میشدی ' * هم چنین اگر هر کس دمّل را از جای دلخواه خود در میآوردي در بغداد صورت زشت پیدا نمیشدی " *

1 "Placed before, brought forward, i.e., *mażkūr*: 'the subject of discourse.'

2 'From pondering on the things I had heard.'

3 "Prisoners (*i.e.* slaves)."

4 *Taqarrur* "being settled."

5 *Mihlab* is said to be another name for the *lablāba*. Can the latter be the ivy?

6 *Magar jā-yi digar qaḥt būd?* (m.c.) "was there a dearth of other places?"

با اینحال باز جای شکرش خالي بود،[1] چه عثمان آغا با اینکه آندمل را از طرفه دیگر در آورده بود باز صورتش آئینهٔ زشتي درست مینمود ؛ و او بجاي دلسوزي بر من ریشخند مینمود که "با آن بلاها که بر سر تو آمده است ، زخم بغدادي دارو و مرهم است * اگر یکطرف صورتت نا درست میشود ، طرف دیگرش درست است * نمي بیني که فیروزه با آن گرانبهائی ، یک طرفش احسن الوان و طرف دیگرش با خرمهره[2] یکسان است ، و باز گرانبها است ؟ تو درمیان مردم همیشه طرف درست را بنما و از نادرستي بپرهیز" *

دیدم که با آن کثافت بشرهٔ خود خوشروئی کسی را نمیخواهد ، مانند نا پرهیزگاران که روی پرهیزگاران نمیتواند دید ؛ و مانند سگان بازاري که چون سگ شکاري بینند فریاد و مشغله بر آرند " *

با همان صورت دلکش، مطبوع طبع دلآرام ، دختر عثمان آغا ، شدم * دلآرام با غمزه و کرشمه اظهار عشقبازي نمود و با مادر که درمعالجهٔ این زخم یکتا بود بمداواتم پرداخت * جای تعجب اینکه تاریخ سر زدن این ریش با تاریخ گل کردن عشق دلآرام مطابق افتاد یعني در یکروز واقع شد * شش ماه روزگار[3] هردو روز - افزون ؛ هرچه زخم بزرگتر میشد عشق قلبنه[4] تر میگردید * راستي را این علت ساریهٔ عشق، از جانب من سر نزد چرا که دختر آغا با پدرش سیبی بود ، بدو نیم شده * عجبتر اینکه درهمان نظر اول ، این دختر بصورت شتر پیري بمن جلوه نمود ؛ و هر وقت او را میدیدم شکل شتر بنظرم میآمد و این اشعار فوق الدین یزدي بخاطرم میآورد * قطعه *

ای عزیزان ز لب و لنج شتر فیض برید .·. خاصه وقتی که بود مست اداها اشتر
گر زند فیل به پهنای شکم طعنه بخرس .·. میکند ناز بخر از قد و بالا اشتـــر
بودیش جای ز منزلگه خور بالا تر .·. جای خر داشتي از حضرت عیسی اشتر
ایخوش آندم که شود مست نواخواني و من .·. گویم از ذوق که جان وقف لبت یا اشتر *

چون ورم ریش بسرحد کمال انجامید عشق دلآرام هم کمال یافت یعني

[1] *Jā-yi shukr-i dumbāl khālī būd* = *bāyist shukr bi-kunam. Jā yi-shumā khālī būd* (m.c.) "your place was empty" = "you were missed; *also* you should have been here."

[2] *Khar-muhra* "a (valueless) bead."

[3] *Sash māh rūzgār* (m.c.); a saying.

[4] *Qulumba* (m.c.) "coarse (of texture or of speech)."

بهرزگي [1] منجر شد * از این روي چون وقتِ سفر نزدیک شد ، بحکم آنکه ' والعشق داء و دواؤه السفر ' خوشوقت شدم * بارهای چپوق را بستم و تدارک راه را ، تمام دیده در ساعتی که سکز یلدوز در عقب و رجال الغیب در پیش رو بود رو براه نهادیم * بینوا دلارام از فراق من بی آرام ماند ؛ و چون فروکشي بادِ ریشِ مرا میدید آه سرد میکشید ؛ گویا آن زخم بنظر او سر رشتهٔ تنهائي بود که با من وصلهٔ وصل او مي توانست بشود *

* مصرع * افسوس که آن رشته بزودي بگسست * * بیت *

نه زخم منِ نیک ـ فرجام ماند .·. نه عشق دلارامِ نا کام ماند *

1 *Harzagī* "indecency."

* گفتار شصت و ششم *

بسوداگري رفتن وي باستانبول *

در روزی از روزهای خوش نوبهار ، از دروازهٔ استنانبول بغداد ، بیرون رفتیم * لحافم را بر روی بار قاطر گسترده و با کمال وقار چار زانو بر روی آن نشسته با ساز داري کاروان ، خود را سوداگري معتبر میشمردم *

همراهانم ، بجز عثمان آغا ، چند تن پوست فروش ، و پارهٔ ایراني * حکایت ملّا باشي طهرانم اندکی کهنه شده ؛ سر و وضعم بغدادي چنانچه ببغدادي قلم مي رفتم و از ایراني گري چندان علامتی نداشتم *

اگر بخواهم تفصیل راه را چنانچه معلوم است ، از قبیل ترس دزدان و نزاع کاروانیان و هایهوي مسافران بتفصیل بیان کنم درد سر آورد ؛ لهذا بتفصیل تاثیر اولین استنانبول بر خود اکتفا میکنم *

من ایراني و اصفهاني و باین اعتقاد که * بیت *

جهان را اگر اصفهانی نبود .·. جهان آفرین را جهانی نبود * [1]

اگر کسی میگفت پای تخت روم از پای تخت ایران بهتر است ، دندانش را مي شکستم * همینکه سواد اعظم و بلد معظّم استانبول را دیدم نه تنها متحیر بلکه دلگیر و متأثر گردیدم چه دیدم * قطعه *

سواد او بمثل چون پرند مینا رنگ .·. هوای او بصفت چون نسیم جان پرور
بخاصیت همه سنگش عقیق و لولو خیز .·. بمنقبت [2] همه خاکش عبیر [3] غالیه بر [4]

[1] A common saying about Isfahan.
[2] *Manqabat* "praise."
[3] *'Abīr* "ambergris."
[4] *Ghāliya* is a perfumed powder.

صبا [1] سرشته بخاکش طراوت طوبی .·. هوا نهفته در آبش حلاوت کوثر *

مسجد شاه اصفهان را بهترین مساجد دنیا میدانستم : صد مسجد شاه دیدم ، همه از یکدیگر بهتر و اولی تر * در اصفهان یک آئینه خانه [2] است ، و استانبول با آن دریا همه آئینه خانه * اگر اصفهان را یک هشت بهشت [3] است ، استانبول همه جا بهشت است * اصفهان را بزرگترین شهرها میدانستم ; دیدم هر محلّهٔ استانبول اصفهانی ، و در هر اصفهانی کوهی ، و در هر کوهی بناهائی که چشم را خیره می ساخت :—

*** مثنوی ***

عمارتهاش هر یک دلربائی .·. خراج کشور و خرج سرائی
گرفته جای در آغوش کهسار .·. عمارتش همه همدوش کهسار
بدریا روی دارد پشت بر کوه .·. ز هر کوهیش ویران کوه اندوه
گل اندامی چنین نبود بعالم .·. که باشد پشت و رویش بهتر از هم
بناهائی که باشد رو بدریا .·. قوی گردیده ز آنها پشت دنیا *

با خود گفتم که " اگر اصفهان نصف جهان است ، پس اینجا همهٔ جهان است : وانگهی بجای اینکه مثل اصفهان از کوههای خشک و خالی و کثیف و پُر سَنّ [4] محیط باشد ، برلب چندین دریا واقع است * هر دریائی او را بمثابهٔ خیابانی با عکس آنهمه زیبائی و جمال ، ووقتی که در آبِ دریا دیده میشود ، دو چندان می نماید * خود بالطبع دلربا است ، علی الخصوص که پیرایه هم بر او بستند * کشتیها از هر نوع و با هر اندازه از بالا بپائین ، از پائین ببالا ، از راست بچپ ، از چپ براست ، پویان و شناکنان ، و در لنگر اندازش بیشتر از درختان جنگل مازندران دگلهای [5] کشتیهای بزرگ ، همه سر بآسمان " *

*** نظم ***

ز زورقها که هر جانب روانه است .·. بدریا بیشتر از شهر خانه است
درین اندیشه حیرانست درّاک .·. بنابر آب و سر رفته بافلاک *

گفتم " پروردگارا ! بهشت موعود تو البته همین جا است * اگر حضرت آدم درین بهشت می بود هرگز بیرون نمیرفت " * امّا همینکه بخاطرم آمد که مملکت بدین

1 *Ṣabā* " the morning breeze : " *sirisht* " mixed."

2 A building of the Seffaviyan kings.

3 *Hasht-bihisht* is the name of an old building surrounded by a garden, in Isfahan.

4 *Sinn* " a blight (on crops)."

5 *Dakal* " mast."

[1] زیبائي در دست کسانی است که ریششان جاروب مزبلهای چنین شهررا نشاید
گفتم " زهی افتخارِ این قوم که باز مانند منی درمیان خود خواهند داشت :
من نسبت باینان مردی[2] ، وما ایرانیان درپهلوی اینان مردمکیم * بوی پیاز در نزد
بوی میر بوی عنبر و عبیر است * نِعْمَ الْمَسْکَنُ وَبِئْسَ السَّاکِنُ " * عاقبت تسلّیت
خود را بدین دادم که " اینقوم با این دنیا در آندنیا چگونه محشور خواهند شد و با
این ملک در حضور پادشاه لمنْ الملکْ[3] چه جواب خواهند داد ؟ " خلاصه اگر بخواهم
تفصیل آنچه بنظر و بعقلم آمد بگویم ، و بشرح آنچه در اطراف و حوالی خود دیدم
بدهم ، خدا میداند * * مصراع * بکجا میرود این اشتر بگسسته مهار ؟

بعد از گذراندن برزخ گمرک ، از اسکدار[4] با زورقي باستانبول گذشتیم و در کاروانسرای والده که گویا مال پدر ایرانیان است منزل کردیم * چون امتعه و اقمشهٔ دکانها و مغازها[5] و دبدبه وطنطنهٔ پاشایان و افندیان استانبول را ، با آن خدم و حشم و اسب و عرابه و زیب و زینت دیدم ، باد غرور ایرانیم فروکش کرده آهسته با خود گفتم " ما کجا و اینان کجا ؟ اگر اینجا جاست ، پس ایران کجا است ؟ اینجا دارالنعیم است ، آنجا دار الجحیم : اینجا دارالصفا ، آنجا دارالعزا : اینجا عزت است و گنج ، آنجا ذلّت و رنج : اینجا سلطنت است و نظافت ، آنجا درویشي و کثافت : اینجا تماشا خانه ، آنجا تکیه خانه : اینجا بازي ، آنجا شبیه :[6] اینجا عیش ، آنجا تعزیه : اینجا آوازه ، آنجا روضه * خوش گذراني و عیش و نوش ترکان با آن عزاداري شبانه روز ایرانیان را بخاطر آورده بر بخت بد گریستم *

باری با عثمان آغا در کاروانسرا اطاقي گرفتیم و مال التجارهٔ[7] خود بدانجا نهادیم * من در روز ، چپوقهارا بر روی تخته چیده ، بجهته گونه گونه و خوش نمونه بودنش،

1 Haji Baba (like his Persian Translator) was a Shiah. The Turks are Sunnis.

2 " Am a *man*."

3 پادشاه لِمَنِ الْمُلْکُ = God. At the Resurrection God will ask " To whom does the kingdom belong to-day ? (*li-man al-mulk*ᵘ *'l-yaum*ᵃ ?)."

4 Scutari.

5 The French word *magasin*.

6 *Shabīh* = *ta'ziya*.

7 Note this ' after an Arabic compound : the final ة is treated not as ت but as a silent *h*.

هم فروشِ بسیار میکردم و هم سود بسیار * هرچند اندوخته بیشتر میشُد سر تشخّص بیشتر درد میکرد * جلبندی[1] را عوض کردم : دستمالی بجیب نهادم : جورابی[2] بپا کردم : حمامِ پاکی[3] رفتم * چپوق را دهنهٔ کهربا نهادم : کیسهٔ تنباکو را از شال کشمیری دوزاندم : از موزهٔ[4] زرد هم نگذشتم * هرچه را میدیدم دلم خریدن میخواست : لذت خرید وفروش را در مییافتم و فکر میکردم که راستی در عالم ، زندگانی که بکار بخورد هم هست * تماشا گاه و محل سیر بیحد و حساب بود ، امّا من برای خود نمائی مصطبهٔ قهوه خانه را گزیدم * چپوق در دهان، فنجان قهوه در دست، با تحریر و نفیر[5] چپوق میکشیدم و قهوه میخوردم و آینده و رونده را تماشا میکردم *

بحکم آنکه * مصرع * ' ز ریسمان متنفر بود گزیدهٔ مار ' بقدر امکان از ایرانیان کناره جوی و با ترکان آمیزش مینمودم * اما بمقتضای فطرت و جبلّت خود، ایرانیان پژوهشکار و کنجکاو ، که بودنم و چه بودنم را بزودی فهمیدند * بنابر این با ایشان مدارا[6] میکردم ولی نه مرا با ایشان کاری بود و نه ایشان را با من * در پارهٔ جاها ببرکتِ سر و صورت ظاهری ، خود را سوداگری بغدادی معتبر خرج داده بودم ، و برای فریب ترکان بهتر از صورت ظاهری چیزی نیست * تقلید کم گوئی و سنگینی و آهستگی قدم ترکان نموده بآسانی و بزودی در اندک زمان ترکی قحّ[7] شدم * سلام را به " صباحلر و اخشاملر و وقت شریف لر خیر اولسون ، "[8] و بسم‌الله را به " بیورک ، "[9] سرفرود آوردن و کرنش را بتعظیم[10] دستی ، سر تراشیدن را بریش نتراشیدن و ریش نتراشیدن بسر تراشیدن بدل کردم[11] * وضو را بنا کردم بوارونه گرفتن ؛ نماز را با بی طهارت و دست بسته نمودن مبدّل کردم *

1 "Old clothes (*lit.* rags tied on)."

2 "Stockings."

3 "I took a good bath."

4 "Shoes."

5 *Taḥrīr* = *gardānīdan-i ṣaut dar awāz.*
Nafīr is a blast on a *karnā.*

6 "Civility."

7 *Quḥḥ* "real, genuine."

8 *Ṣabāḥ-lar khair olsun* T. = "good morning" (*lar* pl. termin.); *akhshām* T. "evening."

9 Pron. *buyūrin* = *bi-farmā'yīd.* The Persian Turks say *buyūr.*

10 *i.e.*, raising the hand to the head in a salam (and not, as in Persia, bowing and placing the right hand on the left breast). Strict Muslims, and Sunnis generally consider that the body should not be bent except to the Deity.

11 In Persia Haji kept his locks long and shaved his chin but in Turkey he shaved his head and didn't shave his chin.

خلاصه حركات و سكنات تركان را خوب تقليدي نمودم و گاه گاه لفظ " ماشاءاللّه
و انشاءاللّه واللّه اللّه " نيز با مخرج ، در كلام خود داخل مينمودم * تسبيح از دستم
نمي اُفتاد * اين بود كه در اندك مُدّت در قهوه خانه قبول عامه را پيدا كردم * قهوه چي
قهوه ام را بدست خود مي پُخت و با لفظ " سلطانم و افندم " بقدهم ميريختت *
هم چنين در سايهٔ صورت ظاهر, آدمي شده بودم كه هرگاه در قهوه خانه سخن از
اسب و سلاح وسگ و تنباكو ميكشيد (و اكثر هم جز اين نبود) مرا حَكمَ ا قرار ميدادند
و من با يك لفظ " بلى " يا " خير" قطع و فصل دعوا مي نمودم *

1 " Umpire."

* گفتار شصت و هفتم *

در گرفتن او زن شیخي را ، و ترسیدن او در اوّل و آرام شدنش در آخر *

مُدّتي بدینمنوال گذراندم تا اینکه سه شب پي در پي در وقت بیرون آمدن از قهوه خانه در سر راه خود، پیره زني دیدم بر من نگران و آشنائي خواهان ، و بپنجره که در زیرش ایستاده بود اشارت کنان *

شب اوّل به بی اعتنائی ، و شب دوم بتعجّب و حیرت ، و شب سویم بتحقیق و تدقیق گذشت * شب چهارم بر خود مصمم کردم که " اگر به بینم ، "[1] سبب سر راه گرفتنش بپرسم *

بخیال اینکه فراخي در کارم پیدا خواهد شد و طالعم در سازگاری است ، با سر و وضعي از سایر اوقات پاکیزه تر ، همینکه از قهوه خانه بیرون آمدم ، آهسته آهسته روی به پیره زنک رفتم * در خم گردش[2] کوچه ، همینکه از نظر قهوه گیان پنهان شدم ، قفسهٔ[3] بالا رفت * زني زیبا ، کشاده روی ، گلي در دست ، بر دل چسپانید و بوسید و بمن انداخت ؛ و با شتاب تمام قفسه را فرود آورد * دهنم باز ، چشمانم بقفسه دوخته ، متحیر تا اینکه پیره زن از آستینم کشیده گل را برداشت و بدستم داد *

1 "If I see her."

2 In m.c. *kham-gard* "angle."

3 *Qafasa* (uncommon) "a lattice" (*qafas* "a cage").

گفتم "تُرا بخدا این چیست ؟ این کوچه کوچهٔ پریان و سر زمین جنّیان است ؟ کجا است[1] ؟ آن گلرو که بود ، و این گل خود چیست ؟"

پیرهٔ زن :— "تو احمقی ؟ سفیهی ؟ چه چیزي ؟ با این ریش و پشم بآدم جهان دیده میماني؛ اما گویا از کار جهان همین سرو وضع را میداري و بس * مگر نمیداني که اگر زنی بمردی گل بادام اندازد یعنی چه ؟"

من :— "میدانم میخواهد بگوید که ' بسان مغز بادامی که از توأم[2] جدا گرده در آغوشم نمایان است خالي بودن جایت ' * امّا در سایهٔ ریش و پشم ، این را هم دانسته ام که این اشارات و رموز ، گاهی خیلی گلو سوز میافتد ، چنانچه مغز بادام خورده میشود پوستش هم کنده میشود" *

پیر زن :— "مترس عزیزم ، مترس * ما نه گلو سوزیم ، نه پوست کن * اگر دست ردّ بسینهٔ ما گذاري پا به بخت خود زدهٔ * خر نیستي که از سایه برمي ، و حال آنکه ترس تو سایهٔ است و بس" *

من :— "خوب ، حالا که چنین است ، آنزن که دیدم کیست ، و تکلیفم چیست" ؟

پیرهٔ زن :— "پُر شتاب مدار * حالا درش را بگذار که نه وقت مقتضي است ، و نه جا مناسب * فردا ظهر ، در قبرستان ایوب ، در پهلوی اولین سنگِ قبر سرسبز ، مرا با شال سُرخ در گردن بجوی * بالفعل خود نگهدار" *

اینَ بگفت و برفت و من بحجرهٔ خود در آمدم و باندیشهٔ عریض و عمیقِ این کار افتادم * میدانستم که درِ فتوحی بر رویم کشوده است ؛ امّا میترسیدم که آن گشایش نتیجهٔ سخت گیريِ و رشک شوهر او باشد * خطرهای زینَب و قصهٔ مریم و یوسف و عشق دلارام و ریش[3] صورت من بخاطرم آمد * نخست آتش عشقم فرو نشست ، اما تاب گرمي خون و غرور جواني روز افزون نیاورده هرچه بادا باد گویان قصد آن که مصراع - ' دل بدریا زنم و رختِ بصحرا فگنم ' ، روز دیگر بحسب وعدهٔ بمیعاد معهود رفتم ، و پیر معلومه را با شالِ سُرخ در پهلوي سنگ قبر سرسبز دیدم * دور از راه ، در زیر درختان سرو ، در منظرهٔ خوش استانبول ، عقد انجمن عشق برپا و آغاز مذاکرهٔ مهر و وفا شد *

[1] *Kujā ast* "what place is it (this street)?"

[2] *Tau'am* "a twin; *here* two kernels in one shell." Each kernel is a *tau'am*: when separated from each other there is a conspicuous scar.

[3] *Rish* = *zakhm*.

پیرهٔ زن اول استقامت و صدق وعد مرا بستود، و پس از آن به بیترسي و امنیت واهی که در پیش است سوگندها یاد نمود * بعد از آن، باقتضای پیري، چانهٔ گفتگو را کشوده داد زنخ زني از درّه و تپّه [1] بداد که " غرضم خدمت بتوست * ترا از پسر خود عزیزتر میدارم " * دیدم که در آنهمه بجُز تخلیهٔ کیسه و نقصان سرمایه و سوزش چپوقهای من چیزی نیست * گفتم " بسیار خوب بیائیم بر سر مسئله ؛ دو کلمهٔ هم از خانم بگو " *

تفاصیل و تکرار عبارت و پیچ و تاب تعبیرات را که [2] طی بکني خلاصهٔ کلام اینکه :—

"خانمي که دیدی (و من گیس سفید آنم) دختر تاجری دولتمند حلبي است * این تاجر دولتمند حلبي، غیر ازین دختر، دو پسر هم دارد * خود درین اوقات، یعنی دو سه ماه کم یا بیش ازین، وفات کرد * هرچه خاک اوست عمر شما باد [3] ! ورثهٔ او یعني باز ماندگانش که پسرانش باشند بجای او بنشستند، و درین شهر تاجر بزرگند * بانوکی مرا که اسمش شکرلب است، در جواني، بسن شانزده هفده سالگي، به شیخي پیر متمول دادند * این شیخ پیر متمول، عادتش این بود که بیش از یک زن نمیگرفت، و میدانست که دو زن در یک خانه باعث خرابي خانه و اوقات تلخي صاحب خانه است * از آشوب و غوغا مُجتنب، و راحت و آسودگي را طالب بود * این بود که زن جوان گرفت تا درخور خود، در زیر دست خود، به ترتیب خود، بار آورد * حقیقةً خیلي خوشوقت و خوش بخت بود که با بانوی من همسري کرد، برای آنکه همسر او، بانوی من، نازک طبع، خنده رو، پاکیزه خو ست : زنی بنازکي طبع و خنده روئي و پاکیزه خوئي او در دنیا پیدا نمیشود * ولی در یک چیز ستارهٔ زن و مرد باهم اخت [4] نیفتاد، و مرافقتشان سازگار نشد، و سبب مرگ شیخ آنشد * شکرلب بورک [5] را با شیر میخواست و شیخ با پنیر * پنجسال تمام در هر وقت غذا، در هر سفره، این دعوا بود، تا اینکه شش ماه پیش ازین یکروز شیخ بغرض [6] شکرلب، از بس بورک پنیري بخورد، بمرد * خدا رحمت کند * چهار یک مال و منال شیخ یعني آنخانه که دیدي با کنیزان و اثاث البیت و سائر لوازمات خانه بخانم، یعني خلاصه آنچه شرعاً بشکر

[1] *As darra u tappa* (m o.) *i.e.*, she rambled, talked of anything but of the matter in hand.

[2] *Ki* "if *or* when."

[3] A common saying = "As long as his grave lasts may your life also last!"

[4] 'Did not suit each other, fall opportune.'

[5] *Būrak* is the name of some dish, not generally known in Persia.

[6] "Opposition."

لب بایستي برسد ، بشکر لب رسید * حالا با جواني و جمال و با توانگري و مال میداني که البتّه بی خواستار نمي ماند " * امّا چون خانم نسبت بسنّ و سال خود از همهٔ زنان عاقلتر و هوشیار تر است ، در باب انتخاب شوهر نو مشکل پسندی مي نمود ، و میخواست که شوهر کردنش محض از برای جلب منافع و تحصیل افتخار نباشد * پس همیشه در جستجوی شوهري درست بود *

چون خانهٔ ما رو بروی بهترین قهوه خانهای این شهر است ، بنا کردیم آینده و روندگانِ آنجا را از نظر گذراندن * بی همه چیز[1] و بي ریشخند و تملّق ، در میان ایشان ، از تو برازنده و متشخصتر ندیدیم * برادر من صاحب آنقهوه خانه است * میانهٔ او با ما خوبست[2] * در سر تو بعضی سؤال و جواب کردیم : جوابهایش را خانم را خوش آمد : به پیوند تو میل کردیم * اینک مختصر قضیه * حالا تو خود ببین و بسنج خدمتي خوب کرده ام یا نه " *

از برداشت[3] پیرهٔ زن هیچ گمان نمیکردم که حکایت بچنین جائی منجر شود * بقدر کسیکه از پای دار خلاص شود خرسند شدم * دیدم که بی راز داري و نهفته کاری و بی تبدیل اساس و تغییر لباس ، بجای مشغلهٔ[4] کوی و برزن و خزیش سوراخ و روزن ، بیخوردن زخم و کشیدن قمه ، خلاصه بی همهمه[5] ، بجز مال و منال و آسودگي حال ، چیزی درمیان نیست * بطالع خود آفرین گویان دانستم که نانم در روغن افتاد * * مصراع * 'دولت قرین من شد و اقبال رهبرم ' * از شادي ، هزار حرف بی معني به پیرهٔ زن گفتم ، و عهد کردم که با بانو ، تا لب گور ، همزانو باشم و به پیرهٔ زن احساني خوبی کنم *

پیرهٔ زن گفت " حالا چیز دیگر هست * خانم بمن سفارش بلیغ نموده که پیش از وقت کار ، همه چیز را خبردار شوم ، نسب و حسب و پایه و مایه و بضاعت و سرمایهٔ ترا بفهمم * میداني که خویشاوندان او مردمانیند[6] ؛ اگر بفهمند خواهر شان با فرومایهٔ تر از خودي شوهر کرده دیگر برویش نگاه نمی کنند ؛ و شاید هم بقصد او و شوهرش هر دو بر خیزند " *

[1] *Bī hama chīz* (m.c.) "Without falsehood, without flattery."
[2] *Miyāna* "intercourse"; *miyāna dāshtan = āmad u raft kardan.*
[3] *Bardāsht = iẓhār.*
[4] *Mashghala = khud rā mashghūl dāshtan.*
[5] *Hamhama* here = *iẓṭirāb.*
[6] *Mardumān-i and* "are a people of consequence."

اگرچه جواب این سخنان را پیش از وقت حاضر نکرده بودم امّا بیمن نیروي بخت و بملاحظهٔ وسعت میدان اسب فصاحت را سبک عنان کردم که " امّا [1] از حسب و نسب ، در دنیا کسي نیست که حاجي بابا را نشناسد * از اقصای یمن تا حدود عراق، از نهایت دریای عمان تا غایت صحرای قپچاق، اسمم معروف و مشهور است" *

پیره زن :— " خوب ; پدرت کیست ؟ "

من :— " پدرم ؟ پدرم مردي بود توانگر : بیشتر از یک قبیلهٔ وهابي سرها از زیر تیغش گذشت * چه ریشها که نتراشید و چه دندانها [6] که نکند ! "

پس دم در کشیدم و شجرهٔ نسبی خود ساختم که " اگر از نژاد پاک و تبار تابناک میخواهید ، مرا بنگرید ; و خواه بانو ، خواه برادرانش ، و خواه هر که باشد ، در علوّ نسب و حسب و بغوزک [2] من نمیرسد * خونِ پاک عربي در عروق و اعصابم روان * نیاکانم از اعراب منصوریهٔ دیار نجد عربستان * شاه اسمٰعیل صفوي مارا از آنجا کوچانیده در بهترین ناحیهٔ ایران نشانیده ، تا بحال بهمین منوال هستیم * نیاکان دیرینم استر بن خر بن مادیان، از قبیلهٔ قریش و بنی قحطان، بلا واسطه بسلسلهٔ بني هاشم بندند ، و بخط مستقیم بذریهٔ نبوت هم پیوند * خلاصه با مبارکترین خون اسلام همدم ، [3] و با قدیم ترین سلسله همقدمم " *

پیره زن :— " ماشاءالله ! هم سیادت در حسب ، هم شهرياري در نسب : درین باب اینقدر کافي است * اگر تو چنیني ، خانم نیز چنینی میخواهد * اگر مایه‌ات هم بقدر پایه‌ات باشد ، زهی سعادت ! "

من :— " امّا مایه‌ام ، اگر نقد بسیاری در دستم نیست عیب نیست * کدام تاجر نقد بسیار در دست نگاه میدارد ؟ میداني که در هرجا مضاربه [4] کاران دارم که مال مرا بداد و ستد میاندازند و در وقتش سرمایه را با سود می پردازند [5] * حریر و دیباج و مخمل از طرف خراسان میرود و پوست بخارا میاورد * گماشتگان با نقود من و سنجاب و سمور مشهد ، بتجارت شال کشمیر و جواهر هند گماشته اند * توک و کرباسم

1 *Ammā* "as for."

2 *Ghūzak* "ankle," here = *pāy*.

3 *Dam* Ar. "blood"—or Persian *dam* ?

4 *Muẓāraba* "selling goods for half the profit (commission sale ?), partnership."

5 "Settle."

6 Barbers in Persia are still often dentists and surgeons as well as barbers. Shampooers in baths are also barbers, but have no shops and do not practise surgery.

در [1] هشدرخان با مُهره [2] معاوضه میشود ؛ و مال هندي که از بصره خریده بحلب فرستادهام با پوست برّه و شالکی مفاوضه [3] * خلاصه اگر حقیقت مقدار اعتبارم بخواهي ، دشتي فرض کن پر کشت ، و کشتي پر زرع ، و زرعي پر خوشه ، و خوشها پر از دانه * اگر شمار این میتواني ، شمار آنهم میتواني ؛ وگر نه خود داني * بدرستی و تحقیق بیانو بگو که چشمش بکسی افتاده که اگر مال و منالش را فراهم آرد خود و برادران و خانواده و اهل و یارانش را در گرداب حیرت غوطه [4] ور گذارد " *

پیره زن :— " حالا همه دانسته وفهمیده شده کاری که ماند عالم مهر و محبت است * تو در اول شب ، در سرِ کوچه باش : راهش را مي جوئیم که با شکرلب به پیوندي * اگر دل خودش بخواهد کسی مانع نمیتواند شد * اما اگرچه گستاخي است نصیحتی مادرانه بتو میکنم ؛ تو هم فرزندانه قبول کن : بورک را با شیر بخواه ، نه با پنیر * دیگر از هیچ راه دل تنگ [5] مدار که خانم بسیار نرم خوست * خداوند موافقت ستاره و سازکاری طالع کرامت کند " ! این بگفت و من دو طلا بدستش نهادم ؛ او آهسته آهسته برفت و من با فکرهای مریض و عمیق در زیر سروها ماندم *

1 Generally *Hājitar Khān*.

2 *Muhra* "beads."

3 *Mufāwaẓa* "to return, make retribution."

4 *Ghūta-var* "diver."

5 Should be written separately: *diltang* = "sorrow" but *dil tang dāshtan* = "to vex one's heart, about a thing."

* گفتار شصت و هشتم *

ملاقات وی با شکر لب و ترتیب ازدواج ایشان *

در زیر درختان چندان نماندم * مصراع * ' همانا فرض تَر ز آن کار بودم ' *[1] برای اظهار تشخّص لباسی و برای اظهار حیات نقدي ، از آن گذشته برای پسند خاطر ، حمّام و خضاب[2] و عطری لازم بود * در راه خود ستائیها همي کردم که " حاجي ، لایق ریش پدرت ، فرق دیوانه و عاقل را باز نمودي * ای جناب سیّد منصوري ! ای هَاشمي نَسب ! ای قریشي حسب ! "

سعادت بخت و نیروی اقبال را تفکّر کنان بکاروان سرای برگشتم * چه دیدم عثمان دریک گوشهٔ حجرهام مشغول شمردن سودهای سوداگري ؛ در گوشهٔ دیگر دولتِ چپوقهای بنده بدعای دوستان مشغول[3] * این حالت ذلّت را ، با آن حالت رفعت که در سر داشتم ، چنان بر من تاثیر کرد که بی اختیار بادکرده اظهار خود فروشي که هرگز نکرده بودم بنمودم ؛ و نمیدانم که عثمان آغا دریافت یا نه : امّا همینکه گفتم " اموالم همه بگرو ، پنجاه تومان بمن قرض بده " متعجّب ماند *

عثمان آغا گفت " فرزند اینحرفها یعنی چه ؟ اینقدر پول ، اینقدر تعجیل ؟ دیوانه شدهٔ یا قمار باختهٔ ؟ "

گفتم " نه دیوانه شدهام نه قمار بازیدهام ؛ خبط دماغ هم بهم نرسانده * همه کس بعقل و هوشم آفرین میخواند * تو حالا پنجاه تومان را بده ، بعد ازان تفصیل را بشنو " *

چون قیمت اموالم را میدانست و درین معامله ضرری نمیدید ، بیمضایقه حاجتم را روا ساخت ؛ و بی " خدا نگهدار "[4] بخدایش سپردم *

1 *Būd-am*, i.e., *mard būd*.

2 *Khizāb* " tinging (the nails, hair, etc.)."

3 *Bi-du'ā-yi dūstān mashghūl* = *maujūd, salāmat*. " *Fulān shakhs chi taur ast?* " *Bi-du'ā-yi dustān mashghūl ast* (common saying).

4 *i.e.* ' without good-bye (God keep thee).'

فی الفور سر و تنی آراستم ؛ بحمــامي رفتــم ؛ مثل آدمي بزرگ از حمّام بیرون آمدم *

بعد ازین مقدمات ، وقت معهود رسید * با کثرت اضطراب و قلّتِ شتاب بمیعاد معهود شتافتم *

پیره زن در آنجا حاضر * با احتیاط تمام بدینسوي و آنسوي نگران ؛ از دری کوچک پنهان ، مرا باندرون طپانید [1] *

از وضع خانه خوشم آمد برای اینکه ازین دم مال خود را مي پنداشتم * یکسر باندرون رفتم ، چرا که بعد از مرگِ شیخ در بیرونی باز نمیشد * چنان با احتیاط ، تکلیف و تکلّف بکار میرفت که گویا شیخ زنده است * از در کوچک بحیاطی کوچک ، از پلّهٔ حیاط کوچک بالا برده پردهٔ منقشي بالا کرد ، و مرا در کفش کن برد * روشنائیش عبارت از یک قندیل ، و اسبابش عبارت از چند کفش زنانه * تا آنوقت از چهار در تو رفته بودیم * پیره زن مرا در آنجا نشاند و خود بخبر دادن بخانو رفت * انواع و اقسام صداها شنیدم و البته صدای صاحبان کفشها بود * از پشت پنجرها چشمهای بسیاری بمن دوخته بود و البته چشمهای صاحبان کفشها بود * در آخر از کنجِ کفش کن دری باز شد ؛ پیره زن مرا بدخول اشارت کرد *

هرچه پیشتر رفتم طپش قلبم بیشتر شد * دست و پائی جمع کردم و آستین و دامنی فراهم آوردم * با احترام تمام داخل اطاق شدم * یکشمع بیشتر روشن نبود *

اطاق را دیدم آراسته ، پیراسته ، گسترده ؛ فرشها نفیس ؛ رو پوشها فاخر ؛ پردها حریر * معشوقه سر تا پا محجوبه ؛ بجز چشمان سیاهش که بچشمان آهوان مي ماند چیزی پیدا نه *

در گوشهٔ پهلوی پنجره نشسته با دست اشارت کرد که " بنشین " * گفتم " چه به از آن که من بنده وار در خدمتت * مصراع * کمر به بندم و تو شاهوار بنشیني " ؟ بعد از تکلّف بسیار کفشها را بر آوردم و در برابروی بدو زانوی ادب بنشستم * آنقدر چم و خم و قر و فر و لابه ونیـــاز بکار بردم که حالا هم وقتی که بیادم میآید خنده ام میگیرد *

مدّتی دراز روبروی یک دیگر نشستیم و بجز الفاظ آداب و رسوم ، حرفی بمیان

[1] *Ṭapānidan* "to cram, stuff; also to ram a charge in a gun."

نیآمد * نازنینم به عایشه که کنیزش بود اشارت به بیرون رفتن فرمود ؛ و به بهانهٔ بر داشتن باد زن ، پردهٔ از رخسارش بکشود *

* نظم *

تو گفتی گشت طالع آفتابی ∴ که شد از طلعتش روشن در و بام
بخود گفتم شگفتی [1] را ندیدم ∴ بتابد آفتاب اندر دل شام
دو زلفش تا سرِپا از سر دوش ∴ همه چین و شکنج و حلقه و دام
نه هرگز چون رخش فردوس خرّم ∴ نه هرگز چون قدش شمشاد بد رام [2]
ندیدم ماه را از سرو گردون ∴ ندیدم سرو را از سیم اندام
نگه دلدوزتر از تیر رستم ∴ مژه برگشته تر از خنجر سام
دهانش غنچه را ماند و لیکن ∴ نباشد چون دهانش غنچه بسّام [3]
بزلفش هرچه در گیتیست چنبر ∴ بچشمش هرچه در افاق اسقام [4]
در آن [5] یکشهر زندهٔ دل بزندان ∴ درین یک مُلک تقوی کار بدنام *

این اشارت (یعني برداشتن پرده) بشارت ترکِ تکلّف بود * مانند بت پرست که پیش بت بسجده افتد بیفتادم ؛ و برای اظهار اشتیاق و رندي و سلیقه ، بنوعیکه هیچ جای شبهه و شک نماند ، اظهار عاشقي و حیرت تمام کردم * خلاصه بیوهٔ شیخ گویا از موضوع [6] منتعب بدلایلِ متعددهٔ خود بی‌اطمینان نماند وجا هم داشت [7] ؛ و بس بر نگذشت که باین الفاظ دُرر [8] نثار ، مرا دمساز و محرم راز خویش ساخت *

" حالم خرابست و دلم بیتاب * امان از چشم بد که مرا بستوه آوردهٔ است و احولم را پریشان نمودهٔ ! از تو چه پنهان ؟ بهوای ارث مرحوم شوهر [9] و برای جهیز خودم ، که در حقیقت کلّي [10] است ، جمعی انبوه به پیش و پسم افتادهٔ اند ، بنوعیکه کم ماندهٔ دیوانه‌ام کننده * خویشاوندانم هریک را گویا بر من حقي است ؛ مرا جزوی از مال و منال خود میشمارند * برادرانم بجز فائدهٔ خود چیزی بنظرنمیآرند : - اگر شوهری برایم بجویند مثل این میجویند که جوالي پشم را با زنبیلي جو معاوضه

1 i.e. *chunīn shigufti-ī hargiz na-dīdam.*

2 *Bad-rām* appears to be an error. *Rām* "tame," *i.e.*, that can be handled, and *bad-rām* (of a tree) 'smooth in the trunk so that it cannot be climbed.'

3 *Bassām* "smiling greatly."

4 Sickness.

5 *Ān* "the former," i.e., *zulf.*

6 *Mauẓū'* (subject of discourse) = 'her husband.'

7 *Jā ham dāsht* "she had reason to be, she had right."

8 *Durar*, pl. of *durrat*, "pearls, white teeth."

9 *Marḥūm-i shūhar* m.c. and incorrect for *shūhar-i marḥūm.*

10 *Kullī* = *ziyād.*

کنند * یکی از پسران برادرِ شوهرم قاضی است ؛ میگوید که بموجب شرع اگر یکی از اقربای میّت جُبّهٔ خودرا برروی زن وی اندازد اثبات حقّی ، مانند حق شفعه ،[1] بدو میسازد * دیگری از خویشان شوهرم مدعی است بر اینکه " بهمهٔ این ارث ترا حق نیست" ؛ و مرا ،[2] میخواهد بمرافعه کشد * خلاصه ، ازین نا ملایمات دلتنگ و دلخون ، و برای آسودگی و راحت بی تاب و آرام[3] ، برای خلاصی ، بجز یک راه بیش ندیدم یعنی شوهر کردن * خداوند ترا براهم انداخت ؛ اکنون گویا دیگر اشکالی نمانده باشد " *

پس از آن گفت که " همه اسباب ازدواج حاضر و آماده است : اگر راضی میشوی اینک قاضی ، در آن اطاق حاضر ؛ و از جانب من وکیل کار عقد را تمام کند " *

منکه حاضر این شتاب نبودم ، مانند کسیکه در میان زمین و آسمان معلّق باشد دلم بطپیدن آغازید ؛ امّا برندی ، بی گم کردن دست و پا ، بمناسبتِ مقام، اظهار مهربانی و مشقبازیهای خوش آیند نمودم *

چنان بی شکیب بود که فی الفور مرا بنزد قاضیِ حاضر-کرده اش فرستاد * قاضی، با خود ، معتّری آورده بود تا او نیز از طرف من وکیل شود * قبالهٔ از جیب بدر آورد ؛ جهاز و اموال خانم در آن ثبت و ضبط * از من پُرسید که " بصاحب این جهاز چند مَهر معجّل و چند مهر مؤجّل[4] میدهی "؟

من خود را واپس کشیدم و جوابی بهتر از آنکه بعایشه، یعنی به پیره‌زن، داده بودم ندیدم ، که " سرمایهٔ تاجران همه نقد نیست ، تنخواه است ؛ و آنهم در محل شک و شبه " * امّا باز خود را نباخته برندی گفتم " منهم اموالم را بخانم می بخشم اگر او نیز همین کند " *

قاضی گفت " این سخاوت اندکی افراط است ؛ لا افراط ولا تفریط ؛ ما را چیزی نقد تو از اینها می‌باید ؛ مثلاً تو در استانبول چه قدر مالداری ؟ ازینهمه راه دور ، البته با مایهٔ کم بداد و ستد نیامده * آنچه اینجا از نقد و جنس داری ، اگر بقبالهٔ خانم اندازی کافی است " *

[1] *Shufa'h* is the right of pre-emption on the part of either of two partners in land.

[2] Note this common collocation : *marā* is the object of *kashad.*

[3] Note ellipsis of *bī* before *ārām.*

[4] *Mahr-i mu'ajjal* " portion paid in full at the time of marriage : *mahr-i mu'ajjal* " portion paid by instalments or in case of divorce."

گفتم " اینطور باشد * بگذ ببینم — * " پس مانند کسیکه گویا در پیش خود حساب میکند قدری بفکر فرو رفته گفتم " بنویسید صد تومان نقد ، پنجاه تومان هم جنس " *

ازین سخن درمیان قاضي و زن شور و صلحی شد * قاضي خبر برد و بعد از مکالمهٔ مختصر خبر ترتیب و تنظیم کار آورد ; و با رضای طرفین قبالهٔ مهر شد * وکیلین طرف ایجاب و قبول ، صیغهٔ عقد را بآئین شرع شریف اجرا نمودند، و از اطراف و جوانب صداهای مبارک باد بلند شد *

اُجرت عقد بندي و انعام و احسان خدمت گاران هیچ یک را دریغ ننمودم و بجای اینکه بروم و در پیش چپوقهای خود خرخرۀ عثمان آغا را بشنوم ، با وقار ترکي موقّر، و با هیبت شیخي مهیب ، در لحاف پر قو[1] وَصَلَ يَصِلُ وصلاً فهو واصلٌ وذلک موصول[2]

* بیت *

[3] الف در دو شاخ الف [4] لام شد .·. کلیدي بقفل زر خام شد *

1 *Qū* or *ghū* T. "swan."

2 An example from the Arabic Grammar.

3 These lines are indelicate. *Alif-lām* (written لا) is sometimes considered an extra letter of the alphabet. *Zar-i khām* "pure gold."

* گفتار شصت و نهم *

از چپوقچي گري، مردی بزرگ شدن ؛ و از شهرت ساخته برنج افتادن *

زود دیدم، سخت، گیري[1] کرده‌ام * یکی از حکمای چین از روی بصیرت گفته است که ' اگر کار خوردن منحصر بهمان جنباندن چانه و لذّت کام بودی هیچ به از خوردن نبودی، و همه کس در همه وقت بخوردن پرداختندی ؛ امّا معده ، و سایر آلاتِ هضم ، بلکه تمام اعضا را در آن مدخل است ، و به نیک و بد آن حاکم ' * زن گرفتن نیز همین حکم دارد * اگر زنا-شوئي عبارت از همان بوس و کنار بودی ، چه خوش بودی ؛ امّا سازگاري خویشان و تربیت منزل و مکان و سایر کارها هست که سعادت و نکبت کارِ زنا-شوئي بد آنها وا بسته است ، و نیک و بد آن از آنجا دانسته میشود *

چند روز بعد از نکاح ، حلیلهٔ جلیله[2] از خویشاوندان ، و حسد و کینه و علی الخصوص از بهر سود خویش از حرکات پر فتنه و تشویش ایشان ، چندان افسانهای درهم و برهم گفت که گمان کردم بسوراخِ گژدم افتاده‌ام * مصلحت[3] آندید که کیفیت عقد را در پیش برادران باحتیاط بکشائیم و میگفت که " هر قدر این عقد بموافقت شرع است، امّا مطابقت ایشان‌هم شرط است * سخنشانرا در رَو[4] است، و توانگرند، و بقدر قوت و امکان بدوستي و استمالت ایشان باید کوشید " * امّا از راه پیش بیني بهر سوی آواز پراگند که با سوداگری توانگر بغدادي سرِ زنا شوئي دارد و بیکی از برادران بوقوع واقعه اعتراف نموده راز بکشود ، و برای آفتابی[5] نمودن این کارِ ساخته ،[6] خواست ولیمهٔ دهد و به بیگانه و خویش بنماید که پیوندِ وي نه سر[7]سریست *

1 *Gīr kardan* "to get into a difficulty."

2 *Ḥalīla* "wife."

3 No *iṣafat* after *maslaḥat*.

4 *Dar-rau* subs.; *sukhan-ash rā dar-rau* ast (m.c.) or *sukhan-ash dar-rau dārad* "his words have weight."

5 *Āftābī namūdan* "to proclaim, to make public."

6 *Sākhta* = which she had accomplished.

7 *Sarsarī* "folly."

من نيز ازين قضيه خرسند كه باين واسطه توانگر شمرده ميشوم * پس بناى تشخّص را ، از گرفتن خدم و حشم با اسبها و رسمهاى مختلف ، نهادم * چپوقهاى خانه را نو كردم ، و فنجانهاى قهوه با نعلبكي هاى مفضّض و مطلّا و ميناكاري خريدم ; و براى نفس خود دو سه تا را مرصّع و مجوهر ساختم * بعد از گذاشتن پا توي كفش شيخ ، قصدِ آن داشتم كه قباى پوستينش را نيز در بر كنم * رختهاى مرحوم ديدني بود : يک صندوق پُر قبا و پوستين داشت ، بقول بيوه اش همه ارثى * پيش از مهماني ، خانه را آراستم و پيراستم * با دلّاک زادگي ذاتي ، آن وضع و صفاتى كه بر خود گرفتم همانا مرا آدمي بزرگ مينمود *

اينرا هم بگويم كه پيش از مهماني بديدن [1] برادر زنان رفتم * اگرچه در باطن مضطرب ، امّا همينكه باسب يراق ـ مرصّع شيخ سوار شده خدمتگاران اطرافم را بگرفتند ، و ديدم كه همه بتواضعم ميايستند ، بنهايت خوشنود شدم * از شيحهٔ اسب ، بر خود مي باليدم كه " به راكب خود مي نازد " * از سوارگي خود و پيادگي ديگران غرور كنان چشمم جائي را نميديد [2] * مصراع * ' گر بدولت برسي مست نگردي مردي ' * الذّ لذايذم [3] ملاقات همسفران و همشهريان راه بغدادم بود * چون آنان را با آن لباس هاى كثيفِ كرباسين وكلاه هاى لتّه [4] و نمدين و گيوهاى بى جوراب ، و خود را با آن لباس هاى لطيف حرير عثمانيان ميديدم گمان ميكردم كه آنان براى بزرگ كردن من آمده اند * آنان مرا ميشناختند يا نه ، نميدانم ; امّا من از ديدارشان روى بر مي تافتم و النجا بسايهٔ عمامه و عبا و خرقه [5] و رداى خود ميبردم *

نتيجهٔ زيارت برادر زنان بهتر از مأمولم شد * نميدانم چرا آنان پيوندم را با خود ، با امتنان و اظهار خرسندى ، مايهٔ مباهات و افتخار دانستند * چون بازرگان بودند همهٔ صُحبت ايشان بر سرِ داد وستد و سود و زيان شد * من هم بگردهٔ [6] ايشان رفته كلّي بودن سرمايه را خاطر نشانشان ساختم * امّا نيک ملتفت بودم كه چون در گفتگوى تجارت بغداد و مال بصره و متاع عربستان و حاصل هندوستان سخن ميگفتند ، من با جواب هاى متعارف و معتاد بجزئيات و تحقيقات

[1] *Barādar zan* or *barādar-i zan*; both used. Note pl. *barādar-zanān* (m.c.).

[2] *i.e.* 'I stuck my nose in the air and took no notice of anything.'

[3] *Alaẕẕ-i laẕā'iẕ-am.*

[4] "Ragged."

[5] *Ridā* is the same as *'abā*. *Khirqa* is a long coat not usually worn with an *abā*.

[6] *Girda* = *ḥalqa*.

نمي‌پرداختم تا مبادا [1] از بي اطلاعي رسوا گردم * بعد ازين ديدن‌ها كاري ديگر ماند ، يعني اطلاع عثمان آغا از سعادت حال من و دعوت وي بمهماني * آيا " بكنم يا نكنم،" در تردّد * از بس از افتادن بخيه بروی كار [2] ميترسيدم و با اينكه عثمان آغا محض سكوت بود ، باو نيز اعتماد نكردم كه " بالفعل بايد با او ترك مراوده كرد تا در جای خود پای برجا شوم ، و رفع هر نوع بيم و هراسی كرده شود " *

[1] Or omit *mabādā* and write *na-gardam*.

[2] *Uftādan-i ba<u>kh</u>iya bar rū-yi kār* means the shewing of the sewing of a seam on the outside (*rūy*) of a coat, and hence the disclosure of what is inside or secret.

Az bas is to be read with *mī tarsīdam*.

* گفتار هفتادم *

خود نمائي خواستن [1] وي و ببلا افتادن و شکر آب او با شکر لب *

مهماني با دبدبه و طنطنه انجاميده، و بتشخّص و تموّلم دليلی کافي و وافي شد * پس با اطمينان از حال و کار، بذوق و صفا شروع کردم چنانچه گشودگي در خانه و سفرهام نُقل مجالش گرديد * ولی در باطن ازين خود فروشي در سايهٔ زن هميشه محزون و دلخون * ديدم که محل اختلاف منحصر همان مسئلهٔ بورک شيري و پنيری که عائيشه گفته بود نيست : غير از آنهم محل اختلاف بسيار است * بارها گفتم که "شيخ چه قدر آدم حليم و سليم و با حوصله بوده است که در عمر خود با زنش تنها در يک مسئله اختلاف داشته است * امّا من در هر مسئله که دو شق تصوّر ميتوان کرد، با زنم هريک طرف ديگر مي گيريم" *

خلاصه دلم خواست که از يک لذّت هم که از دولت ميآيد نگذرم، يعنی بهمشهريان خود بزرگي فروشي کردن ; و هم تعجّب عثمان آغا را ميخواستم به ببينم *

بگمانم که همه چيز بر جای خود قرار يافت، [2] باغوای [3] نفس بی تاب، گرانمايه ترين رختهای خود را پوشيده به بهترين اسب سر طويلهٔ شيخ بر نشستم، و با نوکران خود در وقت ازدحام، بخان [4] والده که روز اول بصفت چپوقي گري آمده بودم رفتم * در وقت دخول از در، کس [5] نشناخت و بهوای اينکه بخوبی امداد احترامم کردند * سراغ عثمان آغا را گرفتم : همراهانم در صحن کاروانسرا جانمازی ايراني انداختند ; بنشستم * بهترين چپوقهای

[1] *Khud-numā'ī khwāstan* "wishing to be ostentatious."
[2] "All is safe."
[3] Or *as ighwā-yi*——.
[4] *Khān* old for *karavānsarā*.
[5] In m.c. *kas-i* would be preferred.

دنیا را چاق کرده بدستم دادند * عثمان آغا بیآمد ، مرا نشناخت * در یک گوشهٔ سجادهٔ با ادب بنشست * چون درِ صحبت کشوده شد قدری بتعجّب بنگریست * بی اختیار گفت " بمحاسن پاک پیغمبر که تو حاجي بابائي یا غیر او نیستي " ; و شروع کرد بخندیدن *

پس از اندکی گفتگو حکایت حال خود و فائدهٔ پنجاه تومان را بیان کردم ، امّا عثمان آغا بحکم حکیمي و کار آزمودگي ، این حال را بفال خیر نگرفت * چون هم شهریانم دیدند که در زیر آن عمامهٔ بزرگ و درمیان آن پوستین فاخر بجز حاجي بابا کسی دیگر نیست ، و چپوقها و خدمتکاران از اوست ، رگِ غیرت و حسد ملتی ایشان بحرکت در آمد * از حسد و بد خواهي ، خود داري نتوانستند *

دانستم که خطا کرده‌ام ، امّا کار از کار گذشته بود * خواستم بشیوهٔ از میدان این خبط بجهم ; نشد *

یکی گفت " حاجي بابا پسر دلاک که میگویند ، این است ؟ گور پدرش ! مادرش را [1] * * * ! "

دیگری ، " ای کهنه اصفهاني خوب کردي ! تو بریش ترکان * * ; ما بریش تو * * [2] ; عمامهٔ گُنده اش را ببین ; شلوار فراخش را باش [3] ; چپوق درازش را تماشا کُن : باباش هم اینها را در خواب ندیده بود " *

همشهریان با این گونه سخنان بسر زنش و آشوب کنان * من برخاستم و بروی بزرگواري خود نیاآورده سوار شدم ، و از میان آنشور و آشوب بیرون رفتم *

اول قدری فحش بآنان دادم * بعد از آن بسر خود باز آمده [4] گفتم " خوب فلان فلان [5] شده ! دیگر کار نداشتي ؟ بکش ، [6] که سزات است ، تا چشمت کور شود * بمرگ حسن دلّاک که خوب کردند و کم کردند

* نظم *

[1] *Gā'idam* understood.

[2] *Ridī* and *ridim* understood.

[3] *Bāsh* = "notice."

[4] "Coming to myself."

[5] *Fulān fulān shuda*, a polite form of abuse. Though the actual words are suppressed, they can be supplied with exactness by the Persian hearer.

[6] *Bi-kash* "put up with it;" often = "serve you right."

" سگ فربه ز پنجهٔ گرگان .·. با سلامت یقین بدان نرهد
شهریِ خام از کف کردان .·. پیش از دزدي و کنک نجهد *

" کو روزی که تو آدم بشوي ؟ هیهات هیهات ! ازین غلطها خیلي باید بکني و خیلی نان باید بخوري تا عقلت بسر آید * این ریش را چه فائیده وقتی که از کدوی تهي آویزان است ؟ جلدیست بی خرما [1] * مگر سخن آنخردمند را نشیده بودي که گفته است * مصراع * ' رفعت کس نپسندند کسان جز بردار ' ؟ "

با این ذکر و فکر خود را بخانه رساندم و بحرم خزیدم ، بلکه با استراحت ، تلخي و ترشي این آشوب دشوار را قدری فراموش کنم * امّا اشتباه کرده بودم : تلخي کامم دو چندان شد * شکرلب مثل کسیکه جن بپوستینش افتاده باشد برخاست که " آغا مُهر مُعجّل مرا بده ؛ میخواهم لباس درست کنم " * چنان [2] بیمزگي کرد که خواستم داغ دل همشهریان از او بر آرم [3] و زهرِ دل مسموم را باوُ بریزم * چشم بسته و دهن کشوده آنچه بزبانم آمد گفتم چنانچه سرا پایش با خلعتِ دشنام و ناسزا آراسته شد * " بگور پدرِ سگ آنان و بکلهٔ پدر خر تو هر دو *** " * بیا ببین که حاجي نرمخو با آن آتش دل از ببر [4] بیشهٔ مازندران خشمناکتر و درنده تر شُد *

شکرلب اول قدری متعجّب ، از ترس بمهان زنان نهفت ؛ و پس از آنکه تیرهای ترکش من ته کشید با عایشهٔ بیرقدار [5] ، و کنیزکان مردم شکار ، روی بمن آورد و بیکبار دهان بکشود * نمیدانم آن سخنان درشت بآن دهان کوچک چگونه مي‌گنجید * طلاقت لسان او زبان عایشه را اطلاق نمود ، [6] و اطلاق زبان عایشه زبانِ کنیزان را اطلاق نمود * خلاصه علی الاطلاق [7] مرا از لتّهٔ حیض خود [8] بدتر کردند * چنان طوفان فریاد و فغان بر سرم باریدند که پایداري را محال دیدم * فتنه چنان بزرگ شد که در اطاق جا نماند * لازم آمد که من جا خالي کنم [9] که * مصراع *
' یا تو باشي درین سرا یا من ' *

1 *Jild-i khurmā* is a date cover, a basket woven from date foliage.
[*Jild-i rūghan* is a skin containing *ghi*].

2 *Bi-mazagī k.* " worrying, wearying."

3 ' Revenge myself for——.'

4 The Persians call the lion *shir* and the tiger *babr* : the Indians, the lion *babar* and the tiger *sher*.

5 i.e. ' leading the way.'

6 " Loosed."

7 ' *Alq 'l-iṭlāq* " generally, in general." *Tajnis.*

8 *Latta* is any rag : *latta-yi ḥaiz* " diaper."

9 " Quit, clear off."

برادرِ بد ندیدهٔ [1] * معلوم شد که آن کنیزکانِ غنچه‌دهنِ شیرین‌سخن، از آن جواری و لُؤلُوءِ مکنون ها که [2] توان عظیم الشأن بما وعده داده، نبودند * ﴿ بیت ﴾

[3] "پراگندهٔ خاطر پراگندهٔ دل .٠. سر افگنده و خسته و مضمحل،"

با تفاصیل آن زود خود را باطاقی کشیدم، و آنهمه سر و سامان بیک کردار بیجا بباد فنا رفت * شومي دردِ غم گریبانگیر، و نحوست عملم پای [4] پیچ شد * دیدم که اگر به بیش از آن دروغگوئي ناچار شوم کار بجای بد میکشد و بالمرّة خراب [5] میشوم *

با خود گفتم که "کاش از اول دروغ نگفته بودم [6]! حالا سری فارغ و دلی آسودهٔ داشتم [7] * اگر دروغ نگفته بودم زنم هرچه میخواست داد و بیداد بکند، چه میتوانست کرد؟ امّا چه خاک بر سر ریزم که با دروغ بسته شدم؟ آنهم با سند و قباله * درپیش مردم نامم بدروغزني و افسونسازي درآمد؛ آنهم با امضاء و با سجل [8] *

[1] *Barādar bad na-dīda-ī*; this common m.c. saying, that is seemingly out of place here, is addressed to the reader. The phrase seems to mean, "Reader, you have understood the case."

[2] Vulgar for *lu'lu'-hā-yi maknūn*, i.e. "houries like hidden pearls."

[3] *i.e.* "I with scattered wits * * * * retired to another room."

[4] "Entangled in my feet."

[5] *Bi-'l marra* "completely" (m.c.).

[6] Note Plup. with *kāsh*.

[7] For *mi-dāshtam*. The imperfects of *dāshtan* and *būdan* are seldom used in mod. Pers.

[8] *Sijil* is the endorsement by the *mujahid* (near his seal).

* گفتار هفتاد و یکم *

بروز کردن تزویر وی و طلاق دادن زن خود را و راه فراخ جهان به پیش پایش کشودن *

شبی تبدار گذرانیدم و تا بانگ صبح دیده بر هم ندوختم * بامدادان هنوز بقدر یک ساعت نخوابیده از صدای خدمتکاران بیدار شدم که در زده گفتند " برخیز ، برادران زنت با جمعی بدیدن تو آمده اند " *

اولاً بی اختیار لرزه ام گرفت - چنانچه آب و توشم [1] نماند * نتیجهٔ دروغگوئی [2]مجسّم شده در پیش رویم سخن میگفت * خیالاتی ، یک از یک هولناکتر ، بذهنم راه یافت * پایم که هنوز درس مشهد را فراموش نکرده بود بخارخار [8] افتاد * در آخر با خود اندیشیدم که " شکرلب زنم باشد ، هرچه میشود بشود * گیرم که بقدر آنچه گفته ام توانگر نبوده ام - منتها این است که کاری که هزار کس پیش از من کرده متهم کرده ام " * پس گفتم " چپوق و قهوه حاضر کنید " *

رخت خوابمرا برچیدند و زایران یگان یگان آمده بر روی مسند بنشستند * دستهٔ ایشان عبارت بود از دو برادر زن و عمو و عمو زاده و یک نفر خیره نگاه [3] که هرگز ندیده بودم * خدمتکاران نیز در مقابل صف کشیدند و درمیان ایشان دو نفر بزن بهادر [4] سبیل چخماقی نیز ، دگنگ [5] بدست ، ایستاده قیقاج قیقاج [6] بر من می نگریستند *

خیلی کوشیدم که اظهار امتنانی از تشریف ایشان ، و بیگناهی و صاف و سادگی [7] خود را بنمایم ؛ اما بسخنان مطوّلم جوابهای مختصر یک - کلمه دادند *

1 *Tūsh* " power, strength."

2 *Mujassam* " embodied." ‘Rose visibly in my imagination.'

3 *Khīra-nigāh* " stern looking."

4 *Bi-zan bahādur* = *qūl chumāq*, " ruffianly, burly " (only applied to low fellows).

5 *Diganak* " a thick stick (gen. of camel men)."

6 *Qaiqāj qaiqāj nigiristān* " to eye askance with anger."

7 Note the substantival termination *gi* added, to the second only of two adjectives.

8 *Khār-khār* " itching."

پس از سفارش قهوه ، برای دانستن مقصود ، روی ببرادر زن بزرگ نمودم که " انشاء الله مکروه و ملالی ندارید ؟ خیلي صبحِ زودي ما را مشرّف فرموده اید * اگر خدمتی هست بفرمائید " *

برادر بزرگ (بعد از اندکی تأمل) :— " حاجي بمن نگاه کن ! تو ما را انائي و سندله [1] گیر آوردي ؟ احمق میشماري ؟ خر میداني ؟ یا اینکه خیال میکني ریشمانرا بدست تو داده اند تا بدلخواه خود باز کشي [2] ؟ " *

من :— " اینها چه فرمایش است ؟ آغا جان ! من کیستم و چه کاره ام ؟ من خاک پای شما هستم " *

برادر کوچک :— " چه کارۀ ها [3] ؟ چه کاره [4] چطور اینهمه کارها بر مُردم میآورد ؟ عجب چه کارۀ که از بغداد بر خیزد و بآید [5] اینجا مارا مثل میمون بجازاند " *

من :— " اللّه اللّه " ! اینها چه حرفها است ؟ مگر من چه کرده ام ؟ بفرمائید ؛ شما را بخدا راستش را بفرمائید " *

عمو (ریشش را گرفت) :— " دیگر مثل خودت یک شیّاد و در [6] بدری تصوّر میتواني کرد که بمردم چنین هرزۀ بخوراند و بگوید ' عافیت باشد ' ؟ نه نه ، ما این بی ادبي‌ها را هضم نمي کنیم " *

من :— " عمو جان ! چه کرده ام ؟ بجان من بگو " *

برادر بزرگ :— " مي پنداري که تو دلاک زادۀ از اصفهان آمدي زنی از خاندان بزرگ گرفتي و مایۀ افتخار شان شدي ؟ نه " *

برادر دیگر :— " مي پنداري که مانند تو لاتی و لوتي با ما شأنِ همسري دارد ؟ نه " *

1 *Anā'i* (old) "foolish, stupid." *Sundula* (m c.) "thick-headed, ox-like." *Gir āvardi* "do you think?"

2 *Dāda and*, Pass. *Bāz kashīdan* to pull back.

3 *Hā* "yes." Here an exclamation.

4 *Chī-kāra* subj. "a man who is *chi-kāra*—".

5 Vulg. for *biyāyad*.

6 *Dar-bi-dar-ī* "vagabond, tramp."

عمو (باستهزاء [1]) :— " خير ، حاجي تاجر بزرگست * ابريشم و حريرش از بخارا بما پوست مياآورد ، شالهايش از كشمير و لاهور خواهد رسيد ، كشتيهايش روى درياهاى چين و هند را سياه كرده است " *

عمو زاده (با ريشخند) :— " دلّاك زاده يعني چه ؟ استغفر الله ! تراشهٔ كندهٔ قريش [2] ! و اگر خدا بخواهد هم از صلب پاك نبي هاشم يا عرب منصوري ! كه را ياراى لافِ حسب و نسب او است ؟ "

من :— " اينحرف ها يعني چه ؟ معني اينها را نمي فهمم " * امّا چون ديدم كه طوفان نزديك است بطوفيدن ، گفتم " اگر غرض شما كشتن من است بكشيد ، و اين طور ، پارچه پارچه ، پوستم را مكنيد " *

خيره نگاه كه تا آنگاه خاموش بود با آواز هولناى بصدا برآمد كه " مردكهٔ بيشرم و بى ادب ، من راست و پاك با تو ميگويم ، تو از آن خبيثان نيستي كه شايستهٔ زندگي باشي * اگر همين حالا داعيهٔ اين نكاح را از سر بدر نكني و زن را طلاق ندهي [3] و از اين خانه و اسباب چشم نپوشي ، يك دقيقه نميكشد (اشارت بسبيل چقماقيان) كه اين جوانان كه مي بيني تسمه از گردهات بيرون مي كشند ، و سرت را مثل سرِ گنجشك از بدن مي كنند " *

من :— " آنچه بايد بگويم گفتم ، باقي را تو خود داني " *

پس دهان همهٔ حاضران گشود و بى سرِ حساب ،[4] و بى " دور از جناب ، " [5] هزار راست ناگوار بنافم بستند [6] *

چون فرصت حرف زدن نداشتم ، بآسودگي ، فكر كردم كه شات و شوتي خرج دهم * بخيره نگاه گفتم " خوب آغا ! تو كيستي كه آمده در خانهٔ من مرا بجاى سگ ميگذاري ؟ اينان برادران و خويشان ، خوش آمدند و صفا آوردند *

[1] *Istihsā'* "irony."

[2] *Tarāsha-yi kunda-yi Quraish* "a chip of the block of the Quraish Tribe." Quraish was the tribe from which the Prophet was descended.

[3] Haji could either give a written document of divorce which would be approved by a mulla, or he could pronounce three times before witnesses, the simple formula of divorce.

[4] *Bī-sar-i ḥisāb* "without reserve."

[5] *Bī "dūr az Janāb"* i.e., without saying "by your leave." *Rāst-i nā-gavār* "unpleasant truths."

[6] *i.e.*, 'forced down my throat as far as my navel.'

خانهٔ خود شان است * امّا ترا کجا میبرند ؟ نه برادري ، نه عمو ; نه دخترت را گرفته‌ام ، نه خواهرت را ; تو چه کارهٔ ؟ " *

خیره نگاه (خود و بزن - بهادرانش مثل شیر دژمان [1] بر من نگران) گفت " میخواهي بداني کیستم ؟ از اینان که مرا آورده اند بپرس * من نوکر پادشاهم " *

دانستم که محتسب است و خیلی تیز * حساب کار خود کردم و با نرمي و خوشي گفتم " در صورتیکه غرض شما مفارقت است چون مواصلت شرعي شده است باري مُهلت بدهید تا بحضور حاکم شرع برویم ، و مفارقت هم بروفق شرع شود * ما مُسلمانیم و پَیرو شرع و قران * بنظرم که شُما هم از حکم قران سرپیچ نباشید * وانگهي از کجا که زنم در این باب با شما همداستان شُده و میل جدائي داشته باشد ؟ من اول به پي او نیفتادم ; او به پی من فرستاد * من خانهٔ او را نمیدانستم ; او مرا بخانه آورد * از مال و منال و خانه اش خبری نداشتم * این کار تقدیر و قسمت است * اگر بتقدیر و قسمت معتقد نیستید زهی مسلماني ! " *

برادر بزرگ :— " در باب میل شکرلب خاطرجمع باش که او از همه بتو بی میل تر است " *

پس نعرهٔ برخاست که " بلی بلی شما را بخدا ! دست بسرش بکنید [2] ; برود گم بشود " * پنجاه بلکه بیشتر ازین قبیل سخنّان از طرف اندرون بگوشم خورد * رو بدرِ اندرون نمودم ; دیدم فوج کنیزان ، همه چادرها یکشاخ [3] ، عایشه عملدار ، شکرلب سردار کُل * مگو که این سخنّان تلخ از آن لبِ شیرین بوده است که برای مشاهدهٔ کار بعمد بدان جا خواسته بودند * دانستم که شدنیها شده است * مصراع *

" کشورِ من تاب این سپاه ندارد " .·. من غریب در دیارِ غریب ، و آنان مردمان غریب ; نه یار نه هوا دار ; بجز سپر انداختن و تلخ را شیرین خوردن [4] چارهٔ نیست * از جای برخاستم که " حالا که چنین است چنین باشد * در صورتیکه او مرا

[1] *Shīr-i shiyān* "a fierce lion" is a not uncommon expression. *Dazh* or *dizh* is, I think, also used, but I am unable to trace the word دژمان

[2] "Get rid of him."

[3] *Yak shākh*. The *chādar* is worn on the head and when properly put on, both ends hang on a level (*mauzūn*): in hurry and agitation the *chādar* becomes *yak-shākh* i.e., unbalanced, one end much lower than the other.

[4] *Talkh rā shīrīn khwurdan* "to pretend to like what is bitter, to make the best of a bad job."

نميخواهد منهم نه خودش نه مالش نه خويشش نه هيچش ، هيچيک را نميخواهم * هي[1] طالقٌ طالقٌ طلقةٌ طالقٌ مرةً ثانيةً طالقٌ ثلثةٌ[2] * امّا اينرا هم بگويم كه آنچه شما بمن كرديد لائق مسلماني نبود * اگر من سگ بودم و در فرنگستان ، با من به ازين حركت ميكردند * انشاء الله عذابيكه بمذكر خدا و رسول ميرسد ، بكسي كه بمن ظُلم كرد ، خواهد رسيد * " وَسَيَعْلَمُ الَّذِينَ ظَلَمُوا أَيَّ مُنْقَلَبٍ يَنْقَلِبُونَ ، [3] " *

پس آنچه آيات و احاديث مناسب از برداشتم ، همه را خواندم ؛ و ختم سخن بر اين كردم كه " فالذينَ كَفَروا قطعتْ لهم ثيابٌ من نارٍ يُصَبُّ من فوق رؤُسهم الحَميم يُصْهَرُ به ما في بُطُونهم و الجلود و لهم مَقامعُ مِنْ حَديدٍ كُلَّما أَرادُوا أَنْ يَخْرُجوا منها مِنْ غَمٍّ أُعيدُوا فيها و ذُوقُوا عَذابَ الحَريقِ[4] " *

در آخر برخاستم و با غيظ و غضب تمام ، بميان اطاق بر آمده آنچه از مال شكر لب در برم بود انداختم و لباسي ژنده خواسته بدوش گرفتم و با تعجّب نظاركان بهم در آمده گفتم " تف بكلّهٔ پدر هرچه عثماني است ؛ سگ به گور پدر شان نشيند " و بيرون آمدم *

1 *Ṯāliqᵘⁿ* or *ṭāliqatᵘⁿ* "a divorced woman."

2 The Arabic is incorrect. *Talqat* and *marrat* being feminine *ṡalāṡa* should be *ṡalāṡ*.

3 "And they who act unjustly shall know hereafter with what treatment they shall be treated"—(*Sale's trans. Qoran*).

"But those who do wrong shall know with what a turn they shall be turned (*i e.*, in what condition they shall be brought before God).—*Palmer's trans. Qoran.*

4 "For those who disbelieve, there is out for them robes out of fire; there will be poured on their heads hot (water); there will be burnt by it what is in their bellies, and their skins (will be burnt), and there will be for them clubs of iron. Whenever they wish to come out they will be returned to it. Taste the torments of *Ḥariq*" (a degree of Hell).

* گفتار هفتاد و دوم *

واقعهٔ که در کوچه روی داد و اندکی اندوهش را کاست، و دلداری عثمان آغا، و اندرز دادن وی او را *

در کوچه مدتی تند تند رفتم بی آنکه بدانم بکجا میروم * اینقدر غم و اندوه در نظرم جلوه‌گر بود که کم مانده بود دیوانه بشوم تا اینکه دریا را دیدم : خیال کردم که اگر بروم و خود را بدریا غرق کنم گویا بهتر باشد *

ناگاه حادثهٔ رویداد که بدانواسطه، از صرافت افتادم * اینواقعه اگرچه جزئي، امّا بر من تأثیر کلّي کرد و از هلاکم رهانید * در تماشای یکی از آن سگ - جنگهای استانبول، که هیچگاه در کوچها کم نیست، واقع شدم [1] * سگی رفته، از محلّهٔ سگان دیگر استخوانی که حق آنان است ربوده بود * فی الفور رستخیز [2] عظیمی برپا شد * همهٔ سگان آنمحلّه حمله آور، سگ استخوان - ربا را تا بسر محلّهٔ او دوانیدند * در سر محلّه، آن سگ نیز یاران خود را آواز داده با آنسگان رو برو میآمد، و کار زار بزرگ و عربدهٔ سترگی [3] برخاست *

ازین تماشا متنبّه، گفتم "بار خدایا، حکمتهای تو چه قدر عمیق است! عقل حقیقت ما بشر [4] با اندکی مایهٔ دانش، دریافت حکمتهای بالغهٔ تو نمي تواند و اعتراض بدآنها مارا چه یارا ؟ * بیت *

'حل معمّای حکمتت نتواند .·. آنکه کند حلّ صد هزار معمّا *'

1 'I happened to witness.'
2 *Rastakhiz* "the day of resurrection, *here* tumult."
3 *Suturg* "rough."
4 *Bashar* "mankind." Note that there is no *izafat* after *ma*.

"مرا بحکمت سگ از خواب غفلت بیدار کردي و راهِ چارهٔ کارم بنمودي * اگرچه مُدرّس ، بنظر ، حقیر است امّا درسش شرح کبیر[1] است * راهی که مي جستم چه خوب یافتم *

* بیت *

هر رهی جوئي همان پیشت رسد .·. گفت پیغمبر که من جَدَّ وَجَدَ[2] .·.

سبحان الله ! حیوان لایعقل هم مانند انسان عاقل ، در کار خود دانا وبینا است " ؟

پس ازین حکمت بافیها روی بمنزل ناصح وفادار و یار غار خود ، عثمان آغا ، نهادم که با همه سنّي گري باز مثل آدم با من رفتار میکرد و مرا بچشم همشهری خویش میدید * بعادتِ خود نیکم پذیرفت وبعد از استماع بلایای من پکی[3] پر زور بچپوق خود زده با یک پاچهٔ[4] دود آه کشان گفت " خدا کریم است * رفیق ! من همانوقت که آمدن ترا با آن جاه و جلال به پیش ایرانیان دیدم ، دانستم که بلائي بسرت خواهد آمد * تو هنوز خام و نا پختهٔ * نمیداني که دردِ هم چشمي چه درد بیدرماني است ؟ خوب ، میتوان فرض کرد که قلم فروش یا تنبا کو فروش که در یکروز با هزار زحمت و تکاپو یک نیزهٔ قلم یا صد درم تنباکو میفروشد تحمّل کند که حاجي بابا با آن جاه و جلال (که هرگز او را در خواب نیز بخیال نمیرسد) پیش او جلوه گر شود ؟ بلی اگر با لباسی از لباس ایشان اندک بهتر ، یا با اسبی از خرِ خرکي[5] قدری ارزنده تر آمده بودي ، بتاویل اینکه تو از ایشان اندکی خوش طالع تري ، مي بلعیدند ؛ امّا با آن دبدبه و کوکبهٔ تشخّص - فروشي چطور میخواستي در پیش آنروسیاهان سفید شوي ، و خارِ چشمشان نشوي ، و ترا بروز خود[6] ننشانند ؟ بی شک یکی از ایشان رفته ببرادر زنک ، بغدادي نبودن و لات و لوُت و دلاک زاده و خورده فروشي بودنت را حالي کرده که ، دله[7] است ، زن نگهدار نیست * سوداگر بخارا و کشمیر یعنی چه ؟ کشتي قماش و قافلهٔ حریرش از کجا ، ؟ اگرتو مثل حاجي بابای اصفهاني ، نه مثل یک افندي استانبولي ، به بنده منزل آمده بودي ، من نمیگذاشتم تو آنکار را بکني * حالا چشم بگشا که بعد ازین دیگر ازین کارها نکني " * این بگفت و باز بچپوق کشیدن مشغول ماند *

1 *Sharḥ-i Kabīr* is a well-known work on *fiqh* : here = *ṭūlānī va mufīd*.

2 *Maṣnavī* of Mullā-yi Rūm.

3 *Puk* is a *deep* inhalation of the smoke of the pipe (not the preliminary *short* inhalations).

4 *Pācha* "leg" (gen. of sheep), but here a thick column of smoke.

5 *Kharakī* = *chārvārdār*.

6 *Bi-rūz-i khud na-nishānand* "and not make you like themselves."

7 *Dila* "not respectable."

گفتم " شاید حق دارید * گذشته گذشته ؛ قدمش بالای چشم * امّا هیچ نباشد [1] ما مُسلمانیم ؛ در شرع ما عدالت است * هیچ تا حال شنیدهٔ که زن مرد را طلاق بدهد ؟ یا یکی را از خانهٔ خودش مِثل سگ که از مسجد میرانند برانند محض از برای اینکه زنی شب او را خواسته و صُبح نخواسته است ؟ اینجا را اسلامبول گفته اند ؛ قاضي هست ، مفتيهست ، شیخ الاسلامي هست : مرجع داد خواهان ، ملجاء ستم رسیدگانند * پول دولت را از برای چه میگیرند ؟ تنها برای تسبیح گردانیدن و روزه و نماز نمیگیرند : تکلیف ایشان رفع ظلم است * ظُلمي که بر من شده بالا تر از آن میشود " ؟

عثمان آغا :— " حاجي، ترا بخدا ! هیچ میفهمي چه میگوئي؟ میخواهي با زن شیخي از کبار مشایخ اسلامبول، با آنهمه اعتبار ، و با برادرانی با آنهمه تونگري و یسار ، [2] بکشاکش مرافعه و دعوا اُفتي ؟ مگر نمیداني که هرکه را زر در ترازوست زور در بازوست ، و هرکه را زر در دست حق درست [3] ؟ و اگر همه سور [4] و آیات قرآن و احادیث و کلماتِ نبوي بداد خواهي بر خیزند ، و ترا زر در دست نباشد ، در صورتیکه مدمي ترا زر است کار او سکّه [5] است و کار تو روده [6] ؟ "

من :— " یا امیرالمؤمنین ، تو بفریادم برس ! یا امام رضای غریب ، تو داد غریبان را بگیر ! اي عثمان آغا ، اگر مردم اینقدر که تو میگوئي خبیثند ، پس باید من دست از همه چیز شسته ، باز بسر چپوقگري خود روم * امّا چه کُنم ؟ جدّ و جهد بکنم یا نکنم ؟ نه نه ، با این آساني دست بر نمیدارم * میروم بالای پشت بامشان و از آنجا فریاد داد خواهي بر مي آورم " *

پس از شدّت اندوه بنا کردم بهایهای گریه کردن و ریش خود را کنده بر باد دادن *

عثمان آغا بدلداري شتافت که " شُکر خدا کُن ؛ گذشتهایت را بخاطر بیآور که در دست ترکمانان اسیــــر بودي : این حالت نسبت بآن حالت

[1] *Hīch na-bashad* "at least, after all."
[2] *Yasār* "opulence."
[3] "Might is right."
[4] *Savar* pl. of *sūra.*
[5] *Kār-i-ū sikka* i.e., everyone accepts it like money."
[6] *Rūda* "guts" i.e., *pūch,*

بهشت است * تقدیر چنین بوده است * اگر بحکم تقدیر گردن ننهیم ، چه کنیم ؟ بعد ازین خدا کریم است * "

گفتم " ای عثمان آغا ، تو هم دست بردار * خدا کریم است ، خدا کریم است ، یعنی چه ؟ من ایرانیم : ' خدا کریم است ' سرم نمیشود * عدالت یکی از اصول دین من است ؛ چرا زیر دست بی عدالتي ترکان شوم ؟ وانگهی ما مثل ترکان نیستیم ؛ دینی ، وطنی ، زبانی ، ملتی ، دولتی داشته‌ایم ؛ چنگیز و تیمور و نادری از ما بیرون آمده است که پدر ترکان را سوزانده است * پیش ایلچي خودمان میروم * اگر آدمست البته داد مرا میخواهد ، زنم را پس میگیرد ، بدستم میدهد * به بینم کیست که از دستم باز گیرد " *

با این هوا ، بجواب عثمان آغا اعتنا نکرده ، با فکر نو و دستاویز نو برخاستم و بنزد سفیر کبیر حضرت اقدس شهریار ایران که در آن اوقات با مأموریت خاصه باستانبول آمده بود رفتم *

* گفتار هفتاد و سیم *

دوست جستن حاجي بابا از براى انتقام از دشمنان ، و اندکى از شرح حال میرزا فیروز *

سُراغ منزل ایلچي را گرفتم * در اِسکدار [1] خانهٔ باو داده بودند * در میان قایق به اسکدار ، با فرصتی تمام ، باندیشهٔ کار و تربیت افکار و چگونگي بیان حال بایلچي افتادم ، تا جانگدازتر و مؤثرتر افتد *

در دهلیز خانهٔ ایلچـــي مشتی یاوه گوی پر ایماء و اشاره [2] دیدم که فرق اینجا را با ایران نیک بخاطرم آورد [3] *

با همه زی ترک ، از زبانم ، ایراني بودنم را دانستند و بحضور بردنم را متعهد شدند * خواستم از اوضاع و احوال ایلچي سر رشتهٔ بهمرسانم تا دستور العمل حضور شود * با یکی از نوکران درِ گفتگو کشادم : آنهم بدلخواه من مقصودم را بعمل آورد * اینک خلاصهٔ افادهٔ او و استفادهٔ من [4] :—

" ایلچي اِسمش میرزا فیروز است ؛ شیرازي ؛ از خانوادهٔ بسیار با حرمت [5] ، امّا نه چندان با منزلت * مادرش همشیرهٔ همین صدر اعظم که سبب سلطنت یافتن این پادشاه شد * میرزا فیروز دختر صدر اعظم را گرفت و بان سبب بدر خانهٔ بادشاهي آمد * بنا بمصالحی چند ، بسفر پارهٔ ممالک خارجه ناچار ، و بدان سبب بسفارت اینجا نامزد گردید * مردیست با دانش ، امّا تیز خو ؛ زود خشم امّا زود آشتي : تند از جا در میرود ، و تند فرو مي نشیند * در رفتار چست و چالاک ، در کردار معقول

[1] Scutari.

[2] Pointing out and jeering at any arrival like a crowd of small schoolboys at a porch. This is said to be a Persian habit.

[3] *i.e.*, because they were so unlike the dignified Turks.

[4] Should be *istifāda-yi man va ifā-da-yi ū*.

[5] *Ḥurmat* "personal respect"; *manzilat* "no position in society."

و نازک ؛ مردمدار ، خوش اطوار ، خنده رو ، بذله گو * اگرچه در عالمِ کج خلقي از چوب و فلک مضایقه ندارد امّا شیرین زبان و دل جو ست * در گفتگو از دست - پاچگي زود بدام میافتد امّا برندي زود رفع و رجوع آن میکند * با همراهان گاهی شیرین و نرم مانند راحت الحلقوم [1] ، و گاهی تلخ وکشنده مانند زهر و زقوم * گاهی چنان که مثل او کسي نیست وگاهی چنان که مثل او کسی نباشد * ولی روی همرفته [2] (خدا عمرش دهد) آدمی است درِ خانه اش باز ، [3] سهل القول [4] ، پاکیزه اخلاق ، مجلس آرا ، سخندان ، زنده دل [5] ، عیش دوست ، خوش صحبت ، خوش گذران است " *

باری مرا بحضور چنین سفیری بردند * برسم ایرانیان در گوشهٔ اطاقش خزیده بود ؛ از آنجهة بلندي و کوتاهي قدش معلوم نشد ، امّا پاکیزه اندام ، پهن سینه ، و باآن لباس تنگ موزوني اندامش معلوم ، پاکیزه صورت ، شاهین بیني ، چشمانش بزرگ و درخشان ، لب و دهانش یک از یک بهتر ؛ مگذر از ریشش ، از همه بالا تر * خلاصه میتوان گفت که گزیدهٔ ایران و ایرانیان است * بعد از سلام و کرنش :—

سفیر :— " تو ایرانئي ؟ "

من :— " بلی " *

سفیر :— " پس اینُ جل و پلاس عثماني چیست ؟ حمد خدا را ! ما هنوز نمرده ایم و مایهٔ شرم و ننگ دنیا هم نیستیم : پادشاهی داریم ، قومی ، ملتی هستیم " *

من :— " راست میفرمائید ؛ مُرده شو این لباس را ببرد که با این لباس از سگ کمتر شدم * از روزیکه با این قوم معاشر شدم ، روزم سیاه و جگرم خون شد * امروز بجز خدا و خداوند پناهی ندارم " *

سفیر :— " نفهمیدم چه میخواهي بگوئي ؟ از زبانت باصفهاني مي ماني ؛ از ناله و زاري گویا بترکبازي [6] یا ترکتازي عثمانیان گیر کرده باشي ؟ خیلی عجیب است ! ما اینهمه راه میائیم تا بریش ترکان بخندیم ، نه اینکه بریش ما بخندند " *

1 "Turkish Delight;" *i.e.*, the sweet so-called.
2 *Rū-yi ham rafta* "on the whole, on an average."
3 "Hospitable."
4 "Obliging, easy."
5 *Zinda-dil* "bright, full of life;" opp. to *murda-dil*.
6 *Turk-bāzī* "cheated by a Turk."

پس سرگذشت خود را از اول تا آخر بیان کردم • از اوّل سرگذشت خوشش آمد • از تفاصیل زن گیری حظ کرد ؛ امّا از مُهریکه بقبالهٔ شکر لب انداخته بودم و از گفتگوها که با او درمیان آمده بود چنان لذّت برد که کم ماند از خنده غش کند • از نقل بازیها که بر سر ترکان (خر بقول من و گاو بقول او) آورده بودم حظ کنان میگفت " آفرین ، کهنه اصفهاني آفرین ؛ دستت درد نکند ! بخدا ، قیامت کردهٔ ، بیداد کردهٔ ، معرکه کردهٔ ، خوب کردهٔ ! اگر منهم مي بودم باین گاوان به ازین نمیتوانستم کرد • چون بتخطئه [1] و رسوائي همشهریان و عرو تیز فوج مُخبران و شور و آشوب شکر لب با دستهٔ بهادران و طعن و سرزنش خویشان همه را بعینه ، و آن اصفهاني بازي خرده را با آن آیات و احادیث و اخبار همه را بلفظه [2] بیان کردم ، بجای اظهار دلسوزي چنان خنده سر داد و چنان از شوق و شعف پر شد که گفتم [3] " حالا رگِ پیشانیش میترکد " • از خنده بر روی فرشها غلطیدن گرفت •

گفتم " سرکارِ ایلچي ! همه [4] را مخند ؛ قدری هم برِ حالِ من گریه کن که دیشب در دواج [5] سمور خفتم و امشب باید در لب تنور بخسبم [6] • دیروز باسبي با برگ و سازِ زرین سوار بودم و امروز خداوند یک خرِ لنگ هم نیستم • آنهمه مال و منال و جاه و جلال و کنیزانِ صاحب جمال ، و اسبان ، و غلامان ، و آنحمّام خانه ، و آن قهوه‌خوریهای شاهانه و آن چپوقهای کذائي را با این لات و لوتي و آسمان‌جلیِ [7] حالائی قیاس بکنید • به بینید ، که آنچه شما را بخنده مي اندازد در دل من بجز خنده [8] چها که نینگیخت • به بینید کجاي من میسوزد و چا دارد [9] ، و چطور آتش میگیرم و حق دارم • • نظم •

' دیروز چنـــان عالم جان افروزي .·. امروز چنیـــن عالم اندوه سوزي
افسوس که در دفتـــر عمـــرم ایام .·. آنرا روزي نویسد [10] اینرا روزي ' • "

1 *Takhṭi'at* "blaming, leading into error."
2 "Exactly."
3 "I thought."
4 "All the time."
5 *Dawāj'* "bed-quilt."
6 Poor people sleep on the top of some one's oven for warmth.
7 *Āsmān julī* (m.c.) is applied to a horse without clothing, *i.e., āsmān jul-i ūst.*
8 "Other than laughter"
9 *Sūkhtan* unders. is the subject to *jā dārad.*
10 *Ayām* subject of *navisad : ān ra* and *in ra* "former" and "latter."

میرزا فیروز (باز در خنده) :— " تعجّب است که چگونه این گاومیشان با آن فیس و ریش و با آن کلّهٔ بی مغز ، حرف الدنگی[1] ایرانی را باور کرده اند * اگر الدنگی دیگر کار را بهم نزده بود حالا هم باور میکردند * خوب ، برای چه میخواهی پای مرا در این کار بمیان کشی ؟ من پدر یا برادر تو نیستم که بروم با تجارِ حلب برای خاطر تو بکش مکش بیفتم ; و نه قاضی و مُفتی که حق ترا ازیشان بطلبم " *

من :— " خیر سرکار ایلچی ، شما ایلچی مرخّص پادشاه ایرانید : هیچ نباشد احقاق حق میتوانید کرد * من بیچاره را بدین روز انداختن رواست ؟ مرا با تیپا[2] از خانه بیرون کردن بسرِ شما می گنجد ؟ "

میرزا فیروز :— " چه میخواهی ؟ غرضت اینکه باز زنکه را بگیری و جانت بگیرند ؟ از خوابگاه سموری ، که فردا نعش آدمی بر خیزد ، چه سود ؟ نه خیر * گوش بمن بدار ; پند مرا بشنو * این جُل و پلاس عثمانی را از برت دور بینداز : باز ایرانی بشو * من ترا فراموش نمیکنم * کاری از برایت می بینم * از حکایتت هم خوشم آمد * با هوش و گوشی * اینرا هم بدان که در دنیا بجز قهوه خوری ، چپوق کشی ، خواب رختخواب سمور ، سواری اسب فربه ، کارهای گرانی خیلی است * بالفعل درینجا بمان : با همراهان من باش * امّا باید یک بار دیگر سر گذشت را نقل بکنی بخندیم " *

با اظهار امتنان دامنش را بوسیدم ، و از کارِ معلّق[3] و حالِ معلّق خود در حیرت و تردد ، از اطاق بیرون آمدم *

1 *Aldang* (vulg.) "unpolished;" *also* = *ghūl-chumāq*.

2 *Tīpā* 'a kick on the backside.'

3 "Suspended" *i.e.*, 'in suspense, unsettled.'

* گفتار هفتاد و چهارم *

امنیت سفیر باو و لزوم او بسفیر *

* نظم *

یکی از شعراء گفته است :—

" چه باشد احتیاج ابرود تمییز .·. سواري سَخت وتُند و تیز- مَهمیز "

" کز آن کاري که کرّهٔ لنگ شبرنگ .·. کند آن کار را با اُشتری لنگ * "

دلگیر و دو دل ، سرگردان و پا در گل ، از اُمّید خوشي نومید ، برای رفع پریشاني ، باز از نو به پیر خرد خود [1] مراجعت نمودن لازم آمد *

با خود اندیشیدم که " اگر دستگاهي [2] از کفم رفت دستگیری [3] بچنگم آمد * پناهش را نعمت و وجودش را غنیمت شمارم * همان خداوند توانا که از ظُلمت آباد نیستي بطلسم پیچاپیچ هستي رهنمونم شد ، هر آئینه با چراغ هدایت از راه ظلمت رهبریم خواهد کرد " *

قرار بدین دادم که بدلجوی و خاطر پسندي سفیر کوشم * از التفات های روز- افزون خرسندم ساخت * در پارهٔ کار های ذاتي [4] و امور دولتی ، و بد آنچه بمأموریت او وابسته بود ، بی [5] همه چیز با من شور و صلاح میکرد *

چون همهٔ عمر خود را باکتساب سعادت حال خود صرف کرده بودم و بدیگران نپرداخته ، از کار و بار جهان و جهانیان بی خبر بودم * از ملل و اقوام بجز ترکان کسی را نمیشناختم * از چین ، و هند ، و افغان ، و تاتار ، وکرد ، و عرب ، اسمی شنیده بودم و بس * از افریقه هم بواسطهٔ غلامان و کنیزان که در خانه های ما یافت میشود سیاهئی [6] بنظر داشتم * حالت روس در ایران معلوم است و مشهور ; امّا از انگلیز

[1] *Pīr-i khird-i khud* "my own ingenuity."

[2] *Dast-gāh* "workshop, etc., plant."

[3] "Helper, friend."

[4] Better *shakhṣi* ?

[5] *Bi-hama chiz* (m.c.) "freely, unreservedly."

[6] *Siyāhi-ī* "vague vision, idea."

و فرانسه جزئی چیزی گوش زدم شده بود * چون در اسلامبول آن ملّت هاي گونا گون و رنگارنگ را میدیدم تعجّب میکردم ; امّا فرصت مخالطه با ایشان نداشتم *

در انجمن سفیر عالمم ، عالم دیگر شد * بنا کردم حرفهای نشنیده شنیدن ، و نفهمیدها فهمیدن و پژوهش و کُنج کاوی کردن * سفیر ، کار گذار و هوشیارم دیده ; خشنود شده ، رفته رفته راز دارم ساخت *

روزی سحرگاهان چاپاري رسید * بعد از مطالعهٔ مراسلات ، خلوتی کرد و مرا خواست و بنشاند که " حاجي ، دلم میخواهد قدری با تو گفتگو کنم * خدمتگذاران من بسیار ; امّا بَیني و بین اللّه [1] خیلی خرند * با اینکه ایرانیند و در بعضی کارها از سایر مردم چشم بازتر ، امّا در کار و بار دولتي خیلي چشم دوخته [2] و بي خبرند ، چنانچه هیچ نمیارزند * اگر کاری بایشان محوّل شود بجای سر و صورت دادن [3] چنان سر و صورتش را ملوّث میکنند که بیا و ببین * حقیقةً تو از آن قبیل نیستي ; کار آزموده و چکیده - کار بنظرم مي آئي * اُمیدّي بتو میتوان داشت که با ریش این و آن بتواني بازي کني ; و بی آنکه استخوانرا خبر شود مغزش بر آری * وجود چون تو ، مرا ، و بلکه دولت را ، ضروري است * اگر بنوکر بابی میل داشته باشي انشاء اللّه کاری میکنم که مایهٔ رو - سفیدي ملّت ایران تواني بشوي و خودمان هم کلاه افتخاري با تو بر افرازیم " *

من :— " سرکار ایلچی ، بندهٔ هستم فرمانبردار ، و تابع رای سرکار * گوشم در دست تو است ; بگیر ، و ببازار برده فروشان بفرست ، مختاري * در خدمت تو هرچه از دستم بر آید کوتاهي نخواهم کرد " *

میرزا فیروز :— " حاجي ، شاید درمیان مردم شنیدهٔ که محض از برای چند کنیز خواننده و سازنده و بازیگر خریدن ، و پارهٔ متاع و قماش حریر و سایر اسباب پیرایه و زینت برای اندرون پادشاهي بردن ، بدینجا آمده‌ام ; امّا اینها چشم بندي و کوچه غلطي [4] نمودنست * کسی ، مثل منی را برای چنین کاری میفرستند ؟ اعلیحضرت شهریاری (چشم بد دور) با آنهمه عقل و شعور البته میداند

[1] بیني و بین اللّه , a common m.c. saying = "between you and me and the post."

[2] *Chashm-dūkhta* opp. of *chashm-bāz*.

[3] *Sar u ṣūrat dādan* "to accomplish."

[4] *Kūcha-ghalaṭi* (m.c.) "misleading."

کرا بکجا بفرستند * همینکه [1] مرا اینجا فرستاده [2] دلیل بزرگي است * حالا آنچه من میگویم بشنو *

" چند ماه پیش ازین از جانب بونا پارت نامي ، که پادشاه فرانسه است ، سفیري با پیشکش و هدایا و عرایضِ عبودیت‌نما ، بدارالسلطنه طهران رسید * سفیر کاغذی بنام اعتماد نامه [3] از جانب پادشاه خود بنمود که ' گفتارم گفتار پادشاه است و بهرکار مختار و مرخصم ' * این مرد خود را بسیار بزرگ ، و سایر فرنگان را بسیار خوار میشمرد و نام دیگران را چنان باستخفاف و استحقار میبرد و محلشان نمیگذاشت که

* مصراع * ' پادشاهی کامران بود از گدایان عار داشت [4] ' * از زبان پادشاه خود میگفت که گرجستان از روسیه و تفلیس و باد کوبه و دربند و سایر شیروانات را که از قدیم الایام در دست ایرانیان بوده است بایران ردّ میکنم ؛ و هندوستان را هم از دست انگلیس گرفته بشما [5] میدهم *

" در واقع ، ما شنیده بودیم که فرانسه هست ؛ قماش خوب ، پارچهٔ خوب ، زربفت خوب دارد ؛ امّا باین طورها که سفیرش میگفت نشنیده بودیم * بلی وقتی قهوه و حنا گران شد گفتند ' سبب ، جنگ فرانسه است با مصر ' * یکي از نوّابِ سلسلهٔ صفویه هم میگفت که ' شنیده‌ام وقتی از جانب لوی [6] نامي پادشاه فرانسه ، یکی بدربارِ مرحومِ شاه سلطان حسینِ شهید آمده بوده است ' ؛ ولی پوتا پرت که بوده است و چه بوده است ، و چطور شاهش کرده اند ، در ایران کسی سرش نمیشد * یکي از تجّارِ آرامنه که خیلي جاها را گشته بود مي گفت " واقعاً یک همچنین آدمي هست امّا خیلي با عرّو تیز و با همه کس با عربده و ستیز است " * این بود که پادشاه سفیر را قبول کرد * امّا در رقیمه جاتش آنچه بود ، راست و دروغش معلوم نبود * وزراء بزرگ و کوچک ازین کارها بی سرشته اند ، چیزی بعقلشان نمیرسد ؛ باز خدا عمر به پادشاه بدهد ، آنهم [7] با اینکه ذرهٔ برِ رأی جهان آرایش پوشیده نیست ، درین باب چیزی نمیدانست * بلی خواجه عابد ارمني که چهل

[1] *Hamīn-ki* "the fact that."
[2] *Ast* is understood.
[3] "Letters of full power."
[4] *'Ār dāshtan* "to think it lowering to ——."
[5] *Shumā* i.e., *Irān*.
[6] Louis.
[7] For *ā ham*.

حبشی

روز در شهر مارسیلیا حبسی کرده بودند که ' نا خوشی بفرانسه میبری ' [1] و کشیشی ارمنی که چند سال در تکیهٔ ایشان چله نشینی [2] کرده است ، بودند [3] ؛ امّا کسیکه مارا مطّلع و خبردار تواند ساخت که بناپورت میخواهد کلاه مارا بردارد [4] یا اینکه نانی به پر شال ما گذارد ، [5] نبود *

" خلاصه چندان در شبهه نماندیم ، چرا که کُفّار انگلیس که در میان ایران و هندوستان پیله وری میکنند و در بندر بوشهر هم خیلی دُکان‌دارند ، بمحض شنیدن وصول این سفیر ، کار گذاری بچاپاری فرستادند ، و برای قبول نکردن این سفیر قال و قیل و هایهوها کردند * معلوم شد که درمیان این سگان البته استخوانی منازع فیه [6] هست ، و اینهمه عرّو تیز بی چیز نیست *

" پادشاه میگفت ' بجیقهٔ [7] شاه قسم ، که اینها همه از بلندی طالع من است * من در اینجا در تخت شاهی مستقر ، از همه جا بیخبر ، این پدر سوختگان از شرق و غرب و جنوب و شمال با پیشکش و هدایا بپای بوسم میدوند ، و دستوری جنگ و جدال با یکدیگر از من میخواهند ' *

" وقتیکه من در طهران بودم ، منتظر سفیر انگلیس بودند ؛ و این کاغذهای امروز در باب چگونگی پذیرائی او و در خصوصِ عهدنامه ایست که میخواهد با ما به بندد ؛ امّا پادشاه پیش از آنکه از من خبری بگیرد نمیخواست باین کار دست زند * چون در استانبول از هر دولت و از هر ملّت نمونه و سفیری است ، اعلیحضرت شهریاری با رائی رزین [8] و فکر متین مرا بفرستادن اینجا مناسب دید ، تا بحسب وقوف واطلاع من کارکند : و من هم بقدر امکان شُبههٔ که از فرانسه و انگلیس در ایران عارض شده رفع کنم ، و صحت و سقم افعال و اقوال ایشان را وارسی کنم *

" اکنون من یک آدم ، و این مأموریت کار پنجاه آدم * فرنگان در اینجا بسیارند * هنوز صدائی نبریده [9] صدائی دیگر بر میآید ؛ از پشتِ سرِ آن یکی دیگر ، یکی دیگر *

[1] Quarantine.
[2] *Chilla-nishīnī* "fasting at Lent."
[3] *Būdand* "there were."
[4] *Kullāh-i kas-ī bar dāshtan* "to get the better of."
[5] "Do us good."
[6] Pronounced in m c. *munāzi' fīh.*
[7] *Jiqa* or *jiqqa* is the jewelled ornament in the *kulāh* of the Shah.
[8] *Rā'y-i razīn* "weighty counsel, etc."
[9] Intr., "finished."

آدم مي پندارد که در آغول [1] گُرازان است * چنانچه از اول بتو گفتم، از نوکرانم بمن فائدهٔ نیست ؛ این است که چشم بتو انداختم * امیدّم بجهة تست ؛ باید با این بی کتابان [2] نجس العین ، بمراودهٔ و گفتگو بنا کني * ترکي سرت میشود [3] ؛ آنچه مطلوب ماست میتواني حاصل کرد * من یک نسخه از دست خط مُبارک بتو میدهم تا دستور العمل تو شود و از آن روی رفتار کني ؛ امّا پیش از شروع بکار، برو در گوشه بنشین ، و درست فکر و خیالت را بسنج * به بین در این باب از چه راه باید برآئی و از کجا شروع نمائي " *

پس براهنمائی امید آینده و بامید - بخششِ پیش - آمدِ کارم دستوری داد *

[1] *Āghūl* "a night-pen (generally a natural cave)."
[2] 'Infidels.'
[3] 'You know Turkish.'

* گفتار هفتاد و پنجم *

آغاز سرشناسي [1] وی و کیفیت فائده-رسانیدنش بسفیر *

از سفیر یک نسخهٔ کتابچهٔ دستور العمل گرفته بقبرستانی رفتم ، و بی زحمت زندگان مطالعه کردم * آن کتابچه را همیشه درمیان کلاه نگاه میداشتم * چون سر بمیان [2] سران آوردنم از آنجا شروع کرد مطالب عمدهٔ آنرا در عمر فراموش نکردهام * نوشته بود :—

” سفارت مآبا [3] — اولاً بر ذمّت همت تو لازم است که بدرستی تحقیق کني که وسعت ملک فرنگستان چه قدر است * کسی بنام پادشاه فرنگ هست یا نه ، و در صورت بودن ، پای تختش کجاست ؟ *

” ثانیاً — فرنگستان عبارت از چند ایل است ؟ شهر نشینند یا چادر نشین ؟ خوانین و سرکردگان ایشان کیانند *

” ثالثاً — در باب فرانسه ، غور رسي خوبي بکن ؛ و ببین فرانسه هم یکی از ایلات فرنگ است یا گروهی دیگر است ، و ملکی دیگر دارد * بناپورت نام ، کافری ، که خودرا پادشاه فرانسه میداند کیست و چه کاره است ؟

” رابعاً — در باب انگلیستان تحقیق جداگانه و علیحده بکن و به بین ایشان که در مایهٔ ماهوت و پهلوی قلمتراش ، اینهمه شهرت پیدا کرده اند ، از چه قماش مردم و از چه قبیل قومند * اینکه میگویند در جزیرهٔ ساکنند ، ییلاق و قشلاق ندارند ، قوت غالب شان ماهي است ، راست است یا نه ؟ اگر راست باشد ، چطور

[1] *Sar-shināsī* " Becoming known."

[2] *i.e., dākhil-i mardumān-i buzurg shudan.*

[3] Vocative.

میشود که یکی در یک جزیرهٔ بنشیند و هندوستان را فتح کند ؟ پس ازان در حل این مسئله ، که اینهمه در ایران بدهانها افتاده ، صرف مساعي و اقدام بنما و نیک بفهم که درمیان انگلستان و لندن چه نسبت است ؟ ایا لندن جزوی از انگلستان است ، یا انگلستان جزوی از لندن ؟

" خامساً — بعلم الیقین [1] تحقیق بکن که ' قومپاني ' هند که اینهمه مورد مباحث و گفتگو است ، با انگلستان چه رابطه دارد ؟ آیا بنا باشهر اقوال ، عبارت است از یک پیرهٔ زن ، یا علي قول بعضهم مرکّب است از چند پیرهٔ زن ؛ و آیا راست است که مانند مرغزهٔ تبت (یعني خداوند تاتاران) زندهٔ جاوید است ؛ او را مرگ نیست یا آنکه فنا پذیر است ؟ هم چنین در باب اینهولت لایفهم انگلیزان ، با دقّت تمام وارسی نموده بدان که چگونه حکمراني است و صورت حکمراني او چگونه است *

" سادساً — از روی قطع و یقین ، غورسي حالت ینگي دنیا نموده [3] در این باب سر موی فرو مگذار *

" سابعاً و بلکه آخراً — تاریخ فرنگستان را بنویس و در مقام تفحّص و تجسّس آن بر آیي که اسلم شقوق[4] و احسن طرق برای هدایت فرنگان گمراه بشاهراه اسلام و باز داشتن ایشان از اکل میتهٔ [5] و لحم خنزیر کدام است " *

بعد از مطالعهٔ کتابچه ، تفکّر و تدبّر بسیار کرده ، بخاطرم آمد که در ایّام عزّت ، یکی از منشیان رئیس الکتاب ، یعنی وزیر خارجهٔ عثمانی ، با من آشنائی داشت * باین اندیشه افتادم که باو مراجعت نموده ازو سر رشته بدست آرم * میدانستم بکدام قهوه خانه میرود و در چه ساعت * با اینکه از پر گوئی خوشش نداشت ، میدانستم که بعد از فنجاني قهوه و تکلیف چپوقي رایگان ، کوک کرده بسر سخن آوردن و پارهٔ چیزها از وی فهمیدن میتوان *

این تدبیر را بسفیر کشودم * چنان حظ کرد که از روی التفات بر من ، همهٔ مُحسنات آن تدبیر را بر خود حمل کرده گفت که " من بتو نگفتم چنین بکن ؟

1 " Positive knowledge."

2 *Marghaz-i Thibbat;* in the original the "lama of Thibet."

3 *Yangī Dunyā* (T.) "New World" *i.e.*, America.

4 *Shuqūq* (pl. of *shiqq*) "chinks, crevices" but in m.c. = *qism: raftan-i Farangistān bi chand shiqq ast* (m.c.), "there are several ways of travelling to Europe."

5 *Maita* 'not killed lawfully.'

نگفتم تو آدم کار آمدني ؟ ببین من خر نبودم ؛ آدم مي شناختم * براى دانستن اینکه خرس کجا تخم میکند [1] ، یعني هرکجا رند پیدا میشود ، خیلی هنر لازم است * اگر براى خاطر من نبود ، این منشي که از همه جا با خبر است و از همه چیز مطّلع ، از کجا میجُستي ؟ و امر قبلهٔ عالم از کجا میآمد ؟ "

پس از آن گفت " که اگر لازم باشد قدری پول هم اذن داري باو بدهي ، تا اگر در مسئله درماند ، از سرچشمهٔ آن ، یعنی از رئیس افندي ، تحقیق نماید ، که پول حلّال مشکلاتست " *

در ساعتِ معلوم بقهوه خانهٔ معهود رفتم * رفیق را آنجا دیده با کمال تواضع و التفات رویِ بروی او نشسته قهوه سفارش نمودم * براي دانستن وقت ، ساعت خود را از بغل در آورد * من او را دستآویز ساختهٔ سرِ سخن بدینگونه کشادم :—

من :— " این ساعت کار فرنگستان است ؟ "

منشي :— " بلی ، در دنیا ساعت بهتر ازین نمیشود " *

من :— " این فرنگان مردمان غریبی اند " *

منشي :— " امّا چه فایده که پلید و مُردارند ؟ "

من (بعد از تعارف کردن چپوق خود باو) :— " ترا بخدا ! در باب ایشان قدری اطلاع بمن بده * این فرنگستان مملکتِ بزرگي است یا نه ؟ پادشاهش در کجا مي نشیند ؟ "

منشي :— " چه میگوئي ، رفیق ؟ مملکت بزرگ یعني چه ؟ ممالک است ؛ تنها یک پادشاه نه ؛ پادشاهان بسیار دارد " *

من :— " شنیده‌ام اگرچه چندین حکومت است ، امّا در واقع و نفس الامر یک ملّت است " *

منشي :— " میخواهي یک ملّت بگو ، میخواهي چندین ملّت ؛ بلکه در واقع همه یک ملّت است ، چرا که همه چانه میتراشند ؛ همه شبقه [2] بر سر نهند ؛

[1] *Khirs kujā tukhm mī-guzārad* (m.c) "to find out something impossible (as a bear does not lay eggs), to see through a brick wall."

[2] *Shibaqa* is said to be a "square cap." Can this be a mortar board?

همه لباس تنگ مي پوشند ؛ همه شراب مينوشند ؛ همه گوشت خوک ميخورند ؛ همه به پيغمبر ما اعتقاد ندارند * اما معلوم است تبعهٔ پادشاهی عليحده اند : نمي بيني چه قدر سفير باستانهٔ عليه برخ سائی آمده اند ؟ اين از سگ کمتران [1] در اين ديار از سگ بيشترند * از خباثت و نحوست ايشان بايد پناهيد ، و از کثافت ايشان نعوذ بالله ! "

من :— " ترا بخدا ! اينها که ميگوئي بنويسم * بخدا که تو آدمي خيلی عميق و دقيق بودهٔ " * پس من قلم و دوات در آوردم و او نيز برای ياد آوري مطالب قدری با ريش و سبيل خود بازي کرد ، و ازينجا باطلاع بخشي شروع نمود *

منشي :— " ايمرد ! اينهمه زحمت چه لازم ؟ همه فرنگ از يک نوع و از يک جنسند ، يعني سگِ زردشان برادرِ شغال سياه شانست * اگر قران برحق است (و ما بايد بقول پيغمبر خود بگرويم) اينان همه بايد معذّب بعذاب ابدي باشند و در آتش جاويد بسوزند * اما [با انگشت حسلب کنان] اولاً ، همسايهٔ ما ، کفّار نمسه ، (لعنه الله [2] في الاوقات الخمسة) است * اين کافر طايفه ايست بی صدا و ندا [3] ؛ و بما ماهوت و پولاد و کاسه وکوزه ميفروشند * محکوم پادشاهی از سلسلهٔ قديم خويشند ، و بخرج خزينهٔ ما وکيلی اينجا دارند *

" بعد از آن ، زنادقهٔ روس منحوس است ، که ملتی نجس العين و عين نجاستند * مملکت روس انقدر وسيع است که در يکطرفِ آن ، از برودت ، زمهرير ميبارد ، و از يکطرف آن ، از حرارت ، آتشِ جهنم ميسوزد * دشمن حقيقي ما اينست * هر وقت يکی ازين قوم را بکشيم بيکديگر ' مبارکباد و دست مريزاد ' [4] ميگوييم * نر و ماده بنوبت بادشاهي ميکنند * از آنجا که اکثر اوقات پادشاه خود را ميکشند با ما مشابهتی تام دارند *

" پس از آن کفّار پروسيای رو سياه است که بما سفير ميفرستند * امّا خدا ميدانه برای چه ، بجهة اينکه مارا بنجاست ايشان ضرورتی نيست : امّا ميداني که درِ

[1] *Az-sag-kamtarān*, one compound adjective; *az-sag-bīshtar-and*: Oxymoron.

[2] *La'na—hu Allah*, at the five times of prayer. So that the prayer (*i.e.* curse). be heard: (*tā du'ā mustajāb bi-shavad*).

[3] " Quiet, taciturn."

[4] *Dast ma-rīzād* (m.c.) = *dast-at dard na-kunad*.

سعادتِ ما بصالح و طالح وپاک و ناپاک گشوده است مانند رحمت الهي ، که بگلستان و مزبله هردو میبارد [6] *

"بخدا نمیدانم بعد ازین کرا بگویم * : وا ایست به بینم : دو خرس شمالیست که درکُنج دنیا افتاده اند ؛ اینان را دانیمارک و اسوج میگویند * قومی کوچکند و از شمار آدمیان معدود نه ؛ با اینهمه پادشاه دانیمارک مستقلترین پادشاهانِ فرنگستان است و در مقابل قدرت و قوت خود یک یکچري [1] هم ندارد * امّا اهل اسوج همه بیکی از پادشاهانِ خود، که وقتی در اروپا دیوانه وار جنگ وکارزار کرده است ، مینازند * این پادشاه جنگ جو بود ، و برای او همین بس که جنگ باشد ، در هرکجا که باشد و با هرکه باشد * در حالت نومیدي و مایوسي بخاک ما آمد ؛ عاقبت مانند درندگان دشتی ، اسیرش کردیم * این است که ما را از احوالات اسوج اندک اطلاعی است وگرنه نبایستی بدانیم که در دنیا چنین ملتی هم موجود است *

" کافری دیگر نیز فلمنگي است ، توانگر و دُنیا دار و مانند ارمنیانِ درمیانِ ما : در دنیا بجز سود خود و کسبِ مال چیزی نمیدانند و بچیزی نمي اندیشند * عادت ایشان بود که سفیری تریاکي [2] بما میفرستادند برای اینکه پنیر و کرهٔ گنده و ماهي شور بما بفروشند ؛ امّا از وقتیکه بناپورت نام پادشاهی طلوع کرد ، ایشان غروب کردند * پوست سگ از دندان گراز [3] درید * اما بناپورت حقیقةً از آن پادشاهان است که اگر از قبیل نادر شاه و سلطان سلیمان شماریم جا دارد " *

سُخن منشي را در اینجا بریدم و بدستاویزی این نام [4] گفتم " ایراستی ! بزنگاه مرام و جان کلام اینجا ست [5] * در باب اینمرد مرا اندک اطلاعی بدهید ، شنیده‌ام این کافر خیلی بهادر است " *

منشي :— " چه بگویم ، رفیق ؟ این آدم اول هیچ نبوده است ؛ سر بازی مُتعارف بوده است ؛ حالا پادشاهی بزرگ است ؛ إنَّ اللّهَ یُعِزُّ مَنْ یَشاءُ و یُذِلُّ مَنْ یَشَاءُ - و بهمهٔ فرنگان حکم‌نه ، بلکه تعدّي میکند * دست ردّ بَر سینهٔ ما هم نگذاشت * براي تسخیر مصر لشکر کشید، اما شمشیرش جای درّهٔ عمر و ذو الفقار علي را نگرفت *

1 Janissary.
2 *Taryāki* " opium smoker."
3 Intr. " was torn."
4 *i.e.*, Bonaparte.
5 " That is the word I was trying to recollect ; wanted ? "
6 *Kināya.*

چشم مملوکي چند را ترساند [1] و پارهٔ فلّاحان بادیه را اینسوی و آنسوی دوانید ؛ عاقبت با پای بی کفش رفت " *

من :— " امّا انگلیز نام ایلی دیگر هست که در دنیا عجیبترین قومند * در جزیره مي نشینند و قلمتراش میسازند " *

منشي :— " بلی هست ، و درمیان فرنگان اینان از دیرگاهی باز سر بر آستان دولت علیّه دارند ، و پادشاه جمجاه ما ایشان را با عز و جاه میدارد * از حیثیتِ قوتِ دریائي فایق برهمهٔ جهانیانند و ساعتشان بی نظیر است " *

من :— " بسیار خوب * امّا از حکومتشان چه شنیدهٔ ؟ آیا سلطنت ایشان بجز پادشاهي عبارت از چیز دیگر هم هست " ؟

منشي :— " بلی * من سررشتهٔ کامل دراین باب دارم ؛ امّا من و تو ازین چیزها چه بفهمیم ؟ این قوم [2] پادشاهی دارند که معناً بسیار کوچک میشمارند، و ظاهراً بسیار بزرگ میدارند * خوراک و پوشاک و پول جیبش را ملت میدهد ؛ مانند تاجدار اطرافش را میگیرند ؛ سخنان نازک باو میگویند ؛ لقبهای عالي میدهند - چنانچه ما میکنیم ، امّا قدرت یکی از درّهٔ بیگیان [3] ما فنگي [4] ما ازو بیشتر است * بیک وزیر نه ، بلکه بیک مجرم ، بهر جرمی که مؤاخذ باشد جرأت یک چوب زدن ندارد ، تا چه رسد بفلکه ؟ و حال آنکه یکی از اربابان ما در صورت ایجاب گوش نیمه شهری میبرد ؛ و در مقابل ، عطیه و احسان هم میبرد " *

" گذشته ازین ، تیمارخانه [5] وار چند خانه دارند پُر از دیوانه * نیمهٔ سال درآنجا جمع میشوند و برروی یک مسئلهٔ پَر و پوچ [6] اینقدر کش مکش میکنند ، و هر یک در یکروز اینقدر رودهٔ درازي [7] میکنند که یک واعظ ما در تمام سال نتواند کرد * خلاصه هیچ امری واقع نمیشود که بی هیاهوی ایشان تمام شود - اگرچه مانند سر آغائی را بریدن یا مال کسی را مصادره کردن یا چیز جزوی دیگر باشد * برادر ! چه بگویم ؟ خداوند بپارهٔ عقل داده ، بپارهٔ جنون * خدا و رسول را شکر ، که مانند این طایفهٔ انگلیز بی تمیز ،

[1] *Chashm tarsānīdan* " to frighten slightly."

[2] " A king."

[3] Pronounced *darra bīgi*; a title not now used in Persia.

[4] *Māfingī* (m. c.) " useless, etc :" *fing*. " mucus from the nose."

[5] " Hospital."

[6] *Par u pūch* " trivial."

[7] *Rūda-darāzī* " babble, blabber."

برای مردار خواري و کثافت کاري نزاده ايم ؛ با ذوق و صفائي کامل ، در ساحل خليج قسطنطنيه، بر مسندها والميده ،[1] باستراحت تمام ، قهوه ميخوريم و چپوق خود ميکشيم " *

من :— " عجب چيزهای نشنيده نقل ميکُني ؛ من هيچ اينها را نشنيده بودم * اگر من مي شنيدم باور نميکردم که مثلاً هندوستان بدان بزرگي در دست اينان باشد و پيره زنان در آنجا حکمراني کنند * تو اين را نشنيدة " ؟

منشي :— " از قراريکه شنيده‌ام اين انگليزان آنقدر زرنگند [2] که هرچه بگوئی از ايشان برميآيد و جائی تعجب نيست ؛ امّا اينکه پيره زنانشان در هندوستان حکمراني ميکنند هيچ بگوشم نخورده است * شايد همچنين باشد ؛ که ميداند ؟ خدا بهتر ميداند * ازين جور ديوانگان اين جور ديوانگي دور نيست " *

من (بعد از تأمّل) :— " همهٔ فرنگان همين اند که گفتي ، يا اينکه باز هم هست ؟ ترا بخدا ! بگو ، چرا که در دنيا بعقل کسي نميرسد که يک ملت ازين همه مخلوق مرکّب باشد " *

منشي (بعد از تفکري اندک) :— " بلي دو سه ملّت ديگر هستند که اسم-بُردنشان فراموش کردم ، چرا که بزحمتش نميارزد * مثلاً اسپانيول و پُرتگيز و ايتاليايند که خوک خود ميخورند و بت خود ميپرستند ؛ امّا درميان فرنگان جزو جائی [3] نيستند * اولين در سايهٔ ريال خود معروف ماست ؛ دويمين يهودي چند بما يادگار فرستاده است ؛ سيمين هر سال يک مُشت درويش و قلندر ميفرستند که پول بسيار بخزينهٔ ما بدهند و کنيسه بسازند و ناقوس بزنند * امّا قدري هم از [4] جاثليق کبير بايد شنيد * اين يارو در روميه الکبری خليفهٔ فرنگان است ؛ مردم را بدين خود دعوی ميکند * باز ما کلاه اورا بر ميداريم زيرا که بيش از آنکه او بدين خود مي آورد ما بدين اسلام مي آوريم ، با وجوديکه پيش از قبول هدايت ، کفار بايد آن عذاب غريب و سخت را متحمّل شوند " *

من :— " يک سؤال ديگر هم بکنم ، کافي است * در باب ينگي دنيا چيزی

1 *Vā lamīda* (slang) "to recline at one's ease.'

2 In the MS. *jirat-ghūs*. In m.c, *jira-ghūs* signifies "awkward." I have substituted *siring* "clever, smart" as more suitable to the context.

3 *Juzv-i jā'ī nīstand* "are not included in any place."

4 *Jāṣalīq* (Gr.) is the Patriarch of the Chaldean Church. The Pope in Mod. Pers. is called *Pāpā* or *Pāp*.

شنیدهٔ یا نه ؟ من اینقدر روایات مختلف درین باب شنیدم که گیج[1] شدم * در صورتیکه میگویند، آن، در آن روی دنیا ست، آیا از زیر زمین بد آنجا میروند یا از جائي دیگر ؟ ››

›› منشي :— ›› با آنان چندان داد وستدی و از حالشان وقوفی نداریم ، امّا اینقدر هست که بانجا با کشتي میروند ، برای اینکه اینجا کشتي دارند ›› *

پس آهی کشید که ›› رفیق ! ینگي دنیای ایشان هم ، مثل ایسکي[2] دنیای ایشان ، کافرستان است ؛ الکُفر ملّةٌ واحدةٌ * انشاءالله خداوند با عذاب جاویدي همه را معذّب بدارد ›› *

چون سخن بدینجا رسید منشي اظهار عجز نمود و قلم را سر بشکست[3] * قدری هم از درّه و تپّه ، بی زحمت افادهٔ و استفادهٔ ، صحبت داشتیم * پس قهوهٔ دیگر خواستم و با وعدهٔ ملاقات جدا شدیم *

1 *Gij*, "giddy, distracted."
2 *Eski T.* "old." [*Yangi T.* "new"].
3 *i.e.*, caused my pen to be broken.

* گفتار هفتاد و ششم *

نوشتن حاجي بابا تاریخ اروپا را و برگشتن او با سفیر ایران *

بعد از استفتاح عالم سیاست با آنهمه اطلاعات مکتسبه بنزد سفیر برگشتم * بسیار حظ کرد * در مدت اقامت در استانبول مرا برای کسب وقوف بدینسوي و آنسوی میفرستاد تا اینکه بزعم خود چندان [1] موضوع ، که بنوشتن تاریخ فرنگستان کافي باشد ، بدست آوردم ، چه پادشاه در کتابچهٔ خود چنین امر فرموده بود * این اطلاعات حقیقي و حقائق اطلاعي را ، من بنده ، ترتیب و مُسوّده [2] نموده برای تصحیح بسفیر دادم ، و او برای مطابقت با سلیقه و مذاق شاه پارهٔ حکّ و اصلاح کرده * آنچه بچاک قبا بادشاهي میخورد [3] قلم کشید * بجایهائی که مناسب نمي نمود پارهٔ بیفزود ، و پارهٔ بکاست * بخوش نویسی نویسانیدیم ؛ کتابکی شد * جلد و تذهیب نمودیم و بنام " وقایع فیروزی " در جنتهٔ [4] حریرین نهادیم * گفت " اینک قابل پیشکشي حضور بادشاه " *

میرزا فیروز بعد از انجام خدمات محوّله ، عازم ایران شد و تعهّد بُردن من با خود ، و در آنجا بخدمتی از خدمات دولتی گماشتن کرد که " آدمي چنین پر از همه گونه اطلاعات فرنگستان بر ما لازم است ، تا با سُفرای ایشان در طهران بجوال تواند رفت " *

تکلیفی به ازین بمن نمي توانست کرد که از ترکان و از شهرشان سیر ، هر وقت

1 *Mauẓū'* "subject of a speech:" *mauẓū'āt*, pl. of *mauẓū'ah* "subjects of discussion."

2 "Rough draft."

3 *Ān maṭlab rā ki guftam bi chāk-i qubā-yash khwurd* (m.c.) "He didn't at all relish what I told him."

4 In m.c. usually *chanta*.

شکرلب بخاطرم میآمد ، از تلخکامي، خود داري نمي‌توانستم * حکایت مُلّا باشي طهران کهنه شد ، رفت * شنیدم که ملّا نادان را هم بدم خمپاره نهادند، و زن مُلّا باشي که بدست کردان افتاده بود ، دیگر، روی طهران ندیده بود ؛ عبدالکریمش کذلک [1] : ازین مطلب ترس اعادهٔ صد تومان نبود * نسقچي باشي هم ، بعد از گرفتن ملّا نادان ، حیوانش را گرفته * پس با خاطر جمعي بطهران رفتن و خودي [2] نمودن میتوانستم * باعتقاد خودم ، احتمال آندیشت که کسی دست بترکیبم نزند [3] چرا که البته یکی از بزرگان برای حمایتم پیدا میشود * خلاصه عذر نرفتن در میان نمیدیدم ؛ و آنگهی همینکه میدانستند نوکر پادشاهم ، با همه تقصیر، بی تقصیر وار کلاه را کج نهاده ، بهر جا میتوانستم رفت *

با این مقدمات بتدارک راه پرداختم * اما پیش از رفتن ، خواستم برغم حالت اوّلین ، بهمشهریان کاروانسرائی دیدني کرده و تشخّص و جلالی فروخته باشم * میدانستم که از وابستگان سفارت بودنم را میدانند ؛ از بی اعتنائي ایشان دیگر خوفی نبود * بنابرین همه با چاپلوسي با لقب ' آغا ' و ' میرزا ' و ' سرکار ' و ' جناب ' خطابم نمودند ، و با الفاظ رعایت - آمیز از قبیل ' سایهٔ شما از سرما کم نشود ' ؛ ' عمر و دولت شما زیاد ' ؛ ' از مرحمت سرکار ' ؛ ' از لطف عالي ' و سایر تعبیراتم پذیرفتند * هرکه این سخنها را مي شنید هیچ باور نمیکرد که از دهان مردمانِ دو ماه پیش از آن باشد ؛ بلکه بر عکس ، کسیکه از مرحله بی خبر بود گمان میکرد که من جان بخش و جان ستان ایشانم * امّا در وقت وداع ، پیرِ عثمان را دیدم که باز بهمان نوع که با پسر حسنِ دلاکِ اصفهاني معامله میکرد میکند * اظهار دلسوزي و مهرباني کنان گفت " فرزند برو؛ خواه امیر ترکمان ، و خواه سوداگر چپوق ، و خواه شوهر شکرلب ، خواه نوکر بابِ در خانهٔ بادشاه باشي ، هرجا باشي، دعای خیر منت بهمراهست" *

پس سفیر باذن حکومت عثماني ، و تشییع [4] دو سه فرسخه جمعي کثیر از ایراني ، از طرف سکدار بیرون آمد * سفرمان خوش گذشت و تا بایروان ، قضیّهٔ که قابل تکرار

[1] "Her *Abdu-l-Karīm* in the same way" (did not again see Tehran). *Abdu-l-Karīm* was the Mulla Bashi's agent whom Haji Baba had defrauded.

[2] "Showing myself a little."

[3] *Dast bi-tarkīb-i kas-ī zadan* (m.c.) "to molest; *gen.*, to take the maidenhood of; (any sex)."

[4] *Tashyī'* "speeding a guest, *i.e.*, accompanying some distance on his road:" in m.c. *badriqa*.

Istiqbāl k., (in m.c. *pīshwāz k.*) is going out to meet and receive a person.

باشد واقع نشد و خبری نشنیدیم * در ایروان اخبار روزانه را شنیدیم ولی شایستهٔ وثوق و اعتماد نبود * اما در تبریز در دیوانخانهٔ عباس میرزای نائب السلطنه ، پارهٔ چیزها نقل کردند * مُهمّ ترین آنها رقابت سفیر فرانسه و انگلیز بود * غرض فرانسویان اینکه انگلیسان را از ایران بیرون کنند *

درباب تدابیر ایشان روایتها مختلف بود * همهٔ ایرانیان در تعجب بودند که " این پدر سوختگان چرا با اینهمه مخارج اینهمه راه را [3] آمده در طهران بسر و مغز یک دیگر میزنند ؟ " این است صورت محاورة و گفتگوی ایشان :—

سفیر فرانسه (با خود نمائي) :— " پادشاه ما بزرگ و قادر است : لشکرش کران تا کران عالم را میگیرد " *

پادشاه :— " بسیار خوب امّا بما چه ؟ فرانسه کجا ، ایران کجا ؟ "

سفیر فرانسه :— " امّا ما میخواهیم هندوستان را از دست انگلیز بگیریم * شما باید بما راه بدهید و آنوقتهٔ لشکر مارا متحمّل شوید " *

پادشاه :— " شما میخواهید هندوستان را از دست انگلیز بگیرید ، بما چه ؟ ما نمیخواهیم بشما راه بدهیم و آنوقتهٔ لشکر شما را متحمّل بشویم " *

سفیر فرانسه :— " ما گُرجستان را برای شما میگیریم ؛ تفلیس را بشما باز پس میدهیم ؛ درد سر روس را از سر شما میکنیم " *

پادشاه :— " این حرف حسابی ، و این مسئلهٔ دیگر است * هر وقت شما این تعهّد را بجا آوردید و ما بچشم خود دیدیم که در قفقاز [1] یک تن روس نمانده است ، آنوقت بشما جواب میدهیم ؛ امّا پیش از آن ، مارا بگذاشتنِ گذشتن از ایران امکان مساعدت نیست و با دوستان قدیمي خود، انگلیزها ، نمیخواهیم میانه را برهم زنیم [2] " *

از طرف دیگر :—

انگلیز :— " فرانسه بایران نیامد مگر برای اینکه ما را بزحمت و مرارت بیندازد ، و شما باید ایشان را راه ندهید " *

شاه :— " چه بکنم ؟ این تکلیف با قاعدهٔ مهمان نوازي مخالف است " *

1 *Qafqāz* " Caucasus."

2 " Destroy the connection, friendly intercourse."

3 Note this *rā*.

انگلیز :— " ما میگوئیم که یا ما یا فرانسه ؛ دو هندوانه در یک بغل نگنجد [1] " *

شاه :— " هم شما هم فرانسه * ما چرا دشمن برای خود بتراشیم ؟ ما با همه دوستیم " *

انگلیز :— " آخر ما بشما یاري میکنیم ؛ شما را مقتدر میسازیم ؛ پول میدهیم " *

شاه :— " آه ! این حرف دیگر است * شما مُبلغش را بیان کنید ؛ بعد از آن ما فکرش را میکنم " *

در وقت خروج ما از تبریز ، حال بدینموال بود * چون سفیرم را در طهران بشدّت منتظر بودند ، بی درنگ بسیار با ولیعهد [2] براه افتادیم *

در سلطانیه ، از دور ، قافلهٔ دیدیم که بایرانی نمي ماند * چون نزدیک رسیدیم معلوم شد که فرنگي ، و سفیر فرانسه است * با مهمانداري معزّز و محترم ، از طهران بیرونش کرده بودند * از قراریکه میگفتند سفیر انگلیس بجای او گذشته بود * ازینجا معلوم شد که کار در خانه بچه پایه ، و پادشاه در معامله گول نخورده است * سفیر ما در تعجّب که چرا تکالیف او را نفهمیده سفیر فرانسه را ردّ کرده اند ؛ امّا معلوم بود که زبان فصاحت بیان درهم و دینار ، حل آن مسائل دشوار نموده است *

ازین ملاقات بسیار خرسند شدیم چه فرصتي نیک بود برای تماشای اطوار و اوضاع ملّتی که اینهمه وصفش شنیده بودیم * یکروز باهم لنگ [3] کردیم و سفیر ما بسفیر فرانسه مُعرّفي شد *

بقاعده ، سفیر فرانسه میبایست دل شکسته و شرمنده باشد چرا که بیرونش کرده بودند * امّا بر عکس ، بدرجهٔ تحیّر ما ، خشنود و شادمان بود * هرگز قومی بد آن دله [4] و دیوانگي ندیده بودیم : میرقصیدند ؛ آوازه میخواندند ؛ هرزگي [5] میکردند * همه باهم ، بد تر از ما ، بیکبار حرف میزدند ؛ نه رعایتی ، نه پایه ، و نه رتبهٔ در کار بود ، گویا همه همشأن بودند * بفرشهای ما خیلی بی ادبي کردند ؛ با کفش های

[1] A common m.c. expression.

[2] Note the '*construction louche*.' A comma after *wali 'ahd* (and not after *bisiyār*) is necessary to remove the ambiguity; 'without making a long stay with the Prince,' and not 'we set out with the Prince.'

[3] *Lang* (m.c.) "halt."

[4] *Dila* = *harza*.

[5] *Harzagi* "indecency."

پُرمیخ همه سودند و فرسودند ، و با دهانهای کثیف همه را[5] خندیدند و تفیدند * من بحکم اندکی با خبری از چند و چونشان ، خواستم به بینم زبانشان را با زبان ما هیچ مُناسبتی هست ؛ ندیدم[1] - و یک کلمه از آنچه مي گفتند نفهمیدم * با هزار جهد و بلا ، با نوشتن و از بر کردن ، اینقدر توانستم دریافت که سه لفظ را بسیار تکرار میکردند : اول ' سکری ' ؛ دویم ' پاری ' ، سیم ' آمپرور ' [2] *

امّا روی هم رفته از یک دیگر بدمان نیامد[3] * جنسمان بهم نزدیک مي نمود و در پارهٔ عادات بیکدیگر مشابهتی داشتیم * اعتقاد ما این بود که این جور مردم با همان شنگي[4] و هرزگي ، که در سلطانیه داشتند ، بدوزخ هم بهمان طور میروند *

روز دیگر از یکدیگر جدا شدیم : آنان خندان و شادان و یاوه سرایان که ' شاه با ما چگونه حرکت کرد ؛ ' و ما سر در گریبان اندوه خواران و اندیشه ناک که ' شاه با ما چگونه حرکت خواهد کرد ' ؟

[1] *i.e.*, 'it was quite different.'

[2] *Sacré—Paris—l'Empereur.*

[3] "We liked each other:" *ay ishān bad-i mān nayāmad*(m.c.) "we liked them."

[4] *Shangī* "amorous playfulness."

[5] *Hama rā* "at everything."

* گفتار هفتاد و هفتم *

در پذیرائي ایلچي فرنگ در ایران *

میرزا فیروز را ، پادشاه با کمال التفات پذیرفته از جوابهایش بمسائل مُهِمّهٔ اروپا بغایت ممنون گردید * درین باب کسی ماهرتر از او نمیشد * بهر سؤال ، در حال ، جواب دادی ; نه از ناداني دست پا چه شدی ، و نه از دشواري بتلاش اُفتادی * لفظ ‹ نمیدانم › ، که در حضور پادشاه عیب بزرگ است ، بر زبانش نگذشت * در هر باب چنان با علم الیقین و استواري ، سخُن گفت که شنوندگان پنداشتند همان است ، و جُز آن نیست * در حق فرنگان چنان داد تحقیق و تدقیق بداد که گمان کردند زاده و بزرگ شدهٔ فرنگستان است *

از آنجا که من بمیرزائي او مشهور ، و بخبر پژوهي و سر رشته داري فرنگستان معروف ، و در تاریخ نویسي با او مشترک بودم ، ازین افتخار ، من هم بی بهره نماندم * اگرچه بقدر او بی باک و بی پروا نه ، امّا باز در جواب ، معقول دست و پائی میکردم [1] * اما بسیار دقّت میبایست که حرفهای آغا و نوکر مخالف نیفتد و مشتها وا نشود [2] * سخنان جهاندیدگان [3] کرامت بود و معجزه ، وچه خوش گفته اند * بیت *

" در دیارِ بی زبانان هر کرا آید بگوش .·. گرچه صوت خر بُوَد آوازهٔ خنیاگر است [4] " *

ایلچي انگلیس چند روز پیش از ما ، بطهران رسیده با اعتباری که سگی نجس و پلید ، از خلیفهٔ مثل هارون الرشید پذیرفته شود ، پذیرائي یافت * عوام الناس ازینمعني

1 "Managed to—; succeeded in—."
2 *Musht vā shudan* "to be found out; exposed as frauds."
3 *i.e.*, of us.
4 Khunyāgar "professional singer and dancer."

دلتنگ و ملایان در لُند لُند[1] که «اینهمه احترام بی‌معنی تقصیر خود ماست که برای خود درین دنیا عذاب دوزخ می‌تراشیم» * در وقت ورود، در ره گذارش گاوها قربان کرده و جا بجا نقلها نثار نموده بوده‌اند * امتیاز شیپور زدن در وقت سواری، که خاصهٔ پادشاه است، باو احسان شده بود *

پس از آن در مهمان نوازی سرموئی دریغ نداشته خانهٔ یکی از خوانین بنام منزل دادن باو غصب، و تمام اسباب و فروش و ظروف آنخانه را از همسایگان بزور اخذ، بلهجهٔ یکی را هم با طویلهٔ دیگری بدان خانه الحاق کرده بودند * بصدر اعظم حکم شده بود که در مدت اقامت ایلچی در طهران، خرج مطبخش از جیب او باشد؛ و چنانچه در این مواقع معتاد و متعارف است پول خلعت و شالش را از برِ آن[2] گرفته بودند * شهزادگان و سایر ارکان و اعیانرا حکم شده بود که پیشکشها و هدیها باو بفرستند * دستخط مبارکی صادر شده بود باین مضمون، که «اینان مهمان ذات اقدس جهانبانیند، و اگرچه کافر، اکرام ایشان واجب: مَنْ أَكْرَمَهُمْ فَقَدْ أَكْرَمَنِي وَ مَنْ أَهَانَهُمْ فَقَدْ أَهَانَنِي» *

اینهمه التفات و اعزاز هر آئینه از برای کفّار کافی و دل پسند بود * بایستی کلاه خود را بهوا اندازند؛ امّا در باب رسوم و آداب حضور، پارهٔ دشواریها بمیان آمد * ایلچی فرنگ با یکدندگی[3] و سرسختی اولاً در باب نشستن در حضور، نخواست بر زمین نشیند، و بصندلی نشست؛ مقدار دوری از تخت، خود معین کرد * ثانیاً ملعون غافل از «فَاخْلَعْ نَعْلَيْكَ»[4] با کفش کثیف بتالار فردوسی کردار درآمد * ثالثاً در باب کُلاه برداشتن، آنچه گفتند سر برهنگی بی ادبی است. گوش نکرد که «ما فرنگیم» و کُلاه را در آورد * رابعاً - در باب لباس. که محل دعوای بزرگ است هرچه پیغام دادند که «شال و کلاه برایت میفرستیم تا آدم وار بدربار داخل شوی»، با ریشخند ردّ کرد که «من چون با همین لباس بحضور شاه خود می روم بحضور شاه شما هم نیز با همین لباس می آیم» * امّا چون کسی تا آنگاه طریقهٔ بارعام فرنگان و چگونه بودن لباس شانرا نمیدانست، احتمال داشت که با ارخالیق[5] شبانه و شب کُلاه آمده باشند و کسی خبر نداشت * بخاطرم آمد که در عمارت چهل ستون اصفهان

[1] *Lund lund* (m.o.) "grumbling."

[2] *Az bar-i ān.*

[3] *Yak dandagī* (*danda* "rib") = *yak-pahlū-garī* = *sar-sukhtī* "obstinacy."

[4] *F-akhla' na'laik.*

[5] *Arkhāliq* is a long coat worn under the *qabā*.

نقش قبول ایلچیان در حضور شاه عباس نقش شده ؛ شاه عباس تاج بر سر با فاخر ترین لباس بر تخت نشسته است * من اینمعنی را بمیرزا فیروز کشودم ؛ او بصدر اعظم ، و او بشاه کشود *

چار پاری باصفهان فرستادند و بزودی یکصورت از آن نقش آوردند ، و بایلچی نمودند که " بسم الله ، با این هیأت بیا ؛ دیگر راه اعتراض بسته شد " *

انگلیزان ملعون ، چون آن نقش را بدیدند ، اینقدر خندیدند که کم ماند بترکند و گفتند " فهمیدیم که شما میخواهید میمون برقصانید " *

خلاصه سخن لباس اینقدر دراز کشید که پادشاه بستوه آمد و گفت " با هر لباسی که میخواهند بیایند ، بجهنم " *

سلام پادشاه بهتر از آن شد که از مائی غیر مربّی[1] میتواند شد * تعجّب کردیم که انگلیزان با آن بی تربیتی چگونه آنهمه تربیت را خرج دادند : هیچ خلاف ادبی از ایشان سر نزد * پادشاه با فاخرترین البسهٔ خود ، که چشم انگلیسان را خیره میکرد ، بر تخت زرین نشسته * هرکس میدید گفت

* نظم *

مگر جمشید یا دارا است این شاه .·. بدین جاه و بدین حاه و بدین جاه ؟ "
چنین شاهی که دیده بر سر تخت .·. بدین رخت و بدین رخت و بدین رخت ؟ "
شکوهش باشد از نوشیروان بیش .·. بدین ریش و بدین ریش و بدین ریش * "
ز بختش ملک نوشیروان خرابست .·. ز ریشش ریشهٔ ایران در آب[2] است * "

شاهزادگان والا تبار ، با آب و رنگی بیشتر از آب و رنگ جواهر و مروارید آبدار بر و بالای پادشاه ، از چپ و راست صف زده * اندکی دور تر سه وزیر فلاطون تدبیر ، که هریک مخزن عقل و معدن حکمت بودند ، با شال و کلاه و کلیجها ، بی حرکت مانند صورت ، پشت بر دیوار داده ؛ در پهلوی آنان غلامان فرّخ رخ پریوار فرشته کردار ، که بحملهٔ[3] عرش و خزنهٔ[4] فردوس می ماندند ، ایستاده ؛ فرنگان پدر سوخته با قباهای به بدن دوخته[5] و تنبانهای بساق چسپیده و صورت های تا بروت نیز تراشیده ، مانند شترمرغ

1 *Ghair-i murabbī* "uncivilized."

2 *Rīsha dar āb* "flourishing"; *rīsh and rīsha*, an example of *tajnīs-i-muḥarraf* or *tajnīs-i muẕayyal.*

3 *Ḥamala* pl. of *ḥāmil.*

4 *Khazana* (pl. of *khāzin*) "treasurers."

5 *i.e.*, "tight fitting."

یا عنتر[1] در میانه مباینت[2] اساس و مخالفت لباس خود را می نمودند * بشکوه و حشمت پادشاه وقعی نمیگذاشتند ; از هیبت و هیأت او بیم و هراس نداشتند ، امّا اطوار شان بعینه مثل اطوار ما بود *

ایلچی خطبه خواند با عبارتی چنان عوامانه و راست حسینی[3] و با الفاظی چنان از فصاحت و بلاغت و صنایع بدیعه[4] عاری که گفتی که استربانی یا شتربانی حرف میزند * خدا پدر ترجمان ما را بیامرزد ، وگرنه پادشاه را شاهنشاه شرق و غرب و قبلهٔ عالم و عالمیان هم نمی گفتند *

اگر بخواهم فرق اوضاع و اطوار باطنی و ظاهری ایشان با خودمان بنویسم قلم و دواتی جاویدی در کار است * گروهی از عقلای ما ، بحکمت استدلال میکردند که " اینهمه تفاوت باید از تأثیر آب و هوای اقلیمشان باشد که تیره و تار و پر از رطوبت و بخار است * چگونه میتوان درمیان دو قوم قیاس مشابهت و مشاکلت کرد که یکی از آب محاط است و روی آفتاب نمیبیند ، و دیگری روز تا شام در آفتاب میسوزد ؟ " امّا علماء بطوری ساده تر و بعقل نزدیک تر تاویل کردند که " این فرق از دینداری ما و بی دینی ایشان است * ایشان را نور ایمان در روی نیست و دلشان از ظلمت الحاد و زندقه تیره است ; و ما ، بحمد الله ، رویمان از نور ایمان منوّر و قلبمان از لوث کفر مطهّر است * اگر این ایلچی و همرهانش با همه ملت انگلیز مسلمان شوند ، هر آئینه وسمت[5] پلیدی و نجاست از ایشان برداشته شود و شاید که از درکات[6] جهنّم رسته در درجات علیین[7] بهشتِ برین با ما هم نشین شوند * "

1 *'Antar* " ape (with unclothed posterior)."

2 *Mubāyanat* " being separated, far from ; " *asās* in m.c. = *vaẓ.* (وضع).

3 *Rāst-ḥusainī* (adj.) = *bī-sākhtagī.*"

4 *Ṣanā,i'-i badī'a* " tropes, rhetorical flourishes."

5 Error for *waṣmat* " stain " ? *wasmat* signifies " mark, brand, tattoo mark, dye of indigo leaves."

6 *Darakāt* 'steps that go down into the ground," as opposed to *darajāt* 'steps that ascend above the ground.' *Darakāt* also " the abodes of Hell."

7 *'Illiyūn* " (Pl. without sing.) the upper apartments of heaven."

* گفتار هفتاد و هشتم *

مورد التفات صدر اعظم شدن حاجي بابا و در حرکات موافق طبع و مطابق حال او گردیدن *

چنانچه گفتیم برای کامگاري ، همه چیز بکام من میگشت ، و برای نامداري همه چیز بنام من مي بود * چون از اوضاع فرنگستان با خبرم میدانستند ، کارهای فرنگیان که در ایران بود بمن حواله کردند ، و باین واسطه با صدر اعظم و سایر ارکان دولت راهی و رابطهٔ پیدا کردم *

میرزا فیروز مردی بود توانگر ، بکسی احتیاجی نداشت * بعد از ورود بطهران از کار کناره کشید و چون دیده من راه گُذرانی پیدا کرده ام حظ کرد * در هر جا توصیف و تعریف خوش طبیعي و کار آمدي من کرد ، و من کوشیدم تا تکذیب او نکنم بطوریکه بزودي ، بد و نیک ، مُسلم و غیر مُسلم را ، در حق خود خیر خواه دیدم ، و بخود راغب ساختم * طالعی که بی او هیچ نشاید کرد ، بگوشم میگفت * مصرع *

* ' شادمان باش که ناسازي ایام گذشت ' *

صدر اعظم مردی بود مُدبّر ، با سلیقه ، حرّاف ، عرّاف ، حاضر جواب ؛ در نزد پادشاه حرفش در رو [1] داشت * از ابتدای جلوس پادشاه بتخت ، او نیز در مسند صدارت اینقدر با خاص و عوام خوب راه رفته و بکار مردم خورده بود که وجودش مانند وجود آفتاب عالمتاب ضروري [2] میدانستند ؛ و چون بکار فرنگان اهتمام و اعتنای علیحده مینمود ، لا محاله [3] هر روز چیزي گفتني یا شنیدني با ایشان داشتی * ازین روي

[1] *Dar-rau* vl. subs.

[2] *Lāzim* better in Mod. Persian, as *ẓarūrī* has a secondary meaning.

[3] *Lā maḥāla* (m.c.) "there is no escape, of necessity."

مرا پیغام - بر و پیغام - آور سفارت انگلیس ساخت * از زبان ایشان بیکدیگر پیغام میبردم و میآوردم ؛ وگاهی نیز بمقتضای مقام و مُناسب حال ، چیزي از خود علاوه مینمودم ، و تعریف این در نزد آن ، و تعریف آن در نزد این میکردم ، و خود درمیانه محبوب طرفین واقع شدم *

چون بزرگترین نا خوشي صدر اعظم رشوت بود ، منهم آن نقطه را قبلهٔ مقصود خود ساخته گاهی از ایلچي بفراخور حالِ صدر اعظم (و مفیــدِ بحال خود) هدیها میگرفتم : امّا چون هدیه دادن و گرفتن طبیعي است ، این معَني هنر من شمرده نمیشد ؛ ولی دردوسه کار عمده مرا واسطه قرار دادند ، و چنان خوب از عهدهٔ کار بر آمدم که از آنگاه ببعد صدر اعظم با من از در التفات بر آمد *

درمیان دو دولت معاهدها بایست بسته بشود . * صدر اعظم از جانب شاه ، و من از طرف او ، وکیل مطلق بودم ؛ ومن با ناچیزي خود در چنان امور ، باز ، درمیانه (مانند سگی که در عروسي بخیال استخوان افتد) بتکادو افتادم تا اینکه شبی مجلس خیلی دراز کشید * صبح صدر اعظم مرا بخلوت خاصّ خود که بجز محرمان خاصش را بد آنجا بار نبود بخواست * هنوز در رختخواب بود و تنها *

با بي تکلّفي گفت "حاجي پیشتر بیا ، بنشین ، حرفی عمده دارم با تو بگویم " *

از این التفات متعجّب و اطاعت امرش واجب دانسته بدو زانو بنشستم * بی هیچ کنایه و استعاره گفت " اوقاتم خیلی تلخ است * ایلچي انگلیس تکلیفهای ممتنع بما مي کند و چیزهای نشدني میخواهد * میگوید که ' اگر آنچه میگویم نکنید ، و آنچه میخواهم ندهید بیرقم را میخوابانم [1] و از طهران میروم ' * از جانب دیگر پادشاه مرا تهدید میکند که ' اگر ایلچي دل آزرده برود سرت را میبرم ' و حال آنکه در این کار پادشاه بتکالیف ایلچي بهیچک تن در نمیــدهد * حاجي چه باید کرد ؟ چارهٔ این بچه میشود ؟ "

گفتم " با رشوت نمیشود " ؟ — و نگاهی باو کردم مثل اینکه این لفظ را معني دیگر است *

وزیر گفت " چگونه با رشوت ؟ رشوت کجا ؟ — وانگهی این فرنگان اینقدر خرند که نمیدانند رشوت چیست * گوش بده * حاجي ، آنان هرچه میخواهند

1 "I will lower my flag" (*i.e.*, quit).

خر باشند ، ما خر نیستیم * ایلچي خیلی اصرار دارد که کارش بگذرد و منهم تا ممکن است بمفتي نمیگذرانم * میروي ، با او حرف میزني ؛ تو با او دوستي ؛ میگوئي 'من با صدر اعظم دوستم ، ' و پارهٔ حرفها که من نمیتوانم زد میزني * فهمیدی که — ؟ "

سر فرود آوردم و گفتم " بچشم * هرچه میفرمائید چنان میکنم * امیدوارم که رو سفید بر گردم " *

بر خاستم و با امید تمام بخانهٔ ایلچي انگلیس رفتم *

حاجت آن نیست که بگویم چگونه ایلچي را در این کار بسر تیر آوردم [1] * دو کلمه [2] ، مطلب چنان نیک حالی کردم که با کیسهٔ پُر از طلا برگشتم * این کیسه مقدمة الجیش بود ، و تا صورتِ قرارِ کار ، بموافق طبع ایلچي عقبهٔ کلّي داشت ؛ و نیز بطریق قطع و یقین با من پیمان کرد که انگشتري الماسین سخت گرانبها ، از انگشت دولت انگلیش بانگشت دولت ایران ، مانند نشان دوستي درمیان آن دو دولت ابد مدّت ، میگذرانند *

وزیر نگاهی بکیسه کرد و نگاهی بمن ، وگفت "احسن [3] ، حاجي ! حالا تو از مائي * آخر ما در ایران چیزی هستیم ؛ ترا بیش ازین نمیگذاریم ی کلاه راه بروی * عریضهٔ بنویس ؛ امضاش با من " *

با اظهار امتنان و شکرانه گفتم " بنده تا جان دارم صادقانه و عاقلانه بخدمت سرکار حاضرم ، و محبّت سرکار در حق من کافیست " * این حرفها را چنان با خاکساري و با بی طمعي گفتم که اگر ممکن بود یک حرف ایراني را باور کند ، بخود بالیدم که اینحرف را باید باور کرده باشد *

امّا معني کلامم را او از من بهتر مي فهمید * گفت " حرف مزن * منهم وقتی مثل تو بدینسو و آنسو میدویدم ؛ خدمتها که بمن بکني میدانم * تو از راه خود بر مگرد * فرنگان خوب باب کار تو اند ؛ هر طور دلت میخواهد مُرخّصي ؛ بکن * هم خیلی پول دارند و هم خیلی بما مُحتاجند * زیاده بر این گفتگو لازم نیست * مردم ایران

[1] *Bi-sar-i tīr āvurdan* (= *shikār-i khud-am rā kardam*) is to lie in wait till a running or driven deer crosses the point on which the rifle is sighted.

[2] *Du kalama* (adv.) "in two words."

[3] For *aḥsant*.

مثل یعنی کشت زارند : بیرخود [1] [illegible] [illegible] یعنی : حصل زید مایه گذاشت •
فرنگی میگویند که "مقصود ما خیر خواهي [illegible] [illegible] [illegible]" امّا این سخن
در پیش ما اهل ایران حرفِ مفت است • [illegible] [illegible] حکیم . خواه من ،
خواه پادشاه . فردا هنگامکه بمیریم همه فرشیش [illegible] [illegible] [illegible] : ولیعهدی
مي آید برای آسایش خود : آماده کردنی [illegible] . [illegible] [illegible] راست است
پادشاه فیحدّ ذاته [2] حقی دارد ؛ دشمنه نشده • [illegible] [illegible] [illegible] چرا نگیرد" ؟

ازین سخن ذهنم روشن گردید و پردهٔ غفلت : یعنی چشمم [illegible] شد •
ثمرهٔ [illegible] در پیش ، و فائدهٔ عظیمی برای خویش . [illegible] [illegible] که "فرنگی
خوب بلب کار تواند" بگوشم طنین انداز و نوا سنج [4] . [illegible] [illegible] [illegible]
و رنگ افتادم •

1 [illegible] [illegible] [illegible] manure :" the Figure *Īhām-i tanāsub*.

2 [illegible]

3 "[illegible] him have it."

4 [illegible] "a [illegible] noise (of flies); a ringing, tingling" : navā "voice, song ; [illegible] "[illegible] music, musical."

5 [illegible] (m. c.) = *qavī-dil*.

* گفتار هفتاد و نهم *

در چگونگي بکار بردن اعتبار خود و از نو مظهر التفات و منظور نظر عنايت وزير شدن *

بهزار مرارت[1] ، در شهر ، خود را محرم رازِ صدرِ اعظم قلم دادم * بانگليسان لا مذهب حالی کردم که تا پای من درميان نباشد کار عالم بنظام نميرسد * اين تدبير بزودي ثمره بخشيد و طرفين با کمال خوشنودي مرا واسطهٔ کار قرار دادند *

غرض اصلي انگليسان اينکه بزور بما خوبي کنند * بجهة حصول اين مطلب زحمت بسيار کشيده و خرج بسيار نموده بودند * دردِ ما را بهتر از ما مي دانستند ، و بدرمانش بيشتر ميکوشيدند * نميدانم در ما لايق دوستي خود چه مي ديدند (که ما خود نمي‌ديديم) با اينکه ما ايشان را بی دين و پليد ميدانستيم * خلاصه اينمرحله بمن دخلی و بکارم ضرری نداشت * مقصود من اينکه آنان مرا بخود محتاج[2] ، خود را با ايشان لازم نمايم که لقمهٔ چربي بودند و زحمت بهدر نميرفت *

گويا خوانندهٔ اين کتاب را در خاطر باشد ، پيش ازين ، ذکرِ حکيمی رفت که از جملهٔ مداوات اختراعی خود ميخواست آبله کوبي را هم انتشاری دهد[3] * ولی خيال اينکار از نظرها محو شد و باز طبيبان ما ، بسُنّت ابا و اجداد ، هر ساله اطفالی بسيار بعالم آخرت ميفرستادند * با اين ايلچي ، حکيم ديگر آمد تا بما نيکي کند * سخت در رواجِ کار آبله کوبي کوشش داشت و از مادران کودک در بغل ، در درِ خانهٔ او ازدحام غريبی ميشد * بحکم تدبيری که انديشيده بودم ، پيش از همه ، بفرياد و داد آغازيدم

1 *Marārat* " bitterness," in m.c. " pains."

2 After *muḥtāj*, an ellipsis of *numāyand*.

3 *Vide* Chap. XIX.

مثل زمین کشت زارند ؛ بیرشوه[1] حاصل نمیدهند ؛ پیش از حاصل باید مایه گذاشت * فرنگان میگویند که "مقصود ما خیر خواهي مملکت خود است و بس،" امّا این سخن در پیش ما اهل ایران حرفِ مفت است * ما هر خدمتي که بکنیم ، خواه من ، خواه پادشاه ، فردا همینکه بمیریم همه فراموش میشود و بهدر میرود ؛ ولیعهدی مي آید برای آبادي خود ؛ آباد کردهای ما همه را خراب میکند * راست است پادشاه فيحدِّ ذاته[2] حقی دارد ؛ داشته باشد[3] * امّا وزیر هم حقی دارد، چرا نگیرد" ؟

ازین سخن ذهنم روشن گردید و پردهٔ غفلت از پیش چشمم برداشته شد * شاهرهٔ وسیعی در پیش ، و فائدهٔ عظیمی برای خویش ، دیدم * سخن وزیر که "فرنگان خوب باب کار تواند" بگوشم طنین انداز و نوا ساز[4] ، زِبْر و زرنگ[5] بایجاد تدابیر و رنگ افتادم *

[1] *Rishwa* "bribe; *also* manure:" the Figure *Īhām-i tanāsub.*

[2] *Fī ḥaddi ẕāti-h.*

[3] "Let him have it."

[4] *Ṭanīn* "a buzzing noise (of flies); a ringing, tingling": *navā* "voice, song:" *navā-sāz* "making music, musical."

[5] *Zibr u ziring* (m.c.) = *qavī-dil.*

* گفتار هفتاد و نهم *

در چگونگي بکار بردن اعتبار خود و از نو مظهر التفات و منظور نظر عنایت وزیر شدن *

بهزار مرارت[1] ، در شهر ، خود را محرم راز صدر اعظم قلم دادم * بانگلیسان لا مذهب حالی کردم که تا پای من درمیان نباشد کار عالم بنظام نمیرسد * این تدبیر بزودي ثمرهٔ بخشید و طرفین با کمال خوشنودي مرا واسطهٔ کار قرار دادند *

غرض اصلي انگلیسان اینکه بزور بما خوبي کنند * بجهة حصول این مطلب زحمت بسیار کشیده و خرج بسیار نموده بودند * دردِ ما را بهتر از ما مي دانستند ، و بدرمانش بیشتر میکوشیدند * نمیدانم در ما لایق دوستي خود چه مي دیدند (که ما خود نمي‌دیدیم) با اینکه ما ایشان را بی دین و پلید میدانستیم * خلاصه اینمرحله بمن دخلی و بکارم ضرری نداشت * مقصود من اینکه آنان مرا بخود محتاج[2] ، خود را با ایشان لازم نمایم که لقمهٔ چربي بودند و زحمت بهدر نمیرفت *

گویا خوانندهٔ این کتاب را در خاطر باشد ، پیش ازین ، ذکرِ حکیمی رفت که از جملهٔ مداوات اختراعی خود میخواست آبله کوبي را هم انتشاری دهد[3] * ولی خیال اینکار از نظرها محو شد و باز طبیبان ما ، بسُنّت ابا و اجداد ، هر ساله اطفالی بسیار بعالم آخرت میفرستادند * با این ایلچي ، حکیم دیگر آمد تا بما نیکي کند * سخت در رواج کار آبله کوبي کوشش داشت و از مادران کودک در بغل ، در درِ خانهٔ او ازدحام غریبی میشد * بحکم تدبیری که اندیشیده بودم ، پیش از همه ، بفریاد و داد آغازیدم

[1] *Marârat* " bitterness," in m.c. " pains."
[2] After *muḥtâj*, an ellipsis of *numâyand*.
[3] *Vide* Chap. XIX.

که " چرا باید زن مسلمان بخانهٔ نصرانی پای گذارد ؛ از برای هرچه باشد عیب است و قباحت دارد " * در نزد صدر اعظم موشکی [1] دوانیدم ، تا برای منع این کافر ، قراولی بر در خانهٔ حکیم گذاشت * ازین سبب بازار و دل حکیم بشکست *

من :— " حکیمباشی ، چرا چُنین مُکدّری ؟ ازین زحمت چیزی بتو نمیرسد ؛ و آنگهی مردم هم قدر زحمت ترا نمیشناسند " *

حکیم :— " هیهات ! حاجی ، نمیدانی چه میگوئی * این زحمت نه ، رحمتی است که باید شامل حالِ همهٔ جهانیان شود : اگر دولت ایران رواج این کار را در اینجا منع کُند گناه اینهمه نفسی که هلاک میشود (و حال آنکه او میتواند نگذارد [2]) بگردن اوست * چه قدر بیگناه که بهیچ و پوچ می میرند " *

من :— " بما چه ؟ هرچه میخواهند بمیرند : از زندگی شان بکسیهٔ ما چه میرود که غصهٔ مرگشان بخوریم ؟ "

حکیم :— " بکسیهٔ شما این میرود که هرچه پول میخواهی بتو میدهم برای اینکه مداواتِ مرا نگذاری ضایع شود " * پس بقرار داد نشستیم * برای بزرگ نمودن کار ، إشکالات بسیار باز نمودم * از آنجمله اینکه در رفع این کار ، مخالفت رایِ صدر اعظمست * باری رایِ صدر اعظم موافقت کرد ؛ قراول برداشته شد * حالا بیا و بِه بیُن که در خانهٔ حکیم چه محشری و چه معشری از زنان گردید ، و هرچه میشُد کسی حرف نمیزد *

حکیم ناخوشیِ غریب دیگری هم داشت ؛ مردگان مسلمانان را شکم میدرید و پر و پا [3] میبرید * چون چشمش بنعش میافتاد جان میداد * در حیرتم که چرا مردم اورا پاره پاره نمی کردند که " مردکه ! این کثافت کاری چیست " ؟

من :— " حکیم ، ترا بخدا ! از دریدن شکم و بریدن اندام مسلمانان ترا چه فایده " ؟

حکیم :— " اگر بخواهم بگویم از ندریدن و نبریدن چه قدر فایده از دست میرود ، محال است * اگر دست ازین کار بردارم از دنیا و آخرت خود دست

1 *Mūshak davāndan* (m.c.) = *shaiṭanat kardan* : *mūshak* is a 'mouse' and also a kind of squib (that darts about like a mouse).

2 " While it can prevent it."

3 *Par u pā* (m.c.) " limbs."

برداشته‌ام و زحمتهای من بکلّي هباء [1] خواهد شد * بسر هر مُرده که بزیر تیغ من افتد فلان مُبلغ میدهم * بنوع و جنسش کاری ندارم، خواه مسلمان، خواه ارمني، خواه یهودي — همه در نزد من یکی است" *

اِین سخن را درست بذهن سپردم و در حقیقت آنقدر برضای خاطر او کوشیدم که کیسه ام بسنگیني و اوضاع و دستگاهم برنگیني روی نهاد *

ایلچي نیز برای اصلاحِ احوال و رونق مال و منال ما، میل غریبی داشت، و از بیان کیفیتی که درمیان او و صدر اعظم واقع شد ناگزیرم، و با کمال بیشرمي این بیتها را هم بمناسبت مقام ذکر میکنم :—

'دلیر آمدي سعدیا در سخن .·. چو تیغت بدست است کاری بکن
بگوی آنچه داني که حق گفته به .·. نه شهوت ستاني و نه عشوه ده
طمع بند و دفتر ز حکمت بشوی .·. طمع بگسل و هرچه خواهي بگوي' * [2]

ایلچي میگفت که " میخواهم محصولی ارضي [3] بعامّهٔ ایرانیان تعارف کُنم و در قبول آن توقع دستیاري از صدر اعظم دارم ; و نمونهٔ از آن خواسته‌ام تا بفرستند * هرگاه که در هوا بوی تعارف بودی، بیني صدر اعظم بر هوا شدی * صبح تا شام بر سر این تعارف عام، با من گفتگو میکرد که " چه میتواند بود ؟ " عاقبت از بی صبري بجان آمد و خود داري نتوانست * از من شنیده بود که ایلچي ماهوت بسیار آورده است و چشم و ذهنش را بماهوت دوخته بود * چون رسیدن نمونهٔ تعارف عام طول کشید صدر اعظم با خود اندیشید که " بهتر این است که ایلچي بجای هدیهٔ عام، از آن ماهوتها، قدری هدیهٔ خاص بمن بدهد " * بنابرین روزی بمحض بیدار شدن از خواب، مرا خواست که " ترا بخدا ! ما چه نداریم ؟ گندم، برنج، سایر حبوبات، انواع و اقسام میوها (که این بی دینان در خواب هم ندیده اند) باري هرچه بعقل برسد همه را داریم * چرا برای چیزي که لازم نداریم منّت ایلچي را بکشیم ؟ من خیال خوبي کرده‌ام که خبرِ ایلچي هم در آن است و زحمتی از گردنش خواهد افتاد : بجاي آن تعارفِ عام، من ماهوت هم قبول دارم * این کار نقلی ندارد [4] * تو (خدا را شکر) بی دست و پا نیستي [5] ; برو دست و پائی

[1] *Habā' shudan* (m c.) = *bi-hadar raftan* "to go to the devil."
[2] From the *Būstān.*
[3] 'A product of the Earth.'
[4] "This is an easy matter; its nothing."
[5] "*i.e.*, you are capable."

بکن و این مرحله ر بایلچي حالی کن و بزودي هرچه تمامتر خبر ماهوت را برای من بیار " * در دم ، هی بقدم ،[1] این خبر را بایلچي بردم * ایلچي با آن همراهان سبیل - تراشیده[2] چنان قهقهه زدند که اگر بگویم صدا بکوه دماوند پیچید باور کن * یکی گفت " ماهوت کجا ، سیب زمینی کجا ؟ " دیگری " ما میخواهیم بشما نعمتی سهل الحصول و ارزان انعام نمائیم " * دیگری " معلوم شد صدر اعظم میخواهد لقمهٔ شکم عامه را وصلهٔ دوش خود کند " * امّا ایلچي باز درمیانه ، عاقلهٔ[3] ایشان بود ؛ بی درنگ و با نزاکت ، امر نمود تا یک توپ - ماهوت بمن دادند ؛ و گفت " عرض سلام بسیار بصدر اعظم برسان و بگو که ' مرا هیچ چیز از خیرخواهي اهل ایران باز نخواهد داشت * اُمّید وارم که باز آن تعارف عام را قبول فرمایند که در حق من نشانهٔ التفات بزرگي است " *

بافتخار تمام و لذّت بی نهایت بجانب صدر اعظم باز آمدم * این کار با آنها که گذشت ، و با آنچه بعد از آن روی داد ، همه دلیل بزیرکي و زرنگي من شده ، مرا مورد عنایتِ مخصوصه صدر اعظم گردانید ،[4] که همهٔ رقیبان را کنار نشانده براستي راز دار و ندیم و یار او گردیدم *

[1] *Dar dam* "immediately." *Hay*, the continnative particle, here = *sür* (*bi-qadam*). Compare *hay bar asp sadam* (m.c.) "I urged on the horse."

[2] Or *rīsh-tarāshīda* ?

[3] ' *Āqila* = "cleverest :" the final ة in this word is common in m.c.

[4] *Ki* "so that."

* خاتمه — گفتار هشتادم *

ظاهر شدن اینکه بدبختي از حاجي بابا دست برداشت ، و رفتن او بدیار خویش ، و مراجعت کردن با ذي[1] بزرگتر از آن که بود *

شرایط معاهدهٔ با گروهٔ مشرکین درکار تمام شدن[2] ، و قرار بر این بود که برای استحکام پیوند یکرنگي و یکجهتي میان دو دولت سفیري از ایران بلندن رود *

بعد از امضای عهد نامه ، صدر اعظم مرا بحجرهٔ خاص خود خواسته گفت " حاجي ! بیا ، حرفهاي عمدهٔ با تو دارم * من ترا از آن خود میدانم ، و راحت ملتفت شو چه میگویم " *

فی الفور بتواضع و احترامات لازمه بر خاستم * گفت " تواضع را بگذار و گوش کن :—

" بد یا خوب ، کار ما با انگلیسان گذشت ؛ پادشاه بمطلوب خود رسید * سفیری باید بلندن بفرستیم * تو هم میداني که ایرانیان ، بسیار کم ، دلشان میخواهد از ایران بیرون بروند : نمیدانم کرا بجویم که بی ناز[3] ، این خدمت را در عهدهٔ گیرد * یکی در زیر سر دارم که بیشتر از دیگران بفرستادن آن مایلم ، و هم رفتن و دور شدن او از قبلهٔ عالم خیلی لازم‌است ؛ این است که دلم میخواهد برضا کردن او کوشي " *

بی محابا گمان کردم که منم ، امّا سبب دور شدن از قبلهٔ عالم نفهمیدم * ولی از نوید و افتخار این کار ، از جای رفته پیش رفتم و دامنش بوسیدم که " کمترین

1 *Ẕī = vāẓ.'*
2 *Dar kār-i tamām shudan* " were about to be finished."
3 *Bi-nāz* " without coquetry, *i.e.*, without making a favour of it; willingly."
4 ' In my mind's eye.'

بندگان برای اثبات بندگي حاضرم : هر خدمتی که معول بفرمائید تا بپاي جان هم برای بجاي آوردن ایستاده ام " *

وزیر :— " آفرین بر تو! خیلی خوب گفتي ; حالا بشنو * اینکه من در زیر سردارم میرزا فیروز است " *

باد من فرو نشستند ، با شدّ [1] و مدّ گفتم " بلی " *

وزیر :— " حقیقت نفس الامر اینکه مي بینم اینروزها پادشاه را باو خیلی میل است * مردی است حرّاف و عرّاف ; در چاپلوسي و ریشخندي استاد : اینقدر دروغ میگوید و امر را مُشتبه میکند که پادشاه او را از همه بیشتر دوست دارد * که میداند این دوستي تا بکجـــا میـــرود ؟ علاوه بر این میدانم که دشمـــن جاني من است ، با اینکه در ظاهر خود را دوست مینماید * اگرچه تا امروز از شیطاني و فساد هیچکس نترسیده ام ، اما حالا نمیتـــوانم گُفت نمیترسم * اگر او را بنام سفیـــری از اینجا بفرنگستان دست بسر بکنیم ، سر چشمهٔ اضطراب و تشویش خود را خواهم بست * یکبار [2] ازینجا بیرون برود ، اگر بر گردد (انشاء الله بر نمیگردد) من کاری میکنم که دیگر روي پادشاه را در خواب هم نه بیند " *

من بدینخیال افتادم که " چه کنم تا درین شَرّ ، خیر [3] من با شد " *

وزیر :— " اینکه گفتم ، یک شق تدبیر من است : شق دیگر اینکه ، حاجي ، تو باید بنام منشي اولی با او بروی * دوست و متعمد مني ; غرضهاي مرا میداني * از ورودِ این پدر سوختگان تا امروز ، از وقائع با خبري * بنا برین ، این کار خلعتي است ببالاي تو دوخته * اگر آنچه میگویم بجای بیاوري ، خدمت بزرگي بمن کردهٔ " *

از آنجائیکه سفارت [4] از مُنشیگري بهتر بود خوشم نیامد * دیدم از طریق حال خود برگشتن و راه مُنشیگري و زیر-دستي پیش گرفتن ، مثل ترک شاهراه و اختیار کورهٔ راهست * و آنگهي آن ناخوشي ملّي [5] ایرانیان در من هم بود ; نمیخواستم ترک راحت حضر و اختیار مشقّت سفر (علی الخصوص سفر دریا) و اختیار دیار غُربت کنم ;

1 *Shadd* "doubling a letter, marking it with *tashdīd* : *shadd u madd* "emphasis, force."

2 "If" understood before *yak-bār*.

3 *Sharr*—of the Vazir.

4 *Sifārat :* the post Haji had been expecting for himself.

5 *Millī* A. and P., or *millatī* (m.c.).

و آنگهي دیار غربتی بدان سان مجهول الحال ، مملکتش بی صدا و ندا ، تیره و تاریک ، و مردمانش نجس و کافر * مانند کسی شدم که بدهنهٔ هلاک رسد ، و از این تکلیف وا زده ماندم [1] *

جوابم عبارت شد از کلمهٔ چند ، سرد و خنک ، که ایرانیان در وقت خرسند نبودن بکار مي برند ، از قبیل " بچشم ؛ بندهٔ سرکارم ؛ اختیار با شما است ؛ هرچه بفرمائید ، ناچار فرمان بردارم ؛ " و خاموش شدم *

وزیر ملتفت مرحله شده گفت " معلوم شد ازین تکلیف خوشت نیامد * خود میداني که جُستن کسیکه این را قبول کند آسان است ؛ امّا چون فائدهٔ ترا مثل فایدهٔ خود میشمارم ، این است که میخواهم * اولاً تو باصفهان بروي و سوغات و هدایاي که باید به لندن فرستاده شود تدارک کني ، و چون آنها باید از اهالي اصفهاني تحصیل شود ، وسیلهٔ خوبي برای خالي نماندن کیسه است " *

سخنش را بریدم ، که معاودت بوطن با آن پایه و اقتدار ، نه تکلیفی بود که ردّ آن بتوان ؛ و جوابی دلیرانه دادم که " بنمک سرکار و بسبیل مردانهٔ شاه که برفتن حاضرم و حرفی ندارم * هرجا بفرستید ، اگرچه بدرک اسفل ، برای بیرون کشیدن فرنگان باشد ، میروم *

وزیر :— " باشد * در اول میروي و چم[2] میرزا فیروز را میگیري که ' در ایران مانند تو کسي شایستهٔ این کار نیست ' * اینقدر دانهٔ منافع و مداخل و افتخار و توانگري و میل شاه و احترام من باو میپاشي که بدام بیاید ؛ و میگوي که ' بعد از معاودت ، خدا میداند که تا بکجا راه داري : اکنون هم رقیب داري : این کار را از دستت مگذار ' * دیگر خود میداني ؛ باقي را بساز * اینطور بکن ، به بین چطور رو دستت را میخورد * برو خدا نگهدار " *

از پیش صدر اعظم بیرون رفتم * نمیدانستم در آسمان هستم یا در زمین * با خود گفتم " زهی سعادت ! آنچه از خدای خواسته بودم رسید * با قبای سرفرازي و شمشیر توانائي و کمربند طلائي بر خنگ شکوه سوار بمملکت خود رفتن ،

1 *Vā sadan* "to draw back or shrink from."

2 *Cham* probably means "joint or place of bending:" *īn chūb cham u khām bar mī-dārad* (m.c.) "this stick is flexible:" *har kas-ī cham-ī dārad* (m.c.) "every one has his weak point," and *sar bar sar-i fulād nihī narm shavad* are common sayings.

زهی سعادت ! ای آنکه [1] روزی پسر دلاک را استهزاء میکردي اکنون بیا و معتمد شاه و امینِ وزیررا تماشا کن * ایسرهائی [2] که در زیر تیغ من بودید ، زنهار بمن فرود آئید که بجای تراشیدن قوّة بریدن دارم * ای کسانیکه مرا از میراث محروم ساختید گاه ترس و لرز آن است که آن لقمه را نا پخته از گلویتان بیرون آرم " *

با این امراض [3] و اغراض ، در کوچه هرکه باد بغلم را میدید رم میکرد * تشخّص از سر و صورتم میبارید * از همانگاه خود را میدیدم که بر اسب و یراق مرصّع سوار ، خدم و حشم از پی دوان ، مهمان داران از میمنه و میسره مُبارک باد گویان ، با بار و بُنه داخل اصفهان میشوم *

باری بخانهٔ میرزا فیروز رفتم * پیش از من ایلچي انگلیس رفته نهّت صدر اعظم را کشوده ; همین حرف درمیان بود * اگرچه وابستهٔ صدر اعظم ، امّا باز دوست جاني میرزا فیروز بودم * از خبر همراهیم با خود خوشنود شد * از گذشته ، حکایتها رفت ، و بآینده طرحها [4] چیده شد * خندید که " باز بیاد شکرلب نیفتي ؟ " گفتم " زنهار او را بخاطرم میاور که او مشک نیست ، وَمَا كُرِّرَتْهُ لَا يَتَضَوَّعُ [5] " * پس ببهانهٔ اینکه از حرف شکرلب میگریزم بگریختم *

روز دیگر پادشاه بلفظ مُبارک ، در بار عام ، فرستادن میرزا فیروز را بسمت [6] ایلچیگري بیان کرد ; و صدر اعظم بمن وعده داد که " بمحض حاضر شدن فرمان پادشاهي ، تو باید باصفهان بروي " *

چه لازم که در بیان تدارک سفر ، بخوانندهٔ درد سر دهم ، و او دلتنگ گردد ، و من شرمسار شوم ؟ همین بس که بگویم باصفهان رفتم با هیأت آدمي متشخّص ، و با امراض و اغراض ، که بجز یک ایراني که در حُبّ جاه زاده و بزرگ شده میداند و بس * کوکب سعادت خود را در اوج رفعت و اقبال ، و سهم ادبارِ خود را در اقصی

1 Addressing an imaginary audience.

2 *Āy sarhā-ʼi ki*——.

3 *Marẓ-i jāh parastī*, etc.

4 *Ṭarḥ-hā* "plans."

5 "However much thou rubbest it, it does not diffuse odour:" perversion of proverb.

6 *Samt*, in m.c. *samat*, = *ṭarīqa*.

درجهٔ حضیض [1] و وبال دیدم * از در و دیوار بگوشم ندا همي رسید که " بر روی عمرت دری نو کشود " * حاجي بابا پسر حسن دلاک ، با نام میرزا حاجي بابای و صاحب منصب شاهي داخل مسقط الراس خود شد * ازین بیشتر چه میخواهي ؟

ای مستمعین حکایت حاجي بابا ! بحکم تجربهٔ که از معرکه گیران و سخنوران ایران آموختهام ، حکایت خود را میبرم و بندهٔ شما هستم * غرضم اینکه تا زر بترازو نسنجید برهٔ بخانه نبرید * بیشتر تشویش و ترغیبم کنید تا بیشتر و حکایت کنم * خواهید دید که حاجي بابا با ایلچي بزرگ چگونه بلندن میرود * شرح سفر خشکي و دریای او را ، با دیدها و شنیدهایش ، و بعد از معاودتش بایران آنچه بر سرش آمده ، همه را خواهم گفت *

اما اینرا هم میگویم که اگر مؤلف ، مانند آن درویش سیمین حاجي بابا ، هنوز طریقهٔ طلبیدن شي الله و تحریک رگ حرص و شوق خلق الله را خوب نیاموخته ، تا از نتیجهٔ کار مطمئن ، خود را دلیرانه بمعرکه اندازد ، پس با کمال شرمساري و خاکساري میگوید " بخدا سپردم " *

[1] *Ḥaẓīẓ* the antonym of *auj*.

*** خاتمهٔ کتـــاب ***

Calcutta :—Baptist Mission Press.

ERRATA.

تصحیح اغلاط در کتاب حاجي بابا اصفهاني

صفحه	سطر	غلط	صحیح
i	3	نوشة	نوشته
,,	4	مقندالي	مقتدای
,,	5	شاله	شاید
,,	7	شانز ده	که شانزده
,,	8	اسفتادتی	استفادتی
,,	10	ساحته	ساخته
,,	,,	میتواینده	میتوانید
iii	4	تضیع	تضییع
,,	5	واملیدن	والمیدن
,,	6	دوخة	دوخته
,,	24	*Vā malīdan*	*Vā lamīdan*
iii	16	قوقیر	قوفیر
,,	18	حکایتی	حکایاتی
,,	17	شالد	شاید
v	4	طبعی	طبیعی
,,	9	تقیر	تغییر
,,	10	تغیر	تغییر
vi	8	چنانچه	چنانکه
,,	4	گفتگو	گفتگوی
viii	2	نسیت	نیست
,,	17	و انگی	و انگهی
x	9	دنیا دیده	دنیا را خیلی دیده

صفحه	سطر	غلط	صحیح
x	14	رفتخواب	رختخواب
xi	6	سعلوت	سعادت
xii	7	معلجه	معالجه
xiii	6	در گوشته	در گوشه
xiv	3	انیقدر	اینقدر
„	7	دوقی	دوالی
xv	4	انیک	اینک
„	8	انگیزان	انگلیزان
xvi	8	بجهته	بجهه
xvii	1	آسیأیان	آسیالیان
1	5	وستحی	وسعتی
9	16	و انگی	و انگهی
10	8	پشتو	پیشتو
„	11	گویز	گریزی
„	„	فضی	فضائی
12	1	علی الظهر	علی الصدر
„	18	Note 1	Erase
13	1	کو	کجا
14	9	بشکود	بگشود
15	9	غريي	غريبي
„	13	تفگنی	تفنگي
„	14	بدینوی	بدینسوی
18	18	فریفه	فریفته
19	12	سلطن	سلطان
„	14	مرادن	مردان
23	10	سطیر	سطبر
24	8	نو	و
26	19	جیب	حبیب

صحیح	غلط	سطر	صفحه
غایت	غائیت	15	30
وا رسی	داد رسی	16	31
ورطة	ورطهة	4	33
آلیم	آیم	2	35
کاروانسرائیان	کاروانسرنیان	5	36
سنّلي	سقّهي	8	37
غنائمي	غنائم	2	38
گوشتش	گوشش	8	38
معتنابه	متعنابه	2	39
(*for Shāhgān*)	(*for Shāyagān*)	22	42
گرامند تر	گرایه مند تر	4	43
وانگهي	وانگي	6	44
علم	عالم	3	50
Note Proverb 1; both incorrect. Proverb should be المستجیر بعمرو عند کربته کالمستجیر من الرمضاء بالنار Out of the frying-pan into the fire.	Delete note 2	14	52
سرگذشت	سرگذشک	5	,,
پیشتر	پیشر	16	53
انکه	انکد	17	,,
مهیّاي	مهمیدای	15	54
اسلحهٔ	سلحهٔ	19	56
کنندگان	کندگان	2	57
6. A brother of Husain and called *Saqqā-ī Yatīmān.*	Delete note 6	24	62
منظری	نظري	11	68

صحیح	غلط	سطر	صفحه
بکشود	بشکود	13	79
هیا هو	هپا هو	10	81
هر کرا	هر کر	8	83
بجهة	بجهتة	10	85
از رق	ارزق	11	85
دندان	دندندان	9	92
هارون الرشید	هرون الرشید	15	93
بحر	بجر	3	94
الدولة	الدولتة	13	98
المعرفة	المعرفتة	14	,,
ترنّم	تراتم	22	,,
ملک الشعراء	ملک العشرا	2	100
دست	دستست	12	106
کهنه	کنهه	14	108
درستیم	درسیدم	14	109
نشناخت	نشاخت	6	112
وحده	ومهده	9	,,
آرم	آرام	1	114
برو	ارد	4	,,
دلانش	دلانش	8	,,
خوشش	خوش	7	120
Rāh u nīma rāh, "*all the way.*" etc.	Delete note 3	21	122
بزبان چه ؟	زبان چه ؟	13	124
که تا فردای	که فردای	12	126
معاینه	معانیه	7	128
شائبة	شابة	1	130
طبیبانم	طبینانم	9	132

صفحه	سطر	غلط	صحیح
133	2	چگولي	چگونگي
,,	6	باميد	با اميد
135	3	النسب لعنه	النسب و لعنت
136	7	حباً	هواً
146	4	رفت وور	رفت و رو
,,	21	شکتم	شکستم
149	13	کور میکرد	کر میکرد
155	14	ما	را
,,	33	*Mutābisat*	*Mulābisat*
164	6	نها هار را	نهار را
,,	17	متنابه	معتنابه
166	15	از ردهٔ	از گردهٔ
169	14	درايم	داريم
,,	15	تذزل	بنزول
176	16	میآید	میآمد
178	10	شیطتن	شیطان
,,	12	بیهانهٔ حالت	بهانهٔ تماشا کردن حالت
183	6	شان	سان
,,	7	بود * از	بود * زینب و سیاهش از
,,	8	شان	سان
184	10	باطمأنیه	باطمأنینه
192	2	ما	اما
193	4	تعین	تعیین
196	12	کشمري	کشمیري
,,	13	چله	سکّه
205	10	خوهیم	خواهیم
206	5	اشیان	ایشان
211	12	تنتنهٔ	طنطنهٔ

صحیح	غلط	سطر	صفحه
ورماليد	رو ماليد	4	213
معجزه وار	معجزه دار	6	218
لباس	لباسي	2	231
xli	lxii	Heading	233
خسته وار	کسته دار	5	,,
تا فيروز دخول شاه	تا فيروز شاه	5	244
فرمان نبري	فرمان بري	23	254
بر نداشته	پر نداشته	17	256
کم کم بکم شدن	کم کم شدن	2	262
بمملکت	بملکت	14	,,
ازدحام	ازدهام	9	273
آورند	آوردند	2	274
منتهر	معتبر	7	278
عاقبت	عاقبب	3	280
نگرود	نگردد	7	,,
الغراب دليل	الغريب دليل	7	286
هدف	حدف	3	287
دفينه	دفنيه	12	,,
مبتنّى	متبنى	6	291
وصيّتي	وصيتى	16	299
گلبانگ	گلنبانگ	18	301
يسأْلانک	يسللانک	8	304
جاوک	جالک	,,	,,
فطير	فيطر	4	305
Insert after ‘adopted,’ the words ‘after the *ashahhud.*’	adopted in	21	309
لو	کو	18	317
قضيهٔ	قيضهٔ	13	321

صفحه	سطر	غلط	صحیح
222	16	قرض	فرض
322	17	رائم	رأیم
323	2	مرحون	مرهون
330	1	مححضه	محصنه
332	15	لانقد	لانفد
335	9	خبرابه	خرابهٔ
,,	14	خدمت	قدمت
347	4	بجهوشید	بخوشید
,,	7	بهنه	بنهید
348	13	امي	ادلي
,,	16	جهب بغلها	جیب و بغلها
350	12	مرد را	مردم را
353	1	تفکر	بفکر
,,	5	ناولن	ناودان
358	6	آب بی حکم شرع هوردن خطاست	ابی حکم شرع آب خوردن خطاست
366	19	چار پاري	چا پاري
368	8	نوشته	ننوشته
372	9	تنگ	دل تنگ
372	12	درد	در دمد
373	9	نخواهد	بخواهد
,,	12	ماندم ترم	ماندهٔ ترم
374	9	افقادم	افتادیم
380	1	خاطر	قاطر
382	9	برون	بردن
,,	13	شود	شوند
,,	22	—	Insert note 7 in note 3.
388	16	چیزي	خبري

حبسش	حبش	1	434
برخ سائي	برخ ساي	3	439
با ما	ما	18	452
حواس	خاص	16	453
ايلچي را	ايلچي	8	455
سقاى	سقائي	10	459
اينهمه نفوس	اينهم نفس	8	458
آئيد	آيند	3	464
سفر	سفير	19	464

Lightning Source UK Ltd.
Milton Keynes UK
UKOW06f1929041113

220438UK00015B/928/P

9 781148 643410